CLAUDE GAGNIÈRE

LE BOUQUIN DES CITATIONS

10 000 CITATIONS DE A À Z

INDEX DES AUTEURS

ROBERT LAFFONT

ISBN : 2-221-09300-3

CITATION : Répétition erronée d'une déclaration d'autrui.

AMBROSE BIERCE, *Dictionnaire du Diable*.

PENSÉE : Si ces pensées ne plaisent à personne, elles pourront n'être que mauvaises, mais je les tiens pour détestables si elles plaisent à tout le monde.

DIDEROT, *Pensées philosophiques*.

IMBÉCILLITÉ : Sorte d'inspiration divine ou d'illumination sacrée, affectant les détracteurs de ce dictionnaire.

AMBROSE BIERCE (encore lui !), *Dictionnaire du Diable*.

PANTALON : Que celui qui a deux pantalons en vende un et se procure ce livre.

GEORG-CHRISTOPH LICHTENBERG, *Le Miroir de l'âme*.

AVERTISSEMENT AU LECTEUR

Quand on aime les mots, qu'on s'est pris de passion pour les belles phrases, on ne saurait trop en retenir, pour son plaisir d'abord, puis pour celui des autres... et c'est ainsi qu'on se retrouve un jour collectionneur de citations.

À l'origine de ce recueil qui rassemble près de dix mille phrases de toutes les époques — de l'Antiquité jusqu'à mercredi dernier, aurait dit Pierre Dac — et de tous les genres — classique, paradoxal, poétique, philosophique ou burlesque — hors le genre ennuyeux, se trouve un petit dictionnaire intitulé *« Entre guillemets »*[1]. Le succès remporté par ce recueil de trois mille citations m'a incité à le compléter, à l'enrichir, à le diversifier. Voici donc le résultat de ce que j'espère une hypertrophie heureuse.

CLAUDE GAGNIÈRE

1. Éditions Robert Laffont, 1997.

PRÉFACE

J'ai toujours rencontré si peu d'esprit autour de moi qu'il a bien fallu que j'utilise le mien ! écrivait sans modestie excessive Paul Léautaud dans son *Journal*. Sans doute, le vieux ronchon avait-il quelques raisons de déplorer la sottise de ses contemporains et de constater, qu'à l'inverse du bon sens, l'esprit n'avait jamais été la chose au monde la mieux partagée. D'où la nécessité pour les plus pauvrement dotés de se fournir auprès d'autres qui en avaient à revendre.

Sophie Arnould ne fut pas seulement la cantatrice célèbre grâce à laquelle triomphèrent les opéras de Gluck et de Rameau, elle était aussi l'amie des philosophes et d'abord du plus grand d'entre eux, ce Monsieur de Voltaire à qui elle adressa un jour le charmant billet que voici :

Monsieur, je serais heureuse que vous vinssiez déjeuner chez moi. Vous ne vous amuserez pas beaucoup car je n'ai pas d'esprit... mais votre visite me permettra d'en avoir le lendemain, car j'ai bonne mémoire.

Était-il possible de faire preuve de plus d'esprit dans la lettre même où l'on prétendait en manquer ? Ce que savait d'expérience la belle Sophie, et qu'elle se gardait bien de dire, c'est qu'avoir de la mémoire ne suffit pas à acquérir pour autant un brevet d'esprit ! Réchauffer platement un trait d'humour entendu la veille ne saurait passer pour de l'intelligence car il faut avoir de l'esprit soi-même pour bien citer celui des autres, de la même façon qu'il y a de la grâce à bien cueillir les roses !

Chaque siècle a vu naître quelques écrivains d'exception qui semblent n'être venus au monde que pour répandre autour d'eux l'intelligence, la sagesse ou la folie, la poésie, la dérision, la beauté, la révolte ou le rire.

Dans leurs œuvres, quelques phrases scintillent comme autant de paillettes au soleil qui méritent d'être recueillies et conservées par quelques « orpailleurs » de mots. L'accumulation de ces formules lumineuses constitue un trésor d'esprit dans lequel les générations successives n'ont pas manqué de puiser à pleins bras. Chacune de ces phrases — sentence, paradoxe, maxime, alexandrin, aphorisme, boutade ou apophtegme — citée à point nommé, ajoute du charme ou du piquant à la plus banale des conversations et la surprise heureuse qu'elle provoque est non seulement un hommage à son auteur, mais également un brevet de culture décerné à celui qui a su la citer — la ressus... citer ! — avec esprit.

Immédiatement après l'auteur d'une sentence vient le premier qui la cite, écrivait Emerson.

Depuis trente siècles que les hommes ont pris l'habitude de penser et d'écrire, tout a été dit ou presque et c'est davantage dans les mots que dans les idées que doit se rechercher l'originalité.

Car un bon mot n'est un bon mot qu'en ce qu'il dit une chose que chacun pensait, et qu'il la dit d'une manière vive, fine et nouvelle, disait le vieux Boileau. Déjà ! Une bonne citation serait donc celle qui, à partir des idées de tout le monde, exprimerait les choses comme personne.

Ainsi va l'esprit, à travers les siècles et les générations, nourri de citations vieilles comme le monde et toujours recommencées.

Le petit frisson avant-coureur d'une jolie phrase qui vient..., notait avec une précision quasi médicale Jules Renard dans son *Journal.* Sans doute, celui qui écrivit en telle abondance des mots qui firent fortune et des phrases immortelles éprouva-t-il tant de ces « petits frissons », que l'on s'étonne presque d'apprendre qu'il ne mourut pas de froid !

N'est-il pas, en effet, du destin des jolies phrases de déclencher sur leur passage une série de frissons ? Car, à celui de l'auteur qui s'apprête à l'écrire s'ajoutera un jour celui du lecteur ravi de la découvrir... deux frissons décalés dans le temps, comme deux guillemets pour lui servir de cadre.

Les bonheurs d'écriture sont des papillons rares qui passent et qu'il faut saisir au vol de crainte de les voir s'enfuir à jamais : épingler une phrase ou un papillon, pour pouvoir l'admirer à loisir, revient à lui décerner une « citation » à l'ordre de la beauté fugitive et à lui faire franchir un pas vers l'immortalité.

Une collection de citations, par la grâce des phrases heureuses ou remarquables qu'elle contient, témoigne de ce qu'une langue, prise en flagrant délit d'esprit ou d'intelligence peut produire de meilleur. Ce qui revient à dire qu'un tel recueil serait, à tous les sens du mot, le livre... par excellence. Un danger pourtant guette le superlatif, celui de sa surabondance même.

Si tout ici-bas était excellent, écrivait Diderot, *il n'y aurait plus rien d'excellent.* Voilà pourquoi toutes ces belles phrases ne doivent pas être lues à la suite sous peine d'infliger au lecteur une indigestion, comme il en serait d'une suite de plats trop riches.

En fonction de son humeur du jour et de son envie du moment, il doit picorer au hasard, se laisser aller à vagabonder d'un mot-clé à un autre, s'attardant sur telle maxime profonde, souriant au passage à tel paradoxe désinvolte, pour découvrir aujourd'hui la phrase hier passée inaperçue.

Celui qui rit vendredi, pleure, on le sait, le dimanche, de même que la pensée, négligée le samedi, deviendra peut-être l'indispensable — lundi... spensable ? — du surlendemain.

Un jour vient cependant où, à cette lecture vagabonde, doit se substituer l'exploration systématique de A à Z du recueil, afin que des pages inexplorées ne gardent pas secrètes les phrases qu'elles contiennent.

Un recueil de citations est un compagnon de chevet à la conversation inépuisable, un ami qui sait l'art de meubler les heures d'ennui, d'occuper les insomnies, de calmer les angoisses, d'exciter l'imagination et de faire revenir les sourires perdus.

Des dictionnaires ou des recueils de citations ont été publiés par dizaines. Aucun ne ressemble à l'autre car chacun est le portrait de son auteur, de ses goûts, de son humeur et de ses lectures. Tous, autant que nous sommes, sommes faits de mots et de phrases et nos citations sont plus nous que nous. Dis-moi ce que tu cites et je te dirai qui tu es !

L'auteur d'un recueil de citations ne doit pas se reconnaître d'autre mérite que celui de l'hôte qui a réuni tous les amis brillants et drôles, tous les littérateurs, philosophes, poètes et tous les mauvais garçons aussi, les révoltés ou les fous qu'il a fréquentés et aimés à travers leur œuvre. Il n'a pas de plus grand plaisir que de les faire connaître à ses lecteurs afin de partager son bonheur avec eux.

Je m'arrêterais de mourir s'il me venait un bon mot, plaisantait Voltaire. Vous trouverez dans ces pages, ami lecteur, près de dix mille raisons de vivre longtemps, heureux et sage. Se passionner pour des phrases dont certaines méritent d'être éternelles, n'est-ce pas s'approcher, si peu que ce soit de l'immortalité ?

CLAUDE GAGNIÈRE

A

A

Un jour, un enfant, assis au pied du comptoir d'une lingère, criait de toute sa force. La marchande, importunée de ses cris, lui dit : « Mon ami, pourquoi criez-vous ?

— C'est qu'ils veulent me faire dire A.

— Et pourquoi ne voulez-vous pas dire A ?

— C'est que, je n'aurai pas sitôt dit A, qu'ils voudront me faire dire B... »

DENIS DIDEROT, *Jacques le Fataliste*.

À l'aspect du Très-Haut, sitôt qu'Adam parla,
Ce fut certainement « A » qu'il articula !

ANTOINE DE PIIS, *L'Harmonie imitative de la langue française*.

A, noir corset velu des mouches [éclatantes
Qui bombinent autour des puanteurs [cruelles,
Golfe d'ombres...

ARTHUR RIMBAUD, *Voyelles*.

ABANDONNER

Au cours d'une vie, on est bien obligé d'abandonner quelques patries d'élection.

ACHILLE CHAVÉE, *Décoctions*.

Vive qui m'abandonne, il me rend à moi-même.

HENRY DE MONTHERLANT

ABANDONNER (s')

Dans les affaires comme en amour, il y a un moment où l'on doit s'abandonner.

BERNARD GRASSET, *Remarques sur l'édition*.

ABAT-JOUR

Né en Pologne, j'aurais fait un bel abat-jour.

WOODY ALLEN

Baisse un peu l'abat-jour, veux-tu, [nous serons mieux.
C'est dans l'ombre que les cœurs [causent,
Et l'on voit beaucoup mieux les yeux
Quand on voit un peu moins les [choses.

PAUL GÉRALDY, *Toi et moi*.

ABBÉ PIERRE

J'ai arrêté d'envoyer de vieux habits à l'abbé Pierre : il ne les met jamais !

JOSÉ ARTUR, *Les Pensées*.

ABEILLE

L'abeille brusque-t-elle le jasmin ?

Proverbe persan

Les hommes sont comme les abeilles. Leurs produits valent mieux qu'eux.

JULES ROMAINS

Pourquoi les abeilles entretiennent-elles copieusement leurs mères, tandis que nous, nous n'entretenons copieusement que nos *prime donne* d'opéra ?

GEORGE BERNARD SHAW, *Bréviaire du révolutionnaire.*

ABÎME

Chaque homme est un abîme, on a le vertige quand on se penche dessus.

GEORG BÜCHNER, *Woyzeck.*

Il faut quelquefois se promener au bord de l'abîme.

Même si je descends jusqu'en enfer, le bras de Dieu est assez long pour m'en retirer. Il l'a dit en propres termes dans l'Écriture. Je sais qu'Il est là. Et non seulement, je le sais, mais je le crois.

JULIEN GREEN, *Journal.*

Si tu plonges longtemps ton regard dans l'abîme, l'abîme te regarde aussi.

FRIEDRICH NIETZSCHE

ABORDER

On a accès où l'on entre ; on aborde les personnes à qui l'on veut parler ; on approche celles avec qui l'on est souvent.

L'accès des princes est facile ou difficile ; l'abord en est rude ou gracieux ; l'approche utile ou dangereuse...

L'Encyclopédie (grammaire et littérature)

ABRÉGER

La tâche de l'historien consiste essentiellement à abréger. S'il n'abrégeait pas [...] il faudrait autant de temps pour raconter l'Histoire qu'elle en a mis à se faire. Toutefois, chaque génération a une tendance naturelle à donner plus d'importance à la période contemporaine qu'aux temps les plus reculés. C'est la preuve que de grandes quantités de souvenirs tombent en route. Au bout de quatre ou cinq cents ans, on commence à ne plus guère apercevoir que les sommets et il semble que les années aient coulé jadis beaucoup plus vite que naguère.

JACQUES BAINVILLE

ABRUTI

La condition d'un peuple abruti est pire que celle d'un peuple brute.

DENIS DIDEROT, *Lettre sur le commerce de la librairie.*

ABSENCE

L'absence est à l'amour ce qu'est au feu le vent,
Il éteint le petit, il allume le grand.

ROGER DE BUSSY-RABUTIN, *Histoire amoureuse des Gaules.*

L'absence est le cuir à repasser de l'affection.

LOUIS AUGUSTE COMMERSON, *Pensées d'un emballeur.*

Absence pour le moment des œufs sur le plat sans le plat.

SALVADOR DALÍ, cité par PAUL ÉLUARD.

Mais les grands anti-soleils noirs, puits de vérité dans la trame essentielle, dans le voile gris du ciel courbe, vont et viennent et s'aspirent l'un l'autre, et les hommes les nomment absences.

RENÉ DAUMAL, *Le Grand Jeu.*

Qu'il faut donc aimer quelqu'un pour le préférer à son absence !

JEAN ROSTAND, *Pensées d'un biologiste.*

ABSENT

Les amants et les maris ne doivent pas trop rester dehors. J'ai connu des absents qui avaient tort quatre fois par jour.

LORD BYRON

Les absents ont toujours tort.

PHILIPPE NÉRICAULT, dit DESTOUCHES, *L'Obstacle imprévu.*

C'est en amour surtout que les absents ont tort.

POL MERCIER et ÉDOUARD FOURNIER, *Christian et Marguerite*.

Les absents ont toujours tort de revenir.

JULES RENARD, *Journal*.

Une femme écrivait à son amant : « Revenez vite. J'aimerais Dieu si je pouvais aimer les absents. »

ANTOINE DE RIVAROL, *Pensées, traits et bons mots*.

ABSINTHE

... Et il tomba du ciel une grande étoile ardente comme un flambeau, et elle tomba sur le tiers des fleuves et sur les sources des eaux. Le nom de cette étoile est Absinthe ; et le tiers des eaux fut changé en absinthe, et beaucoup d'hommes moururent par les eaux, parce qu'elles étaient devenus amères.

Apocalypse, VIII, 10 et 11.

L'absinthe apporte l'oubli, mais se fait payer en migraines.

Le premier verre vous montre les choses comme vous voulez les voir, le second vous les montre comme elles ne sont pas ; après le troisième, vous les voyez comme elles sont vraiment. Et il n'y a rien de pire.

OSCAR WILDE

Voir WHISKY.

ABSOLUTION

L'oubli de ses propres fautes est la plus sûre des absolutions.

OSCAR WILDE

ABSTINENCE

L'abstinence est une bonne chose pourvu qu'on la pratique avec modération.

Histoires de taureaux irlandais

Le *Vendredi*, ainsi que chacun sait,
L'œuvre de chair il faut que l'on
[retranche ;
Le *Samedi*, non sans juste sujet,
D'autant que c'est la veille du
[*Dimanche* ;
Pour ce dernier, c'est un jour de
[repos ;
Quant au *Lundi*, je ne trouve à propos
De commencer par ce point la
[semaine,
Ce n'est le fait d'une âme bien
[chrétienne.

JEAN DE LA FONTAINE

ABSURDE

Le Bouddha dit alors à la jeune fille : « Lorsque tu es arrivée au sommet de la montagne, continue de monter. »

Entendu de mes propres yeux : « C'est étonnant comme les frères Lyonnet se ressemblent !

— Oui, surtout Anatole ! »

ALPHONSE ALLAIS

L'homme absurde est celui qui ne change jamais.

AUGUSTE BARTHÉLEMY, *Justification*.

Ce qui nous distingue de nos prédécesseurs, c'est notre sans-gêne à l'égard du Mystère. Nous l'avons même débaptisé ; ainsi est né l'Absurde.

EMIL MICHEL CIORAN, *Syllogismes de l'amertume*.

J'ai plus de souvenirs que si j'avais Turin*.

LOUIS SCUTENAIRE, *Mes inscriptions*.

* Baudelaire, « J'ai plus de souvenirs que si j'avais mille ans. », *Les Fleurs du mal*.

Necessity makes the goose*.

LOUIS SCUTENAIRE, *Mes inscriptions*.

* Traduction littérale : Nécessité fait l'oie.

ABSURDITÉ

En politique, une absurdité n'est pas un obstacle.

BONAPARTE

L'absurdité est surtout le divorce de l'homme et du monde.

ALBERT CAMUS, *L'Étranger*.

Il n'y a point d'absurdité qui n'ait été soutenue par quelque philosophe.

CICÉRON

... s'aimer et s'honorer soi-même dans sa propre sagesse — et même dans son absurdité ; être un peu bouffon, un peu Dieu.

FRIEDRICH NIETZSCHE,
La Volonté de puissance.

La vie est pleine d'absurdités qui peuvent avoir l'effronterie de ne pas paraître vraisemblables. Et savez-vous pourquoi ? Parce que ces absurdités sont vraies.

LUIGI PIRANDELLO,
Six Personnages en quête d'auteur.

Le cœur ne mène pas si vite à l'absurdité que la raison à l'odieux.

JEAN ROSTAND

ABUS

L'époque la plus favorable pour la répression d'un abus, c'est le jour où on le découvre.

AURÉLIEN SCHOLL

Il n'est pas d'abus dont quelqu'un ne vive.

JACQUES TURGOT

ACADÉMICIEN

Un académicien, c'est un type qui a un pied dans la tombe et qui écrit avec l'autre.

Anonyme

Il n'est pas déshonorant d'être académicien ; ce qui est déshonorant, c'est d'être candidat.

TRISTAN BERNARD

Académicien ? Non. Le costume coûte trop cher. J'attendrai qu'il en meure un de ma taille.

TRISTAN BERNARD,
Mathilde et ses mitaines.

Les académiciens français se demandent toujours ce que les trente-neuf autres font sous la Coupole.

PHILIPPE BOUVARD, *Douze mois et moi.*

La mort d'un académicien est un événement grave à coup sûr, ce n'est pas un événement triste.

ALFRED CAPUS,
Monsieur veut rire.

Il y a à Paris, en ce moment, d'habiles artisans qui sont à l'œuvre sur le drap et sur la passementerie pour me transformer en olivier verdoyant.

PAUL CLAUDEL,
cité par H. MONDOR.

On naît académicien comme on naît archevêque, cuisinière ou sergent de ville, et celui qui doit l'être ne meurt pas avant de l'avoir été.

THÉOPHILE GAUTIER

L'immortelle n'a pas d'odeur.

ANDRÉ GIDE

Le déguisement, les rites ne sont pas un jeu frivole. J'admire les hommes d'avoir inventé des liturgies pour masquer les avenues de la mort : c'est une forme de leur courage. Francis Jammes ne le comprenait pas lorsque la vue d'un académicien en grand arroi, aperçu au fond d'un fiacre, lui inspirait un jour cette malice : « Nous ririons fort si un lapin se vêtait de feuilles de chou, ceignait en guise d'épée une brochette, coiffait une peau d'aubergine en manière de claque et s'allait asseoir en face de trente-neuf lapins accoutrés de même sorte... » Eh bien, non ! nous aurions tort de rire : il faudrait, au contraire, s'incliner devant ces lapins élevés à la dignité d'hommes, puisque, menacés par l'ouverture de la prochaine chasse, assurés de périr en grand nombre de mort violente, ils se révéleraient capables de se plier à des cérémonies, fussent-elles saugrenues autour d'un fauteuil fût-il inexistant, d'évoquer un mort avec des paroles étudiées, de le tirer pour un jour des ténèbres.

FRANÇOIS MAURIAC,
Le Figaro, 30 juin 1947.

Un académicien est un homme en état de siège.

ROBERT SABATIER,
Le Livre de la déraison souriante.

ACADÉMIE

Quand je n'aurai plus qu'une paire de fesses pour penser, j'irai l'asseoir à l'Académie.

GEORGES BERNANOS

Le candidat idéal c'est celui qui n'a rien fait, qui n'a pas cédé à cette manie d'écrire qui perd tant d'hommes remarquables. C'est celui que personne ne connaît et qui, en entrant à l'Académie, lui doit tout, car, sans elle, il ne serait rien. Ça, c'est beau ! Ça, ça a de la grandeur !

ROBERT DE FLERS et
GASTON DE CAILLAVET,
L'Habit vert.

Le fauteuil académique est un lit de repos où le bel esprit sommeille.

BERNARD DE FONTENELLE

Les vieillards tiennent beaucoup à leurs idées. C'est pourquoi les naturels des îles Fidji tuent leurs parents quand ils sont vieux. Ils facilitent ainsi l'évolution, tandis que nous en retardons la marche en faisant des académies.

ANATOLE FRANCE,
Les Opinions de Jérôme Coignard.

L'on peut dire, s'il m'est permis de m'exprimer ainsi, que M. de Voltaire valait seul toute une académie.

FRÉDÉRIC II,
Éloge de Voltaire.

On rencontre à l'Académie des gens qui ont du talent et d'autres qui n'en ont pas. Il faut avoir de la considération surtout pour ces derniers ; ce sont les plus forts puisqu'ils sont parvenus sans talent.

LUDOVIC HALÉVY,
cité par le duc de CASTRIES
in *La Vieille Dame du quai Conti.*

L'Académie est le chef-d'œuvre de la puérilité sénile.

VICTOR HUGO

Il est curieux comme le même mot peut avoir des sens complètement opposés. En art, académie, c'est la nudité. En littérature, Académie, cela veut dire : jamais trop habillé.

PAUL LÉAUTAUD, *Propos d'un jour.*

Les académies sont des sociétés comiques où l'on garde son sérieux.

MME DE LINAUGE

L'Académie ? Avec une minuscule, c'est un corps de jolie femme. Avec une majuscule, c'est un corps de vieux barbons.

PAUL MORAND

Ces gens doctement ridicules
Parlant de tout, nourris de vent
Et qui pèsent si gravement
Des points, des mots et des virgules.

VOLTAIRE

ACADÉMIE FRANÇAISE

Comment ! disait Jules Vallès, Goncourt se moque de l'Académie des quarante et il veut fonder l'Académie des dix !...

ALBALAT, *Souvenirs de la vie littéraire.*

Ils sont de l'Académie, grand-croix de la Légion d'honneur, prix Nobel, que sais-je ! et, de surcroît, ils voudraient qu'on les aime. Allons, il fallait commencer par là !

GILBERT CESBRON, *Journal sans date, III.*

Donnez-moi quarante trous du cul et je vous fais une Académie française.

GEORGES CLEMENCEAU

S'il se rencontre parmi les Quarante des personnes de plus de politesse que de génie, quel mal y voyez-vous ? La médiocrité triomphe à l'Académie ? Où ne triomphe-t-elle pas ?

ANATOLE FRANCE,
Les Opinions de Jérôme Coignard.

Les écrivains français n'existent pas par l'Académie. L'Académie existe par les écrivains. Le lustre justifié dont elle éclate aux yeux du monde lui vient parfois beaucoup moins des écrivains qui la composent que des écrivains qui sont en dehors d'elle.

JEAN GIRAUDOUX,
Littérature.

L'Académie française a reçu hier M. Bordeaux.

M. Bordeaux a envahi le fauteuil de Jules Lemaitre.

Il y a des fauteuils qui ne sont pas dégoûtés.

HENRI JEANSON,
au journal *Bonsoir*.

L'Académie est plus qu'une institution, c'est une habitude de la France.

ALPHONSE DE LAMARTINE

Casimir Bonjour disait à Legouvé : « L'Académie française a un grand avantage. Grâce à elle, quand on n'est plus quelqu'un, on est encore quelque chose. »

LORÉDAN LARCHEY,
L'Esprit de tout le monde.

Ils sont quarante qui ont de l'esprit comme quatre.

ALEXIS PIRON

Si tu écris à Jules Lemaitre*, mets sur l'enveloppe « de l'Académie française ». Tu feras plaisir à Lemaitre et à la direction des postes de ton village.

JULES RENARD, *Journal*

* Élu en 1895 au vingtième fauteuil.

L'Académie française, c'est comme la prostate : elle fait rire quand on en parle. Personne n'a jamais été fichu de savoir à quoi elle servait exactement, mais sur le tard, elle finit toujours par devenir pour tous les hommes un besoin pressant.

Plaisanterie classique rapportée par
FRANÇOIS REYNAERT,
Le Nouvel Observateur, 22 janvier 1998.

Quarante appelés et peu de lus.

PIERRE VÉRON,
Le Carnaval du dictionnaire.

ACCENT

Les asiles de déments comportent dans leur personnel des internes et des internés. J'ai beaucoup fréquenté ces deux classes de gens et la vérité me contraint à déclarer qu'entre ceux-ci et ceux-là ne se dresse que l'épaisseur de l'accent aigu.

ALPHONSE ALLAIS, *Loufoc house*.

Rien qu'en sondant ces mots par un
[beau soir d'été :
Je pèche ou bien je pêche, avez-vous
[médité
Sur tout l'ennui caché dans l'accent
[circonflexe ?

VICTOR HUGO, *Tas de pierres*.

Avoir un bon accent est très important aux yeux des Britanniques. — « Vraiment, Mr Mikes, m'a dit un jour une Lady, vous parlez un accent remarquable sans la moindre pointe d'anglais. »

GEORGE MIKES,
Comment être un étranger en Angleterre.

Emporter avec soi son accent
[familier,
C'est emporter un peu sa terre à ses
[souliers ;
Emporter son accent d'Auvergne ou
[de Bretagne,
C'est emporter un peu sa lande ou sa
[campagne.
... Avoir l'accent, enfin, c'est, chaque
[fois qu'on cause,
Parler de son pays en parlant d'autre
[chose.

MIGUEL ZAMACOÏS, *L'Accent*.

ACCIDENT

Quand deux voitures se télescopent, c'est celle qui a le plus gros saint Christophe qui a le moins de mal.

FRANÇOIS CAVANNA,
Le saviez-vous ?

Les accidents de métro, chemins de fer, tramways, etc., ont ceci de bon, comme les guerres, qu'ils éclaircissent le trop-plein misérable de la population.

ALFRED JARRY

ACCOMPAGNER

Il y a trois choses qui nous accompagnent jusqu'à la mort : le sang, l'urine et les excréments.

GEORG WALTHER GRODDECK

ACCORDÉON

C'est au son de l'accordéon
Que Nénette a connu Léon
Et que j'ai rencontré Fernande,
L'accordéon qui tant est tendre,
Et rauque inexorablement.

FRANCIS CARCO, *La Bohème et mon cœur*.

ACCORDER

Vous faites accorder vos pianos ? Faites donc accorder vos participes.

FRANCIS BLANCHE, *Les Pensées*.

ACCOUCHEMENT

La sage-femme dit que l'enfant sortira plus doucement qu'il n'est entré.

BÉROALDE DE VERVILLE, *Le Moyen de parvenir*.

ACCOUPLEMENT

Les seules créatures qui s'accouplent en se faisant face sont l'homme et le sandwich au pâté.

FRANÇOIS CAVANNA

ACCUSER

Il y a une certaine volupté à s'accuser soi-même. Dès que nous nous blâmons, il nous semble que personne d'autre n'a plus le droit de le faire.

OSCAR WILDE, *Le Portrait de Dorian Gray*.

ACNÉ

Une de mes vieilles amies âgée de soixante-deux ans fit une prière en se couchant : « Je vous en prie, mon Dieu, faites que ma peau ressemble à celle d'un adolescent. » Le lendemain, elle se réveilla avec de l'acné.

PHYLLIS DILLER, cité dans *Yet More Wit*.

ACQUIESCEMENT

L'acquiescement éclaire le visage. Le refus lui donne la beauté.

RENÉ CHAR

ACROSTICHE

Je ne saurais nommer celle qui sait [me plaire
Un fat peut se vanter, un amant doit [se taire
La pudeur qu'alarmait l'impétueux [désir
Inventa sagement le voile du [mystère,
Et l'amour étonné connut le vrai [plaisir.

Anonyme

La nuit descend
On y pressent
Un long un long destin de sang.

GUILLAUME APOLLINAIRE, acrostiche sur Louise de Coligny-Châtillon, dite Lou.

S'attacher au combat contre un autre [soi-même,
Attaquer un parti qui prend pour [défenseur
Le frère d'une femme et l'amant [d'une sœur
Et, rompant tous ces nœuds, s'armer [pour la patrie
Contre un sang qu'on voudrait [racheter de sa vie,
Une telle vertu n'appartenait qu'à [nous,
L'éclat de son grand nom lui fait peu [de jaloux...

PIERRE CORNEILLE, *Horace*.

ACTEUR

Lorsque les bons acteurs sortent de scène, ils entrent dans la pièce à côté ; les mauvais, eux, n'entrent nulle part.

Un comédien inconnu

Souviens-toi que, dans cette vie, tu es un acteur auquel un rôle bien précis a été confié : efforce-toi de le jouer bien, sans te soucier que ce soit un rôle long ou court, de mendiant ou de magistrat, d'invalide ou d'homme normal.

ÉPICTÈTE, *Manuel*, XVII.

L'acteur est un sculpteur de neige.

PIERRE FRESNAY

ACTION

D'abord continuer, ensuite commencer.

WILLIAM JAMES.
Paradoxe dont Jacques Duhamel avait fait sa devise.

Accomplis chaque action de ta vie comme si c'était la dernière.

MARC AURÈLE

ACTUALITÉ

L'actualité, c'est ce qui, ce matin, semble être quelque chose et, ce soir, ne sera plus rien.

JEAN MISTLER

ADAM

« Dis-moi de quoi fut fait Adam le premier homme.
— Je te le dis, c'est avec huit livres.
— Dis-moi de quoi.
— Je te le dis, la première était une livre de poussière et, avec elle, on fit sa chair. La deuxième était une livre de feu, et c'est pourquoi le sang est rouge et chaud. La troisième était une livre de vent, et ainsi le souffle lui fut donné. La quatrième était une livre de nuages, et avec elle on fit la faiblesse de l'esprit. La cinquième était une livre de grâce, et ainsi l'esprit et la pensée lui furent donnés. La sixième était une livre de fleurs, c'est pourquoi il y a des yeux de tant de couleurs. La septième était une livre de rosée, et ainsi lui fut donnée la sueur. La huitième était une livre de sel, aussi ses larmes sont-elles salées. »

Dialogue entre Salomon et Saturne cité par JORGE LUIS BORGES, *Essai sur les littératures médiévales germaniques*.

La première opération pratiquée sur Adam fut une incision intercostale. Une complication postopératoire se manifesta sous la forme d'une ravissante jeune femme.

L. M. TARD, *Si vous saisissez l'astuce*.

ADAPTER (s')

L'homme qui est raisonnable s'adapte au monde ; celui qui ne l'est pas essaie d'adapter le monde à lui-même ; c'est pourquoi tout progrès dépend de ce dernier.

GEORGE BERNARD SHAW

ADIEU

J'ai cueilli ce brin de bruyère
L'automne est morte, souviens-t'en
Nous ne nous verrons plus sur terre
Odeur du temps brin de bruyère
Et n'oublie pas que je t'attends.

GUILLAUME APOLLINAIRE, *Alcools*.

Le regard indifférent est un perpétuel adieu.

MALCOLM DE CHAZAL, *Sens plastique*.

On ne fait pas toujours à ceux qu'on aime des adieux près d'un lit de mort, dans une atmosphère de paix et d'encens.

GRAHAM GREENE, *La Puissance et la Gloire*.

On se dit au revoir quand on espère bien qu'on ne se reverra jamais, et on se revoit volontiers quand on s'est dit adieu.

SACHA GUITRY, *Toâ*.

Adieu ! mot qu'une larme humecte [sur la lèvre ;
Mot qui finit la joie et qui tranche [l'amour ;
Mot par qui le départ, de délices [nous sèvre ;
Mot que l'éternité doit effacer un [jour !
Adieu !... Je t'ai souvent prononcé [dans la vie,

Sans comprendre, en quittant les [êtres que j'aimais,
Ce que tu contenais de tristesse et de [lie.
Quand l'homme dit : « RETOUR ! » et [que Dieu dit : « JAMAIS ! »

ALPHONSE DE LAMARTINE

On passe sa vie à dire adieu à ceux qui partent, jusqu'au jour où l'on dit adieu à ceux qui restent.

COMTESSE DE TALLEYRAND

ADJECTIF

Pas d'adjectifs, ils affaiblissent le style. L'adjectif, c'est comme les bijoux. Une femme élégante ne porte pas de bijoux.

JACQUES CHARDONNE, *Ce que je voulais vous dire aujourd'hui.*

La crainte de l'adjectif est le commencement du style.

PAUL CLAUDEL, *Journal.*

Quand les adjectifs sortent du mot à la queue-leu-leu... c'est que le mot vogue à sa perte.

JEAN GIRAUDOUX, *Juliette au pays des hommes.*

L'adjectif, c'est la graisse du style.

VICTOR HUGO

ADMINISTRATION

Il y a des administrations qui coûtent plus cher que si on y volait.

PRINCE DE LIGNE

ADMIRATION

Le génie de l'admiration, de la compréhension [est] la faculté par laquelle un homme ordinaire devient le frère d'un grand poète.

HONORÉ DE BALZAC

L'admiration est fille de l'ignorance.

ANTOINE FURETIÈRE, *Dictionnaire universel.*

ADOLESCENCE

Quand de vos traits la fraîcheur [passagère
S'envolera sur les ailes du temps,
À la toilette empruntez l'art de [plaire.
Mais, jusque-là, fuyez ces faux [brillants ;
Or et bijoux ne valent pas quinze [ans.

MARC-ANTOINE DÉSAUGIERS

Rien n'est mystérieux comme ces sourdes préparations qui attendent l'homme au seuil de toute vie. Tout est joué avant que nous ayons douze ans.

CHARLES PÉGUY, *Cahiers de la Quinzaine.*

L'adolescence est l'âge où les enfants commencent à répondre eux-mêmes aux questions qu'ils posent.

GEORGE BERNARD SHAW

ADRESSE

Pour rentrer chez vous, une seule adresse, la vôtre !

FRANCIS BLANCHE

ADULTE

Qu'est-ce qu'un adulte ? un enfant gonflé d'âge.

SIMONE DE BEAUVOIR, *La Femme rompue.*

Il nous faut devenir adultes pour comprendre que les adultes n'existent pas et que nous avons été élevés par des enfants que l'armure de nos rires rendaient faussement invulnérables.

CHRISTIAN BOBIN, *L'Éloignement du monde.*

Ô Dieu ! si tu veux que jamais plus femme n'élève la voix, crée enfin un homme adulte.

JEAN GIRAUDOUX, *Sodome et Gomorrhe.*

L'homme ne sera adulte que le jour où son cerveau pourra contenir dans sa plénitude et dans sa simplicité la notion divine.

VICTOR HUGO

Être adulte, c'est être seul.

JEAN ROSTAND, *Pensées d'un biologiste*.

ADULTÈRE

Si le Christ a pardonné à la femme adultère, c'est parce que ce n'était pas la sienne.

Anonyme

La grenouille est un têtard qui a perdu sa queue en devenant adultère.

Un cancre anonyme
cité par JEAN-PAUL LACROIX.

L'adultère en latin, cela veut dire, en [somme,
Qu'on avance la nuit près du lit d'un [autre homme,
Pour diviser en trois ce qui n'était [qu'à deux
Qu'un seul et même corps selon la [loi des Cieux.

GEOFFREY CHAUCER,
Contes de Cantorbery, cité in Dupré,
Encyclopédie des citations.

Tu ne commettras pas l'adultère à moins d'en avoir envie.

W. C. FIELDS

Pour se donner les joies de l'adultère, il faut être une personne pieuse.

ANATOLE FRANCE

Ce que l'adultère fait perdre à la bourgeoisie, ce n'est pas ce que les grandes dames appellent de ce grand mot : l'honneur ; c'est ce que les petites gens appellent de ce mot étroit mais précis : l'honnêteté.

EDMOND et JULES DE GONCOURT

La liberté d'aimer n'est pas moins sacrée que la liberté de penser. Ce qu'on appelle aujourd'hui l'adultère est identique à ce qu'on appelait autrefois, l'hérésie.

VICTOR HUGO, *Tas de pierres*.

ADVERBE

Il n'y a pas d'adverbe dont je me méfie plus que de « sincèrement », et même quand c'est au bout de ma plume que je le trouve.

FRANÇOIS MAURIAC, *Le Bloc-Notes*, III.

ADVERSAIRE

Le grand triomphe de l'adversaire est de vous faire croire ce qu'il dit de vous.

PAUL VALÉRY,
Mauvaises Pensées et autres.

AFFAIRE

Pour réussir une affaire, il faut trois personnes : un rêveur, un commerçant et un salaud.

PETER MAC ARTHUR

AFFAIRES

Ne consume pas ta vie dans les affaires.

MARC AURÈLE

AFFICHE

L'affiche doit être un télégramme adressé à l'esprit.

PAUL COLIN, affichiste.

AFFLIGÉ

Nous ne sommes pas assez parfaits pour être toujours affligés : notre nature est trop variable, et cette imperfection est une de ses plus grandes ressources.

BERNARD DE FONTENELLE, *Du Bonheur*.

Voir DOULEUR (Chateaubriand).

ÂGE

Il y a quatre âges dans la vie de l'homme :
— celui où il croit au Père Noël ;
— celui où il ne croit plus au Père Noël ;
— celui où il *est* le Père Noël ;
— celui où il ressemble au Père Noël.

Anonyme

L'âge est une grâce qu'il faut mériter, non un poids qui vous écrase.

JACQUES DE BOURBON-BUSSET

L'âge des bonnes choses : œuf d'une heure, pain du jour, vin d'un an, poisson de deux, maîtresse de quinze, ami de trente...

ANTHELME BRILLAT-SAVARIN

L'âge des femmes se calcule en ajoutant l'âge qu'elles se donnent à celui que leur donne leur meilleure amie, puis, en divisant par deux.

LÉO CAMPION

... L'âge véritable, celui qui compte, ce n'est pas le nombre des années que nous avons vécues, c'est le nombre des années qu'il nous reste à vivre.

ALFRED CAPUS, *Les Pensées*.

Chaque âge a ses problèmes. On les résout à l'âge suivant.

MAURICE CHAPELAN

21 février 1945. J'ai cinquante-dix ans !

SACHA GUITRY, *Toutes réflexions faites*.

L'âge, c'est lorsque les bougies commencent à coûter plus cher que le gâteau.

BOB HOPE

Un peintre a l'âge de ses tableaux ; un poète a l'âge de ses poèmes ; un scénariste a l'âge de ses films. Seuls les imbéciles ont l'âge de leurs artères.

HENRI JEANSON

L'âge n'est jamais qu'un rôle dans le théâtre du monde. Les jeunes se veulent plus vieux, les vieux plus jeunes, et tous meurent de n'avoir pas été.

KARL KRAUS, *Le Flambeau*,
cité par RAOUL VANEIGEM in
Dictionnaire de citations.

La femme de trente ans, c'est une femme de vingt ans qui n'en a pas quarante.

PHILIPPE LABRO

Les quatre âges de l'homme sont : la petite enfance, l'enfance, l'adolescence et l'obsolescence.

ART LINKLETTER

J'aurai bientôt vingt-huit ans. C'est un âge où, avec de l'émulation et quelques connaissances, on peut n'être pas tout à fait inutile ; mais c'est aussi celui où l'on n'a plus de temps à perdre.

HONORÉ GABRIEL MIRABEAU,
« Lettre à M. le maréchal duc de Noailles »,
Correspondance.

Oh ! l'âge, tu sais, ça dépend des jours ! Hier, je n'en avais pas, aujourd'hui j'ai quinze ans, et demain nous fêterons peut-être mon centenaire.

LOUISE DE VILMORIN,
La Lettre dans un taxi.

L'âge avance ; on n'est pas plus tôt sorti du collège qu'on a soixante ans ; en un clin d'œil, on en a soixante et dix.

VOLTAIRE,
Lettre à d'Argental.

ÂGÉ

N'injurie pas un plus âgé que toi,
Car il a vu la lumière divine avant toi.

AMÉNÉMOPÉ,
La Sagesse vivante de l'Égypte ancienne,
traduite par Christian Jacq.

AGIR

On croit agir, on est entraîné.

JACQUES CHARDONNE,
L'Amour, c'est beaucoup plus que l'amour.

AGITATEUR

Le secret de l'agitateur est de paraître aussi bête que ses auditeurs, pour qu'ils se croient aussi intelligents que lui.

KARL KRAUS,
Aphorismes.

AGNOSTIQUE

Je suis agnostique. Ce qui ne veut pas dire que je ne crois pas, mais que je ne sais pas si je crois.

FRANÇOIS MITTERRAND,
Portrait, TF1, 21 janvier 1987.

AGONIE

Jésus sera en agonie jusqu'à la fin du monde : il ne faut pas dormir pendant ce temps-là.

BLAISE PASCAL, *Les Pensées*.

AGRICULTEUR

L'agriculteur est un homme qui transpire beaucoup afin de faire de son fils un monsieur qui rougira de lui plus tard.

ADRIEN DECOURCELLE,
Le Livre de chevet.

AGRICULTURE

Il n'est nul art au monde auquel soit requis une plus grande philosophie qu'à l'agriculture.

BERNARD PALISSY

AIGRE

Il n'y a guère de gens plus aigres que ceux qui sont doux par intérêt.

LUC DE VAUVENARGUES,
Maximes et Pensées.

AIL

Une caresse d'ail revigore, un excès d'ail endort.

CURNONSKY

L'ail est l'honneur de toute bonne table provençale et un sûr moyen d'échapper à la maladie et à la mort. On assure qu'il tue parfois les voisins, mais ceux qui le prétendent sont des gens du Nord. Ce qui tue, c'est l'absence d'aïoli.

LÉON DAUDET

L'échalote : Oh ! que ça sent mauvais !

L'ail : Je parie que c'est encore l'œillet.

JULES RENARD,
Histoires naturelles.

Mangez beaucoup d'ail. Il rajeunit l'organisme et écarte les importuns.

ALEXANDRE VIALATTE

AILE

L'homme s'égare au royaume des oiseaux, mais il n'est pas né avec des ailes !

ROLAND GARROS

AILLEURS

Ce qui comptait pour moi, c'était de découvrir un ailleurs qui pût éventuellement devenir un ici.

GABRIEL MARCEL,
Existentialisme chrétien.

AIMABLE

Rien ne dure que ce qui plaît ;
L'utile doit être agréable ;
Un auteur n'est jamais parfait
Quand il néglige d'être aimable

MGR DE BERNIS

AIMER

Est-il meilleur d'aimer ou d'être aimé ? Ni l'un ni l'autre si notre taux de cholestérol excède 5,35.

WOODY ALLEN

J'aime, je n'aime pas : cela n'a aucune importance pour personne ; cela apparemment n'a pas de sens. Et pourtant, tout cela veut dire : mon corps n'est pas le même que le vôtre.

ROLAND BARTHES,
Roland Barthes par lui-même.

Défendre d'aimer à une jeune et jolie personne, ce serait défendre à un arbre de porter des feuilles au mois de mai.

CATHERINE BERNARD,
Riquet à la houppe.

Il y a plus de gens qui veulent être aimés que de gens qui veulent aimer eux-mêmes.

NICOLAS DE CHAMFORT

Aimer, c'est savoir joindre à un tempérament de vampire la discrétion d'une anémone.

EMIL MICHEL CIORAN,
Syllogisme de l'amertume.

Il est évidemment bien dur de ne plus être aimé quand on aime, mais cela n'est pas comparable à l'être quand on n'aime plus.

GEORGES COURTELINE,
La Philosophie de Georges Courteline.

J'aime Gala plus que ma mère, plus que mon père, plus que Picasso et même plus que l'argent.

SALVADOR DALÍ

Le Seigneur a dit : « Tu aimeras ton prochain comme toi-même. » Personnellement, je préfère moi-même, mais je ne ferai pas entrer mes opinions personnelles dans ce débat.

PIERRE DESPROGES

On aime une femme pour ce qu'elle n'est pas ; on la quitte pour ce qu'elle est.

SERGE GAINSBOURG

Si tu m'aimais et si je t'aimais, comme je t'aimerais.

PAUL GÉRALDY,
Toi et moi.

Pour moi, être aimé n'est rien, c'est être préféré que je désire.

ANDRÉ GIDE

Si vous n'aimez pas la ville, si vous n'aimez pas la campagne, si vous n'aimez pas la mer, si vous n'aimez pas la montagne… allez vous faire foutre.

JEAN-LUC GODARD,
À bout de souffle,
emprunté à Francis Blanche.

L'important n'est pas d'aimer mais de donner quelque chose à aimer.

JEAN GRENIER

Pour aimer les femmes, il ne faudrait pas les connaître, et pour les connaître, il ne faudrait pas les aimer.

EDMOND JALOUX,
Essences.

Aimer, la meilleure préparation à la mort.

MARCEL JOUHANDEAU

Aimer, c'est n'avoir plus droit au soleil de tout le monde. On a le sien.

MARCEL JOUHANDEAU,
Algèbre des valeurs morales.

Savoir aimer, c'est ne pas aimer. Aimer, c'est ne pas savoir.

MARCEL JOUHANDEAU,
Algèbre des valeurs morales.

J'aime le jeu, l'amour, les livres, la [musique,
La ville et la campagne, enfin tout : [il n'est rien
Qui ne me soit souverain bien,
Jusqu'au sombre plaisir d'un cœur [mélancolique.

JEAN DE LA FONTAINE,
Les Amours de Cupidon et de Psyché.

On aime d'ordinaire les belles femmes par inclination, les laides par intérêt et les vertueuses par raison.

HAMELOT DE LA HOUSSAYE, *Réflexion.*

« Aimer, c'est préférer un autre à soi-même. » Dans ce sens-là, je n'ai jamais aimé.

PAUL LÉAUTAUD, *Amours.*

Ce qu'on aime dans un autre, c'est soi, c'est son plaisir, c'est le plaisir qu'on lui donne et qui est encore une forme du nôtre.

PAUL LÉAUTAUD, *Amours.*

Si on me presse de dire pourquoi je l'aimais, je sens que cela ne peut s'exprimer qu'en répondant : « Parce que c'était lui, parce que c'était moi. »

MICHEL DE MONTAIGNE,
« De l'amitié », *Essais.*

Aimer est le grand point, qu'importe [la maîtresse ?
Qu'importe le flacon, pourvu qu'on [ait l'ivresse ?

ALFRED DE MUSSET,
La Coupe et les Lèvres.

Il n'aime plus cette personne qu'il aimait il y a dix ans. Je crois bien : elle n'est plus la même ni lui non plus. Il était jeune et elle aussi ; elle est tout autre. Il l'aimerait peut-être encore telle qu'elle était alors.

BLAISE PASCAL, *Pensées*.

Tout est beau dans ce que l'on aime.
Tout ce qu'on aime a de l'esprit.

CHARLES PERRAULT,
Riquet à la Houppe.

Une maîtresse est ce qu'on aime le plus ; une femme ce qu'on aime le mieux ; une mère ce qu'on aime toujours.

J. PETIT-SENN

Je t'apprendrai, si tu veux, en peu
[d'heure
Le beau secret du breuvage
[amoureux.
Aime les tiens, tu seras aimé d'eux,
Il n'y a point de recette meilleure.

GUY DU FAUR DE PIBRAC,
Quatrains du seigneur de Pibrac.

Est-ce ma faute à moi si j'aime mieux les femmes que j'aime que les femmes que je n'aime pas ?

ABBÉ PRÉVOST

On n'aime plus personne dès qu'on aime.

MARCEL PROUST,
Du côté de chez Swann.

Elle ne concevait pas qu'aimer fût l'ennemi d'aimer.

CHARLES AUGUSTIN SAINTE-BEUVE,
Volupté.

Aimer une femme, c'est surestimer la différence qui existe entre une femme et une autre.

GEORGE BERNARD SHAW

Faites en sorte d'obtenir ce que vous aimez, sinon vous serez forcé d'aimer ce que vous obtenez.

GEORGE BERNARD SHAW,
Bréviaire du révolutionnaire.

AIR

L'air est plein du frisson des choses qui s'enfuient.

CHARLES BAUDELAIRE,
Tableaux parisiens.

Chacun, au fond, mesure secrètement, et très exactement, l'air qu'il déplace.

FRANÇOIS MAURIAC

AIX-EN-PROVENCE

À Aix-en-Provence, un aveugle croit qu'il pleut.

JEAN COCTEAU

ALCHIMIE

À notre époque, on se refuse à croire que le plomb puisse être transformé en or... jusqu'au moment où on reçoit la facture du plombier.

GEORGE BERNARD SHAW

ALCOOL

L'alcool est un ennemi. Qui fuit l'ennemi est un lâche.

Pancarte vue dans un bistrot

L'alcool est blanc, mais rougit le visage ; l'or est jaune, mais noircit le cœur.

Proverbe chinois

Et tu bois cet alcool brûlant comme
[ta vie
Ta vie que tu bois comme une
[eau-de-vie.

GUILLAUME APOLLINAIRE, *Alcools*.

L'alcool dégrise. Après quelques gorgées de cognac, je ne pense plus à toi.

MARGUERITE YOURCENAR, *Feux*.

ALCOOLIQUE

Un alcoolique, c'est quelqu'un que vous n'aimez pas et qui boit autant que vous.

Réplique du film *Bullitt* de PETER YATES

ALCOOLISME

L'alcoolisme est une forme de patriotisme destinée à éponger les excédents et à juguler la crise dans le Languedoc-Roussillon.

JACQUES MAILHOT,
La Politique d'en rire.

ALEXANDRIN

Un beau vers a douze pieds, et deux ailes.

JULES RENARD, *Journal*.

Le vers alexandrin n'est souvent qu'un cache-sottise.

STENDHAL, *Racine et Shakespeare*.

Le poète est soumis à cette loi si dure
Qui veut qu'avec six pieds d'une [égale mesure
De deux alexandrins, côte à côte [marchant,
L'un serve pour la rime et l'autre [pour le sens
Si bien que, sans rien perdre, en [bravant cet usage,
On pourrait retirer la moitié d'un [ouvrage.

VOLTAIRE,
Servitude du poète à l'égard de l'alexandrin.

ALGÈBRE

Sans doute, vous serez célèbre.
Par ces grands calculs de l'algèbre
Où votre esprit est absorbé.
J'oserais m'y livrer moi-même,
Mais, hélas ! A + D – B
N'est pas égal à je vous aime !

VOLTAIRE,
lettre à Mme du Deffand.

ALGÉRIE

Avant peu de jours, nos différents marchés seront approvisionnés de légumes frais venant d'Alger. Heureux pays ! Quand on n'y récolte pas des cadavres, on y récolte des petits pois.

HENRI ROCHEFORT, *La Lanterne*.

ALIBI

La vieillesse est un alibi.

LOUIS SCUTENAIRE,
Mes inscriptions, IV.

ALIMENT

Un aliment n'est pas seulement bon à manger, mais aussi à penser.

CLAUDE LÉVI-STRAUSS,
Mythologiques.

Les aliments se composent en gros de pâté du chef et de tête de veau, de saucisse de Toulouse, de trèfle, de lupin, de saucisson beurre et de colin mayonnaise.

ALEXANDRE VIALATTE

ALLÉGEMENT

Il semble que la fin de toute activité vitale soit un merveilleux allégement pour la force qui l'entretient : c'est là ce qui explique peut-être cette expression de douce sérénité répandue sur le visage des morts.

ARTHUR SCHOPENHAUER

ALLÉLUIA

J'ai entendu dans une église un Alléluia à vous faire pleurer d'allégresse. Le chant à peine envolé, j'ai vu redescendre sur terre par le petit escalier venant des tribunes, comme des flammèches après un feu d'artifice, les mémères-choristes retournant vite préparer le déjeuner.

JEAN L'ANSELME,
Très cher Onésime Dupon de Limouse.

ALLEMAGNE

L'Allemagne est un pays que je n'aimerais pas avoir pour voisin.

KONRAD ADENAUER

En Allemagne, les médiocrités s'additionnent. En France, les supériorités se neutralisent.

PAUL CLAUDEL, *Journal*.

L'Allemagne produit des hommes à recherches laborieuses, des philosophes, des génies et tout ce que l'on peut désirer ; il ne faut qu'un Prométhée qui dérobe le feu céleste pour les animer.

FRÉDÉRIC II, *De la littérature allemande*.

Tant qu'il y a eu des Allemagnes, nous nous y sommes promenés ; lorsqu'une Allemagne est née, ce fut pour nous fini de rire. Aujourd'hui qu'il y en a deux, nous pouvons de nouveau dormir au moins d'un œil. Quand les deux morceaux seront recollés, il faudra redevenir ce lièvre qui dort les yeux ouverts.

FRANÇOIS MAURIAC

La France et l'Allemagne sont les deux ailes de l'Occident. Qui brise l'une empêche l'autre de voler.

ROMAIN ROLLAND

ALLEMAND

Au cours d'un souper à Hambourg, Rivarol multipliait les mots d'esprit auprès des convives qui s'efforçaient — en vain — de comprendre les saillies du Français. Alors, Rivarol se tournant vers un de ses compatriotes placé à côté de lui :

« Voyez-vous ces Allemands ! Ils se cotisent pour entendre un bon mot. »

L'Allemand peut être un brave homme, mais il est prudent de le pendre.

Proverbe russe

L'Allemand dont la musique est la femme et la femme un bétail.

NATALIE CLIFFORD-BARNEY,
Pensées d'une amazone.

Les Allemands sont très travailleurs. Contrairement au Français qui prendra sur ses heures de sommeil pour se reproduire, l'Allemand prendra sur ses heures de baise pour bosser. D'où le proverbe « Wagner qui pleure, Laval qui rit ».

PIERRE DESPROGES,
Les étrangers sont nuls.

On ne peut pas toujours se passer de l'étranger. Les bonnes choses sont souvent loin. Un Allemand ne peut souffrir les Français ; mais pourtant, il boit leurs vins très volontiers.

WOLFGANG VON GOETHE, *Faust*.

Les Allemands sont remarquables chez eux ; ailleurs, insupportables.

REYNALDO HAHN,
Journal d'un musicien.

Croiser un Allemand pour ralentir mon processus de digestion.

RAINER MARIA RILKE,
Correspondance.

Les Allemands, dit-on, sont le premier peuple du monde au point de vue du sens artistique et de l'esprit scientifique. Certes ! Seulement il n'y a que très peu d'Allemands.

FRIEDRICH VON SCHLEGEL.

On a reproché aux Allemands d'imiter tantôt les Français, tantôt les Anglais, mais c'est justement ce qu'ils peuvent faire de plus fin, car, réduits à leurs propres ressources, ils n'ont rien de sensé à vous offrir.

ARTHUR SCHOPENHAUER,
Caractères des différents peuples.

Les grandes vertus des peuples allemands ont engendré plus de maux que l'oisiveté n'a jamais créé de vices.

PAUL VALÉRY, *Variété*.

ALLEMANDE (langue)

En allemand, c'est mentir que d'être poli.

WOLFGANG VON GOETHE,
Le Second Faust.

La langue allemande n'est pas une langue, c'est un hache-paille.

EDMOND et JULES DE GONCOURT,
Journal.

L'allemand est une langue qui a été inventée dans le seul but de donner à celui qui parle le droit de cracher sur les étrangers sous le prétexte d'une conversation courtoise.

P. J. O'ROURKE

L'allemand est la langue dans laquelle je me tais de préférence.

JULES RENARD, *Journal*.

ALLIANCE

Une alliance ne protège qu'un seul doigt.

GROUCHO MARX

ALLIGATOR

Regardez l'alligator. En fait, ce n'est qu'un sac à main flottant.

TREVOR GRIFFITH

ALMANACH

Les savants font les almanachs. Dieu fait le temps.

Proverbe

ALOUETTE

Je ne suis pas de ceux qui s'imaginent qu'ils n'ont qu'à ouvrir la bouche pour que les alouettes y tombent toutes rôties... Non, mais tout de même, j'ouvre la bouche de temps en temps.

ALPHONSE ALLAIS,
Sylvérie ou Les Fonds hollandais.

ALPHABET

Le B est la conjonction du chiffre 13.
Le F est le robinet de l'alphabet.
Le I est le petit doigt de l'alphabet.
Le R est un P qui marque le pas.
Le Q naquit un jour que le O, plein
[de joie, remuait la queue.
Le S est l'hameçon de l'alphabet.
Le T est une balance qui a perdu ses
[plateaux.
Le X est le sparadrap de l'alphabet.
Le Z est un 7 qui écoute la messe.

RAMÓN GÓMEZ DE LA SERNA,
Greguerias.

L'alphabet fut l'origine de toutes les connaissances de l'homme et de toutes ses sottises.

VOLTAIRE, *Dictionnaire philosophique.*

ALTITUDE

La Meije a 3 998 mètres. Il lui manque deux mètres pour faire les 4 000.
— C'est de la poisse !

TRISTAN BERNARD,
Compagnon du Tour de France.

ALTRUISTE

L'altruiste est un égoïste raisonnable.

REMY DE GOURMONT,
Promenades philosophiques.

AMAIGRISSEMENT

Je suis un régime permanent depuis au moins vingt ans. J'ai dû perdre au total 345 kilos. Normalement, je devrais être accrochée à une gourmette.

ERNA BROMBECK

AMANDE

La fortune envoie des amandes à ceux qui n'ont plus de dents.

MIGUEL DE CERVANTÈS,
Nouvelles exemplaires.

AMANT

Les amants éternels meurent toujours à la fleur de l'âge.

JEAN COCTEAU

Les femmes ont autant de façons d'aimer que d'amants, en sorte que chacun peut croire qu'il est le premier.

MAURICE DONNAY, *Voltaire.*

On prend un amant comme un miroir, non pour le regarder, mais pour s'y regarder.

HENRI DUVERNOIS, *Le Veau gras*,
cité par PIERRE GERMA in
Dictionnaire des citations amoureuses.

Jupiter : Pourquoi ne veux-tu pas d'amants ?
Alcmène : Parce que l'amant est toujours plus près de l'amour que de l'aimée.

JEAN GIRAUDOUX, *Amphitryon 38.*

Les femmes mariées qui ont des amants montrent un peu trop de sévérité pour celles qui ont un amant et pas de mari.

ALPHONSE KARR

« Un amant fait sa cour où s'attache
[son cœur,
Il veut de tout le monde y gagner la
[faveur ;
Et, pour n'avoir personne à sa
[flamme contraire,
Jusqu'au chien du logis il s'efforce
[de plaire. »

MOLIÈRE, *Les Femmes savantes*,
acte I, scène 3.

Il y a toujours à perdre pour une femme à faire son amant de son ami, mais il y a beaucoup à gagner à faire son ami de son amant.

MME DE PUISIEUX

Les demoiselles de ce temps
Ont depuis peu beaucoup d'amants.
On dit qu'il n'en manque à
[personne ;
L'année est bonne.

VINCENT VOITURE

AMBIANCE

C'est la lumière qui baisse et les prix qui montent.

WILLIAM ATTWOOD

AMBIGU

Tout ce qui monte, converge.

PIERRE TEILHARD DE CHARDIN

AMBIGUÏTÉ

On ne sort de l'ambiguïté qu'à son détriment.

CARDINAL DE RETZ, *Mémoires*.

AMBITIEUX

L'esclave n'a qu'un maître. L'ambitieux en a autant qu'il y a de gens utiles à sa fortune.

JEAN DE LA BRUYÈRE,
« De la cour », *Les Caractères*.

AMBITION

Trois ouvriers sur un chantier taillent des pierres. Un homme arrive qui demande à chacun ce qu'il est en train de faire.

Le premier répond : Je taille des pierres.

Le second répond : Je construis un mur.

Le troisième : Je bâtis une cathédrale.

Anonyme

Toute opinion est indifférente aux ambitieux, pourvu qu'ils gouvernent.

HENRI BERNARDIN DE SAINT-PIERRE,
Paul et Virginie.

L'ambition individuelle est une passion enfantine.

CHARLES DE GAULLE,
cité par ANDRÉ MALRAUX in
Les Chênes qu'on abat.

Ce qui a perdu Napoléon c'est l'ambition. S'il était resté simple officier, il serait encore sur le trône.

HENRI MONNIER,
*Grandeur et Décadence
de M. Joseph Prudhomme*.

Ambition : Une bulle de savon qui voudrait être un peu plus grosse au moment qu'elle crèvera.

JEAN ROSTAND,
Carnet d'un biologiste.

L'ambition fait souvent accepter les fonctions les plus basses : c'est ainsi qu'on grimpe dans la même posture que l'on rampe.

JONATHAN SWIFT

L'ambition est le dernier refuge du raté.

OSCAR WILDE,
*Formules et Maximes
à l'usage des jeunes gens*.

ÂME

Si j'avais mille âmes, je te les donnerais ; je n'en ai qu'une, prends-la mille fois.

Proverbe espagnol

L'âme est ce qui refuse le corps. Par exemple, ce qui refuse de fuir quand le corps tremble, ce qui refuse de frapper quand le corps s'irrite, ce qui refuse de boire quand le corps a soif, ce qui refuse de prendre quand le corps désire, ce qui refuse d'abandonner quand le corps a horreur. Ces refus sont des faits de l'homme. Le total refus est la sainteté ; l'examen avant de suivre est la sagesse ; et cette force de refus, c'est l'âme.

ALAIN, *Définitions*.

Mon âme était un courant stagnant.

EDGAR ALLAN POE

Il n'est peut-être pas indifférent à certains anatomistes de la pensée de savoir que l'âme est femme.

HONORÉ DE BALZAC, *Physiologie du mariage*.

Pour l'homme, il convient de faire plus grand cas de l'âme que du corps ; car l'excellence de l'âme corrige la faiblesse du corps, alors que, sans la raison, la force corporelle est absolument incapable d'améliorer l'âme.

DÉMOCRITE

Le bonheur ne consiste pas dans la possession de troupeaux et de l'or. C'est dans l'âme qui est le siège de la béatitude.

DÉMOCRITE

Il faut soigner le corps pour que l'âme s'y plaise.

SAINT FRANÇOIS DE SALES

Rendre l'âme ? d'accord, mais à qui ?

SERGE GAINSBOURG

L'âme de l'homme ressemble à l'eau : elle vient du ciel, elle monte au ciel, et, sans trêve ni repos, il lui faut retomber à terre, cycle éternel.

WOLFGANG VON GOETHE *Chant des esprits au-dessus des eaux*.

L'homme a beau parcourir les mers, le ciel change, pas son âme.
(*Caelum mutaris, non anima, per mare currens.*)

HORACE

Les âmes, libellules de l'ombre...

VICTOR HUGO

Je suis une âme. Je sens bien que ce que je rendrai à la tombe, ce n'est pas moi. Ce qui est moi ira ailleurs. Terre, tu n'es pas mon abîme !

VICTOR HUGO, *Tas de pierres*.

Chaque âme est à elle seule une société secrète.

MARCEL JOUHANDEAU, *Algèbre des valeurs morales*.

Pour une qu'Amour prend par l'âme
Il en prend mille par les yeux.

JEAN DE LA FONTAINE, *La Coupe enchantée*.

Son âme prend du ventre.

JULES RENARD, *Journal*.

Cent mille âmes, combien cela peut-il faire d'hommes ?

JULES RENARD, *Journal*.

Mon âme est un vieux pot de chambre où dort un œil.

JULES RENARD, *Journal*.

Mon âme est une infante en robe de parade.

ALBERT SAMAIN, *Au jardin de l'Infante*.

On peut encore aimer, mais confier toute son âme est un bonheur qu'on ne retrouvera plus.

MME DE STAËL, *Corinne ou l'Italie*.

Il est vrai que, grâce à Descartes, l'âme immortelle a été chassée définitivement du corps, laissant aux mécaniciens la licence d'explorer le cerveau en toute sérénité. Mais, pour avoir été trop violemment mise à la porte, l'âme, expulsée à l'extérieur des murailles du corps, ne s'est-elle pas faite trop bruyante ?

JEAN-DIDIER VINCENT, *Biologie des passions*.

L'âme naît vieille dans le corps ; c'est pour la rajeunir que celui-ci vieillit.

OSCAR WILDE

AMER

Et la mer et l'amour ont l'amer pour [partage,
Et la mer est amère, et l'amour est [amer,
L'on s'abîme en l'amour aussi bien [qu'en la mer
Car la mer et l'amour ne sont point [sans orage.

PIERRE DE MARBEUF

AMÉRICAIN

La raison pour laquelle le mâle américain préfère une femme belle plutôt qu'intelligente, c'est parce qu'il voit mieux qu'il ne pense.

FARAH FAWCETT

Ils sont forts, courageux et cons.

CHARLES DE GAULLE

Les Américains veulent envahir car ils n'ont pas d'histoire.

JEAN-LUC GODARD,
Hollywood contre Billancourt,
en exergue du livre de Jean-Luc Godard.

Ainsi, mes amis américains : ne demandez pas ce que votre pays peut faire pour vous. Demandez ce que vous pouvez faire pour votre pays.

Mes amis citoyens du monde : ne demandez pas ce que l'Amérique peut faire pour vous, mais ce que, tous ensemble, nous pouvons faire pour la liberté de l'homme.

JOHN FITZGERALD KENNEDY,
Discours inaugural, 20 janvier 1961.

Le businessman américain est un monsieur qui, toute la matinée, parle de golf à son bureau et qui, le reste de la journée, discute affaires sur un terrain de golf.

JERRY LEWIS

L'Américain qui, le premier, a découvert Colomb a fait une fâcheuse découverte.

GEORG CHRISTOPH LICHTENBERG,
Aphorismes.

Les Américains sont heureux quand ils peuvent ajouter une maisonnette à leur garage.

GEORGE BERNARD SHAW

Les Américains, dans leurs rapports avec les étrangers, paraissent impatients de la moindre censure et insatiables de louanges.

ALEXIS DE TOCQUEVILLE,
De la démocratie en Amérique.

Acheter est bien plus américain que penser.

ANDY WARHOL

AMÉRICAINE

Les Américaines espèrent découvrir dans leurs maris des perfections que les Anglaises attendent seulement de leurs maîtres d'hôtel.

WILLIAM SOMERSET MAUGHAM

AMÉRIQUE

Une barbarie éclairée au gaz.

CHARLES BAUDELAIRE

Je regrette que l'aigle au crâne dénudé ait été choisi pour symbole de notre pays. C'est un oiseau sans moralité et semblable aux hommes qui vivent de filouteries et de vols, il est généralement pauvre et souvent plein de puces. Le dindon est un oiseau beaucoup plus digne et, en même temps, un vrai fils de l'Amérique.

BENJAMIN FRANKLIN,
Lettre à Sarah Bache, cité par PAUL DUPRÉ
in *Encyclopédie des citations*.

L'Amérique est une erreur, une erreur géante.

SIGMUND FREUD

L'Angleterre et l'Amérique n'ont plus rien désormais qui les distingue, sauf, bien entendu, le langage.

OSCAR WILDE

Bien sûr, l'Amérique avait été découverte avant Christophe Colomb, mais le secret avait été bien gardé.

OSCAR WILDE

La jeunesse de l'Amérique est sa plus ancienne tradition. Elle dure maintenant depuis trois siècles.

OSCAR WILDE,
Une femme sans importance.

AMI

Un ami est quelqu'un qui déteste les mêmes gens que vous.

Anonyme

Pour se dire amis, il faut avoir mangé ensemble un minot * de sel.

* Minot : ancienne mesure de capacité qui valait la moitié d'une mine (c'est-à-dire le quart d'un setier, soit 14 centilitres).

Proverbe

Ceux-là ne pourront jamais être de vrais amis : l'espoir, les dés, une prostituée, un voleur, un tricheur, un orfèvre, un âne, un docteur, un distillateur.

Proverbe hindou

Ami au prendre, ennemi au rendre.

Vieux proverbe français

Ce n'est pas un ami que l'ami de tout le monde.

ARISTOTE, *Éthique*.

Mes amis ! Il n'y a pas d'amis.

GABRIELLE CHASNEL, dite
COCO CHANEL

Il y a toujours deux chances pour ne pas retrouver l'ami que l'on quitte : notre mort ou la sienne.

FRANÇOIS RENÉ DE CHATEAUBRIAND

Rassure-toi mon ami, tu n'es pas mon ami.

ACHILLE CHAVÉE, *Décoctions*.

Nombreux sont les gens qui se réjouissent de l'infériorité de leurs amis.

LORD CHESTERFIELD

Traitez vos amis comme vos tableaux : placez-les dans la lumière la plus favorable.

JENNY JÉRÔME CHURCHILL
(mère de Winston Churchill).

Mes amis véritables m'ont toujours donné cette preuve suprême d'attachement : une aversion spontanée pour l'homme que j'aimais.

COLETTE, *La Naissance du jour*.

Pour trouver un ami, vous devez fermer un œil ; et fermer les deux si vous voulez le garder.

NORMAN DOUGLAS

Nos amis sont si exigeants pour nous qu'ils ont peine à se contenter de notre bonheur.

MME DE GIRARDIN

Les amis sont une seconde existence.

BALTASAR GRACIÁN
(auteur satirique espagnol).

Dans « ami », il y a l'idée d'âme et dans « relations », l'idée que tout est relatif.

SACHA GUITRY

Le meilleur moyen de se défaire d'un ennemi, c'est de s'en faire un ami.

HENRI IV

Beaucoup d'amis sont comme le cadran solaire : ils ne marquent que les heures où le soleil vous luit.

VICTOR HUGO,
Tas de pierres.

Il existe trois catégories d'amis : ceux, comme la nourriture, sans lesquels on ne pourrait pas vivre ; ceux, comme les remèdes, dont on a besoin à l'occasion ; et ceux, comme la maladie dont on ne veut à aucun prix.

SALOMON IBN GABIROL
(poète hébreu, aphoriste).

Entre deux amis, il n'y en a qu'un qui soit l'ami de l'autre.

ALPHONSE KARR, *Les Guêpes*.

Tout le monde veut avoir un ami — personne ne s'occupe d'en être un.

ALPHONSE KARR, *Les Guêpes*.

Il n'y a pas de plaisir comparable à celui de rencontrer un vieil ami, excepté peut-être celui de s'en faire un nouveau.

RUDYARD KIPLING,
Un beau dimanche anglais.

Chacun se dit ami ; mais fou qui s'y
[repose :
Rien n'est plus commun que ce nom,
Rien n'est plus rare que la chose.

JEAN DE LA FONTAINE,
Parole de Socrate.

Dans l'adversité de nos meilleurs amis nous trouvons toujours quelque chose qui ne nous déplaît pas.

FRANÇOIS DE LA ROCHEFOUCAULD, *Maximes et Réflexions*.

Un ami, c'est quelqu'un qui vous connaît bien et qui vous aime quand même.

HERVÉ LAUWICK

Soutiens ton ami surtout quand il a tort ; quand il a raison, il n'a pas besoin de toi.

HENRI LAVEDAN

Les amis de l'heure présente
Ont le naturel du melon
Il faut en essayer cinquante
Avant qu'en rencontrer un bon.

CLAUDE MERMET

Aujourd'hui, on écrit « mon cher ami » à un homme qu'on a vu une fois, comme les chiens, dès leur première rencontre, se font les dernières privautés.

HENRY DE MONTHERLANT, *Carnets*.

Les amis viennent et s'en vont.
Les ennemis s'accumulent.
(*Friends come and go.*
Ennemies accumulate.)

JOHN'S MOTTO

On ne peut pas acheter d'amis avec de l'argent, mais on peut se payer des ennemis d'un modèle supérieur (*you can get a better class of ennemy*).

SPIKE MULLIGAN (comédien et auteur anglais).

L'homme n'a pas d'amis, c'est son bonheur qui en a.

NAPOLÉON Ier

Tant que tu seras heureux, tu [compteras beaucoup d'amis
Si le ciel se couvre de nuages, tu [seras seul.
(*Donec eris felix, multos numerabis [amicos,*
Tempora si fuerint nubila, solus eris.)

OVIDE, *Tristes*, I, 1, 39.

Un ami, c'est quelqu'un à qui l'on a donné barre sur soi, mais qui doit bien se garder d'en abuser. C'est ce qui, entre l'homme et la femme, mériterait surtout d'être compris.

PIERRE REVERDY, *Le Livre de mon bord*.

Des amis pour emprunter mes livres et poser sur eux des verres mouillés...

EDWIN ARLINGTON ROBINSON (poète américain).

L'ami qui souffre seul fait une injure à l'autre.

JEAN DE ROTROU, *Venceslas*.

Que sont mes amis devenus
Que j'avais de si près tenus
Et tant aimés ?
Je crois le vent les a ôtés.
L'amour est morte,
Ce sont amis que vent emporte
Et il ventait devant ma porte.

RUTEBEUF

Il ne faut pas regarder quel bien nous fait un ami, mais seulement le désir qu'il a de nous en faire.

MME DE SABLÉ, *Maximes*.

Les hommes n'ont plus le temps de rien connaître. Ils achètent des choses toutes faites chez les marchands. Mais comme il n'existe point de marchands d'amis, les hommes n'ont plus d'amis.

ANTOINE DE SAINT-EXUPÉRY, *Le Petit Prince*.

Celui qui n'est plus ton ami ne l'a jamais été*.

WILLIAM SHAKESPEARE

* Voir également Hiéron, tyran de Syracuse : « Qui cesse d'être ami ne l'a jamais été. »

Je souhaite un divan comme je souhaite un ami sur lequel je puisse me reposer familièrement.

WILLIAM MAKEPEACE THACKERAY

Deux vrais amis vivaient au
[Monomotapa...
Jusqu'au jour où l'un vint voir
[l'autre et le tapa.

Au premier vers de la fable de La Fontaine, *Les Deux Amis*, PAUL-JEAN TOULET a apporté une conclusion très personnelle.

Les Français et les Anglais sont de si bons ennemis qu'ils ne peuvent s'empêcher d'être des amis.

PETER USTINOV

Si nos amis nous rendent des services, nous pensons qu'à titre d'amis ils nous les doivent, et nous ne pensons pas du tout qu'ils ne nous doivent pas leur amitié.

VAUVENARGUES, *Maximes et Pensées*.

Mon Dieu, gardez-moi de mes amis. Quant à mes ennemis, je m'en charge !

Attribué à VOLTAIRE. Selon Stobée, aurait été prononcé par Antigonos II, roi de Macédoine (mort en 221 av. J.-C.).

AMIBES

Il n'y a guère que les amibes qui se divisent pour se multiplier.

HERVÉ LE TELLIER

AMIRAL

La pêche à l'amiral est un sport fort goûté et la capture de cet énorme cartilagineux un fort beau coup de ligne [...]. Mais, que les amiraux se rassurent : leur capture sera prohibée deux mois par an, pour qu'ils puissent frayer. Qu'ils ne s'effraient point et qu'ils fraient. Comme cela, la marine française verra encore de beaux jours sur l'eau.

ALFRED JARRY, *Gestes et opinions du docteur Faustroll, pataphysicien*.

Dans ce pays-ci, il est bon de tuer de temps en temps un amiral pour encourager les autres.

VOLTAIRE, *Candide*.

AMITIÉ

Amis, on n'a que faire de la justice ; justes, on a encore besoin de l'amitié.

ARISTOTE, *Éthique à Nicomaque*.

Amitié : Bateau suffisamment grand pour transporter deux personnes quand il fait beau et une seule en cas de mauvais temps.

AMBROSE BIERCE, *Le Dictionnaire du Diable*.

À l'oiseau, le nid ; à l'araignée, sa toile ; à l'homme, l'amitié.

WILLIAM BLAKE

Les femmes détestent l'amitié.
La température y est trop basse : c'est un pays où elles s'enrhument.

FRANCIS DE CROISSET

Cette vie d'homme qui est si courte pour les plus frivoles entreprises est pour les amitiés humaines une épreuve difficile et de longue haleine.

EUGÈNE DELACROIX, lettre à Philarète Chasles.

L'amitié tendre va communément jusqu'à l'amour... et rarement l'amour s'élève jusqu'à l'amitié, il est enfermé dans son propre intérêt.

LOUISE DUPIN, *Le Portefeuille de Mme Dupin*.

À un homme, on demande son amitié pour obtenir un peu moins ; à une femme pour obtenir un peu plus.

CÉSAR D'HOUDETOT, *Dix épines pour une fleur*.

Elle a de l'amitié pour le Chevalier, le Chevalier en a pour elle ; ils pourraient fort bien se faire l'amitié de s'épouser par amour !

MARIVAUX, *La Seconde Surprise de l'amour*.

Si on me presse de dire pourquoi je l'aimais, je sens que cela ne peut s'exprimer qu'en répondant : « Parce que c'était lui, parce que c'était moi. »

MICHEL DE MONTAIGNE, « De l'amitié », *Essais*.

L'amitié est un contrat par lequel nous nous engageons à rendre de petits services à quelqu'un afin qu'il nous en rende de grands.

CHARLES DE MONTESQUIEU, *Pensées diverses.*

Des femmes peuvent très bien lier amitié avec un homme ; mais pour la maintenir, il y faut peut-être le concours d'une petite antipathie physique.

FRIEDRICH NIETZSCHE, *Aphorismes.*

L'amitié, cet oiseau d'amour qui a la queue coupée.

JULES RENARD, *Journal.*

L'amitié est le grand mot des femmes, soit pour introduire, soit pour congédier l'amour.

CHARLES AUGUSTIN SAINTE-BEUVE

Toujours l'amitié, quand elle commence à s'affaiblir et à décliner, a recours à un redoublement de politesses cérémonieuses.

WILLIAM SHAKESPEARE, *Jules César*, acte IV, scène 3.

L'idéal de l'amitié, c'est de se sentir un et de rester deux.

SOPHIE SWETCHINE

AMOUR

Mon bel amour mon cher amour ma [déchirure
Je te porte dans moi comme un [oiseau blessé
Et ceux-là sans savoir nous regardent [passer
Répétant après moi les mots que j'ai [tressés
Et qui pour tes grands yeux tout [aussitôt moururent
Il n'y a pas d'amour heureux

LOUIS ARAGON, *La Diane française.*

L'amour est la poésie des sens.

HONORÉ DE BALZAC, *Physiologie du mariage.*

En amour, il y en a toujours un qui souffre et l'autre qui s'ennuie.

HONORÉ DE BALZAC

Il y a, dans l'acte de l'amour, une grande ressemblance avec la torture ou avec une opération chirurgicale.

CHARLES BAUDELAIRE, *Fusées.*

L'amour, c'est l'égoïsme en deux personnes.

STANISLAS JEAN DE BOUFFLERS, *Pensées, saillies et bons mots.*

L'amour, cette lampe que l'on déplace pour trouver une ombre nouvelle.

DANIEL BOULANGER

L'amour réciproque [...] est celui qui met en jeu l'inhabitude dans la pratique, l'imagination dans le poncif, la foi dans le doute, la perception de l'objet intérieur dans l'objet extérieur.

ANDRÉ BRETON et PAUL ÉLUARD, *L'Immaculée Conception.*

L'amour, c'est quand on n'obtient pas tout de suite ce qu'on désire.

ALFRED CAPUS

It is short, expensive and the position is ridiculous (c'est court, cher... et la position est ridicule).

LORD CHESTERFIELD

En amour, rien ne se finit que de très près.

PIERRE CHODERLOS DE LACLOS, *Les Liaisons dangereuses.*

La plupart des histoires que l'on déclare d'amour arrivent à des gens qui se sont montré leur derrière alors qu'ils n'en avaient pas le droit.

GEORGES COURTELINE

Madame, l'amour n'est fait que du désir d'avoir ou de la gratitude d'avoir eu.

GEORGES COURTELINE, *Théâtre.*

L'amour platonique est à l'amour charnel ce que l'armée de réserve est à l'armée active.

PIERRE DAC, *Pensées.*

L'amour est incomparablement meilleure que la haine, elle ne saurait être trop grande ; joignant à nous de vrais biens, elle nous perfectionne d'autant.

RENÉ DESCARTES,
Les Passions de l'âme.

En art, c'est-à-dire en amour, il faut que l'intelligence suive comme un suiveur suit une femme avec l'idée de l'entretenir.

LÉON-PAUL FARGUE, *Suite familière*.

L'amour est le plus matinal de nos sentiments.

BERNARD DE FONTENELLE

L'amour est un acte simple et primitif. C'est la lutte, c'est la haine. La violence y est nécessaire. L'amour par consentement mutuel n'est qu'une fastidieuse corvée.

ANATOLE FRANCE

L'amour, c'est l'effort que fait l'homme pour se contenter d'une seule femme.

PAUL GÉRALDY, *L'Homme et l'amour*.

« Zeus, le maître des dieux, vous fait dire que ceux qui ne voient que l'amour dans le monde sont aussi bêtes que ceux qui ne le voient pas. »

JEAN GIRAUDOUX,
La guerre de Troie n'aura pas lieu.

Pour celui qui n'est pas prêt à le recevoir, l'amour est un dérangement considérable.

JULIEN GREEN

L'amour est cette merveilleuse chance qu'un autre vous aime encore quand vous ne pouvez plus vous aimer vous-même.

JEAN GUÉHENNO, *Aventures de l'esprit*.

L'amour est un enfant à qui tout rend [hommage
C'est le tyran d'un fou, c'est [l'esclave d'un sage.

CLAUDE ADRIEN HELVÉTIUS

C'est Dieu qui mit l'amour au bout [de toute chose,
L'amour en qui tout vit, l'amour sur [qui tout pose !
C'est Dieu qui fait la nuit plus belle [que le jour.
C'est Dieu qui, sur ton corps, ma [belle souveraine,
A versé la beauté dans une coupe [pleine,
Et dans mon cœur l'amour !

VICTOR HUGO

L'amour, ça naît de rien et ça meurt de tout.

ALPHONSE KARR

L'amour est tout dans celui qui aime ; l'aimé n'est qu'un prétexte.

ALPHONSE KARR

L'Amour, c'est offrir à quelqu'un qui n'en veut pas quelque chose que l'on n'a pas.

JACQUES LACAN,
cité par PHILIPPE MEYER, « Causerie ».

L'amour est comme la médecine, seulement l'art d'aider la nature.

PIERRE CHODERLOS DE LACLOS,
Les Liaisons dangereuses.

Les poètes célèbrent avant tout l'amour et ils ont raison, car rien n'a plus que l'amour le besoin d'être transformé en ce qu'il n'est pas.

PÄR LAGERKVIST, *Le Nain*.

L'amour est la pièce du monde où les actes sont les plus courts et les entractes les plus longs ; de quoi voulez-vous remplir les intermèdes, si ce n'est par les talents ?

NINON DE LENCLOS, *Correspondance*.

Il faut avouer, si triste que ce soit, que le plus pur amour est pour moitié mêlé d'amour-propre.

MIKHAÏL LERMONTOV,
La Princesse Ligovskoï.

L'amour est aveugle, mais le mariage lui rend la vue.

GEORG CHRISTOPH LICHTENBERG,
Aphorismes.

L'amour est le roi des jeunes gens et le tyran des vieillards.

LOUIS XIII

L'amour humain ne se distingue du rut stupide des animaux que par deux fonctions : la caresse et le baiser.

PIERRE LOUŸS, *Aphrodite*.

Les paroles d'amour sont comme les flèches lancées par un chasseur. Le cerf qui les a reçues continue à courir et l'on ne sait pas tout de suite que la blessure est mortelle.

MAURICE MAGRE,
La Luxure de Grenade.

Il n'y a pas d'amour, il n'y a que des preuves d'amour.

ANDRÉ MALRAUX

L'amour n'est pas un feu que l'on tient dans la main.

MARGUERITE DE NAVARRE,
L'Heptaméron.

Vive l'amour, mon cher maître, et faites chorus, car il n'y a pas deux chemins : il faut passer par là, ou par la fenêtre.

MARIVAUX, *La Surprise de l'amour*.

L'amour fait toujours croire ce dont on devrait douter le plus.

MARIVAUX

En amour, être français, c'est la moitié du chemin.

PAUL MORAND, *L'Europe galante*.

Doutez, si vous voulez, de l'être qui
[vous aime,
D'une femme ou d'un chien, mais
[non de l'amour même.

ALFRED DE MUSSET,
La Coupe et les lèvres.

Ce qui se fait par amour se fait toujours par-delà le bien et le mal.

FRIEDRICH NIETZSCHE,
Par-delà le bien et le mal.

Dans la plupart des amours, il y en a un qui joue et un autre qui est joué. Cupidon est avant tout un petit régisseur de théâtre.

FRIEDRICH NIETZSCHE

L'amour ? Des grands mots avant, des petits mots pendant et des gros mots après.

ÉDOUARD PAILLERON

L'amour n'a point d'âge ; il est toujours naissant. Les poètes nous l'ont dit, c'est pour cela qu'ils nous le représentent comme un enfant. Mais sans leur rien demander, nous le sentons.

Attribué à BLAISE PASCAL,
Discours sur les passions de l'amour.

Quand on aime, l'amour est trop grand pour pouvoir être contenu tout entier en nous ; il irradie vers la personne aimée, rencontre en elle une surface qui l'arrête, le force à revenir vers son point de départ, et c'est ce choc en retour de notre propre tendresse que nous appelons les sentiments de l'autre et qui nous charme plus qu'à l'aller, parce que nous ne reconnaissons pas qu'elle vient de nous.

MARCEL PROUST,
À l'ombre des jeunes filles en fleurs.

L'amour, c'est l'espace et le temps rendus sensibles au cœur.

MARCEL PROUST, *La Prisonnière*.

L'amour est un plat tonique.

JEAN RICHEPIN, *Caresses*.

Tu me dis que tu aimes la pluie,
mais quand elle tombe tu fermes ta
[fenêtre
Tu me dis que tu aimes les poissons,
mais tu leur coupes la tête.
Tu me dis que tu aimes les fleurs,
mais tu leur coupes la queue.
Alors... quand tu me dis que tu
[m'aimes,
J'ai peur !

MARCEL RIOUTORD, *Le Petit Poète*.

Par une fatalité malheureuse, ce sont les hommes qui aiment le mieux qui savent le moins bien parler d'amour.

ANTOINE DE RIVAROL

L'amour a un caractère si particulier qu'on ne peut le cacher où il est, ni le feindre où il n'est pas.

MME DE SABLÉ, *Maximes*.

L'amour est un je-ne-sais-quoi qui vient de je-ne-sais-où et qui finit je-ne-sais-comment.

MADELEINE DE SCUDÉRY

L'amour est une fumée formée des vapeurs des soupirs.

WILLIAM SHAKESPEARE,
Roméo et Juliette, acte I, scène 1.

Voilà bien cette affection bilieuse qui fait de la chair une divinité, une déesse d'une jeune oie.

WILLIAM SHAKESPEARE,
Peines d'amour perdues.

L'amour est un égoïsme à deux.

Attribué à MME DE STAËL.
En réalité : ANTOINE DE LA SALE.

L'amour, qui n'est qu'un épisode dans la vie des hommes, est l'histoire entière de la vie des femmes.

MME DE STAËL

L'amour est la seule passion qui se paye d'une monnaie qu'elle fabrique elle-même.

STENDHAL, *De l'amour*.

L'Amour, c'est quand l'envie vous prend qu'on ait envie de vous.

HENRI DE TOULOUSE-LAUTREC

Il est singulier que le mot Amour ne soit du féminin qu'au pluriel.

ALBERT WILLEMETZ

L'amour, c'était agréable pour l'homme tant que les femmes ne savaient pas que c'était agréable.

GEORGES WOLINSKI,
Les Pensées.

L'amour n'est pas aveugle, il est atteint de presbytie. La preuve, c'est qu'il ne commence à distinguer les défauts que lorsqu'il s'éloigne.

MIGUEL ZAMACOÏS

AMOUR (faire l')

Il se pratiquait à Claquebue quatorze manières de faire l'amour que le curé n'approuvait pas toutes. La description n'en importe pas ici et je craindrais d'ailleurs de m'y échauffer.

MARCEL AYMÉ, *La Jument verte*.

L'amour est un acte sans importance puisqu'on peut le faire indéfiniment.

ALFRED JARRY, *Le Surmâle*.

Nous vivons dans un siècle où l'amour se fait vite, c'est-à-dire mal. La faute en est aux affaires, aux automobiles et aux fermetures Éclair.

LOUIS TEISSIER DU CROS

Qui a le plus de plaisir et de bien dans l'amour ? L'homme ou la femme ? Avisez que si l'oreille vous démange et la grattiez de votre petit doigt, qui a le plus de plaisir ? Eh bien ? N'est-ce pas l'oreille ?

BÉROALDE DE VERVILLE

AMOUR (premier)

Le premier amour d'un jeune homme qui entre dans le monde est ordinairement un amour ambitieux. Il se déclare rarement pour une jeune fille douce, aimable, innocente. Comment trembler, adorer, se sentir en présence d'une divinité ? un adolescent a besoin d'aimer un être dont les qualités l'élèvent à ses propres yeux. C'est au déclin de la vie qu'on en revient réellement à aimer le simple et l'innocent, désespérant du sublime. Entre les deux, se place l'amour véritable qui ne pense à rien qu'à soi-même.

STENDHAL,
De l'amour.

AMOUREUSES

Où sont nos amoureuses ?
Elles sont au tombeau ;
Elles sont plus heureuses
Dans un séjour plus beau...

GÉRARD DE NERVAL, *Cydalises*.

AMOUREUX

Jamais le cœur de l'amoureux ne peut goûter la joie du repos, tant que l'amour le tient dans sa main.

Jamais la raison de l'amoureux ne se peut garder intacte, tant que la beauté reste cachée sous un aspect de femme. Un ami m'a demandé : « Qu'est-ce que l'amour ? » Je lui dis : « L'amour est une douceur dont le jus est savoureux et la pâte amère. »

Les Mille et Une Nuits.

J'étais tellement amoureux que, dans le taxi, j'oubliais de regarder le compteur.

WOODY ALLEN

Être amoureux, c'est se créer une religion dont le dieu est faillible.

JORGE LUIS BORGES,
Neuf Essais sur Dante.

Les femmes s'imaginent parfois qu'elles deviennent amoureuses d'un homme, alors qu'elles ont simplement pris en grippe la femme de cet homme.

SACHA GUITRY,
Elles et toi.

Peu de gens seraient amoureux s'ils n'avaient jamais entendu parler de l'amour.

FRANÇOIS DE LA ROCHEFOUCAULD,
Réflexions ou sentences et maximes morales.

Un amoureux sera moins heureux de causer de l'amour avec Stendhal que [de causer] de sa maîtresse avec son porteur d'eau.

MARCEL PROUST, *Jean Santeuil.*

Être amoureux est un état. Aimer est un acte.

DENIS DE ROUGEMONT,
L'Amour et l'Occident.

Les amoureux sont comme les petits enfants : il ne faut que les bercer un peu pour les endormir.

SAINT-ÉVREMOND

AMOUR-PROPRE

C'est par notre amour-propre que l'amour nous séduit : hé ! comment résister à un sentiment qui embellit à nos yeux ce que nous avons, nous rend ce que nous avons perdu, et nous donne ce que nous n'avons pas.

NICOLAS DE CHAMFORT
Maximes et Pensées.

C'est toujours un spectacle misérable que de voir ferrailler les amours-propres.

VICTOR HUGO, *Préface de Cromwell.*

On blesse l'amour-propre, on ne le tue pas.

HENRY DE MONTHERLANT

L'amour-propre est une curieuse bête, qui peut dormir sous les coups les plus cruels et puis s'éveille, blessée à mort, par une simple égratignure.

ALBERTO MORAVIA, *La Belle Romaine.*

L'amour n'est pas si délicat que l'amour-propre.

LUC DE VAUVENARGUES,
Maximes et Pensées.

AMPUTATION

Emma (Hamilton) cherche les coussins les plus doux pour reposer le peu de membres qui vous restent.

LORD HAMILTON, à l'amiral Nelson (borgne et manchot).

AMUSER (s')

Il faut faire pour gagner sa vie ce qui se rapproche le plus de ce qu'on aurait fait pour s'amuser.

JAMES DE COQUET

ANAGRAMME

Neige ignée = le génie.

YVES NADAL

Marie, qui voudrait votre nom retourner,
Il trouverait aimer : aimez-moi donc, Marie.

PIERRE DE RONSARD, *Amours de Marie.*

ANARCHIE

L'anarchie ramène toujours au pouvoir absolu.

BONAPARTE

Comme le despotisme est l'abus de la royauté, l'anarchie est l'abus de la démocratie.

VOLTAIRE

ANARCHISTE

Je suis un anarchiste qui traverse dans les clous.

GEORGES BRASSENS

Je suis anarchiste chrétien, parti peu encombré !

ROLAND DORGELÈS,
cité par BERNARD CLAVEL.

Le Christ est un anarchiste qui a réussi. C'est d'ailleurs le seul.

ANDRÉ MALRAUX

Ne pas être anarchiste à seize ans, c'est manquer de cœur. L'être encore à quarante ans, c'est manquer de jugement.

GEORGE BERNARD SHAW

ANCÊTRE

À Daniel O'Connel qui, dans un discours, avait ironisé sur les origines juives de Disraeli, Benjamin, celui-ci avait répondu :

— Oui, je suis juif et, quand les ancêtres de mon très honorable adversaire étaient encore des brutes sauvages dans une île inconnue, les miens étaient prêtres au Temple de Salomon.

Le duc de Montmorency au maréchal Soult : « Vous êtes duc, mais vous n'avez pas d'ancêtres ! »

Réponse du maréchal Soult : « C'est nous qui sommes des ancêtres ! »

Quel ancêtre me légua, à travers des parents si frugaux, cette sorte de religion du lapin sauté, du gigot à l'ail, de l'œuf mollet au vin rouge ?

COLETTE

À entendre parler les snobs, on croirait que ce sont eux qui ont engendré leurs ancêtres.

HAGAR

L'homme qui n'a à tirer gloire de rien, si ce n'est de ses illustres ancêtres, est semblable à la pomme de terre : la seule qualité qu'il possède se trouve sous terre.

SIR THOMAS OVERBURY, *Caracters*.

Se glorifier de ses ancêtres c'est chercher dans les racines des fruits que l'on devrait trouver uniquement dans les branches.

MME ROLAND

ANCIENS

Je suis naturellement curieux de tous les fragments des ouvrages des anciens auteurs : comme sur les rivages, on aime à trouver les débris des naufrages que la mer a laissés.

CHARLES DE MONTESQUIEU

ANDOUILLE

Moi, ce que j'aimais bien c'est
[l'andouille de Vire ;
Je contemplais (ainsi que Lamartine
[Elvire)
Sur mon assiette à fleurs les gros
[morceaux de lard,
Et je roulais des yeux béats de
[papelard.
Et ma tante disait : « Mange donc,
[niquedouille ! »
Ô Seigneur, bénissez ma tante et son
[andouille !

GEORGES FOUREST,
Souvenir ou autre repas de famille,
La Négresse blonde.

ÂNE

Tout âne se croit l'égal des chevaux du roi.

Proverbe anglais

Si tous disent que tu es un âne, alors, il est temps de braire.

Talmud

Moins vif, moins valeureux, moins [beau que le cheval
L'âne est son suppléant et non pas [son rival.

ABBÉ DELILLE

Lady Di a retourné Peau d'Âne : elle s'habille en princesse et l'âne est à l'intérieur.

TONY DUVERT

L'âne me semble un cheval traduit en hollandais.

GEORG CHRISTOPH LICHTENBERG

Le lapin devenu grand.

JULES RENARD, *Histoires naturelles*.

Ce n'est pas le singe ou le tigre que je crains dans l'homme, mais l'âne.

WILLIAM TEMPLE

ANECDOTE

L'anecdote, c'est la boutique à un sou de l'Histoire.

EDMOND et JULES DE GONCOURT, *Journal*.

ANGE

Si les anges volent, c'est parce qu'ils se prennent eux-mêmes à la légère.

GILBERT KEITH CHESTERTON

Nous abritons un ange que nous choquons sans cesse. Nous devons être les gardiens de cet ange.

JEAN COCTEAU, *Le Coq et l'Arlequin*.

Ange : La femme qu'on rêve.
Démon : La femme qu'on a.

ADRIEN DUCOURCELLE, *Les Formules du Dr Grégoire*.

ANGINE

Je voudrais bien savoir pourquoi les médecins vous demandent toujours une cuiller et jamais une fourchette pour vous regarder le fond de la gorge alors qu'ils ne se servent que du manche ?

JEAN L'ANSELME, *Pensées et Proverbes de Maxime Dicton*.

ANGLAIS

Le seul point sur lequel les Anglais s'accordent parfaitement avec les Français, c'est de conduire sur la file de gauche.

Anonyme

On a parfois l'impression que la principale occupation des Anglais soit de jouer à être anglais.

BRUNACCI

L'Anglais respecte la loi et méprise l'autorité. Le Français, au contraire, respecte l'autorité et méprise la loi.

NICOLAS DE CHAMFORT

Les Anglais sont un peuple de pirates qui, après avoir pillé le monde, ont commencé à s'ennuyer.

EMIL MICHEL CIORAN, *Des larmes et des saints*.

Les Anglais possèdent deux produits d'une exceptionnelle valeur : leurs tweeds et leurs silences.

PIERRE DANINOS, *Les Carnets du major Thompson*.

Les deux caractéristiques essentielles de l'Anglais sont l'humour et le gazon [...].

L'Anglais tond son gazon très court, ce qui permet à son humour de voler au ras des pâquerettes.

PIERRE DESPROGES, *Les étrangers sont nuls*.

L'Anglais, filou comme peuple, est honnête comme individu. Il est le contraire du Français, honnête comme peuple et filou comme individu.

EDMOND et JULES DE GONCOURT, *Journal*.

Les habitants du Continent ont une vie sexuelle. Les Anglais ont des bouillottes d'eau chaude.

GEORGE MIKES

Lors de mon arrivée en Grande-Bretagne, les Anglais étaient grands, minces et taciturnes, tandis qu'aujourd'hui, ils sont grands, minces et taciturnes.

GEORGE MIKES, *Comment peut-on être Anglais ?*

Un Anglais, même quand il est seul, forme une queue bien alignée d'une seule personne.

GEORGE MIKES

Non seulement l'Angleterre est une île, mais tout Anglais est une île.

FRIEDRICH LEOPOLD NOVALIS

Les Anglais sont de tous les peuples celui qui a poussé le plus loin l'art de se vêtir, de se loger, de se nourrir et, en un mot, de soigner la bête. Ils ont fait pour leur propre corps ce qu'ils faisaient pour leurs animaux de boucherie.

FRANCISQUE SARCEY,
Le Mot et la Chose.

En dehors du jeu et de la cigarette, il est étonnant de constater que presque tous les plaisirs d'un Anglais peuvent être, et sont généralement, partagés par son chien.

GEORGE BERNARD SHAW,
cité par JEAN AMADOU in
Vous n'êtes pas obligés de me croire.

Un Anglais fait les choses parce qu'elles ont déjà été faites, un Américain parce qu'elles n'ont pas été faites.

MARK TWAIN, *Carnets.*

Un Anglais, comme homme libre, va au ciel par le chemin qui lui plaît.

VOLTAIRE, *Lettres philosophiques.*

ANGLAISE

Lorsqu'une Anglaise est habillée, ce n'est plus une femme, c'est une cathédrale. Il ne s'agirait pas de la séduire, mais de la démolir.

PAUL GAVARNI

Une Anglaise est la lutte de la chlorose et de la couperose.

EDMOND et JULES DE GONCOURT,
Journal.

Les Anglaises ont deux bras gauches.

ANTOINE DE RIVAROL, *Rivaroliana.*

ANGLAISE (langue)

À Boswell, un Écossais qui lui demandait s'il parlait anglais, Voltaire répondit :

« Non, pour parler anglais, il faut mettre la langue entre les dents... et je n'ai plus de dents. »

L'anglais ? ce n'est jamais que du français mal prononcé.

GEORGES CLEMENCEAU

Je me suis remis à la clarinette. C'est ce qui se rapproche le plus de l'anglais.

RAYMOND DEVOS

ANGLETERRE

En Angleterre, il y a huit mois d'hiver et quatre mois de mauvais temps.

Anonyme

Brouillard sur l'Angleterre : le Continent est isolé.

Anonyme

L'Angleterre est une ancienne colonie normande qui a mal tourné.

ALPHONSE ALLAIS

L'Angleterre est au monde ce que le diable est à l'homme.

LÉON BLOY,
Quatre Ans de captivité à Cochons-sur-Marne.

Je ne pardonnerai jamais à la perfide Albion d'avoir brûlé Jeanne d'Arc sur le rocher de Sainte-Hélène.

CHRISTOPHE

Il n'est pas interdit de penser que, si l'Angleterre n'a pas été envahie depuis 1066, c'est que les étrangers redoutent d'avoir à y passer un dimanche.

PIERRE DANINOS,
Les Carnets du major Thompson.

L'Angleterre, qui reproche à la Russie sa Pologne, ne voit pas l'Irlande qu'elle a dans l'œil.

VICTOR HUGO

Entre la France et l'Angleterre, la meilleure chose est la Manche.

DOUGLAS JERROLD

Si vous voulez bien manger en Angleterre, prenez trois petits déjeuners.

SOMERSET MAUGHAM

L'Angleterre n'est plus un pays industriel, c'est quelque chose entre un salon de thé qui a fait faillite et un terrain de golf.

JOHN BOYNTON PRIESTLEY

En Angleterre, nous n'avons pas d'autres distractions que le vice et la religion.

SYDNEY SMITH

Pour bien jouir de l'été en Angleterre, il faut le faire encadrer et le mettre sous verre dans un salon confortable.

HORACE WALPOLE

En Angleterre, rien n'est fait pour les femmes, même pas les hommes.

OSCAR WILDE

Mon pays est si surpeuplé qu'il n'y a pas assez de beau temps pour tous les citoyens.

OSCAR WILDE

ANGLOMANIE

... En tout, on singe l'Angleterre.
Un bal est un *raout*, une place est un [*square*.
Un ministre demande un *bill* [d'indemnité
Et nous portons un *toast* au lieu [d'une santé.

ALEXANDRE LA VILLE DE MIRMONT

On n'entend que des mots à déchirer [le fer,
Le *railway*, le *tunnel*, le *ballast*, le [*tender*,
Express, *trucks* et *wagons* ; une [bouche française
Semble broyer du verre ou mâcher [de la braise.

J.P.-G. VIENNET, *Épître à Boileau*.

ANGOISSE

L'angoisse n'est pas supportable sans l'humour. C'est le mélange qui fait le plaisir.

ALFRED HITCHCOCK

ANIMAL

« Quel est le cri de la fourmi ?
— ...
— La fourmi crohonde. Et celui de la sarcelle ?
— ...
— La sarcelle lochère. »

Anonyme

Chaque fois qu'on observe un animal, on a l'impression qu'il y a là un être humain en train de se foutre de nous.

ELIAS CANETTI

Chaque animal n'est qu'un paquet de joie.

ANDRÉ GIDE,
Les Nouvelles Nourritures.

Les animaux sont l'image de leur maître : les vieilles femmes déteignent sur les chiens.

EDMOND et JULES DE GONCOURT,
Journal.

Tout parle en mon ouvrage, et même [les poissons.
Ce qu'ils disent s'adresse à tous tant [que nous sommes.
Je me sers d'animaux pour instruire [les hommes.

JEAN DE LA FONTAINE

Je déteste les bêtes mais j'adore les animaux.

PAUL LÉAUTAUD

La femme est un joli animal, mais c'est un animal. Elle est avide de baisers comme la chèvre de sel.

PIERRE JOSEPH PROUDHON

Les animaux, qui ne font rien d'inutile, ne médisent pas sur la mort.

PAUL VALÉRY

ANNÉE

Une année qui finit, c'est une pierre jetée au fond de la citerne des âges et qui tombe avec des résonances d'adieu.

VAN DEN BOSCH,
Aphorismes du temps présent.

ANNIVERSAIRE

Même les plus cons ont leur jour de gloire, leur anniversaire.

FRANÇOIS CAVANNA

Comment a-t-on su que les agneaux en Argentine ou les dindes en Angleterre et les tagliatelles en Italie sont responsables de ce que les maîtres de maison ont des anniversaires ?

MACEDONIO FERNANDEZ,
Cahiers de tout et de rien.

Qu'on le veuille ou non, il est désagréable de penser que dans la suite des jours de l'année sur laquelle nous nous retournons, il faut absolument que soit aussi inscrite la date du jour où nous mourrons.

ARTHUR SCHNITZLER,
Fuite dans les ténèbres.

ANNONCIATION

Mademoiselle Marie
Vous êtes grosse, dit l'ange
Vous aurez un fils sans mari
Pardonnez si je vous dérange.

JEAN COCTEAU

ANONYME (lettre)

La lettre anonyme est un genre épistolaire. Je n'en ai jamais reçu qu'une et elle était signée.

JEAN COCTEAU, *Opium.*

Je reçois quelquefois des lettres anonymes [...] j'y trouve la vérité, trésor inestimable, et souvent des avis que ne me donneraient peut-être aucun de ceux qui me veulent le plus de bien.

PAUL-LOUIS COURIER, *Pamphlets politiques.*

J'aime recevoir des lettres anonymes, parce que je n'ai pas à répondre.

JEAN DUTOURD, interview.

ANS

Dieu se joue à son gré de la race
[mortelle :
Il fait vivre cent ans le Normand
[Fontenelle
Et trousse à trente-neuf ce dévot de
[Pascal.

VOLTAIRE

ANTHOLOGIE

La plupart des faiseurs de recueils de vers ou de bons mots ressemblent à ceux qui mangent des cerises ou des huîtres, choisissant d'abord les meilleures et finissant par tout manger.

NICOLAS DE CHAMFORT,
Maximes et Pensées.

La meilleure anthologie est celle que l'on fait pour soi-même.

PAUL ÉLUARD

Je n'ai fait qu'un bouquet de fleurs et n'ai rien fourni de moi-même que le lien qui les assemble.

MICHEL DE MONTAIGNE, *Essais.*

ANTHROPOPHAGE

Makoko reste aveugle à tout ce qui
[l'entoure,
Avec conviction ce potentat savoure
Un bras de son grand-père et le juge
[trop cuit.

GEORGES FOUREST,
« Repas de famille », *La Négresse blonde.*

Puisque tu aimes ta maman, reprends-en !

ALEXANDRE VIALATTE,
Proverbe du Centre Afrique réservé
aux usages locaux.

C'est la superstition qui a fait immoler des victimes humaines, c'est la nécessité qui les a fait manger.

VOLTAIRE, article « Anthropophages »,
Dictionnaire philosophique

ANTI

De tout temps, chaque chose a eu son « anti » : exemple : un muet, c'est un antiparlementaire ; un athée, c'est un antimoine ; un croyant, c'est un antisceptique. Les Arabes du Caire sont antisémites... et les Sémites sont antiquaires.

RAYMOND DEVOS

ANTICIPATION

Que l'ouvrier pense à son travail, le contremaître au travail du lendemain, le chef d'atelier à celui du mois suivant, le chef de service à l'année qui vient, le directeur à ce que l'on sera dans cinq ans.

AUGUSTE DETŒUF
(Propos d'O. L. Barenton, confiseur.)

ANTICLÉRICALISME

L'anticléricalisme, comme la vérole, a d'abord été chez nous une maladie bourgeoise.

GEORGES BERNANOS,
Les Grands Cimetières sous la lune.

ANTILOPE

N'accroche pas ton pagne aux cornes de l'antilope.

ALEXANDRE VIALATTE,
Proverbes bantous.

ANTIPODE

« Mon fils [...] sachez que lorsqu'il fait jour d'un côté de la terre, il fait nuit de l'autre. Quand notre belle patrie, la France, voit se lever le jour, la Chine voit tomber les ombres de la nuit. Ainsi, lorsque les Françaises se couchent, mesdames les Chinoises se lèvent.

— Papa, s'écria Prudhomme fils avec conviction, je n'épouserai jamais une Chinoise. »

HENRI MONNIER,
Grandeur et Décadence de M. Joseph Prudhomme.

ANTIPOLLUTION

Lutte antipollution :

Détournement d'ordures sur les régions voisines.

GEORGES ELGOZY, *Le Fictionnaire.*

ANTIQUITÉ

Antiquité, antiquité, jeunesse de l'éternité.

JEAN COCTEAU

Ôtez les dieux à l'Antiquité, vous lui ôtez tous ses poèmes : [...] Sans la prière de Thétis à Jupiter et le songe que Jupiter envoie à Agamemnon, il n'y a point d'*Iliade*, sans Minerve, point d'*Odyssée* ; sans la protection de Jupiter et sans l'assistance de Vénus, point d'*Énéide*. Les dieux assemblés au ciel délibéraient de ce qui devait se faire sur la terre : c'étaient eux qui formaient les résolutions et qui n'étaient pas moins nécessaires pour les exécuter que pour les prendre.

CHARLES DE SAINT-ÉVREMOND,
Sur les Anciens.

ANTISÉMITE

À sa naissance, il était tellement laid que sa mère a failli devenir antisémite.

WOODY ALLEN, *Zelig.*

ANTONYME

Mourir est tout au plus l'antonyme de naître. L'antonyme de vivre reste à trouver.

CHRIS MARKER, *Le Cœur net.*

APÉRITIF

... Après s'être assuré que l'amer qu'on lui servait était bien de l'Amer Michel et le curaçao du vrai Curaçao de Reischoffen...

ALPHONSE ALLAIS

Nous avons passé des jours à descendre des avenues humides à grands pas chaloupés. Tous les kilomètres, on buvait un Pernod. On faisait nos quinze bornes dans la matinée ; puis, on allait prendre l'apéritif.

YVAN AUDOUARD, *Liqueurs fortes.*

Un : Allez, venez donc prendre l'apéritif, ça vaudra mieux.

Deux : Où ?

Un : Je ne sais pas. Dans un verre...
Deux : À pied ?
Un : Oui, c'est pas loin.

ROLAND DUBILLARD, *Diablogues*.

L'apéritif, c'est la prière du soir des Français.

PAUL MORAND, *Ouvert la nuit*.

Allais s'assied à une terrasse de café par une journée de tempête, et dit :
— Garçon, un quinquina et moins de vent !

JULES RENARD

À-PEU-PRÈS

Cosa Nostra… ma tête est malade.

MARCEL GOTLIB

Le sale en beau se rend à Rome en fleuve.

TRISTAN MAYA, *Messages personnels*.

Il vaut mieux être accueilli par quelqu'un à bras ouverts, que par personne à Brazzaville !

SIM

APHORISME

De l'aphorisme obscur retiens la possible étincelle.

YVES BROUSSARD, *Grand Angle*.

Comme les mythes et les suppositoires, aphorismes et maximes ont leur temps. Il faut s'en pénétrer avant qu'ils ne se défraîchissent.

GEORGES ELGOZY, *L'Esprit des mots*.

L'aphorisme est un genre qui ne rétrécit pas, parce que sa brièveté ne le permet pas.

RAMÓN GÓMEZ DE LA SERNA

On ne peut dicter un aphorisme à une machine à écrire. Cela prendrait trop de temps.

KARL KRAUS, *Aphorismes*.

L'aphorisme ne coïncide jamais avec la vérité : il est soit une demi-vérité, soit une vérité et demie.

KARL KRAUS, *Aphorismes*.

Un aphorisme n'a pas besoin d'être vrai, mais il doit survoler la vérité. Il doit la dépasser d'un trait.

KARL KRAUS, *Aphorismes*.

APHRODISIAQUE

Je ne suis pas très mondaine, mais je sens que je pourrais tomber amoureuse d'un duc à tout moment. C'est un titre tellement aphrodisiaque !

TINE WHITE

APICULTEUR

L'apiculteur de notre village était communiste par amour des abeilles, à force d'admirer leur organisation. On le taquinait à propos de la reine.

GILBERT CESBRON

APICULTURE

J'avais toujours cru que l'apiculture était l'art de cultiver les pommes d'api, de même que l'horticulture enseigne le moyen de faire pousser les orties.

Contradiction de l'étymologie !

ALPHONSE ALLAIS

APOLOGUE

Bertrand Russell rêve que, sur l'un des papiers qu'il a déposés sur sa table de nuit, il lit ces mots : « CE QUI EST ÉCRIT DE L'AUTRE CÔTÉ N'EST PAS VRAI. »

Il retourne alors la feuille et lit : « CE QUI EST ÉCRIT DE L'AUTRE CÔTÉ N'EST PAS VRAI. »

JORGE LUIS BORGES

Tchouang-tseu rêve qu'il est un papillon. Mais n'est-ce point le papillon qui rêve qu'il est Tchouang-tseu ?

Apologue chinois, cité par
RAYMOND QUENEAU.

APOSTROPHE

L'apostrophe, c'est la mitraille de l'éloquence.

PAUL-LOUIS COURIER

APPAREIL

Belle, sans ornements, dans le
[simple appareil
D'une beauté qu'on vient d'arracher
[au sommeil.

JEAN RACINE,
Britannicus, acte II, scène 2.

APPARTENIR

Nous ne nous appartenons pas plus à nous-mêmes que ne nous appartient ce que nous possédons. Nous sommes la propriété de Dieu.

ALDOUS HUXLEY,
Le Meilleur des mondes.

APPAS

Les femmes attachent tant de prix à certains appas de leur sexe, et elles seraient si honteuses d'en être déshéritées ou peu pourvues, que moins elles en possèdent, plus elles cherchent à en montrer.

A. POINCELOT

APPELER

... Mais elle, suivant l'exemple des femmes et des chats qui ne viennent pas quand on les appelle et qui viennent quand on ne les appelle pas, s'arrête devant moi et m'adresse la parole...

PROSPER MÉRIMÉE

APPELÉS

La grève des académiciens se prolongeant, ce sont les appelés du contingent qui ont été réquisitionnés pour les remplacer sous la Coupole.

JEAN-LOUIS FOURNIER,
Grammaire française et impertinente.

APPLAUDIR

Lors de mon tout dernier spectacle, le public était si tassé que les gens ne pouvaient pas applaudir horizontalement ; il leur fallait applaudir verticalement.

WILLIAM CLAUDE FIELDS

On connaît le bruit de deux mains qui applaudissent. Mais, quel est le bruit d'une seule main qui applaudit ?

A. ZEN KOAN, cité en épigraphe
des *Nouvelles*, de J. D. SALINGER.

APPRENDRE

C'est ce que nous pensons déjà connaître qui nous empêche souvent d'apprendre.

CLAUDE BERNARD

... Puisqu'enfin tu vas tout savoir sans apprendre, désapprends donc ce qui ne t'a rien fait savoir.

LÉON-PAUL FARGUE, *Suite familière*.

La vie doit être une éducation incessante ; il faut tout apprendre, depuis parler jusqu'à mourir.

GUSTAVE FLAUBERT, *Lettre à George Sand*.

Tout ce qu'on apprend à l'enfant, on l'empêche de l'inventer ou de le découvrir.

JEAN PIAGET,
Conversations avec J.-Cl. Bringuier.

APPROCHER (s')

Je vis quelque chose au loin et je crus que c'était un animal
Je m'approchai et m'aperçus que c'était un homme
Je m'approchai encore et je compris que c'était mon frère.

Proverbe tibétain, cité par
JEAN DELUMEAU.

ARABE

Les Arabes viennent manger le pain de nos Portugais.

COLUCHE

ARABIE

« L'Arabie, c'est où, dites ?
— Par là, mec ! »

Vieille plaisanterie

ARAIGNÉE

Un insecte aux longs bras de qui les
[doigts agiles

Tapissaient ces vieux murs de leurs
[toiles fragiles.

ABBÉ DELILLE, *Les Trois Règnes*.

Une petite main noire et poilue crispée sur des cheveux.

Toute la nuit, au nom de la lune, elle appose ses scellés.

JULES RENARD, *Histoires naturelles*.

ARBITRAIRE

L'arbitraire est au moral ce que la peste est au physique.

BENJAMIN CONSTANT, *De l'esprit de conquête*.

ARBRE

Quels sont les livres qui valent l'arbre de leur papier ?

HUBERT HADDAD

Chaque goutte de sève contient la plénitude de l'arbre entier.

MAHARISHI MAHESH YOGI

Les arbres ont des feuilles en été pour se garantir du soleil.

FRANCIS PICABIA, *Aphorismes*.

Il y a deux sortes d'arbres : les hêtres et les non-hêtres.

RAYMOND QUENEAU

C'est l'hiver. Les arbres sont en bois.

JULES RENARD, *Journal*.

Vous aimez les fleurs, mon amie, et j'aime les arbres. Les fleurs sont choses et j'aime les arbres [...]. Adorez avec moi ce grandiose porteur de bannières et de feuilles, ce grand être isolé et complet. Sa statue et sa figure exhaussent mon regard. Il invoque, il appelle l'arène de vie qui est en moi.

PAUL VALÉRY, *Alphabet*.

ARC

Si on ajoute des cordes à un arc, on invente la lyre.

Devise de SERGE REZVANI

ARC DE TRIOMPHE

Les arcs de triomphe sont des éléphants pétrifiés.

RAMÓN GÓMEZ DE LA SERNA, *Greguerías*.

ARC-EN-CIEL

Si un arc-en-ciel dure un quart d'heure, on ne le regarde plus.

WOLFGANG VON GOETHE, *Pensées*.

ARCHÉOLOGUE

Faites comme moi, épousez un archéologue. C'est le seul homme qui vous regardera avec de plus en plus d'intérêt à mesure que passeront les années.

AGATHA CHRISTIE

ARCHER

Maudit soit le premier soldat qui fut
[archer...
C'était un lâche au fond ; il n'osait
[approcher.

HENRI DE BORNIER, *La Fille de Roland*, acte III, scène 4.

Un bon archer atteint la cible avant même d'avoir tiré.

CH'AO POU TCHÉ

L'archer a un point commun avec l'homme de bien : quand sa flèche n'atteint pas le centre de la cible, il en cherche la cause en lui-même.

CONFUCIUS

ARCHITECTE

On fait parfois des pendaisons de crémaillère. Il vaudrait mieux, de temps en temps, pendre un architecte.

JEAN MISTLER

ARCHITECTURE

L'architecture, c'est ce qui fait les belles ruines.

AUGUSTE PERRET

ARDÈCHE

Demain, je fuirai l'Ardèche. Ce nom me fait horreur ! Et pourtant, il renferme les deux mots auquels j'ai voué ma vie : art, dèche.

STÉPHANE MALLARMÉ, *Lettre à Henri Cazalis.*

ARGENT

Pour un industriel, l'argent, c'est de l'argent. Pour un banquier, l'argent, c'est de l'argent plus une date.

Anonyme

L'argent fait un chemin dans la mer.

Proverbe arabe

Ma grande objection à l'argent, c'est que l'argent est bête.

ALAIN

L'argent, tout compte fait, aide à supporter la pauvreté.

ALPHONSE ALLAIS

L'argent est plus utile que la pauvreté, ne serait-ce que pour des raisons financières.

WOODY ALLEN

L'argent mène à tout à condition d'en sortir... beaucoup.

CLAUDE AVELINE, *Les Réflexions de Monsieur F.A.T.*

L'avarice et la prodigalité sont deux défauts analogues. L'avare surestime l'argent. Le prodigue en méconnaît la valeur.

TRISTAN BERNARD, *Saillies et rosseries.*

L'argent, l'argent, dit-on, sans lui [tout est stérile ;
La vertu sans argent est un meuble [inutile ;
L'argent, en honnête homme, érige [un scélérat ;
L'argent seul au palais peut faire un [magistrat.

NICOLAS BOILEAU, *Épître V à M. de Guilleragues.*

Il faut choisir dans la vie : gagner de l'argent ou le dépenser. On n'a pas le temps de faire les deux.

ÉDOUARD BOURDET, *Les Temps difficiles.*

Il faut mépriser l'argent... surtout la petite monnaie.

FRANÇOIS CAVANNA

Il y a des gens dont la puissance est faite de tout l'argent qu'ils ont prêté. Il y en a d'autres dont toute la force est dans l'argent qu'ils doivent.

AUGUSTE DETŒUF, *Propos de O.-L. Barenton, confiseur.*

L'argent, c'est la liberté monnayée.

FEDOR DOSTOÏEVSKI

Ce qu'il y a de plus odieux dans l'argent, c'est qu'il confère même des talents.

FEDOR DOSTOÏEVSKI, *L'Idiot.*

N'estime l'argent ni plus ni moins qu'il ne vaut : c'est un bon serviteur et un mauvais maître.

ALEXANDRE DUMAS FILS, Préface à *La Dame aux camélias.*

L'argent est l'argent, quelles que soient les mains où il se trouve. C'est la seule puissance que l'on ne discute jamais.

ALEXANDRE DUMAS FILS, *La Question d'argent.*

Ne parle pas d'argent ; je n'adore pas un dieu qui se donne si vite au dernier des drôles.

EURIPIDE

Rien n'est plus doux que le miel, à part l'argent.

BENJAMIN FRANKLIN

Si vous voulez savoir la valeur de l'argent, essayez donc d'en emprunter.

BENJAMIN FRANKLIN

Mon seul adversaire, celui de la France, n'a jamais cessé d'être l'argent.

CHARLES DE GAULLE.

Ceux qui manquent d'argent quand ils viennent en emprunter, en manqueront quand il faudra rembourser.

OLIVER GOLDSMITH

L'argent n'est que la fausse monnaie du bonheur.

EDMOND et JULES DE GONCOURT, *Idées et Sensations*.

Nous ne pensons qu'à l'argent : celui qui en a pense au sien, celui qui n'en a pas pense à celui des autres.

SACHA GUITRY

L'important dans la vie, ce n'est pas d'avoir de l'argent, mais que les autres en aient.

SACHA GUITRY, *Le Scandale de Monte Carlo*.

L'argent est un fruit toujours mûr.

JOHN HEYWOOD

Ce n'est pas que l'argent n'ait pas d'odeur, c'est que l'homme n'a pas d'odorat.

HENRI JEANSON

En France, l'argent est un vilain péché. C'est pourquoi de plus en plus de Français vont se confesser en Suisse.

JACQUES MAILHOT, *La Politique d'en rire*.

Ce sont toujours ceux qui auraient le plus besoin d'argent qui en ont le moins.

HENRI MONNIER, *Grandeur et Décadence de M. Joseph Prudhomme*.

C'est déjà bien ennuyeux de ne pas avoir d'argent, s'il fallait encore s'en priver !

PAUL MORAND

Le seul problème philosophique sérieux, c'est l'argent. Le suicide ne vient qu'après. Il faut bien vivre jusqu'à ce qu'on se tue.

JEAN D'ORMESSON, *Du côté de chez Jean*.

L'argent ne fait pas le bonheur de celui qui m'en a prêté.

PIERRE PERRET, *Les Pensées*.

L'argent donne tout ce qui semble aux autres le bonheur.

HENRI DE RÉGNIER

Si l'argent ne fait pas le bonheur... rendez-le !

JULES RENARD, *Journal*.

Je me demande pourquoi les femmes ont besoin de tant d'argent. En général, elles ne boivent pas, ne jouent pas et... n'ont pas de femmes.

JEAN RIGAUX

On a de tout avec l'argent, hormis des cœurs et des bons citoyens.

JEAN-JACQUES ROUSSEAU

L'argent qu'on possède est l'instrument de la liberté ; celui qu'on pourchasse est celui de la servitude.

JEAN-JACQUES ROUSSEAU, *Les Confessions*.

L'argent n'a pas d'idée.

JEAN-PAUL SARTRE

L'argent, ça va, ça vient. Mais quand ça vient... ça va !

L'argent, ça sert à savoir que tu n'en as pas besoin.

SMAÏN

Personne n'accepte de conseils ; mais tout le monde acceptera de l'argent : donc l'argent vaut mieux que les conseils.

JONATHAN SWIFT, *Opuscules humoristiques*.

Celui qui a de l'argent met dans sa poche ceux qui n'en ont pas.

LÉON TOLSTOÏ

L'argent n'a pas d'odeur.

VESPASIEN

Voir ci-dessus Henry Jeanson et Jean-Paul Sartre.

Quand j'étais jeune, je croyais que, dans la vie, l'argent était ce qu'il y a de plus important. Maintenant que je suis vieux, je le sais.

OSCAR WILDE

ARGOT

Ils nous font chier avec l'argot. On prend la langue qu'on peut, on la tortille comme on peut ; elle jouit ou ne jouit pas.

LOUIS-FERDINAND CÉLINE,
Lettre à Albert Paraz.

Tout argot est métaphore, toute métaphore est poésie.

GILBERT KEITH CHESTERTON,
Défense de l'argot.

L'argot, c'est le latin des affranchis.

HENRI JEANSON,
au journal *La Flèche*.

ARISTOCRATE

On ne peut pas dire qu'il y ait véritablement d'aristocrates ni de démocrates, parce que l'homme qui ne possède que six pence traite d'aristocrate celui qui possède un shilling.

LOUIS XVIII (après un voyage en Europe).

L'homme peut être démocrate, l'artiste se dédouble et doit rester aristocrate.

STÉPHANE MALLARMÉ,
Hérésies artistiques - L'Art pour tous.

ARISTOCRATIE

Il faut reconnaître que les hommes de l'aristocratie française ont presque toujours su dépenser l'argent très élégamment. Ils n'ont fait de bassesses que pour en avoir.

ABEL BONNARD, *L'Argent.*

L'aristocratie a trois âges successifs : l'âge des supériorités, l'âge des privilèges, l'âge des vanités : sortie du premier, elle dégénère dans le second et s'éteint dans le dernier.

FRANÇOIS RENÉ DE CHATEAUBRIAND,
Mémoires d'outre-tombe.

ARITHMÉTIQUE

En arithmétique, un et un font deux. En amour, un et un devraient faire un, et ça fait deux tout de même.

GUY DE MAUPASSANT, *Yvette.*

ARME

Les femmes disposent de deux armes redoutables : le fard et les larmes. Heureusement pour les hommes, elles ne peuvent pas s'en servir en même temps.

Attribué à MARILYN MONROE

Un empire fondé sur les armes a besoin de se soutenir par les armes.

CHARLES DE MONTESQUIEU,
Considérations sur les causes de la grandeur des Romains et de leur décadence.

ARMÉE

Au rassemblement : le premier qui arrive le dernier, j'en prends un au hasard et je vous fous tous dedans. Rompez !

L'adjudant de service

... Ledit spleen faisant la force principale des armées...

JEAN-PAUL GROUSSET,
et le *Manuel du soldat.*

Les ronces et les épines poussent sur la trace des armées.

LAO-TSEU

Tant que vous serez à l'armée, je serai alarmée.

LOUISE DE VILMORIN,
(télégramme à Jean-François Josselin appelé en Algérie).

ARRESTATION

Quand on a arrêté les communistes, je n'étais pas communiste, je n'ai rien dit ;

Quand on a arrêté les socialistes, je n'étais pas socialiste, je n'ai rien dit ;

Quand on a arrêté les Juifs, je n'étais pas Juif, je n'ai rien dit ;

Quand on est venu m'arrêter, il n'y avait plus personne pour protester.

PASTEUR NIEMÖLLER

ARRÊTER (s')

On peut s'arrêter quand on monte, jamais quand on descend.

NAPOLÉON Ier

ARRIVER

Pour arriver, il faut mettre de l'eau dans son vin jusqu'à ce qu'il n'y ait plus de vin.

JULES RENARD, *Journal.*

Pour bien arriver, il faut d'abord arriver soi-même, puis que les autres n'arrivent pas.

JULES RENARD, *Journal*.

ART

J'aime à supposer que l'œuvre d'art est celle qui fait le salut de l'âme au moins un petit instant.

ALAIN, *Les Aventures du cœur*.

L'art, c'est l'homme ajouté à la nature.

FRANCIS BACON

Un poète contemporain a caractérisé ce sentiment de la personnalité de l'art et de l'impersonnalité de la science par ces mots : l'art, c'est *moi* ; la science, c'est *nous*.

CLAUDE BERNARD, *Initiation à l'étude de la médecine expérimentale*.

L'art est fait pour troubler. La science rassure.

GEORGES BRAQUE, *Pensées sur l'art*.

L'art existe à la minute où l'artiste s'écarte de la nature.

JEAN COCTEAU

L'art s'enrichit par le style et s'appauvrit par la tradition.

ALFRED CORTOT

L'Art ne vient pas se coucher dans les lits qu'on a faits pour lui ; il se sauve aussitôt qu'on prononce son nom. Ce qu'il aime, c'est l'incognito, ses meilleurs moments sont quand il oublie comment il s'appelle.

JEAN DUBUFFET

L'art qui se soumet à une orthodoxie, fût-ce celle de la plus saine des doctrines, est perdu.

ANDRÉ GIDE

L'art commence avec la difficulté.

ANDRÉ GIDE

Il n'y a pas d'œuvre d'art sans collaboration du démon.

ANDRÉ GIDE, *Dostoïevski*.

L'art est un jeu. Tant pis pour celui qui s'en fait un devoir.

MAX JACOB

L'art a un arrosoir, mais la nature a les nuages.

JEAN-PAUL, *Être là dans l'existence*.

L'art est de cacher l'art.

LA MÉSANGÈRE

« Qu'est-ce que l'art ? », nous sommes portés à répondre :

« Ce par quoi les formes deviennent style. »

ANDRÉ MALRAUX

L'art, c'est le plus court chemin de l'Homme à l'Homme.

ANDRÉ MALRAUX

L'art vit de contraintes et meurt de liberté.

MICHEL-ANGE

L'art et rien que l'art, nous avons l'art pour ne point mourir de la vérité.

FRIEDRICH NIETZSCHE

Le public, c'est le suffrage universel en art.

JULES RENARD

L'art doit se donner un but qui recule sans cesse.

ANTOINE DE RIVAROL

Une œuvre d'art devrait toujours nous apprendre que nous n'avions pas vu ce que nous avons vu.

PAUL VALÉRY

L'art est fait de beaux détails.

PAUL VALÉRY

Une œuvre d'art est un coin de la création vu à travers un tempérament.

ÉMILE ZOLA, *Mes haines*.

ART MODERNE

L'Art moderne, c'est ce qui arrive quand les peintres cessent de regarder les femmes et pensent qu'ils ont une meilleure idée.

JOHN CIARDI,
cité par RAYMOND CASTANS.

« Où va l'art moderne ?
— Aux chiottes ! »

FRANCIS PICABIA, *Aphorismes*.

ARTICHAUT

Les artichauts, c'est un légume de pauvres. C'est le seul que, quand tu as terminé, tu en as plus dans ton assiette qu'avant de commencer.

COLUCHE

I'm fond of Artie Shaw.

JEAN L'ANSELME,
Pensées et Proverbes de Maxime Dicton.

Avant de demander la main d'une jeune fille, regardez-la manger des artichauts.

LOUIS TEISSIER DU CROS,
L'Amour, les femmes et nous.

ARTIFICIEL

Le premier devoir dans l'existence, c'est d'être aussi artificiel que possible. Ce qu'est le second, personne ne l'a encore découvert.

OSCAR WILDE, *Formules et Maximes à l'usage des jeunes gens*.

La plupart des femmes sont si artificielles qu'elles n'ont aucun sens de l'Art. La plupart des hommes sont si naturels qu'ils n'ont aucun sens du Beau.

OSCAR WILDE, *Quelques Maximes pour l'instruction des personnes trop instruites*.

ARTISAN

L'artisan est toujours désavantagé par rapport à celui qui regarde sans mettre la main à l'ouvrage, de même qu'à toutes les époques, le politicien en chambre a été plus intelligent, plus droit et plus réfléchi que l'homme d'État au pouvoir.

FRIEDRICH NIETZSCHE

ARTISTE

L'artiste, c'est le vrai riche. Il roule en automobile, le public suit en omnibus. Comment s'étonnerait-on qu'il suive à distance ?

JEAN COCTEAU

L'artiste contient l'intellectuel. La réciproque est rarement vraie.

LÉON-PAUL FARGUE, *Haute Solitude*.

Les artistes sont le résultat de l'avarice de la nature. Le peu d'esprit qu'ils ont leur est donné par la méchanceté.

FRANCIS PICABIA

ASCENSEUR

Farouche, il enferma dans un panier
[d'osier
Les barons Otis-Pifre et Roux-
[Combaluzier.
Ainsi furent occis au son joyeux du
[fifre
Les barons Roux-Combaluzier et
[Otis-Pifre.

JEAN CANOLLE,
pastichant *La Légende des siècles*.

ASCENSION SOCIALE

Rien ne peut se faire simplement chez les gens qui montent d'un étage social à un autre.

HONORÉ DE BALZAC, *César Birotteau*.

ASILE

Il y a des fous partout, même dans les asiles.

JULES RENARD

ASPERGE

Ne faites pas aller et venir une asperge dans votre bouche en regardant languissamment le jeune homme que vous voulez séduire.

PIERRE LOUŸS, *Manuel de civilité pour les petites filles*.

ASSASSIN

Chaque assassin est probablement le vieil ami de quelqu'un.

AGATHA CHRISTIE

L'assassin se lava les mains et fit des bulles de savon.

JULES RENARD, *Journal*.

C'est quelqu'un présumé innocent jusqu'à ce qu'on prouve sa folie.

OSCAR WILDE

ASSASSINAT

« Prévenu, déclara le juge, vous avez été convaincu d'assassinat. Plaidez-vous coupable, ou avez-vous été élevé dans le Kentucky ? »

AMBROSE BIERCE

Il y a différentes manières d'assassiner un homme : par le pistolet, par l'épée, par le poison ou par l'assassinat moral. C'est la même chose au définitif, excepté que le dernier moyen est le plus cruel.

BONAPARTE

L'assassinat est la forme la plus extrême de la censure.

GEORGE BERNARD SHAW,
Maximes pour révolutionnaires.

Évitez l'assassinat, il conduit au vol et ce dernier est presque toujours le chemin de la dissimulation.

HENRI SOMM

Le meilleur régime politique est la monarchie absolue tempérée par l'assassinat.

STENDHAL

ASSIS

On est mieux assis que debout, couché qu'assis, endormi qu'éveillé et mort que vivant.

Proverbe arabe

On est mieux assis que debout et... vermouth cassis.

ALPHONSE ALLAIS

ASSOCIATION

Dans toute association de deux hommes, il y en a toujours un qui se fait porter par l'autre.

CHARLES DE GAULLE

ATHÉE

Pour vous, je suis un athée. Pour Dieu, je suis un opposant loyal.

WOODY ALLEN

Vous me demandez si je suis athée ?... Je suis plus intéressé par notre vin d'ici que par leur au-delà.

FRANCIS BLANCHE, *Pensées*.

On demandait un jour à quelqu'un s'il y avait de vrais athées. Croyez-vous, répondit-il, qu'il y ait de vrais chrétiens ?

DENIS DIDEROT,
Pensées philosophiques.

Même le jour de ma mort, je croirai pas en Dieu. J'attendrai le lendemain.

JEAN-MARIE GOURIO,
Brèves de comptoir.

Je suis inculte parce que je n'en pratique aucun et insecte parce que je me méfie de toutes.

RAYMOND QUENEAU

Je suis athée... Dieu merci !

MIGUEL DE UNAMUNO

ATHÉISME

L'athéisme en France est une religion et l'anticléricalisme, une Église.

EMMANUEL BERL

S'il y a un Dieu, l'athéisme doit lui sembler une moindre injure que la religion.

EDMOND et JULES DE GONCOURT,
Journal.

Voir SUPERSTITION (Diderot).

ATHLÈTE

L'athlète est un homme qui a décidé de reculer les murs de sa prison.

ANTOINE BLONDIN

ATTENDRE

Au restaurant, tout vient « à point » à qui sait attendre, même s'il a commandé son steak « bleu ».

HIPPOLYTE DOMONT,
Propos de mon village.

ATTENTAT

En permettant l'homme, la nature a commis beaucoup plus qu'une erreur de calcul : un attentat contre elle-même.

EMIL MICHEL CIORAN

ATTENTION

Si on cache une région du corps, c'est pour mieux attirer l'attention sur elle.

MICHEL DE MONTAIGNE,
Essais, livre I, chap. XXIII.

AU-DELÀ

Je ne crois pas en l'au-delà, mais j'emporte toujours un caleçon de rechange.

WOODY ALLEN

Un au-delà ? Pourquoi pas ? Pourquoi les morts ne vivraient-ils pas ? Les vivants meurent bien.

CHAVAL

AUJOURD'HUI

Hier n'est qu'un rêve et demain une vision. Mais, bien vécu, l'aujourd'hui fait de chaque hier un rêve de bonheur et de chaque demain une vision d'espoir. Prends donc bien soin d'aujourd'hui.

Proverbe sanskrit

Le vierge, le vivace et le bel
[aujourd'hui
Va-t-il nous déchirer avec un coup
[d'aile ivre
Ce lac dur oublié que hante sous le
[givre
Le transparent glacier des vols qui
[n'ont pas fui !

STÉPHANE MALLARMÉ, *Poèmes*.

Aujourd'hui, un œuf à la main vaut mieux que deux poulets demain.

ÉTIENNE TABOUROT, Sieur des accords

AUMÔNE

En matière d'aumône, il faut fermer la bouche et ouvrir le cœur.

GUILLAUME BOUCHET, *Les Sérées*.

C'est une vérité incontestable qu'il y a en France sept millions d'hommes qui demandent l'aumône, et douze millions hors d'état de la faire.

NICOLAS DE CHAMFORT,
Maximes et Pensées.

On ne peut tirer du vin du tonneau plein sans y faire entrer de l'air par une ouverture ; de même, pour tirer l'aumône du riche, il est quelquefois nécessaire de le flatter et de l'y porter par un mouvement de vanité.

JEAN DOMAT, *Pensées*.

AURÉOLE

... de même que l'on peint un zéro au-dessus de la tête des saints.

GEORG CHRISTOPH LICHTENBERG,
Aphorismes.

Ils sont à table
Ils ne mangent pas
Ils ne sont pas dans leur assiette
Et leur assiette se tient toute droite
Verticalement derrière leur tête.

JACQUES PRÉVERT,
« La Cène » in *Paroles*.

AURORE

Dès l'aurore, dis-toi d'avance : je vais rencontrer un indiscret, un ingrat, un insolent, un fourbe, un envieux, un égoïste.

MARC AURÈLE, *Pensées*.

AUTEUR

Prière de l'auteur :
Notre Père qui es aux Cieux
Et qui as aussi écrit un livre...

Anonyme

Un auteur gâte tout quand il veut trop bien faire.

JEAN DE LA FONTAINE,
Le Bûcheron et Verdure.

Ne discutez jamais avec les gens qui achètent l'encre par bidon de cinq litres.

TOMMY LASORDA

En six pages, je n'ai même pas le temps de dire « bonjour ! ».

JAMES MICHENER

Non seulement les auteurs n'acceptent que des éloges, mais encore ils exigent qu'on ne leur dise que la vérité.

JULES RENARD, *L'Œil clair — Propos d'entracte*.

Le pouvoir de l'auteur, c'est de rendre les choses nouvelles familières et les choses familières nouvelles.

WILLIAM THACKERAY

AUTHENTICITÉ

Bien que nos renseignements soient faux, nous n'en garantissons pas l'authenticité.

ERIK SATIE

AUTOBIOGRAPHIE

L'autobiographie est maintenant aussi répandue que l'adultère, et nettement moins répréhensible.

LORD ALTRINGHAM

Il est bien à plaindre celui qui ne vit pas sa vie, mais son autobiographie.

ARTHUR SCHNITZLER, *Relations et solitudes*.

Féroce notule autobiographique :
Philippe Soupault dans son lit
Né un lundi
Baptisé un mardi
Marié un mercredi
Malade un jeudi
Agonisant un vendredi
Mort un samedi
Enterré un dimanche
C'est la vie de Philippe Soupault.

PHILIPPE SOUPAULT, *Poésie pour mes amis les enfants*.

AUTOBUS

Cela se passait dans un de ces immondes *autobi* qui s'emplissent de *populus* précisément aux heures où je dois consentir à les utiliser.

RAYMOND QUENEAU, *Exercices de style*.

AUTOMNE

Mon automne éternelle ô ma saison [mentale
Les mains des amantes d'antan [jonchent ton sol
Une épouse me suit c'est mon ombre [fatale
Les colombes ce soir prennent leur [dernier vol

GUILLAUME APOLLINAIRE, « Signe », *Alcools*.

Et que j'aime ô saison que j'aime tes [rumeurs
Les fruits tombant sans qu'on les [cueille
Le vent et la forêt qui pleurent
Toutes leurs larmes en automne [feuille à feuille.

GUILLAUME APOLLINAIRE, *Alcools*.

Oh ! je ne veux pas que tu sortes
L'automne est plein de mains [coupées
Non non ce sont des feuilles mortes
Ce sont les mains des chères mortes
Ce sont des mains coupées.

GUILLAUME APOLLINAIRE, *Alcools*.

Les feuilles sèches préparent la tisane de l'automne.

RAMÓN GÓMEZ DE LA SERNA

L'automne raconte à la terre les feuilles qu'elle a prêtées à l'été.

GEORG CHRISTOPH LICHTENBERG

Le post-scriptum du soleil.

PIERRE VÉRON, *Le Carnaval du dictionnaire*.

AUTOMOBILE

Conduire dans Paris, c'est une question de vocabulaire.

MICHEL AUDIARD, *Mannequins de Paris*.

Le chauffeur est, de loin, la partie la plus dangereuse de l'automobile.

LÉO CAMPION

L'auto n'atteindra jamais la vitesse de la route.

MALCOLM DE CHAZAL

Le jour où les autos penseront, les Rolls Royce seront plus angoissées que les taxis.

HENRI MICHAUX, *Passages*.

Je viens de résoudre mon problème de stationnement : j'ai acheté une automobile bien garée.

HENRY YOUNGMAN

AUTOPSIE

Qu'on sauve mes restes d'une sacrilège autopsie ; qu'on s'épargne le soin de chercher dans mon cerveau glacé et dans mon cœur éteint le mystère de mon être. La mort ne révèle point les secrets de la vie.

FRANÇOIS RENÉ DE CHATEAUBRIAND, avant-propos aux *Mémoires d'outre-tombe*.

Courageusement, il demanda à ne pas être endormi pendant son autopsie.

JEAN-LOUIS FOURNIER, *Grammaire française et impertinente*.

AUTORITÉ

Il a au plus haut degré ce qu'on appelle l'autorité. On l'écoute avant même qu'il ait parlé.

ANATOLE FRANCE

L'autorité ne va pas sans le prestige ni sans l'éloignement.

CHARLES DE GAULLE

AUTO-STOP

Un soldat qui faisait de l'auto-stop avait écrit sur une pancarte : « Payez-vous le luxe d'une escorte militaire. »

Une auto-stoppeuse est une jeune femme, généralement jolie et court vêtue, qui se trouve sur votre route quand vous êtes avec votre femme.

WOODY ALLEN

AUTRE

Celui qui croit qu'il peut se passer des autres se trompe, et celui qui croit que les autres ne peuvent pas se passer de lui se trompe encore plus.

Dicton hassidique

Si je ne vaux pas mieux, au moins, je suis autre.

JEAN-JACQUES ROUSSEAU, *Les Confessions*, livre I.

AUTREMENT

Nous appelons dangereux ceux qui ont l'esprit fait autrement que nous et immoraux ceux qui n'ont pas notre morale.

ANATOLE FRANCE, *Le Jardin d'Épicure*.

J'écris autrement que je ne parle, je parle autrement que je ne pense, je pense autrement que je ne devrais penser, et ainsi jusqu'au plus profond de l'obscurité.

FRANZ KAFKA, cité par JEAN CARRIÈRE en épigraphe de son roman *Achigan*.

AUTRICHE

Notre peuple est sans vision, sans inspiration, sans caractère. Intelligence, imagination : ce sont des mots qu'il ne comprend pas. Peuple de contrebandiers et de dilettantes, il se perpétue à chaque minute dans le crétinisme alpin dont il a l'exclusivité.

THOMAS BERNHARD, *L'Origine*.

AUTRUCHE

L'autruche qui enfouit sa tête dans le sable veut, en tout cas, vous donner le sentiment que cette tête est la partie la plus importante de sa personne.

KATHERINE MANSFIELD, *Journal*.

Tant va l'autruche à l'eau qu'à la fin elle se palme.

RAYMOND QUENEAU, *Le Dimanche de la vie*.

AUTRUI

Nous avons inventé autrui
Comme autrui nous a inventé
Nous avions besoin l'un de l'autre.

PAUL ÉLUARD, *Le Visage de la paix*.

Autrui nous est indifférent et l'indifférence n'incline pas à la méchanceté.

MARCEL PROUST, *La Prisonnière*.

AUVERGNE

« Savez-vous pourquoi les émouleurs de Thiers (Puy-de-Dôme) se couchent avec leurs sabots ?

— C'est pour ne pas salir leurs draps. »

Anonyme

La France, c'est l'Auvergne avec quelque chose autour.

Proverbe... auvergnat

Pascal aimait tellement l'Auvergne qu'il naquit à Clermont-Ferrand.

ALEXANDRE VIALATTE

Ce qui fait l'intérêt de l'Auvergne, c'est qu'elle est remplie d'Auvergnats. S'il faut en croire les statistiques, elle en contient même plus que Paris.

ALEXANDRE VIALATTE

[Les Auvergnats] ont des cheveux noirs, des yeux de braise, des dents luisantes et des chandails superposés, les uns marron, les autres aubergine. En laine épaisse. Pour le 15 août, ils en enlèvent un. À la Toussaint, ils en ajoutent deux. À la fin de leur vie, ils sont devenus pure laine.

ALEXANDRE VIALATTE, *Dernières Nouvelles de l'homme*.

L'Auvergne produit des ministres, des fromages et des volcans.

ALEXANDRE VIALATTE, *Dernières Nouvelles de l'homme*.

Munissez-vous toujours de lainages lorsque vous allez en Auvergne. Tout y est aigrelet : le « fond de l'air », le fromage, le vin, le son de la vielle.

ALEXANDRE VIALATTE, *Dernières Nouvelles de l'homme*.

(Car) l'Auvergne est un meuble pauvre que la France a relégué dans sa mansarde. Elle s'y est imprégnée d'une odeur de grenier, de vieux temps, de rêve, de bois de sapin. Elle sent la bure et la fumée. C'est un secret plutôt qu'une province. Elle vous tourmente toujours d'un songe. C'est quand on l'a trouvée qu'on la cherche le plus.

ALEXANDRE VIALATTE, *Dernières Nouvelles de l'homme*.

AVANCER

Si j'avance, suivez-moi ; si je meurs, vengez-moi ; si je recule, tuez-moi.

HENRI DE LA ROCHEJAQUELEIN

AVANCES

Si le sexe fort s'entendait pour ne plus faire les avances, la femme, vaincue, prendrait bientôt le rôle de les faire.

OVIDE, *L'Art d'aimer*.

AVANT

Laissez tomber votre tartine *avant* de la beurrer.

Cité par JACQUES A. BERTRAND, *Le sage a dit*.

AVANTAGE

C'est sans doute un terrible avantage que de n'avoir rien fait, mais il ne faut pas en abuser.

ANTOINE DE RIVAROL

AVANT-DERNIER

Untel est l'avant-dernier des humains... je dis avant-dernier pour ne décourager personne.

NICOLAS DE CHAMFORT

AVANT-GARDE

L'avant-garde se définit rétrospectivement. Elle n'existe que dans le passé.

HENRI GOETZ

AVARE

L'illusion des avares est de prendre l'or et l'argent pour des biens, au lieu que ce ne sont que des moyens pour en avoir.

ABBÉ D'AILLY, *Pensées diverses*.

Un avare volé se plaint d'être volé ; il ne se plaint pas d'être avare.

ALAIN

Pour un avare, éjaculer est un gaspillage.

JOSÉ ARTUR, *Les Pensées*.

L'avare se vole lui-même, le prodigue vole ses héritiers.

THOMAS FULLER, *Gnomologia* (1732).

Tenez, dit l'avare : voici un calendrier neuf, et qu'il vous fasse toute l'année.

JULES RENARD, *Journal*.

Les hommes ne haïssent l'avare que parce qu'il n'y a rien à gagner avec lui.

VOLTAIRE

AVARICE

L'avarice commence où cesse la pauvreté.

HONORÉ DE BALZAC

AVENIR

L'avenir est à ceux qui se lèvent tôt, surtout le matin.

Anonyme

Un beau soir, l'avenir s'appelle le
[passé
C'est alors qu'on se tourne et qu'on
[voit sa jeunesse.

LOUIS ARAGON

L'avenir, c'est ce qui dépasse la main tendue.

LOUIS ARAGON, *Le Fou d'Elsa*.

J'ai réinventé le passé pour voir la beauté de l'avenir.

LOUIS ARAGON, *Le Fou d'Elsa*.

L'avenir est la grande cause des petites gens.

HERVÉ BAZIN

On ne subit pas l'avenir, on le fait.

GEORGES BERNANOS

Je vais où je m'ignore.

JEAN CAYROL

L'avenir, c'est du passé en préparation.

PIERRE DAC, *L'Os à moelle*.

L'homme n'est pas ancien comme le monde : il ne porte que son avenir.

PAUL ÉLUARD

L'avenir est à ceux qui se lèvent tard.

DANIEL FILIPACCHI

L'avenir est ce qu'il y a de pire dans le présent.

GUSTAVE FLAUBERT

L'avenir est un miroir sans glace.

XAVIER FORNERET

L'avenir est un lieu commode pour y mettre des songes.

ANATOLE FRANCE,
Les Opinions de Jérôme Coignard.

Nous abordons le XXIe siècle avec des pouvoirs de démiurges et des instincts de primates.

THIERRY GAUDIN,
2100, récit du prochain siècle.

On parle beaucoup trop aux enfants du passé et pas assez de l'avenir. C'est-à-dire trop des autres et pas assez d'eux-mêmes.

SACHA GUITRY,
Si j'ai bonne mémoire.

L'avenir est un fantôme aux mains vides qui promet tout et qui n'a rien.

GÉRARD DE NERVAL

Jeu demain... jeu 2001.

JACQUES PATER, *Le Petit Pater illustré*.

L'avenir n'existe pas quoique j'aille mieux.

FRANCIS PICABIA, *Unique Eunuque*.

À force de prévoir l'avenir, on nous le rend aussi fastidieux qu'un passé.

JEAN ROSTAND, *Carnets d'un biologiste*.

Peu de gens vivent dans le présent ; tous se disposent à vivre dans l'avenir.

JONATHAN SWIFT

Même l'avenir n'est plus ce qu'il était.

PAUL VALÉRY

AVENTURE

Quand il n'y aurait qu'une chance sur mille de trouver l'aventure au coin de la rue, il faudrait aller au coin de la rue.

HENRY DE MONTHERLANT

AVERTI

Un homme averti en vaut deux, alors, en cas d'accident, n'avertissez personne car ça doublerait le nombre des victimes.

LES FRÈRES ENNEMIS, *Les Pensées*.

AVEUGLE

Œdipe ne commence à voir clair que quand il est aveugle.

JEAN COCTEAU

Je ressemble aux oiseaux, disait-elle, j'apprends à chanter dans les ténèbres.

DENIS DIDEROT, *Lettre sur les aveugles*.

Au congrès des non-voyants, on rencontrait des aveugles à perte de vue.

HIPPOLYTE DOMONT,
Propos de mon village.

Les aveugles profitent de leur infirmité pour jouer fréquemment à colin-maillard.

JEAN-LOUIS FOURNIER,
La Grammaire impertinente.

J'ai un chien d'aveugle et j'ai retrouvé la vue. Quelqu'un peut-il m'en débarrasser ?

BERTRAND JARRIGEON

Les aveugles ne trompent pas leur femme, ils se trompent de femme.

LEE VOIRIEN
(comédien non voyant), inédit.

Ce n'est pas l'amour qu'il fallait peindre aveugle, c'est l'amour-propre.

VOLTAIRE, *Correspondance*.

AVIS

On s'entend toujours... il suffit de ne pas être du même avis.

HENRI DE RÉGNIER

Je pardonne aux gens de n'être pas de mon avis. Je ne leur pardonne pas de ne pas l'être du leur.

TALLEYRAND

Je ne suis pas toujours de mon avis.

PAUL VALÉRY

Quand les gens sont de mon avis, il me semble que je dois avoir tort.

OSCAR WILDE

AVOCAT

Mieux vaut une souris dans la
[gueule du chat
Qu'un client aux mains de l'avocat.

(*Sta meglio un sorcio in bocca al gatto.
Che il cliente in man dell' avvocato.*)

Proverbe italien

Aucun poète n'a jamais interprété la nature aussi librement qu'un avocat interprète la réalité.

JEAN GIRAUDOUX

L'affection ou la haine change la justice de force. Et combien un avocat bien payé par avance trouve-t-il plus juste la cause qu'il plaide ! Combien son geste hardi le fait-il paraître meilleur aux juges, dupés par cette apparence ! Plaisante raison qu'un vent manie, et à tous sens !

BLAISE PASCAL, *Pensées*.

Ce serait beau l'honnêteté d'un avocat qui demanderait la condamnation de son client !

JULES RENARD

Faites que le crime paye... devenez avocat.

WILL ROGERS

« Messieurs les jurés, nous laisserons de côté le motif du meurtre, les circonstances dans lesquelles il a été accompli, et aussi le meurtre lui-même. Dans ces conditions, que reprochez-vous à mon client ?

BORIS VIAN,
« Le Brouillard » in *Les Fourmis*.

AVORTEMENT

Si les hommes pouvaient attendre un enfant, l'avortement serait un sacrement.

FLORYNCE KENNEDY

AVRIL

Il n'est si gentil avril
Qui n'ait son chapeau de grésil.

Dicton alsacien

Avril a trente jours
S'il pleuvait durant trente et un,
il n'y aurait de mal pour aucun.

Dicton du Morvan

AYATOLLAH

Que répondre à un homme qui vous dit qu'il aime mieux obéir à Dieu qu'aux hommes et qui, en conséquence, est sûr de mériter le ciel en vous égorgeant ?

VOLTAIRE,
Dictionnaire philosophique.

AYMÉ (Marcel)

C'est chose rare qu'un auteur cherche à se faire plus petit que son œuvre.

ANTOINE BLONDIN

B

B.A.

Nos bonnes actions sont souvent plus troubles que nos péchés.

MARCEL AYMÉ, *Vogue la galère*.

BAC

Étudiants, étudiantes, ne vous présentez plus au bac : prenez le pont de Tancarville.

FRANCIS BLANCHE

J'ai eu mes deux bacs à douze ans : le bac d'eau chaude et le bac d'eau froide.

PAUL BOCUSE

Le bac, c'est comme la lessive : on mouille, on sèche... et on repasse.

HENRI TROYAT

BACCALAURÉAT

Si vous passez votre bachot ? Vous serez savante. Vous saurez que l'estomac ressemble à une vieille chaussette et pourquoi on a guillotiné Louis XVI. Vous saurez gagner les guerres. Le maréchal Joffre était bachelier.

JEAN GIRAUDOUX, *L'Impromptu de Paris*.

Le baccalauréat est le certificat que donne l'État et qui atteste à tous que le jeune Untel ne sait absolument rien faire.

PAUL VALÉRY

BACH (Jean-Sébastien)

Je ne connais rien à la musique. Pendant des années j'ai cru que les *Variations Goldberg* étaient un truc que M. et Mme Goldberg ont essayé de faire pendant leur nuit de noces.

WOODY ALLEN

Bach, c'est Bach, comme Dieu c'est Dieu.

HECTOR BERLIOZ, *Mémoires*.

S'il y a quelqu'un qui doit tout à Bach, c'est bien Dieu.

EMIL MICHEL CIORAN, *Syllogismes de l'amertume*.

Bach J. S. : Musique pour scieurs de long.

ALBERT COHEN

Cette divine machine à coudre.

COLETTE

Comme disait son heureuse fiancée : « J'ai eu mon Bach du premier coup ! »

PIERRE DESPROGES

BAGAGE

Mes études ont vraiment été très... secondaires. Et pour mon bagage intellectuel, j'ai jamais eu besoin de porteur.

MAURICE BIRAUD

BAGATELLE

Ceux qui se moquent des penchants sérieux aiment sérieusement les bagatelles.

LUC DE VAUVENARGUES, *Réflexions et Maximes*.

BAGNE

Les lois font les bagnes, les mœurs font les lupanars. La lumière crée le peuple, la nuit enfante la plèbe. La veste rouge du forçat est taillée dans la robe rouge du juge.

VICTOR HUGO, *Quatre-vingt-treize*.

BAGUE

Elle a le derrière nu et porte une bague au doigt.

Le Livre de la sagesse arabe.

BAIGNADE

Il est dangereux de se baigner moins de trois heures après avoir mangé des champignons vénéneux.

FRANÇOIS CAVANNA

BAIGNOIRE

À la fin de sa vie, quand Orson Welles était dans une baignoire, c'était l'eau ou lui.

JOSÉ ARTUR, *Les Pensées*.

BÂILLER

Le temps que nous perdons à bâiller ne peut jamais être rattrapé.

STENDHAL

BAIN

Donnez-moi un bain sans eau. Je n'ai pas le temps de me sécher.

CELMAS

BAIN DE PIEDS

« Mon ami, disait Claudel à Jammes, lorsque après avoir vécu de longues années dans l'amour de Dieu, je succombai, comme vous le savez, à l'amour de cette femme, il semble que, sortant d'un lac pur de montagnes, je plongeais dans un bain de pieds. »

ANDRÉ GIDE, *Journal*.

BAISER

Que ton baiser ait l'ardeur du soleil et la rose te donnera tout son parfum.

Proverbe kurde

Il faut baiser à ce qu'il me semble ; aussi je vous déclare à vous tous ici réunis que baiser n'a jamais été défendu ; c'est pour baiser que le con a été fendu. C'est pourquoi je recommande à tous en cet instant que, qui bande dur et raide, et s'il a un con à sa disposition, baise et en soit excusé ; jamais cela ne lui sera reproché.

Roman de Renart, branche XVIII
(Sermon de l'archiprêtre
à la mort de Renart).

Je lui fermai la bouche d'un baiser derrière l'oreille.

ALPHONSE ALLAIS, *À se tordre*.

Colbert disait un jour à M. de
[Louvois :
« Que n'ai-je baisé plus quand baiser
[je pouvois ? »

TRISTAN BERNARD

Il en est des baisers comme des confidences : ils s'attirent, ils s'accélèrent, ils s'échauffent les uns par les autres.

DOMINIQUE VIVANT DENON

Les femmes se souviennent encore de leur premier baiser alors que les hommes ont déjà oublié le dernier.

REMY DE GOURMONT

Ce baiser est un sceau par qui ma vie
[est close :
Et, comme on peut trouver un serpent
[sous des fleurs,
J'ai rencontré ma mort sur un bou-
[ton de rose.

TRISTAN L'HERMITE, *Odes*.

Climène, ce baiser m'enivre,
Cet autre me rend tout transi ;

Si je ne meurs de celui-ci,
Je ne suis pas digne de vivre.

TRISTAN L'HERMITE,
Le Promenoir des deux amants.

Un baiser légal ne vaut jamais un baiser volé.

GUY DE MAUPASSANT,
Confession d'une femme.

Baisers, bave d'amour, basses
[béatitudes,
Ô mouvements marins des amants
[confondus.

PAUL VALÉRY,
Album de vers anciens.

Baiser ! rose trémière au jardin des
[caresses.

PAUL VERLAINE, *Poèmes saturniens.*

Entends le rossignol, entends ses
[notes claires
Qui, des bois endormis, réveillent,
[les échos,
Viens ! Juxtaposons les muscles
[orbiculaires
De nos orifices buccaux.

WILLY

BAL

Elle aimait trop le bal, c'est ce qui l'a tuée.

VICTOR HUGO, « Fantôme », *Les Orientales.*

BALAYER

Quand on aura tout balayé, on saura ce qu'il y a derrière le poêle.

Proverbe allemand

BALEINE

Conjugaison orale : « capturer une baleine et la dépecer », au présent de l'indicatif, au passé simple, au passé composé et au futur simple.

V. BOUILLOT, *Le Français par les textes,*
cité par MICHEL JEURY in *La Gloire du certif.*

Jonas ne resta que trois jours
Dans le ventre de sa baleine.
Mais moi, je resterais sans peine,
Si vous étiez là, mon amour,
Dans le ventre de la baleine
Sans jamais dire : c'est assez !

PIERRE CAMI,
Jonas ou l'Amour en baleine.

Elle a bien dans la bouche de quoi se faire un corset, mais avec ce tour de taille !...

JULES RENARD, *Histoires naturelles.*

BALLE

La balle est dans la vie ce qui échappe le plus aux lois de la vie. Elle est ce qui en est le plus inutile. Elle a sur la terre l'extraterritorialité de quelque bolide provisoirement apprivoisé.

JEAN GIRAUDOUX

BALLET

C'était *La Mort du cygne*. Des bruits couraient que le ballet avait été commandité par des bookmakers du nord de l'État de New York et que l'on pariait gros sur la survie de l'oiseau.

WOODY ALLEN

BANANE

Tout a une fin, sauf la banane qui en a deux.

Proverbe bambara

On ne peut pas piler son mil avec une banane mûre.

Proverbe de la brousse

BANLIEUE

Lorsque l'on veut faire la bombe
Il faut la faire avec raison.
Soyons sages jusqu'à Colombes,
Mais à la Garenne... Bezons.

FRANCIS BLANCHE

BANQUE

De cet or qu'il gagna grâce à de
[fortes cotes,
Tout lui fut dévoré par d'aimables
[cocottes.

MORALITÉ

Déposons prudemment le gain de
[nos paris

Au Comptoir National d'Escompte
[de Paris.

ALPHONSE ALLAIS, *Le Sourire*.

Si vous devez cent dollars à la banque, c'est votre problème. Si vous devez cent millions de dollars à la banque, c'est le problème de la banque.

JOHN PAUL GETTY (milliardaire).

Comment hésiterions-nous à confier notre argent à des banques qui mettent toujours de petites chaînes à leurs stylos à bille ?

LOUISE DE VILMORIN

BANQUET

Au banquet de la vie, infortuné
[convive,
J'apparus un jour et je meurs.

NICOLAS GILBERT
Ode imitée de plusieurs psaumes,
(composée huit jours avant sa mort).

Ce monde est un grand banquet où la nature convie tous les êtres vivants, à condition que les convives se mangent les uns les autres.

ANTOINE DE RIVAROL

BANQUIER

Nous n'accepterons pas éternellement que le respect accordé au masque des philosophes ne soit finalement profitable qu'au pouvoir des banquiers.

PAUL NIZAN,
Les Chiens de garde.

Le banquier est quelqu'un qui vous prête son parapluie lorsque le soleil brille et vous le retire aussitôt qu'il pleut.

MARK TWAIN

BAPTÊME

Rite sacré d'une telle efficacité que celui qui trouve le chemin du Ciel sans l'avoir reçu sera plongé dans les affres de la détresse pour l'éternité.

AMBROSE BIERCE,
Le Dictionnaire du Diable.

Avec un peu de savon, le baptême est une bonne chose.

ROBERT GREEN INGERSOLL

BAR

À Philadelphie, les bars ferment le samedi soir à minuit et ils ouvrent le dimanche à minuit une.

W. C. FIELDS

BARBARE

Le barbare, c'est d'abord l'homme qui croit à la barbarie.

CLAUDE LÉVI-STRAUSS,
Race et Histoire.

Barbarus hic ego sum, quia non intelligor illis.

(Je suis ici un barbare parce qu'« ils » ne me comprennent pas.)

OVIDE
(ce vers a été utilisé comme épigraphe
à trois reprises par J.-J. Rousseau).

BARBARIE

Ce que les hommes appellent civilisation, c'est l'état actuel des mœurs, et ce qu'ils appellent barbarie, ce sont les états antérieurs.

ANATOLE FRANCE,
Sur la pierre blanche.

Les peuples les plus civilisés sont aussi voisins de la barbarie que le fer de la rouille.

ANTOINE DE RIVAROL

BARBE

Nul ne crache sur sa propre barbe.

Proverbe allemand

Si la barbe suffisait à la sagesse, un bouc vaudrait Platon.

Proverbe grec

Dieu, dans sa divine prévoyance, n'a pas donné de barbe aux femmes, parce qu'elles n'auraient pas su se taire pendant qu'on les eût rasées.

ALEXANDRE DUMAS PÈRE

Voir ci-dessous GILLES MÉNAGE.

La Providence a mis du poil au menton des hommes pour qu'on puisse, de loin, les distinguer des femmes.

ÉPICTÈTE, *Entretiens*.

Tous les hommes de ma famille portaient la barbe et la plupart des femmes aussi.

W. C. FIELDS

Barbe : Signe de force. Trop de barbe fait tomber les cheveux. Utile pour protéger les cravates.

GUSTAVE FLAUBERT, *Dictionnaire des idées reçues*.

C'était quand le temps n'avait pas encore de barbe.

GEORG CHRISTOPH LICHTENBERG, *Aphorismes*.

Sais-tu pourquoi, cher camarade, le beau sexe n'est point barbu ? Babillard comme il est, on n'aurait jamais pu le raser sans estafilade.

GILLES MÉNAGE, *Ménagiana*.

Voir ci-dessus ALEXANDRE DUMAS PÈRE.

L'ombre de ses oreilles écartées empêche la barbe de pousser sur ses joues.

JULES RENARD, *Journal*.

BARBU

Un barbu, c'est un barbu. Trois barbus, c'est des barbouzes.

MICHEL AUDIARD, in le film *Les Barbouzes*.

BAROMÈTRE

Baromètre : instrument ingénieux qui indique la sorte de temps que nous sommes en train de subir.

AMBROSE BIERCE, *Le Dictionnaire du Diable*.

BARQUE

Secourez-moi, mon Dieu, ma barque est si petite et la mer est si grande !

Proverbe breton

BARRICADE

Comment sont nées les barricades ? Pour lutter contre les cavaleries royales, le peuple n'ayant jamais de cavalerie.

ANDRÉ MALRAUX, *L'Espoir*.

Les barricades n'ont que deux côtés.

ELSA TRIOLET, *Les Proverbes d'Elsa*.

BASE-BALL

Lorsqu'on proposa à la vedette du base-ball cubain un contrat en or pour venir jouer aux USA, il répondit : « Je préfère jouer pour vingt-huit millions de personnes que pour vingt-huit millions de dollars. »

BASSESSE

Quand un grand fait des bassesses, il compte bien s'en dédommager par des hauteurs.

LA BAUMELLE

BAS-VENTRE

Le bas-ventre est cause que l'homme ait quelque peine à se prendre pour un dieu.

FRIEDRICH NIETZSCHE

BATAILLE

Tant que Napoléon a choisi d'appeler ses batailles Austerlitz ou Wagram, tout s'est très bien passé : le jour où il a décidé d'en baptiser une Waterloo, vous avez vu le résultat.

PIERRE DAC, *Bons baisers de partout*.

Les batailles perdues se résument en deux mots : trop tard.

GÉNÉRAL DOUGLAS MACARTHUR

Il ne faut livrer que les batailles que l'on est sûr de gagner.

MAO TSÉ-TOUNG

Je gagne mes batailles avec les rêves de mes soldats endormis.

NAPOLÉON Ier

Une bataille perdue, c'est une bataille qu'on croit perdue.

MARÉCHAL DE SAXE

BÂTIR

C'est avec les pierres de la loi qu'on a bâti les prisons et avec les briques de la religion, les bordels.

WILLIAM BLAKE

BÂTON

Il y a des femmes qui sont comme le bâton enduit de confiture de roses dont parle le poète persan : on ne sait par quel bout les prendre.

ALPHONSE ALLAIS, *On n'est pas des bœufs.*

Qu'importe que ce soit un sabre, un goupillon ou un parapluie qui nous gouverne ! C'est toujours un bâton, et je m'étonne que des hommes de progrès en soient à disputer sur le choix du gourdin qui leur doit chatouiller l'épaule.

THÉOPHILE GAUTIER,
Mademoiselle de Maupin.

BATTRE

Aime ta femme comme ton âme et bats-la comme ta pelisse.

Proverbe russe

Tous les hommes battent les femmes : dans le peuple, c'est avec les poings, dans la bourgeoisie, c'est avec les lois.

MAURICE DONNAY,
« Les Éclaireuses », *La Petite Illustration.*

Il y a encore quelque chose qui bat, mais je ne sais pas si c'est son cœur ou si c'est sa montre.

MARCEL PAGNOL, *Fanny*
(Escartefigue ausculte M. Brun dont le bateau vient de chavirer dans le Vieux Port).

Il ne battit point sa femme parce que défunte, mais il battit ses filles au nombre de trois ; il battit des serviteurs, des servantes, des tapis, quelques fers encore chauds, la campagne, monnaie et, en fin de compte, ses flancs.

RAYMOND QUENEAU,
Les Fleurs bleues.

BAVARD

Sans les bavards, qu'est-ce que deviendrait la police ?

TRISTAN BERNARD,
Mathilde et ses mitaines.

Je suis comme le tambour de Cassis à qui on devait donner deux sous pour qu'il commence à parler et cinq francs pour qu'il accepte de s'arrêter.

MARCEL PAGNOL

Les bavards sont ceux qui vous parlent des autres. Les raseurs sont ceux qui vous parlent d'eux-mêmes. Mais ceux qui vous parlent de vous sont de brillants causeurs.

MARCEL PAGNOL

Les bavards sont les plus discrets des hommes : ils parlent pour ne rien dire.

VOLTAIRE

BAVARDAGE

Ce sont toujours les gens qui manquent de vocabulaire qui se mêlent de pratiquer le bavardage.

HENRI JEANSON, in *La Volonté.*

BEATLES (The)

Les Beatles n'existeront plus tant que John [Lennon] sera mort.

GEORGE HARRISON

BEAU

J'oserai dire qu'il n'y a de vrai au monde que le beau. Le beau nous apporte la plus haute révélation du divin qu'il soit permis de connaître.

ANATOLE FRANCE,
La Vie littéraire.

Il n'y a de vraiment beau que ce qui ne peut servir à rien ; tout ce qui est utile est laid, car c'est l'expression de quelque besoin, et ceux de l'homme sont ignobles et dégoûtants, comme sa pauvre et infirme nature. L'endroit le plus utile d'une maison, ce sont les latrines.

THÉOPHILE GAUTIER,
préface à *Mademoiselle de Maupin.*

Le beau est ce que ma maîtresse et ma servante trouvent d'instinct affreux.

EDMOND et JULES DE GONCOURT, *Journal*.

Le beau n'a qu'un type ; le laid en a mille.

VICTOR HUGO, *Cromwell*.

Beau comme la rencontre fortuite sur une table de dissection d'une machine à coudre et d'un parapluie.

LAUTRÉAMONT, *Les Chants de Maldoror*.

Tout est beau dans ce que l'on aime, tout ce que l'on aime a de l'esprit.

CHARLES PERRAULT, *Riquet à la houppe*.

C'est à cause que tout doit finir que tout est si beau.

CHARLES-FERDINAND RAMUZ, *Adieu à beaucoup de personnes*.

Celui qui n'ose pas s'attaquer à ce qui est mauvais, sait mal défendre ce qui est beau.

ROBERT SCHUMAN

J'étais étrangement beau. Si beau que les objets inanimés, tels que locomotives et télégraphistes, s'arrêtaient pour me regarder.

À San Francisco, par temps pluvieux, on me prenait souvent pour le beau temps.

MARK TWAIN

La définition du Beau est facile : *Il est ce qui désespère.*

PAUL VALÉRY, *Vers d'exil*.

BEAUCOUP

Beaucoup d'ennemis, beaucoup d'honneur.

Proverbe espagnol

Trois *beaucoup* et trois *peu* sont pernicieux à l'homme :
beaucoup parler et peu savoir,
beaucoup dépenser et peu avoir
beaucoup présumer et peu valoir.

Proverbe espagnol

BEAUJOLAIS

Lyon est une ville arrosée par trois grands fleuves, le Rhône, la Saône et le beaujolais.

LÉON DAUDET

Certains beaujolais ne méritent même pas d'être pissés.

ALEXIS LICHINE

BEAUTÉ

La beauté est une. Seule la laideur est multiple.

JULES BARBEY D'AUREVILLY, *Les Diaboliques*.

L'étrangeté est le condiment nécessaire de toute beauté.

CHARLES BAUDELAIRE

Beauté
Tu es plus belle
Qu'une fleur d'abricotier arrosée de
[lune.
Tu es toutes les fleurs, tous les
[parfums,
Tu es la splendeur du monde.
Lorsque je pense à toi,
Je n'envie plus les dieux.

CHEN-TEUO-TSAN

De tout temps, la beauté a été ressentie par certains comme une secrète insulte.

CLAUDE DEBUSSY, *Monsieur Croche*.

La beauté du corps est un avantage digne des animaux si l'intelligence ne la relève.

DÉMOCRITE

La beauté échappe aux modes passagères.

ROBERT DOISNEAU

Comme on évoque souvent les canons de la beauté, il est permis de s'étonner qu'il existe si peu de femmes canonisées.

HIPPOLYTE DOMONT, *Propos de mon village*.

Aucune grâce extérieure n'est complète si la beauté intérieure ne la vivifie. La beauté de l'âme se répand comme une lumière mystérieuse sur la beauté du corps.

VICTOR HUGO,
Post-scriptum de ma vie.

La beauté sans grâce est un hameçon sans appât.

NINON DE LENCLOS

Beauté, mon beau souci, de qui
[l'âme incertaine
A comme l'océan son flux et son
[reflux :
Pensez de vous résoudre à soulager
[ma peine,
Ou je me vais résoudre à ne la
[souffrir plus.

FRANÇOIS DE MALHERBE
(Dessein de quitter une dame qui ne le contentait que de promesses.)

Rien de plus émouvant que la beauté qui s'ignore, sinon la laideur qui se sait.

ROBERT MALLET, *Apostilles*.

En faveur de leurs beautés corporelles, nous excusons dans les femmes la faiblesse de leur esprit ; mais je n'ai jamais vu qu'en faveur de la beauté de notre esprit une femme ait prêté la main à un corps d'homme tombant en décadence.

MICHEL DE MONTAIGNE

L'espèce de beauté la plus noble est celle qui ne ravit pas d'un seul coup, qui ne procède point par assauts fougueux, mais qui s'insinue lentement, que l'on emporte avec soi sans la sentir et qu'il nous arrive un jour de retrouver en rêve.

FRIEDRICH NIETZSCHE

La vraie beauté est si particulière, si nouvelle, qu'on ne la reconnaît pas pour la beauté.

MARCEL PROUST,
Le Côté de Guermantes.

Un soir, j'ai assis la Beauté sur mes genoux et je l'ai trouvée amère — et je l'ai injuriée.

ARTHUR RIMBAUD,
Une saison en enfer.

La Beauté ne descend pas de Dieu, elle monte de l'homme. Le même jour qui vit naître l'homme vit éclore la Beauté.

SAINT-POL-ROUX

La beauté n'est que la promesse du bonheur.

STENDHAL, *De l'amour*.

Tout le monde sait que la beauté est belle. Voilà à quoi tient sa laideur.

TAO TÖ KING

On a dit de la beauté que c'était une promesse de bonheur. On n'a pas dit qu'elle fut tenue.

PAUL-JEAN TOULET,
Les Trois Impostures.

Je suis constamment frappé et agressé par la beauté du monde. Quand je rentre chez moi, je suis comme Sébastien, hérissé de toutes les flèches que les beautés rencontrées dans les rues et les champs ont dardées sur moi. Contre la laideur, la bêtise, la faiblesse, on a toujours la ressource de la pitié. La beauté nous blesse sans merci.

MICHEL TOURNIER
in *Le Figaro*, 24 juillet 1990.

La beauté est dans les yeux de celui qui regarde.

OSCAR WILDE

La beauté est une courte tyrannie

ZÉNON (ve siècle av. J.-C.).

BEAUX-ARTS

Les beaux-arts sont au nombre de cinq, à savoir : la peinture, la sculpture, la poésie, la musique, l'architecture, laquelle a pour branche principale la pâtisserie.

MARIE ANTOINE CARÊME

BÉBÉ

Beaucoup de bruit d'un côté et aucun sens des responsabilités de l'autre.

RONALD KNOX

Je déteste les bébés. Ils sont si humains.

SAKI

BEETHOVEN

Beethoven est le seul homme qui me fasse connaître la jalousie. [...] Il y a dans cet homme une puissance divine... Non, l'esprit de l'écrivain ne donne pas de pareilles jouissances, parce que ce que nous peignons est fini, déterminé, et ce que vous jette Beethoven est infini.

HONORÉ DE BALZAC, *Lettres à l'Étrangère*.

BÉGAYER

Quand le Blanc bégaie, l'interprète a beaucoup de travail.

Proverbe africain

Je suis convaincu qu'il existe une petite pièce dans le grenier, réservée aux Affaires étrangères, où les futurs diplomates apprennent à bégayer.

PETER USTINOV

BÈGUE

Je ne connais pas de gens qui aiment plus à parler que les bègues.

DENIS DIDEROT

BELGE

« Qu'est-ce qu'un Belge avec un grand couteau dans un champ de blé ?
— Un céréal' killer ! »

Anonyme

C'est un Belge qui a inventé les chaussettes à quartz. Il dit que c'est pratique parce qu'on n'a pas besoin de les remonter.

COLUCHE

Le Belge John Huismans a réussi à tirer une locomotive sur cent cinquante mètres à la seule force de ses dents. À notre connaissance, c'est la première fois qu'un Belge s'appelle John.

PIERRE DESPROGES

BELGIQUE

La Belgique ! Rappelez-vous bien ce nom-là, messieurs, car on aura d'ici peu, l'occasion d'en reparler.

ALPHONSE ALLAIS, *Le Journal*.

On m'a demandé de composer une épitaphe pour la défunte Belgique. En vain, je me suis creusé la cervelle et je n'ai pu trouver que ce seul mot : « enfin ! ».

CHARLES BAUDELAIRE

BELLE

Que tu es belle, que tu es charmante,
mon amour au milieu des délices !
Ta taille ressemble au palmier
et tes seins à ses grappes.

Le Cantique des cantiques, VII, 7.

Oui, tu es belle, mon amie, oui, tu es [belle !
Tes yeux sont des colombes derrière [ton voile,
Tes cheveux sont comme un [troupeau de chèvres,
Qui ondule sur les pentes des monts [de Galaad.

Le Cantique des cantiques, IV, 1.

Elle était belle comme la femme d'un autre.

PAUL MORAND, *Lewis et Irène*.

Il ne suffit pas, pour être belle, d'être belle.

PAUL RAYNAL, *Au soleil de l'instinct*.

Les femmes extrêmement belles étonnent moins le second jour.

STENDHAL, *De l'amour*.

BELLE-MÈRE

Un ami à qui je demande des nouvelles de sa belle-mère me répond : « Elle descend la pente doucement... mais elle freine. »

EUGÈNE FLEURÉ, *Le Baluchon*.

Toute femme contient une belle-mère.

JULES RENARD, *Journal*.

Le plus beau tour que l'on puisse jouer à une belle-mère est de ne pas épouser sa fille.

JULES RENARD

BÉRET

Deux Français sur trois gardent leur béret basque pour faire l'amour. Le troisième s'en sert comme préservatif.

FRANÇOIS CAVANNA

BERGER

Le cul du berger sentira toujours le thym.

Proverbe provençal

Il y a deux sortes de bergers parmi les pasteurs des peuples : ceux qui s'intéressent à la laine et ceux qui s'intéressent aux gigots. Aucun ne s'intéresse aux moutons.

HENRI ROCHEFORT

BESOIN

Mieux vaut avoir moins de besoins que davantage, pour les satisfaire. (*Melius est minus egere quam plus habere.*)

SAINT AUGUSTIN

Il est rare d'obtenir beaucoup des hommes dont on a besoin.

LUC DE VAUVENARGUES, *Notes et Maximes*.

BEST-SELLER

Si seulement toutes mes anciennes petites amies achetaient mon livre, ce serait un best-seller.

ROD HUNDLEY, cité dans *Yet More Wit*.

BÊTE

On n'est point toujours une bête pour l'avoir été quelquefois.

DENIS DIDEROT, *Les Bijoux indiscrets*.

Les hommes sont si bêtes que même Dieu a du mal à les comprendre.

JEAN-PAUL, *Être là dans l'existence*.

Je déteste les bêtes, mais j'adore les animaux.

PAUL LÉAUTAUD

Tous les hommes sont des bêtes. Les princes sont des bêtes qui ne sont pas attachées.

CHARLES DE MONTESQUIEU, *Cahiers*.

« Dire que quand nous serons grands, nous serons peut-être aussi bêtes qu'eux. »

LOUIS PERGAUD, *La Guerre des boutons*.

Plus un homme est bête et moins l'existence lui semble mystérieuse.

ARTHUR SCHOPENHAUER

Les gens d'esprit font beaucoup de fautes en conduite, parce qu'ils ne croient pas le monde aussi bête qu'il est.

MME DE TENCIN

Il y a dans la physionomie des animaux un naturel délicieux dont j'ai vainement cherché l'approchant chez l'homme et que j'appellerai : l'air bête.

FERNAND VANDEREM

BÊTISE

La bêtise est souvent l'ornement de la beauté ; c'est elle qui donne aux yeux cette limpidité morne des étangs noirâtres, et ce calme huileux des mers tropicales.

CHARLES BAUDELAIRE, *Essais et Notes*.

Deux choses sont infinies : l'Univers et la bêtise humaine. Mais, en ce qui concerne l'Univers, je n'en ai pas encore acquis la certitude absolue.

ALBERT EINSTEIN

Les bêtises sont le contraire des femmes : les plus vieilles sont les plus adorées.

VICTOR HUGO, *Fragments*.

La bêtise ne dépasse jamais les bornes, où qu'elle pose le pied, là est son territoire.

STANISLAW JERZY LEC, *Nouvelles Pensées échevelées*.

Une bêtise est plus orgueilleuse, plus puissante, plus intraitable, plus difficile à entamer qu'une opinion politique ou une croyance religieuse. Elle a tant de chances de compter plus d'adhérents.

MARCEL PROUST, *Pensées de jeunesse*.

L'humanité serait depuis longtemps heureuse si tout le génie que les hommes mettent à réparer leurs bêtises, ils l'employaient à ne pas les commettre.

GEORGE BERNARD SHAW

La bêtise n'est pas mon fort.

PAUL VALÉRY, *Monsieur Teste*.

BEURRE

Qui a une tête de beurre ne doit pas s'approcher du four.

Proverbe flamand

Celui qui a du beurre sur sa tartine ne devrait pas passer au soleil.

Proverbe juif

BIBLE

Mon père tient de sa tante May. Elle rejetait la Bible parce que le personnage central était invraisemblable.

WOODY ALLEN, *Crimes et délits*.

La Bible ne fait pas le moine.

ALEXANDRE BREFFORT

Il cherchait dans la Bible un bon restaurant en Palestine.

L. LANGANESI

BIBLIOPHILE

Il n'y a plus que les bibliophiles qui aient des bibliothèques, et l'on sait que cette espèce d'hommes ne lit jamais.

ANATOLE FRANCE

Le bibliophile est à peu près à la littérature ce que le philatéliste est à la géographie.

KARL KRAUS

BIBLIOTHÈQUE

Une bibliothèque est un hôpital pour l'esprit.

Phrase inscrite sur l'ancienne bibliothèque d'Alexandrie.

Que de gens sur la bibliothèque desquels on pourrait écrire « usage externe », comme sur les fioles de pharmacie.

ALPHONSE DAUDET

Bibliothèque : trop de volumes et pas assez de livres.

ADRIEN DECOURCELLE, *Les Formules du docteur Grégoire*.

Si Dieu existait, il serait une bibliothèque.

UMBERTO ECO

Il est des gens qui ont une bibliothèque comme les eunuques ont un harem.

VICTOR HUGO

BICYCLETTE

L'exercice de la bicyclette est une activité où toutes les fonctions naturelles, hormis celles de la reproduction, sont appelées à jouer un rôle.

ANTOINE BLONDIN

Peut-être la bicyclette, dans ce monde de machines, était-elle à nos yeux une héritière du cheval ?

JEAN D'ORMESSON, *Au plaisir de Dieu*.

BIDET

Bidet : petit cheval qui n'a pas de tête, mais autant de derrières que l'on veut.

MIGUEL ZAMACOÏS, *Dictionnaire de l'Académie de l'humour français*.

BIEN

Il y a meilleur que le bien, c'est celui qui le fait.

Le Livre de la sagesse arabe.

On ne fait jamais le bien assez vite. Est-ce qu'il a le temps d'attendre ?

ALEXANDRE DUMAS FILS

Je dis du bien de moi. Il faut bien que quelqu'un en dise.

MARGUERITE DURAS

L'on dit à la Cour du bien de quelqu'un pour deux raisons : la première, afin qu'il apprenne que nous disons du bien de lui ; la seconde, afin qu'il en dise de nous.

JEAN DE LA BRUYÈRE, *Les Caractères.*

Tout le monde tient le bien pour le bien ; c'est en cela que réside le mal.

LAO-TSEU

Fais ton bien avec le moindre mal d'autrui qu'il est possible.

JEAN-JACQUES ROUSSEAU,
Discours sur l'origine de l'inégalité.

BIÈRE

La bière n'a jamais été que de l'urine avant la lettre.

LOUIS-NUMA BARAGNON,
La Revue blanche, 15 janvier 1895.

BIGAME

On ne pense pas à tous les frais que nous avons, nous autres bigames. Deux mariages, vous savez, ça vaut un incendie.

TRISTAN BERNARD, *Le Captif.*

BIGAMIE

Bigamie : faute de goût pour laquelle il sera infligé une punition future appelée trigamie.

AMBROSE BIERCE,
Le Dictionnaire du Diable.

La bigamie, c'est avoir une femme de trop. La monogamie aussi.

JOHN HEYWOOD

Il y a de quoi hésiter avant de commettre le crime de bigamie ! Parce que, dans la bigamie, on a deux belles-mères.

HERVÉ LAUWICK

En Angleterre, un homme accusé de bigamie est sauvé par son avocat qui démontre que son client avait trois femmes.

GEORG CHRISTOPH LICHTENBERG,
Aphorismes.

Il y avait un vieux bonhomme à
[Lyme,
Qui vivait avec trois épouses sous
[son toit.
Quand on lui demandait : « La
[troisième, pourquoi ? »
Il rétorquait : « Je ne suis pas très
[malin, moi.
Et puis la bigamie, monseigneur, est
[un crime ! »

COSMO MONKHOUSE,
Limerick.

BIJOU

Les bijoux sont la dernière chose qu'on achète, et la première qu'on vend.

Proverbe chinois

Je n'ai jamais eu de bijoux,
Ni bagues ni chaîne au poignet,
Ce sont choses mal vues chez nous ;
Mais on m'a mis la chaîne aux pieds.

ROBERT BRASILLACH,
Poèmes de Fresnes.

BILBOQUET

Bilboquet dont je suis la tige
Sur laquelle est tombé ton corps,
Je comprends bien qu'un jeu pareil
Puisse te donner le vertige.

RAYMOND RADIGUET,
« *Saison* » in *Vers libres.*

BILLE

Pour jouer aux billes, les enfants cul-de-jatte sont favorisés.

In *Le Petit silence illustré*, avril 1955.

BILLET

Quand je donne un billet de cent francs, je donne le plus sale.

JULES RENARD, *Journal.*

BILLET DOUX

Les premiers billets doux sont ceux que les yeux lancent.

NINON DE LENCLOS

BIOGRAPHE

Il est incroyable que la perspective d'avoir un biographe n'ait fait renoncer personne à avoir une vie.

EMIL MICHEL CIORAN

Les biographes ne connaissent pas la vie sexuelle de leur propre épouse, mais ils croient connaître celle de Stendhal ou de Faulkner.

MILAN KUNDERA, *Les Testaments trahis*.

De nos jours, tout grand homme a ses disciples. Malheureusement, c'est toujours Judas qui écrit la biographie.

OSCAR WILDE

BIOGRAPHIE

Une biographie, ça s'invente !

LOUIS-FERDINAND CÉLINE

Le roman est l'art de créer un homme, la biographie est l'art de le ressusciter.

BENJAMIN JAMES, *Biographie et roman*, cité par CLAUDE JEAN in *La Nouvelle Encyclopédie des citations*.

L'écrivain ne devrait pas avoir d'autre biographie que ses livres.

B. TRAVEN

La biographie ajoute une crainte à la mort.

OSCAR WILDE

BIOLOGISTE

Le biologiste passe, la grenouille reste.

JEAN ROSTAND

BIPÈDE

Parce que chaque homme est un bipède, cinquante hommes ne font pas un centipède.

GILBERT KEITH CHESTERTON, *Ce qui cloche dans le monde*.

BISEXUEL

Je ne comprends pas pourquoi il n'y a pas davantage de bisexuels : ça doublerait nos chances le samedi soir.

WOODY ALLEN

BISSEXTILE

Ne crains pas l'année bissextile mais plutôt celle d'avant et celle d'après.

Dicton

BLABLABLA

Quelqu'un qui dit tout ce qu'il pense est à peu près comme un enfant qui pisse au lit.

HENRY DE MONTHERLANT

BLÂMER

... [que] sans la liberté de blâmer il n'est point d'éloge flatteur et [qu'] il n'y a que les petits hommes qui redoutent les petits écrits.

BEAUMARCHAIS, *Le Mariage de Figaro*, acte V, scène 3.

BLANC

Le poème n'est point fait de ces lettres que je plante comme des clous, mais du blanc qui reste sur le papier.

PAUL CLAUDEL, *Cinq Grandes Odes*.

J'eus des ennuis lors de ma première demande de visa pour entrer aux États-Unis quand je me décrivis de couleur rose. On me dit sévèrement que j'étais blanc.

PETER USTINOV, *Cher moi*.

BLASPHÈME

Blasphème : face blême.

HIPPOLYTE DOMONT, *Propos de mon village*.

Si je perds au jeu, je blasphème et si mon partenaire perd, il blasphème ; de telle sorte que c'est Dieu qui est perdant à tous les coups.

JOHN DONNE

Tu n'invoqueras pas le nom de Dieu avant d'avoir épuisé tous les mots de cinq lettres.

W. C. FIELDS

BLASPHÉMER

On n'a pas le droit de blasphémer quand on ne croit à rien.

ALFRED CAPUS

BLÉ

Le blé se sème en Ukraine et se récolte dans le Manitoba.

Histoire drôle qui se raconte en Russie

Quand on jette deux grains de blé à un oiseau, il en prend un, et Dieu fait un épi de l'autre.

Vieux proverbe français

BLESSURE

J'ai reçu la vie comme une blessure et j'ai défendu au suicide de guérir la cicatrice.

LAUTRÉAMONT

BLEU

Palsambleu, morbleu, ventrebleu, jarnibleu ! Dieu aussi a eu son époque bleue.

JACQUES PRÉVERT, *Fatras*.

BLUFF

Nous nous moquons bien à tort du bluff américain, car nous cultivons une sorte de bluff artistique qui, un de ces jours, nous retombera sur le nez — bien désagréablement pour la vanité française.

CLAUDE DEBUSSY, *Le Plaisir et la Passion*.

BŒUF

Le bœuf [...] est la reine des viandes ; le bœuf possède, incluse en lui, la quintessence de la perdrix, de la caille, de la venaison, du faisan, du plum-pudding et de la crème aux œufs.

JONATHAN SWIFT, *Le Conte du tonneau*.

BOHÈME

Je m'en allais, les poings dans mes
[poches crevées ;
Mon paletot aussi devenait idéal ;
J'allais sous le ciel, Muse ! et j'étais
[ton féal ;
Oh ! là là ! que d'amours splendides
[j'ai rêvées !

ARTHUR RIMBAUD,
« Ma Bohème », *Poésies*.

BOIRE

Je bois beaucoup trop. La dernière fois que j'ai apporté un échantillon d'urine, il y avait une olive dedans.

RODNEY DANGERFIELD

Un ouvrier, ça doit boire, sinon, c'est le malheur !

MAX GALLO, *La Baie des Anges*.

« Pourquoi bois-tu ? lui demande le petit prince
— Pour oublier, répondit le buveur.
— Pour oublier quoi ? [...]
— Pour oublier que j'ai honte [...]
— Honte de quoi ? [...]
— Honte de boire ! »

ANTOINE DE SAINT-EXUPÉRY,
Le Petit Prince.

Buvons ! Lavons-nous le cou par le dedans.

BÉROALDE DE VERVILLE,
Le Moyen de parvenir.

BOIS

Ah ! que la peau des femmes est douce au fond des bois.

ROBERT DE FLERS et
GASTON DE CAILLAVET,
Le Sire de Vergy.

BOISSON

Ils traitent une femme comme une boisson désaltérante. Que les femmes aient soif, ils ne veulent pas le tolérer.

KARL KRAUS, *Aphorismes*.

BOITER

La philosophie boîte... La claudication du philosophe est sa vertu.

MAURICE MERLEAU-PONTY

BOITEUX

D'où vient qu'un boiteux ne nous irrite pas et qu'un esprit boiteux nous irrite ? À cause qu'un boiteux reconnaît que nous allons droit et qu'un esprit boiteux dit que c'est nous qui boitons.

BLAISE PASCAL, *Pensées*.

BON

« Va, dans ce monde, il faut être un peu trop bon pour l'être assez. »

MARIVAUX,
Le Jeu de l'amour et du hasard, I, 2.

Il est plus facile d'être bon pour tout le monde que pour quelqu'un.

ANTOINE DE RIVAROL

Ces gens qui prétendent que ce qui les perdit, c'est d'être bons. Sans doute, mais à quoi ?

PAUL-JEAN TOULET,
Les Trois Impostures.

BON SENS

Il avait du bon sens ; le reste vient [ensuite.

JEAN DE LA FONTAINE,
Le Berger et le Roi.

Nous ne trouvons guère de gens de bon sens que ceux qui sont de notre avis.

FRANÇOIS DE LA ROCHEFOUCAULD

BONAPARTE

Les Bonaparte, c'est tout de même un clan qui se remplit les poches, se distribue les couronnes et qui, en 1851, s'attable pour le deuxième service.

FRANÇOIS MAURIAC, *Bloc-notes IV*.

BONHEUR

Le bonheur, cette petite chose qui n'existe pas et qui, pourtant, un beau jour, cesse d'être.

Un poète irlandais ?

Le bonheur a les bras ouverts et les yeux fermés.

Proverbe allemand

Le bonheur n'est pas quelque chose que l'on poursuit, mais quelque chose que l'on a. Hors de cette possession, il n'est qu'un mot.

ALAIN, *Éléments de philosophie*.

Dès qu'un homme cherche le bonheur, il est condamné à ne pas le trouver, et il n'y a point de mystère là-dedans. Le bonheur n'est pas comme cet objet en vitrine, que vous pouvez choisir, payer, emporter ; si vous l'avez bien regardé, il sera bleu ou rouge chez vous comme dans la vitrine. Tandis que le bonheur n'est bonheur que quand vous le tenez ; si vous le cherchez dans le monde, hors de vous-même, jamais rien n'aura l'aspect du bonheur. En somme, on ne peut ni raisonner ni prévoir au sujet du bonheur, il faut l'avoir maintenant. Quand il paraît être dans l'avenir, songez-y bien, c'est que vous l'avez déjà. Espérer, c'est être heureux.

ALAIN, *Propos sur le bonheur*.

Le bonheur est une récompense qui vient à ceux qui ne l'ont pas cherchée.

ALAIN, *Propos*, I.

Eurydice : « Nous allons être très malheureux ! »

Orphée : « Quel bonheur ! »

JEAN ANOUILH, *Eurydice*.

Contrairement à tous les autres biens que l'on recherche en vue d'autre chose, le bonheur est recherché pour lui-même : il est le souverain bien. C'est sur la nature et la définition de ce en quoi il consiste qu'il n'y a pas accord.

ARISTOTE

D'où tenons-nous cette notion du bonheur ? Si elle réside dans la mémoire, c'est que nous avons été heureux autrefois.

SAINT AUGUSTIN

Le bonheur, c'est une bonne santé et une mauvaise mémoire.

INGRID BERGMAN

Quand on n'est pas assez fortuné pour se payer le bonheur, il ne faut pas s'en approcher trop et le regarder. Non, non, ne regardons pas les étalages.

TRISTAN BERNARD

Je tiens pour principes certains du bonheur qu'il faut préférer les avantages de la nature à tous ceux de la fortune.

HENRI BERNARDIN DE SAINT-PIERRE, *Paul et Virginie*.

Le bonheur se vit à deux. C'est pourquoi on le déclare immoral.

JACQUES DE BOURBON-BUSSET, *Les Choses simples*.

On disait à Capus :
— Les Untel sont heureux.
— Non, rectifia-t-il, ils ne sont pas heureux, ils sont immobiles.

Attribué à ALFRED CAPUS.

Le bonheur, disait M., n'est pas chose aisée. Il est très difficile de le trouver en nous, et impossible de le trouver ailleurs.

NICOLAS DE CHAMFORT *Caractères et Anecdotes*.

Il en est du bonheur comme des montres : les moins compliquées sont celles qui se dérèglent le moins.

NICOLAS DE CHAMFORT, *Maximes et Pensées, Caractères et Anecdotes*.

Religion à part, le bonheur est de s'ignorer et d'arriver à la mort sans avoir senti la vie.

FRANÇOIS RENÉ DE CHATEAUBRIAND

Le vrai bonheur coûte peu ; s'il est cher, il n'est pas d'une bonne espèce.

FRANÇOIS RENÉ DE CHATEAUBRIAND, *Mémoires d'outre-tombe*.

Le bonheur et le malheur me rendent également malheureux. Pourquoi alors m'arrive-t-il de préférer le premier ?

EMIL MICHEL CIORAN

Le bonheur n'est pas le but, mais le moyen de la vie.

PAUL CLAUDEL

À part le bonheur, il n'est rien d'essentiel.

Chanson martiniquaise cité par MARYSE CONDÉ en exergue de son roman *Désidérata*.

Les gens ne connaissent pas leur bonheur... mais celui des autres ne leur échappe jamais.

PIERRE DANINOS, *Un certain monsieur Blot*.

Le bonheur appartient à qui fait des [heureux.

ABBÉ DELILLE

Il faut avoir le souci de ce qui produit le bonheur, puisque s'il est présent nous avons tout, tandis que s'il est absent, nous faisons tout pour l'avoir.

ÉPICURE, *Lettre à Ménécée*.

Non, ce n'est pas votre savoir que j'aimais en vous, c'est ce patois de l'âme, et cette vocation pour le bonheur que vous parlez si bien quand vous n'y pensez pas.

LÉON-PAUL FARGUE, *Suite familière*.

Bonheur : As-tu réfléchi combien cet horrible mot a fait couler de larmes ? Sans ce mot-là, on dormirait plus tranquille et on vivrait à l'aise.

GUSTAVE FLAUBERT, *Lettre à Le Poitevin*.

La contemplation de certains bonheurs dégoûte du bonheur : quel orgueil ! C'est quand on est jeune surtout que la vue des félicités vulgaires vous donne la nausée de la vie.

GUSTAVE FLAUBERT, *Correspondance*.

Le bonheur est un rêve d'enfant réalisé dans l'âge adulte.

SIGMUND FREUD

Ne distingue pas Dieu du bonheur et place tout ton bonheur dans l'instant.

ANDRÉ GIDE, *Les Nourritures terrestres*.

Le bonheur est exigeant comme une épouse légitime.

JEAN GIRAUDOUX, *L'École des indifférents*.

Le bonheur est une petite chose qu'on grignote, assis par terre, au soleil.

JEAN GIRAUDOUX

Si l'on savait ce que coûtent les bonheurs de la vie, personne ne voudrait les acheter.

EDMOND et JULES DE GONCOURT, *Idées et Sensations.*

Ce n'est pas à la possession des biens qu'est attaché le bonheur, mais à la faculté d'en jouir. Le bonheur est une aptitude.

BERNARD GRASSET

Si le bonheur résidait dans les plaisirs du corps, nous proclamerions heureux les bœufs lorsqu'ils trouvent des pois à manger.

HÉRACLITE

Sur les flots, sur les grands chemins, nous poursuivons le bonheur. Mais, il est ici le bonheur.

HORACE

Le bonheur n'est jamais grandiose.

ALDOUS HUXLEY, *Le Meilleur des mondes.*

Il est impossible d'avoir quelque chose pour rien. Le bonheur, il faut le payer.

ALDOUS HUXLEY, *Le Meilleur des mondes.*

Chercher le bonheur dans cette vie, c'est là le véritable esprit de rébellion.

HENRIK IBSEN

« Le bonheur, dit Jules Laforgue, n'a pas de présent, mais seulement un passé et un futur. » [...] Finalement, l'inexistant aura existé — dans le passé par rétrospection et dans le futur par anticipation, ici chose espérée, là chose regrettée.

VLADIMIR JANKÉLÉVITCH

De malheurs évités le bonheur se compose.

ALPHONSE KARR

L'homme jouit du bonheur qu'il ressent, et la femme de celui qu'elle procure.

PIERRE CHODERLOS DE LACLOS, *Les Liaisons dangereuses.*

Le bonheur entre et sort. C'est l'éclair qui vient de l'orient et disparaît à l'occident. Toute la terre le voit et tressaille ; mais il passe.

HENRI LACORDAIRE, *Lettres à un jeune homme.*

Le bonheur naît du malheur. Le malheur est caché au sein du bonheur.

LAO-TSEU

Le bonheur n'existe pas. Par conséquent, il ne nous reste qu'à essayer d'être heureux sans.

JOE LEWIS

Vous me demandez quel est le suprême bonheur ici-bas ? C'est d'écouter la chanson d'une petite fille qui s'éloigne après vous avoir demandé son chemin.

LI PO

On n'a que le bonheur qu'on peut comprendre.

MAURICE MAETERLINCK

Il faudrait convaincre les hommes du bonheur qu'ils ignorent, lors même qu'ils en jouissent.

CHARLES DE MONTESQUIEU

Il m'a fallu toute une vie pour comprendre que le bonheur se trouve dans les petites choses et non dans les paroxysmes de l'extase.

ANAÏS NIN

Le bonheur, à vrai dire, est toute la sagesse. Et rêver est tout le bonheur.

CHARLES NODIER

Le bonheur, c'est la permanence de l'éphémère.

JEAN-BAPTISTE PORTALIS

Ce qu'il y a d'admirable dans le bonheur des autres, c'est qu'on y croit.

MARCEL PROUST

Il est rare qu'un bonheur vienne justement se poser sur le désir qui l'avait réclamé.

MARCEL PROUST,
À l'ombre des jeunes filles en fleurs.

Le bonheur est un Dieu qui marche
[les mains vides
Et regarde la vie avec les yeux
[baissés.

HENRI DE RÉGNIER, *Vestigia flammae.*

Nous sommes du bonheur de
[nous-mêmes artisans,
Et fabriquons nos jours ou fâcheux
[ou plaisants.

MATHURIN RÉGNIER

Le bonheur, c'est de le chercher.

JULES RENARD, *Journal.*

Si l'on bâtissait la maison du bonheur, la plus grande pièce serait la salle d'attente.

JULES RENARD, *Journal.*

J'ai connu le bonheur, mais ce n'est pas ce qui m'a rendu le plus heureux.

JULES RENARD, *Journal.*

Le bonheur est de connaître ses limites et de les aimer.

ROMAIN ROLLAND,
Jean-Christophe.

Le bonheur n'est pas un objectif, c'est un sous-produit.

ELEONOR ROOSEVELT

Il n'y a pas de bonheur intelligent.

JEAN ROSTAND,
Carnets d'un biologiste.

Le bonheur c'est un bon compte en banque, une bonne cuisinière et une bonne digestion.

JEAN-JACQUES ROUSSEAU

Le bonheur n'est que dans ce qui agite, et il n'y a que le crime qui agite : la vertu, qui n'est qu'un état d'inaction et de repos, ne peut jamais conduire au bonheur.

MARQUIS DE SADE

Le bonheur est une idée neuve en Europe.

SAINT-JUST, *Convention,*
Rapport du 3 mars 1794.

Laissez-moi fuir la menteuse et criminelle illusion du bonheur ! Donnez-moi du travail, de la fatigue, de la douleur et de l'enthousiasme.

GEORGE SAND

Quand vous aurez cessé de songer au bonheur, vous l'aurez trouvé.

CHARLES SECRÉTAN

Le bonheur, pour moi, c'est de ne commander à personne et de n'être pas commandé.

STENDHAL, *Vie d'Henri Brulard.*

Le bonheur, c'est se trouver toujours en état d'être agréablement déçu.

JONATHAN SWIFT

Le bonheur a les yeux fermés.

PAUL VALÉRY,
Choses humaines.

Le bonheur est comme le saucisson qui demande à être coupé en tranches et mangé à plusieurs autour d'une table épaisse, dans une auberge de village, avec une bouteille au milieu.

ALEXANDRE VIALATTE

Ce qui m'intéresse, ce n'est pas le bonheur de tous les hommes, c'est le bonheur de chacun d'eux.

BORIS VIAN, *L'Écume des jours.*

Nous cherchons tous le bonheur, mais sans savoir où, comme des ivrognes qui cherchent leur maison, sachant confusément que cela existe.

VOLTAIRE

BONNE

Nos domestiques viennent du Portugal ou de l'Espagne, pays à devises faibles : la mauvaise monnaie chasse les bonnes.

GEORGES ELGOZY,
L'Esprit des mots.

Jamais nous ne sommes plus heureux que quand nos plaisanteries font rire la bonne.

JULES RENARD, *Journal*.

BONTÉ

La bonté est le seul charme qui soit permis aux vieillards. C'est la coquetterie des cheveux blancs.

OCTAVE FEUILLET

BOOMERANG

Voici une invention bien curieuse, que l'on vient de présenter à l'Institut, c'est le nouveau boomerang français, dont le bois est taillé de telle sorte que l'instrument, une fois jeté sur l'adversaire, ne revient pas à celui qui l'a lancé. On évite ainsi tout risque d'accident.

GASTON DE PAWLOWSKI,
Inventions nouvelles et dernières nouveautés.

BORDEAUX (vins de)

Les étés d'autrefois brûlent dans les bouteilles d'Yquem et les couchants des années finies rougissent le Gruaud-Larose.

FRANÇOIS MAURIAC,
Le Baiser au lépreux.

BORDEL

Petit berceau à roulettes en usage dans le Bordelais (d'où son nom).

Ex. : *Elle mit sa fille au bordel*.

Petit dictionnaire des mots retrouvés.

Fermer les maisons closes, c'est plus qu'un crime, c'est un pléonasme.

ARLETTY, *Les Mots d'Arletty*.

L'homme qui n'a jamais été au bordel doit avoir peur de l'hôpital. Ce sont poésies de même ordre.

GUSTAVE FLAUBERT

BORGNE

Le borgne n'a qu'un œil, mais il pleure quand même.

Proverbe bantou

Le cyclope aveugle à qui on a crevé un œil dit : « Je suis borgne. »

GUILLAUME APOLLINAIRE

Le borgne qui achète un appareil stéréoscopique se double souvent d'un imbécile.

CHAVAL, *Les Gros Chiens*.

Proverbe borgne : Il faut être deux pour loucher.

ROLAND DUBILLARD, *Les Diablogues*.

Les borgnes lisent le braille à une main.

PHILIPPE GELUCK, *Le Succulent du chat*.

Un borgne est bien plus incomplet qu'un aveugle. Il sait ce qui lui manque.

VICTOR HUGO,
Notre Dame de Paris, tome V.

Quand mes amis sont borgnes, je les regarde de profil.

JOSEPH JOUBERT, *Pensées*.

Un borgne est un infirme qui n'a droit qu'à un demi-chien.

JULES RENARD, *Journal*.

BOSSU

Rien n'est si rare qu'un bossu bête. Tous les gens d'esprit n'étant pas bossus, et tous les bossus étant gens d'esprit, j'ai décidé depuis longtemps que ce n'est pas l'esprit qui donne la rachitis, mais la rachitis qui donne l'esprit.

GIOVANNI GIACOMO CASANOVA,
L'Histoire de ma vie, III, 3.

La bosse, c'est traître, ça vous vient par-derrière, on la voit pas... Chez les paysans, il n'y a pas d'armoire à glace, on se voit que dans les yeux de sa mère, et naturellement, on s'y voit beau. Et puis, un jour, un voisin, qui était très gentil, m'a dit : « Oh, le joli petit bossu ! »

MARCEL PAGNOL, *Naïs*.

BOTANIQUE

La botanique est l'art de dessécher les plantes entre des feuilles de papier buvard et de les injurier en grec et en latin.

JULES RENARD

Dans la graine, la vie est cachée dans la mort ; dans le fruit, la mort est cachée dans la vie.

CLAUDE DE SAINT-MARTIN, *Le Ministère de l'homme-esprit.*

BOTTE

L'amour sans argent ressemble à une botte vernie sans semelle.

LOUIS AUGUSTE COMMERSON

BOTTIN

Si le célèbre écrivain Onésime Bottin (1815-1907), auteur de l'utile et populaire ouvrage qui porte son nom, ne fit jamais partie de l'Académie française, c'est par l'effet de la jalousie haineuse que lui vouait son rival acharné en littérature, le vicomte Annuaire du Téléphone.

FRANÇOIS CAVANNA, *Le Petit Cavanna illustré.*

Dieu n'est pas à la hauteur. Il n'est même pas dans le Bottin.

TRISTAN TZARA

BOUCHE

Si votre cœur est une rose, votre bouche dira des mots parfumés.

Proverbe russe

Chaque fois que nous ouvrons la bouche, dix mille morts parlent à travers nous.

HUGO VON HOFMANNSTHAL

La bouche, ce joli nid de la voix.

JULES RENARD

Une bouche si belle que, vraiment, on ne saurait dire qu'elle a une lèvre inférieure.

JULES RENARD, *Journal.*

BOUCHER

Un boucher qui se drogue fait des rêves de boucher.

CHARLES BAUDELAIRE

BOUCHON

On ne peut appeler bon nageur le bouchon qui flotte, bien qu'il s'élance sans se briser dans la chute du Niagara et défie la foudre elle-même de l'immerger plus d'un instant.

Quelle est la misérable canaille qui a volé le bouchon de mon repas ?

W. C. FIELDS

BOUDDHA

Le Bouddha prêche une sagesse sans dieux et quelques siècles plus tard on le met sur un autel.

ALBERT CAMUS, *Carnets*, tome 2.

BOUDIN

Les boudins de sang bleu sont les aristocrates de la charcuterie et ceux de sang noir, les anarchistes de la triperie.

PIERRE DAC, *Arrière-pensées.*

BOUE

Tu m'as donné ta boue et j'en ai fait
[de l'or.

CHARLES BAUDELAIRE, Épilogue des *Fleurs du mal.*

BOUILLABAISSE

Seul plat français permettant de facturer la rouille au prix du fer forgé.

PHILIPPE BOUVARD

La bouillabaisse, c'est du poisson avec du soleil.

ALFRED CAPUS, *Pensées.*

BOUILLIR

— L'eau bout à 90 degrés.

— Pardon, mon adjudant, je crois bien que c'est à 100 degrés.

— Bien sûr, où avais-je la tête ? C'est l'angle droit qui bout à 90 degrés.

Plaisanterie célèbre attribuée aux adjudants... en général.

BOUILLON

Je frémis de bonheur, à l'idée de la
[fête,

Quand, parfumé, fumant au fond de [mon assiette,
Franc, loyal, il me fixe avec ses gros [yeux ronds,
L'honnête, l'amical, réconfortant [bouillon.

Anonyme

Je songe souvent à la quantité de bœuf qu'il faudrait pour faire du bouillon avec le lac de Genève.

PIERRE DAC, *Pensées et maximes*.

BOULEVARD

Pourquoi Malesherbes, Haussmann et Périphérique ont-ils eu droit chacun à un boulevard, alors qu'ils n'étaient pas maréchaux d'Empire ?

PIERRE DESPROGES

BOUQUET

Une femme dans un salon est une fleur dans un bouquet. Chez elle, elle est tout le bouquet.

ALPHONSE KARR

Si ce bouquet que je vois sur la table
Est là pour remplacer un plat,
Qu'il aille au diable !

RAOUL PONCHON, *La Muse gourmande*.

BOUQUIN

Au diable soient les gens qui, par [désinvolture,
Conservent les bouquins qu'ils vous [ont empruntés.
J'ai perdu tous les miens dans [semblable aventure,
Il ne me reste plus que ceux qu'on [m'a prêtés.

Anonyme

BOURDON

Violoncelle aérien
Au travers de mes strophes,
Un bourdon se souvient
De Rimski-Korsakov.

HIPPOLYTE DOMONT, *Propos de mon village*.

BOURGEOIS

Qu'est-ce que le bourgeois ? C'est un cochon qui voudrait mourir de vieillesse.

LÉON BLOY, *L'Invendable*.

La France ? Une nation de bourgeois qui se défendent de l'être en attaquant les autres parce qu'ils le sont.

PIERRE DANINOS, *Les Carnets du major Thompson*.

Le bourgeois ne ferait pas de mal à un lion.

LÉON-PAUL FARGUE

La haine du bourgeois est le commencement de la vertu.

GUSTAVE FLAUBERT

Un bourgeois est l'océan du rien.

EDMOND et JULES DE GONCOURT, *Journal*.

Le bourgeois ne tolère rien d'incompréhensible dans la maison.

KARL KRAUS, *Aphorismes*.

Bourgeois... est un de ces mots amphibies qui sont ou un éloge ou une injure, selon la personne qui s'en sert et la manière dont elle le prononce.

FRANCISQUE SARCEY, *Le Mot et la Chose*.

Un homme plus ou moins honnête, avec une femme plus ou moins fidèle, tous deux plus ou moins buveurs, dans une maison plus ou moins propre, voilà l'image de la classe bourgeoise.

GEORGE BERNARD SHAW

Le bourgeois de Paris jouit tous les matins en regardant ses meubles. Ce serait là la base de son patriotisme.

STENDHAL

Dans tout homme qui tient une plume... le bourgeois voit un inutile ; dans chaque bourgeois, l'homme de lettres un ennemi.

JULES VALLÈS, *Les Réfractaires*.

BOURGOGNE

L'amour de la patrie, vertu dominante des grandes âmes, me saisit toujours à l'aspect d'une bouteille de bourgogne.

CHARLES DE BROSSES

BOURREAU

Il existe quelqu'un de pire que le bourreau, c'est son valet.

HONORÉ GABRIEL MIRABEAU

Malheureusement dans le monde, comme dans le monde politique, les victimes sont si lâches qu'on ne peut pas en vouloir bien longtemps aux bourreaux.

MARCEL PROUST,
À l'ombre des jeunes filles en fleurs.

BOURSE

Dans un terrain humide et frais
Semez de la graine de niais,
Il poussera des actionnaires.

Anonyme

La Bourse est un jeu dangereux : on gagne un jour, on perd le lendemain.
— Eh bien ! je ne jouerai qu'un jour sur deux.

Cité par HENRI BERGSON

On est volé à la Bourse comme on est tué à la guerre, par des gens qu'on ne voit pas.

ALFRED CAPUS, *La Bourse ou la vie.*

Quand la bourse se rétrécit, la conscience s'élargit.

NOËL DU FAIL,
Contes et discours d'Eutrapel.

Dévoiler les intrigues de la Bourse et des courtiers, c'est entreprendre un des travaux d'Hercule.

CHARLES FOURIER, *La Phalange.*

BOUSSOLE

Avant l'invention de la boussole, les voyageurs, pour se diriger, dressaient en l'air leur index préalablement mouillé. Après un certain laps de temps, le côté de l'index qui s'était couvert de mousse indiquait la direction du nord.

FRANÇOIS CAVANNA

BOUT

Dans la lutte pour la vie, celui qui est à bout de souffle, à bout d'arguments, à bout de moyens et à bout de tout n'est heureusement, et par contre pas au bout de ses peines.

PIERRE DAC, *Pensées.*

BOUTON

Pour la femme comme pour l'ascenseur, tu mets ton doigt où t'habites.

Signé Combaluzier, JOSÉ ARTUR,
Les Pensées.

Il mange tout ce gros glouton,
Il boit tout ce qu'il a de rentes
Son pourpoint n'a plus qu'un [bouton,
Mais son nez en a plus de trente.

JEAN OGIER DE GOMBAULD

BOUTONNER

On conte comme intermède le mot d'Augustine Brohan qui, branlée par Mocquart et le voyant repartir sans boutonner son gant, lui dit : « Boutonnez donc votre culotte ! »

EDMOND et JULES DE GONCOURT,
Journal.

BOUTONNIÈRE

Les Français se regardent à la boutonnière comme les chiens se flairent où vous savez.

AURÉLIEN SCHOLL

BOUTURE

Si Charles Ier avait été un géranium, les deux moitiés auraient survécu.

JOHN HALDANE

BOXE

J'ai rencontré La Motta six fois. Nous allons nous marier.

RAY SUGAR ROBINSON

BOY

Cri perçant que poussent les Européens quand ils ont soif.

Anonyme

BRAGUETTE

Déboutonnez votre cerveau aussi souvent que votre braguette.

Slogan de mai 1968
(sur les murs du théâtre de l'Odéon).

BRAHMS

Il n'y a que le cadavre qui puisse supporter avec patience le *Requiem* de Brahms.

GEORGE BERNARD SHAW

BRANLER

Lully, sur mer, se mit à branler le vit d'un matelot endormi. Il se réveille en colère : « Pardonnez-moi, monsieur, dit Lully, je croyais que c'était le mien. »

VOLTAIRE, *Carnets*.

Il tonnait. [Lully] branlait un petit garçon d'une main et le patinait de l'autre. « Fais le signe de la croix, dit-il, mes deux mains sont occupées. »

VOLTAIRE, *Carnets*.

BRETAGNE

Tout change en Bretagne, sauf la mer qui ne change jamais parce qu'elle change toujours.

FRANÇOIS RENÉ DE CHATEAUBRIAND

BRIGAND

Les brigands vous demandent la bourse ou la vie. Les femmes exigent les deux.

SAMUEL BUTLER

BRITANNIQUE

Lorsqu'ils voient que le train de l'Europe part et qu'ils risquent de rester sur le quai de la gare, ils sautent dans le dernier wagon. Et on les retrouve vite, grâce à leur génie particulier, dans la locomotive.

FRANÇOIS MITTERRAND,
entretien avec Guillaume Durand.

BRONCHITE

Sur dix personnes atteintes d'une bronchite, une seule va consulter un médecin. Les neuf autres se rendent directement au théâtre où l'on joue une de mes pièces.

MARCEL ACHARD

BRONZER

Je ne veux pas bronzer idiot.

LOFTI BELHASSINE

BROUETTE

Je suis la fidèle compagne
Du travailleur intelligent
Qui chaque jour dans la compagne
Cherchait son petit contingent.
Maintenant son œuvre est finie,
Il jouit en paix de son labeur
Et chez lui, moi, son humble amie
J'occupe la place d'honneur

LE FACTEUR CHEVAL ,
Ode à sa brouette,
gravée sur le mur de son *Palais idéal*.

LA BROUETTE
OU LES GRANDES INVENTIONS

Le paon fait la roue
Le hasard fait le reste
Dieu s'assoit dedans
et l'homme le pousse.

JACQUES PRÉVERT, *Paroles*.

BROUILLON

J'écris une lettre et je l'envoie.
Le brouillon est là sous mes yeux.
Je le relis.
Je n'en suis pas satisfait — mais la lettre est partie.
Je corrige le brouillon quand même.

SACHA GUITRY

BRUIT

Il faut des fêtes bruyantes aux populations : les sots aiment le bruit et la multitude, c'est les sots.

BONAPARTE

Si les bruits manquaient de corps, ils ne courraient pas aussi vite.

PIERRE DAC

Le bruit ne fait pas de bien, le bien ne fait pas de bruit.

GABRIEL HANOTAUX

Ayez surtout le souci de séparer les choses du bruit qu'elles font.

SÉNÈQUE

BRÛLER

Là où l'on brûle des livres on finira par brûler des hommes.

HEINRICH HEINE

BRUTE

Il [Bérurier] fronce ses épais sourcils de brute, incomplètement divorcée du monde animal.

SAN-ANTONIO, *Nostraberus*.

BRUXELLES

Enclave sinistre et peuplée de technocrates apatrides, au cœur d'un pays de joyeux buveurs de bière. On y énonce des normes et y produit des règlements.

« Bruxelles » est à « l'Administration » ce que Kafka est à Courteline.

ALAIN SCHIFRES,
Le Nouveau Dictionnaire des idées reçues ou Le Dîner sans peine.

BRUYÈRE

J'ai cueilli ce brin de bruyère
L'automne est morte souviens-t'en
Nous ne nous verrons plus sur terre
Odeur du temps brin de bruyère
Et souviens-toi que je t'attends.

GUILLAUME APOLLINAIRE,
« L'Adieu », *Alcools*.

BUDGET

Payer ? Jamais ! Si ton cœur amou-
[reux qui vibre
Changeait ?...
J'aime mieux sagement garder ton
[équilibre
Budget !

CHARLES CROS,
Le Collier de griffes.

BUSTE

« Belle tête, dit-il, mais de cervelle
[point. »
Combien de grands seigneurs sont
[bustes en ce point.

JEAN DE LA FONTAINE,
Le Renard et le buste.

Je vois très bien mon buste sur la place de l'ancien cimetière, avec cette inscription : « À Jules Renard, ses compatriotes indifférents ».

JULES RENARD, *Journal*.

BUT

Le but n'est pas le but, c'est la voie.

LAO-TSEU

C

CABINETS

Tout de même, l'homme qui en rencontre un autre sortant des cabinets ne lui tend pas franchement la main.

JULES RENARD

(Jarry) installe ses cabinets au-dessus de la sonnette de la porte. On tire la corde. La cuvette se vide. Ce mouvement qui était perdu est utilisé.

JULES RENARD, *Journal* (1906).

CACA

Quand ma mère sera morte, il n'y aura personne pour dire que mon caca sent bon.

MARCEL JOUHANDEAU

Le caca d'un monarque, c'est la foire du trône.

JULES JOUY, *Journal de merdeux*.

CACAO

On sait que Linné appelle le cacao *cacao theobroma* (boisson des dieux). On a cherché une cause à cette qualification emphatique : les uns l'attribuent à ce que ce savant aimait passionnément le chocolat.

ANTHELME BRILLAT-SAVARIN, *Physiologie du goût*.

CACHE-CACHE

Mais l'Éternel Dieu appela Adam et lui dit : « Où es-tu ? » Il répondit : « J'ai entendu ta voix dans le jardin, et j'ai eu peur, parce que je suis nu, et je me suis caché. »

Ancien Testament, Genèse, III, 10.

Il est triste de jouer à cache-cache dans ce monde où l'on devrait se serrer les uns contre les autres.

JEAN COCTEAU

CACHER

Comme il est dangereux de cacher quelque chose à nos amis, il l'est aussi beaucoup de ne leur cacher jamais rien.

MME DE LAFAYETTE

Nous découvrons en nous-mêmes ce que les autres nous cachent et nous reconnaissons dans les autres ce que nous nous cachons nous-mêmes.

LUC DE VAUVENARGUES, *Maximes et Pensées*.

Se cacher est un plaisir, mais ne pas être trouvé est une catastrophe.

DONALD WOODS WINNICOTT.

CADRAN SOLAIRE

Sum si sol sit.
(Je ne suis que si le soleil est là.)

Cadran solaire dans l'île d'Aix

Omnes vulnerant, ultima necat.
(Toutes blessent, la dernière tue.)

Cadran solaire sur l'église d'Urrugne

Horas ne numero nisi serenas.

(Je ne te marquerai que l'heure des beaux jours.)

Cadran solaire à Venise

Dieu, qui remonte nos cadrans solaires.

GEORG CHRISTOPH LICHTENBERG, *Aphorismes*.

Au temps heureux des cadrans solaires, il n'y avait pas l'ombre d'une exactitude.

ALBERT WILLEMETZ

CADRE

On appelle cadres les gens dont la peau du ventre se tend après les repas.

PHILIPPE BOUVARD, *Les Pensées*.

CAFÉ

Le café est un breuvage qui fait dormir quand on n'en prend pas.

ALPHONSE ALLAIS

Les cafés gonflés de fumée
Crient tout l'amour de leurs tziganes
De tous leurs siphons enrhumés
De leurs garçons vêtus d'un pagne
Vers toi toi que j'ai tant aimée

GUILLAUME APOLLINAIRE, *Alcools*.

Le comptoir d'un café est le parlement du peuple.

HONORÉ DE BALZAC

Rossini a éprouvé sur lui les mêmes effets que j'avais déjà observés sur moi :

— Le café, m'a-t-il dit, est une affaire de quinze ou vingt jours ; le temps, fort heureusement de faire un Opéra.

HONORÉ DE BALZAC, *Traité des excitants modernes*.

Influence du café sur un écrivain.

Dès lors, tout s'agite : les idées s'ébranlent comme les bataillons de la Grande Armée sur le terrain d'une bataille, et la bataille a lieu. Les souvenirs arrivent au pas de charge, enseignes déployées ; la cavalerie légère des comparaisons se développe par un magnifique galop ; l'artillerie de la logique accourt avec son train et ses gargousses ; les traits d'esprit arrivent en tirailleurs ; les figures se dressent ; le papier se couvre d'encre noire, car la veille commence et finit par des torrents d'eau noire, comme la bataille par sa poudre noire.

HONORÉ DE BALZAC, *Traité des excitants modernes*.

« Pour moi, ce sera un balzac. Noir et sans sucre. Comme qui dirait "Le moka dans la vallée". À moins que vous n'ayez du Nesbalzac. »

CHAVAL

On change plus facilement de religion que de café. Le monde d'ailleurs se divise en deux classes : ceux qui vont au café et ceux qui n'y vont plus.

GEORGES COURTELINE

Vous savez que vous avez franchi la frontière allemande lorsque le café devient mauvais.

ÉDOUARD VII

Pour faire un bon café, on met une livre de café mouillé d'eau dans la cafetière et on fait bouillir pendant une demi-heure. Puis, on y jette un fer à cheval. Si le fer à cheval ne flotte pas, on rajoute du café.

RENÉ GOSCINNY, *Des barbelés sur la prairie*.

Si ça c'est du café, soyez aimable de m'apporter du thé ; mais si c'est du thé, alors, s'il vous plaît, apportez-moi du café.

ABRAHAM LINCOLN

Le café, la sobre liqueur, puissamment cérébrale — il fut bu par Buffon, par Diderot, par Rousseau — ajoute sa chaleur aux âmes chaleureuses, sa lumière à la vue perçante des prophètes assemblés dans l'antre de Procope.

JULES MICHELET, *Histoire de France*.

Le café est très en usage à Paris : il y a un grand nombre de maisons publiques où on le distribue. Dans quelques-unes de ces maisons, on dit des nouvelles ; dans d'autres, on joue aux échecs. Il y en a une où l'on apprête le café de telle manière qu'il donne de l'esprit à ceux qui en prennent : au moins de tous ceux qui en sortent, il n'y a personne qui ne croie qu'il en a quatre fois plus que lorsqu'il y est entré.

CHARLES DE MONTESQUIEU,
Lettres persanes.

Noir comme le Diable
Chaud comme l'Enfer
Pur comme un Ange
Doux comme l'Amour.

TALLEYRAND

Un peu de café après le repas fait qu'on s'estime.

LUC DE VAUVENARGUES

CAFÉ AU LAIT

Le café au lait est une boisson mulâtresse.

RAMÓN GÓMEZ DE LA SERNA,
Greguerías.

CAGE

Je connais un cas (très) bizarre ; c'est celui du mot « cage » qui est du masculin à la campagne et du féminin dans les villes. Ainsi l'on dit : « L'oiseau chante dans le bocage », quand ça se passe à la campagne, et : « L'oiseau chante dans une belle cage », quand c'est dans un appartement.

ALPHONSE ALLAIS

Une cage allait à la rencontre d'un oiseau.

FRANZ KAFKA

CAILLOU

Comment les cailloux ont-ils appris à entrer dans les chaussures mais n'ont jamais appris à en sortir ?

CASPER DANTE

CALAMITÉ

Les calamités sont de deux ordres : le malheur qui nous atteint et le coup de chance qui arrive aux autres.

AMBROSE BIERCE

CALCUL

La femme a la passion du calcul : elle divise son âge par deux, double le prix de ses robes, triple les appointements de son mari et ajoute toujours cinq ans à l'âge de ses meilleures amies.

MARCEL ACHARD

CALCULATEUR

Il fallait un calculateur, ce fut un danseur qui l'obtint.

BEAUMARCHAIS,
Le Mariage de Figaro, acte V, scène 3.

CALEÇON

Le caleçon est au vaudeville ce que la toge est à la tragédie.

CARLO RIM

CALEMBOUR

Pauvre France ! Où est l'Augias qui te guérira de ton incurie ?

ALPHONSE ALLAIS

On a vu des rois épousseter des bergères.

HONORÉ DE BALZAC

Un homme se penche sur son basset.

ALEXANDRE BREFFORT

On s'apercevra que mes calembours n'étaient pas l'esprit, mais le cœur de mon livre.

JEAN COCTEAU,
Essai de critique indirecte.

Je vous la souhaite, prospère, mais rimée.

MICHEL DANSEL

Chassez le naturiste, il revient au bungalow.

JEAN-PAUL GROUSSET,
Si t'es gai, ris donc !

Un peu d'Eire, ça fait toujours Dublin.

JEAN-PAUL GROUSSET,
Si t'es gai, ris donc !

Un seul hêtre vous manque et tout est des peupliers.

JEAN-PAUL GROUSSET,
Si t'es gai, ris donc !

Quand les burnes sont là, les érections approchent.

ANTOINE PINAY [*sic*],
cité par J.-CL. CARRIÈRE,
Les Mots et la Chose.

Si haut qu'on monte, on finit toujours par des cendres.

HENRI ROCHEFORT

Mieux vaut avoir l'âge de ses artères que l'âge de César Franck.

ERIK SATIE

Le calembour est incompatible avec l'assassinat.

STENDHAL,
La Chartreuse de Parme.

Ne pouvant avoir l'esprit des hommes spirituels, Monsieur le Bailli s'était contenté de celui des sots : il faisait des calembours.

CLAUDE TILLIER, *Mon oncle Benjamin*.

Monsieur Reynaldo Hahn avait déjà fait *Ciboulette* ; avec son *Mozart*, cela fait sept.

WILLY, *Lettres de l'Ouvreuse*.

CALENDRIER

Un calendrier, c'est-à-dire un avenir divisé en cases, où je vais pouvoir distribuer mes projets et mes espérances.

ALAIN, *Propos*.

CALOMNIE

D'abord un bruit léger, rasant le sol comme hirondelle avant l'orage, *pianissimo* murmure et file, et sème en courant le trait empoisonné. Telle bouche le recueille, et *piano piano*, vous le glisse en l'oreille adroitement. Le mal est fait, il germe, il rampe, il chemine et *rinforzando* de bouche en bouche il va le diable ; puis tout à coup, je ne sais comment, vous voyez calomnie se dresser, siffler, s'enfler, grandir à vue d'œil. Elle s'élance, étend son vol, tourbillonne, enveloppe, arrache, entraîne, éclate et tonne, et devient, grâce au ciel, un cri général, un *crescendo* public, un chorus universel de haine et de proscription. Qui diable y résisterait ?

BEAUMARCHAIS,
Le Barbier de Séville, acte II, scène 8.

La calomnie est comme la guêpe qui vous importune et contre laquelle il ne faut faire aucun mouvement, à moins qu'on ne soit sûr de la tuer, sans quoi elle revient à la charge, plus furieuse que jamais.

NICOLAS DE CHAMFORT,
Maximes et Pensées,
Caractères et Anecdotes.

Plus une calomnie est difficile à
[croire,
Plus, pour la retenir, les sots ont de
[mémoire.

CASIMIR DELAVIGNE,
Les Enfants d'Édouard.

Serais-tu aussi chaste que la glace et pure que la neige que tu n'échapperais pas à la calomnie.

WILLIAM SHAKESPEARE,
Hamlet, acte III, scène 1.

CALORIE

Je ne lécherais même pas un timbre-poste, on ne sait jamais avec les calories.

HILDE BRUCH, *L'Énigme de l'anorexie*.

CAMÉLIA

J'aime les camélias parce qu'ils n'ont pas d'odeur, les raisins glacés parce qu'ils n'ont pas de goût, les hommes riches parce qu'ils n'ont pas de cœur.

ALEXANDRE DUMAS FILS,
La Dame aux camélias.

CAMOUFLET

Quand on vous souffle au visage, il ne faut pas confondre le camouflet de la guerre avec le calumet de la paix.

PIERRE DAC

CAMPAGNE

L'homme aime tant l'homme que quand il fuit la ville, c'est encore pour chercher la foule, c'est-à-dire pour refaire la ville à la campagne.

CHARLES BAUDELAIRE,
Mon cœur mis à nu.

Nous voilà donc à la campagne, ennuyeuse comme le sentiment, et triste comme la fidélité.

PIERRE CHODERLOS DE LACLOS,
Les Liaisons dangereuses.

Il semble que le matin, à la campagne, il y ait de l'air neuf.

EDMOND et JULES DE GONCOURT,
Idées et Sensations.

Savez-vous pourquoi l'air est si pur à la campagne ?

— C'est parce que les paysans dorment la fenêtre fermée.

Attribué à EUGÈNE IONESCO

« Que pouvez-vous bien trouver à faire à la campagne ?

— Tout. Excepté le temps de le faire. »

RUDYARD KIPLING, *Souvenirs.*

Les villes devraient être bâties à la campagne ; l'air y est pur.

HENRI MONNIER *, *Grandeur et Décadence de M. Joseph Prudhomme.*

* N'en déplaise à tous les journalistes qui s'obstinent à attribuer cette forte pensée à Alphonse Allais.

Je ne suis pas attiré par la campagne : c'est une sorte de tombe en bonne santé.

SYDNEY SMITH

CAMPAGNE ÉLECTORALE

Les résolutions prises lors des campagnes électorales ne sont rien d'autre que l'agrandissement de celles que l'on prend au Nouvel An.

W. C. FIELDS, *Votez pour moi.*

CANAILLE

Il y a une autre canaille à laquelle on sacrifie tout, et cette canaille est le peuple.

VOLTAIRE,
Lettre au marquis de Condorcet.

CANARD

Les pattes du canard sont courtes, il est vrai ; mais les allonger ne lui apporterait rien.

TCHOUANG-TSEU

CANARI

L'Allemand est le canari de la poésie, répétant tout ce que disent les autres oiseaux.

JEAN-PAUL, *Être là dans l'existence.*

CANCER

Des arbres massacrés. Des maisons surgissent. Des gueules, des gueules, des gueules partout. L'homme s'étend. L'homme est le cancer de la terre.

EMIL MICHEL CIORAN,
De l'inconvénient d'être né.

Plus cancéreux que moi, tu meurs !

PIERRE DESPROGES

Bien sûr, les médecins savent un tas de choses sur le cancer, mais ce qu'il est en réalité, ils ne le savent pas. Je crois que le cancer est une maladie de l'âme qui fait qu'un homme qui dévore tout son chagrin est dévoré lui-même, au bout d'un certain temps, par ce chagrin qui est en lui.

FRITZ ZORN, *Mars.*

CANDIDAT

La meilleure part de moi-même me dit de ne pas être candidat, mais, comme d'habitude, c'est l'autre qui l'emportera.

SANDRO PERTINI,
ancien président de la République italienne.

CANICULE

Il est très certain, a compris le Conseil, transposant sans le savoir un mot de Desnoyers, qu'il vaudrait mieux que ce fût pendant la canicule qu'il fît froid, parce qu'alors on ne s'apercevrait pas du chaud, et pendant l'hiver qu'il fît chaud, parce qu'alors on ne s'apercevrait pas du froid.

ALFRED JARRY, *La Chandelle verte*.

CANNIBALE

On voudrait parfois être cannibale, moins pour le plaisir de dévorer tel ou tel que pour celui de le vomir.

EMIL MICHEL CIORAN

Le cannibale ne peut concevoir un doute sur le régime alimentaire qu'il a suivi toute son existence.

PIERRE MAC ORLAN,
Le Petit Manuel du parfait aventurier.

CANON

Le meilleur canon que j'aie employé, c'est le canon de la messe. Il a servi à me faire roi.

HENRI IV, *Henriciana*.

Mais, vous n'avez pas vu la mort de M. de Turenne, ni ce coup de canon tiré au hasard qui le prend seul entre dix ou douze. Pour moi, qui vois en tout la Providence, je vois ce canon chargé de toute éternité.

MME DE SÉVIGNÉ,
Lettre à Bussy-Rabutin, 1675.

CAPABLE

Les femmes sont capables de tout. Les hommes, du reste.

HENRI DE RÉGNIER

CAPITAL

Les économistes ont raison, disait un homme de Bourse : le capital est du travail accumulé. Seulement, comme on ne peut pas tout faire, ce sont les uns qui travaillent et les autres qui accumulent.

AUGUSTE DETŒUF,
Propos de O.-L. Barenton, confiseur.

Le Capital ne paiera pas les cigares que j'ai fumés pendant que je l'écrivais.

KARL MARX

CAPITALE

Toutes les capitales se ressemblent ; tous les peuples s'y mêlent, toutes les mœurs s'y confondent ; ce n'est pas là qu'il faut aller étudier les nations.

JEAN-JACQUES ROUSSEAU,
Émile ou De l'éducation.

CAPITALISME

Sous le capitalisme, les gens ont davantage de voitures. Sous le communisme, ils ont davantage de parkings.

WINSTON CHURCHILL

Le vice inhérent au capitalisme consiste en une répartition inégale des richesses. La vertu inhérente au socialisme consiste en une égale répartition de la misère.

WINSTON CHURCHILL

CAPRICE

Quelque vertu qu'ait une femme, le caprice ne perd pas son droit.

E. JOUY

Le caprice de notre humeur est encore plus bizarre que celui de la fortune.

FRANÇOIS DE LA ROCHEFOUCAULD

La seule différence entre un caprice et une passion éternelle est que le caprice peut durer.

OSCAR WILDE

CARACTÈRE

Madame Roland avait eu du caractère plutôt que du génie : le premier peut bien donner le second, le second ne peut donner le premier.

FRANÇOIS RENÉ DE CHATEAUBRIAND,
Mémoires d'outre-tombe.

Ce qui indique avec le plus de vérité le caractère d'un homme, c'est la santé de sa femme.

CYRIL CONNOLLY,
Le Tombeau de Palinure.

Le bon caractère est un ciel pour l'être humain.

MERIKARÊ,
La Sagesse vivante de l'Égypte ancienne,
traduite par Christian Jacq.

CARAFE

Il y a des créatures qui, renfermées dans un corset, dans des souliers, dans des gants, ont la forme d'une femme ; comme l'eau a la forme de la carafe qui la contient. Mais, ôtez le corset, les souliers et les gants, il en adviendra comme de l'eau si vous cassez la carafe.

ALPHONSE KARR, *Les Guêpes*.

CARDEUR

Cardeur : Ouvrier qui peigne la laine en quinze minutes.

RAOUL LAMBERT, *Le Dico dingue*.

CARDINAL

Qu'est-ce qu'un cardinal ? C'est un prêtre habillé de rouge qui a cent mille écus du roi pour se moquer de lui au nom du pape.

NICOLAS DE CHAMFORT,
Maximes et Pensées, Caractères et Anecdotes.

CARÊME

Depuis que le Carême est une curiosité archéologique, le cholestérol et la cellulite ont remplacé la peur du Jugement dernier.

Anonyme

CARICATURE

La caricature est l'hommage que la médiocrité paie au génie.

OSCAR WILDE

CARMEN

Carmen est maigre — un trait de [bistre
Cerne son œil de gitana,
Ses cheveux sont d'un noir sinistre ;
Sa peau, le diable la tanna.
Les femmes disent qu'elle est laide,
Mais tous les hommes en sont fous ;
Et l'archevêque de Tolède
Chante la messe à ses genoux.

THÉOPHILE GAUTIER

CARNAVAL

Carnaval avec sa femme
Pâques avec son curé
Noël avec son ami(e)

Proverbe français

Pour le carnaval, il s'était fabriqué un costume en billets de banque, en trois minutes, il fut déshabillé.

RAMÓN GÓMEZ DE LA SERNA,
Greguerías.

CARRÉ

On affirme en Orient, que le meilleur moyen pour traverser un carré est d'en parcourir trois côtés.

THOMAS EDWARD LAWRENCE,
Les Sept Piliers de la sagesse.

Mathématiques culinaires : Il n'est pas possible de calculer la surface du carré d'agneau, pas plus, hélas, qu'on ne peut envisager de servir en sauce le carré de l'hypoténuse. Même avec des pommes de terre sarladaises.

PHILIPPE MEYER,
Portraits acides et autres pensées édifiantes.

CARRIÈRE

Quand tu montes à l'échelle, souris à tous ceux que tu dépasses, car tu croiseras les mêmes en redescendant.

Proverbe américain
cité par PIERRE BOUTEILLER.

Un homme soucieux de sa carrière n'a pas de temps à perdre avec sa femme et ses amis ; il doit le consacrer à ses seuls ennemis.

J. HOBBES.

Un homme doit souvent sa carrière à sa première femme, et sa deuxième femme à sa carrière.

MAURICE HORGUES

La carrière d'une star commence quand elle a du mal à entrer dans son chemisier et se termine quand elle a du mal à entrer dans sa jupe.

ELSA MAXWELL

Une carrière réussie est une chose merveilleuse, mais on ne peut pas se pelotonner contre elle, la nuit, quand on a froid l'hiver.

MARILYN MONROE

CARTE DE VISITE

GEORGES FOUREST

Avocat loin de la cour d'appel.

ALPHONSE ALLAIS

Pharmacien-agriculteur, inspecteur de biberons aux Invalides, chevalier de plusieurs ordres distingués, ex-dentiste de plusieurs têtes couronnées.

ANTOINE BLONDIN

Docker honoris causa.

CARTÉSIANISME

On se demande pourquoi, dans les cafés, les joueurs appellent si souvent le garçon Descartes.

RAYMOND QUENEAU, *Le Chiendent*.

CASINO

Les pianos
Des casinos
Aux bains de mer
Font rêver les poissons qui nagent
[dans la mer,
Car — tous les érudits le savent de
[nos jours —
Ils sont muets, c'est vrai, mais ils ne
sont pas sourds !

GEORGES FOUREST, *La Négresse blonde*.

CASSANDRE

On ne peut rien faire pour cette sombre race ; la plupart du temps on n'a eu qu'à se taire pour ne pas, comme Cassandre, passer pour fou quand on prédisait ce qui était déjà imminent.

WOLFGANG VON GOETHE

CASSEROLE

J'ai plus besoin de casseroles que de questions écrites.

TALLEYRAND
(avant son départ
pour le congrès de Vienne en 1814).

CASTRAT

Alors qu'on le menaçait de le renvoyer de Versailles parce que les finances de la Cour ne permettaient plus de l'entretenir, [le castrat Vittori] se contenta d'ironiser :

« Fort peu m'importe que le roi me renvoie, pourvu qu'il me rembourse ! »

Cité par PATRICK BARBIER,
Histoire des castrats

CATASTROPHE

L'Amérique a connu deux catastrophes nationales : *Pearl* Harbor et *Pearl* Buck.

ORSON WELLES

CATHÉDRALE

La cathédrale de Reims est une belle chose, mais c'est pourri d'obscénités et parfaitement catholique.

GEORGE SAND

CATHOLICISME

À quoi cela servirait-il, mon Dieu, d'être catholique si, en plus, il fallait avoir des remords comme les protestants !

JEAN ANOUILH

Quoi qu'on en dise, le catholicisme est encore la forme la plus acceptable de l'indifférence religieuse.

ANATOLE FRANCE

Le catholicisme est inadmissible. Le protestantisme est intolérable.

ANDRÉ GIDE, *Journal*.

Croyez-vous que le bon Dieu soit catholique ?

GEORG CHRISTOPH LICHTENBERG,
Aphorismes.

La religion catholique détruira la religion protestante et ensuite les catholiques deviendront protestants.

CHARLES DE MONTESQUIEU

Le catholicisme ? c'est une barre de fer ; on ne raisonne pas avec une barre de fer.

ERNEST RENAN

CATHOLIQUE

La France est catholique parce que la femme est catholique. Et la femme est catholique parce qu'elle n'est pas libre.

GEORGES DARIEN, *La Belle France*, cité par PIERRE GERMA in *Dictionnaire des Citations amoureuses*.

Plutôt que d'essayer de nous convertir, les catholiques feraient mieux d'abord de redevenir catholiques.

JEAN-PAUL, *Être là dans l'existence*.

CAVIAR

Le caviar de Perse, le plus cher, est à soixante mille (anciens) francs le kilo. Ce qui met l'œuf d'esturgeon à trois sous la douzaine. Bien meilleur marché que l'œuf de poule.

ALEXANDRE VIALATTE, *Antiquité du grand chosier*.

CÉDER

Bartholo : Vous le prenez bien haut, Monsieur ! Sachez que quand je dispute avec un fat, je ne lui cède jamais.

Figaro : Nous différons en cela, Monsieur ! Moi, je lui cède toujours.

BEAUMARCHAIS, *Le Barbier de Séville*.

Il est impossible à deux époux de vivre d'accord en ne se cédant jamais rien.

MME DE MOTTEVILLE

CÉLÈBRE

Si j'étais célèbre, ça se saurait !

COLETTE, cité par JEAN CHALON in *Colette, l'éternelle apprentie*.

Je manque de chance : si je devenais célèbre, personne ne le saurait.

PIERRE ÉTAIX

Je ne serai jamais célèbre...
Je ne fais rien. Absolument rien.
Jadis, je me rongeais les ongles, mais j'ai même arrêté ça.

DOROTHY PARKER

Tout le monde peut être célèbre un quart d'heure dans sa vie.

ANDY WARHOL

CÉLÉBRITÉ

Une célébrité est une personne qui rame toute sa vie pour se faire connaître, avant de porter des lunettes noires pour n'être pas reconnue.

FRED ALLEN

La célébrité, c'est bien ; la postérité, c'est mieux.

FRÉDÉRIC BEIGBEDER

Une célébrité est une personne connue pour être bien connue.

DANIEL J. BOORSTIN

Célébrité : L'avantage d'être connu de ceux qui ne vous connaissent pas.

NICOLAS DE CHAMFORT, *Maximes et Pensées*.

Ma célébrité m'a permis de me faire insulter dans des lieux où le Noir n'avait aucun espoir de se faire insulter.

SAMMY DAVIS JR

Les célébrités : s'inquiéter du moindre détail de leur vie privée, afin de pouvoir les dénigrer.

GUSTAVE FLAUBERT, *Dictionnaire des idées reçues*.

Combien de grands hommes ont eu la célébrité au nom que, par hasard, ils ont reçu de leurs parents.

ERNEST RENAN

CÉLIBAT

Le célibat n'est pas héréditaire.

Attribué à OSCAR WILDE

CÉLIBATAIRE

Un célibataire est quelqu'un qui, chaque matin, arrive au travail d'une direction différente.

SHOLEM ALEICHEM

Le célibataire vit comme un roi et meurt comme un chien. L'homme marié, lui, vit comme un chien et meurt comme un roi.

JEAN ANOUILH

Le célibataire est celui qui prend le mariage très au sérieux.

MICHEL DÉON

La plupart des hommes n'ont que ce qu'ils méritent. Les autres sont célibataires.

SACHA GUITRY

Les célibataires en savent davantage sur les femmes que les hommes mariés, sinon ils le seraient.

HENRY LOUIS MENCKEN

CELLULE

« À quoi rêve une cellule ? À devenir deux », écrit François Jacob.

À quoi rêvent deux êtres vivants ? À ne faire qu'un.

GEORGES ELGOZY, *L'Esprit des mots*.

CENDRE

Les feux de l'amour laissent parfois une cendre d'amitié.

HENRI DE RÉGNIER

CÈNE

Ils sont à table
Ils ne mangent pas
Ils ne sont pas dans leur assiette
Et leur assiette se tient toute droite
Verticalement derrière leur tête

JACQUES PRÉVERT, *Paroles*.

CENSURE

Pourvu que je ne parle en mes écrits ni de l'autorité, ni du culte, ni de la politique, ni de la morale, ni des gens en place, ni des corps en crédit, ni de l'Opéra, ni des autres spectacles, ni de personne qui tienne à quelque chose, je puis tout imprimer librement, sous l'inspection de deux ou trois censeurs.

BEAUMARCHAIS,
Le Mariage de Figaro.

La censure quelle qu'elle soit me paraît une monstruosité, une chose pire que l'homicide ; l'attentat contre la pensée est un crime de lèse-âme [...]. La mort de Socrate pèse encore sur le genre humain.

GUSTAVE FLAUBERT,
Lettre à Louise Colet.

Pourvu qu'on ne plaisantât ni de Dieu, ni des prêtres, ni du roi, ni des gens en place, ni des artistes protégés par la cour, ni de tout ce qui est établi ; pourvu qu'on ne dît du bien ni de Béranger, ni des journaux de l'opposition, ni de Voltaire, ni de Rousseau, ni de tout ce qui se permet un peu de franc-parler ; pourvu surtout qu'on ne parlât jamais de politique, on pouvait librement raisonner de tout.

STENDHAL, *Le Rouge et le Noir*.

CENTENAIRE

Lever à six
Dîner à dix
Souper à dix
Font l'homme vivre dix fois dix.

Dicton

Pour devenir centenaire, il faut commencer jeune.

Proverbe russe

« Tout fout le camp ! » Même les centenaires. Ceux d'aujourd'hui sont moins intéressants que ceux d'autrefois. Ceux d'aujourd'hui ont des souvenirs qui remontent à peine à 1815.

Moi qui te parle, quand j'étais enfant, j'ai connu un bonhomme qui se rappelait Louis XVI, Jemmapes, Valmy, etc. Va donc en trouver aujourd'hui des centenaires qui se rappellent

Jemmapes ! Et le plus triste, c'est que, plus nous irons, moins les centenaires seront passionnants !

ALPHONSE ALLAIS

Un sexagénaire est toujours robuste
Un septuagénaire est toujours
[robuste
Un octogénaire est toujours robuste
Un nonagénaire est toujours robuste
Un centenaire est toujours bulgare.

GUSTAVE FLAUBERT

CENTIMÈTRE

Il faut beaucoup de morts pour faire avancer l'homme d'un centimètre.

ANDRÉ MALRAUX

CENTRALISATION

La centralisation, c'est l'apoplexie au centre, la paralysie aux extrémités.

FÉLICITÉ ROBERT DE LAMENNAIS

CENTRE

Le centre n'est pas toujours au milieu ; à preuve le chauffage central qui est toujours le long des murs.

ROMÉO CARLÈS

Mon village est le centre du monde, car le centre du monde est partout.

JULES RENARD

CERCLE

Prenez un cercle, caressez-le, il deviendra vicieux.

EUGÈNE IONESCO,
La Cantatrice chauve.

CERCUEIL

Si vous n'aimez pas les cercueils, on vous fera monter de la bière !

FRANCIS BLANCHE, *Les Pensées*.

Est-il encore debout le chêne,
Ou le sapin de mon cercueil ?

GEORGES BRASSENS, *Le Testament*.

Le cercueil est le salon des morts : ils y recoivent des vers.

XAVIER FORNERET, *Sans titre*.

X, un de ces hommes si gros qu'il ne pourrait trouver un cercueil d'occasion.

EDMOND et JULES DE GONCOURT,
Journal.

La seule chose que l'on peut obtenir à temps des artisans, c'est un cercueil.

JEAN-PAUL, *Être là dans l'existence*.

CERISE

S'il pleut le jour de la Saint-
[Georges*
Les cerises lui restent dans la gorge.

Dicton

* 23 avril.

Les cerises n'auront plus de queues lorsque les peuples cesseront de s'entre-tuer pour des queues de cerises.

DONATO, *Magnétiseur*.

CÉRUMEN

« Cire humaine ». Se garder de l'ôter parce qu'elle empêche les insectes d'entrer dans les oreilles.

GUSTAVE FLAUBERT,
Dictionnaire des idées reçues.

CERVEAU

Les scientifiques affirment que nous utilisons 10 % de notre cerveau. C'est déjà trop.

Campagne d'affichage pour la chaîne ABC
dans le métro new-yorkais.

Je suis tellement intelligent que mon cerveau est mon deuxième organe favori.

WOODY ALLEN

Le cerveau de l'homme civilisé est un musée de vérités contradictoires. Il n'en est pas troublé, parce qu'il est successif. Il rumine ses vérités les unes après les autres. Il pense comme il mange.

REMY DE GOURMONT,
La Culture des idées.

Le cerveau qui s'en va, impossible de le retenir. C'est comme si un pissenlit voulait rattraper ses poils.

JULES RENARD

Maître Cerveau sur un homme perché...

PAUL VALÉRY

Si jamais j'ai besoin d'une transplantation de cerveau, je choisirai un sportif, car je veux un cerveau qui n'a jamais servi.

NORMAN VAN BROCKLIN

CÉSAR

Il faut prendre à César tout ce qui ne lui appartient pas.

ANDRÉ BRETON et PAUL ÉLUARD,
Notes sur la poésie.

On se croit l'âme d'un César *bis* et l'on n'a que l'âge d'un César *ter* !

GRÉGOIRE LACROIX,
Les Euphorismes de Grégoire, inédit.

La sculpture du grand César est le vrai symbole de notre métier [le cinéma] : des creux, des trous, des bosses, des chocs, mais le tout sous la dorure.

ODETTE LAURE,
À la cérémonie des césars du cinéma.

CÉTOINE

... Tu te sens tout heureux une rose
[est sur la table
Et tu observes au lieu d'écrire ton
[conte en prose
La cétoine qui dort dans le cœur de
[la rose

GUILLAUME APOLLINAIRE, *Alcools*.

CHAGRIN

— Ton père et moi, tu nous feras mourir de chagrin...

— Tant mieux, comme ça on ne retrouvera pas l'arme du crime.

MICHEL AUDIARD,
dans le film *Mélodie en sous-sol*.

Quand on porte un chagrin, il faut le porter loin pour le laisser un peu s'égrener sur la route.

MAURICE MAGRE,
Les Belles de nuit.

Tu noies tes chagrins dans l'alcool ? Méfie-toi : ils savent nager.

YVES MIRANDE

Au fond, voyez-vous, le chagrin, c'est comme le ver solitaire : le tout, c'est de le faire sortir.

MARCEL PAGNOL, *Fanny*.

Car il y a dans ce monde où tout s'use, où tout périt, une chose qui tombe en ruine, qui se détruit encore plus complètement, en laissant encore moins de vestiges que la Beauté : c'est le chagrin.

MARCEL PROUST, *Le Temps retrouvé*.

Le bonheur seul est salutaire pour le corps, mais c'est le chagrin qui développe les forces de l'esprit.

MARCEL PROUST, *Le Temps retrouvé*.

À vingt ans, quand on a un chagrin d'amour, on pleure parce qu'on croit qu'on n'aimera plus jamais ; après quarante ans, on pleure parce qu'effectivement, on n'aimera plus jamais.

BRIGITTE ROÜAN,
Post coïtum animal triste.

CHAÎNON

Le chaînon manquant entre le singe et l'homme, c'est nous.

PIERRE DAC

CHAISE

La chaise est toujours assise.

ACHILLE CHAVÉE, *Décoctions*.

CHALET

« Vous auriez dû m'avertir que le chalet que vous m'avez loué est entouré de crevasses.

— Mais, c'est un chalet tyrolien : un trou là, un trou là là et un trou là itou ! »

CAMI

CHAMBRE

On m'a prêté quatre vieux murs
Pour y loger mes quatre membres ;

Et dans ce réduit très obscur,
Je voulus installer ma chambre.
Pour lui donner un air coquet,
Je suspendis aux murs en pente,
Les diplômes que j'ai manqués
Et mes décorations absentes.
Et dans un vaste coffre-fort,
Rangés en piles régulières
Toutes les valeurs et tout l'or
Que j'aurais pu gagner naguère

RENÉ BAER, *La Chambre*, musique de Léo Ferré.

La pire des chambres vaut mieux que la meilleure des antichambres.

CAVOUR (qui voulait signifier par là que le régime parlementaire était préférable à la monarchie absolue).

CHAMEAU

Un chameau, c'est un cheval dessiné par une commission.

Anonyme

Si le chameau ne s'était pas mis à genoux, on n'aurait pas pu le charger.

Proverbe grec

Les chameaux ne se moquent pas réciproquement de leurs bosses.

Proverbe touareg

C'est le désert... on met du sable par terre pour que le chameau, animal maladroit qui tombe souvent, ne se fasse pas de nouvelles bosses.

ALFRED JARRY, *La Chandelle verte*.

C'est à cause du chameau que le targui s'est fait nomade plutôt qu'agriculteur.

ÉLISÉE RECLUS, *Nouvelle Géographie universelle*, cité par J.-CL. CARRIÈRE et GUY BECHTEL in *Dictionnaire de la bêtise*.

CHAMPAGNE

Quand le bouchon, débarrassé
Du fil qui le captive,
Vole avec bruit, au loin chassé,
Par la liqueur active,
Je crois, dans les brillants accès
D'une aimable folie,
Voir jaillir d'un cerveau français
L'éclair de la saillie…

LOUIS DESPREZ

J'ai souvent observé que, chez les gens mariés, le champagne est rarement de première qualité.

OSCAR WILDE, *Il importe d'être constant*.

CHAMPIGNON

Les amours, c'est comme les champignons. On ne sait si elles appartiennent à la bonne ou à la mauvaise espèce que quand il est trop tard.

TRISTAN BERNARD

Les champignons sortent avec leur petit parapluie, trop tard.

JULES RENARD, *Journal*.

CHAMPION

Un cœur de champion c'est aussi beau qu'un cerveau de savant.

GÉRARD DEPARDIEU

CHANCE

Précipite dans le Nil l'homme qui a de la chance, et il remontera avec un poisson dans la bouche.

Proverbe égyptien

La chance est un oiseau qui attend la venue de l'oiseleur.

AUSONE, *Sententiae furiones*.

La chance est femme, elle est jalouse
Et quand la chance vous déteste,
On ne peut pas risquer un geste,
Miser un sou sur le tableau
Sans que la chance qui s'efface
Brouille les chiffres et les cartes
Aux tables de Monte Carlo.

JEAN COCTEAU

Nous devons croire en la chance ; sans cela comment expliquerions-nous le succès des gens que nous n'aimons pas ?

JEAN COCTEAU

Songe qu'avant d'unir nos têtes
[vagabondes,
Nous avons vécu seuls, séparés, égarés,
et que c'est long, le temps, et que
[c'est grand, le monde,
et que nous aurions pu ne pas nous
[rencontrer.

PAUL GÉRALDY, *Toi et Moi*.

CHANCEUX

Les chanceux sont ceux qui arrivent à tout... Les malchanceux sont ceux à qui tout arrive.

EUGÈNE LABICHE

CHANDELLE

Mieux vaut allumer une seule et minuscule chandelle que de maudire l'obscurité.

Proverbe chinois

Bonville rapporte que la chandelle de Camões s'étant éteinte, le poète continua d'écrire à la lueur des yeux de son chat.

GASTON BACHELARD,
La Flamme d'une chandelle.

CHANGER

« Il faut que tout change pour que rien ne change. »

Le comte de Lampedusa, in le film *Le Guépard*.

Cette vie est un hôpital où chaque malade est possédé du désir de changer de lit. Celui-ci voudrait souffrir en face du poêle, et celui-là croit qu'il guérirait à côté de la fenêtre.

CHARLES BAUDELAIRE,
« N'importe où hors du monde »,
Le Spleen de Paris.

Tout ce que je demande aux hommes politiques c'est de changer le monde sans changer la vérité.

JEAN PAULHAN

CHANSON

Si une chanson donne la renommée dans un pays, c'est que la vertu n'en donne guère.

Proverbe chinois

Je ne connais que deux chansons, l'une est *Yankee Doodle Dandy*, l'autre pas.

ULYSSES S. GRANT,
18e président des USA.

Vivre est une chanson dont mourir est le refrain.

VICTOR HUGO

CHANTER

Il est difficile de vivre sa propre vie et, en même temps, de chanter juste.

WOODY ALLEN

CHAPEAU

Pour un cerveau qui travaille, la pression d'un chapeau neuf est insupportable.

VICTOR HUGO, *Choses vues*.

CHAPELET

La civilisation, la société et les mœurs sont comme un chapelet dont le nœud est la croyance à l'immortalité de l'âme ; ôtez le nœud, tout s'en va.

LOUIS FIGUIER

Je sais que les mauvais sont liés aux bons comme les grains d'un chapelet et qu'ils ne peuvent être séparés d'eux par aucune prière de saint.

MAURICE MAGRE, « Nouvelle inédite »,
citée par J. J. Bedu in *Le Lotus perdu*.

CHARABIA

Je viens chercher un sirop pour mon père qui est malade dans une petite bouteille.

Janot, personnage de DORVIGNY.

CHARCUTERIE

Que préférez-vous, la musique ou la charcuterie ?

ERIK SATIE

CHARITÉ

Faire la charité, c'est bien, la faire faire par d'autres, c'est mieux.

ALPHONSE ALLAIS

Charité bien ordonnée commence par soi-même... et continue par soi-même.

ALFRED CAPUS

Il y a beaucoup à dire contre la charité : le reproche le plus grave qu'on puisse lui faire, c'est de n'être pas pratiquée.

GEORGES CLEMENCEAU,
La Mêlée sociale.

Je ne prends jamais mon whisky sans envoyer trois cacahuètes aux Restaurants du Cœur.

JEAN CURTELIN

La charité du pauvre, c'est de vouloir du bien au riche.

ANATOLE FRANCE,
Monsieur Bergeret à Paris.

La plus grande charité envers les morts, c'est de ne pas les tuer une seconde fois en leur prêtant de sublimes attitudes.

FRANÇOIS MAURIAC, *Vie de Jean Racine*.

Quand je parlerais les langues des hommes et des anges, si je n'ai pas la charité je ne suis qu'un airain qui sonne ou une cymbale qui retentit. Et quand j'aurais le don de prophétie, la science de tous les mystères et la connaissance, quand j'aurais même toute la foi jusqu'à transporter des montagnes, si je n'ai pas la charité je ne suis rien [...]. La charité est patiente, elle est pleine de bonté ; la charité n'est point envieuse ; la charité ne se vante point, elle ne s'enfle point d'orgueil, elle ne fait rien de malhonnête, elle ne cherche point son intérêt, elle ne s'irrite point, elle ne soupçonne point le mal, elle ne se réjouit point de l'injustice, mais elle se réjouit de la vérité ; elle excuse tout, elle croit tout, elle espère tout, elle supporte tout.

SAINT PAUL,
première épître aux Corinthiens, 13.

Charité hypocrite qui donne dix sous pour avoir vingt francs de gratitude.

JULES RENARD

Le riche, quand il a été bon avec un pauvre, lui demanderait volontiers un certificat de charité.

JEAN ROSTAND,
De la vanité et de quelques autres sujets.

CHARLATAN

Il y a du charlatan dans quiconque triomphe en quelque domaine que ce soit.

EMIL MICHEL CIORAN,
Aveux et Anathèmes.

La témérité des charlatans, et leurs tristes succès, qui en sont les suites, font valoir la médecine et les médecins ; si ceux-ci laissent mourir, les autres tuent.

JEAN DE LA BRUYÈRE,
« De quelques usages », *Les Caractères*.

CHARMANT

Il y a sur terre peu de fonctions plus importantes que celle-ci : être charmant. La forêt serait au désespoir sans le colibri.

VICTOR HUGO,
Les Travailleurs de la mer.

CHARME

Le charme : une manière de s'entendre répondre oui, sans avoir posé aucune question claire.

ALBERT CAMUS,
La Chute.

Le charme, c'est la conscience d'avoir du charme.

NICOLAS DE CHAMFORT

Les femmes sans charme sont comme les poètes qu'on ne lit pas.

ADOLPHE DE CUSTINE,
Le monde comme il est.

Une belle femme est celle que je remarque. Une femme charmante est celle par qui je suis remarqué.

THOMAS ERSKINE

L'on dirait que par une étrange bizarrerie du cœur, la femme aimée communique plus de charme qu'elle n'en a elle-même.

STENDHAL, *De l'amour*.

CHASSE

À la chasse et en amour, on commence quand on veut et on termine quand on peut.

Proverbe espagnol

L'existence d'une très jolie femme ressemble à celle d'un lièvre, le jour de l'ouverture.

PAUL MORAND,
Le Réveille-matin.

Ils ne savent pas que ce n'est que la chasse, et non la prise qu'ils recherchent.

BLAISE PASCAL, *Pensées*.

Quand je prends un fusil, la place la plus sûre pour un faisan est juste en face du canon.

SYDNEY SMITH

La chasse est, de tous les sports, le plus cynégétique. C'est même le seul qui le soit vraiment.

ALEXANDRE VIALATTE,
Antiquité du Grand Chosier.

CHASTE

La femme chaste est celle qui n'a pas été sollicitée.

Proverbe latin

CHASTETÉ

Pour rester chaste, l'homme n'a qu'à combattre son penchant ; une femme doit résister à la fois à son penchant et aux continuelles attaques des hommes. Ajouter que l'un est fort, que l'autre est faible, et jugez de quel côté la chasteté a le plus de mérite.

LATÉNA

Que dira-t-on qui soit bon ? La chasteté ? Je dis que non, car le monde finirait.

BLAISE PASCAL, *Pensées*, VI.

CHASTETÉ (ceinture de)

Le corps de la femme est comme le garde-manger des plaisirs de l'homme : quoi de plus simple que de mettre un cadenas au garde-manger !

Dr FAUCONNEY,
La Ceinture de chasteté.

CHAT

Les Chinois voient l'heure dans l'œil des chats.

CHARLES BAUDELAIRE

Son chat dormait en chien de fusil.

ROBERT BENAYOUN

Automate moelleux fourni par la nature pour recevoir des coups de pied quand les choses se gâtent dans le cercle de famille.

AMBROSE BIERCE,
Le Dictionnaire du Diable.

Et quel fâcheux démon, durant des [nuits entières,
Rassemble ici les chats de toutes les [gouttières ? [...]
L'un miaule en grondant comme un [tigre en furie
L'autre roule sa voix comme un [enfant qui crie.

NICOLAS BOILEAU

Le chat est un domestique infidèle que l'on ne garde que par nécessité.

BUFFON

De voleurs déterminés, les chats deviennent seulement, lorsqu'ils sont bien élevés, souples et flatteurs comme les fripons ; ils ont la même adresse, la même subtilité, le même goût pour faire le mal, le même penchant à la petite rapine.

BUFFON, *Histoire naturelle*.

Alors, cette fois, le chat (du Cheshire) disparut très lentement, en commençant par la queue et en finissant par le sourire. N'est-ce pas une étrange chose qu'un sourire de Chat sans aucun Chat ?

LEWIS CARROLL,
Alice au pays des merveilles.

Peu importe que le chat soit gris ou noir pourvu qu'il attrape les souris.

DENG XIAOPING

« Je donne ma langue au rat », dit le chat angora.

HIPPOLYTE DOMONT,
Propos de mon village.

Si ma maison brûle, entre Vélasquez et le chat, je n'hésite pas, je sauve le chat.

GIACOMETTI

Avec amour le chat se lèche
Puis il s'endort dans son orgueil
Mais prenez garde il dort d'un œil
Et pourrait bien vendre la mèche.

DANIEL LANDER, *Alphabestiaire*, cité in *Le Livre de mon chat* de Vincent Landel.

Chaque fois qu'une maîtresse me quitte, j'adopte un chat de gouttière : une bête s'en va, une autre arrive.

PAUL LÉAUTAUD

Des êtres faits pour emmagasiner la caresse.

STÉPHANE MALLARMÉ, *Frac.*

C'était un très bon petit chat
Joueur à la prunelle bleue
Il n'en voulait pas qu'on marchât
Un peu brusquement sur sa queue.

STÉPHANE MALLARMÉ

Dieu a créé le chat pour procurer à l'homme la joie de caresser le tigre.

JOSEPH MÉRY

Les chats désespérés sont les chats du pied bot.

JACQUES PRÉVERT, *Paroles.*

L'idée du calme est dans un chat assis.

JULES RENARD, *Journal.*

Les chats ont de la veine : l'obscurité ne les empêche pas de lire.

LOUIS SCUTENAIRE, *Mes inscriptions.*

Le chat se lèche le cul. Vous, non.

LOUIS SCUTENAIRE, *Mes inscriptions.*

Le chat qui s'est assis une fois sur un poêle brûlant ne s'assiéra pas une nouvelle fois sur un poêle brûlant. Mais il ne s'assiéra plus, non plus, sur un poêle froid.

MARK TWAIN

CHÂTAIGNE

À nos pieds roulaient des châtaignes
Dont les bogues étaient
Comme le cœur blessé de la madone
Dont on doute si elle eut la peau
Couleur des châtaignes d'automne

GUILLAUME APOLLINAIRE,
« Rhénane d'Automne », *Alcools.*

CHÂTAIN

Une femme aux cheveux châtains est une blonde modeste.

SAN-ANTONIO,
San-Antoniaiseries.

CHÂTEAU

La construction de châteaux en Espagne ne coûte rien, mais leur démolition est très coûteuse.

FRANÇOIS MAURIAC

J'ai bâti de si beaux châteaux que les ruines m'en suffiraient.

JULES RENARD, *Journal.*

CHATEAUBRIAND

Le chateaubriand est un filet tellement délicieux qu'il a donné son nom à un grand écrivain.

HENRI ROCHEFORT

CHATTE

Les femmes sont des chattes qui retombent toujours sur leurs pattes.

Proverbe persan

Une brise tiède frissonne
Et creuse d'argentines moires
Sur la chatte aux yeux de démone
Qui, sournoise et longue, vient boire
Dans le vase des anémones.

ANNA DE NOAILLES,
Derniers Vers.

CHAUDE-PISSE

Que j'en ai connu de ces bons jeunes gens, nourrissant une sainte horreur des maisons publiques, et qui vous attrapaient, avec leurs soi-disant maîtresses, les plus belles chaudes-pisses du monde.

GUSTAVE FLAUBERT, *Lettre à Louise Colet*.

CHAUSSURE

Mes chaussures ont du talent.

FRED ASTAIRE

Les gens qui ont le menton en galoche et dont les dents se déchaussent y mettent vraiment de la mauvaise volonté.

PIERRE DAC, *Pensées et maximes*.

CHAUVE

À force de coiffeurs, la fiancée devient chauve.

Proverbe espagnol

Quand les chauves meurent, les regrets en font des têtes bouclées.

Proverbe oriental

Quelle différence existe-t-il entre un chauve anglais et un chauve écossais ? — Le chauve anglais achète une perruque et le chauve écossais vend son peigne.

Vieille plaisanterie anglaise

— Allô ! Allô ! Alopécie ?
— Désolé ! Il n'y a plus de cheveux au numéro que vous avez demandé.

HIPPOLYTE DOMONT, *Propos de mon village*.

Quand on n'a plus de cheveux, on trouve les cheveux longs ridicules.

PAUL LÉAUTAUD, *Journal*.

On voit les pensées de l'homme chauve.

ALEXANDRE VIALATTE, *Proverbes bantous*.

CHEF

Il faut que je les suive, c'est moi leur chef.

ANDREW BONARLAW (premier ministre anglais).

Les chefs sont des salauds puissants ; les sujets, des salauds en puissance.

LOUIS SCUTENAIRE, *Mes inscriptions*.

CHEMIN

Joli chemin n'allonge pas, prière ne retarde pas, aumône n'appauvrit pas.

Proverbe auvergnat

Pour Juliette, tous les chemins mènent à Roméo.

ROLAND BACRI, *Le Petit Lettré illustré*.

Si haut qu'il peut grimper, un chemin qui monte n'est rien d'autre qu'un chemin qui descend en sens inverse et réciproquement.

PIERRE DAC

Si un homme veut être sûr de son chemin, qu'il ferme les yeux et marche dans l'obscurité.

SAINT JEAN DE LA CROIX

Quel est le plus long chemin d'un point à un autre ?

JEAN TARDIEU, *Un mot pour un autre*.

CHEMISE

Il n'y a rien entre Jacqueline Delubac et moi… pas même une chemise.

SACHA GUITRY

CHER

Ce n'est pas ce qui est beau qui est cher ; c'est ce qui est cher qui est beau.

Proverbe yiddish

CHERCHER

Les mouches cherchent les ulcères,
Les méchants cherchent les querelles,
Les rois cherchent la guerre.

STÉPHANE MALLARMÉ

Console-toi, tu ne Me chercherais pas si tu ne M'avais trouvé.

BLAISE PASCAL, *Pensées*.

CHERCHEUR

La succession de chercheurs est comparable à un seul homme qui apprend indéfiniment.

BLAISE PASCAL, *Pensées*.

CHEVAL

Tel fut le roi des bons chevaux,
Rossinante, la fleur des coursiers
[d'Ibérie,
Qui, trottant jour et nuit et par monts
[et par vaux,
Galopa, dit l'histoire, une fois dans
[sa vie.

NICOLAS BOILEAU
(dédicace au bas d'un portrait de Rossinante, le cheval de don Quichotte).

La plus noble conquête que l'homme ait jamais faite est celle de ce fier et fougueux animal qui partage avec lui les fatigues de la guerre et la gloire des combats ; aussi intrépide que son maître, le cheval voit le péril et l'affronte.

BUFFON, *Histoire naturelle*.

Un cheval, c'est malcommode au centre et dangereux aux deux extrémités.

WINSTON CHURCHILL

Le cheval, comme chacun sait, est la part la plus importante du chevalier.

JEAN GIRAUDOUX, *Ondine*.

Il y a des femmes qui se jettent à votre cou comme elles se lanceraient à la tête d'un cheval, pour vous faire croire que vous êtes emballé.

SACHA GUITRY, *Elles et toi*.

Si nos jambes et nos bras se terminaient en sabots et si les chevaux avaient des mains, nous galoperions dans les champs alors que les chevaux bâtiraient des villes et feraient des livres et des lois.

HELVÉTIUS, cité par RIVAROL.

La plus noble conquête du cheval, c'est la femme.

ALFRED JARRY,
Le Canard sauvage, pensées épiques.

Il chevauchait tandis que son cheval allait à pied.

Cité par JEAN-PAUL, *Être là dans l'existence*.

Le cheval joue dans l'histoire le rôle d'un piédestal qui se déplacerait.

JEAN MISTLER, *Bon poids*.

La plus noble conquête de l'homme, c'est le cheval, dit le président, et s'il n'en reste qu'un, je serai celui-là.

JACQUES PRÉVERT, *Paroles*.

Le cheval est le seul animal que je connaisse dans lequel on peut planter des clous.

JULES RENARD

L'homme n'a pas la perfection du cheval.

BARUCH SPINOZA

Je plains un homme sans vache,
Je plains un homme sans mouton,
Mais question d'un homme sans
[cheval,
Dur pour lui de rester au monde
[longtemps

J. M. SYNGE, *Les Îles Aran*.

On prétend que le cheval est un animal de luxe. Il ne s'habille pourtant qu'avec des bretelles.

GABRIEL TIMMORY

Le cheval a quatre jambes : deux devant, deux derrière, deux à droite, deux à gauche, et ces jambes sont si longues que, comme celles de la vache, elles descendent jusqu'au sol. Il est moins têtu que le Breton, moins laineux que le Sénégalais, et moins haut au garrot que le général de Gaulle, mais plus majestueux que l'Auvergnat moyen.

ALEXANDRE VIALATTE,
Antiquité du Grand Chosier.

CHEVAL-VAPEUR

Le cheval-vapeur est le meilleur ami de l'homme.

VAHÉ GOBEL, *Signes particuliers*.
Cité par PIERRE GERMA in
3 000 citations de la langue française.

CHEVEU

Chaque cheveu fait son ombre sur la terre.

Proverbe espagnol

Une main douce conduit l'éléphant avec un cheveu.

Proverbe persan

Ses cheveux sont d'or on disait
Un bel éclair qui durerait
Ou ces flammes qui se pavanent
Dans les roses thé qui se fanent.

GUILLAUME APOLLINAIRE, *Calligrammes*.

— Comment faites-vous pour éviter la chute des cheveux ?
— Je fais un pas de côté.

GROUCHO MARX

Les femmes sont comme les cheveux : quand ils ou elles ont décidé de nous quitter, rien ne peut les retenir.

YVES MIRANDE

CHÈVRE

Là où le mouton fait défaut, la chèvre est appelée Majesté.

Proverbe turc

Madame Bovary n'avait jamais eu de bonheur avec ses chèvres, elle les perdait toutes, les unes après les autres.

CHAVAL

Belles à la fois et butées
Ou, pour mieux dire, belzebuthées.

FRANCIS PONGE, *Le Grand Recueil*.

CHIEN

L'os dit au chien : « Je suis dur. » Le chien répond : « J'ai le temps. »

Proverbe arabe

Quand un seul chien se met à aboyer à une ombre, dix mille chiens en font une réalité.

Proverbe chinois, cité par E. M. CIORAN in *Écartèlement*.

Mon chien est athée : il ne croit plus en moi.

FRANÇOIS CAVANNA

Ce qu'il y a de meilleur en l'homme, c'est le chien.

NICOLAS CHARLET, *Légende au bas d'une caricature*.

Ils n'ont pas pu avoir de chien, alors ils ont fait un enfant.

COLUCHE

Beau chien, quand je te vois caresser
[ta maîtresse,
Je grogne malgré moi — Pourquoi ?
[Tu n'en sais rien.
— Ah ! c'est que moi — vois-tu —
[jamais je ne caresse,
Je n'ai pas de maîtresse et ne suis
[pas beau chien !

TRISTAN CORBIÈRE, *Les Amours jaunes*, sonnet à Sir Bob.

— Quelle est la différence entre Tintin et Milou ?
— ...
— Milou n'a pas de chien !

La blague de MICHEL DENISOT (selon les Guignols de l'info).

Madame, venez donc chez moi, je vous montrerai mon teckel. Il n'a pas de pattes, mais si vous voyiez ses roues arrière !

PIERRE DESPROGES

Plus je connais les hommes, plus j'aime mon chien. Plus je connais les femmes, moins j'aime ma chienne.

PIERRE DESPROGES

La chose la plus triste au monde : un chien sans homme. Et le spectacle de plus grande joie que l'on connaisse sur terre : un chien avec un homme.

MACEDONIO FERNANDEZ, *Cahiers de tout et de rien*.

Le chien a son sourire dans sa queue.

VICTOR HUGO

Glouton, coureur, méchant, lâche et
[galeux ; en somme,
Feu mon chien était presque un
[homme.

JULES JANIN

Le chien est l'animal le plus vigilant ; pourtant, il dort toute la journée.

GEORG CHRISTOPH LICHTENBERG, *Aphorismes*.

Si vous n'aimez pas les chiens, vous n'aimez pas la fidélité ; vous n'aimez pas qu'on vous soit fidèle, donc vous n'êtes pas fidèle.

NAPOLÉON Ier, *À Mme de Montholon*.

J'ai connu un homme qui adorait son chien. Toutefois, un jour de famine, il s'est résigné à le manger. Mais, en regardant les os qu'il laissait dans le plat, il n'a pu s'empêcher de dire :

— Pauvre Médor ! Comme il se serait régalé...

JULES RENARD

Il affectait un profond mépris pour les chiens, parce qu'il les trouvait serviles et rampants, et beaucoup d'estime pour les chats, parce qu'il leur trouvait un caractère plus libre, et non moins d'attachement.

ROEDERER

Pendant le Siège*, toutes les femmes ont mangé du chien. On pensait que cette nourriture leur inculquerait des principes de fidélité. Pas du tout ! Le chien a produit sur elles un tout autre effet : elles ont exigé des colliers.

AURÉLIEN SCHOLL

* Le siège de Paris en 1870.

Les hommes en général ressemblent aux chiens qui hurlent quand ils entendent de loin d'autres chiens hurler.

VOLTAIRE, *Fragments historiques*.

Ne laissez pas votre chien en laisse si vous voulez qu'il vous soit attaché.

ALBERT WILLEMETZ

CHIENLIT

Péripéties que tout cela, mais qui n'ont que trop duré...

La réforme, oui. La chienlit, non ! il faut que cela se sache.

CHARLES DE GAULLE, *Conseil des ministres*, 19 mai 1968.

CHIFFRE

Les Huns, piquant des deux, arrivent à Troyes quatre à quatre.

RAYMOND QUENEAU

CHILI

C'est un mec qu'on interviewe au Chili : « Alors, heureux de vivre ? — Non, mais surpris ! »

COLUCHE, *Pensées et Anecdotes*, tome II.

CHIMÈRE

Peut-être la politique est-elle l'art de mettre les chimères à leur place ? On ne fait rien de sérieux si on se soumet aux chimères, mais que faire de grand sans elles.

CHARLES DE GAULLE, *rapporté par André Malraux*.

Rien de grand ne se fait sans chimères.

ERNEST RENAN, *L'Avenir de la science*.

Le pays des chimères est, en ce monde, le seul digne d'être habité.

JEAN-JACQUES ROUSSEAU, *Rêveries du promeneur solitaire*.

Si vous avez fait des châteaux en l'air, vous n'avez pas travaillé en vain, car c'est là que tous devraient être. Maintenant, mettez dessous les fondations.

HENRY DAVID THOREAU

CHIMIE

Néanmoins, ils éprouvaient une sorte d'humiliation à l'idée que leur individu contenait du phosphore comme les allumettes, de l'albumine comme les blancs d'œufs, du gaz hydrogène comme les réverbères.

GUSTAVE FLAUBERT, *Bouvard et Pécuchet*.

CHINE

La Chine, c'est gai ! Plus on est de fous, moins il y a de riz.

COLUCHE

CHINOIS

J'aime beaucoup la cuisine chinoise. Mon plat préféré est le numéro 27.

Anonyme

CHIPIE

Pourquoi être simplement assommante alors qu'avec un petit effort vous pourriez être insupportable ?

OSCAR WILDE

CHOCOLAT

Prenez du chocolat afin que les plus méchantes compagnies vous paraissent bonnes.

MME DE SÉVIGNÉ,
lettre à Mme de Grignan.

CHOISIR

Quand il s'agit de se marier, on est bien embarrassé de choisir ; le mariage a tant de chances contraires !

... Ma foi, le meilleur est, je crois, de ne choisir point.

BERNARD DE FONTENELLE

CHOIX

Nos choix sont plus nous que nous.

ANDRÉ SUARÈS,
épigraphe du livre de Maurice Nadeau
Grâces leur soient rendues.

CHOLÉRA

Le melon donne le choléra. On s'en guérit en prenant beaucoup de thé avec du rhum.

GUSTAVE FLAUBERT,
Dictionnaire des idées reçues.

CHÔMAGE

Le seul moyen de combattre le chômage, c'est de donner du travail aux chômeurs.

ARMAND FALLIÈRES,
Président de la République.

Au bout de quinze ans de chômage, on devrait avoir droit à une retraite de chômeur.

GEORGES WOLINSKI, *Pensées*.

CHOSE

Si les choses étaient vraiment ce qu'on voulait qu'elles fussent, il s'en trouverait encore pour regretter qu'elles ne soient plus ce qu'elles étaient.

PIERRE DAC

Quelle que soit la chose qu'on veut dire, il n'y a qu'un mot pour l'exprimer, qu'un verbe pour l'animer et qu'un adjectif pour la qualifier.

GUY DE MAUPASSANT, *Pierre et Jean*.

Les choses sont uniquement ce qu'elles paraissent être ; derrière elles... il n'y a rien.

JEAN-PAUL SARTRE

CHOU-FLEUR

Le chou-fleur n'est rien d'autre qu'un chou qui a fait des études supérieures.

MARK TWAIN

CHRÉTIEN

Ce n'est pas que les chrétiens soient moins nombreux, c'est que le nombre des chrétiens médiocres augmente.

GEORGES BERNANOS,
Lettre aux Anglais.

Je suis devenu chrétien. Je n'ai pas cédé, j'en conviens, à de grandes lumières surnaturelles ; ma conviction est sortie du cœur : j'ai pleuré et j'ai cru.

FRANÇOIS RENÉ DE CHATEAUBRIAND,
Première préface du *Génie du christianisme*.

Le monde moderne est plein d'anciennes vertus chrétiennes devenues folles.

GILBERT KEITH CHESTERTON,
Orthodoxie.

Je n'ai rien contre les chrétiens et j'ai toujours dit qu'un bon chrétien vaut mieux qu'un moins bon juif.

ALBERT COHEN, *Belle du seigneur*.

Le dernier chrétien est mort sur la croix.

FRIEDRICH WILHELM NIETZSCHE

L'existence des chrétiens prouve la non-existence de Dieu.

LOUIS SCUTENAIRE, *Mes inscriptions*.

CHRÉTIENNEMENT

Pour bien et chrétiennement mourir, il faut bien et chrétiennement vivre... être charitable pour tout le monde, aimer Dieu comme notre père, les hommes comme nos frères.

COMTESSE DE SÉGUR, *Les Vacances*.

CHRISTIANISME

Le christianisme a été prêché par des ignorants et cru par des savants, et c'est en quoi il ne ressemble à rien de connu.

JOSEPH DE MAISTRE, *Considérations sur la France*.

Le christianisme a donné du poison à boire à Éros. Il n'en est pas mort, mais il a dégénéré en vice.

FRIEDRICH NIETZSCHE

La nature veut qu'on jouisse de la vie le plus possible et qu'on meure sans y penser. Le christianisme a retourné cela.

CHARLES AUGUSTIN SAINTE-BEUVE, *Cahiers*.

Le christianisme est une religion exotique au pays du riz et du vin de palme, puisque c'est la religion du pain et du vin de vigne.

PAUL VALÉRY

CHUCHOTER

C'est une erreur de croire qu'en parlant bas à l'oreille de quelqu'un qui travaille on le dérange moins.

SACHA GUITRY, *Toutes réflexions faites*.

CHUT !

Une femme âgée de quatre-vingt-dix ans disait à M. de Fontenelle, âgé de quatre-vingt-quinze : « La mort nous a oubliés. — Chut ! » lui répondit M. de Fontenelle en mettant le doigt sur sa bouche.

NICOLAS DE CHAMFORT, *Maximes et Pensées*.

CIDRE

Le cidre — une boisson qui fait rentrer en soi, qui rend sérieux, fermé et solide, qui fait la tête froide et le raisonnement sec, une boisson qui ne grise que la dialectique des intérêts. Après de la bière, on écrirait un traité sur Hegel ; après du champagne, on dirait des sottises ; après du bourgogne, on en ferait ; après du cidre, on rédigerait un bail.

EDMOND et JULES DE GONCOURT, *Idées et Sensations*.

CIEL

Celui qui n'a pas cru en son Père, celui-là n'entrera pas dans le royaume des Cieux. Celui qui n'a pas cru en sa Mère, celui-là n'entrera pas dans le royaume de la terre.

HERVÉ BAZIN, *Vipère au poing*.

À qui le Bon Dieu donnerait-il son Ciel s'il n'y avait sur la terre que des gens heureux ?

GUSTAVE CHARPENTIER

Fils de Saint Louis, montez au ciel !

ABBÉ EDGEWORTH DE FIRMONT, *Exhortation à Louis XVI au pied de la guillotine*.

On arrive plus vite au ciel en partant d'une masure que d'un palais.

SAINT FRANÇOIS D'ASSISE

C'est de ciel et non d'âme que changent ceux qui vont au-delà de la mer.

HORACE, *Épîtres*.

Nous sommes tous les deux voisins
[du ciel, Madame !
Puisque vous êtes belle et puisque je
[suis vieux.

VICTOR HUGO, *Ave dea ; moriturus te salutat*.

Dans le ciel il doit bien y avoir encore un autre ciel.

JEAN-PAUL, *Être là dans l'existence.*

Le ciel est pour ceux qui y pensent.

JOSEPH JOUBERT, *Pensées.*

Puisque le Ciel a été fait par Dieu, ainsi que la Terre, sois sûr que tu y rencontreras les mêmes maux qu'ici-bas.

LAUTRÉAMONT,
Les Chants de Maldoror.

Il faut bien que nous vivions malgré la chute de tant de cieux.

DAVID HERBERT LAWRENCE,
L'Amant de lady Chatterley.

Ce qui se fait au ciel, nous l'ignorons ; ce qui ne s'y fait pas, on nous le dit expressément : on ne s'y marie pas et l'on n'y est pas contraint au mariage.

JONATHAN SWIFT,
Pensées sur divers sujets moraux et divertissants.

CIGALE

La cigale est, de tous les êtres vivants, le seul qui n'ait point de bouche. C'est aussi le seul animal qui n'ait pas d'ouverture pour rejeter ses excréments.

PLINE L'ANCIEN,
Histoire naturelle.

CIGARE

La cendre est la maladie du cigare.

BENJAMIN PÉRET

CIGARETTE

Je me demande ce que faisaient les gens après l'amour, avant l'invention de la cigarette.

VASSILIS ALEXAKIS, *Aller-retour.*

Dans les épreuves cruciales, la cigarette nous est d'une aide plus efficace que les Évangiles.

EMIL MICHEL CIORAN,
Syllogismes de l'amertume.

Oui, ce monde est bien plat ; quant à
[l'autre, sornettes !
Moi, je vais résigné, sans espoir à
[mon sort,
Et, pour tuer le temps, en attendant
[la mort,
Je fume au nez des dieux, de fines
[cigarettes.

JULES LAFORGUE, *La Cigarette.*

CIMETIÈRE

Les sabres des Turcs sont terribles. On les appelle des « Cimetières » parce que c'est là qu'ils envoient tous les malheureux qui en sont atteints.

Revue *Le Voltaire*, 8 décembre 1879.

Je suis un cimetière abhorré de la
[lune,
Où comme des remords, se traînent
[de longs vers
Qui s'acharnent toujours sur mes
[morts les plus chers.

CHARLES BAUDELAIRE,
« Spleen », *Les Fleurs du mal.*

Devant cet entassement de tombes, on dirait que les gens n'ont d'autre souci que mourir.

EMIL MICHEL CIORAN, *Écartèlement.*

J'ai vu une boîte aux lettres sur un cimetière.

XAVIER FORNERET,
Encore un an de sans titre.

Les cimetières sont les vestiaires de la résurrection.

ANDRÉ FROSSARD, *Il y a un autre monde.*

Quand je parcours un cimetière, j'ai l'impression de visiter des appartements.

ÉDOUARD HERRIOT

Un cimetière, c'est un théâtre
Dans les rangées écoutez battre
Le cœur gros de l'éternité

ALLAIN LEPREST,
cité par BERTRAND BAYER in
Mémoires d'outre-tombe.

Les cannibales n'ont pas de cimetière.

MARCEL MARIËN

Ils sont beaux et consolants dès qu'ils sont abandonnés.

JEAN MISTLER, *Bon poids*.

CINÉMA

Tu sais pourquoi les producteurs ont des Cadillac ? C'est parce que dans le métro il faut payer comptant.

MICHEL AUDIARD

Le cinéma est l'art de faire faire des jolies choses à des jolies femmes.

JEAN AURIOL

Le cinéma, c'est la mort au travail.

JEAN COCTEAU

Le cinématographe : Une encre de lumière.

JEAN COCTEAU,
Lettre aux Américains.

Le cinéma, c'est comme l'amour : quand c'est bien fait, c'est merveilleux ! mais quand c'est mal fait, c'est un petit peu merveilleux quand même !

STANLEY DONEN

Ils auraient pu s'appeler ABAT-JOUR... ils s'appelèrent LUMIÈRE. Ils avaient presque la même bobine.

JEAN-LUC GODARD

Notons que le cinéma est la seule activité humaine où d'abord on réalise, ensuite on projette.

L. M. TARD, *Si vous saisissez l'astuce*.

CINÉMATOGRAPHE

Pour un créateur cinématographique, le masque de Charlie Chaplin a la même importance que celui de Beethoven pour un musicien.

LOUIS DELLUC

Je peux mesurer aujourd'hui la reconnaissance que nous devons à la lampe magique qui rallume les génies éteints, qui refait danser les danseuses mortes et qui rend à notre tendresse le sourire des amis perdus.

MARCEL PAGNOL, *Adieu à Raimu*.

CINQUANTAINE

Il y a quelque temps, quarante ans faisait fureur, mais je me suis laissé dire que les dames voulaient lancer la cinquantaine pour l'hiver prochain.

OLIVER GOLDSMITH,
She Stoops to Conqueer.

CIRCONCISION

1er janvier. Sur le calendrier, on lit *Circoncision*. Ça commence bien ! Qu'est-ce qui va nous rester à la fin de l'année ?

ROBERT ROCCA

CIRCULATION

Quand c'est aux autos de passer,
C'est pas aux piétons d' traverser.
Quand c'est aux piétons d' traverser,
C'est pas aux autos de passer.

PAUL COLLINE

Alors qu'en France on surveille la circulation des coronaires, aux États-Unis, ce sont les coroners qui surveillent la circulation.

HIPPOLYTE DOMONT,
Propos de mon village.

CIRER

Cirer les chaussures avant de les jeter.

GEORG CHRISTOPH LICHTENBERG,
Aphorismes.

CIRQUE

Cirque : endroit où les chevaux, les poneys et les éléphants sont autorisés à voir des hommes, des femmes et des enfants se conduire comme des idiots.

AMBROSE BIERCE,
Le Dictionnaire du Diable.

Les gens du cirque ont une seule devise : Liberté, Égalité, Fratellini.

LAURENT RUQUIER, *Le Tout Bon*.

CITADELLE

Je pense des femmes comme Vauban des citadelles. Toutes sont faites pour être prises. Toute la question est dans le nombre de jours du siège.

VICTOR HUGO

CITATION

Citation : Répétition erronée d'une déclaration d'autrui.

AMBROSE BIERCE,
Le Dictionnaire du Diable.

La citation est une bonne chose... la citation classique est le mot de passe des lettrés du monde entier.

JAMES BOSWELL,
La Vie de Samuel Johnson.

Les citations d'Horace, ce sont les grains de raisin de Corinthe dans le baba.

ÉLIE DECAZES
(homme politique).

Le moyen infaillible de rajeunir une citation est de la faire exacte.

ÉMILE FAGUET

Ne fais donc jamais de citations classiques : tu exhumes ta grand-mère en présence de ta maîtresse.

LÉON-PAUL FARGUE,
Sous la lampe.

Votre fils ne sait rien ? Que vous êtes heureux, il ne citera pas.

NINON DE LENCLOS

Les citations sont les pilotis de l'écrivain fantôme : sans elles, il s'enfoncerait doucement dans le néant. Les citations sont la preuve que certains écrivains ont vraiment existé et qu'en creusant bien on pourrait trouver un peu de réalité biographique sous les mots.

ERIK ORSENNA, *Grand Amour*.

Citations, toujours inexactes. Je me méfie de ces gens qui ne savent même pas recopier.

JEAN ROSTAND,
Carnet d'un biologiste.

Je me cite souvent, cela apporte du piment à ma conversation.

GEORGE BERNARD SHAW

CITÉ

Deux amours ont bâti deux cités : l'amour de soi jusqu'au mépris de Dieu fit la cité terrestre ; l'amour de Dieu jusqu'au mépris de soi fit la cité céleste.

SAINT AUGUSTIN, *La Cité de Dieu*, XIV.

CITER

En citant (ainsi) un vers isolé, on décuple sa puissance attractive.

MARCEL PROUST, *Le Côté de Guermantes*.

CITOYEN

Que les citoyens donnent plus volontiers leur vie que leur argent, voilà un paradoxe assez fort.

ALAIN, *Mars ou la Guerre jugée*.

Le citoyen est une variété de l'homme ; variété dégénérée ou primitive, il est à l'homme ce que le chat de gouttière est au chat sauvage.

REMY DE GOURMONT, *Épilogues*.

CIVILISATION

À mesure que les peuples montent en civilisation, les gouvernements descendent en police.

JULES BARBEY D'AUREVILLY,
Pensées détachées.

Une civilisation débute dans le mythe et finit dans le doute.

EMIL MICHEL CIORAN,
La Chute dans le temps.

Qu'est-ce que la civilisation ? c'est l'argent mis à la portée de ceux qui en possèdent.

GEORGES DARIEN, *Le Voleur*.

La civilisation n'est pas dans le cœur de l'homme, eh bien ! elle n'est nulle part.

GEORGES DUHAMEL, *Civilisation*.

L'homme succombera, tué par l'excès de ce qu'il appelle la civilisation.

JEAN HENRI FABRE,
Souvenirs entomologiques.

Ce que les hommes appellent civilisation, c'est l'état actuel des mœurs et ce qu'ils appellent barbarie, ce sont les états antérieurs ; les mœurs présentes, on les appellera barbares quand elles seront des mœurs passées.

ANATOLE FRANCE, *Sur la pierre blanche*.

On ne peut avoir une civilisation durable sans une bonne quantité de vices aimables.

ALDOUS HUXLEY,
Le Meilleur des mondes.

Le but de la civilisation, c'est la culture et le luxe. Une fois ce but atteint, la civilisation se gâte et décline, suivant en cela l'exemple des êtres vivants.

IBN KHALDUN
cité par ANDRÉ JOUETTE in *Toute l'histoire*.

Il n'existe pas de peuples non civilisés. Il n'existe que des peuples de civilisations différentes.

MARCEL MAUSS

Nous autres, civilisations, savons maintenant que nous sommes mortelles.

PAUL VALÉRY, *Variétés*.

CIVILISÉ

Les peuples les plus civilisés sont aussi voisins de la barbarie que le fer de la rouille.

ANTOINE DE RIVAROL

CIVISME

On dit « civisme » par honte de dire « patriotisme », comme on dit « fréquenter » par peur de dire « coucher avec ».

HENRY DE MONTHERLANT, *Carnets*.

CLAIR

Bien des livres auraient été plus clairs s'ils n'avaient pas voulu être si clairs.

EMMANUEL KANT,
Préface à la Critique de la raison pure.

CLAQUE

La claque est à la gloire dramatique ce que les pleureuses étaient à la douleur.

AUGUSTE DE VILLIERS DE L'ISLE-ADAM,
Contes cruels.

CLARTÉ

La clarté est la forme la plus difficile du courage.

FRANÇOIS MITTERRAND

La clarté est la politesse de l'homme de lettres.

JULES RENARD

Il y a une sainteté de l'esprit, et c'est la clarté.

ANDRÉ SUARÈS,
cité par JACQUES DRILLON
in *Propos sur l'imparfait*.

La clarté est la bonne foi des philosophes.

LUC DE VAUVENARGUES,
Maximes et Pensées.

CLASSIQUE

Un grand classique, c'est un homme dont on peut faire l'éloge sans l'avoir lu.

GILBERT KEITH CHESTERTON,
Almanach des lettres françaises.

Un classique est un livre que tout le monde désire avoir lu et que personne ne désire lire.

MARK TWAIN

CLAUDEL

Si le Claudel (Paul) n'avait pas déserté nos scènes pendant l'Occupation, le Claudel (45 % de matières grasses) avait, en revanche, totalement disparu de nos tables. Des deux, le véritable résistant c'était le second. Qu'il nous soit permis de lui rendre ici un hommage désintéressé. Ce Claudel-ci coule, mais ne flotte pas.

ANTOINE BLONDIN,
Ma vie entre les lignes.

CLAVECIN

Le Président Hénault faisait remarquer à Mme du Deffand que « quand on dit qu'une fille à marier joue bien du clavecin, cela veut dire qu'elle n'est point jolie ».

CLÉ

Je suis un homme qui n'a pas la clé d'une porte qui n'existe pas.

LOUIS ARAGON

Il n'y a rien de plus beau qu'une clé tant qu'on ne sait pas ce qu'elle ouvre.

MAURICE MAETERLINCK,
Aglavaine et Selysette.

CLÉMENCE

La clémence des princes n'est souvent qu'une politesse pour gagner l'affection des peuples.

FRANÇOIS DE LA ROCHEFOUCAULD,
Maximes.

La clémence ne se commande pas. Elle tombe du ciel comme une pluie douce ; elle fait du bien à celui qui donne et à celui qui reçoit.

WILLIAM SHAKESPEARE,
Le Marchand de Venise, acte IV, scène 1.

CLICHÉ

Clichés... mais on n'a généralement jamais su pourquoi Landerneau était une ville bruyante, Capoue délicieuse, Capharnaüm désordonnée, les Laconiens laconiques, les Béotiens béotiens, les Spartiates stoïques, les Phrygiens en bonnet, le Pont-Neuf solide, l'an quarante de peu d'importance, l'Albion perfide, Procuste un mauvais coucheur et le loup blanc plus connu que les autres.

GEORGES PEREC, préface au
Trésor des expressions françaises.

CLIMATISATION

Entre la climatisation et le pape, je choisis la climatisation.

WOODY ALLEN,
Harry dans tous ses états.

CLOCHE

De même qu'une cloche ne tinte pas sans être ébranlée, de même l'homme n'est pas vertueux sans exhortations.

Proverbe chinois

Il ne reste en France du catholicisme que le bruit des cloches.

EUGÈNE PELLETAN

CLOCHER

Le clocher est un doigt qui nous montre le ciel.

Proverbe allemand

CLOPORTE

J'aime bien les cloportes, mais c'est embêtant à éplucher.

ALFRED JARRY,
cité par JULES RENARD in *Journal*.

CLOU

Le clou soutient le fer, le fer soutient le cheval, le cheval soutient l'homme, l'homme soutient le monde.

Le Livre de la sagesse arabe

Le clou qui dépasse appelle le marteau.

Proverbe japonais

CLOWN

Si le clown est triste, c'est tout simplement parce qu'il est mal payé.

W. C. FIELDS

CLUB

Je ne ferai jamais partie d'un club qui m'accepterait pour membre.

WOODY ALLEN,
parodiant les Marx Brothers.

COCCINELLE

Il était un entomologiste qui jouait aux dés avec une coccinelle : il tirait toujours le sept.

HIPPOLYTE DOMONT,
Propos de mon village.

COCHON

Du porc, on ne perd que le cri.

Dicton limousin

Pleure pas, grosse bête, tu finiras chez Noblet !

Enseigne d'un charcutier célèbre
de la rue d'Alésia (Paris XIVe)

Mourir à Parme... le rêve des petits cochons.

Slogan italien

C'est l'animal dont l'empire est le plus universel et les qualités les moins contestées... Sans lui, point de lard et par conséquent point de cuisine ! Sans lui, point de jambon, point de saucisson, point d'andouille, point de boudin noir et par conséquent point de charcutiers.

ALEXANDRE DUMAS

Penser qu'on ne sait pas le nom du premier cochon qui a trouvé une truffe !

EDMOND et JULES DE GONCOURT, *Journal*.

La mort transforme parfois l'antipathie en amour. C'est ainsi qu'on peut avoir de la répugnance pour le porc vivant et manger avec plaisir du saucisson.

PAUL MASSON

Tout homme a dans le cœur un cochon qui s'ignore.

Attribué tantôt à CHARLES MONSELET, tantôt à AUGUSTE PRÉAULT.

La chair du porc n'est jamais bonne
Si le bon vin ne l'assaisonne.
Des veaux, on mange les tripailles,
Le cochon est le seul, entre les [animaux,
Dont on estime les entrailles,
Assez pour les compter entre les [bons morceaux.

RAOUL PONCHON

Moi et toi, cochon, nous ne serons estimés qu'après notre mort.

JULES RENARD, *Journal*.

Quel admirable animal que le cochon ! Il ne lui manque que de savoir faire lui-même son boudin.

JULES RENARD, *Journal*.

COCOTIER

Quand le cocotier est secoué, il faut manger le grand-père.

ALEXANDRE VIALATTE, *Proverbes bantous*.

COCU

Le coup fait le cocu et le bruit fait les cornes.

Anonyme

J'ai souvent remarqué, pour ma part, que les cocus épousaient de préférence des femmes adultères.

ALPHONSE ALLAIS

Il vaut mieux être cocu que veuf : il y a moins de formalités.

ALPHONSE ALLAIS

Si tous les cocus et leurs femmes qui les font se tenaient par la main et qu'il s'en pût faire une ronde, je crois qu'elle serait assez battante pour entourer et circuir la moitié de la terre.

PIERRE DE BRANTÔME, *Les Dames galantes*.

Il vaut mieux être cocu que ministre. Ça dure plus longtemps et l'on n'est pas obligé d'assister aux séances.

LÉO CAMPION

Deux hommes trahis par la même femme sont un peu des parents.

ALFRED CAPUS, *Un ange*.

Je trouve qu'il y a une jolie place à prendre entre Georges Dandin et Othello.

MAURICE DONNAY

Les chaînes du mariage sont si lourdes qu'il faut être deux pour les porter. Quelquefois trois !

ALEXANDRE DUMAS FILS

L'éditeur Charpentier, trouvant que sa femme le faisait trop cocu, s'écriait : « Est-il possible de traiter ainsi un homme qui a tant fait pour la librairie ! »

GUSTAVE FLAUBERT

Chamfort s'est plaint fort justement jadis qu'on eût laissé tomber l'état de cocu. Il regrettait avec bon sens de le voir désormais accessible aux petites gens. J'ai formé le dessein de le relever.

ROBERT DE FLERS et GASTON DE CAILLAVET, *L'Habit vert*, acte IV, scène 3.

J'imagine un cocu disant :

— Ce qui m'exaspère, c'est de penser que ce monsieur sait maintenant de quoi je me contentais.

SACHA GUITRY, *Elles et toi*.

Je connaissais une jeune femme très vertueuse. Elle a eu le malheur d'épouser un cocu : depuis, elle couche avec tout le monde.

SACHA GUITRY

Quand on l'ignore, ce n'est rien
Quand on le sait, c'est peu de chose.

JEAN DE LA FONTAINE

Y a-t-il encore des cocus ?

J'en doute. Il y a des maris de femmes polyandres. Tout fout le camp.

PHILIPPE MEYER,
Portraits acides et autres pensées édifiantes.

Qui veut être longtemps cocu doit l'être de bonne heure.

RAOUL PONCHON

Cocu, chose étrange que ce petit mot n'ait pas de féminin !

JULES RENARD, *Journal*.

Certains maris admirent davantage leur femme à mesure qu'ils sont plus trompés. À côté des cocus honteux, il y a les cocus émerveillés.

ÉTIENNE REY

COCUAGE

Je suis forcé par mon destin
De reconnaître cocuage
Pour un des dieux du mariage.

JEAN DE LA FONTAINE

CODE CIVIL

Rien au monde ne fait plus d'honneur aux Français que d'avoir été capables de se donner froidement, impassiblement, leur Code civil au milieu du délire de 1793.

EDGAR QUINET, *La Révolution*.

En composant « La Chartreuse », pour prendre le ton, je lisais chaque matin deux ou trois pages du Code civil, afin d'être toujours nouvel.

STENDHAL, *Correspondance*,
Lettre à Balzac.

CODE DE LA ROUTE

Une 2 CV usagée vaut mieux qu'une Rolls neuve... à condition qu'elle vienne de la droite.

FRANCIS BLANCHE

CŒUR

Son cœur est déjà pris... contentons-nous du reste !

Anonyme, cité par ROBERT HOSSEIN,
émission *Dans tous les sens*, 2 février 1998.

Ce sont les faiblesses du cœur qui font les belles défaillances.

PAUL GÉRALDY, *L'Homme et l'amour*.

Le cœur de la femme s'attache par ce qu'il donne ; le cœur de l'homme se détache par ce qu'il reçoit.

VICTOR HUGO, *Tas de pierres*.

Femme, écoute ton cœur, ne lis pas [d'autre livre,
L'homme cherche, la vierge attend, [la femme attire.

VICTOR HUGO, *La Légende des siècles*.

Le cœur a des prisons que l'intelligence n'ouvre pas.

MARCEL JOUHANDEAU

« Pour souffrir, puisqu'il m'en faut [un autre,
Si vous gardez mon cœur, envoyez-[moi le vôtre ! »

EDMOND ROSTAND,
Cyrano de Bergerac, acte III, scène 1.

Le cœur réclame une femme ; les sens, plusieurs ; l'orgueil, toutes.

JEAN ROSTAND, *Pages d'un moraliste*.

On ne voit bien qu'avec le cœur.

ANTOINE DE SAINT-EXUPÉRY,
Le Petit Prince.

Le cœur ne vieillit pas, mais il est pénible de loger un dieu dans des ruines.

VOLTAIRE

CŒUR (par)

Je me souviens qu'il pouvait réciter par cœur douze pages du *De Viris illustribus Urbis Romae*. Il est coiffeur à présent.

SACHA GUITRY, *Si j'ai bonne mémoire*.

COÏNCIDENCE

La nature a fait preuve
D'un bon sens très profond
En faisant passer les fleuves
Juste au-dessous des ponts.

FRANC-NOHAIN

Il s'émerveillait de s'apercevoir que les chats avaient la peau percée de deux trous, justement à la place des yeux.

GEORG CHRISTOPH LICHTENBERG, *Aphorismes*.

Que la nature est prévoyante ! Elle fait pousser les pommes en Normandie sachant que les indigènes de cette province ne boivent que du cidre.

HENRI MONNIER, *Grandeur et Décadence de M. Joseph Prudhomme*.

C'est une remarque bien digne d'attention que les grands fleuves passent généralement au pied des grandes villes.

HENRI MONNIER, *Grandeur et Décadence de M. Joseph Prudhomme*.

Je crois que les seules choses qui sont sûres en ce monde ce sont les coïncidences.

LEONARDO SCIASCIA

COKE

Le bonheur, c'est comme le coke. C'est une chose qu'on obtient comme un sous-produit de la fabrication d'autre chose.

ALDOUS HUXLEY, *Contrepoint*.

COLÈRE

Bonjour ma colère, salut ma hargne et mon courroux, coucou !

PIERRE DESPROGES, « Le Tribunal des flagrants délires ».

Les colères des amants sont comme les orages d'été, qui ne font que rendre la campagne plus verte et plus belle.

MME NECKER

Rien ne sied moins que la colère à l'homme qui punit ; la colère est un délit de l'âme, et l'on ne doit pas corriger une faute par une autre.

SÉNÈQUE

La colère est une avalanche qui se brise sur ce qu'elle brise.

SÉNÈQUE

COLLABORATION

Quand on prend un ascenseur Roux-Combaluzier, cherche-t-on à savoir si Roux était responsable de la montée et Combaluzier de la descente ?

MARCEL CARNÉ interrogé sur sa collaboration avec Jacques Prévert.

COLLÉGIEN

Si peu d'esprit qu'ait une femme, elle en a toujours plus qu'un collégien.

GEORGE SAND

COLOMBINE

Comme le champ pierreux qu'en
[vain le colon bine,
Votre cœur est un roc, aimable
[Colombine.

GEORGES FOUREST, *Le Géranium ovipare*.

Voir RIME.

COLONIE

L'effet ordinaire des colonies est d'affaiblir le pays d'où on tire les colons, sans peupler ceux où on les envoie.

CHARLES DE MONTESQUIEU, *Lettres persanes*.

Les colonies sont faites pour être perdues.

HENRY DE MONTHERLANT, *Le Maître de Santiago*.

COLONISATION

Le climat de leur pays a beaucoup favorisé la vocation des Britanniques pour la colonisation.

RUSSEL GREEN

COLT

Dieu fit les hommes inégaux. Le colt les rendit égaux.

Proverbe du Far West

COMBAT

Dans les combats, il n'est pas de vainqueur, et la victoire devrait être célébrée en des rites funèbres.

LAO-TSEU

COMBIEN

— Messieurs, dois-je comprendre que vous osez me proposer un pot de vin ?... Combien ?

GROUCHO MARX

COMBLE

Le comble de la ressemblance ? Pouvoir se faire la barbe devant son portrait.

ALPHONSE ALLAIS

Le comble du racisme ? Pisser sur Jacob sans pisser sur Delafon.

JOSÉ ARTUR, *Les Pensées*.

Comble de la distraction : pisser contre un sergent de ville et regarder s'il n'en vient pas un autre.

JULES JOUY, *Le Tintamarre*.

Le comble de l'inattention ? Prendre l'édit de Nantes pour une Anglaise.

MARCEL PROUST, *Sodome et Gomorrhe*.

Le comble pour un journaliste ? Être à l'article de sa mort.

JULES RENARD

COMÉDIE

Notre vie, une pièce de théâtre de passion ; notre rire, la musique qui l'agrémente ; le ventre d'un Homère, la loge de l'artiste. Nous nous costumons pour cette brève comédie. Ce spectateur assis, juge à l'œil perçant, qui voit toutes les fautes de jeu, c'est du ciel qu'il regarde. Nos sépulcres, qui nous dérobent au pénétrant soleil sont, le rideau tombé, quand la pièce est dite, notre habitation ordinaire. Ainsi, nous allons jusqu'au demi-repos, mais nous mourrons pour de bon, plus question de farce.

SIR WALTER RALEIGH,
cité par MASSIN in *Continuo*.

COMÉDIEN

On m'a demandé mon opinion sur le mariage entre comédiens. Je ne peux répondre : je n'ai jamais été marié à un comédien et aucun ne me l'a, d'ailleurs, proposé.

FRANCIS BLANCHE, *Les Pensées*.

Si Galilée revenait sur terre, il s'écrierait devant une mauvaise comédienne de cinéma : « Et pourtant, elle tourne ! »

PIERRE DAC

Les spectateurs sont jaloux des comédiens parce qu'ils s'imaginent que les comédiens couchent avec les comédiennes, ce qui est rigoureusement exact.

SACHA GUITRY

Le comédien vit dans une chambre qui n'a que trois murs. Celui qui manque, c'est celui de sa vie privée.

RIP

COMESTIBLE

Comestible : Susceptible d'être mangé et digéré, comme un ver pour un crapaud, un crapaud pour un serpent, un serpent pour un cochon, un cochon pour l'homme et l'homme pour le ver.

AMBROSE BIERCE,
Le Dictionnaire du Diable.

COMIQUE

Il n'y a pas de comique en dehors de ce qui est proprement humain.

HENRI BERGSON, *Le Rire*.

COMMANDEMENT

Commandements de Dieu, serez-vous dix ou vingt ?

Jusqu'où rétrécirez-vous vos limites ?

Enseignerez-vous qu'il y a toujours plus de choses défendues ?

De nouveaux châtiments promis à la soif de tout ce que j'aurai trouvé beau sur la terre ?

ANDRÉ GIDE,
Les Nourritures terrestres.

L'Éternel vient de donner à Moïse les dix commandements.

« Quoi ? Dix, c'est tout ? demande Moïse.

— Écoute, lui dit l'Éternel, prends toujours ces dix. Si ça marche, tu reviens et je t'en donne d'autres ! »

POPECK

COMMANDER

On commande au valet et le valet au chat et le chat commande à sa queue.

Proverbe du XVIIe siècle

Il y en a qui sont faits pour commander et d'autres pour obéir. Moi, je suis fait pour les deux : ce midi, j'ai obéi à mes instincts en commandant un deuxième pastis.

PIERRE DAC,
La Politique de L'Os à moelle.

Aucun homme n'a reçu de la nature le droit de commander aux autres.

DENIS DIDEROT

À force d'obéir à la guerre, il s'était rendu capable de bien commander dans sa maison.

PAUL SCARRON,
Le Roman comique.

COMME SON NOM L'INDIQUE

Je me souviens qu'à Villars-de-Lans j'avais trouvé très drôle le fait qu'un réfugié qui se nommait Normand habite chez un paysan nommé Breton. Des années plus tard, à Paris, j'ai ri tout autant de savoir qu'un restaurant appelé Le Lamartine était célèbre pour ses chateaubriands.

GEORGES PEREC, *Je me souviens*, n° 69.

COMMENCEMENT

En fait d'amour, toute l'importance est dans les commencements. Le monde sait bien que celui qui fait un pas en fera davantage ; il ne s'agit donc que de bien faire le premier pas.

BERNARD DE FONTENELLE

Seuls les commencements sont beaux.

MARTIN HEIDEGGER

En amour, il n'y a que les commencements qui soient charmants. Je ne m'étonne pas qu'on trouve du plaisir à recommencer souvent.

PRINCE DE LIGNE

Le commencement est la moitié de tout.

LUCIEN, *Le Songe*.

COMMENCER

La seule joie au monde est de commencer.

CESARE PAVESE

COMMERCE

Si le commerce était mieux fait, c'est le client qui ferait son prix.

MARCEL AYMÉ

Pour faire du commerce, il faut, de nos jours, être américain ; mais si on se contente d'être intelligent, on peut aussi bien être français.

BORIS VIAN,
inédit, cité in *Boris Vian en verve*.

COMMISSION

Une commission d'enquête pour être efficace ne doit compter que trois membres, dont deux sont absents.

GEORGES CLEMENCEAU

COMMUN

Elle était d'un type si commun que chaque homme croyait l'avoir possédée.

PAUL MORAND

COMMUNE

Il y a en France 36 000 communes. Nous en sommes à la seconde.

Slogan de mai 1968

COMMUNION

Est-ce que je te défends de fréquenter ta sœur parce qu'elle est mariée à un homme qui croit que le Créateur de l'Univers descend en personne, tous les dimanches, dans cent mille gobelets ?

MARCEL PAGNOL, *La Gloire de mon père*.

COMMUNION (première)

Première communion : les petits sont tous blessés au bras gauche.

JULES RENARD, *Journal*.

COMMUNISME

Le communisme est l'opium de l'intellectuel.

CLARA BOOTH LUCE

Savez-vous ce qui arriverait au Sahara si on y installait le communisme ? Pendant cinquante ans, rien. Au bout de cinquante ans, pénurie de sable.

GEORGES COURTELINE

Entre le communisme et le socialisme, il y a la différence de l'assassinat à l'homicide par imprudence.

WILHELM ROEPKE

COMMUNISTE

Avis aux non-communistes : tout est commun, même Dieu.

CHARLES BAUDELAIRE, *Mon cœur mis à nu*.

Je suis communiste parce que cela me dispense de réfléchir.

FRÉDÉRIC JOLIOT-CURIE

Les communistes ne sont pas à gauche... ils sont à l'Est.

GUY MOLLET

Jean Fontenoy demande à Paul Vaillant-Couturier, rédacteur en chef de *L'Humanité* :

« Comment un Aragon peut-il être communiste ? »

Et Paul Vaillant-Couturier, avec un grand rire :

« Mais, il n'est pas communiste ! Ce sont les communistes qui sont aragonais ! »

Rapporté par CARLO RIM, *Le Grenier d'Arlequin*.

COMPAGNE

L'homme aime tant l'homme que, quand il fuit la ville, c'est encore pour chercher la foule, c'est-à-dire pour refaire la ville à la campagne.

CHARLES BAUDELAIRE, *Mon cœur mis à nu*.

COMPARAISON

Lorsque l'ivresse de l'amour est passée, on rit souvent des comparaisons qu'elle nous a fait faire.

NINON DE LENCLOS

COMPARER

Si les maris pouvaient laisser leurs femmes avoir un ou deux amants pour leur permettre de comparer, il y aurait beaucoup plus de femmes fidèles.

GEORGES FEYDEAU

COMPÉTENT

Ce qui est fâcheux dans les malheurs publics, c'est que n'importe qui s'estime assez compétent pour en parler.

EMIL MICHEL CIORAN

COMPLET

Nous naissons avec tout notre avoir et nous ne changeons jamais. Nous n'acquérons rien de nouveau. Nous sommes complets dès le début.

ERNEST HEMINGWAY, *L'Adieu aux armes*, livre III.

COMPLICATION

Sauf complications, il va mourir.

JULES RENARD, *Journal*.

COMPOSITEUR

Ce que le public demande d'abord à un compositeur, c'est d'être mort.

ARTHUR HONEGGER

COMPRENDRE

Entre ce que je pense, ce que je veux dire, ce que je crois dire, ce que je dis, ce que vous voulez entendre, ce que vous entendez, ce que vous croyez comprendre, ce que vous voulez comprendre et ce que vous comprenez, il y a au moins neuf possibilités de ne pas s'entendre.

Lu dans *Entre nous*, bulletin de l'Association des Anciens Élèves de l'École commerciale et industrielle de Tourcoing.

« Je vous vois un peu triste, mon ami.

— Oui, je viens de publier un livre de vers et tout le monde l'a compris. »

MACEDONIO FERNANDEZ, *Cahiers de tout et de rien*.

Les hommes ne subsistent qu'à condition de comprendre mal le peu qu'ils comprennent.

ANATOLE FRANCE

Quand les gens intelligents se piquent de ne pas comprendre, il est constant qu'ils y réussissent mieux que les sots.

ANDRÉ GIDE, *Journal*.

Si quelqu'un affirme avoir compris ce que je veux dire, c'est qu'il aura mal saisi ma pensée.

ALAN GREENSPAN (président de la Banque centrale des USA).

Les femmes préfèrent les hommes qui les prennent sans les comprendre aux hommes qui les comprennent sans les prendre.

MARCEL PRÉVOST

Ceux qui comprennent ne comprennent pas qu'on ne comprenne pas.

PAUL VALÉRY

COMPROMIS

Le compromis, ça n'est pas la compromission, c'est l'envers du fanatisme. La compromission c'est la lâcheté. Le compromis, c'est le courage.

ADAM MICHNIK

COMPTABILITÉ

La comptabilité est la pince-monseigneur des Sociétés anonymes.

PAUL LAFFITTE, *Jeroboam ou la Finance sans méningite*.

COMPTER

J'étais triste sans en connaître la raison, presque craintif sans en savoir la cause. L'idée me prit de me distraire en comptant lentement sur mes doigts de un à deux cent soixante mille.

ERIK SATIE, cité par ROLLO MYERS in *Erik Satie*

COMPTINE

Une négresse qui buvait du lait
Ah ! dit-elle, si seulement je pouvais
Tremper ma figure dans un bol de [lait
Je serais plus blanche
Que tous les Français.

Anonyme

CON

Femme qui fait tétins paroir
Et cul par étroite vesture
À tout homme fait apparoir
Que son con demande pasture.

Le Parnasse satyrique

Les cons, ça ose tout. C'est même à ça qu'on les reconnaît.

MICHEL AUDIARD, *Les Tontons flingueurs*.

Quand on mettra les cons sur orbite, t'as pas fini de tourner.

MICHEL AUDIARD, *Le Pacha*.

Il y a plus de cons que de femmes.

Sentence familière de CURNONSKY

Quand un Français est con, on dit : « Quel sale con ! »

Quand un juif est con, on dit : « Quel sale juif ! » Je revendique pour les juifs le droit d'être cons.

PIERRE DAC

Moins on est de cons, plus on vit.

FRÉDÉRIC DARD, *Les Pensées de San Antonio*.

Un con est un imbécile qui n'a de cet organe ni la saveur ni la profondeur...

PIERRE DESPROGES

Il est loin d'être con, mais il y a des moments où il se rapproche.

GRÉGOIRE LACROIX,
Les Euphorismes de Grégoire, inédit.

Quand vous citez un texte con, n'oubliez pas le contexte.

JACQUES PRÉVERT

Traiter son prochain de con n'est pas un outrage, mais un diagnostic.

SAN-ANTONIO, *Les Cons*.

CONCESSION

Faire des concessions ? Oui, c'est un point de vue — mais sur un cimetière.

SACHA GUITRY, *Elles et toi*.

Ne faites pas le fier. Respirer, c'est déjà être consentant. D'autres concessions suivront, toutes emmanchées l'une dans l'autre.

HENRI MICHAUX,
Face aux verrous.

CONCIERGE

La concierge est la trompette du faire-savoir.

MAX JACOB, *Le Cabinet noir*.

CONCORDE

On ne parle pas de concorde dans la maison d'un imbécile pendu.

FRANCIS BLANCHE,
Les Pensées.

CONCUBINAGE

Dieu a inventé le concubinage ; Satan, le mariage.

FRANCIS PICABIA,
Aphorismes.

CONCUBINAT

Le concubinat, lui aussi, a été corrompu par le mariage.

FRIEDRICH NIETZSCHE,
Par-delà le Bien et le Mal.

CONDITION

Être bête, égoïste et avoir une bonne santé, voilà les trois conditions voulues pour être heureux ; mais si la première vous manque, tout est perdu.

GUSTAVE FLAUBERT, *Correspondance*.

L'amour, comme la mort, se plaît à confondre les conditions.

GUILLAUME RAYNAL

CONDITION FÉMININE

Il faut améliorer la condition féminine, les cuisines sont trop petites, les lavabos sont trop bas et la queue des casseroles est mal isolée.

GEORGES WOLINSKI in *Charlie Hebdo*.

CONDITIONNEL

Si j'aurais su, j'aurais pas venu.

LOUIS PERGAUD,
Petit Gibus in *La Guerre des boutons*.

Supprimez le conditionnel et vous aurez détruit Dieu.

BORIS VIAN, *En verve*.

CONDOLÉANCE

Condoléance : Manière de démontrer que le deuil est un moindre mal à côté de la sympathie.

AMBROSE BIERCE,
Le Dictionnaire du Diable.

CONDUCTEUR

Le conducteur dangereux, c'est celui qui vous dépasse, malgré tous vos efforts pour l'en empêcher.

WOODY ALLEN

CONDUITE

Toute conduite doit être conforme au fil à plomb.

PTAH-HOTEP, cité par CHRISTIAN JACQ in
La Sagesse vivante de l'Égypte ancienne.

CONFECTION

Un manteau royal va toujours bien. C'est le triomphe de la confection.

JEAN GIRAUDOUX, *Judith*.

CONFÉRENCE

Mesdames, mesdemoiselles, messieurs... on m'a demandé de vous faire une conférence sur le théâtre. J'ai peur qu'elle ne vous attriste, car, ainsi que vous le savez, malheureusement Shakespeare est mort, Corneille est mort, Racine est mort, Molière est mort, Beaumarchais est mort, Marivaux est mort... et moi-même je ne me sens pas très bien.

ALPHONSE ALLAIS

Une conférence est une assemblée de gens importants qui ne peuvent séparément rien faire, mais qui décident ensemble que rien ne peut être fait.

FRED ALLEN

Certains hommes parlent pendant leur sommeil. Il n'y a guère que les conférenciers pour parler pendant le sommeil des autres.

ALFRED CAPUS

Il est difficile de savoir si la personne qui crie pendant une conférence : « Plus fort, on n'entend rien ! » est un saboteur, un sourd ou un admirateur excessif.

RAMÓN GÓMEZ DE LA SERNA, *Greguerías*.

Les sourds aiment écouter les conférences, les bègues adorent en faire.

JEAN MISTLER, *Bon poids*.

CONFESSER

Le plus grand bonheur, après que d'aimer, c'est de confesser son amour.

ANDRÉ GIDE, *Journal* (1918).

CONFESSION

On oublie sa faute quand on l'a confessée à un autre ; mais d'ordinaire, l'autre ne l'oublie pas.

FRIEDRICH NIETZSCHE, *Aphorismes*.

Ce n'est pas ce qui est criminel qui coûte le plus à dire, c'est ce qui est ridicule et honteux.

JEAN-JACQUES ROUSSEAU, *Les Confessions*, I.

Les curés sont consolés de ne pas être mariés quand ils entendent les femmes se confesser.

ARMAND SALACROU, *Une femme libre*.

Je me suis promené ce matin avec un beau jeune homme fort instruit et parfaitement aimable. Il écrivait ses confessions, et avec tant de grâce, que son confesseur le lui a défendu.

— Vous jouissez une seconde fois de vos péchés en les écrivant ainsi. Dites-les-moi de vive voix.

STENDHAL, *Mémoires d'un touriste*.

J'ai été jeune, j'ai été jolie, on me l'a dit et je l'ai cru. Voilà, mon père, vous pouvez juger du reste !

MME DE TENCIN (à la veille de sa mort).

CONFIANCE

Depuis Adam se laissant enlever une côte, jusqu'à Napoléon attendant Grouchy, toutes les grandes affaires qui ont raté étaient basées sur la confiance... Faire confiance aux honnêtes gens est le seul vrai risque des professions aventureuses.

MICHEL AUDIARD, *Le cave se rebiffe*.

Il faut faire confiance aux gens. À qui d'autre pourrions-nous faire confiance ?

Anonyme cité par JACQUES A. BERTRAND, in *Le sage a dit*.

Le peuple donne sa faveur, jamais sa confiance.

ANTOINE DE RIVAROL

CONFIDENCE

Ce qui unit les femmes entre elles est beaucoup moins l'effet de la sympathie que des confidences qu'elles se font réciproquement.

ADRIEN DUPUY

La confidence est la forme la plus sûre de la publicité.

ÉDOUARD HERRIOT

CONFISEUR

Les confiseurs de l'esprit livrent des fruits confits de lecture.

KARL KRAUS, *Aphorismes*.

CONFITURE

La confiture n'est bonne que si on doit monter sur une chaise pour en attraper un pot sur le buffet.

ALEXANDRE VIALATTE

CONFONDRE (se)

Il est un point élevé où l'art, la nature et la morale ne font qu'un et se confondent.

CHARLES AUGUSTIN SAINTE-BEUVE, *Causeries du lundi*.

CONJUGAL

Les combats de gladiateurs supprimés, les chrétiens instituèrent la vie conjugale.

GUIDO CERONETTI

CONNAISSANCE

Une connaissance est quelqu'un que nous connaissons suffisamment pour lui emprunter de l'argent, mais certainement pas assez pour lui en prêter.

AMBROSE BIERCE, *Le Dictionnaire du Diable*.

La connaissance vient par les livres. La croyance par les apôtres.

GUSTAVE LEBON

Il nous est plus facile de nous teindre d'une infinité de connaissances, que d'en bien posséder un petit nombre.

LUC DE VAUVENARGUES

CONNAÎTRE

Se connaître est la démangeaison des imbéciles.

GEORGES BERNANOS

Le sage ne s'afflige pas de ce que les hommes ne le connaissent pas ; il s'afflige de ne pas connaître les hommes.

CONFUCIUS

« CONNAIS-TOI TOI-MÊME » ?
Si je me connaissais moi-même, je partirais en courant !

WOLFGANG VON GOETHE

Bien connaître quelqu'un, c'est l'avoir aimé et haï.

MARCEL JOUHANDEAU, *Algèbre des valeurs morales*.

Apprendre à se connaître est le
[premier des soins.

JEAN DE LA FONTAINE, *Fables*.

Qui se connaît soi-même, connaît Dieu.

MAHOMET

Qui se connaît, connaît aussi les autres, car chaque homme porte la forme entière de l'humaine condition.

MICHEL DE MONTAIGNE, *Essais*.

Ceux qui disent du bien des femmes ne les connaissent pas assez ; ceux qui en disent du mal ne les connaissent pas du tout.

PIGAULT-LEBRUN, *Pensées*, cité par PIERRE GERMA in *Dictionnaire des citations amoureuses*.

Connais-toi toi-même.

Devise de SOCRATE

CONNERIE

Je suis ancien combattant, militant socialiste et bistrot. C'est dire si dans ma vie j'ai entendu des conneries.

MICHEL AUDIARD, *Un idiot à Paris*.

CONNU

Voulez-vous être très connu ?
Faites des dettes ; voulez-vous être inconnu ? Faites des vers.

LOUIS AUGUSTE COMMERSON, *Pensées d'un emballeur*.

On gagne à être connu.
On perd à être trop connu.

JULES RENARD

CONQUÉRANT

Nous voulons à tout prix être des conquérants et conquérants nous serons ; mais notre conquête, c'est la mort.

HENRY MILLER, *Le Colosse de Maroussi*.

Les conquérants : Terre... Horizon... Terrorisons !

JACQUES PRÉVERT

Un conquérant est un joueur déterminé qui prend un million d'hommes pour jetons et le monde entier pour tapis.

PHILIPPE PAUL, COMTE DE SÉGUR

CONQUÉRIR

Insensés que nous sommes, nous voulons tout conquérir, comme si nous avions le temps de tout posséder.

FRÉDÉRIC II, *L'Anti-Machiavel*.

CONQUÊTE

Quoi qu'on en puisse dire, la grande ambition des femmes est d'inspirer de l'amour. Tous les soins qu'elles prennent ne sont que pour cela, et l'on n'en voit point de si fière qui ne s'applaudisse en son cœur des conquêtes que font ses yeux.

MOLIÈRE

Les conquêtes sont aisées à faire, parce qu'on les fait avec toutes ses forces ; elles sont difficiles à conserver, parce qu'on ne les défend qu'avec une partie de ses forces.

CHARLES DE MONTESQUIEU,
Considération sur les causes de la grandeur des Romains et de leur décadence.

CONSCIENCE

Le mieux qu'un homme puisse faire de sa vie, c'est de transformer en conscience une expérience aussi vaste que possible.

ALBERT CAMUS

Tout ce qu'on entend dans le jour, ce sont des bruits d'écus ; et ce qui ne dit rien dans la nuit, c'est la conscience des hommes

XAVIER FORNERET

L'homme d'action est toujours sans conscience ; il n'y a de conscience que chez le contemplatif.

WOLFGANG VON GOETHE,
Pensées.

Je ne sais pas ce que peut être la conscience d'une canaille, mais je sais ce qu'est la conscience d'un honnête homme : c'est effrayant.

ABEL HERMANT

La conscience, c'est cette voix intérieure qui vous dit que quelqu'un est peut-être en train de vous observer.

HENRY LOUIS MENCKEN

La conscience, cette petite étincelle du feu divin.

GEORGE WASHINGTON

Conscience et lâcheté ne sont qu'une seule et même chose. Conscience est le nom déposé de la firme.

OSCAR WILDE

J'ai bonne conscience : je roule dans une voiture allemande, mais mon tailleur est juif.

JEAN YANNE, *Les Pensées*.

CONSEIL

Conseil : Petite monnaie d'usage courant.

AMBROSE BIERCE,
Le Dictionnaire du Diable.

En général, on ne demande des conseils que pour ne pas les suivre ou, si on les a suivis, pour reprocher à quelqu'un de les avoir donnés.

ALEXANDRE DUMAS

Les femmes ne suivent pas les mauvais conseils, elles les précèdent.

ABEL HERMANT

Aucun conseil n'est plus loyal que celui qui se donne sur le navire en péril.

LÉONARD DE VINCI

Les conseils de la vieillesse sont comme le soleil d'hiver, ils éclairent sans réchauffer.

LUC DE VAUVENARGUES

On ne fait pas beaucoup de grandes choses par conseil.

LUC DE VAUVENARGUES, *Maximes et Pensées*.

CONSEIL D'ADMINISTRATION

Dans un conseil de dix membres, six sont entrés pour toucher des tantièmes (qui sont importants), trois pour toucher des tantièmes et, en outre, des jetons (qui sont minces), un par pure vanité. Les autres pour travailler.

AUGUSTE DETŒUF, *Propos de O.-L. Barenton, confiseur*.

Le conseil d'administration est l'antichambre du cimetière. Mais c'est une antichambre si bien chauffée !

AUGUSTE DETŒUF, *Propos de O.-L. Barenton, confiseur*.

CONSEILLER

L'Ironie et la Pitié sont deux bonnes conseillères ; l'une, en souriant, nous rend la vie aimable ; l'autre, qui pleure, nous la rend sacrée.

ANATOLE FRANCE, *Le Jardin d'Épicure*.

CONSENSUS

Consensus universel : l'accord des « on ».

RAYMOND QUENEAU

CONSERVATEUR

Les hommes sont conservateurs après le dîner.

RALPH WALDO EMERSON

Prendre ses responsabilités aujourd'hui, ce peut être avoir le courage de passer pour conservateur, passéiste, romantique, nostalgique, obscurantiste, théologien, moralisateur.

ÉLISABETH DE FONTENAY

Surtout, n'ayez pas peur du peuple, il est plus conservateur que vous !

NAPOLÉON III

CONSIDÉRATION

Nous sommes plus jaloux de la considération des autres que de leur estime.

MARIVAUX, *La Vie de Marianne*.

CONSOLER

Les femmes aiment à consoler ; et porter ses chagrins en écharpe est la meilleure façon de réussir auprès d'elles.

ALPHONSE DAUDET, *Port-Tarascon*.

Trois choses doivent nous consoler de la vie : les amis que nous avons perdus ; le peu de gens dignes d'être aimés que nous laissons auprès de nous ; enfin le souvenir de nos sottises et l'assurance de n'en plus faire.

ABBÉ JEAN-BAPTISTE DUBOS

Ce qui est effrayant dans la mort de l'être cher, ce n'est pas sa mort, c'est comme on en est consolé.

HENRY DE MONTHERLANT

CONSTANCE

La plupart des femmes entendent le mot « constance » comme le lac qui porte ce nom et dont les eaux limpides baignent quatre pays différents.

PAUL MASSON

CONSTANT

Oui, c'est être constant que d'adorer l'amour, et c'est ne pas changer de goût que de changer de femmes — puisque les femmes changent.

SACHA GUITRY, *Toutes réflexions faites*.

CONSTRUIRE

Construis pour toi ta propre maison et ne pense pas que celle de ton père et de ta mère te revient de droit.

ANI, in *La Sagesse vivante de l'Égypte ancienne*, traduite par Christian Jacq.

CONSUL

Ni les attraits des plus aimables [Argentines
Ni les courses à cheval dans la [Pampa
N'ont le pouvoir de distraire de son [spleen
Le consul général de France à La [Plata !

HENRI JEAN MARIE LEVET, *Cartes postales*.

CONTAGIEUX

Les condamnés à mort sont contagieux.

ANDRÉ MALRAUX, *L'Espoir*.

CONTAGION

Quand on l'embrassait, elle disait : « Je vais vous passer ma vieillesse. »

TRISTAN MAYA, *Coups de griffes*.

CONTE

Les contes de fées sont les romans érotiques des enfants.

JEAN PAULHAN, *Le Bonheur dans l'esclavage*.

CONTEMPLATEUR

Je suis un contemplateur fervent de l'effort d'autrui.

TRISTAN BERNARD

CONTEMPLATIF

Si un contemplatif se jette à l'eau, il n'essaiera pas de nager, il essaiera d'abord de comprendre l'eau... et il se noiera.

HENRI MICHAUX

CONTEMPORAIN

Un jour, les aînés ne sont plus là. Et il faut malheureusement se résoudre à vivre avec ses contemporains.

PATRICK MODIANO, *Vestiaire de l'enfance*.

Si je pouvais changer un peu de contemporains !

HENRY DE MONTHERLANT, *Malatesta*.

CONTENT

Qui vit content de rien possède toute chose.

NICOLAS BOILEAU, *Épître V*.

CONTENTER (se)

Malheur à ceux qui se contentent de peu.

HENRI MICHAUX, *Ecuador*.

CONTESTATION

Tournant critique ! Les enfants contestent leurs parents, la fin du monde est proche.

Papyrus égyptien du IIIe millénaire av. J.-C. cité par HERVÉ BAZIN en épigraphe à *L'École des pères*.

CONTRACEPTION

Je vais vous raconter une histoire terrible sur la contraception orale. J'ai demandé à cette fille de coucher avec moi et elle m'a répondu non.

WOODY ALLEN

En Belgique, la contraception fait des progrès. Maintenant, ils ont des pilules. Avant, ils avaient des fusils. Pour tirer sur les cigognes.

COLUCHE, *Et vous trouvez ça drôle*.

CONTRADICTION

Il y a des moments où je me sens traversé par tant de courants contradictoires qu'à moi tout seul je suis un territoire occupé.

GUY BEDOS

Il est plus facile de mourir de ses contradictions que de les vivre.

ALBERT CAMUS, *Les Justes*.

Si l'on m'élève, je m'abaisse ; si l'on m'abaisse, je m'élève. Tout ce qu'on me refuse, j'y prétends ; de tout ce qu'on m'accorde, je me sens indigne.

JEAN ROSTAND, *Carnet d'un biologiste*.

CONTRAINTE

Les bœufs et les chevaux ont quatre pattes : voilà le céleste.

Mettre une bride au cheval, un anneau dans le nez du taureau : voilà l'humain.

Il ne faut pas que l'humain étouffe le céleste, que la contrainte étouffe la vie.

TCHOUANG-TSEU

CONTRAIRE

Qu'il y a de choses bonnes à côté de celles que nous aimons ! Il faut faire place en nous pour un certain contraire.

MME D'ARBOUVILLE,
cité in *Les Cahiers* de Sainte-Beuve.

Il n'est pas de sentences, de maximes, d'aphorismes, dont on ne puisse écrire la contrepartie.

PAUL LÉAUTAUD, *Propos d'un jour*.

Si chacun dit le contraire, c'est parce qu'il a raison.

TRISTAN TZARA

CONTRE

De quoi qu'il s'agisse, je suis contre.

GROUCHO MARX

Si Dieu est pour nous, qui sera contre nous ?

SAINT PAUL, Épître aux Romains.

CONTREBASSE

La différence entre une contrebasse et un violoncelle est que la contrebasse met plus de temps à brûler.

SIR THOMAS BEECHAM
(chef d'orchestre).

CONTREDIRE

Celui qui se contredit a plus de chances qu'un autre d'exprimer quelquefois du vrai.

ANATOLE FRANCE

Peu importe que nous disions le vrai et le faux, on contredira l'un et l'autre.

WOLFGANG VON GOETHE

Se contredire, mais être toujours sincère.

FERNANDO PESSÕA

CONTRE-JOUR

Comment veux-tu que je te comprenne ? Tu me parles à contre-jour, je ne vois pas ce que tu me dis.

GEORGES FEYDEAU,
Le Dindon.

CONTREPET

Pierre Loti écrit à Victorien Sardou à Marly :

« Monsieur Victorien Sardy à Marlou. »
Réponse de Sardou à Loti :
« Monsieur Pierre Loto
Lieutenant de vessie. »

Ces fils d'Hippocrate sont des faces d'hypocrites.

Un avocat de la partie civile
dans l'affaire du sang contaminé.

Sans la liberté de flatter, il n'est pas d'éloge blameur.

Devise de l'émission
Le Petit Rapporteur.

Poignez vilain il vous oindra. Oignez vilain il vous poindra.

Vieux proverbe françois

Peindre à la fresque
Feindre à la presque.

JEAN COCTEAU,
Essai de critique indirecte.

La paume de sa main colle un pain à sa môme.

ROBERT DESNOS

Ces jeux de fous qui mettent le feu aux joues.

ROBERT DESNOS

Aimable souvent
Est sable mouvant

ROBERT DESNOS, *Corps et biens*.

Ermont-Eaubonne :
Air bon, aumône.
Épinay-sur-Seine
Ai pissé sur naine.

HIPPOLYTE DOMONT,
Propos de mon village.

Sèvres-Lecourbe : lèvres se courbent.

LÉON-PAUL FARGUE

L'homme s'agite et Dieu le mène.
L'homme s'amène et Dieu le gîte.

FÉNELON

Quand Gainsbarre se bourre, Gainsbourg se barre.

SERGE GAINSBOURG

Les résistants hésitent
Les hésitants résistent.

EUGÈNE IONESCO, *Notes et contre-notes.*

Ne pouvant fortifier la justice, on a justifié la force.

BLAISE PASCAL

Il disait qu'il n'y avait qu'une antistrophe [contrepet] entre femme folle à la messe et femme molle à la fesse.

FRANÇOIS RABELAIS,
Pantagruel, chap. XVII.

Si les fils d'Hippocrate sont des hypocrites, faut-il en déduire que les fils de Démocrite sont des démocrates ?

JEAN SAUTERON

CONTRÔLE

Qui contrôle le passé contrôle l'avenir.

ALDOUS HUXLEY

CONVAINCRE

Le philosophe ne fait que convaincre. L'orateur, outre qu'il convainc, persuade.

FÉNELON

CONVERSATION

J'écris comme je parle quand l'ange du feu de la conversation me prend comme prophète.

JULES BARBEY D'AUREVILLY,
Lettre à Trébutien,
cité par MAURICE RHEIMS in *L'Insolite.*

La conversation est à l'œuvre ce que l'argent de poche est à la fortune.

JEAN COCTEAU

La conversation devient plate à proportion que ceux avec qui on la tient sont plus élevés en dignité.

HELVÉTIUS, *Notes, maximes et pensées.*

Il faut, au moment de contracter mariage, se poser cette question : crois-tu pouvoir tenir agréablement conversation avec cette femme jusqu'à la vieillesse ? Tout le reste est transitoire dans le mariage, mais presque tout le temps de l'échange revient à la conversation.

FRIEDRICH NIETZSCHE

La conversation est un jeu de sécateur où chacun taille la voix du voisin aussitôt qu'elle pousse. Je ne ris pas de la plaisanterie que vous faites, mais de celle que je vais faire.

JULES RENARD, *Journal.*

« Comment ça va sur la Terre ?
— Ça va, ça va, ça va bien !
— Les petits chiens sont-ils prospères ?
— Mon Dieu, oui, merci bien !
— Et les nuages ?
— Ça flotte !
— Et les volcans ?
— Ça mijote !
— Et les fleuves ?
— Ça s'écoule !
— Et le temps ?
— Ça se déroule !
— Et votre âme ?
— Elle est malade.
Le printemps était trop vert.
Elle a mangé trop de salade. »

JEAN TARDIEU

CONVERTI

Les convertis sont encombrants.

GEORGES BERNANOS

CONVICTION

N'a de conviction que celui qui n'a rien approfondi.

EMIL MICHEL CIORAN,
De l'inconvénient d'être né.

CONVIVE

Convive. Il mâchait et parlait à la fois ; on aurait dit un appareil perfectionné pour transformer le veau froid en considérations de politique étrangère.

TRISTAN BERNARD

Des convives mal placés à table perdent leur valeur comme des zéros qui, rangés côte à côte, ne seraient pas précédés d'un chiffre.

HORACE RAISSON,
Code gourmand.

COQ

... il leva les yeux vers la girouette plantée au sommet du clocher. Je rêve, dit-il, ou ce coq a pondu une église ?

ÉRIC CHEVILLARD,
La Nébuleuse du crabe,
cité par RAOUL VANEIGEM in *Dictionnaire des citations*.

COQUETTE

Une vieille coquette ne dit ni les années qu'elle a, ni les dents qu'elle n'a plus.

J. PETIT-SENN

La coquette est une espèce amphibie, tantôt fille et tantôt femme, qui a pour objet d'attaquer le Dupe et le Galant, et faire enrager l'Amant et le Mari.

MICHEL DE PURE, *La Précieuse*.

COQUILLE

C'est elle ! Dieu que je suis aise !
Oui, c'est la bonne édition ;
Voilà bien, pages douze et seize,
Les deux fautes d'impression
Qui ne sont pas dans la mauvaise.

PONS DE VERDUN,
Épigramme sur le bibliomane.

COQUIN

Le plus grand coquin a dans son cœur un stock des plus nobles sentiments dont il regrette de n'avoir jamais pu se servir. C'est comme neuf.

PAUL CLAUDEL, *Le Pain*.

Il est incontestable que les empires sont gouvernés par d'horribles coquins, et si on mettait à tous ces gens-là une balle dans la tête, on ne ferait que leur rendre justice ; mais à quoi bon ? Ceux qui viendraient après seraient pires.

JOSEPH ARTHUR DE GOBINEAU,
Nouvelles asiatiques.

CORBEAU

— Quoi ? Quoi ? Quoi ?
— Rien.

JULES RENARD, *Histoires naturelles*.

CORBILLARD

Tristan Bernard à un corbillard :
— Cocher, êtes-vous libre ?

Cité par JULES RENARD.

Corbillard : Voiture d'enfant de la mort.

AMBROSE BIERCE,
Le Dictionnaire du Diable.

CORDE

Corde : Instrument que l'on utilisait pour rappeler à l'assassin qu'il était également mortel.

AMBROSE BIERCE,
Le Dictionnaire du Diable.

CORDONNIER

« Chez le potier, on sert de l'eau dans un pot ébréché. »

Proverbe arabe

Le proverbe français « Ce sont toujours les cordonniers les plus mal chaussés » connaît des variantes selon les pays : « La marchande d'éventails s'évente avec ses mains. »

Proverbe chinois

CORNE

Les cornes, c'est comme la coqueluche, ça se prend du monde qu'on fréquente.

La plaisante sagesse lyonnaise

CORNEILLE (Pierre)

Corneille. Le Cid, c'est la vendetta, Polyeucte, c'est Lourdes.

JEAN GIRAUDOUX, *Littérature*.

CORPS

Le corps d'une femme est un secret bien gardé et une longue histoire.

JACQUES CHARDONNE,
L'Amour, c'est beaucoup plus que l'amour.

Notre corps est une demeure dont — avec l'âge — il faut condamner des pièces faute de pouvoir les chauffer toutes.

JACQUES DEVAL,
Afin de vivre bel et bien.

À mesure que le corps descend vers son déclin, vers son apogée l'Âme s'élève.

MARCEL JOUHANDEAU,
Réflexions sur la vieillesse et la mort.

Cette chose dont nous ne voyons ni les yeux ni les oreilles, très peu le nez et la tête, bref, notre corps.

GEORG CHRISTOPH LICHTENBERG,
Aphorismes.

Pour être vraiment médiéval, il ne faut pas avoir de corps. Pour être vraiment moderne, il ne faut pas avoir d'âme. Pour être vraiment grec, il faut être nu.

OSCAR WILDE, *Formules et Maximes.*

CORRESPONDANCE

Que de lettres on n'écrit que pour leur post-scriptum.

SACHA GUITRY,
Toutes réflexions faites.

CORRIDA

Tous les toreros savent que, dans chaque arène, il y a un mètre carré de terrain où on est sûr de se faire tuer. Hélas, aucun ne sait où c'est.

ANTONIO ORDOÑEZ
cité par RAYMOND CASTANS.

CORRIGER

Il y a deux choses que l'expérience doit apprendre : la première, c'est qu'il faut beaucoup corriger ; la seconde, c'est qu'il ne faut pas trop corriger.

EUGÈNE DELACROIX, *Journal.*

Un auteur est peu propre à corriger les feuilles de ses propres ouvrages : il lit toujours comme il a écrit et non comme il est imprimé.

VOLTAIRE

CORSE

En Corse, c'est l'âne qui porte tout, sauf le deuil.

Anonyme

La Corse vit en autarcie : nous exportons des fonctionnaires et nous importons des retraités.

MAÎTRE MORO GIAFFERI

La Corse, c'est le pays où, quand tu avances, le travail recule.

TINO ROSSI

J'ai quelque pressentiment qu'un jour cette petite île étonnera l'Europe.

JEAN-JACQUES ROUSSEAU,
Du contrat social.

COSMOGRAPHIE

À onze heures, devant les écuries, le colonel fera, au sujet de la comète, un petit cours familier de cosmographie... En cas de pluie, la comète aura lieu dans le gymnase.

GEORGES COURTELINE,
Les Gaietés de l'escadron.

COSMONAUTE

L'homme qui a eu le moins de chance dans sa vie, c'est Youri Gagarine : il est parti d'URSS, il a fait dix-sept fois le tour de la Terre... et il est retombé en URSS.

COLUCHE

COSMOS

Le cosmos est presque le plus petit trou à l'intérieur duquel un homme puisse cacher sa tête.

GILBERT KEITH CHESTERTON

Parmi les choses répandues au hasard, le plus beau : le cosmos. L'harmonie invisible plus belle que la visible. Nature aime se cacher.

HÉRACLITE

COSTUME

J'attends un costume rare que j'emplirai comme l'eau une éprouvette.

TRISTAN BERNARD,
cité par JULES RENARD.

CÔTE D'AZUR

Quitte Paris et viens ici (sur la Côte d'Azur) t'installer près de moi. À peine arrivé, tu planteras ta canne dans mon jardin et le lendemain, à ton réveil, tu verras qu'il a poussé des roses.

ALPHONSE KARR, *Lettre à Léon Gatayès*.

COUARD

Mieux vaut être couard une minute que mort tout le reste de sa vie.

Proverbe gaélique

COUCHER

Coucher avec une fille, ce n'est que lui faire ce qui lui plaît : de là à lui faire faire ce que nous voulons, il y a souvent bien loin.

PIERRE CHODERLOS DE LACLOS,
Les Liaisons dangereuses.

Tous les jours, on couche avec des femmes qu'on n'aime pas, et l'on ne couche pas avec des femmes qu'on aime...

DENIS DIDEROT, *Jacques le fataliste*.

COUCOU

En Italie, en trente ans sous les Borgia, ils ont eu la guerre, la terreur, les meurtres, mais ils ont produit Michel-Ange, Léonard de Vinci et la Renaissance.

En Suisse, ils ont eu l'amour fraternel, cinq cents ans de démocratie et de paix.

Et qu'ont-ils produit ? L'horloge qui fait coucou !

GRAHAM GREENE, *Le Troisième Homme*.

COUDE

Quand on a mal aux yeux, il n'y faut toucher que du coude.

La sagesse des nations

COUDRE

À coudre du vieux, on perd son fil ; à aimer un vieux, on perd ses nuits.

Proverbe croate

COUILLE

La tête perdue, ne périt que la personne ; les couilles perdues, périrait toute humaine nature.

FRANÇOIS RABELAIS,
Pantagruel ; Tiers Livre, chap. VIII.

COUILLON

Amis, vous noterez que par le monde y a beaucoup plus de couillons que d'hommes, et de ce vous souvienne.

FRANÇOIS RABELAIS,
Pantagruel ; Cinquième Livre, chap. VIII.

COULEUR

Vous pouvez choisir la couleur que vous voulez, pourvu que ce soit le noir.

Publicité pour la Ford T.

COUPABLE

L'homme n'est pas entièrement coupable : il n'a pas commencé l'histoire ; ni tout à fait innocent puisqu'il la continue.

ALBERT CAMUS, *L'Été*.

Il faut que nous naissions coupables ou Dieu serait injuste

BLAISE PASCAL, *Pensées*.

Il vaut mieux hasarder de sauver un coupable que de condamner un innocent.

VOLTAIRE, *Zadig ou la Destinée*.

COUPE

J'ai jeté ma coupe lorsque j'ai vu un enfant boire à l'auge avec ses mains.

DIOGÈNE

COUPER

Coupez, jeune homme ! Coupez ! N'hésitez pas ! Ce qui a été coupé ne sera pas sifflé.

EUGÈNE SCRIBE,
conseillant un jeune auteur.

COUPLE

En voyant un couple mal assorti, Ernest Feydeau s'amuse :

« Elle est mieux comme homme que lui comme femme. »

Le couple heureux qui se reconnaît dans l'amour défie l'univers et le temps, il se suffit, il réalise l'absolu.

SIMONE DE BEAUVOIR,
Le Deuxième Sexe.

Le bourreau et le souverain forment couple. Ils assurent de concert la cohésion de la société.

ROGER CAILLOIS, *Instincts et Société*.

Le couple, c'est autrui à bout portant.

JACQUES CHARDONNE,
L'Amour, c'est beaucoup plus que l'amour.

Nous fûmes longtemps côte à côte, puis dos à dos et maintenant nous voici face à face.

SACHA GUITRY,
parlant de Jacqueline Delubac qui,
après son divorce, était allée s'installer
dans l'appartement de sa mère,
face à celui de Sacha.

COUR

La cour est comme un édifice de marbre ; je veux dire qu'elle est composée d'hommes fort durs, mais fort polis.

JEAN DE LA BRUYÈRE,
« De la cour », *Les Caractères*.

La Cour ne rend pas content ; elle empêche qu'on ne le soit ailleurs.

JEAN DE LA BRUYÈRE, *Les Caractères*.

Je définis la cour un pays où les [gens,
Tristes, gais, prêts à tout, à tout [indifférents,
Sont ce qu'il plaît au prince, ou, s'ils [ne peuvent l'être,
Tâchent au moins de le paraître,
Peuple caméléon, peuple singe du [maître.

JEAN DE LA FONTAINE,
Tircis et Amarante.

Un amant fait sa cour où s'attache [son cœur,
Il veut de tout le monde y gagner la [faveur ;
Et, pour n'avoir personne à sa [flamme contraire,
Jusqu'au chien du logis, il s'efforce [de plaire.

MOLIÈRE,
Les Femmes savantes, acte I, scène 3.

La Cour rend des arrêts et non pas des services.

PRÉSIDENT SÉGUIER.

COURAGE

Quand je sus que je mourrais bientôt, je repris courage.

MARGUERITE AUDOUX

Je suivrai le bon parti jusqu'au feu, mais exclusivement si je puis.

MICHEL DE MONTAIGNE,
« De l'utile et de l'honnête », *Les Essais*.

N'écoutant que mon courage qui ne me disait rien, je me gardai d'intervenir.

JULES RENARD

Courage : l'art d'avoir peur sans que cela paraisse.

PIERRE VÉRON,
Le Carnaval du dictionnaire.

Le courage n'est pas une vertu, mais une qualité commune aux scélérats et aux grands hommes.

VOLTAIRE

COURAGEUX

Quand vient l'heure de l'adversité, tous deviennent courageux contre celui qui tombe.

LORD BYRON

Le courageux n'est pas celui-là seulement qui triomphe de ses ennemis, mais celui qui triomphe de ses désirs. Quelques-uns se rendent maîtres des villes, mais se rendent esclaves des femmes.

DÉMOCRITE

COURANT

Il n'y a que deux grands courants dans l'histoire de l'humanité : la bassesse qui fait les conservateurs et l'envie qui fait les révolutionnaires.

EDMOND ET JULES DE GONCOURT, *Journal.*

COURBE

Mon instinctif penchant qui se plaît à la courbe, à la sphère et au cercle…

Tendre vers l'achevé, c'est revenir à son point de départ.

COLETTE, discours de réception à l'Académie de Belgique.

COURIR

Ne courez jamais après un autobus, ni après une fille ; il en viendra d'autres.

Proverbe italien

Au théâtre, il faut courir un 5 000 mètres chaque soir. Au cinéma, c'est 50 000 fois un mètre (et pas forcément dans l'ordre).

PIERRE ARDITI, *Faut pas rêver*, FR3, 15-3-96.

Celui qui, courant après Atalante, ramasse des pommes d'or, prit le départ comme amateur et arriva comme professionnel.

JEAN GIRAUDOUX, *Notes et Maximes sur le sport.*

COURONNE

Si tu désires une couronne, prends-la de roses et mets-la sur ta tête ; elle sera plus jolie à voir.

ÉPICTÈTE, *Entretiens.*

COURRIER

Le courrier, c'est un coup de téléphone qui part à pied.

JEAN-MARIE GOURIO, *Brèves de comptoir.*

COURSE

Ne savez-vous pas que dans les courses du stade, parmi tous ceux qui courent, un seul remporte le prix ? Courez tous de manière à le remporter.

SAINT PAUL, *Épître aux Corinthiens.*

COURT

C'est lorsqu'il y a trop à dire qu'il faut s'efforcer d'être le plus court possible. Le légendaire Cambronne l'avait compris bien avant moi.

GEORGES BERNANOS, *Le Chemin de la croix des Âmes.*

COURTISAN

Les courtisans sont des pauvres enrichis par la mendicité.

NICOLAS DE CHAMFORT, *Maximes et Pensées.*

Il est utile pour un courtisan d'être un homme plat. Il est désastreux pour une courtisane d'être une femme plate.

VICTOR HUGO

Un courtisan répondit un jour à Louis XV qui lui demandait l'heure : « Sire, l'heure qu'il plaîra à Votre Majesté. »

ANTOINE DE RIVAROL, *Maximes et Pensées.*

Les deux maximes de tout grand courtisan sont : toujours tenir son sérieux et ne jamais tenir sa parole.

JONATHAN SWIFT, *Instructions aux domestiques.*

COURTOIS

L'homme courtois évite de poser le pied sur l'ombre de son voisin.

Proverbe chinois dont HERGÉ avait fait la maxime de sa vie.

COURTOISIE

Au cours d'une rude journée d'hiver, quelques porcs-épics se réunirent pour se tenir chaud. Ils se blessèrent mutuellement avec leurs longs piquants et durent s'éloigner. Le froid s'aggravant, ils tentèrent encore de se rapprocher, mais à nouveau, leurs piquants les séparèrent.

Ce manège se répéta jusqu'à ce qu'ils aient trouvé une distance qui leur permît de s'accommoder de ces deux maux. Et à cette distance, ils donnèrent un nom : COURTOISIE !

ARTHUR SCHOPENHAUER,
Parerga et paralipomena.

COUTUME

La coutume fait tout jusqu'en amour.

LUC DE VAUVENARGUES,
Introduction à la connaissance de l'esprit humain.

Une des coutumes les plus respectables de l'homme est de s'attabler, les jours de joie, autour d'un oiseau mort, d'un buisson de décapodes, à la rigueur d'un rongeur en morceaux.

ALEXANDRE VIALATTE,
Antiquité du grand chosier.

Les hommes, avec des lois sages, ont toujours eu des coutumes insensées.

VOLTAIRE, *Essais sur les mœurs*, chapitre II.

CRACHAT

Celui qui crache au ciel, son crachat retombera sur lui.

ANKH-SHESHONQ,
La Sagesse vivante de l'Égypte ancienne,
traduite par Christian Jacq.

À force de cracher dans l'assiette, on finit par y trouver du potage.

LOUIS PAUWELS

CRAINDRE

Je crains ce que je veux, et veux ce [que je crains.

THOMAS CORNEILLE,
Camma, reine de Galatie.

CRAINTE

La seule chose à craindre est l'absence de crainte.

THOMAS FRIEDMAN,
Herald Tribune, juillet 1998.

La seule chose que nous ayons à craindre est la crainte elle-même.

FRANKLIN DELANO ROOSEVELT
(discours du 16 juin 1933).

CRAPAUD

Chacun fixe le seuil de ses ébahissements. Les miens commencent dès l'animal. Expliquez-moi le crapaud, je vous tiens quitte de l'homme.

JEAN ROSTAND,
Carnets d'un biologiste.

Avez-vous demandé à un crapaud ce qu'est pour lui la beauté ? Une femelle avec deux gros yeux ronds sortant d'une petite tête, une grande bouche plate, un ventre jaune et un dos brun.

VOLTAIRE

CRAVATE

De toute éternité, Dieu a tout choisi pour nous, même nos cravates.

EMIL MICHEL CIORAN

CRÉATION

La Création fut le premier acte de sabotage.

EMIL MICHEL CIORAN,
Syllogismes de l'amertume.

Toute création est, à l'origine, la lutte d'une forme en puissance contre une forme imitée.

ANDRÉ MALRAUX,
Les Voix du silence.

Lorsque Dieu a créé l'homme et la femme, il a bêtement oublié d'en déposer le brevet si bien que, maintenant, le premier imbécile venu peut en faire autant.

GEORGE BERNARD SHAW, *Aphorismes*.

Il me semble parfois qu'en créant l'homme Dieu ait surestimé ses possibilités.

OSCAR WILDE

CRÉATURE

Que l'homme soit la plus noble créature du monde, on peut le déduire de ce qu'aucune créature ne l'a jamais contredit sur ce point.

GEORG CHRISTOPH LICHTENBERG

CRÉDULE

La dévote croit aux dévots, l'indévote aux philosophes, mais toutes deux sont également crédules.

ANTOINE DE RIVAROL, *Rivaroliana*.

Je ne vois pas bien pourquoi les hommes qui croient aux élections se considèrent moins crédules que les hommes qui croient aux anges.

GEORGE BERNARD SHAW, préface à *Sainte Jeanne*.

CRÉDULITÉ

La crédulité se forge plus de miracles que l'imposture ne peut en inventer.

JOSEPH JOUBERT, *Carnets*.

CRÉER

Crée comme Dieu — ordonne comme un roi — travaille comme un esclave !

BRANCUSI

CRI

Il y a deux cris dans l'homme, le cri de l'ange et le cri de la bête. Le cri de l'ange, c'est la prière ; le cri de la bête, c'est le péché.

JEAN-MARIE VIANNEY (curé d'Ars), *Sermons*.

CRIER

Si tu veux qu'on t'entende, crie. Si tu veux qu'on t'écoute, chuchote.

Anonyme

CRIME

Tout crime est vulgaire, de même que toute vulgarité est criminelle.

OSCAR WILDE, *Le Portrait de Dorian Gray*.

CRIQUET

Le criquet tient dans le creux de la main, mais on l'entend dans toute la prairie.

Proverbe sénégalais

CRITIQUE

Un critique dramatique me fait la même impression qu'une bicyclette sans selle.

BRENDAN BEHAN

Quel démon vous irrite et vous porte [à médire ?
Un livre vous déplaît : qui vous force [à le lire ?

NICOLAS BOILEAU, *Satire IX*.

Le critique compare toujours. L'incomparable lui échappe.

JEAN COCTEAU, *Le Coq et l'Arlequin*.

Les critiques jugent les œuvres et ne savent pas qu'ils sont jugés par elles.

JEAN COCTEAU, *La Difficulté d'être*.

... il faut pourtant que la critique se mêle toujours à l'éloge, le serpent aux fleurs, l'épine aux roses et la vérole au cul.

GUSTAVE FLAUBERT, *Lettre à Louis Bourihet*.

On fait de la critique quand on ne peut pas faire de l'art, de même qu'on se met mouchard quand on ne peut pas être soldat.

GUSTAVE FLAUBERT, *Lettre à Louise Colet*.

On observe qu'en France, le plus souvent, les critiques musicaux sont sourds et les critiques d'art aveugles. Cela leur permet le recueillement nécessaire aux idées esthétiques.

ANATOLE FRANCE

Le bon critique est celui qui raconte les aventures de son âme au milieu des chefs-d'œuvre.

ANATOLE FRANCE, *La Vie littéraire*.

Certains critiques ressemblent assez à ces gens qui, toutes les fois qu'ils veulent rire, montrent de vilaines dents.

JOSEPH JOUBERT, *Carnets*.

Rien ne s'oppose à ce que, à l'exemple des autres critiques, je déclare d'avance crétins, stupides, voleurs et même bourgeois ceux qui ne partageront pas mes opinions.

ALPHONSE KARR,
Les Guêpes au salon.

Le plaisir de la critique nous ôte celui d'être vivement touché de fort belles choses.

JEAN DE LA BRUYÈRE

Ceci s'adresse à vous, esprits du
[dernier ordre,
Qui n'étant bons à rien, cherchez
[surtout à mordre.
Vous vous tourmentez vainement.
Croyez-vous que vos dents
[impriment leurs outrages
Sur tant de beaux ouvrages ?
Ils sont pour vous d'airain, d'acier,
[de diamant.

JEAN DE LA FONTAINE,
Le Serpent et la Lime.

La critique est la puissance des impuissants.

ALPHONSE DE LAMARTINE

La critique des sots est l'encens du génie.

CHARLES HUBERT MILLEVOYE

Le critique insulte l'auteur : on appelle cela de la critique. L'auteur insulte le critique : on appelle cela de l'insulte.

HENRY DE MONTHERLANT, *Carnets*.

Les critiques littéraires sont de petites vieilles dames des deux sexes.

JOHN O'HARA

La moindre critique, quelque mauvaise qu'elle soit, m'a toujours causé plus de chagrin que toutes les louanges ne m'ont fait de plaisir.

JEAN RACINE,
lettre à son fils Louis.

La critique est aisée. Le critique est dans l'aisance.

JULES RENARD, *Journal*.

On appelle grand critique un critique qui écrit dans ce qu'on appelle un grand journal.

JULES RENARD, *Propos d'entractes*.

La critique est une chose bien commode : on attaque avec un mot, il faut des pages pour se défendre.

JEAN-JACQUES ROUSSEAU

Dans les critiques que nous faisons, nous jugeons encore moins les autres que nous ne nous jugeons nous-mêmes.

CHARLES AUGUSTIN SAINTE-BEUVE

Celui qui dit que la critique est aisée n'a pas dit quelque chose de bien remarquable. C'est même honteux d'avoir dit cela : on devrait le poursuivre, pendant au moins un kilomètre ou deux.

ERIK SATIE, *Éloge des critiques*.

Une mauvaise critique, c'est comme fabriquer un gâteau avec les meilleurs ingrédients et voir quelqu'un s'asseoir dessus.

DANIÈLE STEEL

La critique, c'est les os du gibier.

PAUL-JEAN TOULET,
Les Trois Impostures.

La critique est Thésée, mais l'art est Hippolyte.

HENRI DE TOULOUSE-LAUTREC

Critiques : Le plus sale roquet peut faire une blessure mortelle. Il suffit qu'il ait la rage.

PAUL VALÉRY, *Tel quel*.

Quand les critiques ne sont pas d'accord entre eux, l'artiste est en accord avec lui-même.

OSCAR WILDE,
préface au *Portrait de Dorian Gray*.

CROCODILE

Les femmes sont comme le crocodile : pour attraper l'homme, elles pleurent ; une fois qu'il est pris, elles le dévorent.

Proverbe italien

Remonter le courant, c'est être la proie du caïman ; le redescendre, c'est être la proie du crocodile.

Proverbe malgache

Un tronc qui reste dix ans dans le fleuve ne devient pas crocodile.

Proverbe sénégalais

Les crocodiles vivent cent ans ; les roses trois jours. Et pourtant, on offre des roses.

YVES DAPPE

Le crocodile est une chaussure qui bâille de la semelle.

RAMÓN GÓMEZ DE LA SERNA, *Greguerías*.

CROIRE

— Je ne crois pas en Dieu, confia un jour Baudelaire à Mgr Veuillot.

— Oh ! qu'il sera contrarié !

Crois et tu comprendras ; la foi précède, l'intelligence suit.

SAINT AUGUSTIN

Depuis que les hommes ne croient plus en Dieu, ils croient en n'importe quoi.

GILBERT KEITH CHESTERTON

Croire est ce que nous autres humains faisons le mieux.

MICHAÏL S. GAZZANIGE, *The Social Brain*.

Théoriquement, il existe une possibilité de bonheur parfait : croire en ce qu'il y a d'indestructible en soi et ne pas s'efforcer de l'atteindre.

FRANZ KAFKA

Croire devient pour le catholique un acte d'obéissance ; pour le protestant un acte d'indépendance.

FÉLICITÉ DE LAMENNAIS

L'incrédule se trompe sur l'autre vie, le croyant se trompe souvent sur celle-ci.

ANTOINE DE RIVAROL, *Les Pensées*.

Le plus dévot ne peut venir à bout de croire toujours, ni le plus impie de ne croire jamais ; et c'est un des malheurs de notre vie de ne pouvoir naturellement nous assurer s'il y en a une autre ou s'il n'y en a point.

CHARLES DE SAINT-ÉVREMOND, *Entretiens sur toutes choses*.

Ce qui a été cru par tous, et toujours, et partout, a toutes les chances d'être faux.

PAUL VALÉRY, *Tel quel*.

Ayez une femme qui ne croit pas à ce qu'elle voit.

PAUL VALÉRY

La moitié du monde ne croit pas en Dieu, et l'autre moitié ne croit pas en moi.

OSCAR WILDE

CROISEMENT

Des scientifiques ont réussi à croiser un ver de terre et un hérisson : ils ont obtenu vingt centimètres de fil de fer barbelé.

Anonyme

Le fermier qui aura réussi à croiser une dinde avec un kangourou aura créé la première volaille que l'on puisse farcir de l'extérieur.

FRANÇOIS CAVANNA

CROIX

Celui qui demande la croix a l'air de dire : si l'on ne me décore pas pour avoir fait mon devoir, je ne recommencerai plus.

CHARLES BAUDELAIRE, *Mon cœur mis à nu*.

La mort signe d'une croix.

CLAUDE BAUWEN, *Non au jeu de queues de cerises*, cité par RAOUL VANEIGEM in *Dictionnaire de citations*.

Quand je vois le Christ en croix, les bras m'en tombent.

PAUL CLAUDEL, *Journal*.

CROQUE-MORT

Le métier de croque-mort n'a aucun avenir. Les clients ne sont pas fidèles.

LÉON-PAUL FARGUE

CROYANCE

On ne doit pas avaler plus de croyances qu'on ne peut en digérer.

HAVELOCK ELLIS, *La Danse de vie*.

N'oublions pas que toutes les croyances populaires, même les plus absurdes en apparence, reposent sur des faits réels, mais mal observés. En les traitant avec dédain, on peut perdre la trace d'une découverte.

ALEXANDER VON HUMBOLDT

CRU

Pour gagner les cinquante francs de son pari, un jeune Milanais, Francesco Rizzi, a mangé entièrement un poulet cru. Qui l'eût cuit ?

PIERRE DESPROGES,
Le Petit reporter.

CRUCIFIÉ

S'il faut choisir un crucifié, la foule sauve toujours Barabbas.

JEAN COCTEAU, *Le Coq et l'Arlequin*.

CRUCIFIX

Jésus fut crucifié. Heureusement. Eût-il été empalé, on aurait d'étranges crucifix dans les églises. Quant aux signes de croix…

J. D'AGOSTINA

CUBA

Cuba est le plus grand pays du monde : sa capitale est à La Havane, son gouvernement est à Moscou, son armée est en Afrique... et sa population en Floride.

Attribué à RONALD REAGAN !

CUISINE

La cuisine est le plus ancien des arts parce que Adam naquit à jeun.

ANTHELME BRILLAT-SAVARIN

La cuisine, c'est quand les choses ont le goût de ce qu'elles sont.

ANTHELME BRILLAT-SAVARIN

J'ai trouvé une définition parfaite de la nature humaine en tant qu'elle se distingue de la nature animale. L'homme est un animal qui fait la cuisine ! Dans une certaine mesure, les bêtes possèdent une mémoire, un jugement et toutes les facultés et les passions qui règnent dans notre esprit ; mais aucune ne fait la cuisine.

SAMUEL JOHNSON
Journal d'un voyage aux Hébrides.

CUISINIER

Que je puisse toujours, après avoir
[dîné,
Bénir le cuisinier que le ciel m'a
[donné.

JOSEPH BERCHOUX, *La Gastronomie*.

S'il n'y avait que de bons cuisiniers, les pharmaciens auraient peu de chose à faire, les médecins disparaîtraient, on ne garderait que des chirurgiens pour les fractures.

NESTOR ROQUEPLAN,
La Vie parisienne.

CUISSE

Pourquoi est-ce que les cuisses d'une demoiselle sont toujours fraîches ?

— C'est, dit le moine, pour trois causes par lesquelles un lieu naturellement est rafraîchi : *primo*, parce que l'eau décourt tout du long ; *secondo*, parce que c'est un lieu ombrageux, obscur et ténébreux, auquel jamais le soleil ne luit ; et *tiercement*, parce qu'il est continuellement éventé des vents du trou de bise...

FRANÇOIS RABELAIS, *Vie inestimable du grand Gargantua*, chapitre 39.

CUITE

Marcel, il a pris une seule cuite dans sa vie, mais elle dure depuis cinquante ans.

ROBERT GIRAUD, *Les Lumières du zinc*.

CUIVRE

Si le cuivre s'éveille clairon, il n'y a rien de sa faute.

ARTHUR RIMBAUD, *Correspondance*.

CUL

Tu te couches avec le cul qui te démange, tu te réveilles avec le doigt qui pue.

Anonyme

Ô gracieuse et callypige
Tous les culs sont de la Saint-Jean !
Le tien leur fait vraiment la pige
Déesse aux collines d'argent.

GUILLAUME APOLLINAIRE, *Ombre de mon amour*.

Tout le monde parle d'infarctus, de cirrhose, de cancer, moi je dis que la pire maladie des hommes, c'est cette furie de mettre tout l'amour du monde dans une seule paire de miches.

MICHEL AUDIARD, *Le Pacha*.

Le cul est la chose au monde la mieux partagée.

ANTOINE BLONDIN

Le postérieur de Jean-Jacques*, c'est la lune de Freud qui se lève.

JEAN COCTEAU, *Journal d'un inconnu*

* Jean-Jacques Rousseau qui confessait avoir pris du plaisir en recevant une fessée..

Je vais t'enseigner le moyen de gagner le paradis et l'enfer : tiens la tête à Rome et le cul à Naples.

DANTE (au bouffon du roi de Naples).

Elles prennent leur cul pour leur cœur et croient que la lune est faite pour éclairer leur boudoir.

GUSTAVE FLAUBERT

Discussion entre Mme Sand (George) et Clesinger (son gendre, sculpteur) :

Mme Sand : Je ferai connaître votre conduite...

Clesinger : Et moi, je sculpterai votre cul. Tout le monde le reconnaîtra.

EDMOND et JULES DE GONCOURT, *Journal*.

N'oubliez pas que dans l'eau cul rance
Ne se désodorise pas
Et ne connaît d'autre espérance
Qu'un parfum fort sur ses appas.

ALCIDE LABANNIÈRE, *Conseils aux ribaudes*.

Le cul des femmes est monotone comme l'esprit des hommes.

GUY DE MAUPASSANT

Si avons-nous beau monter sur des échasses, car sur des échasses encore faut-il marcher de nos jambes. Et au plus élevé trône du monde si [= encore] ne sommes assis que sur notre cul.

MICHEL DE MONTAIGNE, « De l'expérience », *Essais*, livre III, chap. XIII.

Heureux qui, profitant des plaisirs de [la terre,
Baisant un petit cul, buvant dans un [grand verre,
Remplit l'un, vide l'autre et passe [avec gaieté
Du cul de la bouteille au cul de la [beauté.

Attribué à PAUL VERLAINE

Et mon cœur autrefois superbe
Humble se rendit à l'amour
Quand il vit votre cul sur l'herbe
Faire honte aux rayons du jour.

VINCENT VOITURE

Mon cul aussi est dans la nature et cependant je ne le montre pas.

VOLTAIRE (en réponse à ceux qui prétendaient que rien de ce qui est dans la nature n'est interdit à l'art).

CUL (coup de pied au)

Le coup de pied au cul c'est l'électrochoc du pauvre.

Anonyme

... Parce que l'acteur n'est pas l'homme. Vous avez vu Charlot sur l'écran, qui recevait de grands coups de pied au derrière.

Croyez-vous que, dans la vie, M. Charlie Chaplin accepterait seulement une gifle ? Oh non ! Il en donnerait plutôt... C'est un grand chef dans la vie, M. Chaplin.

MARCEL PAGNOL, *Le Schpountz*.

Moi, il a fallu que j'attende l'âge de trente-deux ans pour que mon père me donne son dernier coup de pied au derrière. Voilà ce qu'était la famille de mon temps. Et il y avait du respect et de la tendresse.

MARCEL PAGNOL, *Marius*.

Les Chinois ? Qu'est-ce qu'ils vont nous mettre comme coups de pied au cul ! L'ennui, c'est qu'ils ont plus de pieds qu'on n'a de culs.

JEAN RIGAUX

CUL-DE-JATTE

Les culs-de-jatte sont des infirmes incapables de rendre service à la société. Sauf, peut-être, pendant les guerres, aux premières lignes. Les tranchées seraient alors moitié moins profondes à creuser.

ALPHONSE ALLAIS

Qui sème des lames de faux récolte des culs-de-jatte.

FRANÇOIS CAVANNA, *Qui*.

CULTIVATEUR

On a trouvé, en bonne politique, le secret de faire mourir de faim ceux qui, en cultivant la terre, font vivre les autres.

VOLTAIRE, *Le Sottisier*.

CULTIVÉ

Un homme cultivé ressemble à une boîte à musique. Il a deux ou trois petites chansons dans le ventre.

ALAIN, *Propos*.

CULTIVER (se)

Se cultiver, c'est devenir ce qu'on est.

CHARLES PÉGUY

CULTURE

La culture, c'est comme le parachute : quand tu n'en as pas, tu t'écrases.

Anonyme

Je suis un non-violent : quand j'entends parler de revolver, je sors ma culture.

FRANCIS BLANCHE, *Les Pensées*.

Le secret d'une culture intelligente, c'est de savoir sur quel rayon de la bibliothèque se trouve le Larousse.

SACHA GUITRY

La culture, c'est ce qui demeure dans un homme lorsqu'il a tout oublié.

ÉDOUARD HERRIOT, *Notes et Maximes*.

Tu seras solitaire parce que la culture est aussi une prison.

ALDOUS HUXLEY

Les Français sont le peuple européen de la culture par excellence.

HERMANN VON KEYSERLING,
Analyse spectacle de l'Europe.

Le droit à la culture, c'est purement et simplement la volonté d'y accéder.

ANDRÉ MALRAUX,
Les Conquérants, postface.

La culture (c'est) ce qui a fait de l'homme autre chose qu'un accident de l'univers.

ANDRÉ MALRAUX

La culture ne s'hérite pas, elle se conquiert.

ANDRÉ MALRAUX, *Oraisons funèbres*.

Les hommes sont comme les plantes, qui ne croissent jamais heureusement, si elles ne sont bien cultivées.

CHARLES DE MONTESQUIEU,
Lettres persanes.

Je ne crois qu'à la culture française, et tiens que tout ce qui, en dehors d'elle, se décore en Europe du nom de « culture » commet une méprise.

De la culture allemande, inutile de parler... Les quelques cas de haute culture qu'on rencontre en Allemagne sont tous de provenance française.

FRIEDRICH NIETZSCHE

Une culture naît au moment où une grande âme se réveille.

OSWALD SPENGLER, *Le Déclin de l'Occident*.

On ne doit pas plus exhiber sa culture que ses biceps. Il faut qu'elle saille sous la phrase comme les muscles sous le vêtement.

FERNAND VANDEREM, *Gens de qualité*.

La culture, ce n'est pas ce qui reste quand on a tout oublié, mais au contraire, ce qui reste à connaître quand on ne vous a rien enseigné.

JEAN VILAR

CULTURE (ministère de la)

Emmanuel Berl disait drôlement de son ami Malraux : « Il a mis la pagaille dans un ministère qui n'existait pas. »

CURÉ

Vêtir les curés de soutanes bleu de ciel et de chapeaux roses.

LOUIS SCUTENAIRE, *Mes Inscriptions*.

CURE-DENTS

De la coutume du *hara-kiri* les Japonais ont gardé la manie du cure-dents.

PAUL CLAUDEL, *Journal*.

CURIOSITÉ

Il y a diverses sortes de curiosité : l'une d'intérêt, qui nous porte à désirer d'apprendre ce qui nous peut être utile, et l'autre d'orgueil, qui vient du désir de savoir ce que les autres ignorent.

FRANÇOIS DE LA ROCHEFOUCAULD, *Réflexions morales*.

CYANURE

On n'insistera jamais assez sur les inconvénients que présente l'abus du cyanure de potassium dans l'alimentation des nouveau-nés.

ALPHONSE ALLAIS

CYCLISTE

Cyclistes, fortifiez vos jambes en mangeant des œufs mollets.

PIERRE DAC, *Pensées et maximes*.

CYGNE

C'est l'eau qui fait le cygne. Qui veut faire le cygne sans l'eau fait l'oie.

GILBERT CESBRON

Les cygnes chantent avant de mourir. Certaines personnes feraient bien de mourir avant de chanter.

SAMUEL COLERIDGE

CYNIQUE

Cynique : Grossier personnage dont la vision déformée voit les choses comme elles sont, et non comme elles devraient être. De là l'ancienne coutume scythe d'arracher les yeux d'un cynique pour améliorer sa perspective.

AMBROSE BIERCE, *Le Dictionnaire du Diable*.

Un cynique est un homme qui, lorsqu'il sent l'odeur des fleurs, cherche où se trouve le cercueil.

HENRY LOUIS MENCKEN

L'homme qui pense, s'il a de l'énergie et de la nouveauté dans ses saillies, vous l'appelez cynique.

STENDHAL

Un cynique est un homme qui connaît le prix de tout et la valeur de rien.

OSCAR WILDE

CYPRÈS

Si tu ne veux pas que je meure, ne me parle pas de cyprès.

JEAN COCTEAU

D

DALÍ (Salvador)

Les deux plus grandes chances que peut avoir un peintre, c'est premièrement d'être espagnol, et deuxièmement de s'appeler Dalí.

Moi, j'ai ces deux chances !

SALVADOR DALÍ

DANDY

Le dandy doit aspirer à être sublime sans interruption. Il doit vivre et dormir devant un miroir.

CHARLES BAUDELAIRE, *Mon cœur mis à nu*.

DANDYSME

Le dandysme, forme moderne de stoïcisme, est finalement une religion dont le seul sacrement est le suicide.

MICHEL BUTOR, *Histoire extraordinaire*.

DANSE

La danse est l'expression perpendiculaire d'un désir horizontal.

Anonyme

Les danses s'établissent sur la poussière des morts et les tombeaux poussent sous les pas de la joie.

FRANÇOIS RENÉ DE CHATEAUBRIAND, *Vie de Rancé*.

À quinze ans, la danse est un plaisir, à vingt-cinq ans un prétexte, à quarante ans une fatigue.

ADOLPHE RICARD

DANSEUR

On pense à moi pour une place ; mais, par malheur, j'y étais propre ; il fallait un calculateur, ce fut un danseur qui l'obtint.

BEAUMARCHAIS, *Le Mariage de Figaro*, acte V, scène 3.

Les dieux voient les danseuses d'en haut, et non pas d'en bas, cela suffit à expliquer pourquoi ils sont moins sensibles à la danse que les hommes. Jupiter préfère les baigneuses.

JEAN GIRAUDOUX, *Amphitryon 38*.

Juste erreur : la politique la moins relative n'est-elle pas celle des gens qui prennent la Bosnie et l'Herzégovine pour deux danseuses ?

ROBERT DE MONTESQUIOU

DAUPHIN

Qu'y a-t-il de moins raisonnable que de choisir pour gouverner un État le premier fils d'une reine ? L'on ne choisit pas pour gouverner un vaisseau celui des voyageurs qui est de meilleure maison.

BLAISE PASCAL, *Pensées*.

DÉ

Dieu ne joue pas aux dés.

ALBERT EINSTEIN

DÉBARQUER

Qu'est-ce à dire ?

Tu as embarqué — Tu as navigué — Tu as accosté. Débarque !

MARC AURÈLE

DÉBAUCHE

Ah ! malheur à celui qui laisse la
[débauche
Planter le premier clou sous sa
[mamelle gauche !

ALFRED DE MUSSET, *La Coupe et les lèvres.*

L'alcôve tue lentement.

ROBERT ROCCA

DÉBAUCHÉ

Débauché : Personne qui s'est mise de si bonne heure à la poursuite du plaisir qu'elle a eu l'infortune de le rattraper.

AMBROSE BIERCE, *Le Dictionnaire du Diable.*

DÉCADENCE

Religion, mœurs, justice, tout décade. La société se désagrège sous l'action corrosive d'une civilisation déliquescente.

Journal *Le Décadent*, 10 avril 1886

La décadence est la grande minute où une civilisation devient exquise.

JEAN COCTEAU, *Maalesh.*

DÉCEMBRE

En décembre, le soldat met les mains dans ses poches et le cycliste va plus vite dans les montées.

ALEXANDRE VIALATTE,
Almanach des quatre saisons.

DÉCENCE

À Paris, la décence est aussi grande dans les usages que l'indécence l'est dans les mœurs.

CHARLES DE BROSSES,
« Voyage en Italie », *Lettres familières.*

DÉCEPTION

La déception est un sentiment qui ne déçoit jamais.

FRANÇOIS MAURIAC

Qui demande trop peu à la vie sera toujours déçu par elle.

JEAN ROSTAND

DÉCISION

La décision est souvent l'art d'être cruel à temps.

HENRY BECQUE, *Notes d'album.*

Une fois que ma décision est prise, j'hésite longuement.

JULES RENARD, *Journal.*

On attribue à Henri Queuille, homme politique oublié et adepte, sans le savoir du *Wou Weil* (le non-vouloir taoiste) cet admirable axiome : « Il n'y a aucun problème, si complexe soit-il, qu'une absence de décision ne puisse résoudre. »

CLAUDE ROY,
Temps variable avec éclaircies.

N'expliquez jamais les raisons pour lesquelles vous prenez une décision : la décision peut être bonne et les raisons mauvaises.

TALLEYRAND

DÉCLARATION

Il n'appartient qu'à un homme de peu d'expérience de faire une déclaration en forme. Une femme se persuade beaucoup mieux qu'elle est aimée par ce qu'elle devine que par ce qu'on lui dit.

NINON DE LENCLOS

DÉCLARATION D'AMOUR

J'aurais pu pour te parler d'amour
Glisser un mot dans ta boîte aux
[lettres
J'ai préféré lancer une pierre dans ta
[fenêtre
Mais je n'ai pas osé mettre de papier
[autour.

PIERRE RINGEARD (lauréat 1998
du 1er Concours de poésie RATP).

DÉCLINAISON

Nominatif : moi
Génitif : mythe

Datif : mie
Vocatif : merde !
Accusatif : mue
Ablatif : mort

MICHEL LEIRIS, *Aurora*.

DÉCOLLETÉ

Elle était décolletée jusqu'« au nom du Fils ».

Anonyme

DÉCOR

« Venise n'est qu'un décor », dites-vous ? ! Moi aussi, extasié et macabre, et j'ai engendré des enfants.

CLAUDE ROLAND-MANUEL, *Un arbre en Afrique*.

DÉCORATION

Il était mal noté dans le village ayant attaché ses décorations au collier de son pékinois.

ACHILLE CHAVÉE, *Décoctions*.

Le major avait trois croix : on lui avait donné la première parce qu'il n'en avait point ; la deuxième parce qu'il en avait une ; et la troisième parce qu'il en avait deux.

LÉON GOZLAN

Les VIOLETTES : Nous sommes toutes officiers d'académie.

Les VIOLETTES BLANCHES : Raison de plus pour être modestes, mes sœurs.

Le POIREAU : Sans doute. Est-ce que je me vante ?

JULES RENARD, *Histoires naturelles*.

Les décorations sont des lettres de change tirées sur l'opinion publique.

ARTHUR SCHOPENHAUER, *Parerga et Paralipomena*.

DÉCOURAGEMENT

Ce matin, après avoir entendu un astronome parler de milliards de soleils, j'ai renoncé à faire ma toilette : à quoi bon se laver encore ?

EMIL MICHEL CIORAN, *Aveux et anathèmes*.

DÉCOUVERT

Croire tout découvert est une erreur [profonde ;
C'est prendre l'horizon pour les [bornes du monde.

A. LEMIERRE, *Utilité des découvertes*.

DÉCOUVERTE

Au point de perfection qu'atteint aujourd'hui la science, il est peu probable que de grandes découvertes restent à faire.

FRANÇOIS ARAGO, en 1848.

DÉDAIN

La belle femme se reconnaît au dédain.

Proverbe espagnol

DEDANS

La coque du coco est dure : la chair [un délice.
Pourquoi scruter le dehors quand le [pur est au-dedans ?

TOUKARAM

DÉDICACE

Un lecteur envoie à Aurélien Scholl un de ses livres à signer. Celui-ci le lui renvoie avec cette dédicace :

« À M. X. en souvenir du bon temps où nous ferons connaissance. »

« À ma femme sans l'absence de qui je n'aurais pas pu écrire ce livre. »

Anonyme

« À Alphonse Allais, avec le regret de ne pas l'avoir connu. »

Signé Voltaire

« À celle-là seule que j'aime et qui le sait bien. » (Dédicace commode, que je ne saurais trop recommander à mes confrères. Elle ne coûte rien et peut, du même coup, faire plaisir à cinq ou six personnes.)

ALPHONSE ALLAIS

L'inventeur des dédicaces n'a pu être qu'un mendiant.

ANTOINE FURETIÈRE

À Paul et Virginie
au tenon et à la mortaise
à la chèvre et au chou
à la paille et à la poutre
au dessus et au dessous du panier
à Saint-Pierre et à Miquelon
à la une et à la deux
à la mygale et à la fourmi
au zist et au zeste
à votre santé et à la mienne
au bien et au mal
à Dieu et au Diable
à Laurel et à Hardy.

JACQUES PRÉVERT,
« Écritures saintes », *Paroles.*

DÉFAUT

Celui-là n'aime pas véritablement qui n'aime pas jusqu'aux défauts de l'être aimé.

PEDRO CALDERÓN DE LA BARCA

Le sage a honte de ses défauts, mais n'a pas honte de s'en corriger.

CONFUCIUS

Il en est des défauts comme des phares d'une automobile, seuls ceux des autres nous aveuglent.

MAURICE DRUON

L'absence de défauts n'est pas une qualité, en choses d'art, et les qualités moyennes même n'y sont presque comptées que comme absence de défauts.

ÉMILE FAGUET,
Études littéraires du XVIIe siècle.

Il y a de petits défauts que l'on abandonne volontiers à la censure et dont nous ne haïssons pas à être raillés : ce sont de pareils défauts que nous devons choisir pour railler les autres.

JEAN DE LA BRUYÈRE, *Les Caractères.*

Chacun a son défaut, où toujours il
[revient
Honte ni peur n'y remédie.

JEAN DE LA FONTAINE,
L'Ivrogne et sa femme.

Nous n'avouons de petits défauts que pour persuader que nous n'en avons pas de grands.

FRANÇOIS DE LA ROCHEFOUCAULD,
Maximes.

Si nous n'avions point de défauts, nous ne prendrions pas tant de plaisir à en remarquer chez les autres.

FRANÇOIS DE LA ROCHEFOUCAULD,
Maximes.

Ce qui nous fait croire si facilement que les autres ont des défauts, c'est la facilité que l'on a de croire ce qu'on souhaite.

FRANÇOIS DE LA ROCHEFOUCAULD,
Maximes non publiées.

En amour, on plaît plutôt par d'agréables défauts.

NINON DE LENCLOS

Notre ridicule défaut national est de n'avoir pas de plus grand ennemi de nos succès et de notre gloire que nous-mêmes.

NAPOLÉON Ier.

Si les femmes n'avaient pas quelques jolis défauts, nous ne saurions ni par où les prendre ni comment les quitter.

P. J. STAHL

Pour la plupart des hommes, se corriger consiste à changer de défauts.

VOLTAIRE

DÉFILER

Les soldats qui défilent sous les arcs de triomphe sont ceux qui ont déserté la mort.

JEAN GIRAUDOUX,
La guerre de Troie n'aura pas lieu.

DÉFINIR

Définir, c'est entourer d'un mur de mots un terrain vague d'idées.

SAMUEL BUTLER

DÉFINITION

Il est probable qu'il existe un plus grand nombre de définitions de l'homme que d'aucun autre animal, et pour cause : n'est-ce pas lui qui donne les définitions ?

ÉRIC WEIL, *Logique de la philosophie*.

DE GAULLE

Tel est ce de Gaulle que vous haïssez ou que vous jugez de haut. Shakespeare, en quête de personnages, n'aurait trouvé que celui-là en France...

FRANÇOIS MAURIAC, *De Gaulle*.

Le général de Gaulle, c'est Jeanne d'Arc, en plus osseux, en moins jeune fille.

ALEXANDRE VIALATTE

DÉGOÛT

Je ne réponds pas d'avoir du goût, mais j'ai le dégoût très sûr.

JULES RENARD, *Journal*.

DEGRÉ

Monte d'un degré pour choisir ton ami, descends d'un degré pour choisir ta femme.

Talmud

DÉGUISEMENT

Il n'y a point de déguisement qui puisse longtemps cacher l'amour où il est, ni le feindre où il n'est pas.

FRANÇOIS DE LA ROCHEFOUCAULD, *Maximes*.

DÉGUISER

Si l'on avait autant de soin d'être ce qu'on doit être que de tromper les autres en déguisant ce que l'on est, on pourrait se montrer tel qu'on est, sans avoir la peine de se déguiser.

MME DE SABLÉ, *Maximes*.

DÉJEUNER

Il fit cette réflexion profonde, qu'un homme auquel on paye à déjeuner est un homme à moitié dompté.

JULES RENARD

On pardonne tout à un homme, sauf de ne pas déjeuner en ville.

JEAN ROSTAND, *Carnet d'un biologiste*.

Si vous voyiez mon âme, vous ne pourriez pas déjeuner

PAUL VALÉRY, *Tel quel*.

DÉJEUNER (petit)

Elle avait ce teint et cet éclat que seules peuvent produire quatre générations de petits déjeuners au lit.

ROGER NIMIER, cité par JEAN-CLAUDE GUILLEBAUD in *Nouvel Observateur*, novembre 1999.

DÉLICATESSE

Pour faire fortune, ce n'est pas de l'esprit qu'il faut, c'est de la délicatesse qu'il ne faut pas.

CHEVALIER DE BRUIX, *Réflexions diverses*.

DÉLICE

La chose la plus commune, dès qu'on nous la cache, devient un délice.

OSCAR WILDE, *Le Portrait de Dorian Gray*.

DÉLINQUANCE

La délinquance est toujours juvénile. Comme l'acné. Les jeunes grattent leur acné et délinquent à tout va.

CAVANNA, *Je l'ai pas lu... je l'ai pas vu*.

DÉLIT

Un délit généralisé devient bientôt un droit.

GUSTAVE LE BON, *Aphorismes du temps présent*.

DÉLUGE

En même temps que moi, le déluge.

LOUIS ARAGON

Le Déluge n'a pas réussi : il est resté un homme.

HENRY BECQUE

Déluge : première et remarquable expérience de baptême qui fit disparaître du monde tous les péchés et tous les pécheurs.

AMBROSE BIERCE,
Le Dictionnaire du Diable.

D., misanthrope plaisant, me disait à propos de la méchanceté des hommes : « Il n'y a que l'inutilité du premier Déluge qui empêche Dieu d'en envoyer un second. »

NICOLAS DE CHAMFORT,
Caractères et Anecdotes.

Il ne faut pas oublier que, le jour du Déluge, ceux qui savaient nager se noyèrent aussi.

RAMÓN GÓMEZ DE LA SERNA,
Greguerías.

Tous les méchants sont buveurs d'eau ;
C'est bien prouvé par le Déluge.

LOUIS-PHILIPPE, COMTE DE SÉGUR,
Chanson morale.

DEMAIN

Demain soufflera le vent de demain.

L'Almanach du marin breton

Demain, nous entrerons dans les
[froides ténèbres,
Adieu, vive clarté de nos étés trop
[courts.

CHARLES BAUDELAIRE,
Chant d'automne.

Nous sommes au futur. Voici demain qui règne aujourd'hui sur la terre.

RENÉ CHAR

Ah ! Demain c'est la grande chose !
De quoi demain sera-t-il fait ?
L'homme aujourd'hui sème la cause,
Demain Dieu fait mûrir l'effet.

VICTOR HUGO

Notre existence est l'addition de journées qui s'appellent toutes aujourd'hui [...]. Une seule journée s'appelle demain : celle que nous ne connaîtrons pas.

ARMAND SALACROU, *La Terre est ronde*.

Trois philosophes devisent :
« Chez nous, en Italie, quand on dit *domani* ça veut dire que les choses seront probablement faites dans les jours qui suivent.

— Chez nous, en Espagne, quand on dit *mañana*, c'est que rien ne sera fait avant longtemps ; peut-être même jamais.

— Je crains que nous n'ayons aucun mot dans notre langue qui exprime la même urgence », conclut l'Irlandais.

OSCAR WILDE

DEMANDER

L'homme de bien ne demande rien qu'à lui-même ; l'homme de peu demande tout aux autres.

CONFUCIUS

DÉMÉNAGEMENT

Trois déménagements valent un incendie.

BENJAMIN FRANKLIN,
Maximes pour l'almanach du pauvre Richard.

DÉMENTI

Ne croyez jamais une chose en politique aussi longtemps qu'elle n'a pas été démentie.

OTTO VON BISMARCK

DEMI-MONDE

On entend sans doute par demi-mondaine une femme qui se donne à un homme sur deux.

SACHA GUITRY

Le monde est à ceux qui se lèvent tôt. Le demi-monde à ceux qui se couchent tard.

WILLY

DÉMOCRATE

Le démocrate exige que tous les citoyens prennent le départ sur la même ligne. L'homme de droite estime qu'on devrait en arrêter quelques-uns en route. L'homme de gauche voudrait qu'ils finissent tous premier.

OSCAR WILDE

DÉMOCRATIE

Les démocraties ne peuvent pas plus se passer d'être hypocrites que les dictatures d'être cyniques.

GEORGES BERNANOS

La démocratie, savez-vous ce que c'est ? Le pouvoir pour les poux de manger les lions.

PHILIPPE BERTHELOT,
rapporté par PAUL MORAND.

La démocratie, c'est la moitié des cons plus un.

PHILIPPE BOUVARD, *Les Pensées*.

Lorsque nous serons tous coupables, ce sera la démocratie véritable.

ALBERT CAMUS

La démocratie, ce n'est pas la loi de la majorité, mais la protection de la minorité.

ALBERT CAMUS, *Carnets*, III.

Tout le rêve de la démocratie est d'élever le prolétaire au niveau de bêtise du bourgeois.

GUSTAVE FLAUBERT,
Lettre à George Sand.

Démocratie est le nom que nous donnons au peuple chaque fois que nous avons besoin de lui.

ROBERT DE FLERS et GASTON DE CAILLAVET,
L'Habit vert.

La démocratie est une bonne fille, mais pour qu'elle soit fidèle, il faut faire l'amour avec elle tous les jours.

ÉDOUARD HERRIOT

La démocratie, c'est quand on sonne chez vous à six heures du matin et que c'est le laitier.

HENRI JEANSON

En démocratie, la politique est l'art de faire croire au peuple qu'il gouverne.

LOUIS LATZARUS, *La Politique*.

Dans les démocraties, chaque génération est un peuple nouveau.

ALEXIS DE TOCQUEVILLE

Je respecte trop la démocratie pour risquer de la dérégler en votant.

ROLAND TOPOR

La démocratie, c'est l'oppression du peuple par le peuple.

OSCAR WILDE

DEMOISELLE

Les demoiselles de ce temps
Ont depuis peu beaucoup d'amants ;
On dit qu'il n'en manque à personne
L'année est bonne...

VINCENT VOITURE,
« Chanson », *Poésies*.

DÉMON

Le démon de mon cœur s'appelle *à quoi bon ?*

GEORGES BERNANOS,
cité par JACQUES RIGAUD.

Un démon ? C'est un ange qui a eu des malheurs ; un ange émigré.

ANTOINE DE RIVAROL,
Maximes et Pensées.

DÉNATALITÉ

Moins cruels qu'Ugolin qui dévorait ses enfants pour leur conserver un père, les hommes d'aujourd'hui se contentent de ne pas avoir d'enfants pour leur conserver des parents.

ALFRED SAUVY, *Bien-être et population*.

DENT

À quelqu'un qui lui disait : « Il ne faut pas se laver les dents, ça les déchausse ! » Tristan Bernard répondit : « À ce compte-là, il ne faut pas se laver les pieds non plus. Ça les déchausse bien davantage ! »

Chaque homme peut compter ses propres dents.

Proverbe italien

Il vaut mieux se laver les dents dans un verre à pied que les pieds dans un verre à dents.

GEORGES BIDAULT, à la tribune
de l'Assemblée nationale.

Elle rit à tout ce que vous dites. Pourquoi ? Parce qu'elle a de jolies dents.

BENJAMIN FRANKLIN

Ses dents ne font déjà plus partie de ses biens immobiliers.

JEAN-PAUL, *Être là dans l'existence*.

DENTIFRICE

Une fois que le dentifrice est sorti du tube, il est difficile de l'y faire rentrer.

H. R. HALDEMAN

Le dentifrice sent la bouche.

GEORGES WOLINSKI, *Pensées*.

DENTISTE

Un dentiste est un homme qui n'a jamais que deux doigts de propres.

JEAN-LOUIS FORAIN

DÉPART

Ce qui fait rester les femmes, c'est la peur qu'on soit tout de suite consolé de leur départ.

SACHA GUITRY,
Le Nouveau Testament.

DÉPASSER

Vouloir être de son temps, c'est être déjà dépassé.

EUGÈNE IONESCO,
Notes et contre-notes.

DÉPENSER

Il faut dépenser quand on est jeune l'argent qu'on aura quand on sera vieux.

SACHA GUITRY

DÉPRIME

La déprime, c'est quand, pour la première fois, tu n'arrives pas à la deuxième.

La grosse déprime, c'est quand, pour la deuxième fois, tu n'arrives pas à la première.

Cité par YVAN AUDOUARD.

DÉPUTÉ

Pendant longtemps, on n'a pas payé les députés. Depuis qu'on les paye, il ne paraît pas, tant s'en faut, qu'on obtienne une qualité supérieure.

ALPHONSE KARR, *Les Guêpes*.

DÉRAISON

J'ai toutes les raisons de l'aimer, il me manque la déraison.

ROBERT MALLET, *Apostilles*.

DÉRANGER

Rien ne doit déranger l'honnête
[homme qui dîne.

JOSEPH BERCHOUX, *La Gastronomie*.

DÉRANGER (se)

Les êtres ne se dérangent dans la vie que pour vous apporter des leçons, des signes ou des devoirs.

JEAN GIRAUDOUX

DERMATOLOGIE

Quelle est la meilleure des spécialités ? La dermatologie ; le malade ne meurt jamais et ne guérit pas.

HENRY LOUIS MENCKEN

DERNIÈRE

Dans toutes ses guerres, l'Angleterre gagne toujours une bataille : la dernière.

ELEFTHÉRIOS VENIZÉLOS

DERRIÈRE

Le coup de pied au derrière, l'un des mouvements les plus nobles de la colère occidentale, n'est qu'un vague reflet presque éteint de la véritable tradition du pal.

LÉON BLOY, *Le Pal*.

Voir CUL (coup de pied au).

C'est la manie des jeunes de mettre toute l'humanité dans un derrière, un seul, le sacré rêve, la rage d'amour.

LOUIS-FERDINAND CÉLINE,
Voyage au bout de la nuit.

Chaque livre a son point faible, comme chaque homme a un derrière.

JEAN-PAUL,
Être là dans l'existence.

Si, quand cet homme vous parle (il s'agit de Talleyrand), son derrière recevait un coup de pied, sa figure ne vous en dirait rien.

JOACHIM MURAT

DÉSAGRÉABLE

J'ai oublié qui recommandait pour le salut de notre âme de faire chaque jour deux choses désagréables... C'est un précepte que j'ai scrupuleusement suivi : chaque jour, je me lève, chaque jour, je me couche.

SOMERSET MAUGHAM

DESCENDRE

Pour descendre en nous-mêmes, il faut d'abord nous élever.

JOSEPH JOUBERT

DÉSERT

Peut-être Dieu a-t-il créé le désert pour que l'homme puisse se réjouir à la vue des palmiers.

PAULO COELHO,
L'Alchimiste.

La voix de celui qui crie dans le désert d'Arizona a bien peu de chance d'être entendue de ceux qui glandent dans les steppes de l'Asie centrale de Borodine.

PIERRE DAC,
Les Pensées.

Un écrivain est essentiellement un homme qui ne se résigne pas à la solitude. Chacun de nous est un désert.

FRANÇOIS MAURIAC

Ce qui embellit le désert, dit le Petit Prince, c'est qu'il cache son puits quelque part.

ANTOINE DE SAINT-EXUPÉRY
Le Petit Prince.

Le marchand de sable ne fait pas fortune dans le désert.

ALEXANDRE VIALATTE,
Les Proverbes bantous.

Le désert est la seule chose qui ne puisse être détruite que par construction.

BORIS VIAN

DÉSESPOIR

Je mets dans l'amour un seul espoir : l'espoir du désespoir. Tout le reste est littérature.

BLAISE CENDRARS

Un désespoir d'amour n'est éternel que si l'on meurt tout de suite.

JACQUES DEVAL,
Afin de vivre bel et bien.

Le désespoir est le prix qu'il faut payer lorsqu'on s'est fixé un but impossible.

GRAHAM GREENE

Cependant, je vous remercie dans le fond de mon cœur du désespoir que vous me causez, et je déteste la tranquillité où j'ai vécu avant que je vous connusse.

GUILLERAGUES,
Lettres de la religieuse portugaise.

L'homme ne désespérerait pas s'il n'espérait.

GIACOMO LEOPARDI

Ne désespérez jamais. Faites infuser davantage.

HENRI MICHAUX,
Tranches de savoir.

Elle portait beaucoup trop de rouge et pas assez de vêtements ; ce qui est toujours chez une femme un signe de désespoir.

OSCAR WILDE

DÉSIR

La vraie patrie des hommes, c'est leur désir.

LÉON BLOY

Nos désirs sont les pressentiments des possibilités qui sont en nous.

WOLFGANG VON GOETHE

Un jour vient où vous manque une seule chose et ce n'est pas l'objet de votre désir, c'est le désir.

MARCEL JOUHANDEAU, *Réflexions sur la vieillesse et la mort*.

La vie, ce n'est pas la prise, c'est le désir.

HENRY DE MONTHERLANT, *Aux fontaines du désir*.

Le désir fleurit, la possession flétrit toute chose.

MARCEL PROUST

Le désir qui naît de la joie est plus fort que le désir qui naît de la tristesse.

BARUCH SPINOZA, *L'Éthique*.

DÉSIRADE

Je ne veux jamais l'oublier
Ma colombe ma blanche rade
Ô marguerite exfoliée
Mon île au loin ma Désirade
Ma rose mon giroflier.

GUILLAUME APOLLINAIRE, *Alcools*.

DESPOTIQUE

Quand les sauvages de la Louisiane veulent avoir du fruit, ils coupent l'arbre au pied et cueillent le fruit. Voilà le gouvernement despotique.

CHARLES DE MONTESQUIEU, *L'Esprit des lois*.

DESPOTISME

Quand le despotisme est dans les lois, la liberté se trouve dans les mœurs et vice versa.

HONORÉ DE BALZAC, *La Peau de chagrin*.

DESSIN

Je ne suis ni dessinateur ni peintre ; mes dessins sont de l'écriture dénouée et renouée autrement.

JEAN COCTEAU, *Dessins*.

Le dessin est la probité de l'Art.

JEAN AUGUSTE DOMINIQUE INGRES

DESSOUS

Souvent il n'y a rien dessus, tout est dessous. Cherchez !

PARACELSE

DESTIN

Destin
Va où tu veux,
Meurs où tu dois.

Vieille sentence

Mon enfant, tu es mort en naissant
J'envie ton destin
Tu ne sais pas ce qu'il y a
Entre le berceau et la tombe.

Coplería Flamenca, traduit par Robert J. Vidal.

Nous sommes à l'époque où les destins veulent changer de chevaux.

LORD BYRON, phrase citée par LIONEL JOSPIN en conclusion du débat qui l'opposait à Jacques Chirac, le 2 mai 1995, quelques jours avant les élections présidentielles.

— Je ne sais pas ce qu'est le destin.
— Je vais te le dire : c'est simplement la forme accélérée du temps. C'est épouvantable !

JEAN GIRAUDOUX, *La guerre de Troie n'aura pas lieu*.

DESTINÉE

Il y a des destinées à secret ; moi, j'ai la clef de la mienne, et j'ouvre mon énigme.

VICTOR HUGO, *L'Homme qui rit*.

J'approche tout doucement du moment où les philosophes et les imbéciles ont la même destinée.

VOLTAIRE

DÉSUÉTUDE

Il faut encourager les efforts contre la désuétude des mots dignes d'être conservés.

ÉMILE LITTRÉ

DÉTAIL

Je meurs en détail dans tous ceux qui m'aiment.

JEAN-JACQUES ROUSSEAU, *À M. Moulton.*

DÉTESTATION

La détestation des grands est une louange involontaire des petits.

CHARLES DICKENS, *A Tale of Two Cities.*

DÉTRUIRE

On ne détruit que ce que l'on remplace.

LÉON JOUHAUX

Les enfants cassent des vitres et brisent des chaises, lorsqu'ils sont hors de la présence de leurs maîtres... Est-ce seulement le plaisir de détruire ? ou n'est-ce pas plutôt que les âmes faibles attachent à la destruction une idée d'audace et de puissance ?

LUC DE VAUVENARGUES, *Maximes et Réflexions.*

DETTE

C'était une de ces âmes fières et délicates qui ne se résignent pas à la gratitude et préfèrent ne devoir que de l'argent.

TRISTAN BERNARD, *Féerie bourgeoise.*

« Les dettes aujourd'hui, quelque
[soin qu'on emploie,
Sont comme les enfants que l'on
[conçoit en joie,
Et dont avecque peine on fait
[l'accouchement. »

MOLIÈRE, *L'Étourdi*, acte I, scène 5.

DEUIL

De l'union d'un veuf et d'une veuve naît un enfant habillé en deuil.

RAMÓN GÓMEZ DE LA SERNA, *Greguerías.*

Trop de crêpes, trop d'étoffes noires. La tristesse est à l'extérieur.

JEAN MISTLER, *Bon poids.*

Afficher sa peine après un deuil ne se fait plus guère aujourd'hui chez les gens élégants. Quelques veuves tiennent encore cependant à coucher exclusivement avec des Noirs pendant un an.

P.J. O'ROURKE

À l'ouïr sangloter et les nuits et les
[jours
On jugea que son deuil ne lui
[durerait guère.

CHARLES PERRAULT, *Peau d'âne.*

DEUX

Deux fois : une fois de trop.

AMBROSE BIERCE, *Le Dictionnaire du Diable.*

Vous savez que le pape est le frère de la reine d'Angleterre ? Jean-Paul et Élisabeth, ils ont tous les deux le même nom de famille : II !

COLUCHE, *Et vous trouvez ça drôle !*

Quoi de plus commun que de se croire deux nez au visage, et de se moquer de celui qui se croit deux trous au cul.

DENIS DIDEROT, *Les Bijoux indiscrets.*

DÉVEINE

Avec cette scoumoune que je me tiens, il suffit que le bon Dieu il envoie un zob sur la terre, direc' dans le cul qu'il me rentre !

Cité par YVAN AUDOUARD, *Liqueurs fortes.*

DEVENIR

On devient ce que l'on est, et cela sans même le vouloir et malgré toute volonté adverse.

REMY DE GOURMONT, *La Culture des idées.*

Tu dois devenir l'homme que tu es.. Fais ce que toi seul peut faire... Deviens sans cesse celui que tu es, sois le maître et le sculpteur de toi-même.

FRIEDRICH NIETZSCHE

DEVINER

On ne devine que ce qu'on savait à son insu.

GILBERT CESBRON, *Journal sans date*.

Ce que j'ai appris, je ne le sais plus. Le peu que je sais encore, je l'ai deviné.

NICOLAS DE CHAMFORT, *Maximes et Pensées*.

De profession à profession, on se devine, et de vice à vice aussi.

MARCEL PROUST, *À la recherche du temps perdu*.

DEVINETTE

— Avec quoi ramasse-t-on les papayes ?

— Avec une foufourche.

Anonyme

— Quelle différence y a-t-il entre une paire de seins et un train électrique ?

— Aucune, les deux sont faits pour les enfants et ce sont les papas qui s'en servent.

Anonyme

— Quel est le liquide dont les ménagères se servent tous les jours et qui ne gèle jamais ?

— C'est l'eau chaude !

Devinette helvétique

— Quelle différence y a-t-il entre Paris et une jeune fille ?

— Paris sera toujours Paris.

FRANCIS CLAUDE

— Comment peut-on distinguer une concierge d'un oléoduc ?

— La pipelette s'appelle Pauline et le pipeline s'appelle Paulette.

PIERRE DESPROGES, *La minute nécessaire de M. Cyclopède*.

DEVISE

Fuge — tasce — quiesce.
(Fuis — tais-toi — sois en repos.)

Devise écrite sur les murs de la Grande-Chartreuse.

Aimez-moi les uns les autres.

BERTHE CERNY, comédienne qui fut la maîtresse – entre autres – d'Aristide Briand.

Un pour tous, tous pour un, et vingt-cinq pour cent.

PIERRE DAC, devise de *L'Os à moelle*.

Ostinato rigore.
(Par une rigueur obstinée)

LÉONARD DE VINCI

Souviens-toi de te méfier.

PROSPER MÉRIMÉE

Duc je ne daigne
Roi je ne puis
Prince de Bretaigne
De Rohan je suis.

Devise de la famille de ROHAN.

La devise des Kennedy : « Ne pas se laisser abattre. »

SAN-ANTONIO

Pour une bibliothèque :
« PLVS ELIRE QVE LIRE ».

PAUL VALÉRY, *Mélange*.

DEVOIR

Dans les crises politiques, le plus difficile pour un honnête homme n'est pas de faire son devoir, mais de le connaître.

VICOMTE LOUIS DE BONALD, *Considérations sur la Révolution française*.

Le devoir, l'honneur ! Des mots à qui l'on fait dire ce qu'on veut, comme aux perroquets.

ALFRED CAPUS, *Mariage bourgeois*.

Tout ce qui s'est fait de grand dans le monde s'est fait au cri du devoir ; tout ce qui s'y est fait de misérable s'est fait au nom de l'intérêt.

HENRI LACORDAIRE

Si tu veux être sûr de faire toujours ton devoir, fais ce qui t'est désagréable.

JULES RENARD, *Journal*.

C'est quelquefois bien pénible de faire son devoir, et cela ne l'est jamais autant que de ne l'avoir pas fait.

ANTOINE DE RIVAROL

On dit que, chez les mahométans, un homme passe au point du jour dans les rues pour ordonner aux maris de rendre le devoir à leurs femmes. Je serais un mauvais Turc à ces heures-là.

JEAN-JACQUES ROUSSEAU, *Les Confessions*, livre V.

DÉVOT

Un dévot est celui qui, sous un roi athée, serait athée.

JEAN DE LA BRUYÈRE, *Les Caractères*.

« Ah ! pour être dévot, je n'en suis [pas moins homme... »

MOLIÈRE, *Tartuffe*, acte III, scène 3.

Ils se sont faits dévots de peur de n'être rien.

VOLTAIRE

DÉVOUEMENT

Le dévouement est la plus belle coiffure d'une femme.

EUGÈNE LABICHE, *Un chapeau de paille d'Italie*.

DIABÈTE

Le catholicisme faillit s'installer dans l'Île, au début du siècle ; malheureusement, des bergers... arriérés et ayant un coupable penchant pour les friandises, apprirent que le missionnaire avait du diabète et le consommèrent.

SAN-ANTONIO, *L'Île des malotrus*.

DIABLE

Le diable c'est l'ami qui ne reste jamais jusqu'au bout.

GEORGES BERNANOS, *Monsieur Ouine*.

Le diable, c'est la quatrième dimension des églises.

MALCOLM DE CHAZAL

Le diable représente en quelque sorte les défauts de Dieu. Sans le diable, Dieu serait inhumain.

JEAN COCTEAU, *Opium*.

Le diable est pur, parce qu'il ne peut faire que le mal.

JEAN COCTEAU.
Attribué aussi à Jacques Maritain.

Belzébuth n'est peut-être rien d'autre que le plus beau des zébus.

RAMÓN GÓMEZ DE LA SERNA, *Greguerías*.

Il faut que la queue du diable lui soit soudée, chevillée et vissée à l'échine d'une façon bien triomphante pour qu'elle résiste à l'innombrable multitude de gens qui la tirent perpétuellement.

VICTOR HUGO, *Lucrèce Borgia*.

Les hommes recouvrent leur diable du plus bel ange qu'ils puissent trouver.

MARGUERITE D'ANGOULÊME, *Heptaméron*.

DIAGNOSTIC

Ou cet homme est mort, ou ma montre est arrêtée.

GROUCHO MARX

DIAMANT

Si les femmes aiment les diamants, c'est peut-être parce qu'ils ressemblent à des larmes.

MARCEL ACHARD

Le plus grand hommage que l'on puisse faire d'un diamant, c'est de l'appeler un solitaire.

JULES BARBEY D'AUREVILLY

Les diamants sont les meilleurs amis des filles.

LEO ROBIN
(auteur américain de chansons).

Chez nous, les mots du français rayonnent de mille feux comme des diamants, des fusées qui éclairent notre nuit.

LÉOPOLD SÉDAR SENGHOR, *Éthiopiques*.

DIARRHÉE

Mais, dans un climat aussi abominable que le leur, ils ne peuvent échapper à toutes les maladies. La diarrhée des Ourgouilles est célèbre dans tout l'ouest. C'est une diarrhée avec autophagie. L'homme est digéré et évacué au fur et à mesure par son propre intestin.

HENRI MICHAUX,
Voyage en Grande Garabagne.

DICTATURE

Il n'y a pas de dictature de transition.

ROBERT ARON, *La Révolution nécessaire*.

Un peuple est pacifique aussi longtemps qu'il se croit assez riche et redouté pour installer sournoisement sa dictature économique.

GEORGES BERNANOS, *Courrier*.

Lorsque l'on considère que le produit du travail et des lumières de trente ou quarante siècles a été de livrer trois cent millions d'hommes répandus sur le globe à une trentaine de despotes, la plupart ignorants et imbéciles, dont chacun est gouverné par trois ou quatre scélérats, quelquefois stupides, que penser de l'humanité et qu'attendre d'elle à l'avenir ?

NICOLAS DE CHAMFORT,
Maximes et Pensées.

Les dictatures sont comme le supplice du pal : elles commencent bien et elles finissent fort mal.

GEORGES CLEMENCEAU

Le premier élément d'une dictature est une force militaire permanente, comme le premier élément d'un civet est un lièvre.

GUSTAVE PAUL CLUSERET,
in *Le Nouveau Dictionnaire des citations françaises*.

La dictature est la forme la plus complète de la jalousie.

CURZIO MALAPARTE

La dictature n'est rien d'autre qu'une machine à fabriquer du passé avec de l'avenir.

PIERRE MERTENS, *Terre d'asile*.

Un dictateur qui meurt, c'est une banque suisse qui ferme.

Cité par GÉRARD MILLER
in *Changement de direction*,
France-Inter, 4.11.96.

DICTÉE

Auriez-vous la sottise de désirer que vos vers fussent des sujets de dictées dans les petites écoles.

HORACE, *Satires*, X.

Des moutons... des moutons... étaient en sûreté dans un parc. Des moutons... moutons... Voyons, mon enfant, faites un effort. Je dis ***moutonsse***. Étaient... ***étai-eunt***. C'est-à-dire qu'il n'y avait pas qu'un ***moutonne***. Il y avait plusieurs ***moutonsse***.

MARCEL PAGNOL, *Topaze*, acte I, scène 1.

DICTIONNAIRE

Dans cent ans, je serai réduit à deux lignes dans un dictionnaire à la lettre A. C'est mieux que d'être à la lettre W où l'on relègue des inconnus comme Orson Welles.

WOODY ALLEN,
magazine *Lui*, mars 1996.

Dictionnaire : douteux dispositif académique destiné à entraver l'évolution d'un langage et à en scléroser le fonctionnement.

AMBROSE BIERCE,
Le Dictionnaire du Diable.

Un chef-d'œuvre de la littérature n'est jamais qu'un dictionnaire en désordre.

JEAN COCTEAU, *Le Potomak*.

À bien prendre les choses, le dictionnaire est le livre par excellence : tous les autres livres sont dedans, il ne s'agit plus que de les en tirer.

ANATOLE FRANCE,
La Vie littéraire.

Un dictionnaire, c'est tout l'univers par ordre alphabétique.

ANATOLE FRANCE

Elle m'avait dit un jour : « Chéri, est-ce que tu savais qu'*oroscope*, *idrogène*, *ipocrite* et *arpie* ne sont pas dans le dictionnaire ? »

SACHA GUITRY, *Elles et toi*.

Tous les mots apparaissent dans notre dictionnaire un jeudi, puisque c'est ce jour-là que les prostatectomisés en habit vert branlent du chef sous la Coupole pour marquer qu'ils acceptent d'introduire un mot dans le dictionnaire, ce qui est bien la dernière chose qu'ils puissent introduire.

PHILIPPE MEYER, *Portraits acides et autres pensées édifiantes*.

Dans le dictionnaire de l'Académie, on ne trouve pas ce qu'on ne sait point ; mais on n'y trouve pas ce qu'on sait.

ANTOINE DE RIVAROL

Le seul lieu où le « succès » précède le « travail » est le dictionnaire.

VIDAL SASSOON

Un dictionnaire est comme une montre ; il vaut mieux en avoir un que pas du tout, mais le meilleur n'est jamais tout à fait exact.

GEORGE BERNARD SHAW

Tout est prédit par le dictionnaire.

PAUL VALÉRY

Les dictionnaires sont de bien belles choses. Ils contiennent tout. C'est l'Univers en pièces détachées. Dieu lui-même, qu'est-ce, au fond, qu'un Larousse plus complet ?

ALEXANDRE VIALATTE

Je crois qu'il faudra dorénavant tout mettre en dictionnaire. La vie est trop courte pour lire de suite tant de gros livres. Malheur aux longues dissertations !

VOLTAIRE

Voir aussi LIVRE (Jacques Drillon).

DIEU

Dieu est le seul Dieu : il n'y a point d'autre Dieu que Lui, le Vivant, l'Immuable. Ni l'assoupissement, ni le sommeil n'ont de prise sur Lui. Tout ce qui est dans les cieux et sur la terre Lui appartient.

Coran

Dieu voit celui qui le voit.

Maxime de sagesse égyptienne

Dieu créa le désert, puis, furieux, Il lui jeta des pierres.

Proverbe arabe

On ne parle plus de Dieu à quelqu'un qui a les pieds froids.

Proverbe espagnol

Si quelque chose pouvait prouver qu'il y a un dieu, ce serait l'ordre plutôt que le désordre, et le retour constant des jours et des saisons, plutôt que le spectacle d'un homme marchant sur la mer.

ALAIN, *Propos*, II.

Avant de prendre congé de ses hôtes, Dieu convint, de la meilleure grâce du monde, qu'il n'existait pas.

ALPHONSE ALLAIS, *Le Courrier français*.

Non seulement Dieu n'existe pas, mais essayez donc de trouver un plombier pendant le week-end.

WOODY ALLEN

Seul Dieu parle bien de Dieu.

SAINT AUGUSTIN

Dieu ne parle pas, mais Sa voix est distincte ; Il éclaire peu mais Sa lumière est pure.

SAINT AUGUSTIN

Si tu Le comprends, ce n'est pas Dieu !
(*Si comprehendisti, non est Deus*).

SAINT AUGUSTIN

Il n'y a que Dieu seul qui soit pleinement content de Soi-même, et de qui il faille parler en termes si hauts et si magnifiques ; il n'y a que Lui qui, étant riche de Sa propre essence, jouisse d'une solitude bienheureuse et abondante en toutes sortes de biens [...]. Les hommes, au contraire, ne peuvent ni vivre, ni bien vivre, ni être hommes, ni être heureux les uns sans les autres. [...] Chaque particulier n'est pas assez de n'être qu'un, s'il n'essaie de se multiplier en quelque sorte par le secours de plusieurs.

GUEZ DE BALZAC, *Aristippe ou de la Cour*.

Mais que foutait Dieu avant la Création ?

SAMUEL BECKETT

Si Dieu efface, c'est qu'Il s'apprête à écrire.

JACQUES BÉNIGNE BOSSUET,
cité par J.A. CALVET
et J. TRUCHET in *Bossuet*.

Si tu ne trouves pas Dieu en toi, laisse-le où Il se trouve.

JOÉ BOUSQUET, *Langage entier*.

Quand Il a pétri la Terre, Dieu a fait une grosse boulette.

ALEXANDRE BREFFORT

Dieu est un vieux monsieur qui adore se faire prier.

ALEXANDRE BREFFORT

La volonté de grandeur de Dieu le Père ne dépasse pas 4 810 mètres en France, altitude prise au-dessus du niveau de la mer.

ANDRÉ BRETON

On a beaucoup parlé de la face de Dieu. Jamais de Son profil.

JEAN-CLAUDE BRISVILLE
cité par DOURNON, *Le Grand Dictionnaire des citations françaises*.

Je vais m'allonger dans le parc et pleurer : « Pourquoi m'as-tu donné la conscience de ce que je dois mourir un jour ? » Et Dieu me répond : « S'il te plaît ! J'ai des milliards de Chinois qui me demandent et je n'ai pas le temps de te répondre ! » D'accord, d'accord. Dieu est comme un serveur dans un restaurant juif, il a trop de tables.

MEL BROOKS

Dieu écrit droit avec des lignes courbes.

PAUL CLAUDEL

Ce n'est pas ma faute si Dieu existe.

PAUL CLAUDEL, *Contacts*.

Dieu est pour l'homme, la religion pour la femme.

JOSEPH CONRAD, *Des souvenirs*.

Je ne vois pas assez Dieu pour l'aimer au-dessus de toutes choses et vois beaucoup trop mon prochain pour l'aimer comme moi-même.

MARQUISE DE CRÉQUI

Dieu est sans phrases.

JOSEPH DELTEIL

Dieu, hostie ou pas, est un plat qui se mange froid.

PIERRE DESPROGES

Il y a des gens dont il ne faut pas dire qu'ils craignent Dieu, mais bien qu'ils en ont peur.

DENIS DIDEROT, *Pensées philosophiques*.

Le Dieu des chrétiens est un père qui fait grand cas de ses pommes et fort peu de ses enfants.

DENIS DIDEROT,
Addition aux Pensées philosophiques.

Si Dieu est mort, alors, tout est permis.

FEDOR DOSTOÏEVSKI

J'ai vu Dieu : Elle est noire, communiste et lesbienne.

ANNE-MARIE FAURET

L'homme a créé des dieux ; l'inverse reste à prouver.

SERGE GAINSBOURG

Ne souhaite pas, Nathanaël, trouver Dieu ailleurs que partout.

ANDRÉ GIDE,
Les Nourritures terrestres, livre I, chap. I.

Dieu n'a pas prévu le bonheur pour ses créatures ; il n'a prévu que des compensations.

JEAN GIRAUDOUX, *Intermezzo*.

Dieu... tient-il tellement à ce que nous parlions de lui ? Ne préfère-t-il pas être un secret à une divulgation ?

JEAN GIRAUDOUX, *Littérature*.

Est-ce que Dieu existe ? [...] si tu crois en Lui, Il existe ; si tu n'y crois pas, Il n'existe pas.

MAXIME GORKI, *Les Bas-fonds*.

Dieu est toujours l'être que l'on fabrique soi-même, avec ses mains, avec son esprit, et que l'on sait vrai et que l'on aime, à cause de cela.

REMY DE GOURMONT,
Les Pas sur le sable.

Dieu est derrière tout, mais tout cache Dieu.

VICTOR HUGO

Vous qui pleurez, venez à ce Dieu,
[car Il pleure.
Vous qui souffrez, venez à Lui, car
[Il guérit.
Vous qui tremblez, venez à Lui, car
[Il sourit.
Vous qui passez, venez à Lui, car
[Il demeure.

VICTOR HUGO, « L'Âme en fleur », III,
Les Contemplations.

On ne peut pas dire : Dieu est honnête, Dieu est vertueux, Dieu est chaste, Dieu est sincère.

Mais on peut dire : Dieu est juste, Dieu est bon, Dieu est grand, Dieu est vrai.

Pourquoi ?

Parce que : honnêteté, vertu, chasteté, sincérité, c'est le relatif.

Et que : justice, bonté, grandeur, vérité, c'est l'absolu.

Pourquoi ne peut-on pas dire de Dieu qu'il est vertueux ?

Parce qu'il est parfait.

VICTOR HUGO, *Tas de pierres*.

Dieu n'est pas compatible avec les machines, la médecine scientifique et le bonheur universel.

ALDOUS HUXLEY,
Le Meilleur des mondes.

Dieu est le point tangent de zéro et de l'infini.

ALFRED JARRY, *Gestes et Opinions du docteur Faustroll, pataphysicien*.

Dieu est le plus court chemin du zéro à l'infini, dans un sens ou dans l'autre.

ALFRED JARRY, *Gestes et opinions du docteur Faustroll, pataphysicien*.

Dieu est le lieu où je ne me souviens plus du reste.

JOSEPH JOUBERT, *Pensées*.

Dieu est grand et moi aussi.

MARCEL JOUHANDEAU,
Algèbre des valeurs morales.

Je crois au Dieu qui a fait les hommes, et non au Dieu que les hommes ont fait.

ALPHONSE KARR

L'impossibilité où je suis de prouver que Dieu n'est pas me découvre Son existence.

JEAN DE LA BRUYÈRE,
« Des esprits forts », *Les Caractères*.

Seul Dieu a le droit de tuer son semblable.

EUGÈNE LABICHE

Quand on se met à parler de Dieu, ce n'est déjà plus de Dieu que l'on parle.

JULES LAGNEAU,
cité par JACQUES JULLIARD in
Le Nouvel Observateur, 24 septembre 1998.

Si Dieu apparaît le plus souvent aux femmes, c'est qu'Il tient à leur faire part d'un mystère qu'Il veut rendre public.

NINON DE LENCLOS

Dieu créa l'homme à son image, dit la Bible ; les philosophes font le contraire, ils créent Dieu à la leur.

GEORG CHRISTOPH LICHTENBERG,
Aphorismes.

Dieu n'est-il pas un extrémiste de l'amour ?

MARTIN LUTHER KING

Si j'étais Dieu, j'aurais pitié du cœur des hommes.

MAURICE MAETERLINCK, *Pelléas et Mélisande*.

Dieu ne parle pas, mais Sa voix est distincte ; Il éclaire peu, mais Sa lumière est pure.

NICOLAS MALEBRANCHE, *De la recherche de la vérité*.

S'il y avait un dieu créateur et responsable, c'est lui qui aurait à comparaître devant l'homme et à se justifier.

ROGER MARTIN DU GARD, *Lieutenant-colonel de Maumort*.

Dieu est vivant et en bonne santé. Il est actuellement au travail sur un projet moins ambitieux.

ROGER MINNE, *Rumeurs sur Andromède*.

L'homme est bien insensé. Il ne saurait forger un ciron et forge des dieux à douzaines.

MICHEL DE MONTAIGNE, *Essais*, livre II, chap. XII.

Un homme disait : je n'aime point Dieu parce que je ne Le connais pas, ni le prochain parce que je le connais.

CHARLES DE MONTESQUIEU

Si Dieu existait, j'en serais la première avertie.

ANNA DE NOAILLES

Je ne puis pardonner à Descartes : il aurait bien voulu dans toute sa philosophie se pouvoir passer de Dieu, mais il n'a pu s'empêcher de lui faire donner une chiquenaude pour mettre le monde en mouvement ; après cela, il n'a plus que faire de Dieu.

BLAISE PASCAL, *Pensées*.

C'était un homme sage celui qui inventa Dieu.

PLATON

On ne peut rien dire de Dieu, même qu'Il n'existe pas.

RAYMOND QUENEAU, *Journal*.

Dieu est modeste. Il n'ose pas se vanter d'avoir créé le monde.

JULES RENARD, *Journal*.

Dieu n'a pas mal réussi la nature, mais Il a raté l'Homme.

JULES RENARD, *Journal*.

Non seulement le Dieu des hommes est un homme ; mais le Dieu des Juifs était juif, celui du Japon est japonais... etc.

ANTOINE DE RIVAROL, *Maximes et Pensées*.

Dieu, ce dépotoir de nos rêves.

JEAN ROSTAND, *Carnet d'un biologiste*.

Si Dieu existait, il n'y aurait pas de méchants, il n'y aurait que des maladroits.

JEAN ROSTAND, *Carnet d'un biologiste*.

Que m'importe que Dieu n'existe pas. Dieu donne à l'homme de la divinité.

ANTOINE DE SAINT-EXUPÉRY, *Carnets*.

Pourquoi nous attaquer à Dieu lui-même ? Il est aussi malheureux que nous pouvons l'être. Depuis la mort de son pauvre fils, il n'a plus de goût à rien et mange du bout des dents.

ERIK SATIE, cité par ORNELLA VOLTA in *Erik Satie*.

Dieu est-Il le rêve de l'Humanité ? Ce serait trop beau. L'Humanité est-elle le rêve de Dieu ? Ce serait abominable.

ARTHUR SCHNITZLER, *Relations et solitudes*.

Voyons, si Dieu n'existait pas comment aurait-il eu un fils ?

AURÉLIEN SCHOLL

Après tout, qu'est Dieu ? un enfant éternel jouant à un jeu éternel dans un éternel jardin.

SRÎ AUROBINDO, *Aperçus et pensées*.

Ce qui excuse Dieu, c'est qu'il n'existe pas.

STENDHAL

À la façon dont Il nous a traitées, on voit bien que Dieu est un homme.

MME DE TENCIN

Dieu a tout fait de rien, mais le rien perce.

PAUL VALÉRY

Dieu se dissimule comme le loup de la devinette qui se cache dans sa propre image au milieu des branches du pommier. On ne voit plus que Lui quand on L'a découvert. D'autres ne voient jamais que le pommier.

ALEXANDRE VIALATTE, *Antiquité du Grand Chosier*.

Si Dieu n'avait pas existé, il n'aurait pas été nécessaire de l'inventer.

VOLTAIRE

Un capucin disait : Dieu a mis sagement la mort après la vie ; car s'Il avait mis la mort devant, on n'aurait pas le temps de faire pénitence.

VOLTAIRE, *Le Sottisier*.

DIFFÉRENCE

— Quelle différence y a-t-il entre une Flamande et une paire de charentaises ?

— Il n'y en a pas. On est bien dedans, mais on ne saurait sortir avec.

Proverbe wallon

Un orateur de Hyde Park déclare : « Après tout, il n'y a pas de grande différence entre les hommes et les femmes » ; un loustic lui répond : « Hourra pour la petite différence ! »

ALFRED FABRE-LUCE, *Les mots qui bougent*.

Il y a peu de différence entre un homme et un autre, mais c'est cette différence qui est tout.

WILLIAM JAMES

Je trouve autant de différence de nous à nous-mêmes que de nous à autrui.

MICHEL DE MONTAIGNE, *Essais*.

DIFFÉRENT

On est quelquefois aussi différent de soi-même que des autres.

FRANÇOIS DE LA ROCHEFOUCAULD, *Réflexions ou Sentences et Maximes morales*.

DIFFICILE

Le plus difficile au monde est de dire en y pensant ce que tout le monde dit sans y penser.

ALAIN, *Histoire de mes pensées*.

DIFFICULTÉ

Ce n'est pas parce que les choses sont difficiles que nous n'osons pas, c'est parce que nous n'osons pas qu'elles sont difficiles.

SÉNÈQUE

DIGESTION

On ne vit pas de ce que l'on mange, mais de ce que l'on digère.

ALEXANDRE DUMAS PÈRE

DIGNITÉ

S'il tient à préserver une quelconque dignité spirituelle, l'homme doit négliger son statut de contemporain.

EMIL MICHEL CIORAN

DIMANCHE

Ce qu'il y a de meilleur dans le dimanche, c'est encore le samedi soir.

GILBERT CESBRON

J'ai passé un an dans cette ville [anglaise] — un dimanche.

WARWICK DEEPING

Quand on est mort, c'est tous les jours dimanche.

JEAN DOLENT

Je sais pourquoi je déteste le dimanche : c'est parce que des gens occupés à rien se permettent d'être oisifs comme moi.

JULES RENARD

DINDE

La dinde de Noël n'était pas assez cuite, elle s'envola par la fenêtre.

JEAN-LOUIS FOURNIER,
Grammaire française et impertinente.

DINDON

Le dindon est un animal ridicule : il y en a peut-être trop pour un ; mais il n'y en a pas assez pour deux.

VICTOR HUGO

DÎNER

Il y a des familles où l'on semble entretenir soigneusement des parents malades pour refuser les invitations à dîner.

TRISTAN BERNARD

Tout s'arrange en dînant dans le
[siècle où nous sommes
Et c'est par des dîners qu'on
[gouverne les hommes.

CASIMIR DELAVIGNE,
L'École des vieillards.

Cela crée une obligation de dîner chez quelqu'un : on est obligé d'en dire du mal en sortant.

EDMOND et JULES DE GONCOURT,
Journal.

En province et surtout dans les bonnes villes du midi, où l'on fait excellente chère, un grand dîner est une affaire d'État. On en parle trois mois d'avance et la digestion en dure six semaines.

GRIMOD DE LA REYNIÈRE

Il faut la même intelligence pour ranger une armée en bataille et pour ordonner un dîner. L'une doit être le plus possible redoutable, et l'autre agréable aux convives.

PAUL ÉMILE (général romain).

DINOSAURE

Le musée de l'État de New York a trouvé une chaussure de ma femme. En se basant sur ses dimensions, ils ont construit un dinosaure.

WOODY ALLEN

DIPLOMATE

Il y a deux sortes de diplomates : ceux qui lisent les journaux et qui en savent autant que nous, et ceux qui ne lisent pas les journaux et qui ne savent rien.

ÉDOUARD HERRIOT

Les diplomates trahissent tout excepté leurs émotions.

VICTOR HUGO

Il n'y a pas plus de rectitude dans le caractère et l'activité d'un diplomate que dans un tire-bouchon.

JEAN-PAUL, *Être là dans l'existence.*

Un diplomate qui s'amuse est moins dangereux qu'un diplomate qui travaille.

GEORGES DE PORTO-RICHE,
Le Passé.

Un diplomate est quelqu'un qui peut vous dire d'aller au diable, de telle manière qu'il vous tarde de faire le voyage.

CASKIE SCINNET, *Out of the Red,*
cité par A. DAG'NAUD et O. DAZAT in
Dictionnaire inattendu des citations.

Un bon diplomate, c'est quelqu'un qui peut égorger son voisin sans qu'il s'en aperçoive.

TRYGVE LIE
(secrétaire général de l'ONU).

DIPLOMATIE

Là où la diplomatie a échoué, il reste la femme.

Proverbe arabe

La diplomatie, c'est la police en grand costume.

BONAPARTE

La diplomatie est l'art de faire durer indéfiniment les carreaux fêlés !

CHARLES DE GAULLE, *Note sur un carnet de 1920*, cité par MARCEL JULLIAN.

DIPLÔME

Dans les toilettes d'une université, quelqu'un avait écrit sur le distributeur de papier hygiénique : DIPLÔMES DE SOCIOLOGIE — SERVEZ-VOUS !

Anonyme

La France est atteinte d'une surproduction de gens à diplômes, polytechniciens, économistes, philosophes et autres rêveurs qui ont perdu tout contact avec le monde réel.

ROLAND BARTHES, *Mythologies*.

Je n'hésiterai jamais à le déclarer, le diplôme est l'ennemi mortel de la culture.

PAUL VALÉRY, *Variété*, III.

DIRE

Le sage ne dit pas ce qu'il sait, le sot ne sait pas ce qu'il dit.

Proverbe turc

Je n'ai rien à dire à tout le monde.

JEAN ANOUILH

La seule chose que j'ai dite, et j'en suis sûr, c'est que je n'ai jamais dit ce qu'on a dit que j'avais dit. Rien ne peut donc autoriser quiconque de bonne foi à dire que j'ai dit ce que je n'ai pas dit. D'autant plus que je redis que ceux qui continuent à dire ce que j'aurais dit n'étaient pas présents au moment et à l'endroit où j'aurais dit ce que je n'avais pas dit.

MICHEL CHARASSE, ministre du Budget, en novembre 1988.

Tout est dit et l'on vient trop tard depuis plus de sept mille ans qu'il y a des hommes et qui pensent. [...] On ne fait que glaner après les Anciens et les habiles d'entre les Modernes.

JEAN DE LA BRUYÈRE, *Les Caractères*.

Le sage parle parce qu'il a quelque chose à dire, le fou parce qu'il a à dire quelque chose.

PLATON

DISCERNEMENT

Après l'esprit de discernement, ce qu'il y au monde de plus rare, ce sont les diamants et les perles.

JEAN DE LA BRUYÈRE, « Des Jugements », *Les Caractères*.

DISCIPLE

De quelque moi profond, tout
[homme est le disciple.

VICTOR HUGO, *Les Contemplations*.

Piètre disciple, qui ne dépasse pas son maître.

LÉONARD DE VINCI, *Carnets*.

DISCOURS

Où est l'heureux temps où tout en France finissait par des chansons ? Aujourd'hui, tout finit par des discours.

ALPHONSE KARR

Le flux du discours est toujours en raison directe de la pauvreté de la pensée.

PIERRE JOSEPH PROUDHON

DISCRET

L'amour est innocent quand l'amour
[est discret
Et ce qu'on ne sait pas n'a jamais été
[fait.

PHILIPPE NÉRICAULT, dit DESTOUCHES

DISCUSSION

Dans une discussion, le difficile, ce n'est pas de défendre son opinion, c'est de la connaître.

ANDRÉ MAUROIS

DISGRÂCE

Ses actions imprudentes l'élevèrent : ses vues sages le perdirent. Il fut disgracié pour avoir parlé de paix.

FRÉDÉRIC II DE PRUSSE, *À propos du cardinal de Bernis*.

DISPARAÎTRE

J'entre dans la vie avec la loi d'en sortir, je viens faire mon personnage, je viens me montrer comme les autres ; après, il faudra disparaître.

JACQUES BÉNIGNE BOSSUET, *Sermon sur la brièveté de la vie.*

DISPUTE

C'est tout un art, la dispute conjugale, un art très ancien et très respectable. Mais j'ai l'impression déprimante de travailler avec un amateur.

JEAN ANOUILH

La dispute est d'un grand secours.
Sans elle, on dormirait toujours.

JEAN DE LA FONTAINE, *Le Chat et le Renard*, III, 14.

DISPUTER

Souvent, les femmes ne nous plaisent qu'à cause du contre-poids d'hommes à qui nous devons les disputer.

MARCEL PROUST, *La Prisonnière.*

DISSÉQUER

Mon ami tomba malade, je le traitai ; il mourut, je le disséquai.

FERREIN, rapporté par Diderot, satire I.

DISSIMULER

Dissimuler, vertu de roi et de femme de chambre.

VOLTAIRE

DISTANCE

Si un homme me tient à distance, ma consolation est qu'il s'y tient aussi.

JONATHAN SWIFT, *Opuscules humoristiques.*

DISTINCTION

Les Chevaliers de l'Ordre National évitent soigneusement d'abréger cette distinction.

ALAIN DOUTRIAC, *Pensées de sel.*

DISTRACTION

J'aime les gens distraits : c'est une marque qu'ils ont des idées et qu'ils sont bons : car les méchants et les sots ont toujours de la présence d'esprit.

PRINCE DE LIGNE, *Mes écarts.*

DISTRAIT

Il vous dit « non » pour « oui »,
[« oui » pour « non » ; il appelle
Une femme « monsieur » et moi
[« mademoiselle »,
Prend souvent l'un pour l'autre et va
[sans savoir où ;
On dit qu'il est distrait ; moi je le
[prends pour fou.

JEAN-FRANÇOIS REGNARD, *Le Distrait.*

Un vieux monsieur était si distrait qu'un soir il mit son pantalon dans son lit et se plaça sur une chaise où il gela toute la nuit.

MARK TWAIN

DIVERSITÉ

La France se nomme diversité.

FERNAND BRAUDEL, *L'Identité de la France.*

DIVERTIR

Les femmes préfèrent qu'on les divertisse sans les aimer, plutôt que de les aimer sans les divertir.

MME DE RIEUX, *Pensées.*

DIVIN

En toute chose inutile, il faut être divin ou ne pas s'en mêler.

PAUL VALÉRY, *Choses tues.*

DIVINISER

Les païens ont divinisé la vie ; les chrétiens ont divinisé la mort.

MME DE STAËL

DIVISER

Mon pays est profondément divisé : d'un côté, il y a mes compatriotes et, de l'autre, moi.

LOUIS SCUTENAIRE, *Mes inscriptions.*

DIVORCE

Lorsqu'un homme divorcé épouse une femme divorcée, tous les quatre se retrouvent au lit.

Talmud

Le divorce est si naturel que, dans plusieurs maisons, il couche toutes les nuits entre les deux époux.

NICOLAS DE CHAMFORT, *Maximes et Pensées, Caractères et Anecdotes*.

Je viens de faire le premier pas dans la voie du divorce, c'est-à-dire que je viens de me fiancer.

PIERRE DORIS

Une femme qui vote une loi en faveur du divorce est semblable à une dinde qui voterait pour Noël.

ALICE GLYNN

Vous ne connaissez rien d'une femme avant de l'avoir rencontrée devant un tribunal.

NORMAN MAILER

Les familles unies, certes, ne manquent pas ; mais quand on songe à la quantité de ménages où deux êtres s'exaspèrent, se dégoûtent autour de la même table, du même lavabo, sous la même couverture, c'est extraordinaire comme on divorce peu.

FRANÇOIS MAURIAC, *Le Nœud de vipères*.

C'est toujours un grand malheur pour elle (la femme divorcée) d'être contrainte d'aller chercher un second mari, lorsqu'elle a perdu la plupart de ses agréments chez un autre.

CHARLES DE MONTESQUIEU, *De l'esprit des lois*, XVI, 15.

Le divorce est presque aussi ancien que le mariage. Je crois seulement que le mariage est plus vieux de quelques semaines.

VOLTAIRE

DIX

Avant que la vie arrive à sa perfection, les deux tiers en sont perdus.

L'homme passe dix ans petit enfant sans distinguer la mort de la vie.

Il passe les dix années suivantes à s'instruire pour connaître la vie.

Il passe dix autres années à gagner et à se procurer de quoi vivre

Il passe dix autres années pour arriver au terme, avant que sa raison soit parvenue à l'expérience.

ARKH-SHESHONQ

DOCTEUR

À l'instar du vieux Prévert qui disait « tu » à tous ceux qu'il aimait, je dis « docteur » à tous les hommes en blanc... J'ai déjà remarqué que ça énervait les boulangers.

PIERRE DESPROGES, *Chronique de la haine ordinaire*.

DOIGT

Ne montrez personne du doigt. Quand vous le faites, vous dirigez un doigt contre l'autre et trois contre vous.

ARCHIE FIRE LAME DEER, chef Sioux lakota (cité par JACQUES A. BERTRAND).

Dans le monde, on n'a pas besoin de doigt quand cela, et cela, et cela ont déjà un nom qui les nomme : ils n'ont pas besoin qu'un doigt les montre.

KONG-SOUEN-LONG

DOMESTIQUE

« Aux vertus qu'on exige d'un domestique, Votre Excellence connaît-elle beaucoup de maîtres qui fussent dignes d'être valets ? »

BEAUMARCHAIS, *Le Mariage de Figaro*.

Il n'y a que les domestiques qui savent reconnaître les gens distingués.

EDMOND et JULES DE GONCOURT, *Journal*.

DOMINER

On domine plus facilement les peuples en excitant leurs passions qu'en s'occupant de leurs intérêts.

GUSTAVE LE BON, *Aphorismes du temps présent*.

DON JUAN

Un jour pour les séduire
Un autre pour les fléchir
Et un autre pour les abandonner
Deux autres encore pour les [remplacer
Une heure pour les oublier.

JOSÉ ZORRILLA, *Don Juan Tenorio*.

DONNER

« Tel donne à pleines mains qui [n'oblige personne
La façon de donner vaut mieux que [ce qu'on donne. »

PIERRE CORNEILLE, *Le Menteur*, acte I, scène I.

Donner avec ostentation, ce n'est pas très joli, mais ne rien donner avec discrétion, ça ne vaut guère mieux.

PIERRE DAC, *Pensées et maximes*.

Mieux vaut donner que prêter, cela coûte à peu près la même chose.

PHILIP GOBBS

Lorsque l'on n'a pas tout donné, on n'a rien donné.

GEORGES GUYNEMER

Ce que tu donnes reste tien.
Ce que tu gardes, tu le perds.

ROUSTAVELI (poète géorgien du XIIe), cité par JACQUES CITANCEL, *Le Livre franc*.

DORMIR

La mère d'un homme qu'on a assassiné dort ; mais pas la mère d'un assassin.

Proverbe arabe

On meurt d'avoir dormi longtemps.
Avec les fleurs, avec les femmes.

CHARLES CROS, *Le Coffret de santal*.

Il ne faut jamais regarder quelqu'un qui dort. C'est comme si on ouvrait une lettre qui ne vous est pas adressée.

SACHA GUITRY

J'ai dormi comme un bébé. Toutes les trois heures, je me réveillais en cherchant une bouteille.

LIAM O'REILLY

DOS

Le dos ne se brise pas parce qu'il s'incline.

AMÉNÉMOPÉ, *La Sagesse vivante de l'Égypte ancienne*, traduit par Christian Jacq.

Ce juge, si simple et si bonne âme,
Met les gens dos à dos dans tous ses [jugements ;
S'il est de même avec Madame,
Je ne m'étonne plus s'il ne fait point [d'enfants.

PAUL DESFORGES-MAILLARD, *Le Juge timide*.

DOT

Ma femme ne saura jamais combien je l'ai aimée pour sa fortune.

BONI DE CASTELLANE

La dot est un présent fait au futur pour dissimuler l'imparfait.

WILLY

DOUBLE

Un agent double ne doit jamais se donner rendez-vous avec son double personnage au même endroit, sous peine de se retrouver tout seul avec lui-même dans un lieu différent.

PIERRE DAC

DOUCEMENT

C'est en avançant doucement doucement qu'on attrape le lièvre dans l'herbe.

Proverbe négro-africain, cité par LÉOPOLD SÉDAR SENGHOR.

DOUCEUR

Prends garde à la douceur des choses
Lorsque tu sens battre sans cause

Ton cœur trop lourd
Et que se taisent les colombes :
Parle tout bas si c'est l'Amour
Au bord des tombes.

PAUL-JEAN TOULET,
« En Arles », *Les Contrerimes*.

DOULEUR

Si je parle, ma douleur ne sera point adoucie. Si je me tais, en sera-t-elle diminuée ?

Livre de Job, XVI, 6.

La douleur embellit l'écrevisse.

Proverbe russe

Les douleurs ne sont point éternelles ; il faut tôt ou tard qu'elles finissent, parce que le cœur de l'homme est fini ; c'est une de nos grandes misères : nous ne sommes pas capables d'être longtemps malheureux.

FRANÇOIS RENÉ DE CHATEAUBRIAND,
Atala.

Tu perds ta peine, douleur ! Si importune que tu sois, je n'avouerai jamais que tu sois un mal.

CICÉRON, *Tusculanes*.

Que nos douleurs seraient supportables, s'il n'y avait pas les joies des voisins !

PIERRE DOMINIQUE,
Notre-Dame de la Sagesse.

La douleur est toujours moins forte que la plainte.

JEAN DE LA FONTAINE, *Contes et Poèmes*.

Si tes douleurs sont éternelles, prends du Perrier.

JEAN L'ANSELME,
Pensées et Proverbes de Maxime Dicton.

Si tu ne veux pas tomber en proie à la douleur, marche à sa rencontre.

LANZA DEL VASTO,
Principes et Préceptes...

Il faut à la douleur bien de la sincérité pour qu'elle ne soit pas flattée secrètement d'être en spectacle.

PAUL-JEAN TOULET, *Les Trois Impostures*.

DOUTER

Quand on est aimé, on ne doute de rien. Quand on aime, on doute de tout.

COLETTE

Pour examiner la vérité il est besoin, une fois en sa vie, de mettre toutes choses en doute autant qu'il se peut.

RENÉ DESCARTES,
Règles pour la direction de l'esprit,
règle II.

Il faut douter du doute.

ANATOLE FRANCE

Ce n'est pas le doute qui rend fou, c'est la certitude.

FRIEDRICH NIETZSCHE

Douter de tout ou tout croire, ce sont deux solutions également commodes qui, l'une et l'autre, nous dispensent de réfléchir.

HENRI POINCARÉ

On connaît maints exemples de croyants fervents qui se sont mis à douter de Dieu, parce qu'un grand malheur les a frappés — même si c'était de leur faute ; mais on n'a encore vu personne perdre la foi, pour un bonheur qu'ils ne méritaient pas.

ARTHUR SCHNITZLER,
Relations et solitudes.

DRAGON

Il se cache dans la langue un dragon qui ne répand pas de sang, mais qui pourtant assassine.

Proverbe chinois

Qui veut devenir dragon doit manger d'abord beaucoup de petits serpents.

Proverbe chinois

DRAPEAU

Si vous voulez accomplir un geste symbolique, ne brûlez pas le drapeau, lavez-le !

NORMAN THOMAS

DROGUE

Tout est drogue à qui choisit pour vivre l'autre côté.

HENRI MICHAUX, *Qui je fus.*

DROIT

L'homme a été taillé dans un bois si tordu qu'il est douteux qu'on en puisse jamais tirer quelque chose de tout à fait droit.

EMMANUEL KANT

DROITE-GAUCHE

Avant, à Marseille, il y avait la gauche, la droite et le centre. Maintenant, il y a la gauche, la droite et le milieu.

Anonyme

Je ne suis ni l'aile droite ni l'aile gauche. Je suis l'oiseau.

Proverbe indien,
cité par MARCEL JULLIAN.

Camus ayant revendiqué la position de n'être ni à droite ni à gauche, Sartre lui répondit : « Si vous n'êtes ni à droite ni à gauche, c'est que vous êtes en l'air ! »

Cité par GEORGES SUFFERT,
Le Figaro, 14 mars 1996.

Qu'on soit de droite ou qu'on soit de gauche, on est toujours hémiplégique.

RAYMOND ARON

Mireille Mathieu, elle n'est ni à droite ni à gauche ; mais là où on la pose.

GUY BEDOS

La nature est de droite
L'homme est de gauche.

CHARLES FERDINAND RAMUZ

À droite, on dort
À gauche, on rêve.

GUSTAVE THIBON

Voir GAUCHE-DROITE
Voir aussi IDÉES (Mark Twain).

DROMADAIRE

Avec ses quatre dromadaires
Don Pedro d'Alfaroubeira
Courut le monde et l'admira.
Il fit ce que je voudrais faire
Si j'avais quatre dromadaires.

GUILLAUME APOLLINAIRE,
Le Bestiaire.

DUEL

1°) Le duel est une ânerie inventée par des malfaiteurs.

2°) Dans les questions d'honneur, il n'y a de vrai et de décisif que les coups de pied dans le cul.

LÉON BLOY,
Réponse à une enquête sur le duel.

— Monsieur, je vous laisse le choix des armes : l'épée ou le pistolet à trente mètres. Qu'est-ce que vous choisissez ?
— L'épée... à trente mètres.

LES FRÈRES ENNEMIS

DUPE

Les hommes ne vivraient pas longtemps en société s'ils n'étaient les dupes les uns des autres.

FRANÇOIS DE LA ROCHEFOUCAULD,
Réflexions morales.

DUPONT

Le soldat Dupont regrettait de ne pas sortir Durand.

BORIS VIAN, *Textes et Chansons.*

DURAS (Marguerite)

Elle a écrit *Hiroshima mon amour* ; pourquoi pas, tant qu'on y est, « Auschwitz mon chou » ?

MARGUERITE YOURCENAR

DYNASTIE

Une dynastie est une collection de cadavres numérotés.

ACHILLE CHAVÉE, *Décoctions*, II.

E

EAU

Quand l'eau baisse, les fourmis mangent les poissons ; quand l'eau monte, les poissons mangent les fourmis.

Proverbe thaï

S'il est question d'une boisson insipide, comme, par exemple, un verre d'eau, on n'a ni goût, ni arrière-goût ; on n'éprouve rien, on ne pense à rien ; on a bu et voilà tout.

ANTHELME BRILLAT-SAVARIN

Toutes les eaux sont couleur de noyade.

EMIL MICHEL CIORAN,
Syllogismes de l'amertume.

Mon meilleur ami est mort d'avoir bu de l'eau. C'était un cas patent de noyade interne.

W. C. FIELDS

L'eau conduit l'électricité, mais si tu mets du vin dedans, elle a plus le droit de conduire.

JEAN-MARIE GOURIO,
Brèves de comptoir.

Ils ne peuvent vivre les vers qui sont écrits par des buveurs d'eau
(*Nec vivere carmina possunt quae scribuntur aquae potoribus*).

HORACE,
Épîtres.

Liquide si impur qu'une seule goutte suffit à troubler un verre d'absinthe.

ALFRED JARRY

Les antialcooliques sont des malades en proie à ce poison, l'eau, si dissolvant et corrosif qu'on l'a choisi entre autres substances pour les ablutions et lessives et qu'une goutte versée dans un liquide pur, l'absinthe, par exemple, le trouble.

ALFRED JARRY,
Spéculations.

— Voulez-vous de l'eau ?
— Non, je suis au régime.

EUGÈNE LABICHE

« J'ai inventé un système qui va contenter à la fois les gens de Londres et ceux de Paris... Imaginez un siphon qui réunit la Tamise à la Seine...
— Alors ?
— Alors, les eaux de la Seine seront... tamisées et les eaux de la Tamise seront... saines ! »

PIERRE ALEXIS PONSON DU TERRAIL

L'eau prise avec modération ne peut nuire à la santé.

MARK TWAIN

L'eau que vous buvez a été pissée six fois par un diplodocus.

PAUL-ÉMILE VICTOR

EAU MINÉRALE

Les eaux minérales font plus de cocus qu'elles ne guérissent de maladies.

Adage médical

ÉBLOUIR

Le monde n'éblouit jamais tant que quand on le voit de loin sans l'avoir jamais vu de près et sans être prévenu contre sa réduction.

FÉNELON, *Traité de l'éducation des filles*.

ÉBOUEUR

En raison de la grève des éboueurs, le ramassage sera fait par des ordures.

BERTRAND JARRIGEON

ÉCHAFAUD

Si tu continues, tu mourras de faim sur l'échafaud.

La mère d'ALEXANDRE BREFFORT, les jours de grande colère.

Échafaud : S'arranger, quand on y monte, pour prononcer quelques mots éloquents avant de mourir.

GUSTAVE FLAUBERT, *Dictionnaire des idées reçues*.

Ce qui jette un certain froid sur mes opinions monarchistes, c'est la coupable condescendance qu'a mise Louis XVI à monter sur l'échafaud révolutionnaire, car en en gravissant l'un des premiers les degrés, il a pour ainsi dire autorisé par son exemple tous les excès de la Terreur.

HENRI MONNIER

L'assassinat sur l'échafaud est la forme la plus exécrable d'assassinat parce qu'il est investi de l'approbation de la société.

GEORGE BERNARD SHAW

ÉCHANGE

Auteur dramatique échangerait pièce en quatre actes contre trois pièces et une cuisine.

PIERRE DAC, *Petites Annonces*.

Écureuil édenté échangerait panache contre casse-noisettes.

PIERRE DAC, *Petites Annonces*.

Voir PETITES ANNONCES.

ÉCHEC

Au moindre échec, ô mes amis, souvenez-vous qu'il n'est plus d'amis.

BEAUMARCHAIS, *Lettre modérée sur la chute et la critique du Barbier de Séville*.

L'échec, c'est la réussite du con.

SAN-ANTONIO, *Les Cons*.

L'histoire d'une vie, quelle qu'elle soit, est l'histoire d'un échec. Le coefficient d'adversité des choses est tel qu'il faut des années de patience pour obtenir le plus infime résultat.

JEAN-PAUL SARTRE, *L'Écueil du solipsisme*.

ÉCHECS

Hannibal, le jour de la bataille de Zama, n'avait pu gagner une seule partie d'échecs parce qu'il avait toujours eu Scipion devant lui.

MARQUIS DE BIÈVRE

Le joueur d'échecs, comme le peintre ou le photographe, est brillant... ou mat.

VLADIMIR NABOKOV, *Pnine*.

Les fous sont, aux échecs, les plus
[proches des rois.

MATHURIN RÉGNIER, *Satires*.

ÉCHO

« Quel décolleté, madame ! Quel décolleté, madame !

— Pourquoi le dites-vous deux fois ?

— C'est l'écho ! »

PIERRE DORIS

Quand certains entendent un écho, ils s'imaginent avoir produit le son.

ERNEST HEMINGWAY, in *Citations du XXe siècle* d'André Festjens.

L'humanité a l'oreille ainsi faite qu'elle continue à dormir quand le bruit retentit et ne se réveille qu'avec l'écho.

ARTHUR SCHNITZLER, *Relations et solitudes.*

ÉCLAIR

Je vis le sceptre rayonnant de l'éclair
S'étendre et écrire dans le ciel
L'autographe terrible de Dieu.

JOAKIN MILLER, *Le Vaisseau du désert*, cité par KARL PETIT in *Le Dictionnaire du monde entier.*

Le tonnerre est impressionnant, mais c'est l'éclair qui est important.

MARK TWAIN

ÉCLECTIQUE

Un éclectique est un navire qui voudrait marcher avec quatre vents.

CHARLES BAUDELAIRE

ÉCLIPSE

Tel brille au second rang qui
[s'éclipse au premier.

VOLTAIRE

ÉCLUSE

À la mort d'un ancien, on est comme sur une écluse : on change de niveau.

JULES RENARD

ÉCOLE

Mon père voulait que j'aille à l'école. Bon, j'y vais. Je vois un panneau : RALENTIR, ÉCOLE.

Ils ne croyaient tout de même pas qu'on allait y aller en courant.

COLUCHE

Je crois que tout commence à l'école, et, si les écrivains ne trouvent pas les lecteurs qu'ils méritent, c'est qu'on n'y a pas enseigné à vraiment lire, c'est qu'on n'y a pas fait, aux adolescents, du livre, un outil, un recours pour toute la vie.

JEAN GUÉHENNO, *Carnets du vieil écrivain.*

Écoles : établissements où l'on apprend à des enfants ce qu'il leur est indispensable de savoir pour devenir professeurs.

SACHA GUITRY, *Toutes réflexions faites.*

Une école où les écoliers feraient la loi serait une triste école.

ERNEST RENAN, *L'Avenir de la science.*

ÉCOLES (grandes)

Le Gadzarts sait beaucoup et sait qu'il le sait. L'X ne sait rien et sait qu'il ne sait rien. Le Central ne sait pas grand-chose et croit qu'il sait tout.

AUGUSTE DETŒUF, *Propos de O.-L. Barenton, confiseur.*

ÉCOLIER

Les travaux d'écolier sont des épreuves pour le caractère, et non point pour l'intelligence. Que ce soit orthographe, vers ou calcul, il s'agit d'apprendre à vouloir.

ALAIN, *Propos.*

Le plus simple écolier sait maintenant des vérités pour lesquelles Archimède eût sacrifié sa vie.

ERNEST RENAN, *Souvenirs d'enfance et de jeunesse.*

ÉCOLOGISTE

Pour qu'un écologiste soit élu président de la République, il faudrait que les arbres votent.

COLUCHE

ÉCONOMIE

Ce n'est pas assez d'avoir de grandes qualités : il faut en avoir l'économie.

FRANÇOIS DE LA ROCHEFOUCAULD

L'économie est une science qui est seulement à la portée des riches.

HENRI MURGER, *Scènes de la vie de Bohème.*

ÉCONOMIE POLITIQUE

Toute pensée qui se bornera aux combinaisons de l'économie politique sera infailliblement trompée dans les grandes affaires humaines.

EDGAR QUINET, *La Révolution*.

ÉCONOMISTE

Quand un économiste vous répond, on ne comprend plus ce qu'on lui avait demandé.

CHARLES GIDE (économiste, 1847-1932).

Voir aussi TECHNOCRATE.

ÉCOSSAIS

Un Écossais est un homme qui, avant d'envoyer son pyjama à la blanchisserie fourre une chaussette dans chaque poche.

AMBROSE BIERCE

ÉCOUTER

Il faut écouter beaucoup et parler peu pour bien agir au gouvernement d'un État.

CARDINAL DE RICHELIEU, *Maximes d'État*.

Souvent j'écoute encor quand le
[chant a cessé.

JEAN-FRANÇOIS DE SAINT-LAMBERT, *Les Saisons*.

Il ne faut jamais écouter. Écouter est une marque d'indifférence vis-à-vis de vos auditeurs.

OSCAR WILDE, *Quelques Maximes pour l'instruction des personnes trop instruites*.

ÉCREVISSE

Incertitude, ô mes délices
Vous et moi nous nous en allons
Comme s'en vont les écrevisses
À reculons à reculons.

GUILLAUME APOLLINAIRE, *Le Bestiaire*.

ÉCRIRE

Si vous savez écrire, vous savez dessiner.

Publicité de l'École universelle

J'écris, non pour dire ce que je pense, mais afin de le savoir.

EMMANUEL BERL, *Lignes de chance*.

N'oublie pas qu'on écrit avec un dictionnaire et une corbeille à papier [...] Tout le reste n'est que litres et ratures.

ANTOINE BLONDIN, cité par ROGER BASTIDE.

Écrire, c'est porter un soin extrême à ce que l'on fait. Chose évidemment impossible dans la vie où l'on se contente de faire attention à l'essentiel en négligeant le reste, oubliant que l'essentiel n'est rien d'autre que ce que l'on néglige.

CHRISTIAN BOBIN, *L'Éloignement du monde*

J'écris pour moi, pour quelques amis, et pour adoucir le cours du temps.

JORGE LUIS BORGES

Écrire est un acte d'amour. S'il ne l'est pas, il n'est qu'écriture.

JEAN COCTEAU

Pour savoir écrire, il faut avoir lu, et pour savoir lire, il faut savoir vivre.

GUY DEBORD

Écris tout ce qui te passe par la fenêtre !

LISE DEHARME

On serre toujours contre son sein celui qu'on aime et l'art d'écrire n'est que l'art d'allonger ses bras.

DENIS DIDEROT, *Lettres à Sophie Volland*.

Écrire, c'est savoir dérober des secrets qu'il faut encore savoir transformer en diamants.

LÉON-PAUL FARGUE, *Le Piéton de Paris*.

Ce qu'un auteur préfère écrire pardessus tout, c'est sa signature au dos d'un chèque.

BRENDAN FRANCIS

Je paierais pour écrire.

JEAN GIONO

On peut apprendre à écrire très bien, ce qui est une autre façon d'écrire très mal.

REMY DE GOURMONT, *La Culture des idées*.

Vous voulez dire « il pleut », dites « il pleut », même si c'est pour une seconde averse.

JULIEN GRACQ, *Lettrines*.

Mes livres sont écrits par quelqu'un d'autre que je ne connais pas et que je voudrais bien connaître.

JULIEN GREEN, à Klaus Mann.

On n'écrit pas librement tant qu'on pense à ceux qui vous liront, on n'écrit pas bien tant qu'on ne pense pas à eux.

JEAN GRENIER, *Nouveau lexique*.

On doit à chaque fois écrire comme si l'on écrivait pour la première et la dernière fois.

Dire autant de choses que si l'on faisait ses adieux et les dire aussi bien que si l'on faisait ses débuts.

KARL KRAUS, *Aphorismes*.

Pourquoi certain écrit-il ? Parce qu'il n'a pas assez de caractère pour ne pas écrire.

KARL KRAUS, *Aphorismes*.

L'un écrit parce qu'il voit ; l'autre, parce qu'il entend.

KARL KRAUS, *Aphorismes*.

La gloire ou le mérite de certains hommes est de bien écrire ; et de quelques autres, c'est de n'écrire point.

JEAN DE LA BRUYÈRE,
Les Caractères.

Sait-on ce que c'est qu'écrire ? une ancienne et très vague mais jalouse pratique dont gît le sens au mystère du cœur.

STÉPHANE MALLARMÉ,
Quelques Médaillons et portraits en pied.

À force d'écrire pour soi tout seul, il arrive que, sans l'avoir prémédité, on se trouve avoir aussi écrit pour tout le monde.

ROGER MARTIN DU GARD,
Le Lieutenant-Colonel de Maumort.

L'écriture ressemble à la prostitution. D'abord on écrit pour l'amour de la chose, puis pour quelques amis et, à la fin, pour de l'argent.

Attribué à MOLIÈRE.

Je parle au papier comme je parle au premier que je rencontre.

MICHEL DE MONTAIGNE,
« De l'utile et de l'honnête », *Essais*.

Bien écrire, c'est le contraire d'écrire bien.

PAUL MORAND, *Venises*.

J'ai toujours mis dans mes écrits toute ma vie et toute ma personne. J'ignore ce que peuvent être des problèmes purement intellectuels.

FRIEDRICH NIETZSCHE

Écrire, c'est renoncer au monde en implorant le monde de ne pas renoncer à vous.

GEORGES PERROS

On écrit parce que personne n'écoute.

GEORGES PERROS

Écrire n'étant rien d'autre qu'avoir le temps de dire... je meurs.

GAÉTAN PICON,
Un champ de solitude.

On ne doit jamais écrire que de ce qu'on aime. L'oubli et le silence sont la punition qu'on inflige à ce qu'on a trouvé laid ou commun, dans la promenade à travers la vie.

ERNEST RENAN, préface aux
Souvenirs d'enfance et de jeunesse.

Je vaux peu par les pièces que j'écris, et beaucoup par celles que je n'écris pas.

JULES RENARD

Le petit frisson avant-coureur d'une belle phrase qui vient.

JULES RENARD, *Journal*.

Écrire, c'est une façon de parler sans être interrompu.

JULES RENARD, *Journal*.

Un homme habitué à écrire écrit aussi sans idées, comme un vieux médecin nommé Bouvard, qui tâtait le pouls de son fauteuil en mourant.

ANTOINE DE RIVAROL, *Rivaroliana*.

Écrivez, pendant que vous avez du génie, pendant que c'est le dieu qui vous dicte, et non la mémoire.

GEORGE SAND, *Correspondance à Mme d'Agoult*.

Celui qui a une bonne écriture dessine bien.

Proverbe japonais

Ce qui me tue dans l'écriture, c'est qu'elle est trop courte. Quand la phrase s'achève, que de choses sont restées au-dehors.

JEAN-MARIE G. LE CLÉZIO, *Le Livre des fuites*.

Que l'on me donne trois lignes de l'écriture de quelqu'un et je le ferai pendre.

CARDINAL DE RICHELIEU (à Louis XIII)

Lorsque la mémoire était la seule écriture, l'homme chantait. Lorsque l'écriture naquit, il baissa la voix. Lorsque tout fut mis en chiffres, il se tut.

ROBERT SABATIER, *Le Livre de la déraison souriante*.

ÉCRIVAIN

Qui donc a le droit de faire l'aumône à une langue si ce n'est l'écrivain ? La nôtre a très bien accepté les mots de mes devanciers elle acceptera les miens, les parvenus seront nobles avec le temps.

HONORÉ DE BALZAC, cité par MAURICE RHEIMS in *L'Insolite*.

Terme noble dont la première syllabe est bellement conjonctive, dont la seconde est conforme à la définition sartrienne (on écrit pour alerter), mais dont la dernière fait beaucoup de tort aux précédentes.

HERVÉ BAZIN, *Abécédaire*.

Il m'a fallu quinze ans pour découvrir que je n'avais pas de talent pour écrire.

Hélas ! je n'ai pas pu m'arrêter, j'étais devenu trop célèbre !

ROBERT BENCHLEY

Il y a deux sortes d'écrivains comme il y a deux sortes de chasseurs, ceux qui vont acheter leur gibier chez le marchand de comestibles, et ceux qui le rapportent de la chasse.

TRISTAN BERNARD, *Souvenirs et Anecdotes*.

Écrive qui voudra : chacun à ce [métier
Peut perdre impunément de l'encre [et du papier.

NICOLAS BOILEAU, *Satire IX*.

Les grands écrivains sont des radoteurs estimés.

NAPOLÉON BONAPARTE

Il y a deux époques dans la vie d'un écrivain : la première ou l'on parle de lui, la seconde où il parle de lui-même.

ALFRED CAPUS

C'est un très grand talent que de vendre des livres quand on n'a pas de talent.

ALFRED CAPUS

Tout homme qui possède son alphabet est un écrivain qu'il ne faut pas méconnaître.

LOUIS-FERDINAND CÉLINE

L'écrivain original n'est pas celui qui n'imite personne, mais celui que personne ne peut imiter.

FRANÇOIS RENÉ DE CHATEAUBRIAND, *Le Génie du christianisme*.

Le bon écrivain est celui qui enterre un mot chaque jour.

LÉON-PAUL FARGUE, *Sous la lampe*.

L'homme qui écrit un livre, c'est Robinson dans son île : il faut qu'il fasse tout lui-même.

LÉON-PAUL FARGUE,
cité par VALERY LARBAUD in
Ce vice impuni, la lecture.

La pensée vole et les mots vont à pied. Voilà tout le drame de l'écrivain.

JULIEN GREEN, *Journal.*

Vous pouvez devenir écrivain. Mais, il faut être auteur.

ERNST JÜNGER, *L'Auteur et l'écriture.*

C'est le seul métier avec l'art de gouverner qu'on ose faire sans l'avoir appris.

ALPHONSE KARR

Vous venez voir l'écrivain ? Méfiez-vous, c'est décevant... C'est comme si, après avoir mangé le foie gras vous rencontriez l'oie en personne.

ARTHUR KOESTLER

Il y a deux sortes d'écrivains. Ceux qui le sont et ceux qui ne le sont pas. Chez les premiers, le fond et la forme sont ensemble comme l'âme et le corps ; chez les seconds, le fond et la forme vont ensemble comme le corps et l'habit.

KARL KRAUS, *Aphorismes.*

On doit lire tous les écrivains deux fois, les bons et les mauvais. Les uns, on les reconnaîtra ; les autres, on les démasquera.

KARL KRAUS, *Aphorismes.*

Toutes les femmes écrivent. On ne trouve même plus de femme de ménage.

PAUL LÉAUTAUD

Un écrivain est quelqu'un qui a des manies de petit artisan, de fabricant de bijoux. C'est une profession très manuelle. On passe son temps à avoir des problèmes de rapiéçage et d'assemblage, comme un cordonnier.

Seulement, les chaussures, on sait à quoi ça sert. Les livres... moi je ne suis pas très sûr. Pourtant, il y a des peuples qui se passent de chaussures mais pas de conteurs.

JEAN-MARIE G. LE CLÉZIO,
cité par T. LEGUAY et A. DUCHESNE,
Le Jeu de l'oie de l'écrivain.

Un grand écrivain se remarque au nombre de pages qu'il ne publie pas.

STÉPHANE MALLARMÉ

Eh bien, vous savez, quand les gens ne sont bons à rien, ils deviennent écrivains.

SOMERSET MAUGHAM,
Servitude humaine.

Un écrivain ne confie tout ni à ses journaux intimes, ni à sa correspondance ; seules ses créatures racontent sa véritable histoire, celle qu'il n'a pas vécue, mais a souhaité de vivre.

FRANÇOIS MAURIAC

... ce livre essentiel, le seul vrai livre, un grand écrivain n'a pas [...] à l'inventer, puisqu'il existe déjà en chacun de nous, mais à le traduire. Le devoir et la tâche d'un écrivain sont ceux d'un traducteur.

MARCEL PROUST, *Le Temps retrouvé.*

Le grand écrivain, c'est celui qui cherche à paraître banal et qui n'y parvient pas.

RAYMOND RADIGUET

Un écrivain très connu l'année dernière.

JULES RENARD

En France, tout écrivain est un accusé.

HENRI ROCHEFORT, *La Lanterne.*

ÉCU

Écu changé, écu mangé.

Vieux proverbe français

ÉCUREUIL

L'écureuil. Du panache ! Du panache ! Oui, sans doute : mais, mon petit ami, ce n'est pas là que ça se met !

JULES RENARD, *Histoires naturelles.*

ÉDITEUR

Les éditeurs, si gentils quand on ne publie pas chez eux !

JULES RENARD, *Journal*.

Il est plus facile de marcher sur les flots avec le Christ que de traverser la vie avec un éditeur.

ANTOINE DE RIVAROL

Un éditeur, c'est bon à prendre
Et mes aïeux en trouvant un
Aussitôt le menèrent pendre :
Ainsi soit de tout importun.

PAUL-JEAN TOULET

Je méditerai...
Tu m'éditeras.

LOUISE DE VILMORIN,
à Gaston Gallimard.

ÉDITION

Nous en avons assez de tous ces auteurs qui nous volent 90 pour cent de nos revenus.

Les agents littéraires

Changer d'agent littéraire c'est comme changer de chaise longue sur le pont du *Titanic*.

Un auteur inconnu

ÉDUCATEUR

La grande faute des éducateurs est qu'ils ne se rappellent jamais assez bien qu'ils furent eux-mêmes des enfants.

JACQUES DE LACRETELLE,
Idées dans un chapeau.

ÉDUCATION

C'est justement pour préserver ce qui est neuf et révolutionnaire dans chaque enfant que l'éducation doit être conservatrice, c'est-à-dire assurer « la continuité du monde ».

HANNAH ARENDT,
La Responsabilité.

Les racines de l'éducation sont amères, mais les fruits en sont doux.

ARISTOTE

L'homme bien élevé vit chez sa maîtresse et meurt chez sa femme.

HENRY BECQUE

Après le pain, l'éducation est le premier besoin d'un peuple.

GEORGES DANTON

Comment se fait-il que, les petits enfants étant si intelligents, la plupart des hommes soient si bêtes ? Ça doit tenir à l'éducation.

ALEXANDRE DUMAS FILS

L'éducation peut tout : elle fait danser les ours.

GOTTFRIED WILHELM LEIBNIZ

Un enfant bien élevé ne rote pas la bouche pleine.

JEAN SAUTERON

ÉDUQUER

Éduquer, c'est déformer patiemment les pauvres gosses pour les façonner à notre image.

MARC-GILBERT SAUVAGEON,
Les Enfants d'Édouard.

EFFACER

Ajoutez quelquefois et souvent
[effacez.

NICOLAS BOILEAU,
L'Art poétique, chant I.

EFFORT

Il n'y a pas d'effort inutile : Sisyphe se faisait les muscles.

ROGER CAILLOIS

Notre vie vaut ce qu'elle nous a coûté d'efforts.

FRANÇOIS MAURIAC,
Le Jeune Homme.

EFFRONTERIE

Il est plaisant qu'on ait fait une loi de la pudeur aux femmes, qui n'estiment dans les hommes que l'effronterie.

LUC DE VAUVENARGUES,
Maximes et Pensées.

ÉGALITÉ

La liberté et la fraternité sont des mots, tandis que l'égalité est une chose.

HENRI BARBUSSE, *Le Feu*.

Le défaut de l'égalité, c'est que nous ne la désirons qu'avec nos supérieurs.

HENRY BECQUE

La France a toujours cru que l'égalité consistait à trancher ce qui dépasse.

JEAN COCTEAU, *Discours de réception à l'Académie française*.

Voudriez-vous me rappeler, cher maître et ami, dans quelle réunion politique vous avez entendu naguère un candidat prononcer cette parole sublime : « L'égalité, c'est quand tout le monde aura des domestiques ! »

CURNONSKY, *La Vie drôle*.

L'égalité, la seule égalité en ce monde, l'égalité devant l'asticot.

JEAN HENRI FABRE, *Souvenirs entomologistes*.

La majestueuse égalité des lois interdit aux riches comme aux pauvres de coucher sous les ponts, de mendier dans les rues et de voler du pain.

ANATOLE FRANCE

L'égalité est la plus horrible des injustices.

EDMOND ET JULES DE GONCOURT, *Journal*.

Je conviendrais volontiers qu'elles [les femmes] nous sont supérieures — rien que pour les dissuader de se croire nos égales.

SACHA GUITRY, *Elles et toi*.

L'égalité entre les hommes est une règle qui ne comporte que des exceptions.

JULES LAFORGUE

La soif d'égalité n'est souvent qu'une forme avouable du désir d'avoir des inférieurs et pas de supérieurs.

GUSTAVE LEBON, *Aphorismes du temps présent*.

Tous les hommes sont égaux. Il n'y a de véritable distinction que la différence qui peut exister entre eux.

HENRI MONNIER, *Grandeur et Décadence de M. Joseph Prudhomme*.

Autant que le ciel est éloigné de la terre, autant le véritable esprit d'égalité l'est-il de l'égalité extrême. Le premier ne consiste point à faire que tout le monde commande ou que personne ne commande ; mais à obéir et à commander à ses égaux.

CHARLES DE MONTESQUIEU, *L'Esprit des lois*.

L'amour de la démocratie est celui de l'égalité.

CHARLES DE MONTESQUIEU, *L'Esprit des lois*.

Tous les animaux sont égaux, mais certains sont plus égaux que d'autres.

GEORGE ORWELL, *La Ferme des animaux*.

La France est la fille aînée de l'Église et Jésus-Christ est le cadet de mes soucis.

JACQUES PRÉVERT, *Choses et autres*.

Les hommes naissent égaux. Dès le lendemain ils ne le sont plus.

JULES RENARD, *Journal*.

Partout où les hommes sont égaux, le bonheur n'existera jamais.

MARQUIS DE SADE

Le malheur est la véritable égalité.

AURÉLIEN SCHOLL

Aucun homme n'est l'égal d'une femme si ce n'est avec un tisonnier et une paire de souliers à clous. Et encore, même ainsi ne l'est-il pas toujours.

GEORGE BERNARD SHAW

[Les Français] veulent l'égalité dans la liberté et s'ils ne peuvent l'obtenir, ils la veulent encore dans l'esclavage.

ALEXIS DE TOCQUEVILLE, *L'Ancien Régime et la Révolution*.

Les mortels sont égaux : ce n'est
[point la naissance,
C'est la seule vertu qui fait leur
[différence.
C'est elle qui met l'homme au rang
[des demi-dieux ;
Et qui sert son pays n'a pas besoin
[d'aïeux.

VOLTAIRE, *Ériphile*, acte II, scène 1.

ÉGLISE

Tous les jours, des gens désertent l'église et retournent à Dieu.

LENNY BRUCE

Presque tous les visiteurs d'églises anciennes trouvent que rien n'évoque mieux qu'elles des bâtiments carcéraux. Il est vrai que bien peu d'entre eux ont jamais mis le pied dans une prison.

GILBERT CESBRON, *Le Prisonnier*.

L'avenir appartient à l'église qui aura les portes les plus larges.

ALPHONSE KARR

Clochers d'église — des entonnoirs renversés pour conduire les prières au ciel.

GEORG CHRISTOPH LICHTENBERG, *Aphorismes*.

Ce n'est point parce que l'on prêche dans les églises que les paratonnerres y sont inutiles.

GEORG CHRISTOPH LICHTENBERG, *Aphorismes*.

Jésus annonçait le royaume et c'est l'Église qui est venue.

ALFRED LOISY

L'Église s'occupe du monde, elle nous enseigne nos affaires, à la bonne heure ! Nous lui enseignerons Dieu.

JULES MICHELET, *Des Jésuites*.

Les peuples passent, les trônes s'écroulent, l'Église demeure.

NAPOLÉON Ier

L'Église a trois sortes d'ennemis : les Juifs, qui n'ont jamais été de son corps ; les hérétiques qui s'en sont retirés ; et les mauvais chrétiens qui la déchirent au-dedans.

BLAISE PASCAL

ÉGOCENTRISME

« Bon ! assez parlé de moi. Parlons un peu de vous maintenant. Que pensez-vous de moi ? »

ED KOCH

Il ne faut pas prendre la raie de son cul pour le méridien d'origine.

RENÉ LEFÈVRE

Chaque fois que le mot « Jules » n'est pas suivi du mot « Renard », j'ai du chagrin.

JULES RENARD, *Journal*.

ÉGOÏSME

L'égoïsme rend l'homme peu enclin à accepter l'absurdité de l'existence.

WILLIAM SOMERSET MAUGHAM

Le dernier mot de la liberté, c'est l'égoïsme.

GÉRARD DE NERVAL, *Paradoxe et vérité*.

L'égoïsme ne consiste pas à vivre comme on en a envie, mais à demander aux autres de vivre comme on a soi-même envie de vivre.

OSCAR WILDE

ÉGOÏSTE

Rivarol disait d'un homme très personnel : « Il brûlerait votre maison pour se faire cuire deux œufs ! »

NICOLAS DE CHAMFORT, *Caractères et Anecdotes*.

Le véritable égoïste accepte même que les autres soient heureux, s'ils le sont à cause de lui.

JULES RENARD, *Journal*.

L'égoïste est un monstre et la mort
[salutaire
N'enlève en le frappant qu'une charge
[à la terre.

VOLTAIRE

ÉGYPTE

Ici l'homme fut grand, on le voit à
[son ombre.

JEAN-JACQUES AMPÈRE,
Sonnet sur l'Égypte.

EINSTEIN

La femme d'Einstein n'était pas la moitié d'un imbécile.

YVAN AUDOUARD,
Pensées.

ÉLECTEUR

Tout électeur a besoin d'avoir une femme dans sa vie. Il ne peut pas tout mettre sans cesse sur le dos du gouvernement.

JACQUES MAILHOT,
La Politique d'en rire.

Citoyens, on vous trompe. On vous dit que la dernière Chambre composée d'imbéciles et de filous ne représentait pas la majorité des électeurs. C'est faux ! Une Chambre composée de députés jocrisses et de députés truqueurs représente, au contraire, à merveille les électeurs que vous êtes. Ne protestez pas : une nation a les délégués qu'elle mérite.

ZO D'AXA (alias Alphonse Galland),
La Feuille.

ÉLECTION

Quand je vois un pauvre qui va voter, c'est comme si je voyais un crocodile entrer chez un maroquinier.

COLUCHE

Veux-tu une canaille ?
Vote pour Raspail
Veux-tu un coquin ?
Prends Ledru-Rollin
Veux-tu du mic-mac ?
Vote Cavaignac.
Mais, veux-tu le bon ?
Prends Napoléon.

Cité par VICTOR HUGO,
Pamphlet qui circulait avant l'élection
à la présidence de la République
(10 décembre 1848).

ÉLECTRICITÉ

Je vais rendre l'électricité si bon marché que seuls les riches pourront se payer le luxe d'utiliser des bougies.

THOMAS EDISON

Je suis un expert en électricité. Mon père a occupé le siège d'électricité appliquée à la prison d'État.

W. C. FIELDS

ÉLECTRIQUE (chaise)

Enfants, en Italie, Sacco et Vanzetti rêvaient peut-être à l'électrification des campagnes.

JACQUES PRÉVERT,
Spectacle.

ÉLÉGANCE

La femme élégante, c'est une femme qui vous méprise et qui n'a pas de poils sous les bras.

SALVADOR DALÍ

Elle s'habille comme une tombe bien entretenue.

W. C. FIELDS

Le luxe est une affaire d'argent. L'élégance est une question d'éducation.

SACHA GUITRY

ÉLÉGIE

La plaintive élégie, en longs habits
[de deuil,
Sait, les cheveux épais, gémir sur un
[cercueil.
Elle peint des amants la joie et la
[tristesse,
Flatte, menace, irrite, apaise une
[maîtresse.

NICOLAS BOILEAU,
Art poétique.

ÉLÉMENT

Un bon plat se compose des mêmes éléments qu'un mauvais.

EUGÈNE DELACROIX

ÉLÉPHANT

« Qu'a dit Tarzan quand il a vu les éléphants grimper sur la colline avec des moutons sur la tête en guise de perruques ?

— Il a dit : C'en est trop ! Je ferme la jungle ! »

Histoires d'Éléphants

L'éléphant est le plus sage de tous les animaux, le seul qui se souvienne de ses vies antérieures ; aussi se tient-il longtemps tranquille, méditant à leur sujet.

Précepte bouddhiste, cité par ANDRÉ MALRAUX en épigraphe des *Antimémoires*.

Quand l'éléphant trébuche, ce sont les fourmis qui en pâtissent.

Proverbe africain

Ne te mêle pas d'aider l'éléphant à porter ses défenses.

Proverbe siamois

Pour moi, les femmes sont comme les éléphants : elles sont belles à regarder mais je ne voudrais pas en avoir une à la maison.

W. C. FIELDS

L'éléphant a accompagné ses filles chez le gynécologue pour une ligature des trompes.

JEAN-LOUIS FOURNIER, *Grammaire française et impertinente*.

L'éléphant se laisse caresser. Le pou, non.

LAUTRÉAMONT, *Les Chants de Maldoror*.

Quand j'étais en Afrique, j'ai tué un éléphant en pyjama... ce que cet éléphant faisait en pyjama, je ne l'ai jamais su.

GROUCHO MARX

Les éléphants sont généralement dessinés plus petits que nature, mais les puces toujours plus grandes.

JONATHAN SWIFT

L'éléphant est un animal qui mange avec sa queue.

MARK TWAIN, cité par GABRIEL DE LAUTREC in *Le Chat noir*.

ÉLÈVE

Quand l'élève est prêt, arrive le maître.

Proverbe bouddhiste

ÉLEVER

Vouloir bien élever un enfant, c'est se condamner à n'avoir que des idées justes.

HONORÉ DE BALZAC

Élever un enfant, c'est lui apprendre à se passer de nous.

ERNEST LEGOUVÉ

ÉLEVER (s')

Dépourvue d'âme, la femme est dans l'incapacité de s'élever vers Dieu. En revanche, elle est en général pourvue d'un escabeau qui lui permet de s'élever vers le plafond pour faire les carreaux. C'est tout ce qu'on lui demande.

PIERRE DESPROGES

Pour descendre en nous-mêmes, il faut d'abord nous élever.

JOSEPH JOUBERT, *Pensées*.

ÉLOGE

On ne loue jamais bien une femme quand on en loue deux. Les louanges se détruisent mutuellement ; il n'y a qu'un seul moyen de faire un bel éloge d'une femme, c'est de dire beaucoup de mal de sa rivale.

MME DE GIRARDIN

On place ses éloges comme on place de l'argent, pour qu'ils nous soient rendus avec intérêt.

JULES RENARD

ÉLOQUENCE

L'éloquence est un fruit des révolutions ; elle y croît spontanément et sans culture.

FRANÇOIS RENÉ DE CHATEAUBRIAND

ÉLU

Un élu, c'est un homme que le doigt de Dieu coince contre un mur.

JEAN-PAUL SARTRE, *Le Diable et le bon Dieu*.

EMBONPOINT

Cet aimable embonpoint que le
[commun des hommes
Vilainement nomma
Ventre, bide ou bidon, chez les vrais
[gastronomes
N'est que de l'estomac.

CAMILLE LA BROUE

EMMERDANT

Emmerdant. Le mal de mer et le mal de dents.

MICHEL LEIRIS

ÉMOTION

Nos émotions sont dans nos mots comme des oiseaux empaillés.

HENRY DE MONTHERLANT, *Carnets*.

EMPAILLER

— L'esclave : Ne craignez rien, mes bons maîtres, j'ai une idée !

— Le maître : Brave et fidèle esclave ! Si tu réussis à nous sauver, je te ferai empailler.

CAMI

EMPALER

Une idée dans un homme ressemble à ce pieu de fer que les sculpteurs mettent dans leurs statues : elle l'empale et le soutient.

HIPPOLYTE TAINE,
Vie et Opinions de M. F. T. Graindorge.

EMPIRE

Le Saint-Empire Romain n'était ni saint, ni romain et ce n'était pas un empire.

VOLTAIRE

EMPORTER

On n'emporte en mourant que ce qu'on a donné.

ÉMILE DESCHANEL

EMPRESSEMENT

Le trop grand empressement qu'on a de s'acquitter d'une obligation est une espèce d'ingratitude.

FRANÇOIS DE LA ROCHEFOUCAULD,
Maximes.

EMPRUNT

Nous sommes plus riches que nous ne pensons ; mais on nous dresse à l'emprunt et à la quête : on nous habitue à nous servir plus de l'autrui que du nôtre.

MICHEL DE MONTAIGNE, *Essais*.

… Car je fais dire aux autres ce que je ne puis si bien dire, tantôt par faiblesse de mon langage, tantôt par faiblesse de mes sens. Je ne compte pas mes emprunts, je les pèse.

MICHEL DE MONTAIGNE, *Essais*.

N'importe quelle idée semble personnelle dès qu'on ne se rappelle plus à qui on l'a empruntée.

JULES RENARD

EMPRUNTER

Ce n'est point chose vicieuse, mais grandement louable, emprunter d'une langue étrangère les sentences et les mots, et les approprier à la sienne.

JOACHIM DU BELLAY,
Défense et illustration de la langue française.

Les gens traverseront Paris pour vous emprunter un livre. Ils ne monteront pas un étage pour vous le rendre.

GEORGES COURTELINE,
cité par JEAN PORTAIL.

ENCHAÎNÉ

Ce n'est pas de liberté qu'on a besoin, mais de n'être enchaîné que par ce qu'on aime.

PIERRE REVERDY

ENCRE

Le canon a tué la féodalité ; l'encre tuera la société moderne.

NAPOLÉON Ier

De grâce, n'écrivez plus à l'encre,
Les mots qu'on y pêche sont amers.

RAYMOND RADIGUET, *Les Joues en feu*.

ENFANCE

Odeur des pluies de mon enfance
Dernier soleil de la saison !
À sept ans comme il faisait bon,
Après d'ennuyeuses vacances,
Se retrouver à la maison.

RENÉ GUY CADOU, *Les Amis d'enfance*.

L'enfance sait ce qu'elle veut. Elle veut sortir de l'enfance.

JEAN COCTEAU, *La Difficulté d'être*.

Adorer l'enfance, c'est la pire hérésie. Songez à ce qui vous restera dans quelques années de votre divinité : un homme.

JEAN GIRAUDOUX, *Les Aventures de Jérôme Bardini*.

On est de son enfance comme on est d'un pays.

ANTOINE DE SAINT-EXUPÉRY

ENFANT

Les enfants sont la richesse du monde.

Proverbe arabe

Les petits enfants vous empêchent de dormir — lorsqu'ils sont grands, ils vous empêchent de vivre.

Proverbe juif

Il y a des moments où l'absence d'ogres se fait cruellement sentir.

ALPHONSE ALLAIS

Des enfants ? Je préfère en commencer cent que d'en terminer un seul.

PAULINE BONAPARTE

Enfant : fruit qu'on fit.

LÉO CAMPION, *Lexique pour rire*.

J'adore les enfants, surtout quand ils pleurent parce qu'alors, on les emmène.

ALFRED CAPUS

Il faut avoir le courage d'abandonner ses enfants ; leur sagesse n'est pas la nôtre.

JACQUES CHARDONNE, *L'Amour, c'est beaucoup plus que l'amour*.

Un des plus clairs effets de la présence d'un enfant dans le ménage est de rendre complètement idiots de braves parents qui, sans lui, n'eussent peut-être été que de simples imbéciles.

GEORGES COURTELINE, *La Philosophie de Georges Courteline*.

Il y a beaucoup plus de parents abandonnés que d'enfants dans ce cas.

FRANÇOISE DORIN

Il est donné à l'enfant d'en savoir plus que ses parents, les ayant regardés.

PIERRE DRIEU LA ROCHELLE

J'ai connu une femme qui avait pris la mauvaise habitude de peindre en bleu ses enfants avant de les jeter par la fenêtre. Cette manie, qui détruisait la spontanéité de son geste, la faisait passer pour méchante.

PIERRE DUMAYET

Vos enfants, vous pouvez vous efforcer d'être comme eux, mais ne tentez pas de les faire comme vous.

KHALIL GIBRAN, *Le Prophète*.

« Ah ! que voilà de beaux enfants !
Disait un grand seigneur au gros [Colas, leur père ;
Qu'ils sont frais, gaillards et [puissants.
Nous autres, gens de cour, nous [voyons au contraire
Les nôtres délicats, faibles et [languissants,
Toujours malsains et toujours [blêmes ;

Comment faites-vous donc, vous
[autres paysans ?
— Parqué, monsieur, je les faisons
[nous-mêmes. »

JULES JOUY, *Chansons*.

Les enfants n'ont ni passé ni avenir et, ce qui ne nous arrive guère, ils jouissent du présent.

JEAN DE LA BRUYÈRE, « De l'homme », *Les Caractères*.

Les enfants sont des espèces d'oiseaux qui n'apprennent que peu de mots et d'idées à la fois parce qu'ils ont le cerveau mou.

JULIEN OFFRAY DE LA METTRIE, *Traité de l'âme*.

« Lorsque l'enfant paraît... », je prends mon chapeau et je m'en vais.

PAUL LÉAUTAUD, *Journal littéraire*, XVII.

Ma mère aimait les enfants. Elle m'aurait tout donné si j'en avais été un.

GROUCHO MARX

Aux femmes il est donné de ressembler leur vie durant aux enfants que nous étions.

JEAN PAULHAN, *Le Bonheur dans l'esclavage*.

L'enfant met un siècle à grandir et, à douze ans, il ne lui reste plus qu'à bâcler sa maturité en quelques heures et expédier la vieillesse en deux minutes.

JACQUES PERRET, *La Bête Mahousse*.

Celui qui, le premier, représenta l'Amour sous les traits d'un enfant fut un admirable artiste ; il sentit le premier que la vie des amants est une enfance perpétuelle, où l'on sacrifie à des riens les plus grands avantages.

PROPERCE

Ne donnez jamais rien à vos enfants si vous voulez être sûr qu'ils vous le rendent un jour.

NESTOR ROQUEPLAN

Grand Dieu ! ce n'est pas une cause
Que j'attaque ou que je défends…
Et ceci n'est pas autre chose
Que l'histoire d'un pauvre enfant.

EDMOND ROSTAND, préface à *L'Aiglon*.

Savez-vous quel est le plus sûr moyen de rendre votre enfant misérable ? C'est de l'accoutumer à tout obtenir.

JEAN-JACQUES ROUSSEAU, *Émile ou De l'éducation*.

Le temps me pétrit peu à peu. L'enfant ne s'épouvante pas de former patiemment un vieillard. Il est enfant et il joue à des jeux d'enfant.

ANTOINE DE SAINT-EXUPÉRY, *Pilote de guerre*.

Les hommes s'imaginent faire des enfants, alors qu'ils ne font que d'autres hommes.

SAN-ANTONIO, *San-Antoniaiseries*.

J'étais un enfant, ce monstre que les adultes fabriquent avec leurs regrets.

JEAN-PAUL SARTRE, *Les Mots*.

On appelle cercle de famille un endroit où l'enfant est encerclé.

GEORGE BERNARD SHAW

Un fils est un créancier donné par la nature*.

STENDHAL, *Lucien Leuwen*.

* Pastiche du vers de Legouvé, voir FRÈRE.

L'enfant mène la femme, qui mène l'homme, qui mène les affaires.

HIPPOLYTE TAINE, *Vie et opinions de M. Frédéric Thomas Graindorge*.

Les enfants, ça console de tout... excepté d'en avoir.

HIPPOLYTE TAINE, *Vie et opinions de M. Frédéric Thomas Graindorge*.

En prenant de l'âge, on s'aperçoit que tout vous a été donné dans vos jeunes années, que des événements infimes, ou qui vous ont paru tels sur le moment, vous ont marqué pour la vie. Et que, au fond, ce qu'il y a d'essentiel en vous, c'est l'enfant. Vous avez beau avoir des cheveux blancs, des rides, être hors d'haleine en montant un escalier, c'est l'enfant qui persiste en vous, et probablement, jusqu'au dernier souffle.

HENRI TROYAT,
Le Monde du 29 mars 1991.

L'enfant est le père de l'homme,
Et je souhaite que mes jours
Restent liés les uns aux autres par
[cette dévotion à la nature.

WILLIAM WOODSWORTH, *L'Arc-en-ciel*.

ENFANTEMENT

... car je vous dis qu'à Dieu, rien n'est impossible et que, s'il le voulait, les femmes auraient dorénavant les enfants de la sorte, par l'oreille. — Bacchus ne fut-il pas engendré par la cuisse de Jupiter ? [...] Minerve ne naquit-elle pas du cerveau de Jupiter, par l'oreille ? — Adonis par l'écorce d'un arbre à myrrhe ? — Castor et Pollux de la coquille d'un œuf pondu et couvé par Léda ?

FRANÇOIS RABELAIS,
Gargantua, livre I, chapitre 6.

ENFER

Mark Twain à qui on demandait son opinion sur l'existence de l'enfer ou du paradis :

— Je ne veux pas donner mon avis. J'ai des amis dans les deux.

On ne va pas en enfer pour allumer sa cigarette.

Proverbe bulgare

L'enfer est un endroit où le cuisinier est anglais, le policier allemand, le garagiste arabe et l'amant américain.

Time Magazine

Le personnage descend dans un monte-charge vers le Brasier.

— cinquième sous-sol : braqueurs, critiques littéraires ;

— sixième sous-sol : extrémistes de droite, *serial killers*, avocats médiatiques ;

— septième : les médias (COMPLET !) ;

— huitième sous-sol : criminels de guerre évadés, télévangélistes et membres de la National Riffle Association ;

— dernier sous-sol : tout le monde.

WOODY ALLEN, *Harry dans tous ses états*.

L'enfer, madame, c'est de ne plus aimer.

GEORGES BERNANOS,
Journal d'un curé de campagne.

On parle toujours du feu en enfer, mais personne ne l'a vu... L'enfer, c'est le froid.

GEORGES BERNANOS, *Monsieur Ouine*.

Laissez toute espérance vous qui entrez
(*Lasciate ogni speranza voi ch'entrate*).

DANTE, *La Divine Comédie*.

Enfer chrétien, du feu. Enfer païen, du feu. Enfer mahométan, du feu. Enfer hindou, des flammes. À en croire les religions, Dieu est né rôtisseur.

VICTOR HUGO

L'enfer, c'est l'éternelle absence.

VICTOR HUGO, *La Fin de Satan*.

Comment savez-vous que la Terre n'est pas l'enfer d'une autre planète ?

ALDOUS HUXLEY, *Contrepoint*.

Je désire aller en Enfer, pas au Paradis. En enfer, je me réjouirai d'être dans la compagnie des papes, des rois et des princes, alors qu'au Paradis, il n'y a que des mendiants, des moines, des ermites et des apôtres.

NICOLAS MACHIAVEL

Je me crois en enfer, donc j'y suis.

ARTHUR RIMBAUD, *Une saison en enfer*.

L'enfer, c'est quand tout sera parfait.

JEAN ROSTAND

Il n'y a d'autre enfer pour l'homme que la bêtise ou la méchanceté de ses semblables.

MARQUIS DE SADE, *Histoire de Juliette*.

Pas besoin de gril, l'enfer c'est les autres.

JEAN-PAUL SARTRE, *Huis clos*.

ENGAGEMENT

Le cochon dit à la poule : « Les œufs, pour toi, c'est un engagement partiel ; le bacon pour moi, c'est un engagement total. »

PHILIPPE MEYER, *Pointes sèches*.

ÉNIGME

Les femmes dont on sollicite les faveurs sont comme les énigmes dont on cherche le mot : dès qu'on les a devinées, on les oublie.

SOPHIE ARNOULD, *Maximes*.

L'énigme, semblable au pigeon voyageur, porte dans sa plume un message que d'autres devront, pour en extraire le vrai sens, déchiffrer.

PIERRE REVERDY

« Quelle est la chose qu'on reçoit sans remercier, dont on jouit sans savoir comment, qu'on donne aux autres quand on ne sait où l'on en est, et que l'on perd sans s'en apercevoir ? »

Pour avoir trouvé la solution *[la vie]*, Zadig reçut le trône de Babylone.

D'après VOLTAIRE, *Zadig*.

ENNEMI

Quand l'ennemi s'avance, nous nous retirons. — Quand il s'esquive, nous le harcelons. — Quand il se retire, nous le poursuivons. — Quand il est fatigué, nous l'attaquons.

Slogan de l'Armée rouge

S'il [notre ennemi] est dévot, nous l'accusons d'hypocrisie ; s'il ne l'est pas, nous l'accusons d'impiété ; s'il est humble, nous regardons son humilité comme une faiblesse ; s'il est généreux, nous appelons son courage orgueil.

LOUIS BOURDALOUE,
Sur le jugement téméraire.

Le corps d'un ennemi mort sent toujours bon.

Attribué à CHARLES IX découvrant le corps de l'amiral de Coligny pendu par les pieds au gibet de Montfaucon*.

* La même phrase est attribuée dans l'histoire romaine à Vitellius, commandant de l'armée de Germanie inférieure, alors qu'il parcourait le champ de bataille de Bédriac et découvrait le cadavre de l'empereur Othon.

Tenir constamment pour ennemi celui qu'on ne peut compter pour ami, et ne compter pour ami que celui qui a intérêt à l'être.

DENIS DIDEROT,
Principes de politique des souverains.

J'ai des ennemis et je m'en vante : je crois les avoir mérités.

ANATOLE FRANCE

On doit toujours pardonner à ses ennemis, mais pas avant qu'ils ne soient pendus.

HEINRICH HEINE

Je n'ai plus d'ennemis quand ils sont [malheureux.

VICTOR HUGO,
Chansons des rues et des bois.

Entre tous les ennemis, le plus dangereux est celui dont on est l'ami.

ALPHONSE KARR

Allons chercher l'ennemi : si je recule, tuez-moi ; si j'avance, suivez-moi ; si je meurs, vengez-moi !

COMTE DE LA ROCHEJAQUELEIN,
devise.

Nous [la France] avons eu comme ennemis héréditaires à peu près tous les peuples de l'Europe de l'Ouest. Simplement, l'hérédité changeait une fois par siècle.

FRANÇOIS MITTERRAND
(discours d'inauguration
de l'Institut culturel français
de Prague, 1993).

Avoir des ennemis n'est pas un luxe, c'est une nécessité.

PAUL MORAND

Les ennemis, ça n'existe pas. Ce sont des gens avec qui l'on n'a pas encore déjeuné.

JEAN NOHAIN

Il faut avoir des amis et des ennemis ; des amis pour nous apprendre notre devoir, et des ennemis pour nous obliger à le faire.

PLUTARQUE

Cent ans après sa mort, le plus grand bonheur qui puisse arriver à un grand homme, c'est d'avoir des ennemis.

STENDHAL, *Armance*.

Vittelius osa affirmer que l'odeur d'un ennemi tué est très agréable, surtout quand c'est un concitoyen.

SUÉTONE

Tous nos ennemis sont mortels.

PAUL VALÉRY

Ayez des ennemis ! Vos amis se lasseront de parler de vous ; vos ennemis, jamais !

PIERRE VEBER, *Maximes et aphorismes d'un directeur de théâtre*.

Un homme ne sera jamais trop soigneux dans le choix de ses ennemis.

OSCAR WILDE

ENNUI

Les ennuis, c'est comme le papier hygiénique : on en tire un, il en vient dix.

WOODY ALLEN

Les vieux se répètent et les jeunes n'ont rien à dire. L'ennui est réciproque.

JACQUES BAINVILLE, *Charme de la conversation*.

Rien n'égale en longueur les
[boiteuses journées
Quand sous les lourds flocons des
[neigeuses années
L'ennui, fruit de la morne
[incuriosité,
Prend les proportions de
[l'immortalité.

CHARLES BAUDELAIRE, « Spleen », *Les Fleurs du mal*.

La vie, c'est une classe dont l'ennui est le pion.

LOUIS-FERDINAND CÉLINE, *Voyage au bout de la nuit*.

L'ennui porte conseil.

GILBERT CESBRON, cité dans *Le Dictionnaire inattendu des citations*.

S'ennuyer, c'est chiquer du temps.

EMIL MICHEL CIORAN

Ma foi, si je n'avais pas été là, je me serais bien ennuyé.

ALEXANDRE DUMAS PÈRE

Celui qui connaît l'art de vivre avec soi-même ignore l'ennui.

ÉRASME

L'ennui est entré dans ce monde par la paresse.

JEAN DE LA BRUYÈRE, *Caractères*.

La vie est courte, mais l'ennui l'allonge. Aucune vie n'est assez courte pour que l'ennui n'y trouve pas sa place.

JULES RENARD, *Journal*.

Quand un homme s'ennuie, il a besoin d'être stimulé. Quand une femme s'ennuie, elle a besoin d'être retenue.

ÉTIENNE REY

ENNUYER

Nous pardonnons souvent à ceux qui nous ennuient ; mais nous ne pouvons pardonner à ceux que nous ennuyons.

FRANÇOIS DE LA ROCHEFOUCAULD, *Maximes*.

Le secret d'ennuyer est celui de tout
[dire.

VOLTAIRE

ENNUYER (s')

Ce qui fait que les amants et les maîtresses ne s'ennuient pas d'être ensemble, c'est qu'ils parlent toujours d'eux-mêmes.

FRANÇOIS DE LA ROCHEFOUCAULD, *Maximes*.

ENNUYEUX

Un homme ennuyeux est un homme incapable de s'ennuyer.

EMIL MICHEL CIORAN,
Le Crépuscule des pensées.

ENSEIGNER

Enseigner : répéter ce que l'on a appris la veille à des élèves qui ne s'en souviendront plus le lendemain.

GEORGES ELGOZY,
Le Fictionnaire.

On ne peut rien enseigner à autrui. On ne peut que l'aider à le découvrir lui-même.

GALILÉE

On n'enseigne pas seulement ce que l'on sait, on enseigne ce que l'on est.

JEAN JAURÈS

Enseigner, c'est apprendre deux fois.

JOSEPH JOUBERT

— Alors ? pourquoi tu veux l'être, institutrice ?

— Pour faire chier les mômes, répondit Zazie.

RAYMOND QUENEAU,
Zazie dans le métro.

Celui qui peut, agit, celui qui ne peut pas, enseigne.

GEORGE BERNARD SHAW

ENTENDRE

On peut voir celui qui regarde, mais on ne peut pas entendre celui qui écoute.

MARCEL DUCHAMP

ENTERREMENT

En ville, un enterrement est juste une interruption de la circulation ; à la campagne, c'est une sorte de distraction.

GEORGE ADE

Monsieur Bressand, le père, écrivait à sa femme : « Ma chère amie, notre chapelle avance, et nous pouvons nous flatter d'y être enterrés l'un et l'autre, si Dieu nous prête vie. »

NICOLAS DE CHAMFORT,
Caractères et Anecdotes.

Un bel enterrement n'est pas une improvisation : il faut y consacrer sa vie.

AUGUSTE DETŒUF,
Propos de O.-L. Barenton, confiseur.

Que mon enterrement soit superbe et [farouche,
Que les bourgeois glaireux bâillent [d'étonnement
Et que Sadi Carnot, ouvrant sa large [bouche,
Se dise : « Nom de Dieu ! le bel [enterrement ! »

GEORGES FOUREST,
La Négresse blonde.

Un mort s'en allait tristement
S'emparer de son dernier gîte ;
Un curé s'en allait gaîment
Enterrer ce mort au plus vite.

JEAN DE LA FONTAINE,
« Le Curé et la Mort ».

La pompe des enterrements funèbres intéresse plus la vanité des vivants que la mémoire des morts.

FRANÇOIS DE LA ROCHEFOUCAULD

Tout simplement que l'on m'enterre,
En faisant un trou... dans ma Mère...

GERMAIN NOUVEAU,
Valentines.

Pour attraper de bons fous rires aux enterrements, il faut avoir grandi dans le respect des choses de la mort.

JACQUES PERRET,
Le Caporal épinglé.

Un homme qui suit un enterrement demande à un autre monsieur :

« Savez-vous qui est mort ?

— Je ne sais pas, je crois que c'est celui qui est dans la première voiture. »

JULES RENARD

C'est commode, un enterrement. On peut avoir l'air maussade avec les gens : ils prennent cela pour de la tristesse.

JULES RENARD, *Journal*.

Ce serait impressionnant, ce corps dans cette boîte, sous ces voûtes immenses et sonores, si les prêtres ridicules n'enlevaient tout sérieux.

JULES RENARD, *Journal*.

J'ai refusé d'assister à son enterrement, mais j'ai envoyé une lettre très gentille pour expliquer que je l'approuvais.

MARK TWAIN

À l'enterrement, je découvris le sens de tous les enterrements : une initiation à notre propre mort.

LUDVIK VACULIK, *La Hache*, cité in *Dictionnaire de citations* de Florence Montreynaud.

ENTHOUSIASME

Ce sont les Grecs qui nous ont légué le plus beau mot de notre langue : le mot enthousiasme — du grec *en theo*, un Dieu intérieur.

LOUIS PASTEUR

Notre enthousiasme c'est le fanatisme d'en face.

ANDRÉ SIEGFRIED, *Quelques maximes*.

ENTONNOIR

Je n'ai plus été en contact avec une seule goutte d'alcool depuis l'invention de l'entonnoir.

MALACHY McCOURT

ENTRAIN

Non, je ne fais rien.

Il y a, comme cela, des années où l'on n'est pas entrain.

ANTOINE DE RIVAROL

ENTREFILET

Où trouverez-vous, dans l'océan des littératures, un livre surnageant qui puisse lutter de génie avec cet entrefilet : « Hier, à quatre heures, une jeune femme s'est jetée dans la Seine du haut du Pont-des-Arts » ?

HONORÉ DE BALZAC, *La Peau de chagrin*

ENTRER

Un homme de cœur ne doit point entrer chez la plupart des grands, ou doit laisser ses sentiments à la porte.

DENIS DIDEROT, *Les Bijoux indiscrets*.

ENVIE

Là, gît la sombre Envie, à l'œil
[timide et louche,
Versant sur des lauriers les poisons
[de sa bouche ;
Le jour blesse ses yeux, dans
[l'ombre étincelants ;
Triste amante des morts, elle hait les
[vivants.

VOLTAIRE

ENVIER

Nous passons notre temps à envier des gens que nous ne voudrions pas être.

JEAN ROSTAND, *Pages d'un moraliste*.

ENVIEUX

Chacun est envié pendant qu'il est lui-même envieux.

BERNARD DE FONTENELLE, *Du bonheur*.

Il y a des envieux qui paraissent tellement accablés de votre bonheur qu'ils vous inspirent presque la velléité de les plaindre.

EDMOND et JULES DE GONCOURT

L'homme libre n'est point envieux, il admet volontiers ce qui est grand et se réjouit que cela puisse exister.

FRIEDRICH HEGEL, cité par MALRAUX en exergue des *Chênes qu'on abat*.

ENVIRON

Les environs de Paris sont les plus beaux environs du monde.

ALPHONSE ALLAIS

ENVIRONNEMENT

L'environnement, c'est tout ce qui n'est pas moi.

ALBERT EINSTEIN

ÉPAGNEUL

— Si habla épagneul ? ainsi chez Buñuel, haboya Salvamédor, le chien andalou de Dali Baba, car il parlait les deux langues, l'ibère et la vache émigrante.

Attribué à MARCEL DUCHAMP.

ÉPARGNE

L'épargne est une magnifique réalité, spécialement quand nos parents l'ont pratiquée.

MARK TWAIN

ÉPAULE

... Je n'ai jamais pu voir les épaules d'une jeune femme sans songer à fonder une famille.

VALERY LARBAUD,
Les Poésies de A. O. Barnabooth.

ÉPAULETTE

On ne va pas chercher une épaulette sur un champ de bataille quand on peut l'avoir dans une antichambre.

NAPOLÉON BONAPARTE,
Napoléon a dit.

ÉPÉE

Si ton épée est trop courte, allonge-la d'un pas.

Proverbe hongrois

Quand l'épée est dans votre gorge, que se passe-t-il en cas de hoquet ?

WOODY ALLEN

Je porte toujours une épée sur moi pour me défendre. En cas d'attaque, j'appuie sur le pommeau, et l'épée se transforme en canne blanche. Alors, on vient à mon secours.

WOODY ALLEN

Ce dont il s'agit, quand une épée vous transperce l'âme : avoir le regard serein, ne pas perdre de sang, accueillir le froid de la lame avec le froid de la pierre. Grâce au coup, après le coup, devenir invulnérable.

FRANZ KAFKA,

L'épée ne s'arrête pas juste à la limite du droit ; il est de sa nature de rentrer malaisément dans le fourreau quand elle s'est une fois échauffée dans la main de l'homme.

HENRI LACORDAIRE,
Pensées choisies.

ÉPERONS

Il porte des éperons sur ses pantoufles.

JEAN-PAUL, *Être là dans l'existence*.

ÉPHÉMÈRE

J'ai fini par acquérir durablement le sentiment de l'éphémère.

JEAN ROSTAND

ÉPI

Filles, voyez l'épi de blé. Quand il est beau, il baisse la tête.

Proverbe

ÉPICERIE

Parce qu'ici, ce n'est qu'une épicerie — mais c'est une maison honorable... Ici, je ne recevrais pas le pétomane. Je suis peut-être allé le voir chez lui, mais il ne serait pas venu faire sa musique chez moi.

MARCEL PAGNOL, *Le Schpountz*.

ÉPINARD

Je n'aime en réalité manger que ce qui a une forme claire et compréhensible pour l'intelligence. Si je déteste les épinards, c'est qu'ils sont informes comme la liberté. Le contraire de l'épinard est l'armure.

SALVADOR DALÍ

Je n'aime pas les épinards et j'en suis fort aise ; si je les aimais, j'en mangerais et je ne peux pas les sentir.

HENRI MONNIER, *Légendes sous une lithographie*.

Les épinards et Saint-Simon ont été mes seuls goûts durables, après celui toutefois de vivre à Paris avec cent louis de rente, faisant des livres.

STENDHAL, *Vie d'Henri Brulard*.

ÉPINE

Pour extraire une épine, servez-vous d'une épine.

Proverbe

Une couronne d'épines, ce n'est qu'une couronne de roses d'où les roses sont tombées.

ROBERT DE FLERS et GASTON DE CAILLAVET, *Primerose*.

ÉPITAPHE

Ci-gît Monseigneur de Coutance
Grand voleur qui mourut au lit,
Il serait mort à la potence,
S'il avait été plus petit.

Anonyme

« Bon père, bon époux », disent les épitaphes. C'est dans les cimetières qu'on voit les meilleurs ménages.

Anonyme

Au tombeau, Bourbon va descendre
La mort ne doit point l'alarmer :
Il n'aura qu'un œil à fermer
Et n'aura point d'esprit à rendre.

Épitaphe du duc de Bourbon qui était borgne et borné.

Et qu'importe quel nom on imprimera à la tête de ton livre ou l'on gravera sur ta tombe. Est-ce que tu liras ton épitaphe ?

DENIS DIDEROT, *Réfutation d'Helvétius*.

« Ci-gît Georges Fourest ; il portait [la royale
Tel autrefois Armand Duplessis [Richelieu,
Sa moustache était fine et son âme [loyale !
Oncques il ne craignit la vérole ni [Dieu ! »

GEORGES FOUREST, *La Négresse blonde* (épître falote et testamentaire pour régler l'ordre et la marche de mes funérailles).

À quoi ce riche monument
Et cette épitaphe qui ment ?
Quelle passion vous couvre
À nous louer cet homme à tort ?
On n'a point vu qu'il fût en vie ;
Pourquoi saurait-on qu'il est mort ?

LA GIRAUDIÈRE

Il serait à souhaiter que chacun fit son épitaphe de bonne heure, qu'il le fit la plus flatteuse qu'il est possible, et qu'il employât toute sa vie à la mériter.

JEAN-FRANÇOIS MARMONTEL, cité par ROBERT SABATIER in *Dictionnaire de la Mort*.

Ci-gît ma femme. Ah ! qu'elle est [bien
Pour son repos et pour le mien.

Attribué à JEAN MAROT, père de Clément.

S'il faut que maintenant en la fosse [je tombe,
Qui ay toujours aimé la paix et le [repos,
Afin que rien ne pèse à ma cendre, à [mes os,
Amis, de mauvais vers, ne chargez [pas ma tombe.

JEAN PASSERAT

Il voulut chanter, chanter pour [oublier
Sa vraie vie de mensonges
et se rappeler sa mensongère vie de [vérités.

OCTAVIO PAZ, *Première Instance. Épitaphe pour un poète*.

Mieux vaudrait, après votre mort, une méchante épitaphe que, de votre vivant, un mauvais renom.

WILLIAM SHAKESPEARE, *Hamlet*, acte II.

Si l'on prend les épitaphes au sérieux, il faut enterrer les vivants et ressusciter les morts.

MARK TWAIN

ÉPITHÈTE

Il ne faut pas multiplier les épithètes sans nécessité ; car tout mot qui n'est pas nécessaire nuit à la liaison.

ÉTIENNE BONNOT DE CONDILLAC, *Art d'écrire*.

En éloquence et en poésie, on appelle épithète un adjectif sans lequel l'idée principale serait suffisamment exprimée, mais qui lui donne, ou plus de force, ou plus de noblesse, ou plus d'élévation, ou quelque chose de plus fin, de plus délicat, de plus touchant, ou quelque singularité piquante, ou une couleur plus riante et plus vive, ou quelque trait de caractère plus sensible aux yeux de l'esprit.

JEAN-FRANÇOIS MARMONTEL, *Éléments de littérature*.

Une phrase trop chargée d'épithètes est comme une armée où chaque soldat aurait été accompagné d'un domestique.

QUINTILIEN, *De institutione oratoria*.

ÉPOUSER

Il y a des femmes que l'on ne devrait jamais épouser soi-même. On devrait les laisser épouser par ses amis.

ALFRED CAPUS

Si tu continues à dire non, je ne te demanderai pas ton avis, je t'épouserai sous anesthésie.

JEAN CARMET

Épouser une maîtresse, c'est mettre en hachis les restes d'un vieux gigot.

LOUIS AUGUSTE COMMERSON, *Pensées d'un emballeur*.

Pauvre amant, je te plains qui ne sais [pas encore
Que bien qu'une beauté mérite qu'on [l'adore,
Pour en perdre le goût, on n'a qu'à [l'épouser.

PIERRE CORNEILLE, *Mélite*.

Quand vous épousez votre femme à vous, vous partez de zéro et vous commencez à suer. Mais, quand vous épousez la femme d'un autre, vous partez de zéro, avec peut-être dix ans de retard et vous héritez de la sueur de l'autre.

WILLIAM FAULKNER, *Sanctuaire*.

Il ne faut choisir pour épouse que la femme qu'on choisirait pour ami, si elle était homme.

JOSEPH JOUBERT, *Pensées*.

« Moi l'épouser ! je t'assure que non ; c'est bien assez qu'il m'épouse. »

MARIVAUX, *L'École des mères*.

« Une fille d'un bon naturel doit être ravie d'épouser ce qui est utile à la santé de son père. »

MOLIÈRE, *Le Malade imaginaire*, acte I, scène V.

ÉPREUVE

Pénélope était la dernière épreuve qu'Ulysse eut à subir à la fin de son voyage.

JEAN COCTEAU, *Le Testament d'Orphée*.

Tant d'épreuves, pourquoi ? Je suis incorrigible !

SACHA GUITRY, *Toutes réflexions faites*.

ÉQUITÉ

Il semble que nos enfants soient trop petits pour avoir droit à cette équité que nous voulons bien accorder aux criminels adultes.

TRISTAN BERNARD, *Les Parents paresseux*.

ÉRECTION

L'Amazone passait sur le bord de la [route.
Un Centaure y pensait, des plus [visiblement...
Mais l'Amazone triste et qu'assiège [le doute :
« Est-ce à moi qu'il en veut ou bien [à ma jument ? »

TRISTAN BERNARD, *Treize à la douzaine*.

Un homme, attaquant une femme sans être prêt, lui dit : « Madame, s'il vous était égal d'avoir encore un quart d'heure de vertu... »

NICOLAS DE CHAMFORT, *Maximes et Pensées*.

Comme le cœur et comme le sexe, le rire procède par érection.

JEAN COCTEAU, *La Difficulté d'être*.

Érection : Ne se dit qu'en parlant des monuments.

GUSTAVE FLAUBERT, *Dictionnaire des idées reçues*.

Elles (les femmes) ont un redoutable avantage sur nous : elles peuvent faire semblant – nous pas.

SACHA GUITRY, *Elles et toi*.

Quand on est jeune, on a des matins [triomphants.

VICTOR HUGO, *Booz endormi*.

Il n'existe pratiquement aucune différence entre un Anglais en état d'érection et un Italien impuissant.

SAN-ANTONIO, *San-Antoniaiseries*.

— Sortez-vous toujours armé ou avez-vous un sentiment pour moi ?

MAE WEST, après une danse très serrée.

ERMITE

L'ermite croit qu'il a trouvé Dieu parce qu'il a trouvé la solitude.

HENRY DE MONTHERLANT, *Carnets*.

ÉROTIQUE

Les contes de fées sont les romans érotiques des enfants.

JEAN PAULHAN, *Préface à Histoire d'O*.

ÉROTISME

L'érotisme, c'est quand on le fait,
Le porno, c'est quand on le regarde.

YVAN AUDOUARD

L'érotisme est l'approbation de la vie jusque dans la mort.

GEORGES BATAILLE

ERREUR

Toutes nos erreurs sont des jugements téméraires, et toutes nos vérités, sans exception, sont des erreurs redressées.

ALAIN, *Propos*.

Une erreur est d'autant plus dangereuse qu'elle contient plus de vérité.

HENRI FRÉDÉRIC AMIEL, *Fragments d'un journal intime*.

Les erreurs de la femme viennent presque toujours de sa croyance au bien ou de sa confiance dans le vrai.

HONORÉ DE BALZAC

Les plus courtes erreurs sont toujours les meilleures.

PIERRE CHARRON, *De la sagesse*.

Une erreur peut devenir exacte selon que celui qui l'a commise s'est trompé ou non.

PIERRE DAC, *Pensées et maximes*.

Nul doute : l'erreur est la règle ; la vérité est l'accident de l'erreur.

GEORGES DUHAMEL, *Le Notaire du Havre*.

Une erreur ne devient une faute que si l'on refuse de la corriger.

JOHN FITZGERALD KENNEDY

Si je pouvais recommencer ma vie, je ferais les mêmes erreurs, mais je les ferais plus tôt.

GROUCHO MARX

Où est la vérité : l'homme est-il une erreur de Dieu, ou Dieu est-il une erreur de l'homme ?

FRIEDRICH NIETZSCHE

L'erreur n'est pas le contraire de la vérité. Elle est l'oubli de la vérité contraire.

BLAISE PASCAL

On ne fait jamais d'erreur sans se tromper.

JACQUES PRÉVERT,
dans le film *L'affaire est dans le sac*.

Les architectes dissimulent leurs erreurs sous du lierre, les médecins sous la terre et les ménagères sous de la mayonnaise.

GEORGE BERNARD SHAW

J'ai commis trois erreurs dans ma vie : Brigitte Nielsen, Brigitte Nielsen et Brigitte Nielsen.

SYLVESTER STALLONE,
Voici, 11 novembre 1996.

Bien des erreurs sont nées d'une vérité dont on abuse.

VOLTAIRE

ÉRUDITION

Érudition : poussière tombant d'un livre dans un crâne vide.

AMBROSE BIERCE,
Le Dictionnaire du Diable.

Entre un penseur et un érudit, il y a la même différence qu'entre un livre et une table des matières.

JEAN-BAPTISTE SAY,
Quelques aperçus des hommes et de la société.

ESCALIER

Avec un escalier prévu pour la montée, on réussit souvent à monter plus bas qu'on ne serait descendu avec un escalier prévu pour la descente.

Devise SHADOK

Quand on doit se rompre le cou, on trouve l'escalier.

(*Quando s'ha rompere il collo, si trova la scala.*)

Proverbe italien

Le meilleur moment de l'amour, c'est quand on monte l'escalier.

GEORGES CLEMENCEAU, *Les Plus Forts*.

En montant un escalier, on est toujours plus fatigué à la fin qu'au début. Dans ces conditions, pourquoi ne pas commencer l'ascension par les dernières marches et la terminer par la première.

PIERRE DAC

L'homme sensible comme moi, tout entier à ce qu'on lui objecte, perd la tête et ne se trouve qu'au bas de l'escalier.

DENIS DIDEROT,
Paradoxe sur le comédien.

Quand elle (Sarah Bernhardt) descend l'escalier en escargot de son hôtel, il semble qu'elle reste immobile et que l'escalier tourne autour d'elle.

JULES RENARD

ESCLAVAGE

Travailler de bon gré est pire que l'esclavage.

Proverbe corse

Il n'y a qu'une seule chose que les hommes préfèrent à la liberté, c'est l'esclavage.

FEDOR DOSTOÏEVSKI

Un passage du *Journal* des Goncourt me rappelle que la Société protectrice des animaux a été créée en 1845. Trois ans avant l'abolition de l'esclavage.

FRANÇOIS MITTERRAND

Les peuples d'Europe ayant exterminé ceux d'Amérique, ils ont dû mettre en esclavage ceux de l'Afrique pour s'en servir à défricher tant de terres.

CHARLES DE MONTESQUIEU,
De l'esprit des lois.

L'esclavage humain a atteint son point culminant à notre époque sous forme de travail librement salarié.

GEORGE BERNARD SHAW, *Bréviaire du révolutionnaire*.

ESCLAVE

Pour vivre heureux ensemble deux êtres doivent être tous deux esclaves, pour qu'aucun ne le soit.

LAURE D'ABRANTÈS, *Blanche*.

Homme, tu es le maître, la femme est ton esclave, c'est Dieu qui l'a voulu... Oui, vos femmes sont vos servantes et vous êtes les maîtres de vos femmes.

SAINT AUGUSTIN

L'esclave est un tyran dès qu'il le peut.

HARRIET BEECHER-STOWE, *La Case de l'oncle Tom*.

Nous sommes esclaves des lois pour pouvoir être libres.

CICÉRON, *Des lois*.

Serf, ce peuple bâtissait des cathédrales ; émancipé, il ne construit que des horreurs.

EMIL MICHEL CIORAN, *Écartèlement*.

Avoir des esclaves n'est rien ; ce qui est intolérable, c'est d'avoir des esclaves en les appelant citoyens.

DENIS DIDEROT

Les bons rois sont esclaves et leurs peuples sont libres.

MARIE LESZCZYNSKA

ESCORTE

Quand vous voyez une femme escortée en tous lieux d'un état-major de servants, ce n'est pas tant qu'ils la trouvent belle, c'est qu'elle leur a dit qu'ils étaient beaux.

JEAN GIRAUDOUX, *Visitations*.

ESCROQUERIE

Une escroquerie, c'est une bonne affaire qui a rencontré une mauvaise loi.

ALFRED CAPUS, *Les Pensées*.

ESPAGNE

Le catholicisme n'a créé l'Espagne que pour mieux l'étouffer. C'est un pays où l'on voyage pour admirer l'Église et pour deviner le plaisir qu'il peut y avoir à assassiner un curé.

EMIL MICHEL CIORAN, *Syllogismes de l'amertume*.

Espagne : admirable pays où il y a trois choses de trop : les puces, les punaises et les Espagnols.

VICTOR HUGO

Il n'y a qu'à être en Espagne pour n'avoir plus envie d'y bâtir des châteaux.

MME DE SÉVIGNÉ, lettre à Mme de Grignan.

Dans les auberges espagnoles c'est la même huile qui sert pour la lampe, le potage et la salade.

ALGERNON CHARLES SWINBURNE

ESPAGNOL

De même que leurs voisins les Portugais sont toujours gais, les Espagnols sont toujours « gnols ».

ALPHONSE ALLAIS, *À la une*.

Que ce soit la révolution ou la paella, rien de ce qui est espagnol n'est simple.

MICHEL AUDIARD, *Un singe en hiver*.

Les Espagnols sont un peuple fier et ombrageux avec un tout petit cul pour éviter les coups de corne.

PIERRE DESPROGES, *Les étrangers sont nuls*.

Il grandira, car il est espagnol.

MEILHAC et HALÉVY, *La Périchole*, musique d'Offenbach.

ESPAGNOLE

La femme espagnole ? Les jambes sont courtes et les fesses, abondantes et basses, évoquent, même quand le corps est en mouvement, l'image d'une femme bâtie pour s'asseoir.

VITTORIO GIUSEPPE ROSSI,
Via degli Spagnoli
cité par JÉRÔME DUHAMEL
in *Le Grand Méchant Dictionnaire.*

L'Espagnole danse le flamenco en attendant le retour du torero. Si c'est le taureau qui rentre le premier, c'est que le torero a perdu ; si c'est le torero, c'est qu'il a gagné. Alors, pour fêter ça, elle lui retire son habit de lumière et, dans le noir, ils font des enfants qu'on appelle Espagnolet ou Espagnolette.

JEAN-LOUIS FOURNIER,
Le Pain des Français.

ESPÈCE

... Il existera de tout temps des espèces sociales comme il y a des espèces zoologiques.

HONORÉ DE BALZAC,
Préface de *La Comédie humaine.*

ESPÈCE HUMAINE

Il y a trois sous-groupes dans l'espèce humaine : les Hommes, les Femmes et les Allemandes de l'Est.

PIERRE DESPROGES

ESPÉRANCE

Ixion, Sisyphe et Tantale
Les suppliciés de l'espoir,
Démontrent à qui veut le voir
Que toute espérance est fatale.

HENRI FRÉDÉRIC AMIEL,
Journal intime.

L'espérance est un risque à courir.

GEORGES BERNANOS,
La Liberté, pourquoi faire ?

Qui n'a pas vu la route à l'aube, entre ses deux rangées d'arbres, toute fraîche, toute vivante, ne sait pas ce que c'est que l'espérance.

GEORGES BERNANOS, *Monsieur Ouine.*

On ne conduit le peuple qu'en lui montrant un avenir : un chef est un marchand d'espérance.

BONAPARTE

Tout le malheur des hommes vient de l'espérance.

ALBERT CAMUS,
L'Homme révolté.

L'espérance n'est qu'un charlatan qui nous trompe sans cesse ; et pour moi, le bonheur n'a commencé que lorsque je l'ai eu perdue. Je mettrais volontiers sur la porte du Paradis le vers que Dante a mis sur celle de l'Enfer*.

NICOLAS DE CHAMFORT,
Maximes et Pensées.

* *Lasciate ogni speranza voi ch'entrate.*
(Vous qui entrez, laissez toute espérance.)

Ma plus douce espérance est de perdre l'espoir.

PIERRE CORNEILLE,
Le Cid, acte I, scène 1.

Le malheur lui-même finit par se lasser ; les vents ne soufflent pas toujours avec la même violence ; le bonheur des heureux a un terme. Tout passe, tout se modifie ; l'homme de cœur est celui qui se fie jusqu'au bout à l'espérance. Désespérer, c'est lâcheté.

EURIPIDE,
Hercule furieux.

Les heures que nous passons dans l'espérance du bonheur, sont plus agréables que celles qui sont couronnées par la jouissance.

OLIVER GOLDSMITH,
Le Vicaire de Wakefield.

L'espérance est un emprunt fait au bonheur.

JOSEPH JOUBERT

Dieu a donné une sœur au souvenir et il l'a appelée espérance.

MICHEL-ANGE,
cité par JEAN D'ORMESSON.

L'espérance a fait plus de dupes que l'habileté.

LUC DE VAUVENARGUES, *Réflexions et Maximes*.

ESPÉRER

On jouit moins de ce qu'on obtient que de ce qu'on espère.

JEAN-JACQUES ROUSSEAU, *La Nouvelle Héloïse*.

ESPOIR

L'espoir est le pilier du monde.

Proverbe africain

J'aurais aimé finir avec un message d'espoir. Je n'en ai pas. En échange, est-ce que deux messages de désespoir vous iraient ?

WOODY ALLEN

L'espoir est une mémoire qui désire.

HONORÉ DE BALZAC

L'espoir : Une des rares choses que l'on entretienne à peu de frais, souvent même pour rien.

PIERRE DANINOS

Désolé, pas d'espoir aujourd'hui, on est en rupture de stock.

NANCY HOUSTON, *Limbes*.

Tous les espoirs sont permis à l'homme, même celui de disparaître.

JEAN ROSTAND, *Pensées d'un biologiste*.

L'espoir luit comme un brin de paille
[dans l'étable.

PAUL VERLAINE
(pour Paul Léautaud, c'était le plus beau vers de la langue française).

ESPRIT

« Est-il vrai que les gens maigres ont de l'esprit ? demande un raseur à Marguerite Moreno.

— Oui mon gros ! »

Un homme savant a compris un certain nombre de vérités. Un homme cultivé a compris un certain nombre d'erreurs. Et voilà toute la différence entre l'esprit droit et l'esprit juste.

ALAIN, *Propos*.

L'avantage du trait d'esprit, c'est qu'il est court — et léger. Il n'excède pas le poids maximum au-delà duquel il serait refusé par les mémoires moyennes.

TRISTAN BERNARD, *Le Poil civil*.

Esprit : le sourire de l'intelligence.

JEAN BONOT, *Dictionnaire humoristique*.

On n'est point un homme d'esprit pour avoir beaucoup d'idées, comme on n'est pas un bon général pour avoir beaucoup de soldats.

NICOLAS DE CHAMFORT, *Pensées morales*.

Quand on sert les grands, toujours avoir moins d'esprit qu'eux.

DENIS DIDEROT, *Principes de politique des souverains*.

Un mot d'esprit ébranle un monde, et il s'en fait cent mille chaque jour.

ÉLIE FAURE, *Histoire de l'art*.

L'esprit qu'on veut avoir gâte celui
[qu'on a.

JEAN-BAPTISTE GRESSET, *Le Méchant*, acte IV, scène 7.

L'esprit est toujours la dupe du cœur.

FRANÇOIS DE LA ROCHEFOUCAULD, *Maximes*.

Cet homme avait tant d'esprit qu'il ne lui était d'aucun usage en société.

GEORG CHRISTOPH LICHTENBERG, *Aphorismes*.

On peut feindre d'avoir du cœur, pas d'avoir de l'esprit.

PAUL MORAND

L'esprit est un monde à l'envers. Le clair y procède de l'obscur, la pensée y sort des mots.

JEAN PAULHAN

L'esprit méchant et le cœur bon, voilà la meilleure espèce d'hommes. Je fais une épigramme contre un sot, et je donne un écu à un pauvre.

ANTOINE DE RIVAROL

Un esprit cultivé se définit beaucoup plus par rapport à ce qu'il peut recevoir que par rapport à ce qu'il contient.

FERNAND ROBERT
(Phrase proposée aux candidats du baccalauréat en 1977 à Limoges).

Dans le tragique, l'esprit humain, aussi loin qu'il descende, finit toujours par toucher le fond ; dans l'humour jamais.

ARTHUR SCHNITZLER, *Relations et solitudes*.

Je ne crains rien tant qu'un homme qui a de l'esprit tous les jours.

MME DE SÉVIGNÉ

Un esprit qui s'est élargi pour saisir une idée nouvelle ne revient jamais à sa dimension originelle.

OLIVER WENDELL HOLMES

ESSAYAGE

Dans la vie de la plupart des femmes, tout, même le plus grand chagrin, aboutit à une question d'essayage.

MARCEL PROUST, *Le Côté de Guermantes*.

ESSENTIEL

On meurt de l'essentiel lorsqu'on se détache de tout.

EMIL MICHEL CIORAN, *Le Crépuscule des pensées*.

ESSUYER

Vous n'avez pas besoin d'essuyer votre couteau pour couper le pain de la table, parce qu'après avoir coupé une ou deux tranches, il se trouvera essuyé de lui-même.

JONATHAN SWIFT, *Instructions aux domestiques*.

ESTIME

Si l'on ne voyait que les gens qu'on estime, on ne verrait personne.

CRÉBILLON FILS

Toutes les femmes veulent qu'on les estime, elles tiennent beaucoup moins à ce qu'on les respecte.

ALEXANDRE DUMAS FILS

Mon drame s'écrit en peu de mots : je n'ai d'estime que pour ceux qui me résistent, mais je ne peux pas les supporter.

CHARLES DE GAULLE, *à P. H. Teitgen*.

Sur quelque préférence une estime se [fonde
Et c'est n'estimer rien qu'estimer [tout le monde.

MOLIÈRE, *Le Misanthrope*.

Mon estime pour moi-même a toujours augmenté dans la mesure du tort que je faisais à ma réputation.

SAINT-SIMON, *Mémoires*.

ESTIMER

Ne sous-estimez jamais un homme qui se surestime.

FRANKLIN DELANO ROOSEVELT
(à propos du général Mac Arthur).

Quand on sent qu'on n'a pas de quoi se faire estimer de quelqu'un, on est bien près de le haïr.

LUC DE VAUVENARGUES, *Pensées et Maximes*.

ESTOMAC

À tout âge, en tout temps, en tous lieux, dans quelque situation qu'on se trouve, l'estomac influe prodigieusement sur le cerveau.

J.B. LOUVET DE COUVRAY, *Une année dans la vie du chevalier de Faublas*.

ÉTAT

Critiquer l'État, c'est ton droit, mais n'oublie pas que l'État, c'est toi.

Formule de l'administration des postes allemandes

Si les locomotives étaient conduites comme l'État, le machiniste aurait une femme sur les genoux.

ALAIN

Je voudrais voir un peu Louis XIV face à un « assuré social »... Il verrait si l'État c'est lui !

LOUIS-FERDINAND CÉLINE, *D'un château l'autre*.

L'État, c'est un monsieur prêteur et malgracieux assis derrière un guichet.

ANATOLE FRANCE, *Monsieur Bergeret à Paris*.

L'État doit être le plus honnête homme de France.

BARON LOUIS

L'État, c'est moi.

LOUIS XIV

Beaucoup trop d'hommes viennent au monde : l'État a été inventé pour ceux qui sont superflus.

FRIEDRICH NIETZSCHE

L'État, c'est le plus froid de tous les monstres froids. Il ment froidement, et voici le mensonge qui rampe de sa bouche : « Moi, l'État, je suis le peuple. »

FRIEDRICH NIETZSCHE, *Ainsi parlait Zarathoustra*.

L'État est un être énorme, terrible, débile. Cyclope d'une puissance et d'une maladresse insignes, enfant monstrueux de la Force et du Droit, qui l'ont engendré de leurs contradictions.

PAUL VALÉRY, *Autres Rhumbs*.

Si l'État est fort, il nous écrase. S'il est faible, nous périssons.

PAUL VALÉRY, *Charmes*.

ÉTAT CIVIL

Pourquoi, à la rubrique de l'état civil, dans le journal, donne-t-on toujours l'âge des personnes décédées et jamais celui des nouveau-nés ?

EUGÈNE IONESCO

ÉTÉ

En été, il y fait rudement chaud pour une si petite ville.

ALPHONSE ALLAIS

Ici, c'est l'été, les abeilles sont fleuries ; les fleurs chantent, les oiseaux font leur miel... À quand les fêtes de Pâques et les œufs de lapin ? Mais, sans doute as-tu appris à l'école que les lapins ne pondent pas et que les œufs poussent bel et bien sur des arbustes.

O. HENRY, *Lettre à sa petite fille*.

L'été qui s'enfuit est un ami qui part.

VICTOR HUGO, *Toute la lyre*.

Voici l'été, épousez une femme ombrageuse.

JULES JOUY, *L'Hydropathe*.

Ce n'est pas pour me vanter, mais il fait joliment chaud aujourd'hui !

EUGÈNE LABICHE, *39 degrés à l'ombre*.

ÉTEINDRE

J'aurais connu longtemps le plaisir de m'éteindre.

JULES RENARD, *Journal*.

ÉTERNEL

Nous ne savons pas quoi faire de cette courte vie, et pourtant nous en désirons une autre qui soit éternelle.

ANATOLE FRANCE

Vivre sans le vouloir est chose épouvantable, mais ce serait bien pis encore d'être éternel sans l'avoir demandé.

GEORG CHRISTOPH LICHTENBERG, *Aphorismes*.

ÉTERNITÉ

Ce qui existe, c'est l'éternité masculine et l'éternité féminine. La première est le jour, la seconde, la nuit.

La Sagesse vivante de l'Égypte ancienne, textes des sarcophages, chap. 335-A, traduits par Christian Jacq.

L'éternité, l'éternité, laissez-moi compter jusqu'à dix.

LOUIS ARAGON, *Bulletin Dada*.

Dieu veut que nous vivions au milieu du temps dans l'attente perpétuelle de l'éternité.

JACQUES BÉNIGNE BOSSUET,
Sermon sur la Providence.

L'éternité n'est guère plus longue que la vie.

RENÉ CHAR

L'éternité, c'est long... surtout vers la fin.

FRANZ KAFKA

Elle est retrouvée !
Quoi ? l'éternité.
C'est la mer mêlée
Au soleil

ARTHUR RIMBAUD,
Une saison en enfer.

Un jour viendra où, d'un geste lent, nous disperserons toutes choses pour entrer seuls dans l'éternité.

PÈRE SANTILLANGE OP,
cité par BERNARD CLAVEL in
Le Soleil des morts.

J'ai l'éternité derrière et devant moi.

LOUIS SCUTENAIRE, *Mes inscriptions.*

L'éternité occupe ceux qui ont du temps à perdre. Elle est une forme de loisir.

PAUL VALÉRY,
Mauvaises Pensées et autres.

ÉTERNUER

Quand vous éternuez, on vous salue pour marquer qu'il vient du cerveau, siège de l'esprit et de l'intelligence.

ARISTOTE

« Je viens d'avoir un rhume et une fracture du crâne.

— En même temps ?

— Presque : j'avais éternué près d'un mur.

— Ah ! je n'avais pas fait le rapprochement.

— Moi, je l'ai fait. »

LES FRÈRES ENNEMIS

ÉTHYLISME :

Quand Kir y est, l'hallali sonne.

JEAN L'ANSELME,
Pensées et Proverbes de Maxime Dicton.

ÉTINCELLE

Il faut que l'idée naisse de la vision comme l'étincelle du caillou.

CHARLES FERDINAND RAMUZ

ÉTOFFE

L'art et la religion ne sont pas deux choses, mais plutôt l'envers et l'endroit d'une même étoffe.

ALAIN

ÉTOILE

Choisissez une étoile, ne la quittez pas des yeux. Elle vous fera avancer loin, sans fatigue et sans peine.

ALEXANDRA DAVID-NEEL

Ce qui est admirable, ce n'est pas que le champ des étoiles soit si vaste, c'est que l'homme l'ait mesuré.

ANATOLE FRANCE

Les bonnes étoiles sont moins nombreuses que les mauvaises, et celui qui n'a que sa bonne étoile pour se garer des autobus fait aussi bien de ne pas traverser la rue.

PIERRE MAC ORLAN, *Uranie.*

ÉTRANGER

Un étranger, c'est un ami que l'on n'a pas encore rencontré.

Dicton irlandais

Je n'aime pas aller à l'étranger. J'y suis déjà allé.

GEORGE V (roi d'Angleterre).

« Qu'est-ce qu'un étranger ?

— C'est quelqu'un qui est très content de sa Peugeot. »

LAURENT RUQUIER, *Rien à cirer.*

ÊTRE

Dieu dit à Moïse : « Je suis qui Je suis. »

Ancien Testament, Exode, III, 14.

Il n'y a rien du tout en ceci je pense, donc je suis qui m'assure que je dis la vérité, sinon que je vois très clairement que, pour penser, il faut être.

RENÉ DESCARTES, *Discours de la méthode*.

Le chêne est un arbre. La rose est une fleur. Le cerf est un animal. Le moineau est un oiseau. La Russie est notre patrie. La mort est inévitable.

P. SMIRNOVICI,
Manuel de grammaire russe,
cité par VLADIMIR NABOKOV
en épigraphe du *Don*.

L'être d'un être est de persévérer dans son être.

BARUCH SPINOZA, *Éthique*, III.

ÉTROIT

Si mon cœur est étroit, à quoi me sert que le monde soit si vaste.

Proverbe arménien

ÉTUDE

... ces choses-là sont rudes.
Il faut pour les comprendre avoir fait
[ses études.

VICTOR HUGO, *Les Pauvres Gens*.

ÉTUDIANTE

Heureuse l'étudiante qui, comme la rivière peut suivre son cours sans quitter son lit.

Anonyme

EUNUQUE

Le fils d'un eunuque eut mille
[enfants, cré tonnerre !
Non, la stérilité n'est pas héréditaire.

ALPHONSE ALLAIS

On devrait se souvenir que toutes les révolutions ont été faites par des eunuques : Jean-Jacques, Robespierre, Cromwell étaient des pisse-froid.

GEORGES BERNANOS, *La Joie*.

Quand on fait prendre un aphrodisiaque à un eunuque, ça lui donne envie de pisser.

FRANÇOIS CAVANNA

Un eunuque décapité, ça n'a ni queue ni tête.

GRÉGOIRE LACROIX,
Les Euphorismes de Grégoire, inédit.

EUROPE

L'Allemagne est faite pour y voyager. L'Italie pour y séjourner. L'Angleterre pour y penser. La France pour y vivre.

JEAN D'ALEMBERT

L'Europe est trop grande pour être unie, mais elle est trop petite pour être divisée. Son double destin est là.

DANIEL FAUCHER

Messieurs, je le dis en terminant, et que cette pensée vous encourage, ce n'est pas d'aujourd'hui que le genre humain est en marche dans cette voie providentielle. Dans notre vieille Europe, l'Angleterre a fait le premier pas. Et par son exemple séculaire, elle a dit aux peuples : « Vous êtes libres ! » La France a fait le second pas. Elle a dit aux peuples : « Vous êtes souverains ! » Maintenant, faisons le troisième pas, et tous ensemble : France, Angleterre, Belgique, Allemagne, Italie, Europe, Amérique, disons aux peuples : « Vous êtes frères ! »

VICTOR HUGO, *Discours
sur les États-Unis d'Europe*.

Dieu a fait l'Asie pour les arbres, l'Afrique pour les tigres, l'Amérique pour l'Europe, l'Europe pour le monde.

VICTOR HUGO, *Le Retour*.

Europe, grand cimetière où ne dorment que des conquérants morts et dont la tristesse devient plus profonde en se parant de leurs noms illustres, tu ne laisses autour de moi qu'un horizon nu et le miroir qu'apporte le désespoir, vieux maître de la solitude.

ANDRÉ MALRAUX,
La Tentation de l'Occident.

L'alliance de la France et de l'Angleterre est une alliance utile. Mais, qu'on y prenne garde : l'alliance de l'homme et du cheval est aussi une alliance utile ; tant pis pour celle des deux nations qui sera le cheval.

KLEMENS VON METTERNICH

L'Angleterre est un empire, l'Allemagne, une race, et la France, une personne.

JULES MICHELET

Ce qu'il y a de moins fatal, de plus humain et de plus libre dans le monde, c'est l'Europe ; de plus européen, c'est ma patrie, c'est la France.

JULES MICHELET, *Histoire de France*.

L'Europe serait presque faite si les Français restaient chaque jour une heure de moins au bistrot et les Allemands une heure de plus au lit.

JEAN MISTLER, *Bon poids*.

EUROPÉEN(NE)

Si tu prends l'Italienne,
Le poison tu craindras, Colas.
Si tu prends l'Espagnole,
Esclave te fera, Colas.
Si tu prends la Française,
Elle t'encornera, Colas.
Si tu prends l'Allemande,
Ivrogne elle sera, Colas.
Si tu prends la Wallonne,
Têtue elle sera, Colas.
Si tu prends la Flamande,
Trop d'enfants te fera, Colas.
Quand tu prendras l'Anglaise,
Trop fade elle sera, Colas.

Chanson du XVIIe siècle,
citée par KARL PETIT in
Dictionnaire des citations du monde entier.

L'Italienne est une créature qui aime. La Russe est une créature qui s'aime. La Française, une créature qui plaît. L'Italienne cède à l'amour par amour. La Russe par besoin. La Française par reconnaissance.

STANISLAS D'ARPENTIGNY

Qui est lent comme le Suisse, borné comme le Belge, sournois comme le Hollandais, lourd comme l'Allemand, insignifiant comme le Luxembourgeois, dédaigneux comme l'Anglais, bidon comme l'Italien et exaspérant comme le Français ? L'Européen, l'homme de demain.

GEORGES WOLINSKI, *Les Pensées*.

ÉVADER (s')

Il y avait plus de dix jours que le directeur de la prison, ivre de liberté, tenait tête aux trois mille détenus qui voulaient absolument l'empêcher de s'évader.

JACQUES STERNBERG,
Contes glacés.

ÈVE

Si Ève avait eu à recoudre les feuilles de son mari, elle n'aurait pas écouté si longtemps le serpent.

OTTO VON BISMARCK

La femme a été formée d'une côte superflue, mise exprès dans le côté de l'homme. [...] Les femmes n'ont qu'à se souvenir de leur origine et [...] songer qu'elles viennent d'un os surnuméraire.

JACQUES BÉNIGNE BOSSUET,
Élévations à Dieu.

Le fruit d'Ève fendu.

JEAN COCTEAU, *Allégories*.

La femme a été tirée d'une côte d'Adam, près de son bras pour être protégée, près de son cœur pour être aimée.

MATTHEW HENRY

Dieu a formé la femme d'une côte de l'homme proche du cœur, et non des pieds, pour lui faire entendre qu'il ne doit pas la mépriser... non des yeux afin qu'elle ne fût pas trop curieuse... non des reins pour lui enseigner qu'elle ne doit pas être sujette à ses plaisirs.

SAINT THOMAS D'AQUIN

ÉVÉNEMENT

Auparavant, lorsque se produisait un événement, les gens sortaient dans la rue pour acheter le journal, aujourd'hui, ils rentrent pour regarder la télévision.

PIERRE LAZAREFF

ÉVIDENCE

Évidence d'aujourd'hui, imagination d'hier.

WILLIAM BLAKE

EXACTITUDE

La qualité la plus indispensable du cuisinier est l'exactitude, elle doit être aussi celle du convive.

ANTHELME BRILLAT-SAVARIN,
Physiologie du goût.

L'exactitude est la politesse des montres.

JEAN DUTOURD

L'extrême exactitude est le sublime des sots.

JACQUES TURGOT

EXAGÉRER

On affaiblit toujours tout ce qu'on exagère.

JEAN-FRANÇOIS DE LA HARPE,
Mélanie, acte I, scène 1.

EXAMEN

À force de faire passer des examens, j'ai fini par me convaincre que la grande supériorité de l'examinateur était de se trouver du bon côté de la table.

ÉDOUARD HERRIOT

EXCELLENCE

J'ai le prix d'excellence à Pâques. Le Proviseur m'embrasse, il sent l'ail ; je le dis, je suis chassé.

JULES VALLÈS,
Le Testament d'un blagueur.

EXCELLENT

Si tout ici-bas était excellent, il n'y aurait plus rien d'excellent.

DENIS DIDEROT, *Le Neveu de Rameau*.

EXCEPTION

On fait des règles pour les autres et des exceptions pour soi.

CHARLES LEMESLE,
Misophilanthropopanutopies.

EXCEPTIONNEL

J'aime aussi les êtres exceptionnels : j'en suis un !

HONORÉ DE BALZAC

EXCÈS

En amour, il ne faut se permettre d'excès qu'avec les gens qu'on veut quitter bientôt.

PIERRE CHODERLOS DE LACLOS

EXCRÉMENT

Cet homme travaillait à un système d'histoire naturelle dans lequel il classait les animaux d'après la forme de leurs excréments. Il distinguait trois classes : les cylindriques, les sphériques et ceux en forme de tourte.

GEORG CHRISTOPH LICHTENBERG,
Aphorismes.

EXCUSE

Désolé de vous faire faux bond ce soir, mais c'est la nuit de sortie des gosses et je dois m'occuper de la femme de chambre.

RING LARDNER

Il est habile de présenter ses excuses à un homme quand on a tort et à une femme quand on a raison.

JACQUES LAURENT

Je ne pourrai pas me rendre à votre invitation en raison d'un engagement *ultérieur*.

OSCAR WILDE

EXCUSE (billet d')

Monsieur,

Vu que Titou a le ver solitaire, veuillez l'autoriser à manger son cent d'ouiches à la récréation. Merci.

Cité par PIERRE FERRAN in
Excusez les parents.

Monsieur le professeur,

Je fais réciter *Cinna* sans faute à Maxime. À la dose de cinq à six vers avant chaque repas, ça fait une bonne scène presque tous les jours. Vous serez aimable d'en prendre acte parce que au train où ça va avec mon mari, ça devient une véritable tragédie à la maison. Merci.

Cité par PIERRE FERRAN in *Excusez les parents*.

Monsieur,

Albert ayant manger ma crème à raset alieu de son Neslé en tube, vous étonner pas s'il fet des bulles en parlant.

Cité par PIERRE FERRAN in *Excusez les parents*.

EXÉCUTION

Il me reste à souhaiter qu'il y ait beaucoup de spectateurs le jour de mon exécution et qu'ils m'accueillent avec des cris de haine.

ALBERT CAMUS, dernière phrase de *L'Étranger*.

EXIL

L'exil avec la richesse, c'est une patrie. La pauvreté chez soi, c'est un exil.

Proverbe arabe

Je pense à la négresse, amaigrie et [phtisique,
Piétinant dans la boue et cherchant, [l'œil hagard,
Les cocotiers absents de la superbe [Afrique
Derrière la muraille immense du [brouillard.

CHARLES BAUDELAIRE, « Le Cygne », *Les Fleurs du mal*.

L'exil, c'est la faim et la soif et le froid quand ils passent du plan physique au plan moral.

JULIEN GREEN, *Quand nous habitions tous ensemble*.

EXISTENCE

Selon Nietzsche, l'existence est un éternel retour. Ce qui veut dire que je serai forcé de revoir *Holiday on ice* ?

WOODY ALLEN

Personne au monde ne saurait te dire pourquoi tu existes ; mais, puisque tu es là, tâche de donner un sens à ton existence, en te donnant un but aussi grand et noble que possible.

SØREN KIERKEGAARD

Le berceau balance au-dessus d'un abîme, et le sens commun nous apprend que notre existence n'est que la brève lumière d'une fente entre deux éternités de ténèbres.

VLADIMIR NABOKOV, *Autres rivages*.

Mais si vraiment l'existence précède l'essence, l'homme est responsable de ce qu'il est. Ainsi, la première démarche de l'existentialisme est de mettre tout homme en possession de ce qu'il est et de faire reposer sur lui la responsabilité totale de son existence. Et quand nous disons que l'homme est responsable de lui-même, nous ne voulons pas dire que l'homme est responsable de sa stricte individualité, mais qu'il est responsable de tous les hommes.

JEAN-PAUL SARTRE, *L'Existentialisme est un humanisme*.

Il y a des gens à qui la mort donne de l'existence.

LOUIS SCUTENAIRE, *Mes inscriptions*.

EXISTER

Je ne connais que trois manières d'exister dans la société : il faut y être mendiant, voleur ou salarié.

HONORÉ GABRIEL RIQUETI, comte de MIRABEAU

Vers six ans, j'ai été surpris de m'apercevoir que j'existais. Plus tard, j'ai tâché de me connaître.

JEAN PAULHAN, *Les Causes célèbres*.

EXODE

L'exode, c'est de sortir du ventre de sa mère.

ACHILLE CHAVÉE, *Décoctions*.

EXPÉRIENCE

L'expérience est un peigne pour les chauves.

Anonyme

L'expérience est une chose que vous acquérez juste après en avoir eu besoin.

Proverbe espagnol

L'expérience est une lanterne que l'on porte sur le dos et qui n'éclaire jamais que le chemin parcouru.

CONFUCIUS

L'expérience ressemble aux cure-dents : personne ne veut s'en servir après vous.

ROLAND DORGELÈS, *Le Château des brouillards*.

L'expérience a l'utilité d'un billet de loterie après le tirage.

ADOLPHE D'HOUTETOT, *Épreuves du corps humain*.

L'expérience n'est pas ce qui arrive à un homme. C'est ce qu'un homme fait avec ce qui lui est arrivé.

ALDOUS HUXLEY

L'expérience est le nom que l'on donne à ses erreurs.

OSCAR WILDE, *L'Éventail de lady Windermere*.

EXPERT

Un expert, c'est une opinion. Deux experts, c'est la contradiction. Trois experts, c'est la confusion.

Vieil adage judiciaire.

Toute ma vie, j'ai toujours su qu'il ne fallait pas dépendre des experts. Comment ai-je pu être assez stupide pour leur donner le feu vert.

JOHN FITZGERALD KENNEDY (après l'incident de la baie des cochons).

Si le monde explose, la dernière voix audible sera celle d'un expert disant que la chose est impossible.

PETER USTINOV, *L'Amour des quatre colonels*

Un expert est un homme qui a cessé de penser. Pourquoi penserait-il, puisqu'il est un expert ?

FRANK LLOYD WRIGHT

EXPLICATION

Plus on donne d'explications, plus on en doit.

ANDRÉ BEUCLER, *La Fleur qui chante*.

Ne donnez jamais d'explications : vos amis vous comprennent et vos ennemis ne vous croient pas.

ELBERT HUBBARD

EXPLIQUER

« Ta gueule ! », expliqua-t-il.

RING LARDNER

Tout homme à s'expliquer se diminue.

HENRI DE RÉGNIER

EXPLOIT

J'ai réalisé un exploit : parti de rien, j'ai atteint la misère.

S.J. PERELMAN

EXPLORATEUR

Au fond de chaque explorateur, il y a une salle Pleyel qui sommeille.

PIERRE DANINOS

EXPRESSION

On ne trouve jamais l'expression d'un sentiment que l'on n'a pas ; l'esprit grimace et le style aussi.

FÉLICITÉ DE LAMENNAIS, *Pensées diverses*.

Pourquoi l'as de pique est mal vêtu, la romaine bonne, la grand-mère pas poussable dans les orties, les carottes cuites, la reine mère indigne de confidences, le beurre prédestiné aux épinards, et la boule de gomme à jamais associée au mystère.

GEORGES PEREC, préface au *Trésor des expressions françaises*.

EXPULSER

Ces types sont d'une logique ! Pour expulser des gens, on leur fait une mise en demeure !

ROLAND BACRI, *Les Pensées*

EXTRÊME

Les crimes de l'extrême civilisation sont certainement plus atroces que ceux de l'extrême barbarie.

JULES BARBEY D'AUREVILLY, *Les Diaboliques*.

La faiblesse, pour mère, a l'extrême [indulgence
Et l'extrême justice est presque la [vengeance.

CASIMIR DELAVIGNE

Les extrêmes me touchent.

ANDRÉ GIDE

Les extrêmes se touchent.

LOUIS SÉBASTIEN MERCIER, *Tableau de Paris*.

F

FABLE

Des seules quatre-vingt-deux fables attribuées à Esope, seule une peut être sûrement qualifiée d'originale.

ARISTOTE

Si la vérité vous offense,
La fable au moins se peut souffrir.

JEAN DE LA FONTAINE, *Le Lion amoureux*.

Les fables ne sont pas ce qu'elles [semblent être.
Le plus simple animal nous y tient [lieu de maître.
Une morale nue apporte de [l'ennui ;
Le conte fait passer le précepte avec [lui.

JEAN DE LA FONTAINE, *Le Lion et le Chasseur*.

FAÇADE

La façade d'une maison n'appartient pas à son propriétaire. Elle appartient à celui qui la regarde.

Proverbe chinois

FACE

Qui n'a pas de fond de culotte doit toujours faire face.

FRANÇOIS CAVANNA

FACTEUR

On a beau intervertir l'ordre des facteurs, le courrier n'arrive pas plus vite.

PIERRE DAC

FACTURE

Ce n'est qu'en ne payant pas ses factures qu'on peut espérer vivre dans la mémoire des classes marchandes.

OSCAR WILDE, *Formules et maximes à l'usage des jeunes gens*.

FAIBLE

Les faibles ont des problèmes. Les forts ont des solutions.

LOUIS PAUWELS

Les faibles veulent quelquefois qu'on les croie méchants ; mais les méchants veulent passer pour bons.

LUC DE VAUVENARGUES, *Maximes et Pensées*.

FAIBLESSE

Tu seras aimé le jour où tu pourras montrer ta faiblesse, sans que l'autre s'en serve pour affirmer sa force.

CESARE PAVESE, *Journal*.

FAIM

Quand on meurt de faim, il se trouve toujours un ami pour vous offrir à boire.

ANTOINE BLONDIN

La faim est toujours suivie de ses deux satellites : la rage et le désespoir.

JACQUES BÉNIGNE BOSSUET, *Sermon sur la bonté*.

Si ce que tu manges ne te grise pas, c'est que tu n'avais pas assez faim.

ANDRÉ GIDE, *Les Nourritures terrestres*.

Sur les chemins, on trouve des hommes morts de faim et vous ne savez pas ouvrir vos greniers aux indigents.

Les hommes périssent et vous dites : « Ce n'est pas moi qui les fais périr, mais le manque de récolte. »

N'est-ce pas comme si quelqu'un après avoir tué quelqu'un en le perçant d'un glaive, disait : « Ce n'est pas moi qui l'ai tué, c'est mon arme ! »

MONG-TSEU

L'amour, le travail, la famille, la religion, l'art, le patriotisme sont des mots vides de sens pour qui meurt de faim.

O. HENRY, *Le Cœur de l'ouest*.

À regarder manger les Blancs, mon estomac vide se contractait et une colère sourde montait en moi. Pourquoi ne pouvais-je pas manger quand j'avais faim ?

RICHARD WRIGHT, *Black Boy (Jeunesse noire)*.

FAIRE

Les jeunes gens disent ce qu'ils font, les vieillards, ce qu'ils ont fait, et les sots ce qu'ils ont envie de faire.

CHARLES DUFRESNY, *Amusements sérieux et comiques d'un Siamois*.

Quand on fait quelque chose, on provoque des critiques chez trois catégories de personnes :

1) celles qui font la même chose ;
2) celles qui font le contraire ;
3) et surtout celles qui ne font rien.

GÉNÉRAL GEORGE PATTON

Faire et, en faisant, se faire et n'être rien que ce qu'on fait.

Devise de JEAN-PAUL SARTRE

La plus grande partie de la vie se passe à mal faire — une grande partie à ne rien faire — toute la vie à ne pas penser à ce que l'on fait.

SÉNÈQUE, *Lettres à Lucilius*.

FAISAN

Le faisan de la lande béquette tous les dix pas ; il boit tous les cent pas ; il ne veut pas sa nourriture au prix de sa mise en cage.

Ainsi, n'envie-t-il point le bonheur d'un roi.

TCHOUANG-TSEU

FAIT

Les faits ne cessent pas d'exister parce qu'on les ignore.

ALDOUS HUXLEY

FAKIR

Quand nous nous asseyons sur une brosse à cheveux, nous devenons de modestes fakirs.

RAMÓN GÓMEZ DE LA SERNA, *Greguerías*.

Quand les fakirs veulent voir la lumière céleste, ce qui est très commun parmi eux, ils tournent les yeux vers le bout de leur nez.

VOLTAIRE, Note pour *Lettre d'un Turc sur les Fakirs*.

FAMILIARITÉ

Les Français sont satisfaits à peu de frais : un peu de familiarité dans les manières leur semble l'égalité.

ALFRED DE VIGNY

FAMILLE

Familles ! je vous hais ! Foyers clos ; portes refermées ; possessions jalouses du bonheur.

ANDRÉ GIDE, *Les Nourritures terrestres*.

Les repas de famille ne consistent pas à se manger entre parents.

JULES JOUY

Toutes les familles heureuses le sont de la même manière, les familles malheureuses le sont chacune à sa façon.

LÉON TOLSTOÏ, *Anna Karénine*.

FANATIQUE

Un fanatique est quelqu'un qui ne veut pas changer d'avis et qui ne veut pas non plus changer de sujet.

WINSTON CHURCHILL

FANATISME

Le fanatisme est à la superstition ce que le transport est à la fièvre, ce que la rage est à la colère. Ce sont presque toujours les fripons qui conduisent les fanatiques, et qui mettent le poignard entre leurs mains.

VOLTAIRE, *Dictionnaire philosophique*.

FANER

Savez-vous ce que c'est que faner ? Il faut que je vous l'explique : faner est la plus jolie chose au monde, c'est retourner du foin en batifolant dans une prairie ; dès qu'on en sait tant, on sait faner.

MME DE SÉVIGNÉ, *Lettres à Coulanges*.

FANFARE

Qu'un homme puisse prendre plaisir à marcher au rythme d'une fanfare militaire, suffit à me le rendre méprisable.

ALBERT EINSTEIN

FANTÔMAS

Allongeant son ombre immense
Sur le monde, sur Paris,
Quel est ce spectre aux yeux gris
Qui surgit dans le silence ?
Fantômas serait-ce Toi
Qui te dresses sur les toits ?

ROBERT DESNOS,
La Complainte de Fantômas.

FARNIENTE

Ah ! qu'il est doux de ne rien faire
Quand tout s'agite autour de vous.

JULES BARBIER et MICHEL CARRÉ,
Galaxie.

Non, je ne fais rien.
Il y a comme cela des années
Où l'on n'est pas en train.

ANTOINE DE RIVAROL

FASCISME

Le fascisme, ce n'est pas d'empêcher de dire, c'est d'obliger à dire.

ROLAND BARTHES

J'ai vu des démocraties intervenir contre à peu près tout, sauf contre les fascismes.

ANDRÉ MALRAUX, *L'Espoir*.

Par deux points fascistes passe une extrême droite et une seule.

JEAN YANNE, *Pensées, répliques...*

FASTIDIEUX

Il y a des chefs-d'œuvre si fastidieux qu'on admire qu'il se soit trouvé quelqu'un pour les écrire.

JEAN ROSTAND,
Pensées d'un biologiste.

FATALITÉ

Il faut savoir servir avec intelligence les fatalités de sa nature.

MAHATMA GANDHI

Toutes les fois que la fatalité se prépare à crever sur un point de la terre, elle l'encombre d'uniformes.

JEAN GIRAUDOUX, *Pour Lucrèce*.

La fatalité, c'est ce que nous voulons.

ROMAIN ROLLAND,
Au-dessus de la mêlée.

FATIGANT

Je fais tout le temps quelque chose. Car j'ai remarqué que, lorsqu'on faisait quelque chose, on ne faisait qu'une chose. Ce qui n'est pas fatigant. Tandis que, lorsqu'on ne fait rien, pendant une minute ou deux, on pense alors à tout ce que l'on a à faire — et qu'on ne fait pas — et ça... c'est éreintant !

SACHA GUITRY

FAUCHEUR

Le dur faucheur avec sa large lame [avance
Pensif et pas à pas, vers le reste du blé

VICTOR HUGO

FAUSSE MONNAIE

Un homme avait tant de dettes, tant de dettes que, pour essayer de s'en acquitter, il se mit à fabriquer de la fausse monnaie. La police le surprit.

— Que faites-vous là, malheureux ?

— Je fais ce que je dois !

ALPHONSE KARR

FAUSSE NOBLESSE

En Cévennes, d'un œuf on fait trois nobles : M. du Blanc, M. du Jaune et M. de la Coque.

Proverbe cévenol

Nos comtes, quand on les compte, ressemblent à des contes.

JOSEPH DE MAISTRE

L'almanach nobiliaire est le seul livre qu'un jeune Londonien devrait connaître d'un bout à l'autre, car c'est la meilleure œuvre de fiction que les Anglais aient jamais écrite.

OSCAR WILDE

FAUTE

C'est pire qu'un crime, c'est une faute.

BOULAY DE LA MEURTHE (selon Sainte-Beuve) à propos de l'exécution du duc d'Enghien.

En morale, on périt par des crimes, et, en politique, par des fautes.

ANTOINE DE RIVAROL

FAUTEUIL

Les grands fauteuils n'ont plus de postérieurs à leur mesure.

JACQUES PERRET, *Bande à part*.

FAUVE

Je n'ai jamais admiré le courage des dompteurs. Dans une cage, ils sont à l'abri des hommes.

GEORGE BERNARD SHAW

FAVEUR

Les femmes s'attachent aux hommes par les faveurs qu'elles leur accordent ; les hommes guérissent par ces mêmes faveurs.

JEAN DE LA BRUYÈRE, *Les Caractères*.

Le peuple donne sa faveur, jamais sa confiance.

ANTOINE DE RIVAROL, *Fragments et pensées politiques*.

FAVORI

Rien ne fait plus d'honneur au prince que la modestie de son favori.

JEAN DE LA BRUYÈRE, *Les Caractères*.

FAVORITE

Les favorites du règne antérieur ne sont jamais les favorites du règne qui suit.

DENIS DIDEROT, *La Religieuse*.

FÉCONDER

Si l'homme féconde la femme physiologiquement, celle-ci, du point de vue intellectuel, le lui rend bien.

LÉON DAUDET, *La Femme et l'Amour*.

FÉE

Chaque fois qu'un enfant dit : « Je ne crois pas aux fées », il y a quelque part une petite fée qui meurt.

JAMES MATTHEW BARRIE, *Peter Pan*.

FÊLÉ

Heureux soient les fêlés, car ils laisseront passer la lumière.

MICHEL AUDIARD

FÉLICITATIONS

Politesse de la jalousie.

AMBROSE BIERCE, *Le Dictionnaire du Diable*.

FÉLICITÉ

Le bonheur que mon cœur regrette n'est point composé d'instants fugitifs, mais un état simple et permanent, qui n'a rien de vif en lui-même, mais dont la durée accroît le charme au point d'y trouver enfin la suprême félicité.

JEAN-JACQUES ROUSSEAU

FÉMININ

Le féminin nous entraîne vers le haut.

WOLFGANG VON GOETHE

Le masculin est mêlé de féminité, le féminin est pur.

JEAN ROSTAND, *Inquiétudes d'un biologiste*.

Voir CONDITION FÉMININE.

FÉMINISME

Tout ce qu'elles ont gagné avec leur campagne du MLF, c'est qu'on ne nous tient plus la porte.

CLAIRE BRETÉCHER

Le féminisme ne peut être une question de sexe puisque le Français est plus femme que l'Anglaise.

NATALIE CLIFFORD-BARNEY

FEMME

Une femme sans homme, c'est comme un poisson sans bicyclette.

Les féministes

Chez les femmes, il n'est point de classes. Elles ne sont quelque chose dans la société que par ceux qui les épousent ou qui les patronnent.

Le Gaulois (1900)

On comprend les femmes comme la langue des oiseaux, d'intuition ou pas du tout.

HENRI FRÉDÉRIC AMIEL, *Journal intime*.

La femme ne fut jamais pour moi que des paysages, que la rappeleuse d'heures, de pays et de paysages.

ALAIN-FOURNIER

Sphinx, hydre, lionne, vipère, qu'est-ce que tout cela ? Rien devant la race exécrable des femmes.

ANAXILAS

Au lieu de vous occuper de la conduite des hommes, regardez plutôt passer les femmes.

LOUIS ARAGON

Il n'est rien de pire dans le monde qu'une femme, si ce n'est une autre femme.

ARISTOPHANE

Il n'est pas possible de vivre avec ces pestes [les femmes] ; il n'est pas possible non plus de vivre sans ces pestes.

ARISTOPHANE, *Lysistrata*.

La femme est l'être le plus parfait entre les créatures ; elle est une création transitoire entre l'homme et l'ange.

HONORÉ DE BALZAC

Après les blessures, ce que les femmes font le mieux, c'est la charpie.

JULES BARBEY D'AUREVILLY, *Pensées détachées*.

Expliquera, morbleu, les femmes qui [pourra...

NICOLAS THOMAS BARTHE, *Les Fausses Infidélités*.

On ne naît pas femme, on le devient [...] C'est l'ensemble de la civilisation qui élabore ce produit intermédiaire entre le mâle et le castrat qu'on qualifie de féminin.

SIMONE DE BEAUVOIR, *Le Deuxième Sexe*.

Les femmes, c'est comme les photographies : il y a un imbécile qui conserve précieusement le cliché, pendant que les gens d'esprit se partagent les épreuves.

HENRY BECQUE, *L'Enfant prodigue*.

Plus je connais les hommes, plus j'aime les femmes.

FRANCIS BLANCHE, *Les Pensées*.

La femme se débat comme la mouche dans le petit-lait, personne ne la voit.

Proverbe kabyle, cité par PIERRE BOURDIEU, *La Domination masculine*.

Il y a des femmes honnêtes comme il y a des vocations manquées.

AUGUSTINE BROHAN

Les femmes... Ah ! les femmes ! Elles sont comme l'argent. On aimerait pouvoir les jeter par la fenêtre.

BONI DE CASTELLANE

Les femmes n'ont de bon que ce qu'elles ont de meilleur.

NICOLAS DE CHAMFORT, *Produits de la civilisation perfectionnée*.

La femme sera toujours le danger de tous les paradis.

PAUL CLAUDEL, *Conversations dans le Loir-et-Cher*.

Qu'y a-t-il de pire qu'une femme ? Deux femmes.

JEAN COCTEAU

Une femme qui se croit intelligente réclame les mêmes droits que l'homme ; une femme intelligente y renonce.

COLETTE

Les femmes ne savent bien que ce qu'elles n'ont pas appris.

LOUIS AUGUSTE COMMERSON, *Pensées d'un emballeur*.

Être une femme est, en réalité, terriblement difficile : en effet cela consiste essentiellement à avoir affaire à des hommes.

JOSEPH CONRAD

Dieu voulut résumer les charmes de
[la femme
En un seul, mais qui fût le plus
[essentiel,
Et mit dans son regard tout l'infini
[du ciel.

FRANÇOIS COPPÉE, *Les Récits et les Élégies*.

La femme ne voit jamais ce que l'on fait pour elle ; elle ne voit que ce que l'on ne fait pas.

GEORGES COURTELINE

On s'attache souvent moins à la femme qui touche le plus qu'à celle qu'on croit le plus facilement toucher.

CRÉBILLON FILS

Pour une femme, une idée a toujours un visage.

FRANCIS DE CROISSET

Proclamons les princip's de l'art !
Que tout l'mond' s'entende !
Les contours des femm's, c'est du
[lard,
La chair, c'est d'la viande.

CHARLES CROS, *Le Coffret de santal*.

Les femmes, c'est comme les chaussures : quand on les quitte il faut y mettre les formes.

PIERRE DAC, *L'Os à moelle*.

Quand on veut écrire sur les femmes, il faut tremper sa plume dans l'arc-en-ciel et secouer sur sa ligne la poussière des ailes du papillon.

DENIS DIDEROT

J'ai toujours été avec elles d'une telle correction que, souvent, elles étaient obligées de me rappeler aux inconvenances.

MAURICE DONNAY, *Georgette Lemeunier*.

Ô femmes ! Ô femmes ! Ô sexe fatal ! Tout le pouvoir des dieux pour faire du bien n'approche point de celui que vous avez pour nuire.

JOHN DRYDEN, *La Mort d'Antoine et de Cléopâtre*.

Être une femme dispense au moins d'en avoir une.

ROLAND DUBILLARD, *Carnets en marge*.

Les femmes ne sont jamais plus fortes que lorsqu'elles s'arment de faiblesse.

MME DU DEFFAND, *Correspondance*.

Les hommes ont quelquefois le droit de dire du mal des femmes, jamais d'une femme.

ALEXANDRE DUMAS FILS

La femme, dit La Bible, est la dernière chose que Dieu ait faite. Il a dû la faire le samedi soir : on sent la fatigue.

ALEXANDRE DUMAS FILS, *Pensées*.

Les femmes se défient trop des hommes en général et pas assez en particulier.

GUSTAVE FLAUBERT, *Correspondance avec Louise Colet.*

Les femmes, c'est le continent noir.

SIGMUND FREUD

Les femmes n'ont rien à dire, mais elles ont tout à raconter.

ANDRÉ GIDE

Qu'ils viennent à présent ces prétendus sages qui disent du mal des femmes ; qu'ils viennent ces messieurs les poètes qui croient ne pouvoir être applaudis que s'ils nous cassent du sucre sur le dos [...]. Vive notre sexe, et que crève sur l'heure qui ose en dire du mal !

CARLO GOLDONI, *La Serva amorosa.*

Le mâle est un accident : la femelle aurait suffi.

REMY DE GOURMONT, *Physique de l'amour.*

La Femme la plus compliquée est plus près de la nature que l'homme le plus simple.

REMY DE GOURMONT, *Promenades littéraires.*

Si la femme était bonne, Dieu en aurait une.

LUCIEN GUITRY

Elles croient que tous les hommes sont pareils, parce qu'elles se conduisent de la même manière avec tous les hommes.

SACHA GUITRY, *Elles et toi.*

Les femmes sont faites pour être mariées et les hommes, célibataires. De là vient tout le mal.

SACHA GUITRY, *Mon père avait raison.*

Lorsque, pendant un jour entier, je me trouve privé de femme, j'ai l'impression que, ce jour-là, une femme doit se trouver entièrement privée de tout.

SACHA GUITRY, *Toutes réflexions faites.*

Une femme doit avoir trois hommes dans sa vie :
— un de soixante ans pour le chèque
— un de quarante ans pour le chic
— Et un de vingt ans pour le choc.

SACHA GUITRY

Ne riez pas de la femme d'un autre car qui sait si demain elle ne sera pas la vôtre.

SACHA GUITRY

Quand tout se fait petit, femmes [vous restez grandes.

VICTOR HUGO, *Les Châtiments.*

La femme est souvent le point faible du mari.

JAMES JOYCE

Les femmes sont extrêmes, elles sont meilleures ou pires que les hommes.

JEAN DE LA BRUYÈRE, *Les Caractères.*

Une femme inconstante est celle qui n'aime plus ; une légère, celle qui en aime déjà un autre ; une volage, celle qui ne sait si elle aime et ce qu'elle aime ; une indifférente, celle qui n'aime rien.

JEAN DE LA BRUYÈRE, *Les Caractères.*

Je ne suis pas de ceux qui disent : ce [n'est rien ;
C'est une femme qui se noie.
Je dis que c'est beaucoup, et ce sexe [vaut bien
Que nous le regrettions puisqu'il fait [notre joie.

JEAN DE LA FONTAINE, *La Femme noyée.*

Ô femme, mammifère à chignon, Ô fétiche...

JULES LAFORGUE, *Complaintes.*

Si mon air vous dit quelque chose,
Vous auriez tort de vous gêner ;
Je ne le fais pas à la pose,
Je suis la Femme ! on me connaît.

JULES LAFORGUE, *Le Concile féerique.*

Je n'ai jamais eu de chance avec les femmes. Il est toujours arrivé un moment où leur bêtise a dépassé mon amour.

PAUL LÉAUTAUD, *Journal littéraire*.

Les femmes polissent les manières et donnent le sentiment des bienséances, elles sont les vrais précepteurs du bon goût, les inspiratrices de tous les dévouements. L'homme qui les chérit est rarement un barbare.

GABRIEL MARIE LEGOUVÉ

Le plus grand ridicule pour une femme, c'est d'être un homme.

JOSEPH DE MAISTRE, *Correspondance*.

Quand une femme refuse ce qu'on lui demande, ce n'est pas qu'elle condamne la chose qui lui est demandée, c'est que le demandeur ne lui plaît pas.

FRANÇOIS DE MALHERBE, *Lettres à M. de Racan*.

Le premier devoir d'une femme est d'être jolie, le second d'être soignée, le troisième de ne jamais contredire.

WILLIAM SOMERSET MAUGHAM

On ne sait pas assez combien les femmes sont une aristocratie. Il n'y a pas de peuple chez elles.

JULES MICHELET, *La Femme*.

« Que peut-on faire sur la femme dans la société ?
— Rien !
— Dans la solitude ?
— Tout ! »

JULES MICHELET, *La Femme*.

La femme est une religion.

JULES MICHELET, *La Femme*.

Les femmes acceptent aisément les idées nouvelles, car elles sont ignorantes ; elles les répandent facilement parce qu'elles sont légères ; elles les soutiennent longtemps parce qu'elles sont têtues.

HONORÉ GABRIEL MIRABEAU

J'ai une chance énorme : toutes les femmes qui me plaisent sont jolies.

YVES MIRANDE

Peu m'importe de vivre dans un monde d'hommes tant que je peux y être une femme.

MARILYN MONROE

Les femmes ont raison de se rebeller contre les lois parce que nous les avons faites sans elles.

MICHEL DE MONTAIGNE, *Essais*.

Les femmes n'iront pas au Paradis, car il est dit dans un verset de l'Apocalypse : « Et il se fera au ciel un silence d'une demi-heure ! »

HENRY DE MONTHERLANT, *Les Jeunes Filles*.

Femmes, longs vases entr'ouverts, grands enfants chauds.

PAUL MORAND, *Fermé la nuit*.

Une femme, c'est une partie de plaisir ! Ne pourrait-on pas dire, quand on en rencontre une : voilà une belle nuit qui passe ?

ALFRED DE MUSSET, *Les Caprices de Marianne*.

La femme est la porte par laquelle on peut pénétrer dans le domaine de la mort comme dans celui de la vie éternelle. Ève est l'arène où la vie et la mort se livrent un combat sans merci.

MARIA DE NAGLOWSKA

Dieu, lui aussi, a essayé de faire des ouvrages. Sa prose, c'est l'homme. Sa poésie, c'est la femme.

NAPOLÉON Ier

Comme les vêtements sont posés sur des cintres dans les armoires, certaines femmes sont accrochées à des cintres invisibles chez leurs maris qui les utilisent en cas de besoin.

TASLIMA NASREEN, *Femmes, manifestez-vous !* (pour parler de la femme dans les pays musulmans).

La femme est la seconde faute de Dieu.

FRIEDRICH NIETZSCHE

L'homme véritable veut deux choses : le danger et le jeu. C'est pourquoi il veut la femme, le jouet le plus dangereux.

FRIEDRICH NIETZSCHE,
Ainsi parlait Zarathoustra.

On ne saurait penser assez haut des femmes, mais ce n'est pas une raison pour penser d'elles faussement.

FRIEDRICH NIETZSCHE,
Fragments posthumes.

Toutes les femmes sont des fêtes,
Toutes les femmes sont parfaites.

GERMAIN NOUVEAU, *Valentines*.

On dit du mal des femmes pour se venger de n'en rien savoir.

HENRI PETIT,
Les Justes Solitudes, cité in *Dictionnaire des citations françaises* (Larousse).

Que les femmes ne se plaignent point des hommes : ils ne sont que ce qu'elles les ont faits.

CHARLES PINOT DUCLOS,
Les Confessions du comte de...

La femme est une pensée, la plus forte de la nature, mais c'est une pensée dansante.

JACQUES PRÉVERT, *Fatras*.

La femme est, dans le sein des nations lasses, un grand peuple neuf.

MARCEL PRÉVOST, *Lettres à Françoise*.

Elle flotte ; elle hésite ; en un mot,
[elle est femme.

JEAN RACINE, *Athalie*, acte III, scène 3.

Une femme peut être sublime en refusant de donner la vérole à celui qu'elle aime.

JULES RENARD

Appelons la femme un bel animal sans fourrure dont la peau est très recherchée.

JULES RENARD

Les femmes ressemblent aux maisons espagnoles qui ont beaucoup de portes et peu de fenêtres. Il est plus facile d'y pénétrer que d'y voir clair.

JEAN-PAUL RICHTER

Mais, ô Femme, monceau d'entrailles,
[pitié douce.

ARTHUR RIMBAUD,
Les Sœurs de charité.

Les hommes entre eux sont naturellement indifférents. Les femmes sont, par nature, ennemies ; dans la rue, il suffit qu'elles se rencontrent pour qu'elles échangent déjà des regards de Guelfes et de Gibelins.

ARTHUR SCHOPENHAUER

« Une femme, ce n'est pas comme un homme ; on rit, on ne tape pas. »

COMTESSE DE SÉGUR,
Un bon petit diable.

La femme chez le sauvage est une bête de somme, dans l'Orient un meuble et, chez les Européens, un enfant gâté.

GABRIEL SÉNAC DE MEILHAN,
Considérations sur l'esprit et les mœurs.

La personnalité des femmes est toujours à deux, tandis que celle de l'homme n'a que lui-même pour but.

MME DE STAËL, *De l'Allemagne*.

Depuis Adam, il n'y a guère de méfait en le monde où une femme ne soit entrée pour quelque chose.

WILLIAM MAKEPEACE THACKERAY,
Barry Lindon.

Avec les femmes, il y a trois étapes : tu les fais rire, tu les fais jouir, tu les fais chier. Et il ne faut jamais passer à la troisième étape avant d'avoir franchi les deux premières.

PATRICK TIMSIT

Quand j'aurai la moitié du corps dans la tombe, alors je dirai ce que je pense des femmes, puis, je rabattrai vivement sur moi la pierre du tombeau.

LÉON TOLSTOÏ

Ce que j'ai aimé le plus au monde, ne pensez-vous pas que ce soient les femmes, l'alcool et les paysages ?

PAUL-JEAN TOULET, *Lettres à soi-même*.

Dieu, en créant les femmes, nous les a proposées en terre pour nous attirer par elles au ciel.

HONORÉ D'URFÉ

Les femmes sont mélange de désir d'une certaine brutalité et de l'exigence d'immenses égards. Elles adorent la force, mais une force qui parfois s'incline, et un tigre qui tantôt dévore et tantôt se fait descente de lit.

PAUL VALÉRY, *Mauvaises Pensées et autres*.

Les femmes ne se souviennent que des hommes qui les ont fait rire et les hommes des femmes qui les ont fait pleurer.

LOUIS VERNEUIL

La femme se compose essentiellement d'un chignon et d'un sac à main. C'est par le sac qu'elle se distingue de l'homme. Il contient de tout, plus un bas de rechange, des ballerines pour conduire, un parapluie Tom Pouce, le noir, le rouge, le vert et la poudre compacte, une petite lampe pour fouiller dans le sac, des choses qui brillent parce qu'elles sont dorées, un capuchon en plastique transparent, et la lettre qu'on cherchait partout depuis trois semaines.

ALEXANDRE VIALATTE

La femme est ce que l'on a trouvé de mieux pour remplacer l'homme quand on a la déveine de ne pas être pédéraste.

BORIS VIAN, *Textes et chansons*.

La femme, enfant malade et douze [fois impur !

ALFRED DE VIGNY, *La Colère de Samson*.

Les femmes se divisent en deux catégories : les laides et les maquillées, les mères étant à part.

OSCAR WILDE

Les femmes se défendent en attaquant, et leurs attaques sont faites d'étranges et brusques capitulations.

OSCAR WILDE, *Le Portrait de Dorian Gray*.

FEMME POLITIQUE

Un ministère des femmes ? Pourquoi pas un ministère du tricot ?

CHARLES DE GAULLE

FEMME SAVANTE

Quand les femmes seront enfin aussi savantes que des hommes — que des hommes savants — ô amour, vous ne serez plus le sel de la vie, vous en serez le chlorure de sodium.

PAUL-JEAN TOULET, *Les Trois Impostures*.

FENÊTRE

Le mauvais temps semble toujours pire lorsqu'on le regarde à travers une fenêtre.

JOHN KIERAN

FERMETURE

Les Écossais portent un kilt parce que les moutons peuvent entendre le bruit d'une fermeture Éclair à plus d'un kilomètre de distance.

BLANCHE KNOTT

FESSE

Si les femmes étaient sans fesses
Qu'est-ce
Que nous ferions de nos mains
Pauvres humains ?

RAOUL PONCHON

FÊTE

Savez-vous comment je m'arrange ?
L'espérance du lendemain,
Ce sont mes fêtes.

RUTEBEUF, *Mariage Rutebeuf*.

FÉTICHE

Je ne passe jamais devant un fétiche de bois, un bouddha doré, une idole mexicaine sans me dire : c'est peut-être le vrai dieu.

CHARLES BAUDELAIRE

FÉTICHISTE

Il n'y a pas sous le soleil d'être plus malheureux que le fétichiste qui languit après une bottine et qui doit se contenter d'une femme entière.

KARL KRAUS,
Aphorismes

FEU

Si l'on met le feu à ta maison, approche-toi pour t'y chauffer.

Vieille expression française

Come fiamma più cresce più contesa
Dal vento, ogni virtù che' l cielo e [salta
Tanto più splende quant' è più offesa
(Comme un feu croît d'autant plus qu'il est des vents battu — Ainsi toute vertu exaltée par le ciel — resplendit d'autant plus qu'elle est des vents battue.)

MICHELANGELO BUONARROTI,
dit MICHEL-ANGE

Le feu le plus couvert est le plus ardent.

OVIDE,
Les Métamorphoses.

L'homme est le seul animal qui fasse du feu, ce qui lui a donné l'empire du monde.

ANTOINE DE RIVAROL

FEUILLES MORTES

... Comme elles tombent bien !
Dans ce trajet si court de la branche [à la terre,
Comme elles savent mettre une [beauté dernière,
Et malgré leur terreur de pourrir sur [le sol,
Veulent que cette chute ait la grâce [d'un vol.

EDMOND ROSTAND,
Cyrano de Bergerac, acte V, scène 5.

FEUILLETONISTE

Les feuilletonistes et les coiffeurs ont également à faire avec les têtes.

KARL KRAUS,
Aphorismes.

FÈVE

Tu partages ton cœur comme un [gâteau des Rois.
Et si grand est ton art, aimable fille [d'Ève,
Que chacun se croit seul à posséder [la fève.

MAURICE DONNAY,
Autour du Chat Noir.

Voir aussi PANTHÉON.

FIANCÉ

« Mon fiancé est intelligent comme Albert Einstein et beau comme Frank Sinatra.

— Et comment s'appelle-t-il ?

— Frankenstein. »

Anonyme

FIBRE

Le cœur et la langue sont pourtant faits des mêmes fibres.

ANDRÉ SUARÈS,
Voici l'homme.

FIDÈLE

La femme infidèle a des remords ; la femme fidèle a des regrets.

Proverbe

Dans un couple, il faut que l'un des deux au moins, soit fidèle... l'autre !

MARCEL ACHARD

Être fidèle c'est, bien souvent, enchaîner l'autre.

SACHA GUITRY, *Une folie.*

La violence qu'on se fait à soi-même pour demeurer fidèle à ce qu'on aime ne vaut guère mieux qu'une infidélité.

FRANÇOIS DE LA ROCHEFOUCAULD

Quand une femme est fidèle, on l'admire ; mais il y a des femmes modestes qui n'ont pas la vanité de vouloir être admirées.

MARIVAUX, *Arlequin poli par l'amour*, scène 1.

Je t'aimais inconstant, qu'aurais-je [fait fidèle ?

JEAN RACINE, *Andromaque*, acte IV, scène 5.

C'est la plus fidèle des femmes : elle n'a jamais trompé aucun de ses amants.

JULES RENARD, *Journal*.

Il est bien malaisé d'être fidèle dans un pays qui change d'avis avec tant de désinvolture.

TALLEYRAND

En amour, les jeunes veulent être fidèles et ne le peuvent pas. Les vieillards veulent être infidèles et ne le peuvent pas davantage.

OSCAR WILDE

FIDÉLITÉ

N'attends pas des rossignols la fidélité : à chaque instant, ils se posent sur une autre fleur.

Proverbe persan

Ce que demandent les femmes, ce n'est pas qu'on les aime ; c'est de ne pas en aimer d'autres.

ÉDOUARD BOURDET, *Le Sexe faible*.

J'ai fini par m'apercevoir que je n'étais plus le seul à partager la fidélité de mon épouse.

EUGÈNE LABICHE

Panisse : « Je suis un brave homme, vous venez de le dire, mais sur ce chapitre [celui de la fidélité] je ne peux rien vous promettre à l'avance. Surtout qu'il paraît que le fondateur de ma famille, c'était un Turc. Et vous devez savoir qu'en Turquie, il n'y a pas de cocu, il n'y a que des veufs. Si elle me trompe, je ne sais pas ce que je ferai, je vous le dis franchement. »

MARCEL PAGNOL, *Fanny*, acte I, 2e tableau, scène 4.

La fidélité, une démangeaison avec défense de se gratter.

AURÉLIEN SCHOLL, *Poivre et sel*.

La fidélité n'est pas plus naturelle à l'homme que la cage au tigre.

GEORGE BERNARD SHAW

FIERTÉ

Ma fierté est une trompeuse égide ; je suis sans défense contre la douleur.

HONORÉ DE BALZAC, *Béatrix*.

FIFRE

— Approche, Bertrandou, le fifre, [ancien berger ;
Du double étui de cuir tire l'un de [tes fifres,
Souffle et joue à ce tas de goinfres [et de piffres
Ces vieux airs du pays au doux [rythme obsesseur,
Dont chaque note est comme une [petite sœur,
Dans lesquels restent pris des sons [de voix aimées,
Ces airs dont la lenteur est celle des [fumées
Que le hameau natal exhale de ses [toits,
Ces airs dont la musique à l'air [d'être en patois !...

EDMOND ROSTAND, *Cyrano de Bergerac*, acte IV, scène 3.

FIGURE

Qui voit la figure humaine correctement ? Le photographe, le miroir ou le peintre ?

PABLO PICASSO

FIL

Ce qu'on est arrivé à faire avec le téléphone sans fil, est-ce qu'on va le réussir un jour avec les haricots ?

PHILIPPE GELUCK, *Le Succulent du chat*.

FILLE

Je préfère deux filles de vingt et un ans à une seule de quarante-deux.

W. C. FIELDS

Coupable de n'être pas née garçon, toute ma vie je n'aurai de cesse de vouloir prouver que, naître fille, c'est aussi bien.

FRANÇOISE GIROUD,
Notre temps, mars 1999.

La plus belle fille du monde est celle qui vit dans ma rue.

LOUIS SCUTENAIRE, *Mes inscriptions*, III.

Dieu fit la fille et l'homme l'a faite femme.

BÉROALDE DE VERVILLE,
Le Moyen de parvenir.

FILM

Tu sais pourquoi les producteurs de films ont tous des Rolls-Royce ? C'est parce que dans le métro, il faut payer comptant.

MICHEL AUDIARD

Je suis un écrivain célèbre dans un pays qui ne lit pas. Souvent, quand les gens me reconnaissent, ils me disent qu'ils aiment beaucoup mes films.

JOHN GRISHAM,
Le Figaro, cité par *Lire*, juin 1999.

Une histoire écrite par un idiot et tournée par des saboteurs sous la direction d'un dément, pour le compte d'un producteur vraisemblablement en fuite.

HENRI JEANSON, critique sur le film
Le Cabaret du grand large.

Le Fouquet's, où à chaque table on met sur pied un film, dont le budget dépasse les cent millions, devant des demis dont personne ne sait comment on les paiera.

HENRI JEANSON,
cité par RAYMOND CASTANS in *Raimu*.

En somme, un film doublé est un film qui perd la moitié de son intérêt.

HENRI JEANSON,
Les amoureux sont seuls au monde.

Ce jeune réalisateur est très fatigué. C'est normal, il vient de faire deux films à la fois : son premier et son dernier.

ETTORE SCOLA

FILS

Je ne peux pas dormir par la faute de mon fils qui porte les cheveux longs, ne veut rien apprendre, aime la vitesse, et dont je suis obligé de boucler les fins de mois.

ARISTOPHANE, *Les Nuées*.

Rappelle-toi que ton fils n'est pas ton fils, mais le fils de son temps.

CONFUCIUS

Ce n'est pas à toi, fils de putain, que je parle, c'est à ta sainte mère.

ANATOLE FRANCE

Les fils croient à la vertu de leur mère — les filles aussi, mais moins.

ANATOLE FRANCE,
L'Anneau d'améthyste.

Un fils est un créancier donné par la nature.

STENDHAL, *Lucien Leuwen*.

On m'a dit que mon fils, mon bâton de vieillesse, me ressemblait. Vous jugez si je l'ai noyé dans son bain [...] j'ai couru, le jour même, aux Enfants trouvés pour en adopter un autre. J'ai des entrailles et je suis père avant tout.

AUGUSTE DE VILLIERS DE L'ISLE-ADAM,
Tribulat Bonhomet.

FILTRER

Conducteurs aveugles qui avez grand soin de filtrer ce que vous buvez de peur d'avaler un moucheron, et qui avalez un chameau.

Évangile selon Matthieu, XXIII, 24.

FIN

La fin justifie les moyens. Mais qu'est-ce qui justifiera la fin ?

ALBERT CAMUS

Ce n'est pas la fin. Ce n'est même pas le commencement de la fin. Mais, c'est peut être la fin du commencement.

WINSTON CHURCHILL, Discours du 10 novembre 1942, après la victoire britannique en Égypte et le débarquement anglo-américain en Afrique du Nord.

Tout finit afin que tout recommence, tout meurt afin que tout vive.

JEAN HENRI FABRE, *Souvenirs entomologiques*.

La fin est dans les moyens comme l'arbre est dans la sève.

MAHATMA GANDHI

Songe, fantôme affreux, noir ennemi [du jour,
Parle-moi si tu veux de la fin de ma [vie,
Mais ne m'annonce point la fin de [mon amour.

TRISTAN L'HERMITE

FINANCE

Faites-nous de bonne politique et je vous ferai de bonnes finances.

BARON LOUIS (ministre des Finances sous la Restauration et la monarchie de Juillet).

FINANCIER

Le financier est un homme qui, placé d'abord derrière le carrosse, s'est introduit dedans en évitant adroitement la roue (c'était le supplice réservé aux voleurs).

ARLEQUIN, cité par le PRINCE DE LIGNE.

Si le financier manque son coup, les courtisans disent de lui : « C'est un bourgeois, un homme de rien, un malotru » ; s'il réussit, ils lui demandent sa fille.

JEAN DE LA BRUYÈRE, *Les Caractères*.

FINI

Un homme amoureux n'est pas complet aussi longtemps qu'il n'est pas marié. Alors, il est fini.

ZSA ZSA GABOR

FINIR (en)

Monsieur Bersot disait : « En France, on fait sa première communion pour en finir avec la religion, on prend son baccalauréat pour en finir avec les études, et on se marie pour en finir avec l'amour. » Il aurait pu ajouter : « Et on fait son service pour en finir avec le devoir militaire. »

JEAN JAURÈS, *L'Armée nouvelle*.

FISC

Le besoin satisfait, le reste appartient au fisc.

DENIS DIDEROT, *Principe de politique des souverains*.

FISCALITÉ

Il faut demander plus à l'impôt et moins au contribuable.

ALPHONSE ALLAIS

La réforme fiscale, c'est quand vous promettez de réduire les impôts sur des choses qui étaient taxées depuis longtemps et que vous en créez de nouveaux sur celles qui ne l'étaient pas encore.

EDGAR FAURE

FLATTER

On flatte les rois jusqu'à l'extrémité ; mais aussi, quand le masque est levé, on ne les épargne pas.

FRANÇOISE DE MOTTEVILLE, *Mémoires*.

FLATTERIE

On croit quelquefois haïr la flatterie, mais on ne hait que la manière de flatter.

FRANÇOIS DE LA ROCHEFOUCAULD, *Maximes*.

Ce qui flatte un homme, c'est que vous le trouviez digne de flatteries.

GEORGE BERNARD SHAW, *L'Autre île de John Bull*.

La flatterie c'est excellent si vous n'avalez pas la fumée.

ADLAÏ E. STEVENSON

Les Français ignorent l'hagiographie.

WILLY

FLÉAU

La femme est un fléau. Fasse Dieu qu'il n'y ait aucune maison sans ce fléau !

Proverbe persan

Le fléau n'est pas à la mesure de l'homme ; on se dit que le fléau est irréel, c'est un mauvais rêve qui va passer. Mais il ne passe pas toujours et de mauvais rêve en mauvais rêve, ce sont les hommes qui passent.

ALBERT CAMUS, *La Peste*.

FLEUR

On peut peindre une fleur, mais pas son odeur.

Proverbe italien

Je me souviens, je me souviens,
De la rose rouge et blanche,
Des violettes et du muguet,
De toutes ces fleurs faites de lumière.

THOMAS HOOD,
I remember, I remember.

On compare les fleurs aux femmes on a tort. Il y aura toujours entre elles, cette différence que les fleurs sont belles... et ne le savent pas.

ALPHONSE KARR

La femme est une fleur qui ne donne son parfum qu'à l'ombre.

FÉLICITÉ DE LAMENNAIS

L'odeur est l'intelligence des fleurs.

HENRY DE MONTHERLANT,
Carnets.

L'amour, s'il tient en une seule fleur est infini.

ANTONIO PORCHIA, *Voix*.

J'aime encore beaucoup à respirer les fleurs, mais je n'en cueille plus.

CHARLES AUGUSTIN SAINTE-BEUVE,
Pensées.

FLEUVE

Tous les fleuves vont à la mer et la mer n'est point remplie ; ils continuent de couler vers le lieu où ils se dirigent [...]. Ce qui a été sera et ce qui s'est fait se fera, il n'y a rien de nouveau sous le soleil.

L'Ecclésiaste, I, 3.

Il est plus facile de déplacer un fleuve que de changer son caractère.

Proverbe chinois

Le temps est un fleuve qui m'entraîne, mais je suis le fleuve.

JORGE LUIS BORGES

La source désapprouve presque toujours l'itinéraire du fleuve.

JEAN COCTEAU,
Le Rappel à l'ordre.

C'est en allant vers la mer que le fleuve reste fidèle à sa source.

JEAN JAURÈS

Que serait la Terre sans les fleuves ? Où se videraient les égouts de Paris ? Où les comptables infidèles pourraient-ils se suicider ? Je chanterai les fleuves de la Terre.

ALEXANDRE VIALATTE,
L'éléphant est irréfutable.

FLIRT

Le flirt est le péché des honnêtes femmes et l'honnêteté des pécheresses.

PAUL BOURGET

Le flirt est la leçon d'escrime que prend une femme avec des fleurets mouchetés avant d'aller sur le terrain avec des épées véritables.

MAURICE DONNAY

FLÛTE

Que la flûte, aujourd'hui, guerrière
[qui s'afflige,
Se souvienne un moment, pendant
[que sur sa tige
Tes doigts semblent danser un
[menuet d'oiseau,

Qu'avant d'être d'ébène, elle fut de
[roseau ;
Que sa chanson l'étonne, et qu'elle
[y reconnaisse
L'âme de sa rustique et paisible
[jeunesse !

EDMOND ROSTAND,
Cyrano de Bergerac, acte IV, scène 3.

FOI

C'est la foi même qui est Dieu

ALAIN, *Quatre-Vingt-Un Chapitres*.

Crois et tu comprendras ; la foi précède, l'intelligence suit.

SAINT AUGUSTIN

Foi : vingt-quatre heures de doute... mais une minute d'espérance.

GEORGES BERNANOS

Est-il en notre temps rien de plus
[odieux,
De plus désespérant que ne pas
[croire en Dieu ?
J'voudrais avoir la foi, la foi d'mon
[charbonnier,
Qu'est heureux comme un pape et
[con comme un panier.

GEORGES BRASSENS, *Le Mécréant*.

À cette époque, je n'avais pas la foi. Ceux qui me l'ont donnée, ce sont quelques athées, plus tard, que j'ai connus.

SACHA GUITRY, *Si j'ai bonne mémoire*.

Quand on a la foi, on peut se passer de la vérité.

FRIEDRICH NIETZSCHE

La foi qui n'agit pas, est-ce une foi
[sincère ?

JEAN RACINE, *Athalie*.

Nous n'avons pas perdu la foi... nous l'avons simplement transférée de Dieu à la profession médicale.

GEORGE BERNARD SHAW

Une foi qui ne doute pas est une foi morte.

MIGUEL DE UNAMUNO,
L'Agonie du christianisme.

FOI (profession de)

Toutes les professions de foi des candidats sont de larges tartines de confiture, mais, sans la confiture, il n'y a pas de pain.

ALPHONSE KARR

FOIS

Vingt fois sur le fessier remettez votre hommage.

Anonyme

Vingt fois sur le métier remettez
[votre ouvrage,
Polissez-le sans cesse et le repolissez.

NICOLAS BOILEAU, *L'Art poétique*.

Cent fois sur le métier remettez votre ouvrage à demain, si on ne vous paie pas le salaire d'aujourd'hui.

JACQUES PRÉVERT

FOLIE

L'exemple de la folie des pères ne sert point à corriger les enfants. Chacun veut faire le fou à son tour.

NOËL D'ARGONNE, *Maximes et réflexions de Monsieur de Moncade*.

Il faut toujours bien faire ce qu'on fait, même une folie.

HONORÉ DE BALZAC

On exagère beaucoup sur la recrudescence de la folie : dans une salle où il n'y a que deux personnes, il n'y a jamais plus de deux fous.

MACEDONIO FERNANDEZ,
Cahiers de tout et de rien.

La folie, c'est la mort avec des veines chaudes.

XAVIER FORNERET

Mêle à la sagesse un grain de folie ; il est bon quelquefois d'oublier la sagesse.

(*Misce stultitiam consiliis brevem, Dulce est desipere in loco.*)

HORACE, livre IV, ode XI.

D'âge en âge, on ne fait que changer
[de folie ;

Par une extravagance une autre est [abolie.

LA CHAUSSÉE

Qui vit sans folie n'est pas si sage qu'il croit.

FRANÇOIS DE LA ROCHEFOUCAULD, *Maximes*.

C'est une grande folie de vouloir être sage tout seul.

FRANÇOIS DE LA ROCHEFOUCAULD, *Maximes*.

La folie de Dieu est supérieure à la sagesse des hommes.

SAINT PAUL

Les folies sont les seules choses qu'on ne regrette jamais.

OSCAR WILDE

FONCTIONNAIRE

Les fonctionnaires sont les meilleurs maris ; quand il rentrent le soir à la maison, ils ne sont pas fatigués et ils ont déjà lu le journal.

GEORGES CLEMENCEAU

La France est un pays d'une incroyable fécondité : on y plante des fonctionnaires et il y pousse des impôts.

EDMOND et JULES DE GONCOURT, *Journal*.

Les fonctionnaires sont comme les livres d'une bibliothèque : les moins utiles sont les plus haut placés.

PAUL MASSON

Loi de Parkinson

1 — Un fonctionnaire entend multiplier ses subordonnés et non ses rivaux.

2 — Les fonctionnaires se créent mutuellement du travail.

C. NORTHCOTE PARKINSON

Un peu d'embonpoint, un certain avachissement de la chair et de l'esprit, je ne sais quelle descente de la cervelle dans les fesses ne messiéent pas à un haut fonctionnaire.

JULES ROMAINS, *Les Copains*.

FOND... et FORME

Pour moi, le fond et la forme sont aussi distincts que le lièvre et sa sauce. Est-ce que le lièvre naît en civet ?

ROGER MARTIN DU GARD, *Journal*.

FONTAINE

La première charité d'un village, c'est sa fontaine.

GASTON BONHEUR

Moi, se dit le Petit Prince, si j'avais cinquante-trois minutes à dépenser, je marcherais tout doucement vers une fontaine.

ANTOINE DE SAINT-EXUPÉRY, *Le Petit Prince*.

FOOTBALL

Le football est un jeu qui se joue avec deux équipes de onze joueurs, en deux mi-temps de quarante-cinq minutes, et dans lequel c'est toujours l'Allemagne qui gagne.

Plaisanterie spontanée

Le football, c'est pour les gens de gauche ; le rugby, c'est pour ceux de droite.

ALBERT CAMUS,
cité par BERNARD FRANK,
Le Nouvel Observateur, novembre 1999.

Il y a déjà bien assez de causes réelles de conflits et nous n'avons pas besoin de les accroître en encourageant des jeunes gens à se lancer des coups de pied dans les tibias au milieu des rugissements de spectateurs en furie.

GEORGE ORWELL

FOOTBALL AMÉRICAIN

Le football américain professionnel, c'est comme la guerre nucléaire. Il n'y a pas de vainqueurs, il n'y a que des survivants.

FRANCK GIFFORD

FORCE

La force pour changer ce que je peux changer, la sérénité pour accepter ce que je ne peux changer, la sagesse pour distinguer l'un de l'autre.

MARC AURÈLE

Le sentiment de nos forces les augmente.

LUC DE VAUVENARGUES

FORÊT

Dieu ! que ne suis-je assise à l'ombre des forêts !

JEAN RACINE,
Phèdre, acte I, scène 3.

Les forêts précèdent les peuples, les déserts les suivent.

FRANÇOIS RENÉ DE CHATEAUBRIAND

FORGER

J'aime mieux forger mon âme que la meubler.

MICHEL DE MONTAIGNE,
Essais, livre III.

FORME

Le dessin n'est pas la forme, il est la manière de voir la forme.

EDGAR DEGAS

FORT

Ce qui ne nous tue pas nous rend plus fort.

Devise de NIETZSCHE

Nous nous sentions si forts, nous
[voulions être doux.

ARTHUR RIMBAUD,
Le Forgeron.

Le plus fort n'est jamais assez fort pour être toujours le maître, s'il ne transforme sa force en droit et l'obéissance en devoir.

JEAN-JACQUES ROUSSEAU,
Du contrat social.

FORTUNE

La fortune envoie des amandes à ceux qui n'ont plus de dents.

Proverbe espagnol

Pour l'ordinaire, ceux qui ont causé la misère du peuple croient s'acquitter en la plaignant.

JEAN D'ALEMBERT,
Encyclopédie.

Pour faire fortune, ce n'est pas de l'esprit qu'il faut, c'est de la délicatesse qu'il ne faut pas.

CHEVALIER DE BRUIX,
Réflexions diverses.

Il faut se défier de la fortune, mais il faut n'en désespérer jamais.

CHRISTINE DE SUÈDE

Si tous les crayons que l'on vend à
[Paris
Écrivaient des chansons comme
[Monsieur Lully
Et si toutes les plumes avaient
[Verlaine au bec
Et chacun sa chacune, on n'vivrait
[plus qu'avec...
La Fortune,
Quelques thunes,
Trois ou quatre chansons et la lune.

LÉO FERRÉ,
La Fortune.

Il y a des fortunes qui crient « imbécile ! » à l'honnête homme.

EDMOND et JULES DE GONCOURT,
Journal.

Le meilleur moyen de doubler sa fortune ? Plier ses billets en deux et les mettre dans sa poche.

F. MCKINNEY HUBBARD

La fortune ne vient pas en dormant... seule.

LA BELLE OTERO

Il y a des gens qui n'ont de leur fortune que la crainte de la perdre.

ANTOINE DE RIVAROL,
Fragments et pensées philosophiques.

Il est faux qu'on ait fait fortune lorsqu'on ne sait pas en jouir.

LUC DE VAUVENARGUES,
Maximes et Pensées.

J'ai cherché s'il n'y avait point de moyen de faire sa fortune sans mérite et je n'en ai trouvé aucun.

LUC DE VAUVENARGUES,
Maximes et Pensées.

FOSSÉ

Je veux qu'il y ait comme un fossé entre le jeu et l'étude.

ALAIN, *Propos*.

FOSSETTE

Robert Mitchum à propos de Kirk Douglas :

« Douglas est un faux jeton, il a le trou du cul au milieu du menton. »

Mae West à Cary Grant en 1936 :

« Tu as le menton comme des fesses d'ange. »

FOSSILE

Fossile : Preuve du déluge. Plaisanterie de bon goût, en parlant d'un académicien.

GUSTAVE FLAUBERT,
Dictionnaire des idées reçues.

FOU

Nous naissons tous fous, quelques-uns le demeurent.

SAMUEL BECKETT,
En attendant Godot.

Tous les hommes sont fous, et
[malgré tous leurs soins,
Ne diffèrent entre eux que du plus
[ou du moins.

NICOLAS BOILEAU

Il y a plus de fous que de sages et, dans le sage même, il y a plus de folie que de sagesse.

NICOLAS DE CHAMFORT,
Maximes et Pensées.

Si Dieu décide de détruire, il commence par rendre fou.

EURIPIDE

Les hommes sont si nécessairement fous que ce serait être fou, par un autre tour de folie, de n'être pas fou.

BLAISE PASCAL, *Pensées*.

Quelle pitié que les fous ne puissent parler avec sagesse des folies que font les sages !

WILLIAM SHAKESPEARE,
Comme il vous plaira.

Le Fossoyeur : — Ce fut le jour même où naquit le jeune Hamlet, celui qui est devenu fou et qu'on a envoyé en Angleterre...

Hamlet : — Pourquoi donc ?

Le Fossoyeur : — On ne s'apercevra pas qu'il est fou ; tous les hommes de ce pays sont aussi fous que lui.

WILLIAM SHAKESPEARE,
Hamlet, acte V, scène 1.

FOUDRE

La foudre ne frappe pas l'ortie.

Proverbe serbe

Si Jupiter foudroyait tous les pécheurs, il serait bientôt à court de foudre.

OVIDE

FOUDRE (coup de)

Rien ne facilite les coups de foudre comme les louanges données d'avance, et par des femmes, à la personne qui doit en être l'objet.

STENDHAL, *De l'amour*.

FOULE

On ne court pas après la foule avec du sel dans ses mains.

Proverbe bantou

L'homme aime tant l'homme que, quand il fuit la ville, c'est encore pour chercher la foule, c'est-à-dire pour refaire la ville à la campagne.

CHARLES BAUDELAIRE,
Mon cœur mis à nu.

La foule est une somme d'erreurs qu'il faut corriger.

FRIEDRICH NIETZSCHE,
Mort parce que bête.

FOURCHE

À la fourche, on reconnaît le paysan, au bec l'avocat.

Proverbe allemand

FOURCHETTE

Est-ce un progrès si un cannibale se sert d'une fourchette ?

STANISLAW JERZY LEC

FOURMI

Si le Seigneur désire détruire une fourmi, il lui fait pousser des ailes.

Le Livre de la sagesse arabe

Une fourmi errait à l'ombre d'une [yeuse.
Une goutte d'ambre l'a emprisonnée.
Elle qui, vivante, était si méprisée,
Par ses funérailles est devenue [précieuse.

MARTIAL, *Épigrammes*, VI, 15, traduit par Dominique Noguez.

Chacune d'elles ressemble au chiffre 3. Et il y en a ! il y en a ! il y en a 333 333 333 333... jusqu'à l'infini.

JULES RENARD, *Histoires naturelles*.

FOURMILIÈRE

Le temps des grands hommes s'en va ; l'époque de la fourmilière de la vie multiple arrive.

HENRI FRÉDÉRIC AMIEL

FOUTRE

Hébert ne commençait jamais un numéro du *Père Duchesne* sans y mettre quelques « foutre » et quelques « bougre ». Ces grossièretés ne signifiaient rien, mais elles signalaient. Quoi ? Toute une situation révolutionnaire.

ROLAND BARTHES, *Le Degré zéro de l'écriture*.

Quand Baptiste* est las de musique
Pour en reposer son chagrin
Il fout Quinault, son poète unique
Qui ne sait ni grec ni latin.

Attribué à RACINE

* Lully.

Une jolie fille ne doit s'occuper que de foutre et jamais d'engendrer.

MARQUIS DE SADE, *La Philosophie dans le boudoir*.

FOUTRE (se)

Quand on dit qu'on se fout de quelque chose, c'est qu'on ne s'en fout pas.

HENRI DE TOULOUSE-LAUTREC

FOX-TERRIER

Les fox-terriers naissent avec une dose quatre fois plus forte de péché originel que les autres chiens et il nous faudra des années et des années de patients efforts, à nous chrétiens, pour opérer une appréciable réforme dans le tempérament batailleur des fox-terriers.

JEROME K. JEROME, *Trois hommes dans un bateau*.

FRAGILITÉ

Fragilité, ton nom est femme !

WILLIAM SHAKESPEARE, *Hamlet*, acte I, scène 2.

FRAISE

Comme la fraise a goût de fraise, ainsi la vie a goût de bonheur.

ALAIN, *Propos sur le bonheur*.

FRANÇAIS

Si Dieu descendait sur la Terre, tous les peuples se mettraient à genoux, sauf les Français qui diraient : « Ah ! vous êtes là ! C'est pas trop tôt ! On va enfin pouvoir discuter un peu. »

KONRAD ADENAUER

Le Français éminent tire sa valeur d'autrui ; qu'il ait le galon, la croix, l'épée, l'écharpe, la simarre, en un mot la fonction et la décoration, alors il est tenu pour quelque chose et il se sent quelqu'un. C'est l'insigne qui déclare son mérite, c'est le public qui le tire du néant, comme le sultan crée ses vizirs. Ces races disciplinées et sociables ont une antipathie pour l'indépendance individuelle ; il faut que, chez elles, tout dérive de l'autorité militaire, civile ou religieuse, et Dieu lui-même n'est pas tant qu'Il n'a pas été décrété.

HENRI FRÉDÉRIC AMIEL,
Fragments d'un journal intime.

Le Français est un animal de basse-cour si bien domestiqué qu'il n'ose franchir aucune palissade. Voir ses goûts en art et en littérature.

CHARLES BAUDELAIRE, *Journaux intimes*.

Les Français sont faits pour composer de la musique d'opéra, les Italiens pour la chanter, les Allemands pour la jouer, les Anglais pour l'entendre et les Américains pour la payer.

ENRICO CARUSO

Dans le fond, les Français sont toujours les mêmes. Cette nation est faite pour être toujours dans un état de violence ; rien n'est vrai chez elle, tout n'est qu'apparent. C'est un vaisseau qui ne demande qu'à aller, et le vent qui souffle est toujours bon. Aussi un navire est-il les armes de Paris.

GIOVANNI GIACOMO CASANOVA,
Histoire de ma vie, V, 1.

Les Français sont inquiets et volages dans le bonheur, constants et invincibles dans l'adversité.

FRANÇOIS RENÉ DE CHATEAUBRIAND

Les Français vont indistinctement au pouvoir ; ils n'aiment point la liberté, l'égalité seule est leur idole.

FRANÇOIS RENÉ DE CHATEAUBRIAND

Les Français peuvent être considérés comme les gens les plus hospitaliers du monde, pourvu que l'on ne veuille pas entrer chez eux.

PIERRE DANINOS

Les Français sont persuadés que leur pays ne veut de mal à personne [...] L'étranger devrait comprendre que, quand l'armée française pénètre dans le Palatinat ou à Saragosse, elle ne le fait pas exprès.

PIERRE DANINOS,
Les Carnets du major Thompson.

Les Français, ma parole, sont un peuple à vous donner la nausée... Le Français est tranquille, honnête, poli, mais faux, et l'argent est pour lui : tout. Pas le moindre idéal. Pas de convictions, mais si ce n'était que cela : ne lui demandez même pas de réfléchir.

FEDOR DOSTOÏEVSKI, *Correspondance*.

Il y a deux catégories de Français : ceux qui disent « il y a deux catégories de Français » et les autres.

CHARLES DE GAULLE

Si les Français perdent une bataille, une épigramme les console ; et si un nouvel impôt les charge, un vaudeville les dédommage ; si une affaire sérieuse les occupe, une chansonnette les égaye ; et le style le plus simple et le plus naïf est toujours relevé par des traits malins, et par des pointes piquantes.

CARLO GOLDONI, *Mémoires*.

Si les Français étaient allemands de par leur nature, c'est pour lors que les Allemands les admireraient.

FRANZ KAFKA, *Journal*.

C'est une chose étrange que la légèreté des Français.

LOUIS XIII,
Lettre à Richelieu, 5 août 1635.

Ô Français ! serez-vous donc toujours des enfants ?...

JEAN-PAUL MARAT,
L'Ami du peuple, 13 août 1792.

Tel est le Français, on peut le dire sans crainte d'être désavoué : inconstant par nature, pour suivre ses penchants il lui suffit d'obéir à son caractère.

HENRI MONNIER,
*Grandeur et décadence
de M. Joseph Prudhomme*.

C'est un bon peuple guerrier et généreux, capable pourtant d'obéissance et de discipline, et de servir à quelque bon usage, s'il y est bien guidé.

MICHEL DE MONTAIGNE,
« Déménager sa volonté », *Essais*.

Le caractère nouvel du français est composé des qualités du singe et du chien couchant.

CHARLES DE MONTESQUIEU,
Mes pensées.

Les Français ne parlent presque jamais de leurs femmes ; c'est qu'ils ont peur d'en parler devant des gens qui les connaissent mieux qu'eux.

CHARLES DE MONTESQUIEU,
Lettres persanes, LV.

Sans doute que les Français, extrêmement décriés chez leurs voisins, enferment quelques fous dans une maison pour persuader que ceux qui sont dehors ne le sont pas.

CHARLES DE MONTESQUIEU,
Lettres persanes.

En amour, être français, c'est la moitié du chemin.

PAUL MORAND, *L'Europe galante*.

Quand j'aurai appris qu'une nation peut vivre sans pain, alors je croirai que les Français peuvent vivre sans gloire.

NAPOLÉON Ier

Il est dans le caractère français d'exagérer, de se plaindre et de tout défigurer dès qu'on est mécontent.

NAPOLÉON Ier,
Mémorial de Sainte-Hélène.

C'est embêtant, dit Dieu. Quand il n'y aura plus ces Français, il y a des choses que Je fais, il n'y aura plus personne pour les comprendre.

CHARLES PÉGUY,
Mystère des saints Innocents.

Le Français est surtout jaloux de la liberté de se choisir un maître. Il est fait de telle nature qu'il ne saurait supporter de maître sans chagrin ni demeurer le sien sans dégoût.

CHARLES DE SAINT-ÉVREMOND

Si je suis français ? bien sûr : pourquoi voudriez-vous qu'un homme de mon âge ne fût pas français ? Vous me surprenez !

ERIK SATIE

C'est avec les yeux, surtout, que le Français mange ses produits fermiers, qu'il savoure ses vins, ses subjonctifs, sa « qualité française » et son école pour tous. Sinon, il boit de l'eau minérale, s'habille comme l'as de pique, emploie une centaine de mots, n'en a que pour le privé et tartine des fromages inqualifiables sur des biscottes en polystyrène avant de suivre *Alerte à Malibu*. Pis que tout, il mange du filet de dinde.

ALAIN SCHIFRES,
L'Express, 27 septembre 1995.

Si les autres parties du monde ont des singes, l'Europe a des Français. Cela compense.

ARTHUR SCHOPENHAUER,
Caractères des différents peuples.

Le Français a le cœur à gauche, mais le portefeuille à droite.

ANDRÉ SIEGFRIED,
attribué à Anatole de Monzie.

Le génie français est perdu ; il veut devenir anglais, hollandais et allemand. Nous sommes des singes qui avons renoncé à nos jolies gambades, pour imiter mal les bœufs et les ours.

VOLTAIRE,
Lettre à Mme du Boccage.

FRANÇAISE

Il y a trois époques dans le règne d'une Française. Elle est coquette — puis déiste — puis dévote ; son empire, durant ces trois phases, n'est jamais perdu, elle change seulement de sujets ; quand trente-cinq ans ou plus ont dépeuplé ses États des esclaves de l'amour, elle les repeuple avec les esclaves de l'incrédulité, et puis avec les esclaves de l'Église.

LAURENCE STERNE,
Le Voyage sentimental.

FRANÇAISE (langue)

Les Français croient qu'ils parlent le français parce qu'ils ne parlent aucune langue étrangère.

TRISTAN BERNARD

La langue française est langue d'État, la seule propre aux grandes affaires.

CHARLES QUINT

Le français : idiome idéal pour traduire délicatement des sentiments équivoques.

EMIL MICHEL CIORAN,
Aveux et Anathèmes.

Le français est devenu une langue provinciale. Les indigènes s'en accommodent. Le métèque, seul, en est inconsolable. Lui seul prend le deuil de la Nuance.

EMIL MICHEL CIORAN,
De l'inconvénient d'être né.

Le français est peut-être le langage le plus limpide et le plus précis du monde.

SAMUEL TAYLOR COLERIDGE

Ceux qui écrivent le français sans savoir leur langue n'en ont que plus de mérite.

LOUIS AUGUSTE COMMERSON,
Pensées d'un emballeur.

Les gens qui savent le grec sont cinq ou six en Europe ; ceux qui savent le français sont en bien plus petit nombre.

PAUL-LOUIS COURIER,
Lettre à M. Renouard.

Le temps viendra que notre langue, qui commence à jeter ses racines, sortira de la terre et s'élèvera en telle hauteur et grosseur qu'elle se pourra égaler aux mêmes Grecs et Romains.

JOACHIM DU BELLAY,
Défense et illustration de la langue française.

Notre langue n'est qu'un mélange de grec, de latin et de tudesque, avec quelques restes confus de gaulois. Puisque nous ne vivons que sur ces emprunts, qui sont devenus notre fonds propre, pourquoi aurions-nous une mauvaise honte sur la liberté d'emprunter, par laquelle nous pouvons achever de nous enrichir ?

Prenons de tous côtés tout ce qu'il nous faut pour rendre notre langue plus claire, plus précise, plus courte, plus harmonieuse : toute circonvolution affaiblit le discours.

FÉNELON, *Lettre à l'Académie.*

Le français n'est pas une langue artificielle comme l'espéranto, mais une vieille langue qui s'est fabriquée lentement, hors des allées rectilignes de la logique. On y retrouve, comme dans nos cathédrales, des styles opposés, vestiges d'âges différents.

RENÉ GEORGIN,
Guide de la langue française.

« Ha ha », disait-il en français ; et il n'ajoutait rien davantage.

ALFRED JARRY, *Gestes et Opinions du docteur Faustroll, pataphysicien.*

Ce qui distingue notre langue, c'est l'ordre et la construction de la phrase. Cet ordre doit toujours être direct et nécessairement clair. Le français, par un privilège unique, est seul resté fidèle à l'ordre direct. C'est de là que résulte cette admirable clarté, base éternelle de notre langue : ce qui n'est pas clair n'est pas français.

ANTOINE DE RIVAROL, *Discours sur l'universalité de la langue française.*

Les seuls mots de français que je suis capable de prononcer c'est : Brigitte Bardot.

JOHN WAYNE, *Libération*, 16 novembre 1960.

FRANCE

La France est un pays qui adore changer de gouvernement à condition que ce soit toujours le même.

HONORÉ DE BALZAC

La France cherche toujours sa voie entre le bonnet phrygien et le béret basque.

ROBERT BEAUVAIS, *Le Demi-juif*.

Jamais je n'ai cessé d'être en France
Et je serai en France quand quelque [part à Buenos Aires
La bienfaisante mort m'appellera.
Je ne dirai point le soir et la lune, je [dirai Verlaine
Je ne dirai point la cosmogonie, je [dirai le nom de Hugo
Non point l'amitié, mais Montaigne
Je ne dirai point le feu, je dirai [Jeanne,
Et les ombres que j'évoque ne [sauraient limiter
Une série infinie.

JORGE LUIS BORGES

France ! qu'as-tu donc fait aux [nations ? Tu vins
Vers celles qui pleuraient avec ces [mots divins :
« Joie et paix ! » Tu criais : [« Espérance ! Allégresse !
« Sois puissante Amérique ; et toi [sois libre, Ô Grèce !
« L'Italie était grande : elle doit [l'être encor,
« Je le veux ! » — Tu donnes à [celle-ci ton or,
À celle-là ton sang, à toutes la [lumière.
Tu défendis le droit des hommes, [coutumière
De tous les dévouements et de tous [les devoirs...

VICTOR HUGO

Je voudrais n'être pas français pour [pouvoir dire
Que je te choisis, France, et que dans [ton martyre,
Je te proclame, toi que ronge le [vautour,
Ma patrie et ma gloire et mon unique [amour !

VICTOR HUGO, *À la France*.

Si j'étais Dieu le Père et si j'avais [deux fils
Je ferais l'aîné Dieu, le second roi de [France.

VICTOR HUGO, *Hernani*.

J'aime la France comme ma mère, mais ma mère ne voudrait pas que je meure, fût-ce pour elle.

HENRI JEANSON

En France, le premier jour est pour l'engouement, le second pour la critique et le troisième pour l'indifférence.

JEAN-FRANÇOIS LA HARPE

Ma patrie est partout où rayonne la [France,
Où son génie éclate aux regards [éblouis.
Chacun est du climat de son [intelligence ;
Je suis concitoyen de toute âme qui [pense
La vérité c'est mon pays*.

ALPHONSE DE LAMARTINE

* *Right or wrong : my country*.

La France est une nation qui s'ennuie.

ALPHONSE DE LAMARTINE,
(discours du 10 janvier 1839).

Il y a longtemps que la France serait la maîtresse du monde, si la division de ses enfants ne l'avait trop souvent exposée aux jalouses ferveurs de ses ennemis.

LOUIS XIV,
Mémoires pour l'instruction du Dauphin.

La France est la patrie du genre humain et l'on y est très accueillant aux étrangers, exception faite, bien entendu, pour les amerloques, les engliches, les fridolins, les macaronis, les espingouins, les polacks, les macaques, les ratons, les youpins et autres métèques.

THIERRY MAULNIER

Si l'on voulait entasser ce que chaque nation a dépensé de sang et d'or, et d'efforts de toute sorte, pour les choses désintéressées qui ne devaient profiter qu'au monde, la pyramide de la France irait montant jusqu'au ciel... Et la vôtre, ô nations, toutes tant que vous êtes, ah, la vôtre, l'entassement de vos sacrifices irait au genou d'un enfant.

JULES MICHELET, *Histoire de France*.

La France : Laissez-lui faire des choses frivoles sérieusement et gaiement les choses sérieuses.

CHARLES DE MONTESQUIEU

La France, c'est le français quand il est bien écrit.

NAPOLÉON Ier

Après tout, la France [...] c'est le pays des Francs. Qu'est-ce que c'était les Francs ? Des Allemands. Au fond, le mot France est synonyme du mot Allemagne. Curieux, hé ?

RAYMOND QUENEAU, *Un rude hiver*.

C'est ma langue naturelle et maternelle, car je suis né et ai été nourri jeune au jardin de France : c'est Touraine.

FRANÇOIS RABELAIS, *Pantagruel*, IX.

La France est un pur-sang monté par un jockey obèse qui se prend pour le cheval.

HERVÉ SÉRIEYX,
Reprenons la Bastille.

La France est un pays où il est plus important d'avoir une opinion sur Homère que d'avoir lu Homère.

STENDHAL

Adieu, plaisant pays de France,
Ô ma patrie
La plus chérie
Qui a nourri ma jeune enfance ;
Adieu, France, adieu mes beaux
[jours.

MARIE STUART, *Adieu à la France*.

En France on n'a ni hiver, ni été, ni principes ; mais exception faite de ces trois inconvénients, c'est un beau pays.

MARK TWAIN

Peut-être la France est-elle le seul pays où le ridicule ait joué un rôle historique ?

PAUL VALÉRY

La France, cette nation nerveuse.

PAUL VALÉRY

FRANCE (Anatole)

Pour y enfermer son cadavre, qu'on vide si l'on veut une boîte des quais de ces vieux livres « qu'il aimait tant » et qu'on jette le tout à la Seine. Il ne faut plus que, mort, cet homme fasse de la poussière.

ANDRÉ BRETON,
Pamphlet écrit à la mort d'Anatole France.

C'est un Socrate extrêmement timide, à qui la seule vue de la ciguë donnerait la colique.

LÉON DAUDET

FRANCHISE

La franchise est le moyen le plus déguisé d'être malveillant à coup sûr.

HENRY BATAILLE,
Le Pour et le Contre.

Une femme est franche quand elle ne fait pas de mensonges inutiles.

ANATOLE FRANCE,
Le Lys rouge.

FRANCOPHONIE

Un arbre est plus qu'un arbre : il est tronc, racines, sève, feuilles, fruits, vent dans les branches d'où s'échappent les oiseaux du ciel. C'est la plus belle image que m'inspire la francophonie.

ANTONINE MAILLET

FRANGNOL

L'élite des Argentins écrit et parle un français mêlé d'espagnol que le spirituel chroniqueur du *Quotidien*, le grand journal français de Buenos Aires, a proposé de baptiser le ***fragnol***. Faudra-t-il bientôt appeler ***franglais*** le français émaillé de vocables britanniques que la mode actuelle nous impose.

MAURICE RAT,
Les Potins de la grammaire,
France-Soir, 26 septembre 1959.

FRAPPER

Tant plus à me frapper, on s'amuse,
Tant plus de marteaux on y use.

Devise de l'Église protestante réformée de France

Je n'ai jamais frappé une femme de ma vie, pas même ma propre mère.

W. C. FIELDS

FRATERNITÉ

Et pourquoi nous haïr et mettre entre
[les races
Ces bornes ou ces eaux qu'abhorre
[l'œil de Dieu ?
... « L'égoïsme et la haine ont seuls
[une patrie ;
La fraternité n'en a pas ! »

ALPHONSE DE LAMARTINE,
La Marseillaise de la paix.

FREIN

Jeunes gens, jeunes gens, ne vous
[a-t-on pas dit
Que sans règle et sans frein tôt ou
[tard on succombe ?

CLARIS DE FLORIAN,
« Le Danseur de corde et le balancier »,
Fables.

FRÉQUENTATION

Il ne faut jamais juger les gens sur leurs fréquentations. Tenez, Judas, par exemple, il avait des amis irréprochables.

PAUL VERLAINE

FRÈRE

— Comment ça va avec votre frère ?
— Caïn-caha !

HERVÉ BAZIN

Un frère est un ami donné par la
[nature.

GABRIEL MARIE LEGOUVÉ,
La Mort d'Abel, acte III, scène 3.

Un frère est un ami donné par la nature.

GABRIEL MARIE LEGOUVÉ,
La Mort d'Abel.

Je veux bien être le frère de l'homme blanc, pas son beau-frère.

MARTIN LUTHER KING

« Tous les hommes sont frères ! » dit Caïn.

ROBERT SABATIER,
Le Livre de la déraison souriante.

FREUDISME

Je vous résume le freudisme :
Pourquoi ? parce queue...

LOUIS PAUWELS,
Blumoch l'admirable.

FRIVOLE

Rien n'est plus stupide que de traiter sérieusement des choses frivoles ; mais rien n'est plus spirituel que d'utiliser la frivolité à des fins sérieuses.

ÉRASME,
Éloge de la folie.

Si l'on ôtait de la vie tout ce qu'il y a de vain et de frivole, il y resterait si peu de choses, que cela ne vaudrait pas la peine de le regretter.

MLLE DE SCUDÉRY

FRIVOLITÉ

J'ai été folle de ce garçon et maintenant je ne peux plus le voir en face. Comme les hommes changent !

HENRY BECQUE,
La Navette.

La frivolité est la plus jolie réponse à l'angoisse.

JEAN COCTEAU

L'homme doit s'applaudir d'être frivole : s'il ne l'était pas, il sécherait de douleur en pensant qu'il est né pour un jour, entre deux éternités, et pour souffrir onze heures au moins sur douze.

VOLTAIRE

FROID

Genou de femme, nez de chien, patte de chat, on n'a jamais rien connu d'aussi froid.

Proverbe du Poitou

En hiver, on dit souvent : « Fermez la porte, il fait froid dehors ! ». Mais, quand la porte est fermée, il fait toujours aussi froid dehors.

PIERRE DAC, *Pensées et Maximes*.

FROIDEUR

Une froideur, secrètement brûlante,
Brûle mon corps, mon esprit, ma
[raison.

JOACHIM DU BELLAY,
Sonnet de l'honnête amour.

FROMAGE

Le fromage est le supplément d'un bon repas et le complément d'un mauvais.

EUGÈNE BRIFFAULT

Un peuple qui a créé plus de quatre cents fromages ne saurait disparaître.

WINSTON CHURCHILL

Le fromage, c'est le lait faisant un saut vers l'immortalité.

CLIFTON FADIMAN

Le camembert, ce fromage qui fleure les pieds du Bon Dieu.

LÉON-PAUL FARGUE

Comment voulez-vous gouverner un pays qui s'enorgueillit de posséder 365 variétés de fromages ?

CHARLES DE GAULLE

Le fromage fait tout digérer, sauf lui-même.

JAMES JOYCE, *Ulysse*.

Une brave femme avec de bons yeux de gruyère.

JULES RENARD

FRONT

Le front est sans cheveux pour lui permettre de rougir.

Proverbe malgache

FRUIT

Le fruit mûr tombe de lui-même, mais il ne tombe pas dans la bouche.

Proverbe chinois

Le fruit est aveugle. C'est l'arbre qui voit.

RENÉ CHAR, *Feuillets d'Hypnos*.

C'est à la germination que tend l'extrême succulence du fruit.

ANDRÉ GIDE, *Les Nouvelles Nourritures*.

Et les fruits passeront les promesses des fleurs

FRANÇOIS DE MALHERBE,
Prière pour le roi Henri le Grand allant en Limousin.

Femmes sont fruits. Il y a des pêches, des ananas et des noisettes. Inutile de poursuivre : cela est clair. L'amateur ne peut se résoudre à ne cueillir que ceux d'une seule espèce. Il veut se connaître soi-même dans la diversité du jardin.

PAUL VALÉRY, *Mélange*.

FUIR

Il ne suffit pas de fuir, il faut fuir dans le bon sens.

CHARLES FERDINAND RAMUZ,
Questions.

FUMÉE

Fumée, rêverie du feu.

JULES RENARD, *Journal*.

FUMER

Écrire est pour moi un acte complémentaire au plaisir de fumer.

ANDRÉ GIDE,
cité par LEGUAY et DUCHESNE in
Le Jeu de l'oie de l'écrivain.

J'ai comme principe de ne jamais fumer pendant que je dors.

MARK TWAIN

FUMIER

Don Juan Tenorio, qu'au jour du Jugement on châtie de ses amours en le plongeant dans un brûlant fumier :

« Ah ! dit-il, c'est ne pas changer guère. »

PAUL-JEAN TOULET,
Les Trois Impostures.

FUNÉRAILLES

Rien ne manque aux funérailles des riches, si ce n'est des gens pour les regretter.

Proverbe chinois

On n'entend dans les funérailles que des paroles d'étonnement de ce que le mortel est mort.

JACQUES BÉNIGNE BOSSUET,
Sermon sur la mort.

Vous connaissez l'histoire du type qui, sur son lit de mort, sent l'odeur d'un gâteau au café et en demande un morceau à sa femme ? Elle lui répond : « Sois raisonnable, Sam, ce sera pour après les funérailles. »

GROUCHO MARX

FUSIL

Qu'est-ce qu'un soldat doit mettre dans son fusil ?

La plus entière confiance.

Le manuel du soldat d'infanterie

On ne tire pas des coups de fusil aux idées.

ANTOINE DE RIVAROL,
Maximes, Pensées et Anecdotes.

FUSILLER

Je devais être fusillé à six heures du matin. Mais comme j'avais un bon avocat, le peloton n'arrivera qu'à six heures trente.

WOODY ALLEN

Fusiller. — Plus noble que guillotiner. Joie de l'individu à qui on accorde cette faveur.

GUSTAVE FLAUBERT,
Dictionnaire des idées reçues.

FUTUR

Tout futur est fabuleux.

ALEJO CARPENTIER

Je ne pense jamais au futur, il vient assez tôt !

Attribué à ALBERT EINSTEIN

Le futur appartient à celui qui a la plus longue mémoire.

FRIEDRICH NIETZSCHE

Dans le temps, même le futur était mieux.

KARL VALENTIN

G

GAGNER

Quiconque gagne bien ne s'échine pas. Quiconque s'échine ne gagne pas bien.

Proverbe chinois

GAIETÉ

La gaieté est la forme la plus aimable du courage.

ANATOLE FRANCE

Je n'appelle pas gaieté ce qui excite le rire ; mais un certain charme, un air agréable qu'on peut donner à toutes sortes de sujets, même les plus sérieux.

JEAN DE LA FONTAINE,
Préface des *Fables*.

GALANTE

La femme galante est celle qui donne souvent ce qu'elle n'a jamais eu : son cœur.

XAVIER FORNERET,
Sans titre.

GALANTERIE

À Madame D...

Avec vos yeux en trou de pipe,
Je vois bien que vous me trompiez...
Et vous êtes une tulipe
Ayant des oignons à vos pieds.

VICTOR HUGO

Coutume qu'avaient les hommes de céder leur place aux femmes dans le métro ou l'autobus, quand il n'existait ni autobus ni métro.

GEORGES-ARMAND MASSON,
L'Amour de Ah ! jusqu'à Zut.

GALE

Quand un chien vous aide à passer le fleuve, vous ne vous demandez pas s'il a la gale.

Proverbe arabe

GAMBADES

Je passe le temps à faire des gambades sur le bord de mon tombeau, et c'est en vérité ce que font tous les hommes.

VOLTAIRE

GANGRÈNE

Dans les blessures, c'est la gangrène qui est tout particulièrement à craindre ; de même, dans les richesses, ce que l'on doit redouter par-dessus tout, c'est leur désaccord avec la nature humaine et leur durée.

DÉMOCRITE, *Pensées*.

GANTS

Si les chats portaient des gants ils n'attraperaient pas de souris.

Proverbe hindou

GARÇON

La femme est un garçon manqué. Plus le garçon est manqué, plus la femme est réussie.

DR JULIEN BESANÇON, *Le Visage de la femme.*

Je ne suis qu'un petit garçon qui s'amuse — doublé d'un pasteur protestant qui s'ennuie.

ANDRÉ GIDE

Un garçon est, de toutes les bêtes sauvages, le plus difficile à diriger.

PLATON

GARDE

De trois choses Dieu nous garde :
De bœuf salé sans moutarde,
De valet qui se regarde,
Et de femme qui se farde.

Vieux proverbe français

GARDE-À-VOUS

La première vertu révolutionnaire, c'est l'art de faire foutre les autres au garde-à-vous.

JEAN GIONO, *Le Hussard sur le toit.*

GARDE-MALADE

La femme a été constituée par Dieu la garde-malade de l'homme. Son dévouement ne surmonte pas le dégoût : il l'ignore.

EDMOND et JULES DE GONCOURT, *Idées et Sensations.*

GARDIEN

Quis custodiet custodes ?
(Qui les gardera, eux, les gardiens ?)

JUVÉNAL, *Satires.*

GARE

Enclavé dans les rails, engraissé de [scories,
Leur petit potager plaît à mes [rêveries.
Le père est aiguilleur en gare de [Lyon.
Il fait honnêtement et sans rébellion
Son dur métier — Sa femme, hélas ! [qui serait blonde
Sans les sombres glacis du charbon, [le seconde.
Leur enfant, ange rose éclos dans cet [enfer,
Fait de petits châteaux avec du [mâchefer.
À quinze ans, il vendra des journaux, [des cigares,
Peut-être le bonheur n'est-il que [dans les gares !

CHARLES CROS, *Le Coffret de santal.*

GASTRONOME

Il n'y a rien qui permette de condamner un gastronome tant qu'il ne va pas jusqu'à l'indigestion.

TRISTAN BERNARD, *Souvenirs et Anecdotes.*

GASTRONOMIE

« Comment mange-t-on chez la marquise du Deffand ? demandait-on à M. de Montrond.

— Ma foi, si le potage était aussi chaud que le vin blanc, le vin aussi vieux que l'oie et l'oie aussi grasse que la marquise, ça ne serait pas si mal. »

Attribué à de nombreux gastronomes et hommes d'esprit

À table, il existe un plat que je déteste : ne me servez surtout jamais du ragoût de la méduse !

FRANCIS BLANCHE

La découverte d'un mets nouveau fait plus pour le genre humain que la découverte d'une étoile.

ANTHELME BRILLAT-SAVARIN, *Physiologie du goût.*

La gastronomie est une passion que l'on n'a pas avant quarante ans ; du moins en expert.

LOUIS DE CUSSY, *Gastronome.*

La gastronomie fait trembler d'intelligence nos narines.

CHARLES MONSELET

GAUCHE

Lorsqu'on me demande si la coupure entre partis de droite et partis de gauche, hommes de droite et hommes de gauche a encore un sens, la première idée qui me vient est que l'homme qui pose cette question n'est certainement pas un homme de gauche.

ALAIN

La gauche était une vocation : c'est devenu un métier.

RÉGIS DEBRAY

En France, la gauche trahit l'État et la droite trahit la nation.

CHARLES DE GAULLE

À gauche toute... mais pas plus loin.

ROGER STÉPHANE

GAUCHE-DROITE

Objectif de la gauche : marcher dans le sens du progrès.

Objectif de la droite : progresser dans le sens de la marche.

Anonyme

C'est le contraire des automobiles : le frein est à droite, l'accélérateur, à gauche.

Anonyme

GAUCHER

Je suis un gaucher contrariant. C'est plus fort que moi : il faut que j'emmerde les droitiers.

PIERRE DESPROGES

GAULOIS

Bien se battre et bien parler, deux choses que le Gaulois met au-dessus de tout.

(*Pleraque Gallia duas res*
industriosissime persequitur,
rem militarem et argute loqui.)

CATON L'ANCIEN

GAZON

Le secret d'un gazon anglais : vous semez et vous laissez pleuvoir pendant sept siècles.

ANDRÉ MAUROIS

GÉANT

Et leur amour fut si grand, si grand qu'ils eurent des enfants géants.

J. LENOIR et J. LARUE, *Les Nains*.

Si vous apercevez un géant, regardez d'abord la position du soleil, et voyez si le géant n'est pas l'ombre d'un pygmée.

FRIEDRICH NOVALIS

GÉMIR

Ne pas prévoir, c'est déjà gémir.

LÉONARD DE VINCI

GENDARME

Il était un gendarme à Nanteuil
Qui n'avait qu'une dent et qu'un œil,
Mais cet œil solitaire
Était plein de mystère,
Cette dent, d'importance et [d'orgueil.

GEORGE DU MAURIER, *Vers nonsensiques à l'usage des familles anglaises*.

Merci, gendarme paternel, merci, gendarme avec pitié, qui, me considérant comme un petit enfant, m'avez dit ce jour-là :

— Donnez-moi vos menottes !

SACHA GUITRY, *Toutes réflexions faites*.

On a toujours l'air de mentir quand on parle à des gendarmes.

CHARLES-LOUIS PHILIPPE, *Les Chroniques du canard sauvage*.

GENDRE

Amitié de gendre
Soleil de décembre

Proverbe

Quiconque tombe sur un bon gendre trouve un fils ; quiconque tombe sur un mauvais gendre perd en plus sa propre fille.

DÉMOCRITE

Le fils d'un nouveau riche est parfois un très digne homme. Son gendre rarement !

ANTOINE DE RIVAROL

GÉNÉALOGIE

Les grandes familles d'Angleterre remontent à Guillaume le Conquérant... et les autres à Adam et Ève.

Anonyme

La généalogie est une science rigoureusement inexacte, à cause des bâtards.

LÉO CAMPION

GÉNÉRAL

Il n'y a pas plus plat qu'un général. Quand l'un d'entre eux vient me voir, je suis forcé de mettre mes mains dans mes poches pour qu'il ne les lèche pas.

GEORGES CLEMENCEAU

Un brave général ne se rend jamais, même à l'évidence.

JEAN COCTEAU

Nos généraux vaincus ne se tuent pas, ils écrivent.

AIMÉE DE COIGNY, *Journal*.

La pire calamité, après un général bête, c'est un général intelligent.

CHARLES DE GAULLE

Braves devant l'ennemi, lâches devant la guerre, c'est la devise des vrais généraux.

JEAN GIRAUDOUX,
La guerre de Troie n'aura pas lieu.

Les généraux qui meurent à la guerre commettent une faute professionnelle.

HENRI JEANSON, *Fanfan la Tulipe*.

Au régiment, si par hasard vous êtes tambour, même sur l'ordre du colonel, ne vous avisez jamais de battre la générale.

ERIK SATIE

GÉNÉRALISATION

Aucune généralisation n'est totalement vraie, pas même celle-ci.

OLIVIER HOLMES

GÉNÉRATION

On dit que les nouvelles générations seront difficiles à gouverner. Je l'espère bien !

ALAIN, *Propos*.

Une génération est un drame à quatre ou cinq mille personnages saillants.

HONORÉ DE BALZAC

Chaque génération se croit vouée à refaire le monde. Ma tâche est peut-être plus grande. Elle consiste à empêcher que le monde ne se défasse.

ALBERT CAMUS

La nouvelle génération est épouvantable. J'aimerais tellement en faire partie !

OSCAR WILDE

GENÈSE

Si Dieu vit que cela était bien, alors la croyance humaine lui a prêté la vanité, mais non pas l'incertitude du créateur.

KARL KRAUS,
Aphorismes.

GÉNIE

Le génie envoie sa flèche vers une cible invisible et ne la rate pas.

Dicton cité par ANTHONY QUINN.

On sait que le propre du génie est de fournir des idées aux crétins une vingtaine d'années plus tard.

LOUIS ARAGON

Il n'y a pas de génie sans un grain de folie.

ARISTOTE

Le génie, c'est l'enfance retrouvée à volonté.

CHARLES BAUDELAIRE

Il y a du génie, du génie partout à Hollywood. Si seulement il y avait du talent.

HENRY BERNSTEIN

Si une femme a du génie, on dit qu'elle est folle. Si un homme est fou, on dit qu'il a du génie.

LOUKY BERSIANIN,
L'Euguélionne, cité in
Le Dictionnaire inattendu des citations.

Le génie n'est plus qu'une grande aptitude à la patience.

BUFFON

On ne peint bien que son propre cœur en l'attribuant à un autre, et la meilleure partie du génie se compose de souvenirs.

FRANÇOIS RENÉ DE CHATEAUBRIAND, *Génie du Christianisme*.

Le tout, c'est d'avoir du génie à vingt ans et du talent à quatre-vingts.

CAMILLE COROT

J'entendais mon génie taper impatiemment du pied aux parois de ma boîte crânienne.

GEORGES COURTELINE

Le génie se sent, mais il ne s'imite point.

DENIS DIDEROT

C'est le sort de presque tous les hommes de génie ; ils ne sont pas à la portée de leur siècle ; ils écrivent pour la génération suivante.

DENIS DIDEROT, *Lettre sur le commerce de la librairie*.

Le génie est une question de muqueuses. L'art est une question de virgules.

LÉON-PAUL FARGUE, *Sous la lampe*.

Pour faire de grandes choses, il ne faut pas être un si grand génie : il ne faut pas être au-dessus des hommes ; il faut être avec eux.

CHARLES DE MONTESQUIEU, *Mes pensées*.

Tout enfant est en quelque façon un génie, et tout génie un enfant.

ARTHUR SCHOPENHAUER

Quand un vrai génie apparaît en ce bas monde, on peut le reconnaître à ce signe que les imbéciles sont tous ligués contre lui.

JONATHAN SWIFT

Il y a tant de génies de nos jours que l'on peut vraiment se réjouir lorsque le ciel nous envoie un enfant qui n'en est pas un.

GEORG CHRISTOPH LICHTENBERG, *Aphorismes*.

GENOU

Une femme sur ses genoux avec laquelle on n'est plus d'accord, c'est lourd !

SACHA GUITRY

Les femmes ont une force herculéenne pour serrer les genoux.

LOUIS TEISSIER DU CROS, *L'Amour, les Femmes et Nous*.

GENRE

Tous les genres sont bons, hors le genre ennuyeux.

VOLTAIRE, *L'Enfant prodigue*.

Parodié par Victor Hugo :

Tous les gendres sont bons, hors le gendre ennuyeux.

GENS

En voilà de sales types, les gens !

ALPHONSE ALLAIS, *À se tordre*.

GENTILHOMME

On n'est pas gentilhomme pour avoir un père qui a vendu un pré.

NOËL DU FAIL, *Propos rustiques*.

Un gentilhomme anglais est un homme, le matin, habillé comme son valet de chambre ; un gentilhomme français est un homme qui a un valet de chambre habillé comme lui.

CHARLES DE MONTESQUIEU, *Cahiers*.

GENTILLESSE

Une certaine qualité de gentillesse est toujours signe de trahison.

FRANÇOIS MAURIAC, *Le Nœud de vipères*.

GENTLEMAN

Un gentleman est un monsieur qui fait des choses qu'aucun gentleman ne devrait faire, mais qui les fait de la manière dont seul un gentleman pourrait les faire.

Adage anglais

Un gentleman est quelqu'un qui sait jouer de la cornemuse mais qui s'abstient de le faire.

Proverbe anglais

Un gentleman est un monsieur qui se sert d'une pince à sucre, même quand il est seul.

ALPHONSE ALLAIS

Un gentleman ne frappe jamais une femme, en gardant son chapeau sur la tête.

FRED ALLEN

Un gentleman est quelqu'un qui est capable de décrire Sophia Loren sans faire de gestes.

MICHEL AUDIARD

Un gentleman est quelqu'un qui n'avait jamais entendu l'histoire auparavant.

NOËL COWARD

Un gentleman est un monsieur qui, rencontrant une dame entre deux âges, choisit le moins vraisemblable.

DAVID NIVEN

Un gentleman est quelqu'un qui écoute l'histoire que vous racontez comme s'il l'entendait pour la première fois.

AUSTIN O'MALLEY

Un gentleman est quelqu'un qui ne blesse jamais les sentiments d'autrui sans le faire exprès.

OSCAR WILDE

Si un homme est un gentleman, il en sait bien assez ; si ce n'est pas un gentleman, ce qu'il sait ne peut que lui nuire.

OSCAR WILDE, *Le Portrait de Dorian Gray*.

GÉOMÉTRIE

Dès l'époque secondaire, les mollusques construisaient leur coquille en suivant les leçons de la géométrie transcendante.

GASTON BACHELARD

Le ministère des Ponts et Chaussées rappelle aux usagers que, dans le triangle rectangle, le carré de l'hypoténuse doit être égal à la somme des carrés des deux autres côtés. Toute infraction sera punie avec toute la rigueur de la loi.

FRANCIS BLANCHE

Il n'existe pas de sectes en géométrie.

NAPOLÉON BONAPARTE

D'après Euclide, le carré est un quadrilatère dont les quatre angles sont droits et les quatre côtés égaux. D'après Sophicléide, le carré est un triangle qui a réussi ou une circonférence qui a mal tourné.

PIERRE DAC

Le chemin le plus court d'un point à un autre est la ligne droite, à condition que les deux points soient bien en face l'un de l'autre.

PIERRE DAC, *Almanach de L'Os à moelle*.

Vous ferez comprendre plus facilement la géométrie à une huître qu'une idée aux trois quarts des gens de ma connaissance.

GUSTAVE FLAUBERT, *Carnets*.

La géométrie n'est pas vraie, elle est avantageuse.

HENRI POINCARÉ, *La Science et l'Hypothèse*.

Étant donné deux points A et B situés à égale distance l'un de l'autre, comment faire pour déplacer B sans que A s'en aperçoive ?

JEAN TARDIEU

GERMANOPHOBIE

Va, passe ton chemin, ma mamelle [est française,
N'entre pas sous mon toit, emporte [ton enfant,
Mes garçons chanteront plus tard *La* [*Marseillaise*.
Je ne vends pas mon lait au fils d'un [Allemand.

Chanson de VILLEMER et DELORMEL, *Le Fils de l'Allemand*.

GESTE

Tous les gestes sont bons quand ils sont naturels. Ceux qu'on apprend sont toujours faux.

SACHA GUITRY

GIBIER

Il est entendu, une fois pour toutes, que les hommes ont le droit de chasse. Au gibier féminin de se garder.

FRANÇOIS MAURIAC

GIDE (André)

La nature a horreur du Gide.

LÉON DAUDET

GIFLE

Une gifle épouse toujours la forme d'une joue.

Cité par ROGER STÉPHANE, in *Toutes choses ont leur saison*.

Entre une gifle et une indélicatesse, on supporte toujours mieux la gifle.

EMIL MICHEL CIORAN, *Écartèlement*.

La vie m'a tant giflé que la tête m'en tournait comme la vis d'un tabouret de piano.

LÉON-PAUL FARGUE

Ce n'est pas que l'éducation des enfants, c'est celle des poètes qui se fait à coups de gifles.

MARCEL PROUST, *Le Temps retrouvé*.

Lorsqu'on me donne une gifle sur la joue droite, je tends le poing gauche.

THOMAS TURNEDFISH

GIGOT

Il faut que le gigot soit attendu comme un premier rendez-vous d'amour, mortifié* comme un menteur pris sur le fait, doré comme une jeune Allemande et sanglant comme un Caraïbe.

* Mortifié : rendu plus tendre en parlant d'une viande, notamment en la faisant mariner.

DES ESSARTS, comédien-gastronome, XVIIIe siècle.

Quand le gigot paraît au milieu de la [table,
Fleurant l'ail et couché sur un lit [respectable
De joyeux haricots,
L'on se sent beaucoup mieux, un [charme vous pénètre
Tout un chacun, voyant son appétit [renaître,
Aiguise ses chicots.

RAOUL PONCHON, *La Muse au cabaret*.

GIRAFE

J'avais pensé que *Gorge profonde* était un film sur une girafe.

BOB HOPE

GIROUETTE

Le troisième drapeau, le drapeau de fer-blanc, le drapeau de la majorité des Français, c'est la girouette.

AURÉLIEN SCHOLL

Les femmes ressemblent aux girouettes : elles se fixent quand elles se rouillent.

VOLTAIRE, *Le Sottisier*.

GITAN

Ce peuple mystérieux qui semble cracher des fleurs de feu et trépigner pour les éteindre.

JEAN COCTEAU, *La Corrida*.

Les Gitans jugent avec raison que l'on n'a jamais à dire la vérité ailleurs que dans sa langue ; dans celle de l'ennemi, le mensonge suffit.

GUY DEBORD

GLACE

Sur un mince cristal l'hiver conduit [leurs pas,
Le précipice est sous la glace.
Telle est de vos plaisirs la légère [surface ;
Glissez, mortels, n'appuyez pas.

ROY, quatrain au bas d'une gravure de Nicolas de Larmessin, *L'Hyver*.

GLACÉE (crème)

Quand je mange des glaces, ça me fait réfléchir.

LOUIS AUGUSTE COMMERSON, *Pensées d'un emballeur*.

GLAND

La patrie d'un cochon se trouve partout où il y a du gland.

FÉNELON, *Dialogue des morts*.

GLANDE

Un grand philosophe plaçait l'âme, la nôtre s'entend, dans la glande pinéale. Si j'en accordais une aux femmes, je sais bien, moi, où je la placerais.

DENIS DIDEROT, *Les Bijoux indiscrets*.

GLAS

La mort de tout homme me diminue car je suis partie intégrante de l'humanité. Aussi, ne demande jamais : « Pour qui sonne le glas ? » Il sonne pour toi.

JOHN DONNE, *Méditation XVII*.

GLOIRE

Recette pour la gloire : portez sur vous quatre stylographes, buvez de l'eau claire, ayez le miroir d'un grand homme et regardez-vous souvent dedans sans sourire.

GUILLAUME APOLLINAIRE, *Le Poète assassiné*.

La gloire ressemble au marché : parfois, quand vous y restez quelque temps, les prix baissent.

FRANCIS BACON, *Les Essais*.

La gloire est le soleil des morts.

HONORÉ DE BALZAC, *La Recherche de l'absolu*.

L'avantage de la gloire : avoir un nom trimbalé par la bouche des sots.

JULES BARBEY D'AUREVILLY

La gloire, c'est comme un cigare qu'on mettrait dans la bouche par le bout allumé. D'abord, ça brûle, et puis, on ne sent plus que la cendre.

ALPHONSE DAUDET

La gloire des grands hommes tient pour un quart à leur audace, pour deux quarts au hasard, pour le dernier quart à leurs crimes.

UGO FOSCOLO, *Les Dernières Lettres de Jacopo Ortis*.

Un homme seul avec la gloire, c'est déjà bête. Une femme seule avec la gloire, c'est ridicule.

JEAN GIRAUDOUX, *Ondine*.

La gloire, ce mot qui fait marcher les hommes jusqu'à l'épuisement.

JULIEN GREEN (discours de réception à l'Académie française).

La gloire ne peut être où la vertu
[n'est pas.

ALPHONSE DE LAMARTINE, *L'Homme*.

La gloire n'est qu'une des formes de l'indifférence humaine.

VALERY LARBAUD, *Ce vice impuni, la lecture*.

La gloire est un vêtement de lumière qui ne s'ajuste bien qu'aux mesures des morts.

PIERRE REVERDY, *En vrac*.

La gloire n'est que fumée, j'en conviens, mais l'homme n'est que poussière.

ANTOINE DE RIVAROL

La gloire elle-même ne saurait être, pour une femme, qu'un deuil éclatant du bonheur.

MME DE STAËL

Les feux de l'amour ne sont pas si doux que les premiers regards de la gloire.

LUC DE VAUVENARGUES

GOINFRERIE

La goinfrerie est à la gastronomie ce que la muflerie est à la courtoisie.

PIERRE DAC

GOLF

Gentlemen **O**nly. **L**adies **F**orbidden.

Anonyme

Ce jeu consiste à mettre une balle de quatre centimètres de diamètre sur une boule de quarante mille kilomètres de tour. Il s'agit de frapper la petite balle sans toucher la grande.

WINSTON CHURCHILL

Puisque je suis à moitié juif, est-ce que je peux être admis si je ne joue que neuf trous ?

SÉNATEUR BARNY GOLDWATER
(à qui on avait refusé l'admission à un club de golf à Phœnix en Arizona).

Ils ont appelé ça le « golf » parce que tous les autres mots de quatre lettres* étaient déjà pris.

WALTER HAGEN

* On appelle en anglais « mots de quatre lettres » les mots à ne pas prononcer.

Le golf, ce n'est guère autre chose qu'une façon coûteuse de se promener.

MICHAEL PARKINSON

Le golf donne au raté l'occasion de faire son trou.

ALBERT WILLEMETZ

Les caddies sont les enfants de la balle. Ramasser les pourboires est le souci des cadets. Ramasser les balles, le cadet de leurs soucis.

ALBERT WILLEMETZ
cité par RAYMOND CASTANS

GORGE

Ce que je ne comprends pas, c'est en quoi il est inconvenant de montrer la seconde moitié de la gorge, quand il est si innocent d'en montrer la première.

ALPHONSE KARR, *Les Guêpes*.

Elle était fort maigre, de la gorge comme sur ma main [...]. Ce défaut eût suffi pour me glacer, jamais mon cœur ni mes sens n'ont su voir une femme dans quelqu'un qui n'eût pas de téton !

JEAN-JACQUES ROUSSEAU,
« À propos de Mme d'Épinay »,
Les Confessions.

GORILLE

Car le gorille est un luron
Supérieur à l'homme dans l'étreinte
Bien des femmes vous le diront.

GEORGES BRASSENS, *Le Gorille*.

GOSIER

Le gosier est la réunion de deux conduits par lesquels les bons mots sortent et par où les bons morceaux entrent.

FRANÇOIS RABELAIS

GOSSE

L'existence, c'est comme ça : tu fais des gosses et tu attends qu'ils s'en aillent. Et puis, quand ils sont partis, tu attends qu'ils reviennent.

SAN-ANTONIO, *San-Antoniaiseries*.

GOULAG

Une autorité pourrait bien avoir un jour à sa disposition l'enfer, non un enfer chimérique, de l'existence duquel on n'a pas de preuves, mais un enfer réel.

ERNEST RENAN,
Dialogues et fragments philosophiques.

GOURMAND

Le gourmand est celui qui aime manger. Le goinfre est celui dont la gourmandise a quelque chose d'ignoble et repoussant. Le goulu est celui qui jette avec voracité dans sa bouche (la goule) ce qu'il mange. Le glouton, cousin du goulu, est celui qui engloutit.

Dictionnaire Littré

Le gourmand creuse sa fosse avec ses dents. Et, avec quoi, le libertin ?

HIPPOLYTE DOMONT, *Propos de mon village*.

Les gourmands font leur fosse avec leurs dents.

HENRI ESTIENNE,
De la précellence du langage français.

Un gourmand vraiment digne de ce nom mange toujours sa soupe bouillante et prend son café brûlant.

GRIMOD DE LA REYNIÈRE

Les femmes qui, partout ailleurs, font le charme de la société, se trouvent déplacées dans un dîner de gourmands.

GRIMOD DE LA REYNIÈRE

GOURMANDISE

La gourmandise, quand elle est partagée, a l'influence la plus marquée sur le bonheur qu'on peut trouver dans l'union conjugale.

ANTHELME BRILLAT-SAVARIN

De toutes les passions que l'on rencontre en ce monde, la seule respectable me semble être la gourmandise.

GUY DE MAUPASSANT

GOÛT

Y a-t-il un bon et un mauvais goût ? oui, sans doute, quoique les hommes diffèrent d'opinions, de mœurs, d'usages. Le meilleur goût en tout genre est d'imiter la nature avec le plus de fidélité de force et de grâce.

VOLTAIRE,
Dictionnaire philosophique.

GOÛT (mauvais)

Ce qu'il y a d'enivrant dans le mauvais goût, c'est le plaisir aristocratique de déplaire.

CHARLES BAUDELAIRE

Qu'est-ce donc que le mauvais goût ? C'est invariablement le goût de l'époque qui nous a précédés. Tous les enfants ne trouvent-ils pas leur père ridicule ?

GUSTAVE FLAUBERT,
Par les champs et par les grèves.

Le mauvais goût, c'est de confondre la mode, qui ne vit que de changements, avec le beau durable.

STENDHAL, *De l'amour*.

GOUVERNEMENT

Le premier gouvernement que j'ai contesté ? ma mère !

GUY BEDOS, *Les Pensées*.

Sans le gouvernement, on ne rirait plus en France.

NICOLAS DE CHAMFORT,
Caractères et Anecdotes.

Il n'y a pas de gouvernement populaire : gouverner, c'est mécontenter !

ANATOLE FRANCE

Un gouvernement serait éternel à la condition d'offrir tous les jours au peuple un feu d'artifice et à la bourgeoisie un procès scandaleux.

EDMOND et JULES DE GONCOURT,
Journal.

Le gouvernement va droit dans le mur et, en plus, il klaxonne.

ANDRÉ SANTINI
(à propos du gouvernement d'Alain Juppé en 1997).

Tout gouvernement qui vole John pour payer Jack dépend toujours du soutien de Jack.

GEORGE BERNARD SHAW

Le gouvernement a un bras long et un bras court ; le long sert à prendre et arrive partout, le bras court sert à donner, mais il arrive seulement à ceux qui sont tout près.

IGNAZIO SILONE,
Le Pain et le Vin.

Si les peuples n'ont que le gouvernement qu'ils méritent, quand donc les Français mériteront-ils de n'en pas avoir ?

PAUL-JEAN TOULET,
Les Trois Impostures.

Le moins mauvais gouvernement est celui qui se montre le moins, que l'on sent le moins et que l'on paie le moins cher.

ALFRED DE VIGNY

GOUVERNER

Pour gouverner les Français, il faut des paroles violentes et des actes modérés.

LÉON GAMBETTA

Gouverner, c'est choisir entre les désavantages.

CHARLES DE GAULLE

Gouvernez l'Empire comme vous cuisineriez un petit poisson.

LAO-TSEU

Gouverner, c'est choisir.

DUC DE LÉVIS, *Maximes et Réflexions*.

Quand on veut gouverner les hommes, il ne faut pas les chasser devant soi, il faut les suivre.

CHARLES DE MONTESQUIEU, *Pensées diverses*.

Comment pourrais-je gouverner autrui, qui moi-même gouverner ne saurais ?

FRANÇOIS RABELAIS, *Vie inestimable du grand Gargantua*, chap. 52.

On ne gouverne bien que dans les commencements de règne.

CARDINAL DE RETZ, *Mémoires*.

Si les gens savaient par quels petits hommes ils sont gouvernés, ils se révolteraient vite.

TALLEYRAND

L'art de gouverner consiste à prendre le plus d'argent possible à une catégorie de citoyens afin de le donner à une autre.

VOLTAIRE

GRÂCE

Il est plus facile que l'on croit de se haïr. La grâce est de s'oublier. Mais si tout orgueil était mort en nous, la grâce des grâces serait de s'aimer humblement soi-même, comme n'importe lequel des membres souffrants de Jésus-Christ.

GEORGES BERNANOS, *Journal d'un curé de campagne*.

La grâce lui était venue comme le parfum vient à la fleur.

GRIMM-ACHARD, à propos d'Alphonsine Duplessis alias Marguerite Gautier, *La Dame aux camélias*.

Rien ne manque à Vénus, ni les lis, [ni les roses,
Ni le mélange exquis des plus [aimables choses,
Ni ce charme secret dont l'œil est [enchanté,
Ni la grâce, plus belle encor que la [beauté.

JEAN DE LA FONTAINE, *Rencontre de Vénus et d'Adonis*.

GRAFFITI

Sur le mur d'un collège aux USA, ce graffiti

DIEU EST MORT. Signé Nietzsche et, au-dessous.

NON ! NIETZSCHE EST MORT. Signé Dieu.

Admiror, paries, te non cecidisse ruinis / qui tot scriptorum tœdia sustineas.

(Je suis surpris, ô mur, que tu ne te sois pas écroulé / sous le poids insupportable de tant d'écrits.)

Inscription sur un mur de Pompéi

GRAIN

Si le prix des grains est très élevé, les pauvres sont malheureux. S'il est très bas, ce sont les laboureurs qui le sont.

TS'IEN-HAN-TCHOU

GRAISSE

La graisse est son premier cercueil.

JEAN-PAUL, *Être là dans l'existence*.

GRAMMAIRE

Chère grammaire, belle grammaire, délicieuse grammaire, fille, épouse, maîtresse et gagne-pain des professeurs.

PAUL CLAUDEL, *Le Soulier de satin*.

La grammaire, qui sait régenter [jusqu'aux rois,
Et les fait, la main haute, obéir à ses [lois...

MOLIÈRE, *Les Femmes savantes*, acte I, scène 6.

GRAND

Les grands sont comme les Hottentots : nous les trouvons admirables quand nous leur trouvons le sens commun.

Anonyme

Quand on fait trop le grand, on paraît
[bien petit.

PHILIPPE NÉRICAULT, dit DESTOUCHES, *Le Glorieux*.

Il y a quatre choses plus grandes que les autres : les femmes, les chevaux, le pouvoir et la guerre.

RUDYARD KIPLING, *La Ballade du roi*.

Les grands ne nous paraissent grands que parce que nous sommes à genoux.

ARMAND ÉLISÉE DE LOUSTALOT, épigraphe du journal de Prudhomme *Révolutions de Paris*.

Les grands et les petits ont mêmes accidents et mêmes fâcheries, et mêmes passions.

BLAISE PASCAL, *Pensées*.

Être grand, c'est soutenir une grande querelle.

WILLIAM SHAKESPEARE, *Hamlet*.

GRANDEUR

La grandeur est un chemin vers quelque chose qu'on ne connaît pas.

CHARLES DE GAULLE (d'après André Malraux).

La grandeur, pour se faire reconnaître, doit souvent consentir à imiter la grandeur.

JEAN ROSTAND, *Carnet d'un biologiste*.

Tu voudrais la grandeur, tu n'es pas exempt d'ambition, mais tu n'as pas la méchanceté qui doit l'accompagner.

WILLIAM SHAKESPEARE, *Macbeth*.

GRANDIR

Peiné de voir que sa moisson ne grandissait pas, ce villageois de Soung tira les tiges avec la main, comme pour les allonger. De retour chez lui, ce nigaud dit aux personnes de la maison : « J'ai aidé la moisson à grandir. »

MONG-TSEU

GRAND-PÈRE

Lorsque mes petits enfants seront vieux, je ne serai plus très jeune.

GEORGE BERNARD SHAW

GRAS

Les asticots et les flatteurs révèlent une terre grasse.

JEAN-PAUL, *Être là dans l'existence*.

GRAS-DOUBLE

Le gras-double, c'est du gras simple multiplié par six et divisé par trois.

PIERRE DAC, *Arrière-pensées*.

GRATITUDE

C'était une de ces âmes fières et délicates qui ne se résignent pas à la gratitude et préfèrent ne devoir que de l'argent.

TRISTAN BERNARD, *Féerie bourgeoise*.

GRAVITÉ

La gravité est un mystère du corps inventé pour cacher les défauts de l'esprit.

FRANÇOIS DE LA ROCHEFOUCAULD, *Maximes*.

Quand la gravité n'est que dans le maintien, comme il arrive très souvent, on dit gravement des inepties.

VOLTAIRE, *Dictionnaire philosophique*.

GREC

Est-ce que vous saviez que cataclysme, catastrophe, apocalypse et métastase sont des mots qui viennent du grec ? Vous croyez pas qu'il faut avoir le diable dans le corps pour inventer des mots pareils, alors que personne ne vous le demande et qu'on aurait très bien pu s'en passer ?

JEAN-LOUIS FOURNIER, *Le Pain des Français*.

Les Grecs se plaisaient à parler leur langue et à la sentir couler ou sous leur plume ou de leur bouche ; elle les charmait. C'est que leur langue était aisée.

JOSEPH JOUBERT, *Pensées*.

« Quoi ? Monsieur sait du grec ? Ah !
[Permettez, de grâce,
Que pour l'amour du grec,
[Monsieur, on vous embrasse. »

MOLIÈRE, *Les Femmes savantes*.

GRÈCE

« *Delphes is a pity* », disait avec humour un vieil Américain.

Anonyme

Quelle salade on se fait un matin d'Athènes avec les feuilles des chapiteaux, l'huile d'olive, le sel attique et le poivre des poivriers !

JEAN COCTEAU, *Maalesh*.

C'est beaucoup de rois et de chèvres éparpillés sur du marbre.

JEAN GIRAUDOUX, *La guerre de Troie n'aura pas lieu*.

En Grèce, on a envie de se baigner dans le ciel.

HENRY MILLER

Beauté grecque : femme laide portant une amphore.

RAYMOND RADIGUET, *Notes romanesques*.

GRÉCO (Juliette)

Voir et entendre Juliette Gréco est un plaisir qui se suffit. Ce beau poisson maigre et noir n'a pas besoin de sauce pour passer. Gréco fournit elle-même les câpres.

FRANÇOIS MAURIAC, in *L'Express*, 1960.

GREFFER

On greffe des foies, on greffe des reins, on greffe tout... sauf des couilles, parce que l'on manque de donneurs.

JACQUES CHIRAC, propos cité par PIERRE BOTTON in *Mes chers amis*.

GRENOUILLE

Il faut embrasser beaucoup de grenouilles avant de trouver un prince.

Phrase brodée sur un coussin du lit de la princesse Diana

S'il fallait tenir compte des services rendus à la science, la grenouille occuperait la première place.

CLAUDE BERNARD, *Introduction à l'étude de la médecine expérimentale*.

GRÈVE

Les grèves sont dues généralement à des détournements de mineurs.

KARL MARTIN

Il y a deux façons de saboter le droit de grève. En le réglementant comme le veut la droite. En l'utilisant à tort et à travers comme le fait le parti communiste.

FRANÇOIS MITTERRAND, *Ici et maintenant*.

Les pilotes d'Air Inter déposent un préavis de travail.

LES NULS

Il faut savoir terminer une grève.

MAURICE THOREZ, Discours du 11 juin 1936.

GRILLE

La grille qui les sépare du public désarme les fauves et arme les fonctionnaires.

GILBERT CESBRON, *La Fleur, le fruit, l'amande*.

J'aime mieux en rase campagne rencontrer un mouton qu'un lion ; mais derrière une grille, j'aime mieux voir un lion qu'un mouton. L'art est justement cette sorte de grille ; en ôtant la terreur, il conserve l'intérêt.

HIPPOLYTE TAINE, *Nouveaux Essais de critique et d'histoire*.

GRIMPER

En matière politique, grimper, c'est ramper verticalement.

GEORGES ELGOZY, *L'Esprit des mots*.

GRIPPE

L'amour, c'est comme la grippe, ça s'attrape dans la rue et ça se termine au lit.

Anonyme

GROSSESSE

Quand Honoré voyait sa femme enceinte, il s'émerveillait déjà que son plaisir fît autant de volume.

MARCEL AYMÉ, *La Jument verte*.

GUANO

Le guano est devenu la pierre fondamentale sur laquelle repose tout l'édifice social du Pérou.

H. LANDRIN, *Manuel des engrais*.

GUÉPARD

Quadrupède connu principalement pour son chant.

ALPHONSE ALLAIS

[La] course [du guépard] est superbe ; c'est un spectacle inoubliable mais fort rare car, généralement, on court devant.

JEAN L'ANSELME

GUÉRIR

On n'est vraiment guéri d'une femme que lorsqu'on n'est même plus curieux de savoir avec qui elle vous oublie.

PAUL BOURGET

Guérir parfois, soulager souvent, écouter toujours.

LOUIS PASTEUR

GUÉRISON

Le pouvoir naturel de guérison présent en chacun de nous est le facteur le plus déterminant dans le recouvrement de la santé.

HIPPOCRATE

GUERRE

Une guerre ne fait pas cent mille morts, mais cent mille fois une mort.

Anonyme, entendu à France-Culture, cité par J. P. MILOVANOFF.

Une guerre laisse au pays trois armées : une armée d'infirmes, une armée de pleureuses et une armée de voleurs.

Proverbe allemand

Et toujours l'envie d'asservir qui engendre les guerres, et toujours le désir de se libérer qui amène les révolutions.

ACAJOU (ANDRÉ JOUETTE), *Antidictionnaire*.

La guerre étant, chacun le sait, la forme collective et violente de la conversation.

ALEXANDRE ARNOUX, *Contacts allemands*.

À la guerre, on devrait toujours tuer les gens avant de les connaître.

MICHEL AUDIARD, *Un taxi pour Tobrouk*.

J'en ai assez de la guerre et ce, pour trois raisons :
Nous sommes en 1815,
Je suis français,
Et ce coin s'appelle Waterloo.

MEL BROOKS

La guerre, c'est quand on attend la mort du dehors ; la paix, c'est quand on l'attend du dedans.

GILBERT CESBRON, *La Fleur, le fruit, l'amande*.

La guerre est une simple continuation de la politique par d'autres moyens.

CARL VON CLAUSEWITZ, *De la guerre*.

La guerre ! C'est une chose trop grave pour la confier à des militaires.

GEORGES CLEMENCEAU

La guerre est une série de catastrophes qui se terminent par une victoire.

GEORGES CLEMENCEAU

L'amour rend fou. Il n'y a que la guerre qui Rambo.

COLUCHE

La guerre de 14-18 avait fait un civil tué pour dix militaires. La guerre de 39-40, un civil pour un militaire. Le Viêt Nam, cent civils pour un militaire. Pour la prochaine, les militaires seront les seuls survivants. Engagez-vous !

COLUCHE

Pour obtenir un bien si grand, [si précieux,
J'ai fait la guerre aux rois, je l'eusse [faite aux dieux.

PIERRE DU RYER, *Alcitonée*.

La guerre est l'art de tuer en grand et de faire avec gloire ce qui, fait en petit, conduit à la potence.

JEAN HENRI FABRE, *Souvenirs entomologiques*.

Aimer la guerre, parce qu'elle fait des héros, c'est aimer le croup parce que des médecins et des infirmiers sont morts en voulant sauver un enfant.

ANATOLE FRANCE, *Dernières Pages inédites*, in *Le Petit Philosophe de poche* de Gabriel Pommerand.

Il n'y a jamais de bonnes guerres, ni de mauvaises paix.

BENJAMIN FRANKLIN

La guerre c'est comme la chasse. Mais, à la guerre, le lapin tire.

CHARLES DE GAULLE

C'est l'égalité, c'est la liberté, la fraternité : c'est la guerre !

JEAN GIRAUDOUX, *Amphitryon 38*.

Les hommes ont inventé la guerre pour y être sans nous et entre hommes.

JEAN GIRAUDOUX, *Sodome et Gomorrhe*.

La guerre, c'est simple : c'est faire entrer un morceau de fer dans un morceau de chair.

JEAN-LUC GODARD, une voix off dans *For ever Mozart*.

Je connais maintenant la définition de la guerre : la guerre, c'est la mort des autres. On ne la laisse durer que parce que ce sont les autres qui la font et qui en meurent.

JEAN GUÉHENNO, *La Mort des autres*.

Personne n'est assez fou pour préférer la guerre à la paix : dans la paix, les fils ensevelissent leur père ; dans la guerre, les pères ensevelissent leurs fils.

HÉRODOTE, *L'Enquête*.

Depuis six mille ans la guerre
Plaît aux peuples querelleurs,
Et Dieu perd son temps à faire
Les étoiles et les fleurs.

VICTOR HUGO, *Chansons des rues et des bois*.

La guerre ne salit pas l'idéal, c'est l'idéal qui purifie la guerre.

ALAIN JACOBZONE, *Sang d'encre*.

Il suffit d'une guerre dans un pays pour avoir aussitôt les meilleures informations sur sa géographie.

JEAN-PAUL, *Être là dans l'existence*.

La guerre justifie l'existence des militaires en les supprimant.

HENRI JEANSON

La première victime d'une guerre, c'est la vérité.

RUDYARD KIPLING

Tous les maux que la guerre prétend guérir sont moins épouvantables que la guerre elle-même.

VICTOR MARGUERITTE

La guerre est un art singulier. Je vous assure que j'ai livré soixante batailles : eh bien ! je n'ai rien appris que je ne susse dès la première.

NAPOLÉON Ier, *Lettre à Gourgand*.

La façon la plus rapide de mettre fin à une guerre est de la perdre.

GEORGE ORWELL

L'objet de la guerre n'est pas de mourir pour son pays, mais de faire en sorte que le salaud d'en face meure pour le sien.

GÉNÉRAL GEORGE PATTON

Je n'entreprendrai guerre que je n'aie essayé tous les arts et moyens de paix.

FRANÇOIS RABELAIS, *Vie inestimable du grand Gargantua*, chap. 27.

Ce que fut la guerre (celle de 14-18) pour tant de très jeunes garçons : quatre ans de grandes vacances.

RAYMOND RADIGUET, *Le Diable au corps*.

La guerre n'est pas une aventure. La guerre est une maladie. Comme le typhus.

ANTOINE DE SAINT-EXUPÉRY, *Pilote de guerre*.

Oui, j'ai fait la guerre de Cent Ans, me disait l'honorable vieux monsieur. J'avoue que cela ne m'a pas intéressé.

ERIK SATIE, cité par ORNELLA VOLTA in *Erik Satie*.

Il est regrettable pour l'éducation de la jeunesse que les souvenirs sur la guerre soient toujours écrits par des gens que la guerre n'a pas tués.

LOUIS SCUTENAIRE, *Mes Inscriptions*.

GUERRE (civile)

Ce qui est bien avec les guerres civiles, c'est qu'on peut rentrer manger à la maison.

Anonyme

GUILLEMETS

Cette pudeur absurde, essentiellement moderne, qui consiste à ne pas vouloir paraître dupe de certains mots sérieux et de certaines formules de respect. Pour n'en pas prendre la responsabilité, on les prononce comme entre guillemets.

RAYMOND RADIGUET, *Le Bal du comte d'Orgel*.

GUILLOTINE

La guillotine, ce « prix Goncourt » des assassins...

LOUIS-FERDINAND CÉLINE

Essayez de concevoir la seconde, que dis-je, le quart de seconde pendant lequel le criminel entend glisser le couperet qui doit le décapiter. Il n'y a rien de plus hallucinant.

FEDOR DOSTOÏEVSKI, *L'Idiot*.

Le supplice que j'ai inventé est si doux qu'il n'y a vraiment que l'idée de la mort qui puisse le rendre désagréable. Aussi, si l'on ne s'attendait pas à mourir, on croirait n'avoir senti sur le cou qu'une légère et agréable fraîcheur.

JOSEPH IGNACE GUILLOTIN

La guillotine a rendu service à Louis XVI, ce bon gros roi bête... Sans le 21 janvier, l'Histoire n'aurait vu que son ventre, et elle ne vit que sa tête.

VICTOR HUGO, *Carnets*.

GUILLOTINER

« D'où venez-vous, mesdemoiselles ?

— Maman, nous venons de voir guillotiner ; ah ! mon Dieu, que ce pauvre bourreau a eu de la peine ! »

JOSEPH JOUBERT

GUITARE

Pour maîtriser la guitare, il faut dix années par corde *.

Dicton espagnol

* Il y en a six !

La guitare est l'instrument dont il est le plus facile de jouer mal et le plus difficile de jouer bien.

Cité par ROBERT J. VIDAL. ANDRES SEGOVIA

H

HABILE

Pour devenir habile en quelque profession que ce soit, il faut le concours de la nature, de l'étude et de l'exercice.

ARISTOTE

HABILETÉ

C'est une grande habileté que de savoir cacher son habileté.

FRANÇOIS DE LA ROCHEFOUCAULD, *Maximes*.

HABIT

Tout mon corps est enfermé dans mes habits. Seules mes moustaches dépassent.

SALVADOR DALÍ, *Pensées et Anecdotes*.

Habit noir : Il faut dire *frac*, excepté dans le proverbe « l'habit ne fait pas le moine », auquel cas, il faut dire *froc* !

GUSTAVE FLAUBERT, *Dictionnaire des idées reçues*.

Les habits de nos amis sont nos habits.

JULES JOUY, *L'Hydropathe*.

HABITER

N'habite pas là où l'on manque de temple, d'astrologue ou de médecin.

Proverbe indien

HABITUDE

L'habitude devient comme une chose innée ; car l'habitude ressemble à la nature ; en effet le souvent est très près du toujours ; et la nature, c'est le toujours ; l'habitude, c'est le souvent.

ARISTOTE, *Rhétorique*, I, 10 et 11.

L'habitude est une grande sourdine.

SAMUEL BECKETT, *En attendant Godot*.

Que de gens se prétendent attachés à l'ordre, qui ne défendent que des habitudes.

GEORGES BERNANOS, *Journal d'un curé de campagne*.

Un être qui s'habitue à tout, voilà je pense la meilleure définition qu'on puisse donner de l'homme.

FEDOR DOSTOÏEVSKI

Ce n'est pas la raison qui mène la vie, mais l'habitude.

DAVID HUME

On ne se débarrasse pas d'une habitude en la flanquant par la fenêtre, mais il faut lui faire descendre l'escalier marche par marche.

MARK TWAIN

HACHE

Quand la hache entra dans la forêt, les arbres d'abord effrayés se rassurèrent en disant : « Elle ne peut pas être méchante ; vous avez vu, son manche est des nôtres. »

Anonyme

HACHIS

Ne me servez pas de hachis!
En général, cela fourmille
De vos rogatons défraîchis ;
Mangez vos hachis en famille.

RAOUL PONCHON

HAÏKAÏ

Un piment
Mettez-lui des ailes :
Une libellule rouge.

BASHO

Tombée de la branche,
Une fleur y est retournée
C'était un papillon.

MORITAKÉ

Dans l'horreur du vide
Qu'est-ce que la vie ?
Juste un arbre, sur le chemin.

SOGI

HAINE

La haine qu'on se porte à soi-même est probablement celle entre toutes pour laquelle il n'est pas de pardon.

GEORGES BERNANOS, *Monsieur Ouine*.

Il n'y a que la haine pour rendre les gens intelligents.

ALBERT CAMUS, *Caligula*, acte II, scène 14.

La haine, c'est la colère des faibles.

ALPHONSE DAUDET, *Lettres de mon moulin*.

Tantôt l'Amour réunit tout en un ; et tantôt la Haine divise tout en deux.

EMPÉDOCLE, *Doxographie*.

Comme on dit « faire l'amour », il faudrait pouvoir dire « faire la haine ». C'est bon de faire la haine, ça repose, ça détend.

FRANÇOIS MAURIAC, *Le Sagouin*.

La haine de la femme qui fait la soupe, contre la femme qui fait l'amour.

HENRY DE MONTHERLANT, *Carnets*.

La haine pour celui qui ne hait point, c'est un peu comme l'odeur de l'ail pour qui n'en a pas mangé.

JEAN ROSTAND

La haine du grand pour le petit est le dégoût ; la haine du petit pour le grand, l'envie.

ARTHUR SCHNITZLER, *Relations et solitudes*.

HAÏR

Peu importe la chose que nous haïssons, pourvu que nous haïssions quelque chose.

SAMUEL BUTLER

Qu'ils me haïssent pourvu qu'ils me craignent.
(*Oderint dum metuant.*)

CICÉRON, *De Officiis*.

Il est doux de haïr dans les autres ce que nous ne parvenons pas à haïr en nous-même.

JACQUES DEVAL

C'est le propre de l'âme humaine que de haïr celui que l'on a offensé.

TACITE, *Vie d'Agricola*.

HALEINE

Quelle haleine ! il n'a jamais pu attraper une mouche vivante.

JULES RENARD

HAMEÇON

Je ne pêche que sans hameçon pour ne pas étriper les poiscailles, que je tiens en grande estime, vu qu'ils causent peu.

BORIS VIAN

HANTISE

Il vivait dans une si constante hantise d'un accident mortel qu'il téléphonait tous les jours à la morgue pour savoir s'il ne lui était rien arrivé.

JACQUES STERNBERG

HARENG

La pêche du hareng et l'art de le saler ne paraissent pas un objet bien important dans l'histoire du monde ; c'est cependant ce qui a fait d'un pays méprisé et stérile (les Pays-Bas) une puissance respectable.

VOLTAIRE, *Essai sur les mœurs*.

HARICOT

La supériorité des Blancs sur les Rouges est incontestable : je n'en veux que les haricots pour exemple.

LOUIS AUGUSTE COMMERSON,
Pensées d'un emballeur.

S'il est un légume du bon Dieu sur la Terre, c'est bien le haricot.

JEAN HENRI FABRE,
Souvenirs entomologiques.

HARPE

Le poète sait jouer sur une harpe sans cordes et il sait ensuite répondre à ceux qui prétendent n'avoir pas entendu la musique.

LAO-TSEU,
cité par J.-P. LACROIX in *L'Humour loufoque*.

HASARD

Le hasard est une loi qui voyage incognito.

Proverbe arabe

Le hasard est le plus malin d'entre nous parce qu'il prévoit tout.

Cité par SYLVAIN AUGIER,
On ne vit que deux fois,
émission de France-Inter du 15 mars 1996.

Ce que nous appelons hasard, c'est peut-être la logique de Dieu.

GEORGES BERNANOS

Ce qui est hasard à l'égard des hommes est dessein à l'égard de Dieu.

JACQUES BÉNIGNE BOSSUET,
Politique tirée des propres paroles de l'Écriture sainte.

Le hasard n'est que la mesure de notre ignorance.

ALFRED CAPUS, *Pensées*.

Le hasard est le maître de l'humour.

MAX ERNST

Le hasard, c'est peut-être le pseudonyme de Dieu quand Il ne veut pas signer.

THÉOPHILE GAUTIER

Quoique les hommes se flattent de leurs grandes actions, elles ne sont pas souvent les effets d'un grand dessein, mais des effets du hasard.

FRANÇOIS DE LA ROCHEFOUCAULD,
Sentences et Maximes.

Le hasard gouverne un peu plus de la moitié de nos actions et nous dirigeons le reste.

NICOLAS MACHIAVEL,
Le Prince.

Le hasard est une force merveilleuse, une force comparable à un dieu voyageur chargé de documents, de fiches et de dossiers, de portraits aussi.

PIERRE MAC ORLAN,
Le Bal du pont du Nord.

UN COUP DE DÉS
JAMAIS
Quand bien même lancé dans des
circonstances éternelles
Du fond d'un naufrage
N'ABOLIRA
LE HASARD

STÉPHANE MALLARMÉ

Le hasard ne profite qu'aux esprits préparés.

LOUIS PASTEUR

Le hasard de la naissance est moindre que le hasard du scrutin.

ERNEST RENAN,
Réforme intellectuelle et morale de la France.

Le hasard sait toujours trouver ceux qui savent s'en servir.

ROMAIN ROLLAND,
Jean-Christophe.

En tuant le hasard, on ne ressuscite pas Dieu.

JEAN ROSTAND,
Inquiétudes d'un biologiste.

HÂTER (se)

Ne vous hâtez jamais, ainsi vous ne rendrez le dernier soupir qu'à la dernière minute.

MAURICE DONNAY, *Pensées choisies*.

HAUTEUR

Toute hauteur affectée est puérile ; si elle se fonde sur des titres supposés, elle est ridicule ; et si ces titres sont frivoles, elle est basse ; le caractère de la vraie hauteur est d'être toujours à sa place.

LUC DE VAUVENARGUES, *Maximes et Pensées*.

HAVRE (Le)

Habitants du Havre, Havrais
J'arrive de Paris exprès
Pour mettre en pièces la statue
De Delavigne (Casimir)
Il est des morts qu'il faut qu'on tue.

FERNAND DESNOYERS

HÉLAS

Hélas ! que j'en ai vu mourir de [jeunes filles !

VICTOR HUGO, « Fantôme », *Les Orientales*.

HÉLIOTROPE

Avec l'assentiment des grands [héliotropes...

ARTHUR RIMBAUD

HERBE

Je songe que, peut-être, cette humble herbe que je foule au pied attend, possesseuse d'un secret, que l'homme formule la question dont elle serait la réponse.

ANDRÉ GIDE, *Journal*.

HERCULE

Hercule avait de tels besoins qu'une femme ne lui suffisait pas. Il arrivait qu'il eût des matinées tri... Omphales !

HIPPOLYTE DOMONT, *Propos de mon village*.

HÉRÉDITÉ

La folie est héréditaire. Vous la tenez de vos enfants.

Anonyme

Un des plus grands mystères de l'existence est de comprendre comment le garçon qui n'était pas digne d'épouser votre fille a pu devenir le père de la plus belle petite-fille du monde.

Dicton juif

Et, de ce qu'une nuit, sans rage, sans [tempête,
Deux crétins se sont accouplés en [dormant,
Ô Dante, et toi, Shakespeare, il peut [naître un poète.

CHATELAIN-TAILHADE

HÉRÉSIE

L'hérésie est la vie de la religion.

ANDRÉ SUARÈS, *Péguy*.

HÉRÉTIQUE

L'hérétique n'est pas celui que le bûcher brûle, mais celui qui l'allume.

FRANCIS BACON

L'hérétique est celui qui a une opinion.

FERDINAND BRUNETIÈRE, *Discours de combat*.

Ceux qui mettent au jour quelque proposition nouvelle sont d'abord appelés hérétiques.

CHARLES DE MONTESQUIEU, *Lettres persanes*.

HÉRISSON

« Tout le monde peut se tromper », disait le hérisson en descendant d'une brosse à habits.

Anonyme

Pour le hérisson, le pelage de son petit est soyeux ; pour la fouine, son petit sent bon.

Proverbe chinois

HÉRITAGE

Rien n'est plus susceptible qu'une tante à héritage. Je le sais, j'en ai une qui jouit d'une santé qui me rend malade.

PHILIPPE MEYER

HÉRITER

Si vos enfants sont méchants, ils ne méritent pas d'hériter ; s'ils sont bons et travailleurs, ils n'en ont pas besoin.

Proverbe

Les riches héritent, les pauvres n'ont pas de parents.

BALTASAR GRACIÁN

Nous n'héritons pas de la terre de nos parents, nous l'empruntons à nos enfants.

LÉOPOLD SÉDAR SENGHOR

HÉRITIER

Les gens riches ont des héritiers pas des enfants.

Dicton juif

La barbe de l'héritier pousse plus vite que les ongles du mort.

Proverbe français

Un grand homme n'a pas de famille ; il n'a que des héritiers.

PIERRE BELFOND

Mme de Muskery était faite comme la plupart des riches héritières, pour qui l'équitable nature semble avare de ses richesses à mesure qu'elles sont comblées de celles de la fortune.

ANTOINE HAMILTON, *Mémoires de la vie du comte de Gramont*.

Les enfants peut-être seraient plus chers à leurs pères, et réciproquement les pères à leurs enfants, sans le titre d'héritiers.

JEAN DE LA BRUYÈRE, *Les Caractères*.

Ah ! combien de testateurs regretteraient en mourant et leur vie et leurs biens, s'ils pouvaient voir après leur mort les figures de leurs héritiers.

JEAN DE LA BRUYÈRE, *Les Caractères*.

Non, je ne connais pas de plus
[charmant plaisir
Que de voir d'héritiers une troupe
[affligée,
Le maintien interdit et la mine
[allongée,
Lire un long testament où, pâles,
[étonnés,
On leur laisse un bonsoir avec un
[pied de nez

REGNARD, *Le Légataire universel*.

HÉROÏSME

L'héroïsme, c'est encore la meilleure façon de devenir célèbre quand on n'a pas de talent.

PIERRE DESPROGES

Tous nos héroïsmes viennent de nos femmes. Un homme sans femme, c'est un pistolet sans chien. C'est la femme qui fait partir l'homme.

VICTOR HUGO

L'héroïsme, c'est comme le soufflé au fromage : ça ne supporte pas d'attendre.

MARCEL PAGNOL

HÉROS

Où serait le mérite, si les héros n'avaient jamais peur !

ALPHONSE DAUDET, *Aventures prodigieuses de Tartarin de Tarascon*.

L'homme, en temps de guerre, s'appelle le héros. Il peut ne pas en être plus brave et fuir à toutes jambes. Mais, c'est du moins un héros qui détale.

JEAN GIRAUDOUX, *La guerre de Troie n'aura pas lieu*.

Le héros de l'Histoire est le frère du héros de roman.

ANDRÉ MALRAUX, *Les chênes qu'on abat*.

Il n'y a pas de héros sans auditoire.

ANDRÉ MALRAUX, *L'Espoir*.

Un héros c'est celui qui fait ce qu'il peut. Les autres ne le font pas.

ROMAIN ROLLAND, *Jean-Christophe*.

HEURE

« Quelle heure est-il ?
— Douze heures cinq.
— Dans une minute ce sera l'heure de Catherine.
— Comment cela ?
— Catherine de midi six ! »

PIERRE DAC

L'horloge parlante, c'est vachement pratique pour les aveugles. Mais ça l'est beaucoup moins pour les sourds. Mais eux, ils peuvent avoir une montre-bracelet. Dans ce cas, que font les manchots ?... Ils en sont réduits à demander l'heure aux culs-de-jatte.

PHILIPPE GELUCK, *Le Chat*.

HEUREUX

Si tu veux être heureux, sois-le.

Proverbe chinois

On n'aime que les femmes qu'on rend heureuses.

MARCEL ACHARD, *Auprès de ma blonde*.

Pour vivre heureux, il faut coucher sur la paille qu'on voit dans l'œil de son voisin et se chauffer avec la poutre qu'on a dans le sien.

ALPHONSE ALLAIS

« J'aurai beau tricher et fermer les yeux de toutes mes forces, il y aura toujours un chien perdu quelque part qui m'empêchera d'être heureuse. »

JEAN ANOUILH, *La Sauvage*.

Être heureux, ce n'est pas bon signe, c'est que le malheur a manqué le coche ; il arrivera par le suivant.

MARCEL AYMÉ, *En arrière*.

On est heureux ou malheureux par une foule de choses qui ne paraissent pas, qu'on ne dit point et qu'on ne peut dire.

NICOLAS DE CHAMFORT, *Maximes et Pensées*.

Quand je songe, je suis le plus
[heureux des hommes
Et dès que nous croyons être
[heureux, nous le sommes.

JEAN-FRANÇOIS COLLIN D'HARLEVILLE, *Châteaux en Espagne*.

L'homme heureux est celui qui a conquis son bonheur ou le moment de bonheur qu'il ressent actuellement. Le fameux progrès tend à supprimer l'effort entre le désir et son accomplissement : il doit rendre l'homme plus véritablement malheureux.

EUGÈNE DELACROIX, *Journal*.

Je suis trop heureuse qu'il daigne me rendre malheureuse.

JULIETTE DROUET (parlant de Victor Hugo).

Une vie heureuse est impossible sans la sagesse, l'honnêteté et la justice, et celles-ci à leur tour sont inséparables d'une vie heureuse.

ÉPICURE, *Lettre à Ménécie*.

Pour vivre heureux, vivons caché.

CLARIS DE FLORIAN, « Le Grillon », *Fables*.

L'homme le plus heureux est celui qui peut relier la fin de sa vie avec son commencement.

WOLFGANG VON GOETHE, *Pensées*.

On n'est jamais plus heureux que quand on croit l'être.

PIERRE LEGRAND, *Le Roi de Cocagne*.

Il n'est pas du pouvoir de notre volonté de ne pas souhaiter d'être heureux.

NICOLAS MALEBRANCHE

Les seules personnes vraiment heureuses sont les femmes mariées et les hommes célibataires.

HENRY LOUIS MENCKEN

Si on ne voulait être qu'heureux, cela serait bientôt fait. Mais on veut être plus heureux que les autres, et cela est presque toujours difficile, parce que nous croyons les autres plus heureux qu'ils ne sont.

CHARLES DE MONTESQUIEU

Qu'une vie est heureuse quand elle commence par l'amour et qu'elle finit par l'ambition ! Si j'avais à en choisir une, je prendrais celle-là. Tant que l'on a du feu, l'on est aimable, mais ce feu s'éteint, il se perd. Alors, que la place est belle et grande pour l'ambition ! La vie tumultueuse est agréable aux grands esprits, mais ceux qui sont médiocres n'y ont aucun plaisir, ils sont machines partout. C'est pourquoi l'amour et l'ambition commençant et finissant la vie, on est dans l'état le plus heureux dont la nature humaine est capable.

Attribué à BLAISE PASCAL,
Discours sur les passions de l'amour.

Heureux les pauvres d'esprit, ceux qui ne cherchent pas à comprendre, ils travailleront dur, ils recevront des coups de pied au cul, ils feront des heures supplémentaires qui leur seront comptées plus tard dans le royaume de mon père.

JACQUES PRÉVERT,
Souvenirs de famille.

Il faudrait essayer d'être heureux, ne serait-ce que pour donner l'exemple.

JACQUES PRÉVERT, *Spectacle*.

Ça n'est pas tout d'être heureux... encore faut-il que les autres soient malheureux.

JULES RENARD, *Journal*.

Plus un être est heureux, plus il remplit le but de sa formation ; car Dieu l'a fait principalement pour le bonheur ; le bien-être épanouit l'âme, la pénètre et la rend plus reconnaissante envers l'Être suprême [...]. Jouissez donc !

NICOLAS RESTIF DE LA BRETONNE

Nul ne peut être qualifié d'heureux avant sa mort.

SOLON
(à Crésus qui lui demandait de convenir qu'il était l'homme le plus heureux du monde).

Sans regrets, sans envie, en tous [temps, en tous lieux,
Du moment qu'on veut l'être, on est [toujours heureux

RENÉ TOURLET.

L'homme heureux est celui qui se retrouve avec plaisir au réveil, se reconnaît celui qu'il aime être.

PAUL VALÉRY, *Mélange*.

J'ai décidé d'être heureux parce que c'est bon pour la santé.

VOLTAIRE

HIBOU

Les petits esprits triomphent des fautes des grands génies, comme les hiboux se réjouissent d'une éclipse de soleil.

ANTOINE DE RIVAROL

HIER

Dicebamus hesterna die...
(Nous disions hier...)

LUIS DE LEON
(reprenant son cours à l'université de Salamanque, après une interruption due à cinq années de prison).

« Maman ! Est-ce qu'hier n'est pas fini ? »

LOUIS XVII
(à Marie-Antoinette à Varennes).

HIÉRARCHIE

Être placé au-dessus des autres, n'est qu'une obligation plus étroite de travailler pour les autres et de les servir.

LOUIS BOURDALOUE

Moins le poste que vous occupez sera élevé, plus votre absence sera remarquée.

GEORGES COURTELINE

On a souvent plus de peine à persuader ses inférieurs qu'à convaincre ses supérieurs. Il est vrai qu'on s'y donne moins de mal.

AUGUSTE DETŒUF,
Propos de O.-L. Barenton, confiseur.

En bons fonctionnaires, ils avaient tendance à n'admettre la supériorité du talent que quand elle se conciliait avec la supériorité hiérarchique.

ROMAIN ROLLAND,
Jean-Christophe.

HIPPOPOTAME

L'hippopotame est monogame. Quand on le voit, on peut penser que c'est déjà beaucoup.

WILL CUPPY

HIRONDELLE

Une hirondelle ne fait pas le printemps, non plus qu'une seule journée de soleil ; de même ce n'est ni un seul jour ni un court intervalle de temps qui font la félicité et le bonheur.

ARISTOTE,
Éthique à Nicomaque, I, 7.

Pour vérifier si elle n'avait pas grossi, l'hirondelle s'est posée sur le pèse-lettres.

JEAN-LOUIS FOURNIER,
Grammaire française et impertinente.

Les hirondelles naquirent des mouchoirs agités dans les ports.

RAMÓN GÓMEZ DE LA SERNA,
Greguerías.

Où se posaient les hirondelles avant l'invention du téléphone ?

GRÉGOIRE LACROIX,
Les Euphorismes.

HISTOIRE

L'Histoire est le total des choses qui auraient pu être évitées.

KONRAD ADENAUER

Ce sont les hommes qui écrivent l'Histoire, mais ils ne savent pas l'Histoire qu'ils écrivent.

RAYMOND ARON

On accommode l'Histoire à peu près comme les viandes dans une cuisine. Chaque nation les apprête à sa manière de sorte que la même chose est mise en autant de ragoûts différents qu'il y a de pays au monde ; et presque toujours, on trouve plus agréables ceux qui sont conformes à sa coutume.

PIERRE BAYLE,
Nouvelles de la République des lettres.

L'Histoire me sera indulgente car j'ai l'intention de l'écrire.

WINSTON CHURCHILL

Qu'est-ce que l'Histoire ? Un clou auquel j'accroche mes romans.

ALEXANDRE DUMAS PÈRE

L'histoire n'est pas une science, c'est un art. On n'y réussit que par l'imagination.

ANATOLE FRANCE,
Le Jardin d'Épicure.

L'histoire n'est pas un art. Elle est une science pure. Elle ne consiste pas à raconter avec agrément ou à disserter en profondeur. Elle consiste, comme toute science, à constater les faits, à les analyser, à les rapprocher, à en marquer le lien.

NUMA DENIS FUSTEL DE COULANGES,
La Monarchie franque.

L'Histoire n'est pas le lieu de la félicité. Les périodes de bonheur y sont ses pages blanches.

FRIEDRICH HEGEL,
« La Raison dans l'histoire », cours de 1830.

L'Histoire, tant qu'elle dure, n'a que des tournants.

ABEL HERMANT, *Xavier.*

Quand je regarde l'Histoire, j'y vois des heures de liberté et des siècles de servitude.

JOSEPH JOUBERT

L'Histoire est bonne à oublier ; c'est pour cela qu'elle est bonne à savoir.

JOSEPH JOUBERT, *Pensées.*

En général, l'homme ne fait pas grand-chose exprès ; l'Histoire n'est que l'art d'établir d'une façon à peu près plausible la préméditation des tuiles qui tombent.

ALPHONSE KARR

L'histoire, ce riche trésor des déshonneurs de l'homme.

HENRI LACORDAIRE, *Pensées*.

L'Histoire est une suite de mensonges sur lesquels les hommes se sont mis d'accord.

NAPOLÉON Ier

L'histoire a les bras longs, mais elle n'a pas de bras.

CHARLES PÉGUY

Quand il s'agit d'histoire ancienne, on ne peut pas faire d'histoire parce qu'on manque de références ; quand il s'agit d'histoire moderne, on ne peut pas faire d'histoire parce qu'on regorge de références.

CHARLES PÉGUY,
Clio, dialogue de l'histoire et de l'âme païenne.

L'histoire est la science du malheur des hommes.

RAYMOND QUENEAU, *Une histoire modèle*.

L'histoire n'est que la géographie dans le temps, comme la géographie n'est que l'histoire dans l'espace.

ÉLISÉE RECLUS,
Nouvelle Géographie universelle.

Ce que raconte l'Histoire n'est, en effet, que le long rêve, le songe lourd et confus de l'humanité.

ARTHUR SCHOPENHAUER,
Le Monde comme volonté et comme représentation.

L'Histoire est un perpétuel recommencement.

THUCYDIDE

On voit que l'Histoire est une galerie de tableaux où il y a peu d'originaux et beaucoup de copies.

ALEXIS DE TOCQUEVILLE,
L'Ancien Régime et la Révolution.

Dans l'Histoire, les personnages qui n'ont pas eu la tête coupée, et les personnages qui n'ont pas fait couper de tête disparaissent sans laisser de traces.

Il faut être victime ou bourreau, ou sans aucune importance.

PAUL VALÉRY,
Mauvaises Pensées et autres.

L'Histoire justifie ce que l'on veut. Elle n'enseigne absolument rien, car elle contient tout et donne des exemples de tout. Elle est le produit le plus dangereux que la chimie de l'intellect ait élaboré. Ses propriétés sont bien connues. Il fait rêver, il enivre les peuples, leur engendre de faux souvenirs, exagère leurs réflexes, entretient leurs vieilles plaies, les tourmente dans leur repos, les conduit au délire des grandeurs ou à celui de la persécution, et rend les nations amères, superbes, insupportables et vaines.

PAUL VALÉRY,
Regards sur le monde actuel.

L'Histoire est la science des choses qui ne se répètent pas.

PAUL VALÉRY, *Variété*.

On suit toujours le sens de l'Histoire quand on la pousse devant soi.

ALEXANDRE VIALATTE

C'est toujours une histoire bien simple que celle d'un cœur passionné.

ALFRED DE VIGNY, *Cinq-Mars*.

Et voilà justement comme on écrit
[l'histoire.

VOLTAIRE,
Charlot ou la comtesse de Givry.

Il faut donc [...] avouer, qu'en général, toute cette histoire est un ramas de crimes, de folies et de malheurs, parmi lesquels nous avons eu quelques vertus, quelques temps heureux, comme on découvre des habitations répandues çà et là dans les déserts sauvages.

VOLTAIRE, *Essai sur les mœurs*.

Et voilà comme on écrit l'Histoire ; puis, fiez-vous à Messieurs les savants.

VOLTAIRE, *Lettre à Mme du Deffand*, 24 septembre 1761.

HISTORIEN

Je rêve parfois à ce que diront de nous les historiens futurs. Une phrase leur suffira pour l'homme moderne : il forniquait et il lisait des journaux.

ALBERT CAMUS, *La Chute*.

Le bon historien n'est d'aucun temps ni d'aucun pays. Quoiqu'il aime sa patrie, il ne la flatte jamais en rien.

FÉNELON, *Lettre à l'Académie*.

Il est de si petits historiens de grandes choses qu'ils font penser à ces huîtres qui attestent un déluge.

EDMOND DE GONCOURT

L'historien est un prophète qui regarde en arrière.

HEINRICH HEINE

Très peu de choses se produisent au moment opportun et le reste ne se produit pas du tout. L'historien consciencieux corrigera ces défauts.

HÉRODOTE

À force de vouloir rechercher les origines, on devient écrevisse. L'historien voit en arrière ; il finit par croire en arrière.

FRIEDRICH NIETZSCHE, *Le Crépuscule des idoles*.

Le talent de l'historien consiste à faire un ensemble vrai avec des traits qui ne sont vrais qu'à demi.

ERNEST RENAN, *Vie de Jésus*, préface.

L'historien est un prophète tourné vers le passé.

CHARLES AUGUSTIN SAINTE-BEUVE

Il [l'historien] n'a pour devoir et pour désir que de supprimer la distance des temps, de mettre le lecteur face à face avec les objets.

HIPPOLYTE TAINE, *Essai sur Tite-Live*.

Les historiens ressemblent à ces gens sourds qui entreprennent de répondre à des questions qui ne leur ont pas été posées.

LÉON TOLSTOÏ

HIVER

Tant que mai n'est pas au vingt-huit.
L'hiver n'est pas cuit.

Dicton

Tous les hivers, j'ai envie de me marier : il fait froid, le restaurant est loin... mais au printemps, ça passe !

JULES RENARD

HOLLANDAIS

Dieu a créé le monde, mais ce sont les Hollandais qui ont fait les Pays-Bas.

Dicton

Un Hollandais, une Église
Deux Hollandais, une secte
Trois Hollandais, un schisme.

Dicton néerlandais

En Hollande, les gens sont tellement propres que, lorsqu'ils ont envie de cracher, ils prennent le train pour la campagne.

GEORGES COURTELINE

Il y a quelque chose que les Hollandais devraient bien laver, c'est leur eau.

EDMOND et JULES DE GONCOURT, *Journal*.

Le Hollandais est, par état, un citoyen du monde ; le Suisse est, par état, un destructeur de l'Europe.

PAUL RAYNAL

HOLLANDE

Les maisons de Hollande ont
Le cœur traversé de lumière
Si bien que tête la première
Sans pudeur nous y regardons
Les cactus et les plantes vertes
La faïence et l'argenterie

Toutes choses de rêverie
Qui nous sont à la vitre offertes...

LOUIS ARAGON, *Le Voyage en Hollande*.

Les enfants jouent à laver, au lieu de jouer à jouer, ici.

EDMOND et JULES DE GONCOURT, *Journal*.

HOLLYWOOD

Nous [les stars] sommes la seule marchandise qui ait le droit de s'absenter, le soir, du magasin.

AVA GARDNER

HOLORIME

Gal, amant de la reine, alla, tour magnanime.
Galamment de l'arène à la tour Magne à Nîmes.

MARC MONNIER*

* Et non pas Victor Hugo... Qu'on se le dise !

Étonnamment monotone et lasse
Est ton âme en mon automne, hélas !

LOUISE DE VILMORIN, *L'Alphabet des aveux*.

HOMARD

J'ai une prédilection pour les jeunes filles et les homards. Comme les homards, les jeunes filles ont l'intérieur exquis. Comme les homards, elles rougissent quand on veut les rendre comestibles.

SALVADOR DALÍ, *Pensées et Anecdotes*.

Un homard, c'est autre chose qu'un poisson ! [...] Vivre dans une carapace, autrement dit avoir ses os autour de soi, quel changement radical cela doit être dans la façon de comprendre la vie.

RAYMOND QUENEAU, *Saint-Glinglin*.

Celui qui ne voit rien d'étrange n'a jamais regardé un homard en face.

AUGUSTE DE VILLIERS DE L'ISLE-ADAM

HOMÉOPATHE

Homéopathe : L'humoriste de la profession médicale.

AMBROSE BIERCE, *Le Dictionnaire du Diable*.

Il me semble voir dans une pharmacie homéopathique le protestantisme de la médecine.

EDMOND et JULES DE GONCOURT, *Journal*.

HOMME

Quand je contemple les cieux,
[ouvrage de tes mains,
La lune et les étoiles que tu as
[créées :
Qu'est-ce que l'homme pour que tu
[te souviennes de lui ?
Et le fils de l'homme pour que tu
[prennes garde à lui ?
Tu l'as fait de peu inférieur à Dieu,
Et tu l'as couronné de gloire et de
[magnificence...

Ancien Testament, Psaumes, 8.

Homme : Terme générique qui
[embrasse aussi les femmes.

Anonyme

Célibataire : un paon — Fiancé : un lion — Marié : un âne.

Proverbe espagnol

L'homme est comme Dieu l'a fait, en un peu pire.

Proverbe espagnol

Trois espèces d'hommes n'entendent rien aux femmes : les jeunes, les vieux et ceux d'entre les deux.

Proverbe irlandais

L'homme est plus dur que le fer, plus solide que le roc et plus fragile qu'une rose.

Proverbe turc

Un homme sur deux est une femme.

Slogan du MLF.

L'homme est plein d'imperfections. Ce n'est pas étonnant si l'on pense à l'époque où il a été fait.

ALPHONSE ALLAIS

L'homme est naturellement un animal politique.

ARISTOTE, *Politique*.

L'homme : un millimètre au-dessus du singe quand ce n'est pas un centimètre au-dessous du porc.

PÍO BAROJA,
Le Grand Tourbillon du monde,
cité par CLAUDE JEAN in
La Nouvelle Encyclopédie des citations.

L'homme est un éternel enfant qui, pendant la partie médiane de sa vie, a la puérilité de jouer à l'adulte.

TRISTAN BERNARD

L'homme est une intelligence servie par des organes.

LOUIS DE BONALD, *Maximes et Pensées.*

Tout est vain en l'homme si nous regardons le cours de sa vie mortelle ; mais tout est précieux, tout est important, si nous contemplons le terme où elle aboutit et le compte qu'il en faut rendre.

JACQUES BÉNIGNE BOSSUET,
Oraison funèbre de Madame.

L'Homme, blanc en Europe, noir en Afrique, jaune en Asie, et rouge en Amérique, n'est que le même homme teint de la couleur du climat.

BUFFON

Tout marque dans l'homme, même à l'extérieur, sa supériorité sur tous les êtres vivants. Il se soutient droit et élevé ; son attitude est celle du commandement ; sa tête regarde le ciel et présente une face auguste.

BUFFON, *Histoire naturelle de l'homme.*

L'homme est le seul animal qui soit l'ami des victimes qu'il se propose de manger.

SAMUEL BUTLER

L'homme n'est pas entièrement coupable : il n'a pas commencé l'Histoire ; ni tout à fait innocent, puisqu'il la continue.

ALBERT CAMUS

L'homme est la seule créature qui refuse d'être ce qu'elle est.

ALBERT CAMUS, *L'Homme révolté.*

Qu'est-ce que l'homme ? Il est cette force qui finit toujours par balancer les tyrans et les dieux.

ALBERT CAMUS,
Lettres à un ami allemand.

C'est dans ce que les hommes ont de plus communs qu'ils se différencient le plus.

BLAISE CENDRARS

L'homme est de feu, la femme d'étoupe, le diable arrive et souffle.

MIGUEL DE CERVANTES,
Les Nouvelles exemplaires.

L'homme est un être délicieux : c'est le roi des animaux. On le dit bouché et féroce, c'est de l'exagération. Il ne montre de férocité qu'aux gens hors d'état de se défendre et il n'est point de question si obscure qu'elle lui demeure impénétrable : la simple menace d'un coup de pied au derrière ou d'un coup de poing en pleine figure et il comprend à l'instant même.

GEORGES COURTELINE

L'homme est un animal sociable qui déteste ses semblables.

EUGÈNE DELACROIX, *Journal.*

Les hommes se répartissent naturellement en trois classes : les vaniteux, les orgueilleux et les autres. Je n'ai jamais rencontré les autres.

AUGUSTE DETŒUF,
Propos de O.-L. Barenton, confiseur.

L'homme précoce vit, boit, mange avec les stupides qui l'environnent, mais converse avec l'avenir.

DENIS DIDEROT, *Lettre à Falconet,*
15 février 1766, cité par ÉTIEMBLE.

L'homme est un mystère. Il faut l'élucider, et si tu passes à cela ta vie entière, ne dis pas que tu as perdu ton temps ; je m'occupe de ce mystère, car je veux être un homme.

FEDOR DOSTOÏEVSKI,
Correspondance, 16 août 1839.

Un être qui s'habitue à tout, voilà, je pense, la meilleure définition qu'on puisse donner de l'homme.

FEDOR DOSTOÏEVSKI, *Souvenirs de la maison des morts*.

[L'homme] n'est, en fin de compte, qu'un passage pour les liquides et les solides, un tuyau de chair.

LAWRENCE DURRELL, *Justine*.

L'homme ne naît pas homme il le devient.

ÉRASME

Disparaisse l'homme, disparaisse l'homme aboli par ses sottises, et les fêtes du renouveau ne seront pas moins solennelles, célébrées par la fanfare du merle.

JEAN HENRI FABRE, *Souvenirs entomologiques*.

L'homme est une intelligence desservie par des organes.

FAGUS, *Almanach des lettres*.

Voir ci-dessus LOUIS DE BONALD.

Les hommes sont sots et méchants ; mais, tels qu'ils sont, j'ai à vivre avec eux, et je me le suis dit de bonne heure.

BERNARD DE FONTENELLE

L'homme n'est qu'un amas de grimaces.

XAVIER FORNERET, *Sans titre*.

Où va l'homme ? Aux Cent Mille Chemises.

ANDRÉ FRÉDÉRIQUE

L'Homme est le roi de la création.
Qui a dit cela ? L'Homme !

PAUL GAVARNI

S'il y a quelque chose de plus méprisable que l'homme, et de plus abject, c'est beaucoup d'hommes.

ANDRÉ GIDE, *Les Faux-Monnayeurs*.

Il était un pauvre serpent qui collectionnait toutes ses peaux. C'était l'homme.

JEAN GIRAUDOUX, *Sodome et Gomorrhe*.

L'homme est sage, intelligent et raisonnable en tout ce qui concerne les autres, mais pas en ce qui le touche lui-même.

NICOLAS GOGOL

Dites-vous bien que si un homme sur mille est un meneur d'hommes, les neuf cent quatre-vingt-dix-neuf autres sont des suiveurs de femmes.

SACHA GUITRY

Chaque homme a trois caractères : celui qu'il a, celui qu'il montre et celui qu'il croit avoir.

ALPHONSE KARR

L'homme se vante d'être sobre quand il ne digère plus ; d'être chaste quand son sang est stagnant et son cœur mort ; de savoir se taire quand il n'a plus rien à dire, et appelle vices les plaisirs qui lui échappent et vertus les infirmités qui lui arrivent.

ALPHONSE KARR

J'ai beau faire, je ne peux pas prendre l'homme au sérieux. Il me semble n'avoir été créé que pour amuser ceux qui le regardent d'une certaine façon.

EUGÈNE LABICHE

Il n'y a pour l'homme que trois événements : naître, vivre et mourir. Il ne se sent pas naître, il souffre à mourir et il oublie de vivre.

JEAN DE LA BRUYÈRE, *Les Caractères*.

L'Homme, ce fou rêveur d'un piètre
[monticule.

JULES LAFORGUE, *Le Sanglot de la terre*.

L'homme entre deux néants n'est qu'un jour de misère.

JULES LAFORGUE, *Sonnet pour éventail*.

Borné dans sa nature, infini dans ses
[vœux
L'homme est un dieu tombé qui
[se souvient des cieux.

ALPHONSE DE LAMARTINE, « L'Homme », *Méditations poétiques*.

Les hommes sont différents dans la vie, semblables dans la mort.

Dans la vie, il y a des sages et des sots, des nobles et des vils, c'est ça qui les différencie.

Dans la mort, ils se confondent en une masse de charogne fondante.

LIE TSEU

Les hommes sont des créatures dotées de deux jambes et de huit mains.

JAYNE MANSFIELD

Les hommes sont des femmes comme les autres.

GROUCHO MARX

Dès qu'on oublie ce que sont les hommes, on se laisse aller à leur vouloir du bien.

HENRI MICHAUX

Dans le progrès humain, la part essentielle est à la force qu'on appelle homme. L'homme est son propre Prométhée.

JULES MICHELET

Il se trouve plus de différence de tel homme à tel homme que de tel animal à tel homme.

MICHEL DE MONTAIGNE,
Apologie de Raymond Sebon.

C'est un sujet merveilleusement vain, divers et ondoyant que l'homme. Il est malaisé d'y fonder jugement constant et uniforme.

MICHEL DE MONTAIGNE,
Essais, livre I, chap. I.

Il est mort aujourd'hui un homme qui faisait honneur à l'homme.

PRINCE MONTECUCCOLI
(le 27 juillet 1675, lorsqu'il apprit la mort de Turenne son adversaire).

Il faut pleurer les hommes à leur naissance et non pas à leur mort.

CHARLES DE MONTESQUIEU

L'homme agit, la femme vit.

HENRY DE MONTHERLANT,
Sur les femmes.

Ce qu'il y a de grand dans l'homme, c'est qu'il est un pont et non un but : ce que l'on peut aimer en l'homme, c'est qu'il est un passage et une chute.

FRIEDRICH NIETZSCHE

L'homme est une corde tendue entre l'animal et le surhomme, une corde tendue au-dessus d'un abîme.

FRIEDRICH NIETZSCHE

Qu'est-ce que l'homme dans la nature ? Un néant à l'égard de l'infini, un tout à l'égard du néant, un milieu entre rien et tout.

BLAISE PASCAL, *Pensées*.

L'homme n'est qu'un roseau, le plus faible de la nature, mais c'est un roseau pensant.

BLAISE PASCAL, *Pensées*, VI, 347.

La grandeur de l'Homme est grande en ce qu'il se connaît misérable. Un arbre ne se connaît pas misérable.

BLAISE PASCAL, *Pensées*, VI, 420.

Quelle chimère est-ce donc que l'homme ? Quelle nouveauté, quel monstre, quel chaos, quel sujet de contradiction, quel prodige ! Juge de toutes choses, imbécile ver de terre ; dépositaire du vrai, cloaque d'incertitude et d'erreur ; gloire et rebut de l'univers.

BLAISE PASCAL, *Pensées*, VII, 434.

L'homme naît bon. Ça commence à se dégrader entre six et sept mois.

GEORGES PERROS

Je me déguise en homme pour n'être rien.

FRANCIS PICABIA, *Aphorismes*.

L'homme est le rêve d'une ombre. Mais quand les dieux dirigent sur lui un rayon, un éclat brillant l'environne, et son existence est douce.

PINDARE,
cité par JACQUELINE DE ROMILLY.

L'homme est un animal bipède et sans plumes.

PLATON

L'homme est un mammifère chevaleresque et hippophage.

JACQUES PRÉVERT

L'homme est la mesure de toute chose.

PROTAGORAS

Les hommes savent haïr. Les femmes ne savent que détester. C'est bien pire.

HENRI DE RÉGNIER

L'homme est un animal qui a la faculté de penser parfois à la mort.

JULES RENARD, *Journal*.

L'homme, c'est un voyageur qui finit avec sa route.

ANTOINE DE RIVAROL, *Les Pensées*.

Nous paierons trop cher le privilège d'être devenus des dieux par la puissance, avant d'avoir mérité d'être des hommes par la sagesse.

JEAN ROSTAND

Tout homme est mon frère tant qu'il n'a pas parlé.

JEAN ROSTAND

L'homme est un miracle sans intérêt.

JEAN ROSTAND, *Pensées d'un biologiste*.

J'y vis partout le développement de son grand principe, que la nature a fait l'homme heureux et bon, mais que la société le déprave et le rend misérable.

JEAN-JACQUES ROUSSEAU,
Rousseau, juge de Jean-Jacques.

Tous les hommes sont fous ; il faut,
[pour n'en point voir,
S'enfermer dans sa chambre et briser
[son miroir.

Attribué à SADE

L'homme est un pauvre être mis sur cette terre pour embêter les autres hommes.

ERIK SATIE

Le médecin voit l'homme dans toute sa faiblesse ; le juriste le voit dans toute sa méchanceté ; le théologien dans toute sa bêtise.

ARTHUR SCHOPENHAUER,
Pensées et fragments.

On peut plus largement se passer des hommes [que des femmes]. C'est pourquoi c'est eux que l'on sacrifie dans les guerres.

GEORGE BERNARD SHAW, *Sainte Jeanne*.

Je suis homme : j'estime que rien de ce qui est humain ne m'est étranger. (*Homo sum : humani nihil a me alienum puto.*)

TÉRENCE, *L'Héautontimoroumenos*.

L'homme a conscience d'être Dieu et il a raison parce que Dieu est en lui. Il a conscience d'être un cochon et il a également raison parce que le cochon est en lui. Mais il se trompe cruellement quand il prend le cochon pour un dieu.

LÉON TOLSTOÏ

Les hommes se distinguent par ce qu'ils montrent et se ressemblent par ce qu'ils cachent.

PAUL VALÉRY

Tout homme contient une femme. Mais jamais sultane mieux cachée que celle-ci.

PAUL VALÉRY, *Mélange*.

L'homme est un animal enfermé — à l'extérieur de sa cage.

PAUL VALÉRY, *Tel quel*.

L'homme est le plus pauvre des esprits parce qu'il possède un corps, le plus triste des animaux parce qu'il possède un esprit.

VÉRINE

L'homme est un animal à chapeau mou qui attend l'autobus 27, rue de la Glacière.

ALEXANDRE VIALATTE

Les hommes sont comme les animaux : les gros mangent les petits et les petits les piquent.

VOLTAIRE

J'aime deux sortes d'hommes : ceux de mon pays et les étrangers.

MAE WEST

Les hommes se marient parce qu'ils sont fatigués, les femmes parce qu'elles sont curieuses. Les uns comme les autres sont forcément déçus.

OSCAR WILDE

L'homme est bon, mais le veau est meilleur.

LUDWIG WITTGENSTEIN,
cité par JOSÉ GIOVANNI
en exergue de *La Mort du poisson rouge*.

La question est celle-ci : d'où vient l'homme ? où va l'homme ?
Je la résous triomphalement en disant : l'homme va et vient dans la nuit.

ÉMILE ZOLA,
Réflexions et menus propos d'un sourd-muet.

Voir ci-dessus ANDRÉ FRÉDÉRIC.

HOMME (grand)

Les nations n'ont de grands hommes que malgré elles... Elles font tous leurs efforts pour n'en pas avoir.

CHARLES BAUDELAIRE,
« Fusées », *Journaux intimes*.

Le privilège des grands, c'est de voir les catastrophes d'une terrasse.

JEAN GIRAUDOUX,
La guerre de Troie n'aura pas lieu.

Grands hommes ! Voulez-vous avoir raison demain ? Mourez aujourd'hui !

VICTOR HUGO

Les plus grands naissent posthumes.

FRIEDRICH NIETZSCHE

Le plus grand homme n'est qu'un enfant que la vie a trompé.

JULES RENARD, *Journal*.

Le grand homme est comme l'aigle ; plus il s'élève, moins il est visible, et il est puni de sa grandeur par la solitude de l'âme.

STENDHAL, *De l'amour*.

Les grands hommes meurent deux fois : une fois comme « homme » et une fois comme « grand ».

PAUL VALÉRY

La gloire des grands hommes ne tiendra debout dans la terre du cimetière que parce qu'elle aura, pour se caler, le cadavre de tous ceux qui, avant eux, auront réfléchi, étudié, lutté.

JULES VALLÈS

HOMME DE COULEUR

Homme de couleur : Nègre qui vote comme nous.

AMBROSE BIERCE,
Le Dictionnaire du Diable.

Je suis de la couleur de ceux qu'on persécute.

ALPHONSE DE LAMARTINE,
La Marseillaise noire.

HOMME DE LETTRES

Page d'album pour une jeune cousine : « D'abord, n'épouse jamais un homme de lettres. Tu risquerais de devenir la maman d'autres hommes de lettres, et de retarder ainsi la disparition d'une espèce intermédiaire entre le paon et le dindon. »

GEORGES BERNANOS,
Correspondance.

Un homme de lettres doit être avant tout un homme de lettres, et tout le reste est littérature.

JULES RENARD,
cité par TRISTAN BERNARD.

HOMME D'ÉTAT

L'ignorance, la paresse et le vice peuvent être quelquefois les seules qualités d'un homme d'État.

JONATHAN SWIFT, *Les Voyages de Gulliver*.

HOMME POLITIQUE

Un taxi vide s'arrête devant la Maison Blanche. Lyndon Johnson en descend.

Anonyme

Diabolique, machiavélique, mitterrandesque, quoi !

JACQUES CHIRAC
(président de la République).

Clement Attlee : un mouton déguisé en mouton.

WINSTON CHURCHILL

Les hommes politiques, il y en a certains, pour briller en public, ils mangeraient du cirage.

COLUCHE

Ronald Reagan ne se teint pas les cheveux, il est juste prématurément orange.

GERALD FORD
(président des États-Unis).

Couve de Murville : belle tête de camomille.

HENRI JEANSON

Gerald Ford est si bête qu'il ne peut en même temps péter et mâcher son chewing-gum.

LYNDON JOHNSON
(président des États-Unis).

Chirac parle comme on tape à la machine.

FRANÇOIS MITTERRAND
(président de la République).

Les deux choses que je reproche à Edouard Balladur, c'est son menton.

PLANTU

Jean-Marie Le Pen : « A star is borgne. »

PATRICK SÉBASTIEN

L'ennui avec les hommes politiques, c'est qu'on croit faire leur caricature, alors qu'on fait leur portrait.

SENNEP,
Potins de la commère, 1958.

HOMONCULE

Cri poussé par un petit homme à qui on vient de botter les fesses.

FERNAND RAUZÉNA

HOMOPHONE

A sign of beauty is a joy for ever.

(Un singe de beauté est un jouet pour l'hiver.)

JOHN KEATS
traduit par François Le Lionnais

HOMOSEXUALITÉ

Si Dieu avait voulu qu'il y eût des homosexuels, il aurait créé Adam et Marcel.

ANITA BRYANT

Il y a trois milliards d'hommes sur terre. Ça fait tout de même plus de deux milliards avec qui Gide n'a pas couché.

JEAN PAULHAN

L'inverti se croit seul de sa sorte dans l'univers ; plus tard seulement, il se figure — autre exagération — que l'exception unique c'est l'homme normal.

MARCEL PROUST, *Sodome et Gomorrhe*.

La Femme aura Gomorrhe et
[l'Homme aura Sodome,
Et, se jetant de loin un regard irrité,
Les deux sexes mourront chacun de
[leur côté.

ALFRED DE VIGNY,
La Colère de Samson.

De tous les exercices, l'homosexualité est le plus sain. Presque tout se passe en plein air... et il faut tellement marcher !

OSCAR WILDE

HONGROIS

Un Hongrois, c'est quelqu'un qui entre derrière vous dans une porte à tambour et qui en sort le premier.

Anonyme

HONNÊTETÉ

L'honnêteté, c'est la meilleure politique : j'ai essayé les deux !

Devise des marchands de Hambourg

Il croyait toujours à l'honnêteté des femmes. C'est-à-dire qu'il lui semblait difficile qu'une femme pût oublier ses devoir avec un autre qu'avec lui.

TRISTAN BERNARD, *Mémoires d'un jeune homme rangé*.

L'honnêteté est à la femme ce qu'est le pied-de-biche à la porte blindée.

BERTRAND BLIER, *Existe en blanc*.

Il y a plus d'honnêtes femmes qu'on le croit, mais pas tant qu'on le dit.

ALEXANDRE DUMAS FILS

La principale difficulté avec les femmes honnêtes n'est pas de les séduire, c'est de les emmener dans un endroit clos — leur vertu est faite de portes entrouvertes.

JEAN GIRAUDOUX, *Amphitryon 38*.

Une honnête femme est un trésor caché ; celui qui l'a trouvé fait fort bien de ne pas s'en vanter.

FRANÇOIS DE LA ROCHEFOUCAULD, *Maximes*.

HONNEUR

L'honneur d'un peuple appartient aux morts et les vivants n'en ont que l'usufruit.

GEORGES BERNANOS

Le fort et le faible ne peuvent évidemment vivre sans honneur, mais le faible a plus besoin d'honneur qu'un autre.

GEORGES BERNANOS, *Les Grands Cimetières sous la lune*.

L'honneur, c'est comme les coquilles Saint-Jacques : bien lavé, ça ressert.

FRÉDÉRIC DARD, *Les Pensées de San-Antonio*.

Pour vous faire sçavoir comme se porte le reste de mon infortune, de toutes choses ne m'est demeuré que l'honneur et la vie, qui est saulve.

FRANÇOIS Ier, *Lettre à sa mère après la défaite de Pavie*.

Il avait été à la peine, c'était bien raison qu'il fût à l'honneur.

JEANNE D'ARC (à ses juges qui lui demandaient pourquoi son étendard se trouvait mêlé à ceux des autres capitaines lors du sacre de Charles VII).

C'est un bien bel honneur que les femmes portent à un demi-pouce de distance du cul.

GEORG CHRISTOPH LICHTENBERG, *Aphorismes*.

Mais sans argent, l'honneur n'est
[qu'une maladie.

JEAN RACINE, *Les Plaideurs*, acte I, scène 3.

HONNEUR (place d')

La place d'honneur, c'est là où McCrimmon est assis.

Vieil adage écossais

HONNEURS

À force d'accepter les honneurs, on finit par croire qu'on les mérite.

GILBERT CESBRON, *Mourir étonné*.

Les honneurs déshonorent, le titre dégrade, la fonction abrutit.

GUSTAVE FLAUBERT, *Correspondance*.

Il n'avait reçu aucune distinction honorifique. Il est vrai qu'il méprisait les honneurs. Mais il sentait qu'il eût été plus beau de les mépriser en les recevant.

ANATOLE FRANCE, *Monsieur Bergeret à Paris*.

Les honneurs, je les méprise, mais — c'est mon drame — je ne déteste pas forcément ce que je méprise.

JEAN D'ORMESSON, *Madame Figaro*, 19 janvier 1991.

J'ai peu refusé en fait d'honneurs. Il m'a suffi de ne rien demander.

JEAN ROSTAND, *Carnet d'un biologiste*.

HONORER

Dire que c'est en faisant exactement la même chose qu'un homme honore une femme ou la déshonore.

NOCTUEL

HONTE

Un peu de honte réchauffe et donne de belles couleurs.

Proverbe batave

Il n'y a pas de honte à préférer le bonheur.

ALBERT CAMUS, *La Peste.*

Le crime fait la honte et non pas [l'échafaud.

THOMAS CORNEILLE, *Le Comte d'Essex*, acte IV, scène 3.

Il y a une espèce de honte d'être heureux à la vue de certaines misères.

JEAN DE LA BRUYÈRE, *Les Caractères.*

HONTEUX

Il est plus honteux de se défier de ses amis que d'en être trompé.

FRANÇOIS DE LA ROCHEFOUCAULD, *Maximes.*

HORIZON

Pour voir l'horizon, il ne faut pas être horizontal.

GOLL

HORIZONTALE

Les horizontales se rencontrent dans tous les milieux, les parallèles jamais.

ALPHONSE ALLAIS

Tenez-vous absolument à mourir d'une mort horizontale ?

GÉRARD DE NERVAL

HORIZONTALEMENT

L'homme en tant qu'homme ne peut vivre horizontalement. Son repos, son sommeil est le plus souvent une chute.

GASTON BACHELARD, *L'Air et les Songes.*

HORLOGE

À ce moment, l'horloge de l'église sonna le quart. Elle savait probablement de quelle heure, mais elle ne le disait pas.

TRISTAN BERNARD, *Un mari pacifique.*

Dans la marche du temps, qu'est-ce qui nous tue ? le tic ou le tac ?

RAMÓN GÓMEZ DE LA SERNA, *Greguerías.*

La vie est une horloge qui crie à son propriétaire :
« au quart d'heure : Tu...
— à la demie : Tu es...
— aux trois quarts : Tu es un...
— Et quand l'heure sonne : Tu es un être humain. »

GEORG CHRISTOPH LICHTENBERG

C'est une joie pour moi d'entendre sonner l'horloge : je vois écoulée une heure de ma vie, je me crois un peu plus près de voir Dieu.

SAINTE THÉRÈSE D'AVILA, *Le Livre de ma vie.*

HORRIBLE

Ne pas croire qu'une chose existe parce qu'il serait trop horrible qu'elle n'existât pas. Il n'y a pas de preuve par l'horrible.

JEAN ROSTAND, *Pensées d'un biologiste.*

HORTICULTURE

L'horticulture, c'est simple : on l'apprend en cent leçons — une leçon par an.

ALAIN MEILLAND

HOSPITALIER

Les Français peuvent être considérés comme les gens les plus hospitaliers du monde, pourvu que l'on ne veuille pas entrer chez eux.

PIERRE DANINOS, *Les Carnets du major Thompson.*

HÔTE

L'hôte est beau de dos — (quand il s'en va).

Proverbe espagnol

L'hôte est d'or le matin — d'argent le soir — et de cuivre s'il passe la nuit.

Proverbe géorgien

HOULETTE

Troupeau chéri que le ciel a confié à mes soins, c'est peut-être la dernière fois que votre pasteur vous rassemble sous sa houlette.

FRANÇOIS RENÉ DE CHATEAUBRIAND, *Les Martyrs*, XIV.

HOURIS

Des houris aux grands yeux noirs, semblables aux vraies perles, seront la récompense de leur foi.

Coran, Sourate LVI.

HUGO (Victor)

Nul plus que lui (Hugo) n'a su tirer tant de choses de l'ombre que fait l'absence de Dieu.

PAUL CLAUDEL

Hugo est un milliardaire. Ce n'est pas un prince.

PAUL VALÉRY, *Mauvaises pensées*.

Je trouve à M. Hugo jusqu'à la forme de la cloche. Il en a aussi, d'une certaine manière, l'emploi, la voix et le poids.

LOUIS VEUILLOT, *Les Odeurs de Paris*.

HUGUENOT

C'était un huguenot : il avait honte d'étaler ses succès.

ALAIN DUHAMEL (à propos de Michel Rocard).

HUISSIER

« Ses rides, sur son front, gravaient
[tous ses exploits. »

JEAN RACINE, *Les Plaideurs*.

HUÎTRE

Les huîtres, comme les hostilités, sont ouvertes.

Anonyme

Si toutes les huîtres gueulaient, ou simplement miaulaient, on ne les avalerait pas vivantes. Cette simple constatation justifie que certaines se révoltent et que celui qui ne dit rien a tort.

ACAJOU (ANDRÉ JOUETTE), *Antidictionnaire*.

Coquillage visqueux et glaireux, que la civilisation donne aux hommes la hardiesse de gober sans lui retirer ses entrailles ! Les coquilles sont quelquefois données aux pauvres.

AMBROSE BIERCE, *Le Dictionnaire du Diable*.

Les fins d'année la font tourner en bourriche.

ALEXANDRE BREFFORT

Si le Portugais s'appelle Mario, l'huître portugaise s'appelle Maria.

JEAN-LOUIS FOURNIER, *Quand il y en a pour 4, il y en a pour 5*.

Mignonne, allons voir si les huîtres sont ouvertes au restaurant...

CHARLES MONSELET, *Lettres gourmandes*.

Si j'étais huître, je ne cultiverais pas ma perle.

JEAN PAULHAN, *À demain la poésie*.

Si ton cœur est plein de perles,
Fais comme l'huître, ferme bien ton cœur.

SAADI

L'huître a aussi des chagrins d'amour.

RICHARD SHERIDAN

On dirait que la douleur donne aux âmes une espèce de conscience. C'est comme aux huîtres le citron.

PAUL-JEAN TOULET, *Les Trois Impostures*.

HUMANITÉ

Plus j'aime l'humanité en général, moins j'aime les gens en particulier.

FEDOR DOSTOÏEVSKI

Le sort de l'humanité en général sera celui qu'elle méritera.

ALBERT EINSTEIN, *Comment je vois le monde*.

Il n'y a que deux grands courants dans l'histoire de l'humanité : la bassesse qui fait les conservateurs et l'envie qui fait les révolutionnaires.

EDMOND et JULES DE GONCOURT, *Journal*.

Prêter aux bêtes des lueurs d'humanité, c'est les dégrader.

REMY DE GOURMONT,
Promenades littéraires.

L'Humanité coûte plus cher que la *Pravda*, à cause des frais de traduction.

JEAN KEHAYAN,
Le Tabouret de Piotr.

Jamais mieux qu'au terme des quatre derniers siècles de son histoire l'homme occidental ne put-il comprendre qu'en s'arrogeant le droit de séparer radicalement l'humanité de l'animalité, en accordant à l'une tout ce qu'il retirait à l'autre, il ouvrait un cycle maudit, et que la même frontière, constamment reculée, servirait à écarter des hommes d'autres hommes.

CLAUDE LÉVI-STRAUSS,
Anthropologie structurale.

On peut imaginer une humanité composée exclusivement de femmes ; on n'en saurait imaginer une qui ne comptât que des hommes.

JEAN ROSTAND, *Maternité et biologie*.

L'humanité n'est qu'une fleur éphémère sur l'arbre du temps... Tout ce mal, tout ce mal qu'on se donne pour vivre, et puis plus rien.

OLIVE SCHREINER, *La Nuit africaine*.

L'humanité est une bibliothèque dont presque tous les livres sont lus. L'humanité est aux archives. Que reste-t-il à parcourir qui en vaille la peine en attendant le prochain facteur ? On se reproche d'avoir rangé beaucoup d'ouvrages sans les avoir entièrement coupés. Peut-être la plus belle page était-elle dans le passage qu'on a sauté.

ALEXANDRE VIALATTE,
Les Champignons du détroit de Behring.

HUMBLE

Chacun s'efforce de devenir humble quand il n'y a plus moyen de faire autrement.

FRÉDÉRIC DARD

Dieu n'ayant pu faire de nous des humbles fait de nous des humiliés.

JULIEN GREEN, *Journal*.

La vie humble, aux travaux
[ennuyeux et faciles
Est une œuvre de choix qui veut
[beaucoup d'amour.

PAUL VERLAINE, *Sagesse*.

HUMIDE

Pourquoi ne pas ôter ce manteau humide et vous enfiler un Martini sec ?

CHARLES BRACKETT et BILLY WILDER,
du film *Hell's Angels*
de Howard Hughes (1930).

L'atmosphère était si humide que les poissons auraient pu entrer par les portes et sortir par les fenêtres, naviguant dans les airs d'une pièce à l'autre.

GABRIEL GARCÍA MÁRQUEZ,
Cent Ans de solitude.

HUMILIATION

La maladie, la vieillesse, la mort, trois grandes humiliations pour l'homme.

REMY DE GOURMONT,
Les Pas sur le sable.

HUMILIER

Il y a tant de peines pour ceux qui tuent ; pourquoi n'y en a-t-il pas pour ceux qui humilient.

PRINCE DE LIGNE, *Mes écarts*.

HUMILITÉ

L'humilité est l'habit de gala que revêt la fierté quand elle est de sortie.

JEAN-PAUL, *Être là dans l'existence*.

HUMORISTE

L'humoriste, c'est un homme de bonne mauvaise humeur.

JULES RENARD, *Journal*.

Il n'est pas difficile d'être un humoriste quand toute la classe politique travaille pour vous.

ROBERT ROCCA

Les humoristes sont plus utiles que les philosophes. À moins que ce ne soient eux les vrais philosophes.

JEAN YANNE, *Les Pensées*.

HUMOUR

L'humour juif, c'est comme l'humour allemand avec l'humour en plus.

Slogan du film *Train de vie*.

L'humour c'est l'eau de l'au-delà mêlée au vin d'ici-bas.

JEAN ARP

Man, thou, pendulum, between a smile and a tear.

(Homme, toi, qui balances entre un sourire et une larme.)

LORD BYRON

L'humour vient tout seul à l'homme comme les poils au pubis.

PIERRE DESPROGES

L'humour, je ne sais pas ce que c'est. Avoir de l'humour, c'est comme avoir les yeux bleus.

PIERRE DESPROGES

L'humour, c'est la politesse du désespoir.

GEORGES DUHAMEL,
Défense des lettres,
souvent attribué à BORIS VIAN.

La seule chose absolue, dans un monde comme le nôtre, c'est l'humour.

ALBERT EINSTEIN

L'humour est à l'amour tel que
[l'âme à l'humeur
Ombre sur l'abat-jour voilée par
[l'allumeur
Et jour à contre-jour violée par
[l'amuseur.

LÉON-PAUL FARGUE, *Des dits cassés*.

Pour qu'une plaisanterie humoriste ait, si j'ose dire, son plein rendement, il convient que trois personnes soient en présence : celle qui la profère, celle qui la comprend et celle à qui elle échappe. Le plaisir de celle qui la goûte étant décuplé par l'incompréhension de la tierce personne.

SACHA GUITRY,
Toutes réflexions faites.

L'humour, c'est le grain de sable de Cromwell sur le nez de Cléopâtre.

GEORGES HUGNET

L'humour a besoin du doute pour circuler.

EDMOND JABÈS, *Les mots tracent*.

Faire de l'humour, c'est transformer la vie en une large et tolérante bienveillance, proche de la charité. C'est l'étincelle qui voile les émotions, répond sans répondre, ne blesse pas et amuse. L'unique remède qui dénoue les nerfs du monde sans l'endormir, lui donne sa liberté sans le rendre fou et mette dans les mains des hommes, sans les écraser, le poids de leur propre destin.

MAX JACOB, *Conseils à un jeune poète*.

C'est justement parce que l'humour recèle toujours une douleur cachée qu'il comporte aussi une sympathie dont l'ironie est dépourvue.

SØREN KIERKEGAARD, *Post-scriptum*.

Un couteau sans lame auquel manque le manche.

GEORG CHRISTOPH LICHTENBERG,
Aphorismes.

Comment définir l'humour quand, le définir, c'est le faire disparaître ?

VIOLETTE NAOUN dans *Arts*, cité in
Les Chefs-d'œuvre de l'humour noir.

L'humour est la seule forme autorisée du crime passionnel.

GEORGES NEVEUX

L'humour est l'anthropophagie des végétariens.

FRANCIS PICABIA, *Aphorismes*.

L'humour est nénarrable, solite, décis, pondérable, commensurable, tempestif, déniable et trépide.

JACQUES PRÉVERT, cité par
J.-P. LACROIX in *L'Humour loufoque*.

L'humour est enfant de nos haines.

JACQUES PRÉVERT

Si je veux décrire un match de rugby et que j'écrive : « J'ai vu des adultes en culotte courte qui se battaient et se jetaient par terre pour faire passer un ballon de cuir entre deux piquets de bois », j'ai fait la somme de ce que j'ai vu ; mais j'ai fait exprès d'en manquer le sens ; j'ai fait de l'humour.

JEAN-PAUL SARTRE,
Situations, 1, Explication de *L'Étranger*.

Qui a de l'humour a déjà presque du génie. Celui qui n'est que spirituel n'a généralement même pas d'esprit.

ARTHUR SCHNITZLER, *Relations et solitudes*.

L'humour est une façon de se tirer d'embarras sans se tirer d'affaire.

LOUIS SCUTENAIRE, *Mes inscriptions*.

L'humour est le plus court chemin d'un homme à un autre.

GEORGES WOLINSKI

HURLER

Si tu ne hurles pas, personne ne croira que tu as mal.

HENRY DE MONTHERLANT, *Carnets*.

HYDRE

L'hydre montre deux mille dents ;
À quarante pour chaque tête,
Jugez combien en a la bête.

CHARLES PERRAULT, *L'Énéide burlesque*.

HYÈNE

... Tant il est vrai que l'hyène qui veut manger son petit trouve qu'il sent la chèvre.

BIRAGO DIOP,
Les Contes d'Amadou Koumba.

HYGIÈNE

Pour quelles raisons d'hygiène faut-il être propre ?

R. E. CHALAMET,
cité par MICHEL JEURY in *La Gloire du certif*.

HYPOCRISIE

Il n'y a pas de société possible si elle n'est fondée sur l'hypocrisie.

MAURICE DONNAY,
L'Esprit de Maurice Donnay.

Le péché vaut encore mieux que l'hypocrisie.

MME DE MAINTENON,
Lettre au cardinal de Noailles.

HYPOCRITE

Hypocrite : Celui qui, professant des vertus pour lesquelles il n'a aucun respect, en retire l'avantage d'avoir l'air d'être ce qu'il méprise.

AMBROSE BIERCE,
Le Dictionnaire du Diable.

Les hypocrites sont des gens qui, par-devant, vous passent la main dans le dos et, par-derrière, vous crachent à la figure.

GEORGES COLOMB dit CHRISTOPHE,
Le Sapeur Camember.

Qui ne sait être hypocrite ne sait régner.

NICOLAS MACHIAVEL, *Le Prince*.

Malheur à vous, scribes et pharisiens hypocrites ! parce que vous ressemblez à des sépulcres blanchis qui paraissent beaux au-dehors, et qui au-dedans sont pleins d'ossements de morts et de toute espèce d'impuretés.

SAINT MATTHIEU,
Nouveau Testament, XXIII, 27.

ICI N'ENTREZ PAS,
HYPOCRITES, BIGOTS,
VIEUX MATAGOTS, MARMITEUX,
BOURSOUFLÉS.

FRANÇOIS RABELAIS,
Gargantua (inscription au fronton de l'abbaye de Thélème).

L'hypocrite sourit, l'énergumène aboie.

VOLTAIRE

I

ICEBERG

Voir Charles Laughton flotter dans sa piscine, c'est exactement le contraire d'un iceberg. On peut voir 90 % de sa personne.

PETER USTINOV

IDÉAL

Ne vous servez donc pas de ce terme élevé d'idéal quand nous avons pour cela, dans le langage usuel, l'excellente expression de mensonge.

HENRIK IBSEN, *Le Canard sauvage*.

Aller vers l'idéal en passant par le réel.

JEAN JAURÈS

L'espérance de prendre du goujon, cet idéal des boutiquiers...

GUY DE MAUPASSANT, *Une partie de campagne*.

IDÉALISTE

Un idéaliste est un homme qui, remarquant que la rose sent meilleur que le chou, pense qu'elle fera un meilleur potage.

HENRY LOUIS MENCKEN

IDÉE

Une idée est fausse dès l'instant où l'on s'en contente.

ALAIN

Il faut toujours avoir deux idées : l'une pour tuer l'autre.

GEORGES BRAQUE, *Pensées sur l'art*.

Il y a à parier que toute idée publique, toute convention reçue est une sottise, car elle a convenu au plus grand nombre.

NICOLAS DE CHAMFORT, *Produits de la civilisation perfectionnée*.

Rien n'est plus dangereux qu'une idée quand on n'en a qu'une.

PAUL CLAUDEL

Les idées, on commence par jouer avec, et on finit par s'en servir pour se tuer. J'aime mieux les insecticides.

LÉON-PAUL FARGUE, *À André Beucler*.

Les idées sont des vêtements sur mesure qu'on a fait passer dans la confection.

LÉON-PAUL FARGUE, *Sous la lampe*.

Une idée nouvelle est un coin que l'on ne peut faire entrer que par le gros bout.

BERNARD DE FONTENELLE

Là où les idées manquent, un mot arrive toujours à temps.

WOLFGANG VON GOETHE

La misère des idées dans les intérieurs riches arrive parfois à vous apitoyer.

EDMOND et JULES DE GONCOURT, *Idées et Sensations*.

Il n'est pas une idée née d'un esprit humain qui n'ait fait couler du sang sur la terre.

CHARLES MAURRAS, *La Dentelle du rempart*.

Si vous voulez avoir des idées propres, changez-en comme de chemises.

FRANCIS PICABIA, *Aphorismes*.

Les gens de gauche inventent de nouvelles idées. Quand elles sont usées, les gens de droite les adoptent.

MARK TWAIN

Voir DROITE-GAUCHE et GAUCHE-DROITE.

Dans les idées comme dans les dîners, si l'on désire être remarqué, ce qu'il y a souvent de mieux, c'est d'arriver le dernier.

FERNAND VANDEREM, *Gens de qualité*.

IDÉE FIXE

Il suivait son idée. C'était une idée fixe et il était surpris de ne pas avancer.

JACQUES PRÉVERT

IDIOT

La mère des idiots est toujours enceinte.

Proverbe

Les idiotes ne sont jamais aussi idiotes qu'on le croit ; les idiots si.

MARCEL ACHARD, *L'Idiote*.

Il était né idiot et il eut une rechute.

RENÉ BAER

Elle avait été déniaisée par l'idiot du village.

ALEXANDRE BREFFORT

Passer pour un idiot aux yeux d'un imbécile est une volupté de fin gourmet.

GEORGES COURTELINE, *La Philosophie de Georges Courteline*.

Idiot cherche village.

PIERRE DAC, *Les Petites Annonces*.

Un idiot pauvre est un idiot ; un idiot riche est un riche.

PAUL LAFFITTE, *Jéroboam ou la Finance sans méningite*.

L'ennui dans ce monde, c'est que les idiots sont sûrs d'eux et les gens sensés pleins de doute.

BERTRAND RUSSELL

Les femmes le savent bien que les hommes ne sont pas si bêtes qu'on croit – qu'ils le sont davantage.

PAUL-JEAN TOULET, *Les Trois Impostures*.

Seuls les idiots sont brillants au petit déjeuner.

OSCAR WILDE

IDIOTIE

Dire des idioties, de nos jours où tout le monde réfléchit profondément, c'est le seul moyen de prouver qu'on a une pensée libre et indépendante.

BORIS VIAN, *Le Goûter des généraux*.

IDYLLE

Quel enfant tu fais ! Dix-huit ans et tu te laisses impressionner par une idylle ! Idylle, mon vieux, ça commence comme idiot et ça finit comme imbécile.

MAURICE DONNAY, *Le Geste*.

IGNORANCE

Celui qui confesse son ignorance la montre une fois ; celui qui essaie de la cacher la montre plusieurs fois.

Proverbe japonais

L'ignorance vaut mieux qu'un savoir affecté...

NICOLAS BOILEAU

Le peu que je sais, c'est à mon ignorance que je le dois.

SACHA GUITRY, *Toutes réflexions faites*.

Dieu a fait deux dons à l'homme : l'espérance et l'ignorance. L'ignorance est le meilleur des deux.

VICTOR HUGO, *Choses vues*.

Les gens en savent déjà trop pour leur ignorance.

JEAN ROSTAND, *Carnets d'un biologiste*.

IGNORANT

Être conscient que l'on est ignorant est un grand pas vers le savoir.

BENJAMIN DISRAELI

IGNORER

Il ne faut pas juger d'un homme par ce qu'il ignore, mais par ce qu'il sait.

LUC DE VAUVENARGUES, *Réflexions et Maximes*.

ÎLE

Les îles sont de petits continents en abrégé.

HENRI BERNARDIN DE SAINT-PIERRE

Peines insulaires :
Dreyfus à l'île du Diable, le maréchal Pétain à l'île d'Yeu.

JACQUES PRÉVERT, *Spectacle*.

ILLETTRÉ

Autrefois, les illettrés étaient ceux qui n'allaient pas à l'école. Aujourd'hui, ce sont ceux qui y vont.

PAUL GUTH, *Lettre ouverte aux futurs illettrés*.

J'ai maintes fois constaté que ce n'était nullement parmi les illettrés que se trouvaient les plus sots, et je doute fort que la suppression totale des illettrés ait des effets probants sur la sottise humaine.

ROGER MARTIN DU GARD, *Le Lieutenant-colonel de Maumort*.

ILLOGISME

Mes illogismes me rassurent : je suis encore en vie.

JEAN ROSTAND, *Carnets d'un biologiste*.

ILLUSION

La grande illusion, c'est la guerre. La grande désillusion, c'est la paix.

MARCEL ACHARD

Une illusion de moins, c'est une vérité de plus.

ALEXANDRE DUMAS FILS

Lorsqu'on a perdu toutes ses illusions, il reste encore à perdre l'illusion suprême qui est de se croire sans illusions.

CLAUDE ROY, *Le Rivage des jours*.

IMAGE

Il viendra un jour où les images remplaceront l'homme et celui-ci n'aura plus besoin d'être, mais de regarder. Nous ne serons plus des vivants mais des voyants.

ANDRÉ BRETON

Cette roue sous laquelle nous [tournons
Est pareille à une lanterne magique.
Le soleil est la lampe ; le monde [l'écran ;
Nous sommes les images qui [passent.

OMAR KHAYYAM, *Roubayyat*.

IMAGINAIRE

Un jour, tout homme montrera ce que le poète a vu. Fin de l'imaginaire.

PAUL ÉLUARD, *Donner à voir*.

Chaque instant tombe à chaque instant dans l'imaginaire.

PAUL VALÉRY, *Variété*, II.

IMAGINATION

L'imagination est la folle du logis.

NICOLAS MALEBRANCHE, *De la recherche de la vérité*.

En amour, il n'y a pas plus affreux désastre que la mort de l'imagination.

GEORGE MEREDITH

Il est plus facile à l'imagination de se composer un enfer avec la douleur qu'un paradis avec le plaisir.

ANTOINE DE RIVAROL,
Discours sur l'homme intellectuel et moral.

Les gens sans imagination ont besoin que les autres mènent une vie régulière.

BORIS VIAN

IMAGINER

Imaginer, c'est hausser le réel d'un ton.

GASTON BACHELARD,
L'Air et les Songes.

Ce qui est maintenant prouvé ne fut autrefois qu'imaginé.

PAUL ÉLUARD, *Donner à voir.*

Je ne me connais pas, je m'imagine.

CHARLES FERDINAND RAMUZ

IMBÉCILE

La colère des imbéciles remplit le monde. Il est tout de même facile de comprendre que la providence, qui les fit naturellement sédentaires, avait ses raisons pour cela. Or, vos trains rapides, vos automobiles, vos avions les transportent avec la rapidité de l'éclair.

GEORGES BERNANOS,
Les Grands Cimetières sous la lune.

L'imbécile est d'abord d'habitude et de parti pris.

GEORGES BERNANOS,
Les Grands Cimetières sous la lune.

On ne peut être et avoir été. Mais, si ! On peut avoir été un imbécile et l'être toujours.

LÉON BLOY,
Exégèse des lieux communs.

L'exploitation des imbéciles ? Mais les imbéciles ont toujours été exploités et c'est justice. Le jour où ils cesseraient de l'être, ils triompheraient, et le monde serait perdu.

ALFRED CAPUS,
Mariage bourgeois.

Je préfère le méchant à l'imbécile, parce que l'imbécile ne se repose jamais.

ALEXANDRE DUMAS FILS,
En conversation.

J'ai remarqué que les imbéciles, supportables à la campagne, sont insupportables à Paris. Ils ne sont plus en situation.

EDMOND et JULES DE GONCOURT,
Journal.

Avant d'obliger un homme, assurez-vous bien d'abord que cet homme n'est pas un imbécile.

EUGÈNE LABICHE,
Le Voyage de Monsieur Perrichon, acte IV.

Que Dieu préfère les imbéciles, c'est un bruit que les imbéciles font courir depuis dix-neuf siècles.

FRANÇOIS MAURIAC, *Journal.*

Il y a à peu près autant d'imbéciles en Angleterre qu'en France. Mais un imbécile anglais est un imbécile tout court, tandis qu'un imbécile français est un imbécile qui raisonne.

GEORGE MEREDITH

Quatre sortes de personnes dans le monde : les amoureux, les ambitieux, les observateurs et les imbéciles ; les plus heureux sont les imbéciles.

HIPPOLYTE TAINE,
Vie et opinion de Thomas Graindorge.

IMITATEUR

C'est un bétail servile et sot, à mon
[avis,
Que ces imitateurs ; on dirait des
[brebis
Qui n'osent avancer qu'en suivante
[la première,
Et s'iraient, sur ses pas, jeter dans la
[rivière.

JEAN DE LA FONTAINE, *Climène.*

IMITATION

Que le style si nouveau et si hardi de David soit devenu académique plus tard par l'imitation, c'est un malheur dont on ne saurait rendre l'artiste responsable.

THÉOPHILE GAUTIER,
Guide de l'amateur au musée du Louvre.

Faire l'inverse est aussi une forme d'imitation.

GEORG CHRISTOPH LICHTENBERG,
Aphorismes.

On aime beaucoup mieux ceux qui tendent à nous imiter que ceux qui tâchent à nous égaler. Car l'imitation est une marque d'estime et le désir d'être égal aux autres est une marque d'envie.

MME DE SABLÉ, *Maximes.*

IMITER

Un écrivain original n'est pas celui qui n'imite personne, mais celui que personne ne peut imiter.

FRANÇOIS RENÉ DE CHATEAUBRIAND

IMMACULÉE

L'Histoire n'est jamais immaculée.

ERNEST RENAN

IMMIGRANT

Immigrant : Individu mal informé qui pense qu'un pays est meilleur qu'un autre.

AMBROSE BIERCE,
Le Dictionnaire du Diable.

IMMIGRÉ

Nous sommes tous des immigrés. Il n'y a que le lieu de naissance qui change.

Graffiti

IMMOBILE

Même une pendule arrêtée a raison deux fois par jour.

Anonyme

Étant donné qu'il n'existe qu'une seule façon de ne rien faire et diverses façons de faire quelque chose — dont, à n'en point douter, une seule est la bonne —, celui qui, en proie à l'indécision, demeure immobile a moins de chances de s'égarer que celui qui va de l'avant.

THOMAS BREWBOLD

IMMORAL

Tous les imbéciles de la Bourgeoisie qui prononcent sans cesse les mots « immoral, immoralité, moralité dans l'art » et autres bêtises, me font penser à Louise Villedieu, putain à cinq francs, qui, m'accompagnant une fois au Louvre où elle n'était jamais allée, se mit à rougir, à se couvrir le visage et, me tirant à chaque instant par la manche, me demandait, devant les statues et les tableaux immortels, comment on pouvait étaler publiquement de pareilles indécences.

CHARLES BAUDELAIRE,
Mon cœur mis à nu.

IMMORTALITÉ

Je ne veux pas accéder à l'immortalité par mon œuvre, je veux y accéder en ne mourant pas.

WOODY ALLEN,
Le Petit Woody Allen illustré.

Dans les dîners d'hommes, il y a une tendance à parler de l'immortalité de l'âme au dessert.

EDMOND et JULES DE GONCOURT,
Idées et sensations.

Notre idée de l'immortalité ce n'est guère que la permission pour quelques-uns de continuer à vieillir un peu une fois morts.

JULIEN GRACQ, *Préférences.*

L'immortalité de l'âme, je n'y pense qu'une fois par an pour ne pas devenir fou ou imbécile. J'y ai pensé hier, revenez dans un an.

ALPHONSE KARR, in *Alphonse Karr, prince de l'esprit* de Ch. A. KLEIN.

Exiger l'immortalité de l'individu, c'est vouloir perpétuer une erreur à l'infini.

ARTHUR SCHOPENHAUER

IMMORTEL

Si un homme était immortel, réalisez-vous ce que serait sa note de boucher ?

WOODY ALLEN

Chaque homme est immortel : il peut savoir qu'il va mourir, mais il ne saura jamais qu'il est mort.

SAMUEL BUTLER

Les enfants sont fous : ils croient que leur mère est immortelle.

ALBERT COHEN, *Le Livre de ma mère*.

Si j'étais immortel, j'inventerais la mort pour avoir du plaisir à vivre.

LOUIS AUGUSTE COMMERSON, *Pensées d'un emballeur*.

Notre vie est la mort des immortels.

HÉRACLITE

Immortels, mortels ; mortels, immortels ; notre vie est la mort des premiers et leur vie, notre mort.

HÉRACLITE

Si je suis élu*, je deviendrai « immortel ». Si je ne suis pas élu... je n'en mourrai pas.

ANDRÉ ROUSSIN

* À l'Académie française.

Si la mort était un bien, les dieux ne seraient pas immortels.

SAPHO

Quand l'aveugle destin aurait fait
[une loi
Pour me faire vivre sans cesse,
J'y renoncerais par tendresse,
Si mes amis n'étaient immortels
[comme moi.

MADELEINE DE SCUDÉRY

IMPIÉTÉ

Impiété : Votre irrévérence envers mon dieu.

AMBROSE BIERCE, *Le Dictionnaire du Diable*.

Une preuve que l'irréligion a gagné, c'est que les bons mots ne sont plus tirés de l'Écriture, ni du langage de la religion : une impiété n'a plus de sel.

CHARLES DE MONTESQUIEU, *Carnets*.

IMPOLITESSE

Les nations comme les hommes meurent d'imperceptibles impolitesses. C'est à leur façon d'éternuer ou d'éculer leurs talons que se reconnaissent les peuples condamnés.

JEAN GIRAUDOUX, *La guerre de Troie n'aura pas lieu*.

IMPOSSIBILITÉ

L'obsession de l'ailleurs c'est l'impossibilité de l'instant ; et cette impossibilité est la nostalgie même.

EMIL MICHEL CIORAN

IMPOSSIBLE

Soyez réalistes : demandez l'impossible.

Slogan de mai 1968

Madame, si c'est possible c'est fait ; impossible, cela se fera.

CHARLES ALEXANDRE DE CALONNE, à Marie-Antoinette.

Les choses vont si vite de nos jours que l'on a à peine le temps de dire : « C'est impossible ! », c'est fait.

E. HUBBARD

Qu'est-ce que l'impossible ? C'est le fœtus du possible. La nature fait la gestation, les génies font l'accouchement.

VICTOR HUGO

Impossible n'est pas français. Inviolable n'est pas russe.

GEORGES ARMAND MASSON, *L'Amour de Ah ! jusqu'à Zut !*

L'impossible est un mot dont la signification est toute relative... C'est le fantôme des humbles et le refuge des poltrons. Dans le bouche du pouvoir, ce mot, croyez-moi n'est qu'une déclaration d'impuissance.

NAPOLÉON Ier,
À Molé, ministre de la Justice.

Ne faites pas au monde l'extrême plaisir de lui demander l'impossible pour qu'il s'autorise à vous refuser le nécessaire.

EDGAR QUINET

IMPÔT

Il faut demander plus à l'impôt et moins au contribuable.

ALPHONSE ALLAIS

Qui donne aux pauvres prête à Dieu.
Qui donne à l'État prête à rire.

TRISTAN BERNARD

Bing Crosby ne paie plus d'impôt sur le revenu. Il se contente de demander au gouvernement de combien d'argent il a besoin.

BOB HOPE

On met ici de nouveaux impôts sur tout ce que l'on peut. J'ai peur qu'enfin on en mette sur les gueux qui se chauffent au soleil.

GUI PATIN

Le ministre des Finances : le bourreau de mes thunes.

JEAN RIGAUX

Savez-vous ce que j'ai vu sur un écriteau accroché dans une perception : DÉFENSE DE CRACHER. Faudrait tout de même s'entendre !

ROBERT ROCCA

C'est au moment de payer ses impôts qu'on s'aperçoit qu'on n'a pas les moyens de s'offrir l'argent que l'on gagne.

SAN-ANTONIO, *Les Mots en épingle.*

L'idéal, ce serait de pouvoir déduire ses impôts de ses impôts.

JEAN YANNE, *Les Pensées.*

IMPRATICABLE

Toutes les grandes choses qui ne sont pas exécutées paraissent toujours impraticables à ceux qui ne sont pas capables de grandes choses.

CARDINAL DE RETZ, *Mémoires.*

IMPRÉSARIO

Je vouvoie Paul (Lederman) car, avec tout ce qu'il me prend, j'ai toujours cru qu'ils étaient deux.

THIERRY LE LURON
(à propos de son imprésario).

Je veux être incinéré et je veux que 10 % de mes cendres soient versées à mon imprésario.

GROUCHO MARX

IMPRESSIONNISME

Un matin, l'un de nous, manquant de noir, se servit de bleu : l'impressionnisme était né.

AUGUSTE RENOIR

IMPRIMER

Parler est bien, écrire est mieux : imprimer est excellente chose.

PAUL-LOUIS COURIER

IMPRIMERIE

L'imprimerie, maintenant abolie, a été un des pires fléaux de l'humanité, car elle a tendu à multiplier jusqu'au vertige des textes inutiles.

JORGE LUIS BORGES,
Utopie d'un homme qui est fatigué.

J'ai remarqué que le jugement le plus dépourvu de fondement, la plus sotte grossièreté prend du poids, du fait de l'influence magique de l'imprimerie.

ALEXANDRE POUCHKINE

IMPROBABLE

Toute chose qui est, si elle n'était, serait énormément improbable.

PAUL VALÉRY

IMPROPRE

Les papiers publics et les journaux sont infectés continuellement d'expressions impropres auxquelles le public s'accoutume à force de les lire.

VOLTAIRE

IMPUISSANCE

Jamais la biche en rut n'a, pour fait [d'impuissance,
Traîné du fond des bois un cerf à [l'audience.

NICOLAS BOILEAU, *Satire VIII*.

L'impuissance est la seule tare de l'homme non transmissible héréditairement.

ALFRED SAUVY

Le plus farouche orgueil naît surtout à l'occasion d'une impuissance.

PAUL VALÉRY, *Moralités*.

IMPUISSANT

Si les impuissants savaient combien la nature fut maternelle pour eux ils béniraient le sommeil des glandes et le vanteraient aux coins des rues.

EMIL MICHEL CIORAN, *Syllogismes de l'amertume*.

INACTION

Attendre d'en savoir assez pour agir en toute lumière, c'est se condamner à l'inaction.

JEAN ROSTAND

INCAPABLE

Avec le temps, tout poste sera occupé par un employé incapable d'en assumer la responsabilité.

LAURENCE JEAN PETER et RAYMOND HULL, *Le Principe de Peter*.

Voir INCOMPÉTENCE.

INCERTITUDE

C'est l'incertitude qui nous charme. Tout devient merveilleux dans la brume.

OSCAR WILDE, *Le Portrait de Dorian Gray*.

INCESTE

L'inceste resserre les liens de la famille.

MARQUIS DE SADE

INCINÉRATION

Mort, je préfère l'incinération, ça se passe de « Qu'on m'enterre ».

GRÉGOIRE LACROIX, *Les Euphorismes*.

INCOGNITO

L'intérêt essentiel pour un homme politique de voyager incognito, c'est de le faire savoir.

JACQUES MAILHOT

INCOMPÉTENCE

« Dans une hiérarchie, tout employé a tendance à s'élever à son niveau d'incompétence. » Tel est le principe de Peter qui a son corollaire : Avec le temps, tout poste sera occupé par un employé incapable d'en assumer la responsabilité.

LAURENCE JEAN PETER et RAYMOND HULL, *Le Principe de Peter*.

Voir INCAPABLE.

INCONNU

Comment vivre sans inconnu devant soi ?

RENÉ CHAR, cité par PIERRE BOULEZ.

La moindre chose contient un peu d'inconnu.
Trouvons-le.

GUY DE MAUPASSANT, *Pierre et Jean*.

Quelquefois, à travers les yeux de ton ami, tu vois un inconnu qui te regarde.

PAUL-JEAN TOULET, *Les Trois Impostures*.

INCONSCIENT

L'inconscient se venge la nuit.

LOUIS SCUTENAIRE, *Mes inscriptions*.

INCONSTANCE

L'inconstance des femmes que j'aime n'a d'égale que l'infernale fidélité des femmes qui m'aiment.

GEORGE BERNARD SHAW, *L'Homme aimé des femmes*.

INCONSTANT

« Je l'aimais inconstant, qu'eussé-je [fait fidèle ? »

JEAN RACINE, *Andromaque*.

INCORRIGIBLE

Si je n'étais pas incorrigible, il y a bien longtemps que je serais corrompu.

NICOLAS DE CHAMFORT, *Caractères et Anecdotes*.

INCRÉDULITÉ

Lorsque l'incrédulité devient une foi, elle est moins raisonnable qu'une religion.

EDMOND et JULES DE GONCOURT, *Journal*.

INCREVABLE

Il y a quarante immortels et un seul increvable.

Slogan publicitaire proposé par Curnonsky pour le pneu Bibendum

INCROYABLE

Voici le récit de la bataille de Waterloo par un ancien « Inc'oyable » qui avait gardé l'habitude de ne pas prononcer les « r » :

« Quand les Anglais c'iè'ent "à l'aide", Camb'onne leu' 'épondit "Me'de !" »

ADOLPHE MARTIN

INCURIE

Pauvre France ! Où est l'Augias qui te guérira de ton incurie.

ALPHONSE ALLAIS

INDE

Brahma, la guerre, et Vichnou la paix !

FRANCIS BLANCHE

INDÉCIS

Autrefois, j'étais indécis, mais, à présent, je n'en suis plus très sûr.

BOSCOE PERTWEE, cité par UMBERTO ECO in *Kant et l'ornithorynque*.

INDÉPENDANCE

Je ne puis que vous plaindre de ce qu'avec votre esprit d'indépendance, vous faites toujours ce que vous ne voulez pas.

BENJAMIN CONSTANT, *Adolphe*.

L'indépendance vaut bien que l'on supporte la solitude.

GEORGE BERNARD SHAW

Seul l'individu introduit l'indépendance dans le monde, et toujours pour lui seul.

STEFAN ZWEIG

INDIEN

Je suis un Peau-Rouge qui ne marchera jamais dans une file indienne.

ACHILLE CHAVÉE, *Décoctions*.

Les seuls bons Indiens sont les Indiens morts.

GÉNÉRAL SHERIDAN

Si nous pouvions comprendre le chant de la Muse qui les inspire, nous saurions pourquoi il n'est pas désirable de changer leur sauvagerie en notre civilisation.

HENRY DAVID THOREAU, *Une semaine sur les fleurs Concord et Merrimac*.

INDIFFÉRENCE

La femme excuse tout, hormis l'indifférence.

Proverbe anglais

L'indifférence donne un faux air de supériorité.

JOSEPH JOUBERT, *Carnets*.

INDIGNER

Quand je cesserai de m'indigner, j'aurai commencé ma vieillesse.

ANDRÉ GIDE, *Nouveaux Prétextes*.

INDISPENSABLE

Rends légère la banque de la vie et munis-toi des seules choses dont tu aies besoin : un intérieur et des plaisirs simples, un ou deux amis dignes de ce nom, quelqu'un qui t'aime et que tu aimes, un chat, un chien.

JEROME K. JEROME

INDIVIDU

J'ai toujours haï toute nation, profession et communauté ; et tout mon amour va aux individus.

JONATHAN SWIFT, *Correspondance : Lettre à Pope*.

INDIVIDUALITÉ

Le caractère dominant de la barbarie, c'est l'indépendance de l'individu, la prédominance de l'individualité.

FRANÇOIS GUIZOT

INDULGENCE

Indulgence envers le loup s'appelle injustice envers le mouton.

Proverbe scandinave

L'indulgence, c'est la forme aristocratique du dédain.

REMY DE GOURMONT, *Les Chevaux de Diomède*.

Je n'ai d'indulgence pour aucune faute ; j'en ai pour tous les coupables.

JEAN PAULHAN, cité par PAUL MORAND.

INÉGAL

La Nature n'a pas lu la déclaration des Droits de l'homme. Elle continue à nous faire naître inégaux.

WILL DURANT

INÉGALITÉ

Il est nécessaire qu'il y ait de l'inégalité parmi les hommes, cela est vrai ; mais cela étant accordé, voilà la porte ouverte non seulement à la plus haute domination, mais à la plus haute tyrannie.

BLAISE PASCAL, *Pensées*.

INEXPÉRIENCE

L'inexpérience est ce qui permet à la jeunesse d'accomplir ce que la vieillesse sait impossible.

TRISTAN BERNARD

Les jeunes sont toujours prêts à donner à leurs aînés le bénéfice de leur inexpérience.

OSCAR WILDE

INFAILLIBLE

Avec le peuple, il faut toujours être infaillible. L'infaillibilité a fait Napoléon, elle en eût fait un Dieu, si l'univers ne l'avait entendu tomber à Waterloo. Si Mahomet a créé une religion après avoir conquis un tiers du globe, c'est en dérobant au monde le spectacle de sa mort.

HONORÉ DE BALZAC, *Le Médecin de campagne*.

INFANTE

Quand, dans ce monde, on n'a plus d'infantes à enlever, il faut travailler, ou mourir d'ennui.

EUGÈNE DELACROIX

INFANTERIE

Plaisanteries classiques :

• L'infanterie est la seule arme où la tête ne sert qu'à porter le casque.

• Le fantassin, disait Foch, doit s'efforcer de calquer son action sur celle du morpion, cet animal sublime qui meurt mais ne décroche jamais.

• L'infanterie est la reine des batailles, le fantassin, le roi des cons.

• Pourquoi les officiers supérieurs d'infanterie allaient-ils autrefois à cheval ? — C'est parce qu'il y a toujours plus de choses dans deux têtes que dans une.

Anonyme

INFÉRIORITÉ

La vue lucide de certaines infériorités n'ôte rien à la tendresse : celle-ci les fait au contraire trouver charmantes.

MARCEL PROUST, *À l'ombre des jeunes filles en fleurs*.

INFIDÈLE

Jamais je n'ai appris aux femmes à être infidèles : ce qu'on ignore soi-même, comment pourrait-on l'enseigner ?

OVIDE, *Élégies*.

INFIDÉLITÉ

Changement d'herbage réjouit les veaux.

Vieux proverbe français

Il y a des femmes dont l'infidélité est le seul lien qui les attache encore à leur mari.

SACHA GUITRY, *Elles et toi*.

Chez les Saxons, on pendait la femme adultère et on la brûlait. Chez les Égyptiens, on lui coupait le nez. Chez les Romains, par la loi Julia, on lui coupait la tête. Aujourd'hui, en France, quand une femme est surprise en adultère, on se moque de son mari.

ALPHONSE KARR

Il naît plus d'hommes que de femmes en Europe ; cela seul y condamne les femmes à l'infidélité.

ANTOINE DE RIVAROL

INFIRMITÉ

Il était à la fois aveugle et paralytique et ne trouvait aucun avantage au cumul de ces deux infirmités.

TRISTAN BERNARD

On s'habitue à des infirmités. Le plus difficile est d'y habituer les autres.

ADOLPHE D'HOUDETOT

J'entends bien que je pourrais devenir sourd, je sens que je pourrais perdre l'odorat, mais je ne me vois pas aveugle.

GABRIEL DE LAUTREC

IN-FOLIO

Les grands raseurs travaillent dans l'in-folio.

LÉON-PAUL FARGUE, *Sous la lampe*.

INFORMATION

Une des règles de la politique est de ne jamais croire une information tant qu'elle n'a pas été officiellement démentie.

ARISTIDE BRIAND

INFORTUNE

L'infortune, dit le proverbe écossais, est saine à déjeuner, indifférente à dîner, et mortelle à souper.

STENDHAL, *Filosofia nova*.

INGÉNIEUR

Il faut se méfier des ingénieurs, ça commence par la machine à coudre, ça finit par la bombe atomique.

MARCEL PAGNOL, *Critique des critiques*.

INGRAT

En amitié, il importe de se fâcher à temps pour n'avoir point à se montrer ingrat.

PIERRE BELFOND, *Le Métier de nègre*.

Quand je donne une place, je fais un ingrat et cent mécontents.

LOUIS XIV

Il y a bien moins d'ingrats qu'on ne croit, car il y a bien moins de généreux qu'on ne pense.

SAINT-ÉVREMOND,
lettre à M. le Maréchal de Créqui,
Des Belles Lettres et de la jurisprudence.

INGRATITUDE

Ne nous faisons pas d'illusions. Ce n'est pas à nous que le roi donnera les meilleures places. L'ingratitude est le premier devoir d'un prince. Aucun Bourbon n'y a manqué.

ANATOLE FRANCE, *M. Bergeret à Paris*.

Vous serez surpris de mon ingratitude...

FRANÇOIS-JOSEPH,
empereur d'Autriche.

L'ingratitude attire les reproches, comme la reconnaissance attire de nouveaux bienfaits.

MME DE SÉVIGNÉ,
Lettre à Madame de Grignan.

INHUMAIN

Savoir reconnaître l'humain jusque dans l'inhumain. L'ignoble est souvent du noble ayant mal tourné.

JEAN ROSTAND,
Carnet d'un biologiste.

INJURE

Dans les discussions, les injures sont les raisons de ceux qui ont tort.

NICOLAS DE CHAMFORT

Le premier humain qui lança une injure au lieu d'une pierre fut le fondateur de la civilisation.

Attribué à SIGMUND FREUD

Je suis fermement persuadé que les ânes, quand ils s'insultent entre eux, n'ont pas de plus sanglante injure que de s'appeler hommes.

HEINRICH HEINE,
Correspondance inédite,
cité par GABRIEL POMMERAND
in *Le Petit Philosophe de poche.*

En amour, une faveur qui n'est pas exclusive est une injure.

JEAN-JACQUES ROUSSEAU

Point d'injures, beaucoup d'ironie et de gaieté : les injures révoltent, l'ironie fait rentrer les gens en eux-mêmes, la gaieté désarme.

VOLTAIRE,
Lettre à d'Argental.

INJUSTE

On n'est pas moins injuste en ne faisant pas ce qu'on doit faire qu'en faisant ce qu'on ne doit pas faire.

MARC AURÈLE

— Pourquoi me tuez-vous ?

— Et quoi, ne demeurez-vous pas de l'autre côté de l'eau ? Mon ami, si vous demeuriez de ce côté, je serais un assassin et cela serait injuste de vous tuer de la sorte : mais, puisque vous demeurez de l'autre côté, je suis un brave et cela est juste.

BLAISE PASCAL, *Pensées.*

INJUSTICE

Dans la vie, il faut savoir supporter les injustices jusqu'au moment où on peut en commettre soi-même.

ALFRED CAPUS

C'est dans ma nature. J'aime mieux commettre une injustice que de souffrir un désordre.

WOLFGANG VON GOETHE,
Le Siège de Mayence.

S'il n'y avait pas d'injustice, on ignorerait jusqu'au nom de la justice.

HÉRACLITE

L'injustice ne se trouve jamais dans les droits inégaux, elle se trouve dans la prétention à des droits égaux.

FRIEDRICH NIETZSCHE

INNOCEMMENT

On ne peut régner innocemment. Tout roi est un rebelle et un conspirateur.

LOUIS ANTOINE SAINT-JUST,
(discours sur le jugement de Louis XVI).

INNOCENCE

L'autre jour (pourrait-on se le
[persuader ?)
Elle* était fort en peine et me vint
[demander
Avec une innocence à nulle autre
[pareille
Si les enfants qu'on fait se faisaient
[par l'oreille.

MOLIÈRE

* Agnès dans *L'École des femmes.*

INNOCENT

Rien ne ressemble plus à un innocent qu'un coupable qui ne risque rien.

TRISTAN BERNARD

Maintenant encore, les marches du dimanche, dans un stade plein à craquer, et le théâtre, que j'ai aimé avec une passion sans égale, sont les seuls endroits du monde où je me sente innocent.

ALBERT CAMUS, *La Chute.*

Je sens à mon bonheur que je suis innocente.

MME DE GIRARDIN

Et c'est être innocent que d'être malheureux.

JEAN DE LA FONTAINE, *Élégie pour Fouquet*.

Un enfant n'a pas besoin d'écrire, il est innocent.

HENRY MILLER, *Sexus*.

L'innocence est souvent plus hardie que le vice n'est entreprenant.

CHARLES PINOT DUCLOS, *Les Confessions du comte de****.

Il vaut mieux hasarder de sauver un coupable que de condamner un innocent.

VOLTAIRE, *Zadig*.

INQUIET

Je suis un peu inquiet de votre totale absence d'inquiétude.

ACHILLE CHAVÉE, *Décoctions*.

INSATISFAIT

Les choses qui vous échappent ont plus d'importance que les choses qu'on possède. Un amour insatisfait a plus d'importance qu'un amour pleinement consommé.

SOMERSET MAUGHAM

Il vaut mieux être un homme insatisfait qu'un porc satisfait. Il vaut mieux être Socrate insatisfait qu'un imbécile satisfait.

JOHN STUART MILL, *L'Utilitarisme*.

INSECTE

Tous les insectes, les moustiques, les cousins, les critiques, les maringouins, les envieux, les feuillistes, les libraires, les censeurs, et tout ce qui s'attache à la peau des malheureux gens de lettres.

BEAUMARCHAIS

INSENSIBLE

Une femme insensible est celle qui n'a pas encore vu celui qu'elle doit aimer.

JEAN DE LA BRUYÈRE, *Caractères*.

INSIGNIFIANT

Mon cinquième fils était si insignifiant qu'on se sentait littéralement seul en sa compagnie.

FRANZ KAFKA

INSOLATION

Louis XIV fuyait les miroirs tant il craignait l'insolation.

JACQUES PRÉVERT, *Fatras*.

INSOLENCE

C'est le mot dont on qualifie l'esprit des inférieurs quand on reste à court de réponse.

GILBERT CESBRON

INSOLENT

Ne sois jamais insolent que par volonté délibérée.

ALAIN

INSOMNIAQUE

Qu'est-ce qu'une crucifixion unique, auprès de celle, quotidienne, qu'endure l'insomniaque ?

EMIL MICHEL CIORAN

INSOMNIE

Pour lutter contre l'insomnie, faites un quart d'heure de yoga, mangez une pomme crue, avalez une infusion de passiflore (*Passiflora incarnata*), prenez un bain chaud à l'essence de serpolet (*Thymus serpyllum*), frictionnez-vous à l'huile essentielle de jasmin (*Jasminys officinale*) et orientez votre lit au nord. Quand vous aurez fini tout ça, il ne sera pas loin de huit heures du matin.

PIERRE DESPROGES, *L'Almanach*.

Un bon traitement contre l'insomnie est de beaucoup dormir.

W. C. FIELDS

Tout le monde sait qu'en cas d'insomnie il suffit d'additionner mouton après mouton pour s'endormir. Mais combien de personnes savent que, pour rester éveillé, il suffit de soustraire les moutons ?

LES MARX BROTHERS

Si les insomnies d'un musicien lui font créer de belles œuvres, ce sont de belles insomnies.

ANTOINE DE SAINT-EXUPÉRY,
Vol de nuit.

INSOUCIANCE

Sans nous préoccuper de ce que nous
[destine
Le sort, nous marcherons pourtant
[du même pas,
Et la main dans la main, avec l'âme
[enfantine
De ceux qui s'aiment sans mélange,
[n'est-ce pas ?

PAUL VERLAINE

INSPIRATION

L'inspiration n'est le plus souvent qu'une réminiscence.

NAPOLÉON Ier

Je n'attends pas l'inspiration pour écrire et je fais à sa rencontre plus de la moitié du chemin.

JULES SUPERVIELLE

INSPIRER

Vous voulez ressembler aux Muses ?
inspirez, mais n'écrivez pas !

PONCE DENIS ÉCOUCHARD LEBRUN,
dit PINDARE,
Odes aux belles qui veulent écrire.

INSTINCT

L'instinct et l'intelligence représentent deux solutions divergentes, également élégantes, d'un seul et même problème.

HENRI BERGSON, *L'Évolution créatrice*.

Jouir avant de posséder, voilà l'instinct de l'homme ; posséder avant de jouir voilà l'instinct de la femme.

ANTOINE FABRE D'OLIVET,
L'Histoire philosophique du genre humain.

La raison, la superbe raison est capricieuse et cruelle. La sainte ingénuité de l'instinct ne trompe jamais. Dans l'instinct est la seule vérité, l'unique certitude que l'humanité puisse jamais saisir en cette vie illusoire.

ANATOLE FRANCE,
Pierre Nozière.

Parmi toutes les variétés de l'intelligence découvertes jusqu'à présent, l'instinct est, de toutes, la plus intelligente.

FRIEDRICH NIETZSCHE,
Par-delà le bien et le mal.

INSTITUT

Ci-gît qui fit des vers, les fit mal et
[ne put
Quoiqu'il fût sans esprit, être de
[l'Institut.

LOUIS VIGÉE,
épitaphe sur lui-même.

INSTITUTEUR

La plus grande misère est celle du maître d'école.

JULES MICHELET, *Le Peuple*.

INSTRUCTION

Qui s'instruit sans agir, laboure sans semer.

Proverbe arabe

Les plumes décorent le paon, l'instruction l'homme.

Proverbe russe

Les leçons et les exemples sont peu de choses pour un jeune homme ; et ce n'est jamais qu'à ses dépens qu'il s'instruit.

CLAUDE CRÉBILLON FILS,
Les Égarements du cœur et de l'esprit.

Laissez jouer un enfant et mêlez l'instruction avec le jeu ; que la sagesse ne se montre à lui que par intervalle et avec un visage riant.

FÉNELON,
De l'éducation des filles, chap. V.

INSTRUIRE

Du reste, je déteste tout ce qui ne fait que m'instruire sans augmenter mon activité ou l'animer directement.

WOLFGANG VON GOETHE,
correspondance à Schiller, cité par NIETZSCHE.

INSUPPORTABLE

La même cause qui rend un enfant criard à trois ans le rend mutin à douze, querelleur à vingt, impérieux à trente et insupportable toute sa vie.

JEAN-JACQUES ROUSSEAU

INTELLECTUEL

Un intellectuel assis va moins loin qu'un con qui marche.

MICHEL AUDIARD,
Un taxi pour Tobrouk.

Voir INTELLIGENT (Mme de Girardin).

L'opinion courante n'aime pas le langage des intellectuels. Aussi a-t-il été souvent fiché sous l'accusation de jargon intellectualiste. Il se sentait l'objet d'une sorte de racisme : on excluait son langage, c'est-à-dire son corps : « Tu ne parles pas comme moi, donc, je t'exclus. »

ROLAND BARTHES,
Roland Barthes par lui-même.

L'intellectuel est si souvent imbécile que nous devrions toujours le tenir pour tel jusqu'à ce qu'il nous ait prouvé le contraire.

GEORGES BERNANOS,
La France contre les robots.

L'intellectuel est quelqu'un dont le cerveau s'absente lui-même.

ALBERT CAMUS, *Carnets*.

Un intellectuel, c'est quelqu'un qui entre dans une bibliothèque même quand il ne pleut pas.

ANDRÉ ROUSSIN

L'intellectuel est quelqu'un qui se mêle de ce qui ne le regarde pas.

JEAN-PAUL SARTRE,
Plaidoyer pour les intellectuels.

Un intellectuel est un homme qui utilise plus de mots qu'il n'en faut pour en dire plus qu'il n'en sait.

ADLAÏ STEVENSON, cité par
ANDRÉ FESTJENS in *Citations du xxe siècle*.

Les intellectuels sont ceux qui donnent des valeurs à ce qui n'en a point.

PAUL VALÉRY, *Mélange*.

INTELLIGENCE

Il vaut mieux mobiliser son intelligence sur des bêtises que mobiliser sa bêtise sur des choses intelligentes.

Devise SHADOK

L'intelligence consiste à ne pas faire deux fois la même erreur.

Proverbe

C'est grâce à son intelligence que l'intelligent comprend pourquoi l'imbécile réussit.

Proverbe ashkénaze

Je plains ceux qui ont l'air intelligent ; c'est une promesse qu'on ne peut tenir.

ALAIN

L'intelligence, c'est ce qui dans un homme reste toujours jeune.

ALAIN, *Propos*.

L'intelligence artificielle se définit comme le contraire de la bêtise naturelle.

WOODY ALLEN

Les hommes qui montrent trop leur intelligence sont comme les femmes qui montrent trop leurs seins.

ANTÓNIO LOBO ANTUNES,
Entretien dans *Lire*, novembre 1999.

Question d'intelligence : comment vous figurez-vous l'homme des cavernes ? Avait-il un pardessus ?

E. AUBRIOT,
Pour devenir un homme,
cité par MICHEL JEURY in *La Gloire du certif*.

L'intelligence est presque inutile à celui qui ne possède qu'elle.

ALEXIS CARREL, *L'Homme, cet inconnu*.

L'intelligence est un capitaine qui est toujours en retard d'une bataille. Et qui discute après la bataille.

LÉON-PAUL FARGUE, *Sous la lampe*.

L'intelligence a été créée il y a très longtemps par un type vachement intelligent. La connerie, c'est autre chose, c'est une création collective.

PHILIPPE GELUCK, *Le Succulent du chat*.

Il y a trois sortes d'intelligence : l'intelligence humaine, l'intelligence animale et l'intelligence militaire.

ALDOUS HUXLEY, *Contrepoint*.

L'intelligence, ce n'est pas seulement ce que mesurent les tests, c'est aussi ce qui leur échappe.

EDGAR MORIN,
La Connaissance de la connaissance.

Notre intelligence tient dans l'ordre des choses intelligibles le même rang que notre corps dans l'étendue de la nature.

BLAISE PASCAL, *Pensées*.

Les moyens de développer l'intelligence ont augmenté le nombre des imbéciles.

FRANCIS PICABIA, *Écrits*.

Les trois quarts des gens du monde trouvent une personne intelligente parce qu'elle passe pour intelligente. Et, parce qu'elle passe pour intelligente, le dernier quart la trouve bête. Ce qu'elle est en réalité échappe aux uns et aux autres.

MARCEL PROUST, *Pensées de jeunesse*.

L'amour tue l'intelligence. Le cerveau fait sablier avec le cœur. L'un ne se remplit que pour vider l'autre.

JULES RENARD, *Journal*.

L'intelligence, c'est l'imprévisible.

MICHEL SERRES

Que de fautes l'intelligence commet parce que le corps n'est pas bien dressé.

SOCRATE

Ce n'est pas la largeur d'épaules qui fait la souveraineté, c'est l'intelligence.

SOPHOCLE

INTELLIGENT

Point n'est besoin d'être intelligent pour avoir de la chance, mais point n'est besoin de chance pour être intelligent.

Dicton juif

Aimer les femmes intelligentes est un plaisir de pédéraste.

CHARLES BAUDELAIRE

Pour un homme intelligent, vous n'êtes pas si bête que ça.

TRISTAN BERNARD, *Le Petit Café*.

Une femme qui se croit intelligente réclame les mêmes droits que l'homme ; une femme intelligente y renonce.

COLETTE

Un homme intelligent à pied va moins vite qu'un sot en voiture.

MME DE GIRARDIN (DELPHINE GAY),
Lettres parisiennes.

Voir INTELLECTUEL (Michel Audiard).

Nous ne demandons pas aux jolies femmes d'être intelligentes, mais nous ne pardonnons guère aux femmes intelligentes d'être laides.

JEAN MISTLER, *Bon poids*.

Les trois quarts du mal des gens intelligents viennent de leur intelligence. Il leur faut au moins un médecin qui connaisse ce mal-là.

MARCEL PROUST,
À l'ombre des jeunes filles en fleurs.

Une femme intelligente est une femme avec laquelle on peut être aussi bête que l'on veut.

PAUL VALÉRY,
Mauvaises Pensées et autres.

INTEMPÉRANCE

Une jeunesse passée dans l'intempérance transmet à la vieillesse un corps épuisé.

CICÉRON

INTERDIT

Le livre au monde qui le premier mériterait d'être interdit serait le catalogue des livres interdits.

GEORG CHRISTOPH LICHTENBERG, *Le Miroir de l'âme*.

INTÉRÊT

L'intérêt parle toutes sortes de langues et joue toutes sortes de personnages, même celui du désintéressé.

FRANÇOIS DE LA ROCHEFOUCAULD, *Réflexions*.

Du globe où nous vivons, despote [universel,
Il n'est qu'un seul ressort, l'intérêt [personnel.
À tous nos sentiments, c'est lui seul [qui préside ;
C'est lui qui, dans nos choix, nous [éclaire et nous guide.

CHARLES PALISSOT DE MONTENOY, *Les Philosophes*.

Ce bel ami qui ne vous sert que par [intérêt
Et ne vous suit que pour la forme
Pliera bagage dès qu'il commencera [à pleuvoir
Et vous laissera seul exposé à l'orage

WILLIAM SHAKESPEARE, *Le Roi Lear*.

INTÉRIEUR

Savoir bien découvrir l'intérieur d'autrui et cacher le sien est une grande marque de supériorité d'esprit.

MME DE SABLÉ, *Maximes*.

INTERMITTENCE

Car aux troubles de la mémoire sont liées les intermittences du cœur.

MARCEL PROUST, *Sodome et Gomorrhe*.

INTERPRÉTATION

Il y a plus affaire à interpréter les interprétations qu'à interpréter les choses, et plus de livres sur les livres que sur autre sujet : nous ne faisons que nous entregloser.

MONTAIGNE, *Essais*, livre III.

INTOLÉRANT

Quiconque me dit : « Pense comme moi ou Dieu te damnera », me dira bientôt : « Pense comme moi ou je t'assassinerai ».

VOLTAIRE

INTRIGUE

Les femmes sont l'âme de toutes les intrigues ; on devrait les reléguer dans leur ménage ; les salons du gouvernement devraient leur être fermés.

NAPOLÉON III

INTUITION

Cette fameuse intuition des femmes qui, neuf fois sur dix, leur fait commettre des erreurs irréparables.

JEAN-MARIE ROUART

INUTILE

On ne m'a envoyé que pour faire nombre ; encore n'avait-on que faire de moi, et la pièce n'en aurait pas moins été jouée, quand je serais demeuré derrière le théâtre.

JACQUES BÉNIGNE BOSSUET, *Sermon sur la mort*.

Une vie inutile est une mort anticipée.

WOLFGANG VON GOETHE

Il n'arrive peut-être pas d'événements inutiles.

MAURICE MAETERLINCK, *Pelléas et Mélisande*.

INUTILITÉ

En fait d'inutilités, il ne faut que le nécessaire.

NICOLAS DE CHAMFORT, *Caractères et Anecdotes*.

INVECTIVE

L'invective est indispensable à la polémique. Mais, elle doit être choisie et enchâssée. Rien n'est plus difficile à bien situer qu'un gros mot.

LÉON DAUDET, *Le Courrier des Pays-Bas*.

INVENTER

Gutenberg inventa la machine à écrire, Christophe Colomb inventa l'Amérique, François Ier inventa la syphilis et Mayonnaise inventa la sauce. Hélas, tout cela en pure perte car Lépine n'inventa le concours que quatre siècles plus tard.

FRANÇOIS CAVANNA,
La Grande Encyclopédie bête et méchante.

INVENTEUR

Il faut avouer que les inventeurs des arts mécaniques ont été bien plus utiles aux hommes que les inventeurs de syllogismes.

VOLTAIRE

INVENTION

Ma femme ? Je ne saurais mieux la comparer qu'à une invention française. C'est moi qui l'ai trouvée et ce sont les autres qui en profitent.

HENRI DUVERNOIS

Si marcher sur deux jambes n'est pas naturel à l'homme, c'est pourtant une invention qui lui fait honneur.

GEORG CHRISTOPH LICHTENBERG,
Aphorismes.

Voici une invention bien curieuse que l'on vient de présenter à l'Institut. C'est le nouveau boomerang français, dont le bois est taillé de telle sorte que l'instrument, une fois jeté sur l'adversaire, ne revient pas à celui qui l'a lancé.

GASTON DE PAWLOWSKI,
Inventions nouvelles et dernières nouveautés.

LA BROUETTE
OU LES GRANDES INVENTIONS

Le paon fait la roue
Le hasard fait le reste
Dieu s'assoit dedans
Et l'Homme le pousse.

JACQUES PRÉVERT, *Paroles*.

Toute l'invention consiste à faire quelque chose de rien.

JEAN RACINE

Si la nécessité est la mère de l'invention, qu'est-ce que faisait papa ?

THORSTEIN VEBLEN

INVISIBLE

Les morts sont des invisibles et non pas des absents.

SAINT AUGUSTIN

La porte de l'invisible doit être visible.

RENÉ DAUMAL

L'essentiel est invisible. On ne voit bien qu'avec le cœur.

ANTOINE DE SAINT-EXUPÉRY,
Le Petit Prince.

INVOCATION

L'invocation à Dieu, ou spiritualité, est un désir de monter en grade ; celle de Satan, ou animalité est une joie de descendre. C'est à cette dernière que doivent être rapportées les amours pour les femmes et les conversations intimes avec les animaux, chiens, chats... etc.

CHARLES BAUDELAIRE, *Mon cœur mis à nu*.

IRANIEN

Un Iranien modéré est quelqu'un qui a épuisé ses munitions.

HENRY KISSINGER

IRLANDAIS

Dans un pub irlandais, les clients avaient été priés de ne pas jeter leurs mégots sur le plancher sans les éteindre : les gens qui sortaient avaient des brûlures sur les mains et sur le visage.

TONY BUTLER

IRLANDE

Je n'ai rien contre l'Irlande. Sauf que c'est l'Irlande. Je n'ai rien contre l'Angleterre, sauf que ce n'est pas l'Irlande.

GEORGE BERNARD SHAW,
L'Autre Île de John Bull.

IRONIE

L'ironie est une manifestation de l'avarice, une crispation de l'intelligence serrant les dents plutôt que de lâcher un seul mot de louange. L'humour, à l'inverse, est une manifestation de la générosité : sourire de ce qu'on aime, c'est l'aimer deux fois plus.

CHRISTIAN BOBIN, *L'Éloignement du monde*.

L'ironie est l'une des formes de la sincérité.

ALFRED CAPUS, *Pensées*.

L'ironie nous enseigne à nous moquer des savants et des sots, que nous pourrions, sans elle, avoir la faiblesse de haïr.

ANATOLE FRANCE

Ironie, vraie liberté, c'est toi qui nous délivre de l'ambition du pouvoir, de la servitude des partis, du respect de la routine, du pédantisme de la science, de l'admiration des grands personnages, des mystifications de la politique, du fanatisme des réformateurs et de l'adoration de soi-même.

PIERRE JOSEPH PROUDHON

L'ironie est la pudeur de l'humanité.

JULES RENARD, *Journal*.

Gagnez les profondeurs, l'ironie n'y descend pas.

RAINER MARIA RILKE, *Lettre à un jeune poète*.

IRREMPLAÇABLE

Ne t'attache en toi qu'à ce que tu sens, qui n'est nulle part ailleurs qu'en toi-même, et crée de toi, impatiemment ou patiemment, ah ! le plus irremplaçable des êtres !

ANDRÉ GIDE, *Les Nourritures terrestres*.

IRRESPECT

Nous sommes au siècle des chefs-d'œuvre de l'irrespect.

EDMOND et JULES DE GONCOURT, *Idées et Sensations*.

ISLAMISME

Nos femmes, c'est pour nous
Vos femmes, c'est pour nous
Nos femmes, c'est pas pour vous.

Cité par BRUNO ÉTIENNE, in *L'Islamisme radical*.

ISOLOIR

L'isoloir, ce n'est jamais qu'une vespasienne.

VLADIMIR WOLKOFF, *Les Humeurs de la mer*.

ISRAËL

En Israël, si vous voulez être réaliste, vous devez croire aux miracles.

DAVID BEN GOURION

Tant d'histoire(s) pour si peu de géographie !

FRANÇOIS MITTERRAND, cité par SYLVIE PIERRE-BROSSOLETTE in *Paroles de Président*.

ITALIANISME

« Pour traduire "de vous voir", il faut dire *di vedervi*, et non pas *di vi vedere*.

— Je croyais, monsieur, qu'il fallait mettre le *vi* devant.

— Non, mademoiselle, nous le mettons derrière. »

Voilà Monsieur et Madame pâmés de rire, la demoiselle qui rougit, et moi interdit et désespéré d'avoir dit une bêtise de ce calibre ; mais c'était fait.

GIOVANNI GIACOMO CASANOVA, *Histoire de ma vie*, III, 9.

ITALIE

L'Italie ! on croit que c'est une botte... c'est un derrière.

HANS VON BÜLOW

Italie, Ô Italie, tu as le don fatal de la beauté.

LORD BYRON, *Le Pèlerinage de Childe Harold*, ch. IV.

Celui qui a bien vu l'Italie ne peut jamais être tout à fait malheureux.

WOLFGANG VON GOETHE, *Voyage en Italie*.

C'est le peuple italien qui, parfois, vide pour moi l'Italie de son charme.

JULIEN GRACQ

Un homme qui n'aime pas l'Italie est toujours plus ou moins un barbare.

FÉLICIEN MARCEAU, *En de secrètes noces*.

ITALIEN

L'Italien est un peuple si musical qu'au lieu de dire vingt sous, comme chez nous, il dit une lire.

ALPHONSE ALLAIS, *Le Journal*.

Les Italiens sont des Français de bonne humeur.

JEAN COCTEAU, *Maalesh*.

ITINÉRAIRE

C'est précisément parce qu'il partait vers un pays inconnu qu'Abraham savait qu'il était sur la bonne route.

GRÉGOIRE DE NYSSE

IVRE

Il faut être toujours ivre [...]. Pour ne pas sentir l'horrible fardeau du temps qui brise vos épaules et vous penche vers la terre, il faut vous enivrer sans trêve. Mais de quoi ? De vin, de poésie ou de vertu, à votre guise. Mais enivrez-vous !

CHARLES BAUDELAIRE

IVRESSE

Si quelque chose devait me manquer, ce ne serait plus le vin, ce serait l'ivresse.

MICHEL AUDIARD, *Un singe en hiver*.

J-K

JACUZZI

À la maison, quand on voulait avoir des bulles, on était obligé de péter dans le bain !

EDDY MURPHY,
dans le film *Un fauteuil pour deux*.

JALOUSIE

... La jalousie seule m'a fait sentir que j'étais amoureux.

MME DE LA FAYETTE, *Zaïde*.

La jalousie est en quelque manière juste et raisonnable, puisqu'elle ne tend qu'à conserver un bien qui nous appartient ou que nous croyons nous appartenir, au lien que l'envie est une fureur qui ne peut souffrir le bien des autres.

FRANÇOIS DE LA ROCHEFOUCAULD

Il y a dans la jalousie plus d'amour-propre que d'amour.

FRANÇOIS DE LA ROCHEFOUCAULD

La jalousie naît toujours avec l'amour, mais elle ne meurt pas toujours avec lui.

FRANÇOIS DE LA ROCHEFOUCAULD,
Maximes.

La jalousie est de toutes les maladies de l'esprit celle à qui le plus de choses servent d'aliment et le moins de choses de remèdes.

MICHEL DE MONTAIGNE, *Essais*.

La jalousie est l'amour-propre de la chair.

ÉTIENNE REY,
Maximes morales et immorales.

La jalousie, comme le feu, peut raccourcir les cornes, mais elle les fait sentir mauvais.

JONATHAN SWIFT,
Opuscules humoristiques.

La jalousie est une preuve de cœur comme la goutte, de jambes.

PAUL-JEAN TOULET,
Monsieur du Paur, homme public.

La sombre jalousie, au teint pâle et [livide,
Suit d'un pas chancelant le soupçon [qui la guide.

VOLTAIRE, *La Henriade*.

JALOUX

On méprise un homme qui est jaloux de sa femme, parce que c'est un témoignage qu'il ne l'aime pas de la bonne sorte, et qu'il a mauvaise opinion de soi ou d'elle.

RENÉ DESCARTES,
Traité des passions de l'âme.

Les femmes détestent un jaloux qui n'est point aimé ; mais elles seraient fâchées qu'un homme qu'elles aiment ne fût pas jaloux.

NINON DE LENCLOS, *Correspondance*.

La femme pardonne rarement qu'on soit jaloux ; ni jamais ne pardonne qu'on ne le soit pas.

PAUL-JEAN TOULET, *Les Trois Impostures*.

JAMAIS

Si un homme n'est pas amant à vingt ans, fort à trente, riche à quarante, sage à cinquante, il ne le sera jamais.

Proverbe tchécoslovaque

« Pour jamais ! Ah ! Seigneur,
[songez-vous en vous-même
Combien ce mot cruel est affreux
[quand on aime ? »

JEAN RACINE, *Bérénice*, acte V, scène 4.

JAMBE

Les jambes permettent aux hommes de marcher et aux femmes de faire leur chemin.

ALPHONSE ALLAIS

Elle avait des jambes comme des poteaux laids. Tout le monde l'appelait Perrette, allez savoir pourquoi !

CHRISTIAN POSLANIEC,
La Poésie comique (inédit).

JAPON

Un éditeur de Tokyo, renvoyant son manuscrit à un auteur, lui écrit à ce propos :

« Si nous l'éditions, S. M. l'Empereur nous l'imposerait pour modèle et ne nous permettrait plus de publier une œuvre inférieure à la vôtre ; ce qui nous mettrait dans l'impossibilité de poursuivre notre activité pour dix mille ans au moins. »

JEAN GRENIER, *Lexique*.

JAPONAIS

Pour se nourrir, les Japonais mangent du riz sans blanquette ! J'en ris encore.

PIERRE DESPROGES,
Les étrangers sont nuls.

Le Japonais est si petitement logé qu'il lui faut bien une vie intérieure.

GUILLERÉ

JARDIN

Venez à Salone, vous y verrez si le soin que je prends de mon jardin ne me rend pas plus heureux qu'un empire, et vous apprendrez vous-même à apprécier le bonheur que je goûte en cultivant mes choux.

AURELIUS VICTOR,
Épitomé de Caesaribus.

Mon corps est un jardin, ma volonté est son jardinier.

WILLIAM SHAKESPEARE

JARDINIER

Pour l'amour d'une rose, le jardinier devient l'esclave de mille épines.

Proverbe turc

Voulez-vous profiter de votre jardin ? Mettez des vêtements souples et lâches, un chapeau de paille, ayez dans une main un râteau et dans l'autre une boisson glacée, indiquez ensuite au jardinier la plate-bande qu'il doit bêcher.

New York Times, cité par CLAUDE JEAN.

Il en a pris de la graine le jardinier en herbe, pour réussir ses semis professionnels.

HIPPOLYTE DOMONT,
Propos de mon village.

Pourquoi Dieu a-t-il fait l'homme jardinier ? C'est parce qu'il savait qu'au jardin la moitié du travail se fait à genoux.

RUDYARD KIPLING

JARGON

Langue factice dont les gens d'une même cabale conviennent afin qu'on ne les entende [comprenne] pas, tandis qu'ils l'entendent entre eux.

ANTOINE FURETIÈRE,
Dictionnaire universel.

Chaque science, chaque étude a son jargon inintelligible, qui semble n'être inventé que pour en défendre les approches.

VOLTAIRE, *Essai sur la poésie épique*.

JARRETIÈRE

Jarretière : Bande élastique qui permet d'éviter qu'une femme sorte de ses bas et aille désoler la contrée.

AMBROSE BIERCE,
Le Dictionnaire du Diable.

JAUNE

Tout semble jaune à qui est atteint de jaunisse.

LUCRÈCE, *De la nature des choses*.

JAURÈS (Jean)

Il est mort en 14, mais on pourrait dire en vain.

ALAIN DAUTRIAT, *Pensées de sel*.

JE

Car Je est un autre. Si le cuivre s'éveille clairon, il n'y a rien de sa faute. [...] Cela m'est évident : j'assiste à l'éclosion de ma pensée.

ARTHUR RIMBAUD, *Correspondance*.

JEANNE D'ARC

Si cette déplorable pucelle était restée dans sa prairie à filer la laine de ses moutons, un royaume franco-anglais serait né avec les mariages des Plantagenêts, un royaume invincible qui aurait tenu l'Europe en paix. Ah ! les femmes !

ARISTIDE BRIAND

Jeanne [d'Arc] vint au monde à cheval, sous un chou qui était un chêne.

JOSEPH DELTEIL,
incipit de *Jeanne d'Arc*.

Jeanne d'Arc s'appelait ainsi parce qu'elle tirait beaucoup de flèches.

JEAN-CHARLES, *Hardi, les cancres !*

JÉRUSALEM

Si je t'oublie, Jérusalem
Que ma droite m'oublie !
Que ma langue s'attache à mon [palais,
Si je ne me souviens de toi,
Si je ne fais de Jérusalem
Le principal sujet de ma joie !

Ancien Testament, Psaumes, 137.

Trop de tombeaux pour un seul ressuscité.

JEAN-PAUL DUBOIS,
Je pense à autre chose.

Jérusalem : J'ai rusé l'âme.

JACQUES PRÉVERT, *Fatras*.

JÉSUITISME

Le jésuitisme a été inventé à seule fin de donner aux fidèles une image fausse des infidèles.

CHARLES PÉGUY, *L'Affaire Dreyfus*.

JÉSUS

Jésus peur parce que Jésus crie.

Anonyme

Comment sait-on que Jésus était juif ? Pour quatre raisons :
1) il avait trente ans, il était célibataire et il vivait chez sa mère ;
2) il est entré dans l'affaire de son père ;
3) il croyait que sa mère était vierge ;
4) et sa mère le prenait pour Dieu.

Plaisanterie juive

Si Jésus vivait de nos jours, il devrait monter au calvaire en portant sa guillotine sur son dos.

FRANÇOIS CAVANNA

Depuis deux mille ans, Jésus se venge sur nous de n'être pas mort sur un canapé.

EMIL MICHEL CIORAN

Si Dieu avait eu une fille plutôt qu'un garçon, la religion n'existerait pas. Mademoiselle Jésus, c'est pas pensable ! Ils auraient pas osé la crucifier ; ils l'auraient mise en pension.

JEAN-MARIE GOURIO,
Brèves de comptoir.

Non seulement Jésus-Christ était fils de Dieu, mais encore il était d'excellente famille du côté de sa mère.

MGR LOUIS DE QUELEN, *Sermons*.

Voyons ! Si Dieu n'existait pas, comment aurait-Il un fils ?

AURÉLIEN SCHOLL

Il a toujours enfreint la loi. Il a enfreint la loi dès le jour de sa naissance : ses parents n'étaient pas mariés.

GEORGE BERNARD SHAW

JET D'EAU

Les jets d'eau que je regarde retombent toujours.

REMY DE GOURMONT

JEU

Pour rester dans le domaine des jeux de plein air, il est à noter une prédilection masochiste des Français pour deux exercices dans lesquels ils se révèlent particulièrement malchanceux : la guerre et le football.

MICHEL AUDIARD, *Vive la France.*

Avec mes gains au baccara, je me suis acheté une casquette de yachtman. Avec mes pertes, j'aurais pu m'acheter le bateau.

TRISTAN BERNARD

Ce qu'il y a de terrible avec l'argent gagné au jeu, c'est qu'on le dépense d'abord et qu'on le reperd après.

TRISTAN BERNARD

L'homme véritable veut deux choses : le danger et le jeu. C'est pourquoi, il veut la femme, le jouet le plus dangereux.

FRIEDRICH NIETZSCHE,
Ainsi parlait Zarathoustra.

JEU DE MOTS

Un jeu de mots est comme une paire de chaussures ; quand il est usé, on le ressemelle et il fait encore bon profit.

GABRIEL DE LAUTREC,
Les Histoires de Tom Joe.

JEUNE

Jeune qui veille et vieux qui dort sont signes de mort.

Proverbe

De jeune avocat, héritage perdu ; de jeune médecin, cimetière bossu.

Proverbe français

Je ne suis pas assez jeune pour tout savoir.

JAMES MATTHEW BARRIE

Le vieillard a été jeune, alors que le jeune homme ne sait pas s'il deviendra vieux ; un bien qui a été donné vaut mieux qu'un bien futur et douteux.

DÉMOCRITE

Le destin déplorable des jeunes gens dans le vent est de finir dans la peau de vieillards enrhumés.

JEAN DUTOURD,
Les Matinées de Chaillot.

Les jeunes veulent tout : Rimbaud et Rambo.

PATRICK GRAINVILLE,
Le Figaro, 13 novembre 1990.

Adressez-vous aux jeunes gens : ils savent tout !

JOSEPH JOUBERT

Jeune, on est riche de tout l'avenir qu'on rêve ; vieux, on est pauvre de tout le passé qu'on regrette.

P. ROCHEPÈDRE

Quand j'étais jeune, je plaignais les vieux. Maintenant que je suis vieux, ce sont les jeunes que je plains.

JEAN ROSTAND, *Carnets d'un biologiste.*

Les enfants sont plus jeunes que bien des vieillards.

ERIK SATIE

Beaucoup de gens ne sont jamais jeunes ; quelques personnes ne sont jamais vieilles.

GEORGE BERNARD SHAW

Quand on est jeune, c'est pour toujours.

PHILIPPE SOUPAULT

Le mot « jeune » est un mot de vieux.

NICOLE VÉDRÈS

JEUNE FILLE

C'était une jeune fille d'aujourd'hui, c'est-à-dire, à peu près, un jeune homme d'hier.

PAUL MORAND,
L'Europe galante.

Faire un enfant à une jeune fille, c'est un gros sans gène.

MARCEL PAGNOL,
Fanny, acte I, 2e tableau, scène VI.

Autrefois, quand elle était gênée, une jeune fille rougissait. Aujourd'hui quand une jeune fille rougit, elle est gênée.

MME SIMONE

JEUNESSE

Jeune homme, réjouis-toi dans ta jeunesse, livre ton cœur à la joie pendant les jours de ta jeunesse, marche dans les voies de ton cœur et selon les regards de tes yeux ; mais sache que, pour tout cela, Dieu t'appellera en jugement. Bannis de ton cœur le chagrin, et éloigne le mal de ton corps ; car la jeunesse et l'aurore sont vanité.

L'Ecclésiaste, XII, 1 et 2.

Jeunesse oiseuse
Vieillesse disetteuse.

Dicton

Chacun a ce qu'il veut. La jeunesse se trompe là-dessus parce qu'elle ne sait bien que désirer, et attendre la manne. Or, il ne tombe point de manne ; et toutes les choses désirées sont comme la montagne, qui attend, que l'on ne peut manquer. Mais aussi, il faut grimper.

ALAIN,
Propos sur le bonheur.

J'avais demandé à Picasso quel était le secret de sa jeunesse. Sans hésitation, il m'avait répondu : « Je pisse dehors. »

YVAN AUDOUARD,
Les Pensées.

Il est en quelque sorte deux jeunesses, la jeunesse durant laquelle on croit, la jeunesse pendant laquelle on agit ; souvent elles se confondent chez les hommes que la nature a favorisés et qui sont, comme César, Newton et Bonaparte, les plus grands parmi les grands hommes.

HONORÉ DE BALZAC

C'est la fièvre de la jeunesse qui maintient le reste du monde à la température normale. Quand la jeunesse se refroidit, le reste du monde claque des dents.

GEORGES BERNANOS,
Les Grands Cimetières sous la lune.

Les plaisirs de la jeunesse reproduits par la mémoire sont des ruines vues au flambeau.

FRANÇOIS RENÉ DE CHATEAUBRIAND,
Mémoires d'outre-tombe, I, 3.

La jeunesse est une acquisition de l'âge mûr.

JEAN COCTEAU

Si l'on pouvait recouvrer l'intransigeance de la jeunesse, ce dont on s'indignerait le plus c'est de ce qu'on est devenu.

ANDRÉ GIDE,
Les Faux-Monnayeurs.

On a dit que je cours après ma jeunesse. Il est vrai. Et pas seulement après la mienne.

ANDRÉ GIDE, *Journal.*

La jeunesse, c'est la passion pour l'inutile.

JEAN GIONO,
Triomphe de la vie.

Vous nous ennuyez avec votre jeunesse. Elle sera la vieillesse dans trente ans.

JEAN GIRAUDOUX,
La guerre de Troie n'aura pas lieu.

S'il est vrai que la jeunesse est un défaut, on s'en corrige bien vite.

WOLFGANG VON GOETHE

La jeunesse n'a qu'un temps. La vieillesse, elle, n'a que des contretemps.

LE CORBUSIER

On revient de sa jeunesse comme d'un pays étranger. Le poème, le livre est la relation du voyage.

FEDERICO GARCÍA LORCA

Il ne faut pas perdre de vue que la jeunesse, en France, on ne l'admire que chez les vieillards. Il n'y a d'ailleurs que là qu'elle soit admirable.

ROGER MARTIN DU GARD, *Petite suite de maximes et de caractères*.

La jeunesse, c'est quand on ne sait pas ce qui va arriver.

HENRI MICHAUX

La jeunesse ressemble à tout ce qui s'accroît, la vieillesse à tout ce qui décroît.

PYTHAGORE

La jeunesse est le temps que l'on a devant soi.

JULES ROMAINS, cité par FRANÇOIS MITTERRAND dans sa déclaration de candidature du 22 mars 1988.

Le vrai trésor de l'homme est la [vaste jeunesse
Le reste de nos ans ne sont que des [hivers.

PIERRE DE RONSARD, *Stances*.

La jeunesse est le temps d'étudier la sagesse. La vieillesse est le temps de la pratiquer.

JEAN-JACQUES ROUSSEAU

La jeunesse me suit, je la tiens par la main.

LOUIS SCUTENAIRE

Vitupérer la jeunesse est chez les adultes une nécessité hygiénique et favorise la circulation du sang.

LOGAN P. SMITH

La jeunesse est la seule chose qui vaille d'être possédée. Je ferais tout au monde pour la retrouver, sauf être respectable, me lever tôt et prendre de l'exercice.

OSCAR WILDE

Si l'on veut retrouver sa jeunesse, il suffit d'en répéter les erreurs.

OSCAR WILDE

JOCKEY

Je suis jockey parce que j'étais trop petit pour être un laveur de carreaux et trop gros pour être un nain de jardin.

Un jockey

JOCONDE

La Joconde sourit parce que tous ceux qui lui ont posé des moustaches sont morts.

ANDRÉ MALRAUX, *La Tête d'obsidienne*.

JOIE

La joie est en tout. Il s'agit de savoir l'extraire.

CONFUCIUS

La joie se partage. Il est impossible de ne la garder que pour soi.

JEAN GIONO

La joie ne se cueille pas deux fois dans une vie, comme les roses de Paestum deux fois dans une année.

EDGAR POE

La joie est le passage de l'homme d'une moindre à une plus grande perfection. La tristesse est le passage de l'homme d'une plus grande à une moins grande perfection.

BARUCH SPINOZA, *L'Éthique*, livre III.

JOLIE

Victor Hugo disait à Marie Dorval (1798-1849) qui fut la maîtresse adorée de Vigny : « Vous n'êtes pas jolie, vous êtes pire. »

Dites à une femme qu'elle est jolie, le diable le lui répétera dix fois par jour.

Proverbe français

Une jolie femme est anglaise par la tête, hollandaise par le corsage, française par la ceinture.

Proverbe anglais cité par A. VIALATTE in *Almanach des quatre saisons*.

« Je ne suis pas jolie, je suis pire », disait Marie Dorval.

EDMOND et JULES DE GONCOURT, *Journal*.

Voir ci-dessus VICTOR HUGO.

Une bonne personne, dans la bouche des femmes, est une autre femme qui a la bonté de n'être pas jolie.

MARIVAUX

Vous étiez jolie, vous n'étiez pas belle ; vous l'êtes. Et pourquoi ?

Vous avez aimé !

JULES MICHELET, *L'Amour*.

Dès qu'on dit à une femme qu'elle est jolie, elle se croit de l'esprit.

JULES RENARD, *Journal*.

JOUER

Un père de famille, c'est jamais un vrai père de famille. Un assassin, c'est jamais tout à fait un assassin. Ils jouent, vous comprenez ?

JEAN-PAUL SARTRE, *Les Mains sales*.

JOUIR

Les hommes qui sont nés pour jouir véritablement de la vie font ce qui leur plaît, à l'heure où cela leur plaît, et ne perdent pas leur temps à prévoir l'avenir, à se garer de catastrophes.

ALFRED CAPUS, *Les Pensées*

J'ai vingt et un ans dans vingt-trois jours : il est temps de jouir.

STENDHAL, *Journal*.

JOUR

Pour la Saint-Antoine (13 juin) les jours croissent comme la barbe d'un moine.

Dicton

À la Sainte-Luce (13 décembre) neigeuse le jour grandit d'un pied de poule couveuse.

Dicton

À la saint Sébastien (20 janvier) les jours rallongent du pas d'un chien.

Dicton

Pour Saint-Sylvestre (31 décembre) les jours croissent d'un pied de coq.

Dicton

Dieu donne à tout homme son jour de sainteté et à toute femme son jour de diablerie.

Proverbe malais

C'était pourtant un de ces jours où rien n'arrive.

JEAN GIRAUDOUX, *Suzanne et le Pacifique*, 1re phrase.

Le jour sort de la nuit comme d'une victoire.

VICTOR HUGO, « Booz endormi », *La Légende des siècles*.

Le jour paraît trop court à l'homme vertueux pour faire le bien ; et au méchant pour faire le mal.

Le Chou King

Les jours sont peut-être égaux pour une horloge, mais pas pour un homme.

MARCEL PROUST

JOURNAL

Il y a des journaux qu'on croirait seulement destinés à protéger le bas des cages à oiseaux.

SPIRO AGNEW

... Marchands de journaux du soir, hurlant à qui mieux mieux (ou pour dire plus juste : à qui pis pis)...

ALPHONSE ALLAIS

Les journaux, qui devraient être les éducateurs du public, n'en sont que les courtisans, quand ils n'en sont pas les courtisanes.

JULES BARBEY D'AUREVILLY, *Théâtre contemporain*.

Un journal coupé en morceaux n'intéresse aucune femme, alors qu'une femme coupée en morceaux intéresse tous les journaux.

TRISTAN BERNARD

Un journal, c'est la conscience d'une nation.

ALBERT CAMUS

— Quel grand papier que la Terre ; quels caractères que le Jour ; — quelle encre que la Nuit ! — Tout le monde imprime, tout le monde lit ; — personne ne comprend.

XAVIER FORNERET,
Encore un an de sans titre.

Le livre est un honnête homme, le journal est une fille.

EDMOND et JULES DE GONCOURT,
Journal.

Un journal est une longue lettre que l'auteur s'écrit à lui-même, et le plus étonnant est qu'il se donne à lui-même de ses propres nouvelles.

JULIEN GREEN, *Journal*.

Un rédacteur en chef est une personne employée par un journal et dont le boulot consiste à séparer le bon grain de la paille, puis à s'assurer que c'est bien la paille qu'on imprime.

KIN HUBBARD

L'homme qui ne lit rien du tout est mieux élevé que celui qui ne lit rien que les journaux.

THOMAS JEFFERSON

Homère est nouveau ce matin et rien n'est peut-être aussi vieux que le journal d'aujourd'hui.

CHARLES PÉGUY,
Les Cahiers de la Quinzaine.

Je ne lis jamais un journal de mon opinion : celle-ci serait faussée.

ERIK SATIE,
cité par ORNELLA VOLTA in *Erik Satie*.

Les journaux sont incapables, apparemment, de faire la différence entre un accident de bicyclette et le déclin d'une civilisation.

GEORGE BERNARD SHAW

« Qu'est-ce que c'est qu'un pisse-copie ?

— Un individu dont la vessie se prend pour *La Lanterne* (fondateur Henri Rochefort) et qui se figure qu'on est journaliste parce qu'on écrit dans un journal. »

BORIS VIAN,
inédit, cité in *Boris Vian en verve*.

JOURNALISME

Le journalisme est un métier où l'on passe une moitié de sa vie à parler de ce que l'on ne connaît pas et l'autre moitié à taire ce que l'on sait.

HENRI BÉRAUD

Le journalisme, c'est le contact et la distance.

HUBERT BEUVE-MÉRY
(fondateur du journal *Le Monde*).

Le vrai nom du journalisme, c'est l'oubli.

ÉMILE DE GIRARDIN

Dans le journalisme, l'honnête homme est celui qui se fait payer l'opinion qu'il a ; le malhonnête, celui qu'on paie pour avoir l'opinion qu'il n'a pas.

EDMOND et JULES DE GONCOURT,
Journal, 1863.

Le journalisme mène à tout à condition d'en sortir.

JULES JANIN

Un journaliste professionnel est un homme qui déforme les faits, consciemment ou non. La « version maison » sort de lui comme d'un moule. Un journal, c'est un gaufrier.

FRANÇOIS MAURIAC, *Bloc-notes I*.

Écrire dans *Le Figaro*, c'est presque pire qu'être malade.

JEAN D'ORMESSON

Le journalisme consiste à annoncer que M. Watson est mort à des millions de gens qui ne savaient pas qu'il vivait.

MARK TWAIN

En cette fin de siècle, le journalisme est illisible et la littérature n'est pas lue.

OSCAR WILDE

JOURNALISTE

D'abord, il lèche, puis il lâche et il lynche.

Cité par JEAN-FRANÇOIS KAHN
Ça se discute, A2, juin 1995.

Mon chien est un journaliste d'investigation : il renifle une crotte pendant trente secondes, il pisse dessus pendant deux minutes.

JOSÉ ARTUR, *Les Pensées*.

Lorsqu'un journaliste interviewe un autre journaliste, c'est comme quand on danse avec sa sœur.

ART BUCHWALD,
cité par PHILIPPE BOUVARD in
Les Pensées.

Le journaliste est stimulé par l'échéance : il écrit plus mal quand il a le temps.

KARL KRAUS, *Aphorismes*.

J'étais arrivé à Paris depuis des semaines et je n'avais encore réussi à vendre que quatre articles. Ces quatre articles étaient : mon pardessus, ma montre, mes bretelles et mon stylo.

YVES MIRANDE

Le vrai journaliste est celui qui vend la mèche en se brûlant les doigts.

PIERRE NORA

JOURNÉE

À partir de ce matin, la journée est plus longue d'une ligne.

IKKYU

Une journée bien remplie donne un bon sommeil. Une vie bien remplie donne une mort tranquille.

LÉONARD DE VINCI

JUDAÏSME

Judaïsme : religion des juifs fondée sur la croyance en un Dieu unique, ce qui la distingue de la religion chrétienne qui s'appuie sur la foi en un seul Dieu, et, plus encore, de la religion musulmane, résolument monothéiste.

PIERRE DESPROGES

JUGE

Le devoir des juges est de rendre la justice ; leur métier, de la différer. Quelques-uns savent leur devoir et font leur métier.

JEAN DE LA BRUYÈRE,
Les Caractères.

Un juge habitué est un juge mort pour la Justice.

CHARLES PÉGUY

JUGEMENT

Les hommes donnent leur mesure par leurs admirations, et c'est par leurs jugements qu'on peut les juger.

JULES BARBEY D'AUREVILLY,
Pensées détachées.

JUGEMENT DERNIER

Je vais vous dire un grand secret, mon cher : N'attendez pas le Jugement dernier. Il a lieu tous les jours.

ALBERT CAMUS, *La Chute*.

JUGER

Nous sommes habitués à juger les autres d'après nous, et si nous les absolvons complaisamment de nos défauts, nous les condamnons sévèrement de ne pas avoir nos qualités.

HONORÉ DE BALZAC

JUIF

Histoire juive :

— Pourquoi Dieu a-t-il créé les catholiques ?

— C'est pour qu'il y en ait quand même qui achètent au détail.

Anonyme

Montrez-moi un garçon juif qui ne fait pas d'études de médecine et je vous montrerai un avocat.

Anonyme

Dans ce monde entièrement chrétien, les poètes sont des juifs.

ANNA AKHMATOVA,
cité par FRÉDÉRIC FERNEY in *Aragon*.

Je fus élevé dans la tradition juive qui m'apprit à ne jamais épouser une fille non juive, à ne jamais me raser le samedi et, plus spécialement, à ne jamais raser une fille non juive un samedi.

WOODY ALLEN

On n'a pas besoin d'être juif pour se sentir traumatisé — mais ça aide !

WOODY ALLEN

Si t'as pas de grand-père banquier, veux-tu me dire à quoi ça sert d'être juif.

MICHEL AUDIARD,
Un taxi pour Tobrouk.

Non seulement je suis juif, mais mes moyens me permettent de ne pas être israélite.

TRISTAN BERNARD

J'appartiens à ce peuple qu'on a souvent appelé élu. Élu ? enfin, disons en ballottage.

TRISTAN BERNARD,
conférence à Nice, 1942.

Il faut tout accorder aux Juifs en tant qu'individus et tout leur refuser en tant que nation.

COMTE DE CLERMONT-TONNERRE,
Discours à l'Assemblée Constituante,
décembre 1789.

Comme tous les juifs bien pensants, elle était antisémite.

ANATOLE FRANCE

Juif, c'est pas une religion ! Aucune religion ne fait pousser un nez comme ça !

SERGE GAINSBOURG,
Au pays des malices.

Les Juifs étaient restés ce qu'ils avaient été de tout temps, c'est-à-dire un peuple d'élite, sûr de lui-même, dominateur.

CHARLES DE GAULLE,
Conférence de presse.

Être juif est une passion. Un orgueil qui coûte cher. Un honneur et des bassesses. Une souffrance, un délire. Les juifs n'en finissent pas d'être crucifiés par un monde qu'ils comprennent, transforment et dominent mieux que personne.

JEAN D'ORMESSON,
Histoire du Juif errant.

Les trois grandes fêtes juives sont : d'abord Rosh ha-Shana, le nouvel an juif. Ensuite Yom Kippour, le grand pardon et enfin le Salon du prêt-à-porter.

POPECK

JUIN

Juin ton soleil ardente lyre
Brûle mes doigts endoloris
Triste et mélodieux délire
J'erre à travers mon beau Paris
Sans avoir le cœur d'y mourir.

GUILLAUME APOLLINAIRE, *Alcools*.

JUMEAU

Au Luxembourg, je rencontre une superbe nourrice qui porte deux délicieuses petites jumelles, une sur chaque bras. [...] Après avoir embrassé les mignonnes, je demande à la nounou :

— Ça doit vous éreinter de porter ces deux enfants ?

— Oh ! Non, monsieur. Quand je suis fatiguée... je les change de bras.

ALPHONSE ALLAIS, *Le Tintamarre*.

Mme Unetelle est accouchée de deux enfants à la fois ; chaque père aura le sien.

DENIS DIDEROT

Nous étions deux jumeaux, mon frère Orion et moi. On n'arrivait à nous distinguer que par des rubans de couleur différente, que l'on nous nouait autour du cou. Un matin, comme on nous baignait, les rubans se sont détachés, et l'un de nous deux s'est noyé. On n'a jamais pu savoir si c'était Orion ou si c'était moi.

MARK TWAIN

JUMELAGE

La ville d'Antibes et la ville de Biot (Alpes-Maritimes) vont fusionner.

Leurs habitants s'appelleront désormais les Antibiotiques.

FRANCIS BLANCHE, *Les Pensées.*

JUPE

Étant donné que les jupes raccourcissent et que les décolletés se font de plus en plus bas, il suffit d'attendre que les deux se rejoignent.

PIERRE JEAN VAILLARD

JURY

Un jury est un groupe de douze personnes d'ignorance moyenne réunies par tirage au sort pour décider qui, de l'accusé ou de la victime, a le meilleur avocat.

HERBERT SPENCER.

JUSTE

Les Hellènes parlent mal lorsqu'ils disent : naître et mourir. Car rien ne naît, ni ne périt, mais des choses déjà existantes se combinent, puis se séparent de nouveau. Pour parler juste, il faudrait donc appeler le commencement des choses une composition et leur fin, une désagrégation.

ANAXAGORE

Il faut être juste avant d'être généreux, comme on a des chemises avant d'avoir des dentelles.

NICOLAS DE CHAMFORT, *Réflexions et Maximes.*

Il y a des guerres justes. Il n'y a pas d'armée juste.

ANDRÉ MALRAUX, *L'Espoir.*

Il n'y a que deux sortes d'hommes, les uns justes qui se croient pécheurs, les autres pécheurs qui se croient justes.

BLAISE PASCAL, *Pensées.*

Ce n'est pas un grand avantage d'avoir l'esprit vif si on ne l'a juste ; la perfection d'une pendule n'est pas d'aller vite, mais d'être réglée.

LUC DE VAUVENARGUES, *Réflexions et Maximes.*

JUSTICE

Thémis à quoi bon ta balance
Si l'or y sert de contrepoids ?

Épigramme anonyme

La justice, c'est comme la Sainte Vierge, si on la voit pas de temps en temps, le doute s'installe.

MICHEL AUDIARD, *Pile ou face.*

Je crois en la justice, mais je défendrais ma mère avant la justice.

ALBERT CAMUS, *Discours lors du prix Nobel.*

Chacun son métier et les Sceaux seront bien gardés.

RAYMOND CASTANS

Personne n'est exactement à sa place, Dieu merci ; une stricte justice serait intolérable.

JACQUES CHARDONNE, cité par J.-M. ROBERTS en épigraphe de *Méchant.*

Les enfants sont naïfs et aiment la justice, alors que les adultes sont pervers et préfèrent le pardon.

GILBERT KEITH CHESTERTON, *Orthodoxie.*

Quand on ne condamnera plus les portes et quand on n'acquittera plus les factures, la justice aura fait un beau demi-tour en avant.

PIERRE DAC, *Arrière-pensées.*

La Justice, cette forme endimanchée de la vengeance.

Me STEPHEN HECQUET

L'amour de la justice n'est en la plupart des hommes que la crainte de souffrir l'injustice.

FRANÇOIS DE LA ROCHEFOUCAULD,
Réflexions morales.

La vérité et la justice sont deux pointes si acérées que nos instruments sont trop grossiers pour y parvenir. Plus ils veulent s'en approcher, plus ils en écorchent le fil.

BLAISE PASCAL

La justice sans la force est impuissante ; la force sans la justice est tyrannique.

BLAISE PASCAL, *Pensées*.

Il n'y a pas de justice : le premier intellectuel venu exhibe l'intérieur de sa tête, on le fête. La plus jolie des filles nues montre très simplement son cul, on la hue.

JACQUES PRÉVERT

La justice est gratuite. Heureusement, elle n'est pas obligatoire.

JULES RENARD, *Journal*.

Quand l'ordre est injustice, le désordre est déjà un commencement de justice.

ROMAIN ROLLAND,
Quatorze juillet.

Comme les hommes aiment la justice quand ils jugent les crimes d'autrefois.

ARMAND SALACROU,
Boulevard Durand.

Le conseiller Bautru, voyant dans une salle où l'on jugeait des procès, la Justice et la Paix qui se baisaient dans un tableau, dit à un de ses amis : « Elles s'embrassent, elles se disent adieu pour ne se revoir jamais. »

B. WARLÉ,
cité par J. P. LACROIX
en épigraphe du *Palais indiscret*.

KAMIKAZE

Pourquoi les pilotes d'avions kamikaze portent-ils un casque ? Pour moi, je les soupçonne de manquer de détermination.

SEAN MEO

KANGOUROU

Une femme sans homme, horreur, c'est une espèce de grand kangourou qui va partout avec une poche vide.

VIOLETTE LEDUC,
La Folie en tête.

Sans le kangourou, l'homme n'aurait jamais su qu'il ne possède pas de poche marsupiale.

ALEXANDRE VIALATTE

KANT (Emmanuel)

Kant à moi, je préfère chantonner des Kantiques à la Kantine que me Kantonner aux Kantiens du Kanton.

LÉON-PAUL FARGUE

KINÉSITHÉRAPEUTE

Guérisseur non médecin qui soigne les malades des médecins non guérisseurs.

GEORGES ELGOZY,
L'Esprit des mots.

KLAXON

La plupart des automobiles du monde marchent à l'essence. Les autos françaises marchent au klaxon. Surtout quand elles sont arrêtées.

PIERRE DANINOS,
Les Carnets du major Thompson.

KLEENEX

Les hommes devaient être comme des Kleenex : doux, forts et jetables.

CHER

KREMLIN

Le Kremlin était comme un immense gâteau tartare

Croustillé d'or,

Avec les grandes amandes des cathédrales toutes blanches
Et l'or mielleux des cloches...
Un vieux moine me lisait la légende de Novgorod
J'avais soif
Et je déchiffrais des caractères cunéiformes
Puis, tout à coup, les pigeons du Saint-Esprit s'envolaient sur la place.

BLAISE CENDRARS,
Prose du Transsibérien...

LA FONTAINE (Jean de)

Il était une fois un homme qui écrivait des vers qu'il avait pensés en musique. Ses jours s'écoulèrent comme le cristal d'une source. Pour cette raison, les divinités des eaux et des bois l'appelèrent Jean de La Fontaine et ce nom lui resta pour l'éternité.

JEAN ORIEUX,
La Fontaine, préface.

LABOURER

Si on laboure en janvier, on a sept pains pour son dîner.

Dicton

LÂCHE

Beaucoup seraient lâches s'ils en avaient le courage.

THOMAS FULLER,
Gnomologia.

LAID

Il était une fois un monsieur très laid. Il épousa une femme très laide. Ils eurent un enfant. Il a fallu le jeter !

Anonyme

Une laide impérieuse et qui veut plaire est un pauvre qui commande qu'on lui fasse la charité.

NICOLAS DE CHAMFORT,
Maximes et Pensées.

Les femmes laides n'ont été mises sur la Terre que pour faire la consolation des aveugles.

LOUIS AUGUSTE COMMERSON,
Pensées d'un emballeur.

J'aimerais mieux être morte que laide.

MME DU BARRY

Mère Ubu, tu es bien laide aujourd'hui. Est-ce parce que nous avons du monde ?

ALFRED JARRY,
Ubu roi.

C'est un terrible avantage d'être laid. Il ne faudrait cependant pas en abuser.

ABBÉ MAURY, *À propos de Mirabeau*.

Il était si laid que, lorsqu'il faisait des grimaces, il l'était moins.

JULES RENARD, *Journal*.

« La plus belle fille du monde... » Mais la plus laide donne plus !

JULES RENARD, *Journal*.

Guilleragues disait hier que Pellisson abusait de la permission qu'ont les hommes d'être laids.

MME DE SÉVIGNÉ,
Lettre à Madame de Grignan.

Une fille laide est une fille qu'on saute sans élan.

FRANCIS VEBER

Il y avait trois dames de Paris assez laides à la Cour ; on disait que c'étaient des ponts sans garde-fous, parce que personne ne voulait passer dessus.

VOLTAIRE, *Sottisier*.

LAIDEUR

Laideur : Don fait par le ciel à certaines femmes, entraînant la vertu sans l'humilité.

AMBROSE BIERCE,
Le Dictionnaire du Diable.

Certains êtres féminins ont cette secrète propriété de pouvoir affirmer chacune de leurs laideurs avec tant de tact que celles-ci en deviennent des avantages.

AUGUSTE DE VILLIERS DE L'ISLE-ADAM

LAÏQUE

Ce qui manque le plus à l'instruction laïque, c'est qu'elle n'enseigne pas à mourir.

REMY DE GOURMONT,
Dernières Pensées inédites.

LAISSER-ALLER

Le laisser-aller laisse tout aller, même le cœur.

LOUISE DE VILMORIN,
Lettre dans un taxi.

LAIT

Mon médecin m'avait conseillé de prendre chaque matin un bain de lait, si je voulais conserver mon teint de jeune fille. Mais, l'autre jour, j'ai été grièvement blessé : quand la vache m'est tombée dessus. Elle avait glissé sur la savonnette.

WOODY ALLEN

La bien-aimée : du lait
La fiancée : du beurre
L'épouse : du fromage.

LUDWIG BÖRNE, *Gesammelte Schriften*
in *Citations amoureuses* de PIERRE GERMA.

Je boirai du lait quand les vaches brouteront du raisin.

HENRI DE TOULOUSE-LAUTREC

LAMARTINE (Alphonse de)

Il ne restera pas de Lamartine de quoi faire un demi-volume de pièces détachées. C'est un esprit eunuque, la couille lui manque, il n'a jamais pissé que de l'eau claire.

GUSTAVE FLAUBERT

Votre Lamartine, s'il avait été un homme, il se serait appelé Lemartin.

CHARLES MAURRAS

LANGAGE

Le langage est une peau : je frotte mon langage contre l'autre.

ROLAND BARTHES,
Fragments d'un discours amoureux.

Il y a trois sortes d'êtres au langage mystérieux :
Les plus aisés à comprendre sont les Fous
Puis viennent les Polytechniciens
Et enfin les Comptables.

AUGUSTE DETŒUF,
Propos de O.-L. Barenton, confiseur.

Le langage fabrique les gens bien plus que les gens ne fabriquent le langage.

WOLFGANG VON GOETHE

Je ne vois point de plus grand secret dans le langage, que de trouver des manières pour adoucir les choses fâcheuses.

ANTOINE GOMBAUD, *Discours*.

Toujours l'homme d'action aura un langage différent de l'homme de science. Un adjudant instructeur à qui l'on demandait ce que fait le courant dans la bobine de Ruhmkorff entre l'entrée et la sortie répondit : « Il se démerde. »

JEAN GRENIER

Chaque mot de l'écriture est une souffrance, car aucun mot ne peut contenir Dieu.

[...] Le langage ne tend qu'à sortir du mot, ne tend qu'à dire Dieu.

FERNAND OUELLETTE,
Lucie ou Un midi en novembre.

La meilleure façon de servir la République est de redonner force et tenue au langage.

FRANCIS PONGE, *Pour un Malherbe*.

Le langage est notre corps et notre air, notre monde et notre pensée, notre perception et notre inconscient même.

PHILIPPE SOLLERS, *Logiques*.

Le langage est étourdi-oublieux. Les significations successives d'un mot s'ignorent. Elles dérivent par des associations sans mémoire et la troisième ignore la première.

PAUL VALÉRY, *Tel quel*.

Rien n'est dans le monde qui ne soit dans le langage, et rien ne constitue le langage qui ne constitue le monde.

FRANCIS WOLFF, *Dire le monde*.

LANGUE

La langue sert aux femmes à déguiser leur pensée et aux hommes leur impuissance.

Anonyme

On comprend les femmes comme la langue des oiseaux, d'intuition ou pas du tout.

HENRI FRÉDÉRIC AMIEL, *Journal intime*.

On parle plusieurs langues mais on ne cause que dans la sienne.

JULES BARBEY D'AUREVILLY, *Du dandysme*.

La langue est un théâtre dont les mots sont les acteurs.

FERDINAND BRUNETIÈRE

Je rêve d'une langue dont les mots, comme les poings, fracasseraient les mâchoires.

EMIL MICHEL CIORAN

C'est une langue bien difficile que le français. À peine écrit-on depuis quarante-cinq ans qu'on commence à s'en apercevoir.

COLETTE

Qu'il me soit permis de m'étonner qu'il faille faire des exercices si douloureux pour apprendre une langue qu'on nomme maternelle et que ma mère m'apprenait fort bien, seulement en causant devant moi.

ANATOLE FRANCE, *Le Livre de mon ami*.

La langue française est une femme. Et cette femme est si belle, si fière, si modeste, si hardie, si touchante, si voluptueuse, si chaste, si noble, si familière, si folle, si sage qu'on l'aime de toute son âme, et qu'on n'est jamais tenté de lui être infidèle.

ANATOLE FRANCE, *Propos*.

Apprendre dans un livre aux écoliers une langue natale est quelque chose de monstrueux quand on y pense [...]. Notre langue, c'est notre mère et notre nourrice, il faut boire à même ; les grammaires sont des biberons.

ANATOLE FRANCE, *Pierre Nozière*.

Autant dire que nous ne savons plus notre langue et qu'à force d'apprendre celle des autres peuples, nous avons laissé la nôtre vieillir et se dessécher.

REMY DE GOURMONT, *Esthétique de la langue française*.

La langue anglaise est un fusil à plombs : le tir est dispersé. La langue française est un fusil qui tire à balle, de façon précise.

OTTO DE HABSBOURG

Toutes les langues roulent de l'or.

JOSEPH JOUBERT, *Pensées*.

La langue, c'est l'haleine sonore de la patrie. Mais moi, je suis un grand asthmatique puisque je ne connais ni le tchèque, ni l'hébreu.

FRANZ KAFKA.

La langue est la mère, non la fille, de la pensée.

KARL KRAUS, *Aphorismes*.

Celui qui se ridiculise en trois langues me semble trois fois plus crétin que celui qui se limite à la sienne.

JOHN LE CARRÉ

La langue est une raison humaine qui a ses raisons et que l'homme ne connaît pas.

CLAUDE LÉVI-STRAUSS,
La Pensée sauvage.

La langue est née du bêlement de l'enfant comme une robe française de gala est sortie de la feuille de vigne.

GEORG CHRISTOPH LICHTENBERG,
Aphorismes.

Ma tête dit l'anglais ; mon cœur le russe ; mon oreille le français.

VLADIMIR NABOKOV

Je suis laxiste en matière de langue et j'accepte avec joie néologisme et argot, mots étrangers, drôleries, de toutes sortes, fantaisies et calembours... Mais, je voudrais que la langue reste claire pour qu'on puisse s'en servir, élégante et légère pour qu'on y prenne plaisir, univoque et rigoureuse pour que l'esprit ne s'y égare pas...

JEAN D'ORMESSON,
La France malade de sa langue.

Ce n'est pas un crime de savoir plusieurs langues, c'est plutôt un malheur.

JEAN PAULHAN,
De la paille et du grain.

Le premier instrument du génie d'un peuple c'est sa langue.

STENDHAL

LANGUE ÉTRANGÈRE

J'ai appris l'italien pour parler au pape, l'espagnol pour parler à ma mère, l'anglais pour parler à ma tante, l'allemand pour parler à mes amis et le français pour me parler à moi-même.

CHARLES QUINT

Le privilège de l'Anglais est de ne comprendre aucune autre langue que la sienne. Et même s'il comprend, il ne doit en aucun cas s'abaisser à le laisser croire.

PIERRE DANINOS,
Les Carnets du major Thompson.

J'aime tellement la langue française que je considère un peu comme une trahison le fait d'apprendre une langue étrangère. Et puis, puisqu'on dit communément qu'on ne sait pas un traître mot de telle ou telle langue, que ne dit-on d'un homme qu'il est en train d'apprendre quelques traîtres mots d'allemand, par exemple.

SACHA GUITRY, *Toutes réflexions faites*.

LANGUE MORTE

Il n'y a pas loin de l'affection grecque à l'aversion latine.

JACQUES PRÉVERT

LAPIN

Quelle est la différence entre la myxomatose et la blennorragie ?

La myxomatose est une maladie de lapin et la blennorragie, une maladie de la pine.

Du film *La Maman et la Putain*
de JEAN EUSTACHE.

Ne jamais écrire « Mon lapin » à une personne qui a un bec-de-lièvre.

JEAN-LOUIS FOURNIER,
Je vais t'apprendre la politesse, petit con !

Les femmes se prennent comme les lapins, par les oreilles.

VICTOR HUGO

LAQUAIS

Monseigneur, nous faisons un
[assemblage infâme.
J'ai l'habit d'un laquais, et vous en
[avez l'âme.

VICTOR HUGO, *Ruy Blas*.

LARME

Le savon est au corps ce que les larmes sont à l'âme.

Anonyme

Larmes de femmes valent beaucoup et coûtent peu.

Proverbe espagnol

Amants qui n'avez pas de charmes,
Alors qu'il faut vous exprimer,
Si vous voulez vous faire aimer,
Apprenez à verser des larmes.
Qui pleure quand il faut des pleurs
En amour est maître des cœurs.

BUSSY-RABUTIN, *Maximes d'amour*.

Ne me secouez pas. Je suis plein de larmes.

HENRI CALET, *Peau d'ours*.

Les larmes ne sont un aphrodisiaque qu'à vingt ans.

MALCOLM DE CHAZAL, *Sens plastique*.

Quand les larmes coulent, le cœur se met à la fenêtre.

RENÉ-JEAN CLOT

Nous ne devrions jamais avoir honte de nos larmes, car c'est une pluie qui disperse la poussière recouvrant nos cœurs endurcis.

CHARLES DICKENS

Moi, j'aimais le goût des larmes retenues, de celles qui semblent tomber des yeux dans le cœur.

VALERY LARBAUD, *Enfantines*.

Une larme en dit plus que tu n'en
[pourrais dire ;
Une larme a son prix, c'est la sœur
[d'un sourire.

ALFRED DE MUSSET

Je vous dirai, sachez que les larmes
[humaines,
Ressemblent en grandeur au flot de
[l'océan !
On ne fait rien de bon en les
[analysant,
Quand vous en puiserez deux tonnes
[toutes pleines,
En les laissant sécher, vous n'aurez
[plus demain,
Qu'un méchant grain de sel dans le
[creux de la main.

ALFRED DE MUSSET, *Correspondance avec George Sand*.

Je ne peux faire de différence entre les larmes et la musique.

FRIEDRICH NIETZSCHE, cité par E. M. CIORAN, *Des larmes et des saints*.

Avec tes larmes, tu amollirais le diamant.

OVIDE, *L'Art d'aimer*.

On ne supporte pas toujours bien les larmes qu'on fait verser.

MARCEL PROUST, *La Prisonnière*.

Que deviennent toutes les larmes qu'on ne verse pas ?

JULES RENARD, *Journal*.

Combien de fois, m'arrêtant pour pleurer à mon aise, je me suis amusé à voir tomber mes larmes dans l'eau.

JEAN-JACQUES ROUSSEAU

Les larmes sont l'extrême sourire.

STENDHAL, *De l'amour*.

LAS

Il faut durer
Un jour plus vieux
Un jour pluvieux
Je suis las d'être las
Je suis las d'être là.

JEAN L'ANSELME, *Aujourd'hui*.

LASSITUDE

La pire lassitude, c'est quand on ne veut plus vouloir.

PAUL-JEAN TOULET, *Les Trois Impostures*.

LATIN

Sur la mort, on ne peut parler qu'en latin.

EMIL MICHEL CIORAN, *Le Crépuscule des pensées*.

Latin : Langue naturelle à l'homme — gâte l'écriture — est seulement utile pour lire les inscriptions des fontaines publiques. Se méfier des citations en latin ; elles cachent toujours quelque chose de leste.

GUSTAVE FLAUBERT,
Dictionnaire des idées reçues.

Tu sais juste assez de latin pour te moquer de ceux qui le citent. Tu sais juste assez de français pour appuyer sur les imparfaits du subjonctif avec une douce ironie.

JEAN GIRAUDOUX, *L'École des indifférents.*

Elle ne savait pas le latin mais le comprenait très bien.

VICTOR HUGO, *Les Misérables.*

Il faut d'abord bien savoir le latin. Ensuite, il faut l'oublier.

CHARLES DE MONTESQUIEU,
Lettres persanes.

LATRINES

(Ne s'emploie qu'au pluriel). Promenade publique de l'ancienne Rome où se tenait une foire bisannuelle.

Ex : *La foire attirait aux Latrines un grand concours de peuple.*

Petit dictionnaire des mots retrouvés

LAURIER

Les lauriers se trouvent beaucoup mieux à leur place dans un civet de lièvre que sur la tête d'un glorieux.

SAN-ANTONIO

LÉCHER

Si quelqu'un te lèche les bottes, mets-lui le pied dessus avant qu'il ne commence à te mordre.

PAUL VALÉRY,
Mauvaises Pensées et autres.

LECTEUR

Tu le connais, lecteur, ce monstre
[délicat,
Hypocrite lecteur, — mon
[semblable — mon frère.

CHARLES BAUDELAIRE,
« Au lecteur », *Les Fleurs du mal.*

Ceux qui écrivent clairement ont des lecteurs ; ceux qui écrivent obscurément ont des commentateurs.

ALBERT CAMUS, *Actuelles.*

Je conseille à un écrivain d'inviter un jour ses lecteurs place de la Concorde à huit heures du matin ; il pourra vérifier quels sont ses « fidèles » !

PAUL MORAND

LECTURE

À la question traditionnelle.

« Si vous deviez partir sur une île déserte, qu'emporteriez-vous comme lecture ? », Marilyn Monroe avait répondu :

« Un marin tatoué ! »

Quand [Joseph Joubert] lisait, il déchirait de ses livres les feuilles qui lui déplaisaient, ayant, de la sorte, une bibliothèque à son usage, composée d'ouvrages évidés, renfermés dans des couvertures trop larges.

FRANÇOIS RENÉ DE CHATEAUBRIAND,
Mémoires d'outre-tombe.

La lecture, charmant oubli de vous-même et de la vie.

ANTOINE DE RIVAROL, *Rivaroliana.*

Sans la consolation de la lecture, nous mourrions d'ennui, présentement.

MME DE SÉVIGNÉ,
Correspondance.

La lecture est un stratagème qui évite de réfléchir.

GEORGE BERNARD SHAW

LECTURE (rapide)

J'ai lu tout *Guerre et Paix* en vingt minutes : ça parle de la Russie.

WOODY ALLEN

LÉGALITÉ

Mon père est à Vichy. C'est un homme qui a la légalité dans le sang. Si les Chinois débarquaient, il se ferait mandarin. Si les nègres prenaient le pouvoir, il se mettrait un os dans le nez... Si les Grecs...

MICHEL AUDIARD,
Un taxi pour Tobrouk.

Il suffit neuf fois sur dix à un honnête homme échoué dans les toiles d'araignée du Code, de se conduire comme un malfaiteur pour être immédiatement dans la légalité.

GEORGES COURTELINE, *Théâtre.*

La France a répondu à l'appel loyal que je lui avais fait. Elle a compris que je n'étais sorti de la légalité que pour rentrer dans le droit.

NAPOLÉON III,
Discours du 31 décembre 1851.

LÉGENDE

La légende est, à mes yeux, bien plus vraie que l'Histoire.

ALAIN, *Histoire de mes pensées.*

Entre l'histoire et la légende, je choisirai toujours la légende.

JOHN FORD

Quand les faits se sont transformés en légende, publiez la légende.

JOHN FORD, réplique du film
L'homme qui tua Liberty Valence.

Les pays qui n'ont plus de légendes sont condamnés à mourir de froid.

PATRICE DE LA TOUR DU PIN

LÉGER

Il faut être léger comme l'oiseau et non comme la plume.

PAUL VALÉRY

LÉGION D'HONNEUR

Demander la Légion d'honneur au gouvernement, c'est une politesse à lui faire.

ÉMILE BERGERET,
Souvenirs d'un enfant de Paris.

Il est remarquable qu'aucun gouvernement, même parmi les plus cléricaux, n'ait jamais songé à donner à titre posthume la Légion d'honneur à Jésus-Christ.

FRANÇOIS CAVANNA

On rencontre quelquefois dans les affaires des gens qui ne sont pas officiers de la Légion d'honneur. Il ne faut pas les mépriser, ils le deviendront.

AUGUSTE DETŒUF,
Propos de O.-L. Barenton, confiseur.

Au cours d'un grand déjeuner, on a l'autre jour fêté Pierre Lazareff pour sa cravate de commandeur de la Légion d'honneur et son certificat d'études. Ce n'est qu'en partie vrai. Il a la cravate.

HENRI JEANSON
(au cours d'une conversation).

Cet accessoire vestimentaire confère à celui qui le porte le privilège d'être écouté religieusement par les imbéciles.

HENRI JEANSON, *Entrée des artistes.*

À un député fraîchement élu : Maintenant, votre rôle consiste à obtenir la Légion d'honneur pour des gens dont la première préoccupation sera de se brouiller avec vous afin d'oublier que vous y êtes pour quelque chose.

FRANÇOIS MITTERRAND, 1986.
Cité par JACQUES ATTALI dans *Verbatim II.*

En France, le deuil des convictions se porte en rouge et à la boutonnière.

JULES RENARD, *Journal.*

La Légion d'honneur ? À partir d'un certain âge, il faut disposer d'un sacré piston pour ne pas l'avoir.

SAN-ANTONIO, *Les Mots en épingle.*

Ravel refuse la Légion d'honneur, mais toute sa musique l'accepte. Ça n'est pas tout de refuser la Légion d'honneur, encore faut-il ne pas l'avoir méritée.

ERIK SATIE

La Légion d'honneur, c'est comme les hémorroïdes, n'importe quel cul peut l'avoir.

JEAN YANNE, *Les Pensées.*

LENDEMAIN

Le plus beau lendemain ne vous rend pas la veille.

Proverbe

Ne parlez pas d'une chose que vous ne voudriez pas avoir dite le lendemain.

Proverbe arabe

Que mes amis sachent que je suis resté fidèle à l'idéal de ma vie ; que mes compagnons sachent que je vais mourir pour que vive la France. Je vous prépare tout à l'heure des lendemains qui chantent.

GABRIEL PÉRI
(dernière lettre avant d'être fusillé par les Allemands en 1941).

On se souvient toujours des dates importantes… le lendemain.

LÉONARD ROSSITER

Ne remettez jamais au lendemain ce que vous pouvez faire le surlendemain.

MARK TWAIN

LENT

Le bœuf est lent, mais la terre est patiente.

Proverbe chinois

LENTILLE

Ensuite, ils mangèrent un plat de graviers où il y avait quelques lentilles.

JULES RENARD, *Journal*.

LÉSINE

Il n'y a pas d'association plus commune que celle du faste et de la lésine. On prend sur la nature, sur les vrais plaisirs, sur le besoin même, tout ce qu'on donne à l'opinion.

JEAN-JACQUES ROUSSEAU,
Julie ou La Nouvelle Héloïse.

LETTRE

Une lettre digne de ce nom s'envoie sous le coup de l'admiration ou de l'indignation, de l'exagération, en somme. On saisit pourquoi une lettre sensée est une lettre morte.

EMIL MICHEL CIORAN

Écrire des lettres, c'est bon pour les apothicaires.

NICOLAS GOGOL

Que de lettres on n'écrit que pour leur post-scriptum !

SACHA GUITRY,
Toutes réflexions faites.

Je n'ai fait celle-ci [cette lettre] plus longue que parce que je n'ai pas eu le loisir de la faire plus courte.

BLAISE PASCAL,
Les Provinciales.

Le métier des lettres est tout de même le seul où l'on puisse sans ridicule ne pas gagner d'argent.

JULES RENARD,
Histoires naturelles.

Croyez que devers vous mon cœur
[ne fait qu'un cri,
Et que si les baisers s'envoyaient par
[écrit,
Madame, vous liriez ma lettre avec
[les lèvres !...

EDMOND ROSTAND,
Cyrano de Bergerac, acte III, scène 1.

Il faut écrire comme on pense, sans phrases. Pour écrire à ses amis, à ses connaissances, à ses fournisseurs, il n'est pas du tout indispensable d'avoir le talent de Fénelon ou celui de la marquise de Sévigné.

BARONNE STAFFE, *Le Savoir-vivre et les usages du monde*.

On ne peut avoir l'âme grande ou l'esprit un peu pénétrant sans quelque passion pour les lettres.

LUC DE VAUVENARGUES

LETTRE D'AMOUR

Mon ami, je souffre, je vous aime et je vous attends.

JULIE DE LESPINASSE,
Lettre au comte de Guibert.

« Eh bien ! écrivons-la
Cette lettre d'amour qu'en moi-
[même j'ai faite
Et refaite cent fois, de sorte qu'elle
[est prête,
Et que, mettant mon âme à côté du
[papier,
Je n'ai tout simplement qu'à la
[recopier. »

EDMOND ROSTAND,
Cyrano de Bergerac,
acte III, scène 1.

LEVER

Voir lever le soleil, c'est un goût que tout le monde n'a pas ; plusieurs préfèrent que le soleil les voie lever.

RODOLPHE TOEPFFER,
Voyages en zigzag.

LÈVRE

« Croyez que, devers vous, mon cœur
[ne fait qu'un cri,
Et que, si les baisers s'envoyaient
[par écrit,
Madame, vous liriez ma lettre avec
[les lèvres ! »

EDMOND ROSTAND,
Cyrano de Bergerac,
acte III, scène 1.

LEVURE

Je me propose d'agiter et d'inquiéter les gens. Je ne vends pas le pain, mais la levure.

MIGUEL DE UNAMUNO

LÉZARD

Presque tous les lézards ont perdu leur queue vers le moment où ils atteignent le milieu de leur vie. Il en va de même de la plupart des hommes.

SAMUEL BUTLER,
Carnets.

Le Mur : — Je ne sais quel frisson me passe sur le dos.
Le Lézard : — C'est moi !

JULES RENARD,
Histoires naturelles.

LIAISON

Malheur à l'homme qui, dans les premiers moments d'une liaison d'amour, ne croit pas que cette liaison doit être éternelle.

BENJAMIN CONSTANT,
Adolphe.

Les liaisons commencent dans le champagne et finissent dans la camomille.

VALERY LARBAUD,
A.O. Barnabooth.

LIBÉRATION

Je sais mal ce qu'est la liberté, mais je sais bien ce qu'est la Libération.

ANDRÉ MALRAUX, *Antimémoires*.

LIBERTÉ

La liberté, c'est la faculté de choisir ses contraintes.

JEAN-LOUIS BARRAULT

Dieu a dit aux hommes de se débrouiller, et c'est ce que les professeurs de philosophie appellent liberté.

ROBERT BRASILLACH,
Comme le temps passe.

Quand la presse est libre, cela peut être bon ou mauvais ; mais assurément, sans la liberté, la presse ne peut être que mauvaise. Pour la presse — comme pour l'Homme — la liberté n'offre qu'une chance d'être meilleur, la servitude n'est que la certitude de devenir pire.

ALBERT CAMUS

La liberté est un bagne aussi longtemps qu'un seul homme est asservi sur la terre.

ALBERT CAMUS, *Les Justes*.

Lorsqu'on rompt violemment ses entraves, on est presque réenchaîné ; il n'y a de liberté durable que pour ceux dont le temps a usé les fers.

FRANÇOIS RENÉ DE CHATEAUBRIAND

Le prisonnier voit la liberté plus belle qu'elle n'est. Le malade se représente la santé comme une source de joies ineffables — ce qu'elle n'est pas. Tout ce qui nous manque est le divin.

ALPHONSE DAUDET, *La Doulou*.

On appelle aujourd'hui l'excessive [licence
Liberté ;
On prétend établir à force [d'insolence
L'égalité ;
Sans recourir au bien, prôner la [bienfaisance
Se nomme humanité.

MME DU DEFFAND

Les Français jouissent d'une telle liberté qu'ils emploient leur temps à inventer des entraves, des limitations et des comités, afin de pouvoir se répéter à loisir qu'ils ne sont pas encore assez libres.

LÉON-PAUL FARGUE et ANDRÉ BEUCLER, *Composite*.

Donner la liberté au monde par la force est une étrange entreprise pleine de chances mauvaises. En la donnant, on la retire.

JEAN JAURÈS, *L'Armée nouvelle*.

La liberté est un mot qui a fait le tour du monde et qui n'en est pas revenu.

HENRI JEANSON

Entre le fort et le faible, entre le riche et le pauvre, entre le maître et le serviteur, c'est la liberté qui opprime et la loi qui affranchit.

HENRI LACORDAIRE, *Conférences de Notre-Dame*.

La liberté est le pain que les peuples doivent gagner à la sueur de leurs fronts.

FÉLICITÉ LAMENNAIS, *Paroles d'un croyant*.

Il n'y a de liberté pour personne s'il n'y en a pas pour celui qui pense autrement.

ROSA LUXEMBURG

La liberté est forte aux âges civilisés, la nature dans les temps barbares.

JULES MICHELET

La liberté, ce bien qui fait jouir des autres biens.

CHARLES DE MONTESQUIEU

La liberté est le pouvoir de faire tout ce que les lois permettent.

CHARLES DE MONTESQUIEU, *De l'esprit des lois*.

Ce n'est pas de liberté qu'on a besoin, mais de n'être enchaîné que par ce qu'on aime.

PIERRE REVERDY

Ô liberté, que de crimes on commet en ton nom !

MME ROLAND (dernières paroles sur l'échafaud, 10 novembre 1793).

La grande faiblesse des régimes de liberté, c'est que chacun y est libre de clamer qu'on ne l'est pas.

JEAN ROSTAND

En fait, nous sommes une liberté qui choisit, mais nous ne choisissons pas d'être libres : nous sommes condamnés à la liberté.

JEAN-PAUL SARTRE

On ne peut être vraiment soi qu'aussi longtemps qu'on est seul ; qui donc n'aime pas la solitude n'aime donc pas la liberté, car on n'est libre qu'en étant seul.

ARTHUR SCHOPENHAUER

La liberté ne peut être que toute la liberté ; un morceau de liberté n'est pas la liberté.

MAX STIRNER, *L'Unique et sa propriété*.

La plus grande liberté naît de la plus grande rigueur.

PAUL VALÉRY

LIBRAIRE

Voilà bientôt trente ans que je suis [sur la terre,

Et j'en ai passé dix à chercher un
[libraire.
Pas un être vivant n'a lu mes
[manuscrits.

ALFRED DE MUSSET, *Poésies nouvelles*.

Lorsque je rentre dans une librairie, je ne choisis pas un livre, c'est lui qui me choisit.

MARILYN MONROE

LIBRE

Le torrent, qui s'agite sans cesse, est-il plus libre que le rocher ?

Proverbe indien d'Amérique

Il ne s'agit pas d'édifier à grand peine des institutions libérales, il s'agit d'avoir encore des hommes libres à mettre dedans.

GEORGES BERNANOS,
La France contre les robots.

Je n'ai vraiment l'impression que je suis libre que lorsque je suis enfermé. Lorsque je fais tourner la clé, ce n'est pas moi qui suis bouclé, ce sont les autres que j'enferme.

SACHA GUITRY, *Un soir quand on est seul*.

Vous vous croyez libre parce que vous donnez plus d'ordres que vous n'en recevez...

MARCEL JULLIAN
à un président de France-Télévision.

Il n'est pas bon d'être trop libre.

BLAISE PASCAL, *Pensées*.

L'homme est né libre, et partout il est dans les fers. Tel se croit le maître des autres, qui ne laisse pas d'être plus esclave qu'eux.

JEAN-JACQUES ROUSSEAU,
Du contrat social, I, 1.

Ils veulent être libres et ne savent pas être justes.

EMMANUEL JOSEPH SIEYÈS,
(discours à la Constituante, 10 août 1789).

Un être humain est libre, non quand l'autre ne l'est pas, mais quand l'autre l'est aussi.

ÉLIE WIESEL

L'homme vraiment libre est celui qui refuse une invitation à dîner sans donner d'excuse.

OSCAR WILDE

LIEN

On parle des liens du mariage ! Mais les liens du divorce sont encore plus indissolubles.

ALFRED CAPUS

LIEUX

Les lieux meurent comme les hommes, quoiqu'ils paraissent subsister.

JOSEPH JOUBERT,
Pensées, Maximes et Essais.

LIEUX COMMUNS

Il ne faut pas médire des lieux communs, il faut des siècles pour en faire un.

P. J. STAHL

LIÈVRE

L'animal le plus mélancolique, c'est le lièvre : la preuve, c'est qu'il ne parle à personne.

LOUIS AUGUSTE COMMERSON,
Pensées d'un emballeur.

Pour bien déguster un lièvre, il faut être trois : le lièvre, le chasseur... et un bon verrou à la porte.

Dicton d'Armagnac selon JEAN-MARIE RIVIÈRE, cité par J.-P. LACROIX in *H comme humour*.

LIFTING

William Holden est peut-être le seul acteur de son âge à Hollywood qui n'a pas eu de lifting. C'est remarquable dans une ville où, avec les morceaux de peau que l'on a coupés dans le visage d'une seule star et qui traînent par terre, on pourrait refaire cinq ou six stars.

BILLY WILDER

LIGNE

En vérité, si les femmes faisaient pour Dieu ce qu'elles s'imposent pour sauvegarder leur ligne, il n'y aurait point à s'inquiéter de leur salut.

FRANÇOIS MAURIAC,
L'Écho de Paris.

LIMITROPHE

Malheur à ces populations limitrophes qui cultivent les champs de bataille où les nations doivent se rencontrer.

FRANÇOIS RENÉ DE CHATEAUBRIAND,
Mémoires d'outre-tombe.

LINCEUL

— Où que je meure, ma patrie
S'ouvrira bien, sans qu'on l'en prie,
Assez grande pour mon linceul...
Un linceul encor : pour que faire ?...
Puisque ma patrie est en terre,
Mon os ira bien là tout seul...

TRISTAN CORBIÈRE,
« Paria », *Les Amours jaunes*.

LINGUISTIQUE

Mes études en linguistique m'ont apporté la preuve qu'une personne douée devait apprendre l'anglais (sauf l'orthographe et la prononciation) en trente heures, le français en trente jours et l'allemand en trente ans.

MARK TWAIN

LION

Pour la chasse aux lions : vous achetez un tamis et vous allez dans le désert. Là, vous passez tout le désert au tamis. Quand le sable est passé, il reste les lions.

ALPHONSE ALLAIS

Le lion est fait de mouton assimilé.

GEORG CHRISTOPH LICHTENBERG,
Aphorismes.

Je prends la première part, parce que je m'appelle lion.
(*Ego primam tollo, nominor quoniam Leo.*)

PHÈDRE, *La Génisse, la chèvre et la brebis en société avec le lion*.

LIRE

Personne ne lit plus aujourd'hui, sauf ceux qui écrivent.

HENRY BORDEAUX

Que d'autres se targuent des phrases qu'ils ont écrites ; moi, je suis fier de celles que j'ai lues.

JORGE LUIS BORGES, *Éloge de l'ombre*.

Lire, c'est aller à la rencontre d'une chose qui va exister.

ITALO CALVINO,
Si par une nuit d'hiver un voyageur.

Lire est le seul moyen de vivre plusieurs fois.

PIERRE DUMAYET,
Exergue de la rubrique « Lectures pour tous » du *Nouvel Observateur*.

Ne lisez jamais un livre qui a moins d'un an.

RALPH WALDO EMERSON

L'art de lire, c'est l'art de penser avec un peu d'aide.

ÉMILE FAGUET, *L'Art de lire*.

Mais où est-ce que je prends donc tout ce temps pour ne pas lire tant de choses ?

KARL KRAUS, *Aphorismes*.

Aimer à lire, c'est faire un échange des heures d'ennui que l'on doit avoir en sa vie contre des heures délicieuses.

CHARLES DE MONTESQUIEU

Le juif est un homme qui lit depuis toujours, le protestant est un homme qui lit depuis Calvin, le catholique est un homme qui lit depuis Ferry.

CHARLES PÉGUY

J'aime à lire comme une poule boit, en relevant fréquemment la tête, pour faire couler.

JULES RENARD, *Journal*.

On ne lit pas, on se lit.

ROMAIN ROLLAND

Certains lisent parce qu'ils sont trop paresseux pour réfléchir. Le chemin de l'ignorance est pavé de bonnes éditions.

GEORGE BERNARD SHAW

Quoiqu'il y ait beaucoup de livres, croyez-moi, peu de gens lisent ; et parmi ceux qui lisent, il y en a beaucoup qui ne se servent que de leurs yeux.

VOLTAIRE

LIS

Considérez comment croissent les lis des champs : ils ne travaillent ni ne filent : cependant, je vous dis que Salomon même, dans toute sa gloire n'a pas été vêtu comme l'un d'eux.

Évangile selon MATTHIEU, VI, 28, 29.

LIT

Les lits sont l'opéra du pauvre.

Proverbe italien

Mieux vaut lit de bois que cercueil d'or.

Proverbe russe

Le lit est encore le lieu le plus pratique quand on tient à perpétuer le genre humain.

TRISTAN BERNARD

Être dans son lit serait une expérience à la fois parfaite et sublime si l'on pouvait avoir un crayon assez long pour dessiner sur le plafond.

GILBERT KEITH CHESTERTON

Alors, madame, nous habitons dans la même chambre et nous dormons dans le même lit, chère Madame. C'est peut-être là que nous nous sommes rencontrés !

EUGÈNE IONESCO,
La Cantatrice chauve.

[Le lit] n'est pas pour le repos seul ; il n'est pas pour le plaisir seul ; il est le confident discret, le favorable intermédiaire des pensées et des paroles qui ne pourraient se dire ailleurs.

JULES MICHELET, *L'Amour*.

Je ne puis me fâcher contre mon lit, puisque c'est là que j'ai conçu toutes mes idées.

ANTOINE DE RIVAROL, *L'Esprit de Rivarol*.

LITTÉRAIRE

Il y a trois genres littéraires bien différents : la poésie qui est chantée, le théâtre qui est parlé et la prose qui est écrite.

MARCEL PAGNOL,
La Gloire de mon père, avant-propos.

LITTÉRATURE

La littérature ne permet pas de marcher, mais elle permet de respirer.

ROLAND BARTHES,
Qu'est-ce que la critique ?

On ne peut pas parler de littérature sans avoir lacé ses chaussures.

JORGE LUIS BORGES

Dites-vous bien que la littérature est un des plus tristes chemins qui mènent à tout.

ANDRÉ BRETON

La littérature n'est qu'une forme édulcorée de la confession.

PIERRE DRIEU LA ROCHELLE

Il y a deux sortes de littérature, la littérature ennuyeuse et la littérature facile. Moi, je fais de la littérature facile.

ALEXANDRE DUMAS PÈRE

Le caractère de la littérature ancienne est d'être une littérature de presbyte, c'est-à-dire d'ensemble. Le caractère de la littérature moderne — et son progrès — est d'être une littérature de myope, c'est-à-dire de détails.

EDMOND et JULES DE GONCOURT,
Journal.

La France, qui s'est si longtemps méfiée du billet de banque, est, en littérature, le pays d'élection des valeurs fiduciaires.

JULIEN GRACQ,
La Littérature à l'estomac.

Le premier sot venu peut écrire ; le premier sot venu sur deux peut faire de la critique littéraire.

RUDYARD KIPLING, *Souvenirs*.

La raison d'être de la littérature, française surtout, c'est de troubler l'ordre public. Faute de quoi, ni Molière, ni Jean-Jacques, ni Beaumarchais, ni Chateaubriand, ni Hugo, etc. n'auraient existé.

PAUL MORAND,
Lettre à A. Fabre Luce,
cité par FRÉDÉRIC FERNEY in *Aragon*.

Si les écrivains ne lisaient pas et si les lecteurs n'écrivaient pas, les affaires de la littérature iraient extraordinairement mieux.

GIOVANNI PAPINI,
Visages découverts.

Il n'y a en littérature qu'un sentiment absolument sot : c'est la peur d'être influencé.

JEAN PAULHAN

Beauté de la littérature. Je perds une vache. J'écris sa mort et ça me rapporte de quoi acheter une autre vache.

JULES RENARD

En littérature, le vol ne se justifie que par l'assassinat.

ANTOINE DE RIVAROL,
Maximes et Pensées.

Se méfier de la littérature. Il faut tout écrire au courant de la plume sans chercher les mots.

JEAN-PAUL SARTRE

Le monde peut fort bien se passer de littérature. Mais, il peut se passer de l'homme encore mieux.

JEAN-PAUL SARTRE,
Qu'est-ce que la littérature ?

Que ton vers soit la bonne aventure
Éparse au vent crispé du matin
Qui va fleurant la menthe et le
[thym...
Et tout le reste est littérature.

PAUL VERLAINE, *Art poétique*.

LIVRE

Une chambre sans livre est un corps sans âme.

Adage latin

Le livre est comme un jardin que vous pouvez mettre dans votre poche.

Proverbe arabe

Je ne prétends pas justifier ma vie par mes livres, non plus que mes livres par ma vie. J'ai mené une vie de chien, non pas une chienne de vie.

GEORGES BERNANOS, *Essais*.

Le meilleur des livres, qui ne prêche que l'égalité, l'amitié, l'humanité, et la concorde, l'Évangile, a servi pendant des siècles de prétexte aux fureurs des Européens. Combien de tyrannies publiques et particulières s'exercent encore en son nom sur la terre ! Après cela, qui se flattera d'être utile aux hommes par un livre ?

JACQUES HENRI BERNARDIN
DE SAINT-PIERRE, *Paul et Virginie*.

En parcourant un livre de médecine, on s'imagine avoir toutes les maladies qu'il décrit, de même, en lisant l'ouvrage d'un moraliste, on découvre tous les travers qu'il signale... mais chez les autres !

OTTO VON BISMARCK

Depuis l'Évangile jusqu'au *Contrat social*, ce sont les livres qui ont fait les révolutionnaires.

LOUIS DE BONALD

De tous les instruments de l'homme, le plus étonnant est, sans aucun doute, le livre.

JORGE LUIS BORGES

Trois ans pour faire un livre, cinq lignes pour le ridiculiser et des citations fausses.

ALBERT CAMUS, *Carnets*.

On ne fait rien d'utile pour le prochain, sauf des livres.

JACQUES CHARDONNE,
Vivre à Madère.

Il est impossible que les représentants du peuple ne soient pas convaincus que c'est aux livres qu'on doit la Révolution française.

MARIE-JOSEPH CHÉNIER

Un livre, c'est un suicide différé.

EMIL MICHEL CIORAN

Vous aimez les livres ? vous voici heureux pour la vie.

JULES CLARETIE

Un beau livre, c'est celui qui sème à foison des points d'interrogation.

JEAN COCTEAU

Un bon livre est celui que l'on retrouve toujours plein après l'avoir vidé.

JACQUES DEVAL

Il y a des livres dont le dos et les plats sont de beaucoup ce qu'ils ont de meilleur.

CHARLES DICKENS, *Oliver Twist*.

Un homme de lettres peut avoir une maîtresse qui fasse des livres ; mais il faut que sa femme fasse des chemises.

DENIS DIDEROT
(dont la femme était lingère).

Les livres sont le fléau de l'humanité. Les neuf dixièmes des livres existants sont des inepties, et les livres intelligents ne sont que la réfutation de ces inepties.

BENJAMIN DISRAELI

Quand je veux lire un livre, j'en écris un.

BENJAMIN DISRAELI

Les livres les plus précieux sont les dictionnaires. Ils se contentent de dresser des inventaires, de raconter l'histoire des mots, d'en décrire le sens, de les rapprocher, de les marier, parfois. Ensuite viennent les grammaires, les manuels de toute sorte, qui racontent comment les mots s'organisent en société de langue, et sous quelle loi ils vivent.

JACQUES DRILLON, *Traité de la ponctuation*.

... Papa m'a dit qu'autrefois on reconnaissait un gentleman à ses livres, mais qu'aujourd'hui on le reconnaît aux livres qu'il n'a pas rendus.

WILLIAM FAULKNER,
Le Bruit et la Fureur.

Les plus beaux livres sont ceux qui n'ont jamais été écrits.

ANATOLE FRANCE

Nous vivons trop dans les livres et pas assez dans la nature, et nous ressemblons à ce niais de Pline le Jeune qui étudiait un orateur grec pendant que sous ses yeux le Vésuve engloutissait cinq villes sous la cendre.

ANATOLE FRANCE,
Le Jardin d'Épicure.

J'appelle un livre manqué celui qui laisse intact le lecteur.

ANDRÉ GIDE,
Cahiers d'André Walter, préface.

Certains livres ressemblent à la cuisine italienne : ils bourrent, mais ne remplissent pas.

EDMOND et JULES DE GONCOURT,
Journal.

Chez Plon, on disait ces jours-ci que la bicyclette tuait la vente des livres, d'abord avec le prix d'achat de la manivelle, puis avec la prise de temps que cette équitation obtient des gens et qui ne leur laisse plus d'heures pour lire.

EDMOND et JULES DE GONCOURT,
Journal.

Un livre n'est jamais un chef-d'œuvre : il le devient.

Le génie est le talent d'un homme mort.

EDMOND et JULES DE GONCOURT,
Idées et sensations.

À quoi bon apprendre ce qu'il y a dans les livres puisque ça y est ?

SACHA GUITRY

Il est bon de lire un livre entre les lignes : cela fatigue moins les yeux.

SACHA GUITRY

Il va falloir qu'un jour enfin je me décide à lire les livres que, depuis trente ans, je conseille à mes amis de lire.

SACHA GUITRY, *Toutes réflexions faites.*

L'univers est un immense livre.

MOHYDDIN IBN ARABI.

Le projet du jeune Jean Paul était : « Écrire des livres, pour pouvoir acheter des livres. » Le projet de nos jeunes écrivains est de recevoir gratis des livres pour pouvoir écrire des livres.

KARL KRAUS, *Aphorismes.*

C'est un métier que de faire un livre, comme de faire une pendule : il faut plus que de l'esprit pour être auteur.

JEAN DE LA BRUYÈRE, *Les Caractères.*

Il faut être seul pour lire une page que l'on aime.

HENRI LACORDAIRE

Tel est le sort fâcheux de tout livre [prêté :
Souvent il est perdu, toujours il est [gâté.

THÉODORE LECLERCQ (inscription au-dessus de la porte de sa bibliothèque).

C'est à peine s'il existe une marchandise au monde plus étrange que les livres ; imprimés par des gens qui ne les comprennent pas ; vendus par des gens qui ne les comprennent pas ; reliés, censurés et lus par des gens qui ne les comprennent pas ; bien mieux, écrits par des gens qui ne les comprennent pas.

GEORG CHRISTOPH LICHTENBERG, *Aphorismes.*

Un livre est un miroir ; si un singe s'y regarde, ce n'est pas l'image d'un apôtre qui apparaît.

GEORG CHRISTOPH LICHTENBERG, *Aphorismes.*

Mon livre m'a créé. C'est moi qui fus son œuvre. Ce fils a fait son père.

JULES MICHELET, préface à *Histoire de France.*

Si l'on veut pardonner l'essor d'un [mauvais livre
Ce n'est qu'aux malheureux qui [composent pour vivre.

MOLIÈRE, *Le Misanthrope.*

J'ai la maladie de faire des livres et d'en être honteux quand je les ai faits.

CHARLES DE MONTESQUIEU, *Mes pensées.*

Publier un livre, c'est parler à table devant les domestiques.

HENRY DE MONTHERLANT, *Carnets.*

Je vous laisse dans l'ombre ardente [de ce livre,
Mon regard et mon front ;
Et mon âme, toujours ardente et [toujours ivre,
Où vos doigts traîneront.

ANNA DE NOAILLES

Mes livres je les fis pour vous, ô [jeunes hommes,
Et j'ai laissé dedans
Comme font les enfants qui mordent [dans des pommes
La marque de mes dents.

ANNA DE NOAILLES, *Les Éblouissements.*

Les meilleurs livres sont ceux que ceux qui les lisent croient qu'ils auraient pu faire.

BLAISE PASCAL

Un livre est un ami qui ne trompe jamais.

RENÉ CHARLES GUILBERT DE PIXERÉCOURT (ex-libris imprimé sur chacun des livres de sa bibliothèque).

Les vrais livres doivent être les enfants non du grand jour et de la causerie, mais de l'obscurité et du silence.

MARCEL PROUST, *Le Temps retrouvé.*

Quand je pense à tous les livres qu'il me reste encore à lire, j'ai la certitude d'être encore heureux.

JULES RENARD

La plupart des livres d'à présent ont l'air d'avoir été faits en un jour avec des livres lus de la veille.

ANTOINE DE RIVAROL

Lecteur, pour vivre bien content
Lisez pour apprendre à bien vivre.
Et ne perdez point votre temps
À chercher les fautes d'un livre,
Il n'en est point de si parfait,
Où vous ne puissiez reprendre ;
Il n'en est point de si mal fait,
En qui vous ne puissiez apprendre.

JEAN DE LA RIVIÈRE

Je hais les livres. Ils n'apprennent qu'à parler de ce qu'on ne sait pas.

JEAN-JACQUES ROUSSEAU, *Émile ou De l'éducation*.

Si on colle l'oreille à la porte des livres et aux portes de la nuit, si on fait bien attention, on peut entendre la conversation des poètes.

CLAUDE ROY

Les livres peuvent se diviser en deux groupes : les livres du moment et les livres de toujours.

JOHN RUSKIN, *Sesame and Lilies*.

Un livre n'est rien qu'un petit tas de feuilles sèches, ou alors, une grande forme en mouvement : la lecture.

JEAN-PAUL SARTRE, *Situations*, I.

Les livres gagnent toujours à ne pas être lus : regardez nos classiques.

GEORGE BERNARD SHAW

Comparer un livre, seul moyen de parler de soi sans assister à l'ennui des autres.

PHILIPPE SOLLERS, *Le Défi*.

À l'époque actuelle, on fait grand cas des livres. Les livres ne sont faits que de mots. Les mots ne valent que par les idées. Les idées ont une origine qui ne peut s'exprimer par des mots. Les discours que le monde transmet par les livres et qu'il considère comme précieux sont sans valeur.

TCHOUANG-TSEU

Les livres ont les mêmes ennemis que l'homme : le feu, l'humide, les bêtes, le temps... et leur propre contenu.

PAUL VALÉRY

Un livre bien neuf et bien original serait celui qui nous ferait aimer de vieilles vérités.

LUC DE VAUVENARGUES

À force d'aimer un livre on finit par se dire qu'il vous aime.

NICOLE VÉDRÈS, *Paris 69*.

Un livre est une bouteille jetée en pleine mer sur laquelle il faut coller cette étiquette : ATTRAPE QUI PEUT.

ALFRED DE VIGNY

Chacun de nous a son passé renfermé en lui comme les pages d'un vieux livre qu'il connaît par cœur, mais dont ses amis pourront seulement lire le titre.

VIRGINIA WOOLF

LOCATAIRE

Quand on n'a pas de quoi payer son [terme
Il faut avoir une maison à soi.

MARC-ANTOINE DESAUGIERS, *Monsieur Vautour*.

LOI

En édictant des lois, il faut être sévère ; en les appliquant, il faut être indulgent.

Proverbe chinois

Les lois sont des toiles d'araignée à travers lesquelles passent les grosses mouches et où restent les petites.

HONORÉ DE BALZAC, *La Maison Nucingen*.

Voir ci-dessous J. SWIFT.

Il y a une infinité de lois qui ne subsistent que parce qu'on n'a pas le temps de les réformer.

JEAN DOMAT, *Pensées*.

S'il fallait étudier toutes les lois, on n'aurait pas le temps de les transgresser.

WOLFGANG VON GOETHE

Il ne faut pas faire par les lois ce qu'on peut faire par les mœurs.

CHARLES DE MONTESQUIEU

Les lois des armées tombent dans le mépris.

CARDINAL DE RETZ

Les habits gênent un peu les mouvements du corps, mais ils le protègent contre les accidents du dehors ; les lois gênent les passions, mais elles défendent l'homme, la vie et les fortunes.

ANTOINE DE RIVAROL

Les lois sont comme les toiles d'araignée, qui prennent les moucherons mais laissent passer les guêpes et les frelons.

JONATHAN SWIFT,
Irréfutable essai sur les facultés de l'âme.

Voir ci-dessus H. DE BALZAC.

Les lois, elles, on peut les violer sans qu'elles crient.

TALLEYRAND

[...] les lois ont été établies dans presque tous les États par l'intérêt du législateur, par le besoin du moment, par l'ignorance, par la superstition : on les a faites à mesure, au hasard.

VOLTAIRE,
Dictionnaire philosophique.

LOIN

« On ne va jamais plus loin que lorsqu'on ne sait pas où l'on va », a dit un homme politique célèbre.

HENRI MONNIER,
Mémoires de M. Joseph Prudhomme.

LOIRE

La Loire, un grand fleuve de sable quelquefois mouillé.

JULES RENARD

LOISIR

S'il est chose au monde à laquelle un galant homme se doive de bon cœur accommoder, ce sont les loisirs.

MICHEL DE MONTAIGNE, *Essais.*

Tout homme a droit aux tourments qu'apporte le loisir.

JEAN ROSTAND, *Carnet d'un biologiste.*

LONDRES

Je ne sais pas si vous êtes comme moi, mais j'adore l'Angleterre. Je lâcherais tout, même la proie, pour Londres.

ALPHONSE ALLAIS, *À se tordre.*

Il y a, entre Londres et Paris, cette différence que Paris est fait pour l'étranger et Londres pour l'Anglais. L'Angleterre a bâti Londres pour son propre usage, la France a bâti Paris pour le monde entier.

RALPH WALDO EMERSON

Si les bars à Londres avaient des terrasses comme à Paris, on y boirait des verres de pluie.

SOMERSET MAUGHAM

Londres est une ville de brouillards et de charbon de terre : au bout de huit jours, une chemise n'y est plus mettable.

HENRI MONNIER, *Grandeur et Décadence de M. Joseph Prudhomme.*

À Londres, il n'y a pas de différence entre la vitrine d'un marchand d'abat-jour et celle d'une modiste.

SAN-ANTONIO, *San-Antoniaiseries.*

Londres est plein de brouillard et de gens sérieux. Est-ce le brouillard qui produit les gens sérieux, ou bien les gens sérieux qui produisent le brouillard ?

OSCAR WILDE

LONGÉVITÉ

Longévité : Prolongation inconfortable de la peur de la mort.

AMBROSE BIERCE,
Le Dictionnaire du Diable.

LORD

Je me méfie de l'aristocratie anglaise : tout ce qui reluit n'est pas lord.

LOUIS AUGUSTE COMMERSON, *Pensées d'un emballeur*.

LOS ANGELES

À Los Angeles ils ne jettent pas leurs ordures. Ils en font des émissions de variétés pour la télévision.

WOODY ALLEN

LOTERIE

Pour le gros lot de 500 000 F, il était absolument inutile de vendre tant de billets puisqu'il n'y en a qu'un qui gagne.

JULES JOUY, *Le Chat noir*.

LOTO

Un type, chaque soir, priait Dieu de le faire gagner au loto. Alors, un jour, Dieu, excédé, lui a répondu : « Mais, joue ! »

Anonyme

Le loto quoi que l'on en dise
Sera fort longtemps en crédit :
C'est l'excuse de la bêtise
Et le repos des gens d'esprit.

PHILIPPE PAUL, COMTE DE SÉGUR

LOUANGE

Je crains la louange parce que je crains le ridicule.

CICÉRON

Ce qui caractérise notre époque, c'est la crainte d'avoir l'air bête en décernant une louange, et la certitude d'avoir l'air intelligent en décernant un blâme.

JEAN COCTEAU, *La Démarche d'un poète*.

Quand on m'attaque, je peux me défendre ; mais, devant les louanges, je suis sans défense.

SIGMUND FREUD

Les louanges seraient d'un grand prix si elles pouvaient nous donner les perfections dont on nous loue.

HENRI IV

Quand tout le monde me dirait femme de bien, et que je saurais seule le contraire, la louange augmenterait ma honte ; et aussi, quand il me blâmerait et je sentisse mon innocence, son blâme tournerait à contentement ; car nul n'est content que de soi-même.

MARGUERITE DE NAVARRE

Nous aimons quelquefois jusqu'aux louanges que nous ne croyons pas sincères.

LUC DE VAUVENARGUES, *Réflexions*.

LOUCHE

Rien n'est plus louche qu'une louche dont le contenu douteux est versé dans votre tasse par un loufiat qui louche.

PIERRE DAC

LOUER

Ce que les femmes aiment le plus, c'est d'être louées pour des talents qu'elles n'ont pas.

BEAUMARCHAIS

On ne peut trop louer trois sortes de [personnes :
Les dieux, sa maîtresse et son roi.
Malherbe le disait ; j'y souscrit quant [à moi :
Ce sont maximes toujours bonnes.

JEAN DE LA FONTAINE, *Simonide préservé par les dieux*.

On ne loue d'ordinaire que pour être loué.

FRANÇOIS DE LA ROCHEFOUCAULD, *Réflexions morales*.

Louer les princes des vertus qu'ils n'ont pas, c'est leur dire impunément des injures.

FRANÇOIS DE LA ROCHEFOUCAULD, *Maximes*.

Vis-à-vis de qui nous loue, nous nous sentons à la fois gêné comme son supérieur et confus comme son obligé.

JEAN ROSTAND

On loue quelquefois les choses passées pour blâmer les présentes, et, pour mépriser ce qui est, on estime ce qui n'est plus.

MME DE SABLÉ, *Maximes*.

... Ils louaient deux sortes de personnes, les morts et eux-mêmes, et jamais leurs contemporains, excepté le maître de la maison.

VOLTAIRE, *Le Monde comme il va*.

LOUP

Il y aurait beaucoup de tendresse à apprendre des loups et beaucoup de férocité des tourterelles.

YVAN AUDOUARD, *Les Pensées*.

LOURD

Un sac plein est lourd à porter, mais un sac vide est plus lourd encore.

Proverbe chinois

LOURDES

— Vous vous faites analyser ?
— Oh ! depuis quinze ans seulement. Encore un an et je vais à Lourdes.

WOODY ALLEN, *Annie Hall*.

Je suis allé à Lourdes avec ma femme. Il n'y a pas eu de miracle. Je suis revenu avec.

SEYMOUR BRUSSELS

Donnez-moi un aller simple pour Lourdes, dit le cul-de-jatte, je reviendrai à pied.

FRANÇOIS CAVANNA

Mon père est allé à Lourdes. Il ne lui reste plus que Lisieux pour pleurer.

COLUCHE

L'eau de Lourdes peut dépanner une auto.

FRANCIS PICABIA, *Aphorismes*.

LOUVRE

Devant le musée du Louvre, un agent hurlait : « Circulez ! Y a rien à voir. »

YVAN AUDOUARD, *Les Pensées*.

LUCIDITÉ

La lucidité est la blessure la plus rapprochée du soleil.

RENÉ CHAR

LUMIÈRE

Que la lumière soif... Et la lumière but.

ANDRÉ BEUCLER, note inédite retrouvée par SERGE BEUCLER.

Il y a des lumières que l'on éteint en les plaçant sur le chandelier.

LOUIS DE BONALD, *Pensées*.

Plaise au Seigneur,
Lumière de toutes choses, de m'éclairer pour que je traite dignement de la lumière.

LÉONARD DE VINCI

Cet homme n'était pas une grande lumière, mais un grand et commode chandelier.

GEORG CHRISTOPH LICHTENBERG, *Aphorismes*.

Combien d'hommes se pressent vers la lumière, non pas pour voir mieux, mais pour mieux briller.

FRIEDRICH NIETZSCHE

Parfois, la nuit, j'allume une lumière pour ne pas voir.

ANTONIO PORCHIA, *Voix*.

LUMIGNON

Au royaume des lumignons, les lampes de poche sont des phares.

Proverbe chinois

LUMINAIRE

Dieu a mis au ciel deux grands luminaires : le soleil, et la lune qui emprunte sa lumière au soleil ; sur la terre, il y a le pape, et l'empereur qui est le reflet du pape.

GRÉGOIRE VII, cité par JULES MICHELET.

LUNDI

Lundi : dans les pays chrétiens, lendemain du jour du tiercé.

AMBROSE BIERCE, *Le Dictionnaire du Diable*.

LUNE

La lune bouge doucement mais elle traverse la ville.

Proverbe ashanti

Où est dans le ciel l'arbre dont la lune est le fruit.

Proverbe malien

On te montre la lune et tu regardes le doigt.

Proverbe rundi

C'est la lune qui cuit comme un œuf
[sur le plat.

GUILLAUME APOLLINAIRE,
Alcools.

Lune mellifluente aux lèvres des
[déments
Les vergers et les bourgs cette nuit
[sont gourmands
Les astres assez bien figurent les
[abeilles
De ce miel lumineux qui dégoutte
[des treilles

GUILLAUME APOLLINAIRE,
« Clair de lune », *Alcools*.

La preuve que la lune est habitée, c'est qu'il y a de la lumière.

FRANCIS BLANCHE

La lune est le soleil des statues.

JEAN COCTEAU

La lune est le pain à cacheter de la nature.

LOUIS AUGUSTE COMMERSON,
Pensées d'un emballeur.

La lune serait habitée, on n'oserait plus bronzer à poil sur les balcons.

JEAN-MARIE GOURIO,
Brèves de comptoir.

Le 21 juillet 1969, Neil Armstrong fut le premier homme à poser le pied sur la Lune ; ce jour-là, la Lune mourut aux yeux de tous.

JEAN HAMBURGER

La lune est le rêve du soleil

PAUL KLEE

Ah ! ce soir, j'ai le cœur mal, le cœur
[à la lune !

JULES LAFORGUE,
L'Imitation de Notre-Dame la Lune.

La grange a brûlé. Maintenant, je puis voir la lune.

MASAHIDE

Nouvelle lune : l'ongle de la lune repousse.

JULES RENARD,
Nos frères farouches.

La lune éclaire la nuit, ce qui est extrêmement utile. Le soleil n'éclaire que le jour, quand il n'en est pas besoin.

ALEXANDRE VIALATTE,
Almanach des quatre saisons.

LUNETTES

Bonjour lunettes, adieu fillettes.

Vieux proverbe français

Qui aime bien ses lunettes ménage sa monture.

FRANCIS BLANCHE,
Les Pensées.

Il mettait ses lunettes pour dormir, car il ne voulait pas se mettre dans l'impossibilité de lire le feuilleton du journal qui paraissait régulièrement dans ses rêves.

LÉON-PAUL FARGUE,
Composite.

LUTTE

Dans la lutte, on descend au niveau de l'adversaire.

SÉNÈQUE

LUXE

Le luxe est le pain de ceux qui vivent de brioche.

ANDRÉ SUARÈS, *Voici l'homme*.

LYCÉE

Lycée :

1) École antique où l'on s'entretenait de morale et de philosophie.

2) École moderne où l'on discute de football.

AMBROSE BIERCE,
Le Dictionnaire du Diable.

LYON

Tout le monde peuvent pas être de Lyon. Il en faut ben d'un peu partout.

La plaisante sagesse lyonnaise

De toutes les villes de France, Lyon est la mieux organisée contre la poésie.

MARCEL ACHARD,
cité par MARCEL PAGNOL
lorsqu'il le reçut à l'Académie française.

Si Paris est la capitale de la France, Lyon est la capitale de la province.

ALBERT THIBAUDET

La Légion d'honneur de Lyon ? La rosette !

BORIS VIAN

LYS

La France fut faite à coups d'épée. La fleur de Lys, symbole d'unité nationale, n'est que l'image d'un javelot à trois lances.

CHARLES DE GAULLE,
La France et son armée.

M

MAGAZINE

J'ai beaucoup aimé l'article du numéro de janvier... dès que j'irai chez le dentiste, je lirai celui de février.

GROUCHO MARX

MAI

Le mai le joli mai en barque sur le Rhin
Des dames regardaient du haut de la [montagne
Vous êtes si jolies mais la barque [s'éloigne
Qui donc a fait pleurer les saules [riverains ?

GUILLAUME APOLLINAIRE, *Alcools*.

MAIGRIR

Une lectrice écrit à Michel Montignac, l'auteur de *Comment maigrir en faisant des repas d'affaires* : « Peut-on communier le dimanche lorsqu'on est en phase 1 ? L'hostie est un mauvais glucide. »

Chaque fois que je perds du poids, je m'aperçois avec horreur et indignation que quelqu'un a profité de la nuit pour m'en remettre.

LORD GOODMAN

MAIN

La main qui donne est au-dessus de celle qui reçoit.

Proverbe italien

Mains blanches aiment le travail d'autrui.

Proverbe russe

Une seule main sans sa sœur, quoi qu'elle fasse, ne parviendra pas à délier un double nœud.

Proverbe touareg

Ne parle plus. Ne pense plus. Laisse ta main se promener sur moi. Laisse-là être heureuse toute seule. Tout redeviendrait si simple si tu laissais ta main seule m'aimer. Sans plus rien dire...

JEAN ANOUILH, *Eurydice*.

On dit « Francfort-sur-le-Main » et « avoir le cœur sur la main ». Comment voulez-vous que les étrangers s'y reconnaissent ?

HIPPOLYTE BRIOLLET, *in Le Tintamarre*, cité par ALPHONSE ALLAIS.

Tant de mains pour transformer ce monde, et si peu de regards pour le contempler.

JULIEN GRACQ, *Lettrines*.

Joindre les mains, c'est bien, mais les ouvrir, c'est mieux.

LOUIS RATISBONNE, *La Comédie enfantine*.

Je ne me suis pas lavé les mains depuis Ponce Pilate.

JULES RENARD, *Journal*.

La main de Dieu nous paraît souvent rude parce qu'il traite ses amis débiles avec un gant de crin.

PIERRE REVERDY, *Le Gant de crin*.

Le plus grand bonheur que puisse donner l'amour, c'est le premier serrement de main d'une femme qu'on aime.

STENDHAL, *De l'amour*.

MAISON

Votre maison est l'endroit où vous pouvez vous gratter, quel que soit l'endroit qui vous démange.

Anonyme

MAÎTRE

On ne peut se rendre maître des choses en les possédant toutes ; il faut s'en rendre le maître en les méprisant toutes.

JACQUES BÉNIGNE BOSSUET, *Pensées*.

Je suis maître de moi comme de [l'univers ;
Je le suis, je veux l'être. Ô siècles, ô [mémoire !
Conservez à jamais ma dernière [victoire !

PIERRE CORNEILLE, *Cinna*, acte IV, scène 3.

On n'a pas d'autre maître que soi-même ; il faut que ce maître soit dur.

JEAN GUÉHENNO

Ce que le maître digère, l'élève le mange.

KARL KRAUS, *Aphorismes*.

C'est un extrême malheur que d'être assujetti à un maître, dont on ne peut jamais être assuré qu'il soit bon, puisqu'il est toujours en sa puissance d'être mauvais quand il voudra.

ÉTIENNE DE LA BOÉTIE, *Discours de la servitude volontaire*.

MAÎTRE D'HÔTEL

Le maître d'hôtel entra dans la pièce : on aurait dit une solennelle procession d'une seule personne.

P. G. WOODEHOUSE

MAÎTRESSE

M. Alandor était très difficile dans le choix du mari de ses maîtresses.

TRISTAN BERNARD, *Citoyens, animaux, phénomènes*.

Qu'est-ce qu'une maîtresse ? une femme près de laquelle on ne se souvient plus de ce qu'on sait par cœur, c'est-à-dire de tous les défauts de son sexe.

NICOLAS DE CHAMFORT, *Maximes et Pensées, Caractères et Anecdotes*.

On n'est pas un amant parce qu'on a une maîtresse. Ce serait trop facile.

ROBERT DE FLERS et FRANCIS DE CROISSET, *Les Vignes du Seigneur*.

MAJORITÉ

L'avis de la majorité ne peut être que l'expression de l'incompétence.

RENÉ GUÉNON, *La Crise du monde moderne*.

Un homme avec Dieu est toujours dans la majorité.

JOHN KNOX

La majorité a toujours raison, mais la raison a bien rarement la majorité aux élections.

JEAN MISTLER, *Bon poids*.

MAJUSCULE

On croit faire une fleur à Dieu en imprimant son nom en majuscules.

JEAN-PAUL, *Être là dans l'existence*.

La majuscule est un coup de chapeau calligraphique.

HENRI JEANSON

MAL

Un mal de dents vous fait oublier un mal de tête.

Proverbe juif

Le mal est doux au début, mais il est amer à la fin.

Talmud

Tout ce qui va mal va de soi.

ALAIN, *Propos*.

La volupté unique et suprême de l'amour gît dans la certitude de faire le mal. Et l'homme et la femme savent de naissance que dans le mal se trouve toute volupté.

CHARLES BAUDELAIRE, *Fusées*.

Le mal se fait sans effort, naturellement, par fatalité ; le bien est toujours le produit d'un art.

CHARLES BAUDELAIRE,
Curiosités esthétiques.

En toi, ce que je déteste,
C'est le mal que je te fais.

PAUL GÉRALDY, *Toi et moi*.

Lactance suppose qu'Épicure lui dit : « Ou Dieu veut ôter le mal de ce monde, et il ne le peut ni ne le veut ; ou, enfin, il le peut et le veut. S'il le veut et ne le peut pas, c'est impuissance. S'il le peut et ne le veut pas, c'est méchanceté. S'il ne le peut et ne le veut, c'est impuissance et méchanceté. S'il le peut et le veut, pourquoi y a-t-il du mal sur la terre ? »

LACTANCE, *De la colère de Dieu*.

Le mal est notre ennemi. Mais, ne serait-il pas pire qu'il fût notre ami ?

LÉONARD DE VINCI

Il y a une infinité de choses où le moins mal est le meilleur.

CHARLES DE MONTESQUIEU,
Cahiers.

Il vaut mieux bien faire le mal que mal faire le bien.

OVIDE

Faire le mal, c'est en vouloir à mon bien.

JULES RENARD

Le mal que font les hommes vit après eux : le bien est souvent enseveli avec leurs cendres.

SHAKESPEARE,
Jules César, acte III, scène 3.

MALADE

Les malades sont toujours optimistes. Peut-être que l'optimisme est aussi une maladie.

REMY DE GOURMONT,
Promenades littéraires.

MALADIE

Souvenez-vous que l'intérêt des compagnies pharmaceutiques est la maladie.

WILLIAM BURROUGHS,
Entretiens recueillis par Daniel Odier.

La maladie est clémente aux bêtes très belles et aux êtres très jeunes, que seuls, elle n'enlaidit pas.

COLETTE, *L'Entrave*.

C'est la maladie qui rend la santé agréable ; le mal qui engendre le bien ; C'est la faim qui fait désirer la satiété et la fatigue le repos.

HÉRACLITE

Une longue maladie semble être placée entre la vie et la mort, afin que la mort même devienne un soulagement et à ceux qui meurent et à ceux qui restent.

JEAN DE LA BRUYÈRE, *Les Caractères*.

La nature ne semble guère capable de donner que des maladies assez courtes. Mais la médecine s'est annexé l'art de les prolonger.

MARCEL PROUST, *Le Côté de Guermantes*.

Ce qui est agréable avec la maladie d'Alzheimer, c'est qu'on fait chaque jour de nouvelles connaissances.

RONALD REAGAN
(président des États-Unis)

Les maladies suspendent nos vertus et nos vices.

LUC DE VAUVENARGUES,
Maximes et Pensées.

MALCHANCE

Une fois en quarante ans, je suis sorti pour voler, et la Lune a brillé toute la nuit.

Proverbe suédois

Il y a seulement de la malchance à n'être pas aimé : il y a du malheur à ne point aimer.

ALBERT CAMUS, *L'Été*.

Lorsque quelqu'un a de la malchance, souviens-toi que cette malchance vient de lui : car Dieu a créé tous les hommes pour le bonheur et pour la paix.

ÉPICTÈTE, *Entretien*.

MALCHANCEUX

Quand les roubles tombent du ciel, le malchanceux n'a pas de ciel.

Proverbe russe

Si le malchanceux devait faire le commerce de linceuls, personne ne mourrait !

Le Livre de la sagesse arabe

MÂLE

Mon Dieu, ne me donne que des enfants mâles et fais que mon troupeau ne produise que des femelles.

Proverbe arabe

MALÉDICTION

Maudit !
soit le père de l'épouse
du forgeron qui forgea le fer de la [cognée
avec laquelle le bûcheron abattit le [chêne
dans lequel on sculpta le lit
où fut engendré l'arrière-grand-père
de l'homme qui conduisit la voiture
dans laquelle ta mère rencontra ton [père.

ROBERT DESNOS,
« La Colombe de l'arche », *Corps et biens*.

MALHEUR

Élevé à la rude école du malheur, il y remportait tous les prix.

ALPHONSE ALLAIS

C'est un proverbe turc que ce beau mot : « Ô malheur ! je te rends grâces si tu es seul. »

NICOLAS DE CHAMFORT,
Maximes et Pensées, Caractères et Anecdotes.

Il n'y a qu'un malheur, celui d'être né.

MME DU DEFFAND, *Correspondance*.

Le malheur ennoblit les femmes, tandis que le bonheur les rend bêtes et égoïstes. Il y a au fond d'une femme riche et aimée une béatitude imbécile.

HENRI DUVERNOIS, *Crapotte*.

Des malheurs évités le bonheur se compose.

ALPHONSE KARR, *Les Guêpes*.

Quand le malheur ne serait bon
Qu'à mettre un sot à la raison,
Toujours serait-ce à juste cause
Qu'on le dit bon à quelque chose

JEAN DE LA FONTAINE,
Le mulet se vantant de sa généalogie.

Lorsque le malheur touche l'homme, il est plein d'impatience ; lorsque le bonheur l'atteint, il est plein d'insolence.

MAHOMET

Le malheur ne s'admet point. Seul, le bonheur semble dû.

RAYMOND RADIGUET,
Le Diable au corps.

MALHEUREUX

J'aime bien mieux être malheureuse en vous aimant, que de ne vous avoir jamais vu.

GUILLERAGUES,
Lettres de la religieuse portugaise.

Si l'on n'y prend garde, on est porté à condamner les malheureux.

JOSEPH JOUBERT,
Pensées, maximes et essais.

Un malheureux qui est à jeun ne raisonne pas du tout comme un malheureux qui vient de faire un bon repas.

JEAN-BAPTISTE LOUVET DE COUVRAY,
Une année de la vie du chevalier de Faublas.

MALRAUX (André)

Malraux, c'est toujours un primo sans secundo.

ROGER MARTIN DU GARD

MANCHOT

Manchot vend voiture à bras. Première main.

PIERRE DAC, *Les Petites Annonces*.

Voir PETITES ANNONCES.

MANGER

Le matin, je ne mange pas, je pense [à toi ;
à midi, je ne mange pas, je pense [à toi ;
le soir, je ne mange pas, je pense [à toi ;
la nuit, je ne dors pas, j'ai faim !

Anonyme

Le Créateur, en obligeant l'homme à manger pour vivre, l'y invite par appétit et l'en récompense par le plaisir.

ANTHELME BRILLAT-SAVARIN, *Physiologie du goût*.

Oh ! que c'est malheureux que la femme mange, même des fraises dans du lait.

XAVIER FORNERET, *Encore un an de sans titre*.

Si les morts ne ressuscitent pas, buvons et mangeons car demain nous mourrons.

SAINT PAUL, 1re épître aux Corinthiens.

Manger est un besoin de l'estomac ; boire est un besoin de l'âme.

CLAUDE TILLIER, *Mon oncle Benjamin*.

MANTEAU

Le pauvre examine le manteau de saint Martin et dit : « Pas de poches ? »

MAX JACOB, *Le Cornet à dés*.

Saint Martin a donné la moitié de son manteau à un pauvre : comme ça, ils ont eu froid tous les deux.

JACQUES PRÉVERT

MANUSCRIT

Votre manuscrit est à la fois bon et original. Malheureusement la partie qui est bonne n'est pas originale et celle qui est originale n'est pas bonne.

SAMUEL JOHNSON

Les divinités qui président à la naissance du manuscrit ont en réserve trois dons qu'elles dispensent aux plus heureux. C'est d'abord le don de l'émotion sincère qui est aussi le don de vie et sans lequel les autres ne sont rien. La phrase qui en est touchée brille et bat comme un cœur humain. C'est ensuite le don du style qui assure la durée de l'œuvre par une matière impérissable. Enfin, c'est le don du charme : une main mystérieuse a mené quelques livres à notre chevet, comme des femmes.

PIERRE LOUŸS, préface aux *Ballades françaises* de Paul Fort.

Sur le manuscrit de l'amour, l'homme surcharge, la femme biffe.

PAUL MASSON, *Les Pensées d'un yoghi*.

MARBRE

Un bloc de marbre était si beau
Qu'un statuaire en fit l'emplette.
Qu'en fera, dit-il, mon ciseau ?
Sera-t-il dieu, table ou cuvette ?

JEAN DE LA FONTAINE, *Le Statuaire et la statue des Jupiter*.

Quel est ce marbre qui me sépare de ma statue ?

MICHEL-ANGE, cité par MASSIN in *Continuo*.

Voyez comme ce marbre est fendu de pitié...

THÉOPHILE DE VIAU, *Pyrame et Thisbé*.

MARCHE

Quand l'homme a voulu imiter la marche, il a crée la roue, qui ne ressemble pas à une jambe. Il a fait du surréalisme sans le savoir.

GUILLAUME APOLLINAIRE, *Les Mamelles de Tirésias*.

Pour la marche, le plus beau chapeau du monde ne vaut pas une bonne paire de chaussures.

PIERRE DAC, *Pensées et Maximes*.

Mon pied droit est jaloux de mon pied gauche. Quand l'un avance, l'autre veut le dépasser. Et moi, comme un imbécile, je marche.

RAYMOND DEVOS

MARCHÉ

Le marché est le seul moyen de casser l'orgueil d'une maison.

FRANÇOIS MICHELIN

MARÉCHAL

À propos de Lyautey : « Voilà un militaire qui a des couilles au cul. L'ennui, c'est que ce ne sont pas toujours les siennes. »

GEORGES CLEMENCEAU

Rappelez-vous qu'il n'est aucun de vous qui n'ait dans sa giberne le bâton de maréchal du duc de Reggio : c'est à vous de l'en faire sortir.

LOUIS XVIII (aux élèves de l'école militaire de Saint-Claud).

MARI

Un bon mari ne se souvient jamais de l'âge de sa femme, mais de son anniversaire, toujours.

JACQUES AUDIBERTI

La femme doit suivre son mari, non le poursuivre.

MAURICE DONNAY

Certaines femmes aiment tellement leur mari que, pour ne pas l'user, elles prennent ceux de leurs amies.

ALEXANDRE DUMAS FILS

Dans n'importe quel ménage, quand il y a deux hommes, c'est toujours le mari qui est le plus laid.

GEORGES FEYDEAU

Les maris des femmes qui nous plaisent sont toujours des imbéciles.

GEORGES FEYDEAU, *Le Dindon*.

Les maris se choisissent toujours les yeux ouverts, et les amants les yeux fermés.

HENRI JEANSON, *La Vie en rose*.

Tous les maris sont laids.

CHARLES DE MONTESQUIEU, *Mes pensées*.

MARIAGE

Le mariage est comme une place assiégée : ceux qui sont dehors veulent y entrer et ceux qui sont dedans veulent en sortir.

Proverbe

Ne vous mariez pas pour de l'argent, vous pouvez emprunter à meilleur marché.

Proverbe écossais

Il y a un mariage qui rend un homme heureux, c'est celui de sa fille.

MARCEL ACHARD

Le mariage, depuis le jour où il est conclu et scellé, est une chose à faire, non une chose faite.

ALAIN

Je me suis marié une fois à l'église, deux fois à la mairie, le reste à la sauvette.

JOSÉ ARTUR, *Les Pensées*.

Le mariage, mon cher, c'est le Biribi des amours ! Moi, ça fait vingt ans que je déguste. Je me suis marié en quarante-deux, parce que ça donnait droit à un costume pure laine et une paire de chaussures en cuir. Voilà où ça mène l'élégance...

MICHEL AUDIARD, *Carambolages*.

Ce fut un mariage mixte, moitié fille, moitié garçon.

ROLAND BACRI

Ne pouvant pas supprimer l'amour, l'Église a voulu au moins le désinfecter... et elle a fait le mariage.

CHARLES BAUDELAIRE, *Mon cœur mis à nu*.

Le mariage est une communauté composée d'un maître, d'une maîtresse et de deux esclaves, ce qui fait en tout deux personnes.

AMBROSE BIERCE, *Le Dictionnaire du Diable*.

Se marier à l'église et à la mairie, c'est ficeler un paquet avec un double nœud. On a tellement peur que ça ne tienne pas !

ANDRÉ BIRABEAU

Je me suis marié deux fois, deux catastrophes : ma première femme est partie, ma deuxième est restée.

FRANCIS BLANCHE

Le mariage est la traduction en prose du poème de l'amour.

ALFRED BOUGEARD

Il n'est pas de bons mariages, mais il en est de délicieux.

JACQUES DE BOURBON-BUSSET

Voir ci-dessous FRANÇOIS DE LA ROCHEFOUCAULD

Le mariage ? une condamnation de drap commun.

ALEXANDRE BREFFORT

Que d'époux ne sont séparés que par le mariage !

ALFRED CAPUS

Le mariage est une religion : il promet le salut, mais il faut la grâce.

JACQUES CHARDONNE

« Le mariage est une longue conversation », a dit Nietzsche. Sur ce point, les époux sont bien dotés en France.

JACQUES CHARDONNE, *Le Ciel dans la fenêtre*

Être marié, c'est trembler que la côtelette de Monsieur soit trop cuite, l'eau de Vittel pas assez froide, la chemise mal empesée, le faux col mou, le bain brûlant, c'est assurer le rôle épuisant d'intermédiaire-tampon entre la mauvaise humeur de Monsieur, l'avarice de Monsieur, la gourmandise, la paresse de Monsieur... le rôle de médiatrice entre Monsieur et le reste de l'humanité.

COLETTE

Il y a deux sortes de mariages, le mariage blanc et le mariage multicolore. Ce dernier est ainsi appelé parce que chacun des deux conjoints en voit de toutes les couleurs.

GEORGES COURTELINE

Le mariage, c'est une femme de plus et un homme de moins.

FRANCIS DE CROISSET

L'amour c'est de la physique, le mariage c'est de la chimie.

ALEXANDRE DUMAS FILS, *L'Étrangère*

Le mariage, mon ami, est un petit jeu de satiété.

HENRI DUVERNOIS, *La Guitare et le jazz-band.*

Le mariage est une pièce à deux personnages dont chacun n'étudie qu'un rôle, celui de l'autre.

OCTAVE FEUILLET

Le mariage est l'art pour deux personnes de vivre ensemble aussi heureuses qu'elles auraient vécu chacune de son côté.

GEORGES FEYDEAU

C'est la leçon du mariage. Tous les charmes se sont posés sur celui que vous épousez. Il est un orme surchargé de pinsons qui vous accueillent. Puis, semaine à semaine, chaque pinson s'envole sur un autre homme, et, au terme de l'année, votre vrai mari est disséminé sur tous les autres.

JEAN GIRAUDOUX, *Sodome et Gomorrhe.*

Le mariage est comme le restaurant : à peine est-on servi qu'on regarde ce qu'il y a dans l'assiette du voisin.

SACHA GUITRY

Les femmes ne me pardonnent pas de m'être marié quatre fois*. Les hommes ne me pardonnent pas d'avoir quatre fois divorcé.

SACHA GUITRY, *Toutes réflexions faites.*

* Écrit en 1947, avant son mariage avec Lana Marconi.

Il est de bons mariages, mais il n'en est pas de délicieux.

FRANÇOIS DE LA ROCHEFOUCAULD

Voir ci-dessus JACQUES DE BOURBON BUSSET

Le premier qui a osé me demander la main d'Isménie... j'ai peut-être été un peu vif... je lui ai donné mon pied.

EUGÈNE LABICHE, *Mon Isménie*.

Voulez-vous savoir ce qui fait les bons mariages ?

— Les sens dans la jeunesse.

— L'habitude dans l'âge mûr

— Le besoin réciproque dans la vieillesse.

GASTON DE LÉVIS, *Maximes et Réflexions sur divers sujets*.

Les mariages doivent être une sorte de plat de viande puisqu'on les interdit les jours de jeûne.

GEORGE CHRISTOPH LICHTENBERG, *Aphorismes*.

Quand les jeunes filles auront passé par le mariage, elles verront qu'il n'y a pas de quoi rire !

MME DE MAINTENON, *Aux demoiselles de Saint-Cyr*.

Le mariage est une bonne chose, il ne faut pas en faire une habitude.

SOMERSET MAUGHAM

Le mariage : un échange de mauvaise humeurs pendant le jour et de mauvaises odeurs pendant la nuit.

GUY DE MAUPASSANT

Un mariage heureux est une longue conversation qui semble toujours trop brève.

ANDRÉ MAUROIS, *Mémoires*.

Le mariage donne au mari un moment unique pour acquérir vraiment la femme, la soustraire à l'influence étrangère et se l'attacher à toujours. En profite-t-il ? Rarement. Il faudrait que, dans ces commencements où il peut beaucoup sur elle, il l'associât à son mouvement d'esprit, à ses affaires, à ses idées, qu'il l'initiât à ses projets, qu'il créât dans son activité une activité à elle. Qu'elle veuille et pense avec lui, agisse avec lui, souffre avec lui, voilà le mariage.

JULES MICHELET, *La Famille*.

Quand on a connu une jeune fille de dix-huit ans et qu'on la retrouve mariée trente-cinq ans plus tard, on a peine à imaginer que c'est un seul homme qui a pu faire tant de dégâts.

JEAN MISTLER, *Bon poids*.

Il vaut mieux encore être marié qu'être mort.

MOLIÈRE, *Les Fourberies de Scapin*.

« Quinze ans de mariage épuisent les [paroles
Et, depuis un long temps, nous nous [sommes tout dit. »

MOLIÈRE, *Amphitryon*, acte I, scène 4.

Celui-là s'y entendait, ce me semble, qui dit qu'un bon mariage s'établissait d'une femme aveugle avec un mari sourd.

MICHEL DE MONTAIGNE, *Essais*, livre III, chap. V.

D'abord sous le gui, ensuite sur le houx.

PAUL MORAND, *Fermé la nuit*.

Tel est parti comme un héros en quête de vérités ; il n'a capturé qu'un petit mensonge paré. Il appelle cela son mariage [...]. Beaucoup de brèves folies — c'est ce que vous appelez l'amour. Et, à ces brèves folies, le mariage met fin par une longue sottise.

FRIEDRICH NIETZSCHE, *Ainsi parlait Zarathoustra*.

Le mariage est une expérience chimique dans laquelle deux corps inoffensifs peuvent, en se combinant, produire un poison.

ÉDOUARD PAILLERON

Des hommes n'ont l'air de s'être mariés que pour empêcher leurs femmes de se marier avec d'autres.

JULES RENARD,
Journal

L'homme marié est au garçon ce qu'est un volume relié à un volume broché.

JULES RENARD,
Journal.

Le mariage simplifie la vie et complique la journée.

JEAN ROSTAND,
Maximes sur le mariage.

Il ne faut pas oublier que le premier devoir dans le mariage est de se faire pardonner d'être là.

JEAN ROSTAND,
Maximes sur le mariage.

Le mariage est un dîner qui commence par le dessert.

JULES SANDEAU

Le mariage n'est pas une loterie, à la loterie on gagne parfois.

GEORGE BERNARD SHAW

Quand un homme et une femme sont mariés, ils ne font plus qu'un. La première difficulté est de décider lequel.

GEORGE BERNARD SHAW

De toute façon, mariez-vous : si vous avez une bonne épouse, vous serez heureux. Si vous en avez une mauvaise, vous deviendrez philosophe.

SOCRATE

Le mariage est une cérémonie où un anneau est passé au doigt de l'épouse et un autre au nez de l'époux.

HERBERT SPENCER

Le mariage est un saut périlleux dans l'avenir.

CARMEN SYLVA, *Maximes*.

On s'étudie trois semaines,
On s'aime trois mois,
On se dispute trois ans,
On se tolère trente ans...
Et les enfants recommencent.

HIPPOLYTE TAINE

Le mariage est une si belle chose qu'il faut y penser toute sa vie.

TALLEYRAND

L'homme épouse une dot et la femme une profession.

CLAUDE TILLIER,
Mon oncle Benjamin.

Le mariage, tel qu'il existe aujourd'hui, est le plus odieux de tous les mensonges, la forme suprême de l'égoïsme.

LÉON TOLSTOÏ,
La Sonate à Kreutzer.

De nos jours, le plus grand problème du mariage est la difficulté de subvenir avec un seul salaire aux besoins de sa femme et à ceux de l'État.

MARK TWAIN

Ayez une femme qui ne croit pas à ce qu'elle voit.

PAUL VALÉRY

Le mariage est un désinfectant.

LOUIS VEUILLOT

Le mariage est un état qui n'intéresse plus personne si ce n'est quelques prêtres.

LOUISE DE VILMORIN

Ne vous mariez jamais : l'homme le fait par lassitude, la femme par curiosité et chacun est déçu.

OSCAR WILDE

MARIER (se)

Quand je songe que, pour me marier, il faudrait que j'aimasse, il me paraît, non pas impossible, mais difficile, que je me marie ; mais quand je songe qu'il faudrait que j'aimasse et que je fusse aimé, alors, je crois qu'il est impossible que je me marie.

NICOLAS DE CHAMFORT,
Petits Dialogues philosophiques.

Se marier dans sa jeunesse, c'est comme faire l'acquisition d'un poêle en plein été ; ce n'est qu'en hiver qu'on sait s'il chauffe ou s'il fume.

JEAN-PAUL, *Être là dans l'existence*.

MARIN

J'aimais la mère, j'aimais la fille,
On est marin, on part longtemps.
J'aimais la mère en partant ;
En revenant, j'aimais la fille.

PAUL FORT, *L'Amour marin*.

MARINE

Dans la marine, il faut saluer tout ce qui bouge et peindre le reste.

Vieil adage SHADOK

MARKETING

Le marketing est une sorte de sociologie vénale, d'ethnologie de bazar dont le but est de savoir de quoi vous n'avez pas besoin et que l'on pourrait quand même vous vendre.

PHILIPPE MEYER

MAROC

Alaouite, je te plumerai !

GEORGES ANDREU

MAROTTE

La vie n'est tolérable qu'avec une marotte, un travail quelconque.

GUSTAVE FLAUBERT

MARSEILLAISE

Musique : fait penser à un tas de choses. Adoucit les mœurs. Ex. : *La Marseillaise*.

GUSTAVE FLAUBERT, *Dictionnaire des idées reçues*.

L'hymne national ne confère pas de magnificence aux instants qui suivent la volupté.

GEORGES RIBEMONT-DESSAIGNES

MARSEILLE

On dit qu'à Marseille on fait voter les morts. Eh bien, je peux vous dire que c'est faux : ils votent comme ils veulent.

Attribué à tous les maires de Marseille

MARTYR

Le crime a ses héros, l'erreur a ses [martyrs.

VOLTAIRE, *La Henriade*, V.

Non, si vous voulez rendre la religion chrétienne aimable, ne parlez jamais de martyrs ; nous en avons fait cent fois plus que les païens.

VOLTAIRE, *Dictionnaire philosophique*.

MARTYRE

Peut-être n'existe-t-il pas de bonheur plus parfait que le martyre.

O. HENRY, *La Lampe décorative*.

MASCULIN

Le masculin est mêlé de féminité, le féminin est pur.

JEAN ROSTAND, *Inquiétudes d'un biologiste*.

MASQUE

Nous avons beau faire, nous ne pouvons pas être absolument naturels, et nous n'avons pas grand avantage à l'être. Le sourire du marchand, la manière du médecin, l'allure du militaire, ce sont des masques grossiers, mais dès qu'on les quitte, on est contraint d'en mettre d'autres.

VALERY LARBAUD

Le masque est si charmant que j'ai [peur du visage.

ALFRED DE MUSSET

Si je mettais chaque jour un masque, celui qui aurait dessiné tous mes masques n'aurait pas encore fait mon portrait.

ANTOINE DE RIVAROL

L'homme cesse d'être lui-même dès qu'il parle pour son propre compte. Donnez-lui un masque et il vous dira la vérité.

OSCAR WILDE, *Intentions*.

MASSACRE

Pour faire figure (dans l'Histoire), il faut massacrer par millions.

PAUL-LOUIS COURIER,
Conversations chez Mme d'Albany.

Il faudrait que chacun eut au chevet de son lit un cadre où fussent écrits en grosses lettres : croisades sanglantes contre les habitants de la Prusse et contre le Languedoc, massacre de Mérindol, massacre en Allemagne et en France au sujet de la Réforme ; massacre des vallées de Savoie ; massacres juridiques ; massacres de l'Inquisition.

VOLTAIRE,
Politique et législation, Paix XXVI.

MASSEUR

Mon frère est masseur à Passy
Et masseuse à Bercy ma tante
[Félicie,
Et comme à leurs travaux je
[m'associe,
Je masse aussi.

TRISTAN BERNARD

MASTURBATION

Ne dites pas de mal de la masturbation. Après tout, c'est une façon de faire l'amour avec quelqu'un qu'on aime bien.

WOODY ALLEN

Plus je connais les femmes, plus j'aime ma main.

PROFESSEUR CHORON

Ce que j'aime dans la masturbation, c'est qu'on n'est pas obligé de parler après.

MILOŠ FORMAN

De temps à autre, une femme est un substitut convenable à la masturbation. Mais, bien sûr, il faut beaucoup d'imagination.

KARL KRAUS, *Aphorismes.*

La masturbation, c'est la sexualité du désespoir.

LIAM O'CUSEGAN,
Les Pensées d'un homard.

Les Français se masturbent plus souvent qu'ils ne se lavent les dents, car ils n'ont pas toujours une brosse à dents sous la main.

GEORGES WOLINSKI,
La Morale.

MATELOT

Mais, ô mon cœur, entends le chant
[des matelots !

STÉPHANE MALLARMÉ,
« Brise marine », *Poèmes.*

MATERNEL

Avec l'amour maternel, la vie nous a fait à l'aube une promesse qu'elle ne tient jamais.

ROMAIN GARY, *La Promesse de l'aube.*

MATERNITÉ

À vingt ans, l'enfant déforme les femmes. À trente ans, il les conserve et je crois bien qu'à quarante il les rajeunit.

LÉON BLUM, *Du mariage.*

MATHÉMATIQUES

L'étude des mathématiques, en comprimant la sensibilité et l'imagination, rend quelquefois l'explosion des passions terrible.

Mgr DUPANLOUP

Les mathématiques ne possèdent pas seulement la vérité, mais aussi la beauté suprême — une beauté froide et austère, comme celle de la sculpture.

BERTRAND RUSSELL

MATHUSALEM

À 650 ans, Mathusalem était si bien conservé qu'il n'en paraissait guère plus de 375 !

TRISTAN BERNARD

MATINÉE

Tout le plaisir des jours est en leurs
[matinées ;
La nuit est déjà proche à qui passe midi.

FRANÇOIS DE MALHERBE,
Sur le mariage du roi et de la reine.

MAURIAC (François)

S'il est le choléra des jeunes hommes, il est en même temps la coqueluche des vieilles dames.

ANTOINE BLONDIN

MAUVAIS

« Bon à rien, ce serait encore trop dire. Tu n'es pas bon à rien, tu es mauvais à tout. Je ne sais pas si tu me saisis, mais moi je me comprends. »

MARCEL PAGNOL,
Le Schpounz, réplique de Charpin.

MAUVAISE FOI

La mauvaise foi est l'âme de la discussion.

NESTOR ROQUEPLAN,
Nouvelles à la main.

MAXIME

Toutes les bonnes maximes sont dans le monde ; on ne manque qu'à les appliquer.

BLAISE PASCAL, *Pensées*.

Les maximes les plus profondes sont celles où la pensée semble la plus indépendante des mots et de leur aménagement.

MARCEL PROUST,
Pensées de jeunesse.

Les maximes, bien entendu celles des autres, me font souvent l'effet des noisettes. Du dehors, toutes se ressemblent, et, au-dedans, les trois quarts sont creuses.

FERNAND VANDEREM,
Gens de qualité.

Les bonnes maximes sont sujettes à devenir triviales.

LUC DE VAUVENARGUES,
Réflexions et maximes posthumes.

MAYONNAISE

Le sandwich à la mayonnaise est sponsorisé par la Chambre syndicale de la teinturerie.

JOSÉ ARTUR, *Les Pensées*.

MÉCHANCETÉ

L'Éternel vit que la méchanceté des hommes était grande sur la Terre et que toutes les pensées de leur cœur se portaient chaque jour uniquement vers le mal. L'Éternel se repentit d'avoir fait l'Homme sur la Terre, et il fut affligé en son cœur.

Genèse, VI, 5.

MÉCHANT

Ne t'irrite pas contre les méchants. N'envie pas ceux qui font le mal, car ils sont fauchés aussi vite que l'herbe, et ils se flétrissent comme le gazon vert.

Psaumes, XXXVII, 1, 2.

Les méchants envient et haïssent ; c'est leur manière d'admirer.

VICTOR HUGO, *Tas de pierres*.

Le bonheur des méchants comme un
[torrent s'écoule.

JEAN RACINE, *Athalie*, acte II, scène 7.

L'esprit méchant et le cœur bon, voila la meilleure espèce d'hommes.

ANTOINE DE RIVAROL,
L'Esprit de Rivarol.

D'être méchant, c'est se venger d'avance.

PAUL-JEAN TOULET

MÉCONTENT

Être trop mécontent de soi est une faiblesse. Être trop content de soi est une sottise.

MME DE SABLÉ, *Maximes*.

MÉDAILLE

L'homme se tient debout sur ses pattes de derrière pour recevoir moins de pluie et pouvoir accrocher des médailles sur sa poitrine.

JEAN GIRAUDOUX, *Intermezzo*.

MÉDECIN

« Qu'on m'appelle un fossoyeur ! » ordonna Plutarque alors qu'il se sentait très malade.

« Voyons, maître, lui dit son esclave, vous voulez dire : un médecin.

— Non, répondit Plutarque, au diable les intermédiaires ! »

Si tu es intelligent, tu fais la médecine...

Si tu es habile, tu fais la chirurgie...

Si tu es dévoué, tu feras les accouchements.

Adage médical

Le psychiatre sait tout et ne fait rien. Le chirurgien ne sait rien et fait tout. Le dermatologue ne sait rien et ne fait rien. Le médecin légiste sait tout, mais un jour trop tard.

Adage populaire

Médecin : homme vêtu de noir, mettant des drogues qu'il ne connaît guère dans un corps qu'il ne connaît pas.

Anonyme

Un bon médecin est celui qui guérit au moins huit malades sur dix, car sept malades sur dix guérissent spontanément.

Axiome chinois

Si votre heure n'est pas venue, même un médecin ne peut pas vous tuer.

Proverbe oriental

Je ne sais plus que faire : j'ai consulté deux médecins. Le premier veut m'envoyer à Pau pour une maladie de foie, et le second à Foix pour une maladie de peau.

FRANCIS BLANCHE, *Les Pensées*.

Paul, ce grand médecin, l'effroi de
[son quartier,
Qui causa plus de maux que la peste
[et la guerre,
Est curé maintenant et met les gens
[en terre :
Il n'a point changé de métier.

NICOLAS BOILEAU

Le médecin à qui vous tirez la langue vous le fera payer cher, mon petit.

CHAVAL, *Les Gros Chiens*.

Dialogue entre un malade et son médecin :

— Plus de tabac !

— Je ne fume jamais.

— Plus d'alcool !

— Je n'en ai jamais pris.

— Plus de vin !

— Je ne bois que de l'eau.

— Aimez-vous les pommes de terre frites ?

— Beaucoup, docteur.

— Alors n'en mangez plus !

GEORGES COURTELINE,
La Philosophie de Georges Courteline.

Le meilleur médecin est celui après lequel on court sans le trouver.

DENIS DIDEROT

Le médecin est un homme que l'on paie pour conter des fariboles dans la chambre d'un malade, jusqu'à ce que la nature l'ait guéri ou que les remèdes l'aient tué.

ANTOINE FURETIÈRE

Ah ! Docteur ! J'ai bien failli vous perdre !

SACHA GUITRY
(au Dr Gaudard d'Allaines,
après une opération).

Un médecin consciencieux doit mourir avec le malade s'ils ne peuvent pas guérir ensemble. Le commandant d'un bateau périt avec le bateau, dans les vagues. Il ne lui survit pas.

EUGÈNE IONESCO,
La Cantatrice chauve.

Tant que les hommes pourront mourir et qu'ils aimeront à vivre, le médecin sera raillé et bien payé.

JEAN DE LA BRUYÈRE,
Les Caractères.

Il vaut mieux avoir affaire à la populace qu'au grand monde. Vive un médecin de faubourg ! Ses fautes sont moins en vue et ses assassinats font moins de bruit.

ALAIN RENÉ LESAGE, *Gil Blas de Santillane*.

Le meilleur médecin est celui qui, connaissant nos passions, sait les flatter quand il ne peut les guérir.

JEAN-BAPTISTE LOUVET DE COUVRAY, *Le Chevalier de Faublas*.

« C'est toujours la faute de celui qui meurt. Enfin, le bon de cette profession est qu'il y a parmi les morts une honnêteté, une discrétion la plus grande du monde ; et jamais on n'en voit se plaindre du médecin qui l'a tué. »

MOLIÈRE, *Le Médecin malgré lui*, acte III, scène 2.

Les médecins ne se contentent point d'avoir la maladie en gouvernement, ils rendent la santé malade, pour garder qu'on ne puisse en aucune saison échapper leur autorité.

MICHEL DE MONTAIGNE, *Essais*, livre II, chap. XXXVII.

Si les médecins avaient le vrai art de guérir, ils n'auraient que faire de bonnets carrés.

BLAISE PASCAL, *Pensées*.

Il vaut mieux tomber dans les mains d'un médecin heureux que d'un médecin savant.

BONAVENTURE DES PÉRIERS, *Nouvelles Récréations et Joyeux Devis*.

Le médecin n'est rien d'autre qu'un réconfort pour l'esprit.

PÉTRONE, *Le Satiricon*.

Il en est des médecins comme des avocats. La seule différence c'est que l'avocat se contente de vous voler alors que le médecin vous vole et vous tue par la même occasion.

ANTON TCHEKHOV

Voir aussi MENSONGE (André Soubiran)

MÉDECINE

Bartholo : Un art dont le soleil s'honore d'éclairer les succès.

Le Comte : Et dont la terre s'empresse de couvrir les bévues.

BEAUMARCHAIS, *Le Barbier de Séville*.

La médecine est la seule carrière qui travaille sans relâche à détruire la raison de son existence.

JAMES BRYCE

La médecine, c'est ingrat. Quand on veut se faire honorer par les riches, on a l'air d'un larbin ; par les pauvres, on a tout du voleur.

LOUIS-FERDINAND CÉLINE, *Voyage au bout de la nuit*.

C'est un art qu'on exerce en attendant qu'on le découvre.

ÉMILE DESCHAMPS

Guérir parfois. Soulager souvent. Écouter toujours.

LOUIS PASTEUR

La médecine fait mourir plus longtemps.

PLUTARQUE

La médecine a fait depuis un siècle des progrès sans répit, inventant par milliers des maladies nouvelles.

LOUIS SCUTENAIRE, *Mes inscriptions*.

Apollon, le dieu de la médecine, passait pour envoyer les maladies. À l'origine, les deux métiers n'en faisaient qu'un, et il en est toujours ainsi.

JONATHAN SWIFT, *Opuscules humoristiques*.

MÉDIOCRE

Beaucoup de médiocres réussissent. La médiocrité rassure.

AUGUSTE DETŒUF, *Propos d'O. L. Barenton, confiseur*.

Les esprits médiocres condamnent d'ordinaire tout ce qui passe à leur portée.

FRANÇOIS DE LA ROCHEFOUCAULD, *Réflexions ou Sentences*.

Le monde appartient aux médiocres supérieurs.

JEAN ROSTAND, *Carnet d'un biologiste*.

MÉDIOCRITÉ

C'est un grand signe de médiocrité de louer toujours modérément.

LUC DE VAUVENARGUES, *Maximes et Pensées*.

MÉDIRE

Si vous entendez une femme médire de l'amour et un homme de lettres déprécier la considération publique, dites de l'une que ses charmes passent et, de l'autre, que son talent se perd.

DENIS DIDEROT, *Mélanges de littérature et de philosophie*.

On médit plus d'un ami que d'un ennemi : on le connaît mieux.

LUCIE PAUL-MARGUERITTE, *Paillettes*.

MÉDISANCE

La médisance est encore le plus grand lien des sociétés.

EDMOND et JULES DE GONCOURT, *Idées et Sensations*.

On répète les médisances, en citant leur auteur, pour s'en donner le plaisir sans danger.

MME DE PUISIEUX, *Les Caractères*.

MÉDITERRANÉE

On peut comprendre en ces lieux que, si les Grecs ont touché au désespoir, c'est toujours à travers la beauté et ce qu'elle a d'oppressant. Dans ce malheur doré, la tragédie culmine. Notre temps, au contraire, a nourri son désespoir dans la laideur et dans les convulsions. C'est pourquoi l'Europe serait ignoble, si la douleur pouvait jamais l'être.

ALBERT CAMUS, *L'Exil d'Hélène*.

Ce n'est pas par-dessus cette mer que les échanges se sont faits, c'est à l'aide de cette mer. Mettez à la place un continent et rien de la Grèce n'aurait passé en Arabie [...] rien de l'Orient n'aurait passé en Provence.

JEAN GIONO, *Provence*.

MEETING

Gladstone (premier ministre britannique) me parle comme si j'étais une réunion publique.

LA REINE VICTORIA

MÉFIANCE

Méfie-te, méfie-te toujours, méfie-te encore.

Proverbe cauchois

Il faut se méfier de quatre choses en ce monde :
— du visage d'une femme ;
— du derrière d'une mule ;
— du côté d'une charrette ;
— et d'un moine de tous les côtés.

JEAN-BAPTISTE SANTEUL

MÉGALOMANE

Tous les gens sont mégalomanes. Ceux qui le montrent, on les traite de malades ; ceux qui le cachent, de modestes.

FERNAND VANDEREM, *Gens de qualité*.

MEILLEUR

La meilleure odeur est celle du pain, le meilleur goût, celui du sel, le meilleur amour, celui des enfants.

GRAHAM GREENE

Quand je suis bonne, je suis très, très bonne, mais quand je suis mauvaise, je suis meilleure.

MAE WEST

MÉLANCOLIE

On ne peut empêcher les oiseaux noirs de voler au-dessus de nos têtes, mais on peut les empêcher d'y faire leur nid.

Proverbe chinois

Dans un monde sans mélancolie, les rossignols se mettraient à roter.

EMIL MICHEL CIORAN

La mélancolie n'est que de la ferveur retombée.

ANDRÉ GIDE

La mélancolie, c'est le bonheur d'être triste.

VICTOR HUGO

J'aime le jeu, l'amour, les livres, la
[musique,
La ville et la campagne, enfin tout ;
[il n'est rien
Qui ne me soit souverain bien,
Jusqu'au sombre plaisir d'un cœur
[mélancolique.

JEAN DE LA FONTAINE,
Les Amours de Psyché.

MÉLANGER

Défense de mélanger les choses : tu ne laboureras pas avec un bœuf et un âne.

PAUL CLAUDEL, *Journal*.

MÉLODRAME

Un mélodrame n'est souvent qu'un drame vu par des confrères.

ROBERT DE FLERS,
L'Esprit de Robert de Flers.

MÉLOMANE

Un vrai mélomane, c'est quelqu'un qui, entendant une très jolie femme chantant dans la salle de bains, se penche vers le trou de la serrure pour y coller l'oreille.

YVAN AUDOUARD,
Almanach égoïste.

MELON

Le melon a été divisé en tranches par la nature afin d'être mangé en famille. La citrouille étant plus grosse peut être mangée avec les voisins.

BERNARDIN DE SAINT-PIERRE,
Étude de la Nature XI.

MEMBRES

L'homme a quatre membres et le cinquième est la honte.

Proverbe mongol

J'avais quatre membres flexibles et un raide. Maintenant, j'en ai quatre raides et un flexible.

DUC DE MORNY

MÉMOIRE

Mon beau navire ô ma mémoire
Avons-nous assez navigué
Dans une onde mauvaise à boire
Avons-nous assez divagué
De la belle aube au triste soir.

GUILLAUME APOLLINAIRE,
« La Chanson du mal-aimé », *Alcools*.

La mémoire, c'est comme l'écho qui continue à se répercuter après que le son s'est éteint.

SAMUEL BUTLER, *Carnets*.

Une chose m'humilie : la mémoire est souvent la qualité de la sottise, elle appartient généralement aux esprits lourds qu'elle rend plus pesants par le bagage dont elle les surcharge. Et, néanmoins, sans la mémoire, que serions-nous ? Ô misère de nous ! notre vie est si vaine qu'elle n'est qu'un reflet de notre mémoire.

FRANÇOIS RENÉ DE CHATEAUBRIAND,
Mémoires d'outre-tombe.

Les pense-bêtes sont les porte-clés de la mémoire.

PIERRE DAC

Mais si, de la mémoire on ne doit
[pas guérir,
À quoi sert, ô mon âme, à quoi sert
[de mourir ?

MARCELINE DESBORDES-VALMORE,
Bouquets et Prières.

Ce n'est que par la mémoire que nous sommes un même individu pour les autres et pour nous-mêmes. Il ne me reste peut-être pas, à l'âge que j'ai, une seule molécule du corps que j'apportai en naissant.

DENIS DIDEROT,
Discours sur la poésie dramatique.

Chacun de nous se promène avec bienveillance dans cette galerie de portraits de lui-même qu'est sa mémoire [...]. Tout au bout de la galerie, le dernier portrait n'est qu'un miroir où, bon gré mal gré, nous devons nous regarder et nous voir, tels que la vie nous a faits.

JEAN GUÉHENNO, *Changer la vie*.

Ô mémoire, ennemie de mon repos, ne t'occuperais-tu pas mieux à me faire oublier les maux présents qu'à me rappeler les joies d'autrefois ?

JORGE DE MONTEMAYOR, *La Diane*.

« J'ai fait ceci » dit la mémoire ; « je n'ai pas fait ceci », dit l'orgueil. La mémoire finit par céder.

FRIEDRICH NIETZSCHE

L'avantage de la mauvaise mémoire est qu'on jouit plusieurs fois des mêmes choses pour la première fois.

FRIEDRICH NIETZSCHE, *Humain, trop humain*.

Nous trouvons de tout dans notre mémoire. Elle est une espèce de pharmacie, de laboratoire de chimie, où on met au hasard la main tantôt sur une drogue calmante, tantôt sur un poison dangereux.

MARCEL PROUST, *La Prisonnière*.

La mémoire est toujours aux ordres du cœur.

ANTOINE DE RIVAROL

Il est tellement facile d'écrire ses souvenirs quand on a une mauvaise mémoire.

ARTHUR SCHNITZLER

La mémoire est dans le cœur ; car, quand elle ne nous vient point de cet endroit, nous n'en avons pas plus que les lièvres.

MME DE SÉVIGNÉ, *Correspondance*.

Imaginez que ce petit fil de mémoire que nous traînons derrière nous se rompe au ras de notre poche : à quelle vacuité, à quelle nullité nous serions réduits.

ROBERT LOUIS STEVENSON

La vie a perdu contre la mort, mais la mémoire gagne dans son combat contre le néant.

TZVETAN TODOROV, *Les Abus de la mémoire*, en exergue au *Livre noir du communisme*.

La mémoire est l'avenir du passé.

PAUL VALÉRY

MÉMORABLE

Amis, j'ai vu des morts le festin [mémorable
Ils parlaient à grand bruit, ils [mangeaient du lapin ;
Leur appétit s'aiguise en leur lit de [sapin ;
Leur dent s'attaque à tout, aux [cuisses, même au râble !
Mais ils parlaient ! C'était un bruit [dans le quartier !
Hélas ! L'homme qui fait ce [malheureux métier
De fantôme, vivant, parle peu, mais [mort, hâble !

VICTOR HUGO (en collaboration avec Lamartine, Vigny, Sainte-Beuve, Nodier, etc.).

MENACE

Les menaces sont les seules armes de celui qui menace.

LÉONARD DE VINCI

MÉNAGE

Un ménage cesse d'être un ménage quand c'est la femme qui aboie et le chien qui apporte les pantoufles.

HENRY BERNSTEIN

La mère faisait des ménages, la fille les défaisait.

GEORGES FEYDEAU

La plus utile et honorable science et occupation à une femme, c'est la science du ménage.

MICHEL DE MONTAIGNE, « De la vanité », *Essais*.

Je suis plus vieux que toi. Cela fait [un ménage
Qui passe du bonheur aux scènes [pour un rien.
Quand je me sens aimé, je crois que [j'ai ton âge,
Quand je me crois trahi, je sais que [j'ai le mien.

XANROF

MENDIANT

Mendiant, mais gouverneur d'une gamelle.

HENRI MICHAUX,
Face aux verrous.

Si le grand nombre des mendiants est onéreux à l'État, de combien d'autres professions qu'on encourage et qu'on tolère n'en peut-on pas dire autant ?

JEAN-JACQUES ROUSSEAU,
Julie ou la Nouvelle Héloïse.

Une chanson, là-bas... c'est un mendiant. Puisqu'il chante, ce vieillard qui n'a jamais rien possédé, pourquoi gémis-tu, toi qui as de si beaux souvenirs ?

TOU-FOU

MENDICITÉ

Près de la dixième partie du peuple est réduite à la mendicité, et mendie effectivement ; des neuf autres parties, il y en a cinq qui ne sont pas en état de faire l'aumône.

SÉBASTIEN DE VAUBAN,
Projet d'une dîme royale.

MENER

L'enfant mène la femme, qui mène l'homme, qui mène les affaires.

HIPPOLYTE TAINE,
Vie et Opinions de Thomas Greindorfg.

MENSONGE

L'orgueil est la même chose que l'humilité : toujours le mensonge.

GEORGES BATAILLE

Le mensonge suppose une délicatesse d'âme dont bien des gens sincères sont dépourvus.

PIERRE BELFOND

Le mensonge est le seul moyen qu'un homme ait en sa possession pour protéger son indépendance intime.

TRISTAN BERNARD

Le mensonge, un rêve pris sur le fait.

LOUIS-FERDINAND CÉLINE

Comprenne qui pourra : je suis un mensonge qui dit toujours la vérité.

JEAN COCTEAU, *Opéra.*

Les femmes sont tellement menteuses qu'on ne peut même pas croire le contraire de ce qu'elles disent.

GEORGES COURTELINE

Il y a deux sujets sur lesquels les Français mentent : le nombre de livres qu'ils lisent et le nombre de coups qu'ils tirent. Les enquêtes sur la lecture et celles sur la sexualité sont les moins fiables de toutes.

JEAN-CLAUDE FASQUELLE,
cité par *Le Nouvel Observateur,*
17 octobre 1991.

J'aime la vérité. Je crois que l'humanité en a besoin ; mais elle a bien plus grand besoin encore du mensonge qui la flatte, la console, lui donne des espérances infinies. Sans le mensonge, elle périrait de désespoir et d'ennui.

ANATOLE FRANCE, *La Vie en fleur.*

Pour un seul mensonge, on perd tout ce qu'on a de bon renom.

BALTASAR GRACIÁN

Le mensonge le plus fructueux est celui qui consiste à faire croire à quelqu'un qui vous ment qu'on le croit.

SACHA GUITRY

Le mensonge tue l'amour, a-t-on dit. Eh bien, et la franchise, donc !

ABEL HERMANT, *Éloge du mensonge*

Au-dessous de la Loire, le mensonge est une forme de la sociabilité, et comme une politesse de la race.

ABEL HERMANT, *Éloge du mensonge.*

Les hommes sont les roturiers du mensonge, les femmes en sont l'aristocratie.

ABEL HERMANT, *Éloge du mensonge.*

Le mensonge est, comme le tabac et les allumettes, monopole d'État.

HENRI JEANSON,
Soixante-dix ans d'adolescence.

Que ferais-je à Rome ? Je ne sais pas mentir.

JUVÉNAL, *Satires*.

Il y a des circonstances où le mensonge est le plus sain des devoirs.

EUGÈNE LABICHE,
Les Vivacités du capitaine Tic, acte I.

Tout gros mensonge a besoin d'un détail bien circonstancié, moyennant quoi il passe.

PROSPER MÉRIMÉE,
Portraits historiques et littéraires.

On ment bien de la bouche, mais avec la gueule qu'on fait en même temps, on dit la vérité quand même.

FRIEDRICH NIETZSCHE

Le mensonge, comme l'huile, flotte à la surface de la vérité.

HENRYK SIENKIEWICZ, *Quo Vadis ?*

Lorsque Dieu fit du mensonge un péché, il créa aussitôt une exception pour les médecins. Apprenez à bien mentir pour bien consoler.

ANDRÉ SOUBIRAN,
Les Hommes en blanc.

L'honnête homme, à Paris, ment dix fois par jour, l'honnête femme vingt fois par jour, l'homme du monde cent fois par jour. On n'a jamais pu compter combien de fois par jour ment une femme du monde.

HIPPOLYTE TAINE,
Vie et opinions de M. Thomas Graindorge.

Le mensonge est une si excellente chose qu'il ne faut pas en abuser.

TALLEYRAND

Un amant, cela ment.
Une amante se lamente :
Que la lumière soit
Et la lumière déçoit.

LOUISE DE VILMORIN,
L'Alphabet des aveux.

MENTEUR

Menteur comme un soutien-gorge.

ROBERT CHAPATTE

Il y a autant de variétés de menteurs que d'espèces de papillons. Il y a l'homme qui ment parce qu'il est bien élevé : celui-là, c'est l'homme du monde. Il y a l'homme qui ment pour amuser les autres : celui-là, c'est un poète. Il y a l'homme qui ment par devoir : celui-là, c'est un saint. Il y a l'homme qui ment par intérêt, par égoïsme ou par lâcheté : celui-là, c'est un mufle. Il y a l'homme qui ment pour le plaisir : celui-là, c'est un menteur. Enfin, il y a l'homme qui ment aux femmes : celui-là ne ment pas.

FRANCIS DE CROISSET, *Nos Marionnettes*,
cité par MAURICE MALOUX in
Dictionnaire de l'humour et du libertinage.

C'est toujours la meilleure politique que de dire la vérité, à moins, bien sûr que vous ne soyez un menteur d'une exceptionnelle qualité.

JEROME K. JEROME

Un menteur est un homme qui ne sait pas tromper. Un flatteur, celui qui ne trompe ordinairement que les sots. Celui qui sait se servir avec adresse de la vérité, et qui en connaît l'éloquence, peut seul se piquer d'être habile.

LUC DE VAUVENARGUES,
Maximes et Pensées.

MENTIR

On ne ment jamais autant qu'avant les élections, pendant la guerre et après la chasse.

GEORGES CLEMENCEAU

Un homme ment-il lorsqu'il déclare ouvertement : « Je mens » ?

FEDOR DOSTOÏEVSKI,
Souvenir de la maison des morts.

Deux juifs se rencontrent dans une gare de Galicie.

« Où vas-tu ? dit l'un.

— À Cracovie, répond l'autre.

— Vois quel menteur tu fais ! s'exclame le premier. Tu dis que tu vas à Cracovie pour que je croie que tu vas à Lemberg. Mais je sais bien que tu vas vraiment à Cracovie. Alors, pourquoi mentir ? »

SIGMUND FREUD, *Le Mot d'esprit et ses rapports avec l'inconscient.*

Les femmes mentent par le chemin des écoliers.

ALFRED JARRY, *L'Amour absolu.*

Si un homme s'est résolu à mentir le matin, il lui faut mentir jusqu'à la fin du jour.

MIKHAÏL LERMONTOV

Il est difficile de croire que quelqu'un dit la vérité, alors que vous savez que vous mentiriez si vous étiez à sa place.

HENRY LOUIS MENCKEN

Ne mentez jamais à quelqu'un en qui vous voulez avoir confiance. À partir du moment où vous lui aurez menti une fois, vous aurez bien du mal à le croire.

ANTOINE DE RIVAROL

MÉPRIS

Talleyrand méprise les hommes parce qu'il s'est beaucoup étudié.

CARNOT

On demandait à un homme qui faisait profession d'estimer beaucoup les femmes, s'il en avait eu beaucoup. Il répondit : « Pas autant que si je les méprisais. »

NICOLAS DE CHAMFORT, *Maximes et Pensées, Caractères et Anecdotes.*

Il y a des jours où il faut distribuer son mépris avec économie à cause du grand nombre de nécessiteux.

FRANÇOIS RENÉ DE CHATEAUBRIAND

Un peu de mépris épargne beaucoup de haine.

JACQUES DEVAL

Femmes ! avant de prendre un amant, tâchez de savoir qui vous prenez, car il est des hommes qui donnent pour raison de leur mépris pour une femme, qu'ils l'ont eue.

ANTOINE DE RIVAROL

MÉPRISER

Tout obtenir afin de pouvoir tout mépriser.

MAURICE BARRÈS

Il est toujours réconfortant de mépriser ce qu'on ne comprend pas.

ANDRÉ BAZIN, *Orson Welles.*

On ne peut se rendre maître des choses en les possédant toutes ; il faut s'en rendre le maître en les méprisant toutes.

JACQUES BÉNIGNE BOSSUET, *Pensées.*

J'aime ceux qui méprisent le plus car ils adorent le plus.

FRIEDRICH NIETZSCHE, *Ainsi parlait Zarathoustra.*

Nous méprisons beaucoup de choses pour ne pas nous mépriser nous-mêmes.

LUC DE VAUVENARGUES, *Réflexions et Maximes.*

MER

Les familles, l'été venu, se dirigent vers la mer en y emmenant leurs enfants, dans l'espoir, souvent déçu, de noyer les plus laids.

ALPHONSE ALLAIS

La mer est salée parce qu'il y a des morues dedans. Et, si elle ne déborde pas, c'est parce que la Providence, dans sa sagesse, y a placé aussi des éponges.

ALPHONSE ALLAIS

À Deauville, la présence de la mer est tellement incongrue qu'on se demande ce qu'elle fait là... c'est bien pour ça qu'on a construit une piscine.

MICHEL AUDIARD, *Mannequins de Paris.*

Pourquoi le spectacle de la mer est-il si infiniment et si éternellement agréable ? Parce que la mer offre à la fois l'idée de l'immensité et du mouvement.

CHARLES BAUDELAIRE, *Mon cœur mis à nu.*

Monsieur Prudhomme découvrant la mer : « Une telle quantité d'eau frise le ridicule... (après un moment de réflexion) et encore, on n'en voit que le dessus ! »

HENRI MONNIER,
Grandeur et Décadence de M. Joseph Prudhomme

La mer joint les régions qu'elle sépare.

ALEXANDER POPE

La mer sera agitée à très agitée, sauf dans le Massif central.

ALEXANDRE VIALATTE

MERCI

Celui qui, dans la vie, est parti de zéro pour n'arriver à rien dans l'existence n'a de merci à dire à personne.

PIERRE DAC, *Pensées*.

MERCURE

L'amour, c'est comme du mercure dans la main. Garde-la ouverte, il te restera dans la paume ; resserre ton étreinte, il te filera entre les doigts.

DOROTHY PARKER,
Conseils à la petite Peyton.

MERDE

Cambronne — on y songe avec [peine —
Ne se fut pas montré bien français :
En criant aux Anglais le mot qui [porte veine,
C'était fatalement assurer leur [succès.

TRISTAN BERNARD

La merde a de l'avenir. Vous verrez qu'un jour on en fera des discours.

LOUIS-FERDINAND CÉLINE

À cul de foirard, toujours abonde merde.

FRANÇOIS RABELAIS,
Gargantua, I, 9.

Hérode :
Faut-il qu'un royaume se perde,
Qui à garder m'a tant cousté,
Et qu'il me soit osté
Par un petit enfant de merde ?

Les Marguerites de la Marguerite,
texte moyenâgeux retrouvé au XVIIIe par,
JEAN BAPTISTE
DE LA CURNE DE SAINTE-PALAYE.

Le malheur n'est pas grand, la tristesse n'est pas noble et la mort n'est pas belle. Ceux qui aiment la mort aiment la merde.

LÉON SCHWARTZENBERG et
PIERRE VIANSSON-PONTÉ,
Changer la mort.

Il suffit d'un gramme de merde pour gâcher un kilo de caviar. Un gramme de caviar n'améliore en rien un kilo de merde.

ROLAND TOPOR

MÈRE

Comme Dieu ne pouvait pas être partout, il a inventé les mères.

Dicton juif

Toutes les femmes deviennent comme leur mère. Tel est leur drame. Les hommes ne le deviennent jamais. Tel est le leur.

OSCAR WILDE

MÉRITE

La récompense du mérite est le mérite même.

CHRISTINE DE SUÈDE,
L'Ouvrage du loisir.

Mais que vous sert votre mérite ?
La fortune a-t-elle des yeux ?

JEAN DE LA FONTAINE,
L'Homme qui court après la fortune et l'homme qui l'attend dans son lit.

Le mérite des hommes a sa saison aussi bien que les fruits.

FRANÇOIS DE LA ROCHEFOUCAULD,
Maximes.

Le mérite se cache de peur de n'être pas reconnu.

CHARLES LEMESLE,
Tablettes d'un sceptique.

Être pauvre, jeune, belle et honnête, ce n'est pas un mérite aussi rare qu'on le dit, mais c'est un mérite.

ALFRED DE MUSSET, *Les Deux Maîtresses*.

MÉRITER

J'ose dire pourtant que je n'ai mérité
Ni cet excès d'honneur, ni cette
[indignité.

JEAN RACINE, *Britannicus*, acte II, scène 3.

MERVEILLE

Nombreuses sont les merveilles du monde, mais la plus grande des merveilles reste l'homme.

SOPHOCLE

MESSAGE

Il y a un message au lieu d'un lézard sous chaque pierre.

ANDRÉ BRETON, *Clair de terre*.

On ne trace pas de message sur une vitre propre.

ROBERT MALLET, *Apostilles*.

MESSE

La masse des catholiques, que nous voyons à la messe chaque dimanche, ne désire, au fond, savoir de la religion que ce qui peut les confirmer dans la bonne opinion qu'ils ont d'eux-mêmes.

GEORGES BERNANOS, *Le Chemin de la Croix-des-Âmes*, cité in Dournon, *Le Grand Dictionnaire des citations françaises*.

Je ne vais pas à la messe car elle est à l'heure de l'apéritif.

GEORGES COURTELINE

Dieu, hostie ou pas, est un plat qui se mange froid.

PIERRE DESPROGES

La sonnette frénétique au moment de l'élévation : Dieu entre en gare.

CARLO RIM, cité par RAYMOND CASTANS dans son *Dictionnaire de l'esprit*.

MESURE

La mesure de l'amour, c'est d'aimer sans mesure.

SAINT AUGUSTIN

MESURER

César dictant : « Quand tu vas commencer à mesurer le fond de la mer, fais bien attention de ne pas trop te pencher, et de ne pas tomber par-dessus bord — et là où ça sera trop profond, laisse un peu mesurer les autres. »

MARCEL PAGNOL, *Fanny*, acte I, scène 14.

MÉTAPHORE

— Attention ! j'ai le glaive vengeur et le bras séculier. L'aigle va fondre sur la vieille buse !... Un peu chouette comme métaphore, non ?

— C'est pas une métaphore, c'est une périphrase.

— Fais pas chier !...

— Ça, c'est une métaphore !

MICHEL AUDIARD, *Faut pas prendre les enfants du Bon Dieu...*

Le char de l'État navigue sur un volcan.

HENRI MONNIER, *Grandeur et Décadence de M. Joseph Prudhomme*.

MÉTAPHYSIQUE

Un métaphysicien est un homme qui se rend à minuit, sans lumière, dans une cave obscure à la recherche d'un chat noir qui ne s'y trouve pas.

Carol BOWEN

La métaphysique est en l'air. Nous ne pouvons que l'y laisser.

GEORGES CLEMENCEAU

On dit communément que « le temps, c'est de l'argent ». Faites le calcul au cours du dollar.

JEAN TARDIEU, *Un mot pour un autre*.

MÉTÉORITE

Il est tout bonnement impossible que des pierres tombent sur la Terre pour la simple, mais bonne raison, qu'il n'y a pas de pierres dans le ciel.

ANTOINE LAURENT DE LAVOISIER

MÉTÉOROLOGIE

Mentira bien souvent
Qui prédira le temps.

Dicton

S'il pleut à la Saint-Médard
La récolte diminue d'un quart
Mais s'il fait beau à la Saint-Barnabé
Celui-ci lui coupe ou le bec ou le [pied.

Dicton auvergnat

Si saint Médard est pissard
Faut que saint Barnabé
Bouève ce que l'a pissé.

Dicton charentais

Quand de Deauville on voit Le Havre, c'est qu'il va pleuvoir. Quand on ne le voit pas, c'est qu'il pleut déjà.

TRISTAN BERNARD

Quand le baromètre se passe la patte derrière l'oreille, c'est que le chat est à la pluie.

LÉO CAMPION

Quand la tour de Pise penche sur la droite, c'est qu'il va pleuvoir. Quand elle penche vers la gauche, c'est que vous arrivez par l'autre bout de la rue.

FRANÇOIS CAVANNA

Quand, à la Saint-Médard, il tombe de la pluie, de la neige, de la grêle, des hallebardes et de la suie, on est tranquille pour quarante jours plus tard, parce que, à part tout ça, qu'est-ce que vous voulez qu'il tombe ? Oui, je sais, mais enfin c'est plutôt rare.

PIERRE DAC

... J'avais les fesses froides et le gillot pétré *.

PIERRE DESPROGES

* Alain Gillot-Petré. Mythique présentateur du bulletin météorologique dans le journal de TF1, récemment décédé.

Une jambe avec des rhumatismes permet des prévisions sur le temps, bien avant celles d'un important, coûteux et pédant bureau officiel de prévisions atmosphériques.

On propose que le très solennel État loue la jambe rhumatisante de Josefa, la cuisinière, pour monopoliser et communiquer ses « données météorologiques ».

MACEDONIO FERNANDEZ,
Cahiers de tout et de rien.

Aujourd'hui, on prend un parapluie parce que la télé a dit qu'il allait pleuvoir. Autrefois, on aurait regardé le ciel.

MICHEL SERRES

MÉTHODE

La méthode, c'est le chemin, une fois qu'on l'a parcouru.

MARCEL GRANET,
cité par GEORGES DUMÉZIL.

MÉTIER

Dieu me pardonnera : après tout, c'est son métier.

HEINRICH HEINE (à la fin de sa vie).

La chose la plus importante à toute la vie est le choix du métier : le hasard en dispose.

BLAISE PASCAL, *Pensées.*

Il n'y a pas de sot métier, c'est entendu... Mais, il y a ceux qu'on laisse aux autres.

MIGUEL ZAMACOÏS,
Almanach des lettres françaises et étrangères.

MÉTISSAGE

D'un blanc et d'une négresse vient un mulâtre.

D'un blanc et d'une mulâtresse vient un quarteron.

D'un blanc et d'une quarteronne vient un métis.

D'un blanc et d'une métisse vient un mamelouque.

MOREAU DE SAINT-MÉRY

MÉTRO

Groucho Marx, assis dans le métro, s'adresse à une dame qui se tient debout : « Je vous céderais volontiers ma place, mais elle est occupée. »

Dans le métro, je prends toujours des premières. En seconde, je risquerais de rencontrer mes créanciers.

BONI DE CASTELLANE

Tout homme de quarante ans qui prend encore le métro est un raté.

SALVADOR DALÍ

METS

La découverte d'un mets nouveau fait plus pour le genre humain que la découverte d'une étoile.

ANTHELME BRILLAT-SAVARIN, *Physiologie du goût*.

MEUNIER

Meunier : En Angleterre, artisan de la famille des Tudor.

RAOUL LAMBERT, *Le Dico dingue*.

MEURTRE

L'humanité n'a trouvé à ce jour sa raison d'être que dans le meurtre. Elle ne s'accomplira que dans sa propre destruction.

RAYMOND COUSSE, *L'envers vaut l'endroit*.

Quand j'ai envie de tuer, je décris un meurtre, c'est sans doute pour ça que je ne suis pas devenu un assassin.

PIERRE MAC ORLAN, *À Jean-Pierre Chabrol*.

MEXIQUE

Il y a trois choses supérieures au Mexique : le tabac, le café, la vérole.

EDMOND et JULES DE GONCOURT, *Journal*.

MI-CHEMIN

À Marie de Médicis qui disait : « J'aime tant Paris et tant Saint-Germain, que je voudrais avoir un pied à l'un et un pied à l'autre », ce vieux paillard de Bassompierre déclarait : « Alors, moi, je voudrais être à Nanterre ! »

GÉDÉON TALLEMANT DES RÉAUX, *Historiettes*.

MICROBE

À qui doit mourir du choléra, Dieu dépêche le microbe du choléra, de même qu'il décerne le microbe du coup de pied dans le cul à celui qui doit recevoir un coup de pied dans le cul.

ALPHONSE ALLAIS

Dans l'intérieur de notre corps vivent en permanence des milliards de microbes. Pourtant, quand on les regarde au microscope, ils font tous semblant de ne pas nous reconnaître.

CAVANNA, *Le saviez-vous ?*

Le microbe n'a pas le temps d'examiner le biologiste.

HENRI MICHAUX, *Face aux verrous*.

Le microbe n'est rien. Le terrain est tout.

LOUIS PASTEUR

MIDI

Il y a deux Midi : le Midi bourgeois et le Midi paysan. L'un est comique, l'autre est splendide.

ALPHONSE DAUDET, *Les Carnets inédits*.

Dans le Midi, l'on se sert si naturellement des expressions poétiques, qu'on dirait qu'elles se puisent dans l'air et sont inspirées par le soleil.

MME DE STAËL, *Corinne ou l'Italie*.

MIEL

Les astres assez bien figurent les [abeilles
De ce miel lumineux qui dégoutte [des treilles
Car voici que tout doux et leur [tombant du ciel

Chaque rayon de lune est un rayon
[de miel.

GUILLAUME APOLLINAIRE,
« Clair de Lune », *Alcools*.

Il n'est rien de plus doux que le miel, si ce n'est l'argent.

BENJAMIN FRANKLIN

Si la divinité n'avait pas créé le miel blond, je vanterais beaucoup la douce saveur des figues.

XÉNOPHANE

MIGRAINE

Il y a eu des vols d'oiseaux, des courants d'air, des migraines qui ont décidé du sort du monde.

ERNEST RENAN,
Préface de *La Vie de Jésus*.

L'attouchement de la trompe de l'éléphant calme les douleurs de tête, surtout si l'animal éternue en même temps.

PLINE L'ANCIEN,
Histoire naturelle.

MILIEU

Que le juste milieu ne soit pas suivi, je sais pourquoi : l'homme intelligent va au-delà, l'imbécile reste en deçà.

CONFUCIUS, *Entretiens*.

Un milieu élégant est celui où l'opinion de chacun est faite de l'opinion des autres. Est-elle faite du contre-pied de l'opinion des autres ? C'est un milieu littéraire.

MARCEL PROUST,
Les Plaisirs et les Jours.

MILITAIRE

Les beaux militaires, depuis un siècle, remplissent merveilleusement leurs culottes, mais ils ne remplissent pas leurs destins.

GEORGES BERNANOS,
La Grande Peur des bien-pensants.

Vous autres, militaires, vous avez bien de la chance : quand vous gagnez les guerres, vous avez la gloire ; quand vous les perdez, vous avez le pouvoir ; et si vous trahissez, il vous reste l'honneur.

ABEL BONNARD

Lutter contre l'armée et l'esprit militaire est aussi vain que nécessaire.

BERNARD CLAVEL

Il suffit d'ajouter « militaire » à un mot pour lui faire perdre sa signification. Ainsi la justice militaire n'est pas la justice, la musique militaire n'est pas la musique.

GEORGES CLEMENCEAU

Le capitaine prescrit.
Le commandant rappelle.
Le colonel regrette.
Le général s'étonne.

CHARLES DE GAULLE,
Lettres, notes et carnets.

Il est vrai que, parfois, les militaires, s'exagérant l'impuissance relative de l'intelligence, négligent de s'en servir.

CHARLES DE GAULLE

Les intellectuels sont comme les femmes, les militaires les font rêver.

ANDRÉ MALRAUX,
Les Noyers de l'Altenburg.

Le propre du militaire est le sale du civil.

BORIS VIAN

MILLIARDAIRE

Parce que le milliardaire n'a pas récolté sans peine, il imagine qu'il a semé.

JEAN JAURÈS,
L'Armée nouvelle.

MILLION

Si un homme veut gagner un million de dollars, le plus sûr est de créer une religion.

L. RON HUBBARD
(créateur de l'Église de scientologie).

MILLIONNAIRE

Comment devient-on millionnaire dans le business ? C'est simple, il suffit de commencer milliardaire.

RICHARD BRONSON *

* P-DG de Virgin.

Un millionnaire est un milliardaire qui vient de payer ses impôts.

JEAN RIGAUX

MINIJUPE

J'aime bien la minijupe : je n'y vois que des avantages.

FRANCIS BLANCHE

Montrer les cuisses, oui... mais les genoux, jamais !

COCO CHANEL

Les dames se promenaient dans la rue en costume de flagrant délit.

ALEXANDRE VIALATTE,
Les Champignons du détroit de Behring.

MINISTÈRE

Un ministère est un lieu où ceux qui partent en avance croisent dans les escaliers ceux qui arrivent en retard.

GEORGES COURTELINE

Le ministère des Finances devrait s'appeler ministère de la Misère puisque le ministère de la Guerre ne s'appelle pas ministère de la Paix.

JACQUES PRÉVERT, *Histoires.*

MINISTRE

Rien n'est comparable aux qualités d'un ministre qui arrive, si ce n'est les défauts d'un ministre qui part.

E. BANNING,
Réflexions morales et politiques.
Cité par ANDRÉ JOUETTE in
Toute l'histoire.

De mille traits que j'ai entendu raconter, je conclurai que si les singes avaient le talent des perroquets, on en ferait volontiers des ministres.

NICOLAS DE CHAMFORT,
Maximes et Pensées, Caractères et Anecdotes.

Ils tomberont de si bas que leur chute même ne leur fera pas de mal.

ANATOLE FRANCE,
Les Opinions de Jérôme Coignard.

Que d'amis, que de parents naissent en une nuit au nouveau ministre.

JEAN DE LA BRUYÈRE,
« De la Cour », *Les Caractères.*

Un ministre est toujours en équilibre entre un cliché et une indiscrétion.

HAROLD MACMILLAN

Une chose devrait faire trembler tous les ministres dans la plupart des États d'Europe, c'est la facilité qu'il y aurait à les remplacer.

CHARLES DE MONTESQUIEU,
Carnets.

Faites-moi nommer Premier ministre et vous verrez comme je ferai mon chemin.

ALFRED DE MUSSET,
Il ne faut jurer de rien.

« Grand ministre, que n'es-tu né de mon temps ? Je te donnerais la moitié de mon empire pour m'apprendre à gouverner l'autre. »

PIERRE LE GRAND, tsar de Russie
(devant le tombeau de Richelieu).

Le vieux maréchal de Villeroy, grand routier de cour, disait plaisamment qu'il fallait tenir le pot de chambre aux ministres tant qu'ils étaient en puissance, et le leur renverser sur la tête sitôt qu'on s'apercevait que le pied commençait à leur glisser.

DUC DE SAINT-SIMON, *Mémoires.*

MINORITÉ

La minorité a quelquefois raison, la majorité a toujours tort.

GEORGE BERNARD SHAW,
Maximes pour révolutionnaires.

MINUIT

Minuit sonne toujours autrement qu'une autre heure.

XAVIER FORNERET, *Sans titre.*

Minuit vint
Minuit disparut
Minuit dix parut
Minuit vingt.

ANDRÉ DE RICHAUD,
cité par YVAN AUDOUARD
dans son *Almanach égoïste*.

MINUSCULE

Un régime qui écrit « dieu » avec une minuscule et KGB avec des majuscules ne mérite pas le respect des hommes.

ALEXANDRE SOLJENITSYNE

MINUTE

Il est plus économique de lire *Minute* que Sartre. Pour le prix d'un journal, on a à la fois la nausée et les mains sales.

PIERRE DESPROGES

MIRACLE

Je n'ai jamais aimé une femme qu'autant qu'elle me paraissait un miracle.

MARCEL ARLAND

Je préfère me débarrasser des faux enchantements pour pouvoir m'émerveiller des vrais miracles.

PIERRE BOURDIEU

Le miracle est, avec la vigne, l'une des principales cultures de la France.

PIERRE DANINOS,
Les Carnets du major Thompson.

On appelle miracle quand Dieu bat ses records.

JEAN GIRAUDOUX, *Le Sport*.

Le vrai miracle n'est pas de marcher sur les eaux, de voler dans les airs, il est de marcher sur la terre en rejoignant le ciel.

HOUEÏ NENG,
cité in *Dictionnaire des citations*
par FLORENCE MONTREYNAUD.

Une fille nue nage dans la mer
Un homme barbu marche sur l'eau
Où est la merveille des merveilles
Le miracle annoncé plus haut ?

JACQUES PRÉVERT, « Vous allez voir
ce que vous allez voir » in *Paroles*.

Ne tournez pas la tête : un miracle est derrière.

JULES SUPERVIELLE, *Gravitations*.

MIROIR

Le miroir est l'âme de la femme comme le sabre est l'âme du guerrier.

Proverbe japonais

Les miroirs et la copulation sont abominables, parce qu'ils multiplient le nombre des hommes.

JORGE LUIS BORGES, *Fictions*.

Les miroirs sont les portes par lesquelles la mort va et vient [...]. Du reste, regardez-vous toute votre vie dans une glace et vous verrez la mort travailler comme des abeilles dans une ruche de verre.

JEAN COCTEAU, *Orphée*.

C'est le miroir qui se mue dans la femme.

XAVIER FORNERET,
Encore un an sans titre.

Il y a des miroirs pour le visage.
Il n'y en a pas pour l'esprit.

BALTASAR GRACIÁN

Il accusait toujours les miroirs d'être [faux.

JEAN DE LA FONTAINE,
L'Homme et son image.

Les miroirs sont des glaces qui ne fondent pas ; ce qui fond, c'est qui s'y mire.

PAUL MORAND,
Ouvert la nuit.

MISANTHROPE

Quiconque n'est pas misanthrope à quarante ans n'a jamais aimé les hommes.

NICOLAS DE CHAMFORT

C'est l'homme que je suis qui me rend misanthrope.

JULES RENARD, *Le Vigneron dans la vigne*.

Le misanthrope est celui qui reproche aux hommes d'être ce qu'il est.

LOUIS SCUTENAIRE, *Mes inscriptions*.

MISANTHROPIE

La misanthropie de la vieillesse est moins une haine qu'une indigestion des autres.

JEAN-PAUL, *Être là dans l'existence*.

MISÉRABLE

Il ne se faut jamais moquer des [misérables :
Car qui peut s'assurer d'être toujours [heureux ?

JEAN DE LA FONTAINE, *Le Lièvre et la Perdrix*.

MISÈRE

La misère est géante, elle se sert pour essuyer les ordures du monde de votre figure, comme d'une toile à laver. Il en reste.

LOUIS-FERDINAND CÉLINE, *Voyage au bout de la nuit*.

MISOGYNIE

Homme, tu es le maître. La femme est ton esclave, c'est Dieu qui l'a voulu.

SAINT AUGUSTIN

La femme idéale, c'est la femme corrézienne, celle de l'ancien temps, dure à la peine, qui sert les hommes à table, ne s'assied jamais avec eux, ne parle pas.

JACQUES CHIRAC, interviewé par CATHERINE NAY pour *Le Figaro Magazine*, 1978.

L'esclavage de la femme, c'est sa garantie, sa puissance, son génie.

ALEXANDRE DUMAS FILS

La femme et les parfums sont subtils, aussi faut-il les enfermer.

MAHOMET

La femme est notre propriété, nous ne sommes pas la sienne. Comme l'arbre à fruits est celle du jardinier.

NAPOLÉON Ier

La femme a tout contre elle, nos défauts, sa timidité, sa faiblesse.

JEAN-JACQUES ROUSSEAU

MISSIONNAIRE

Nous envoyons des missionnaires en Chine, pour que les Chinois puissent aller au paradis, mais nous ne leur permettons pas de venir chez nous.

PEARL S. BUCK

Que j'aime ces peuples jaunes et noirs qui n'ont jamais eu l'indécence de nous envoyer des religieux nègres ou chinois pour nous convertir à leurs dieux.

MAURICE SACHS, *Derrière cinq barreaux*.

Si tu ne digères pas la soutane, évite de manger le missionnaire.

ALEXANDRE VIALATTE, *Dernières Nouvelles de l'homme*.

Les missionnaires, quelle manne divine pour les cannibales sous-alimentés ! Dès que la famine approche, le ciel, dans son infinie charité, leur expédie un missionnaire bien dodu.

OSCAR WILDE

MITE

La mite est née le jour où Gaston Gallimard a ouvert son portefeuille devant l'un de ses auteurs.

ALEXANDRE VIALATTE, cité par ANGELO RINALDI in *L'Express*, 7 juillet 1989.

MNÉMOTECHNIE

Les six grands écrivains du XVIIe siècle :
Sur une racine de la bruyère la corneille boit l'eau de la fontaine Molière.

Le rapport π : 3,1415926535

QUE J'AIME À FAIRE APPRENDRE
3 1 4 1 5 9
UN NOMBRE UTILE AUX SAGES
2 6 5 3 5

La position des planètes par rapport au Soleil :

— **M**onsieur, **V**ous **T**irez **M**al
— **J**e **S**uis **U**n **N**ovice **P**itoyable.

(Mercure, Vénus, Terre, Mars, Jupiter, Saturne, Uranus, Neptune, Pluton.)

Le cercle :

La circonférence est toute fière
D'être égale à 2πR
Et le cercle bien heureux
D'être égal à πR2

Comme le bruit de la friture fait « ric, ric », des merlans dans une poêle à frire rappelleront Chilpéric.

GUSTAVE FLAUBERT,
Bouvard et Pécuchet.

MOBILE

Le ciel nous a formés mobiles et
[sensibles,
Et le sol le plus doux n'enchaîne
[point nos pas.

MARCELLINE DESBORDES-VALMORE,
Poésies.

MOBILISATION

Je fus invité à prendre part à la Seconde Guerre mondiale avec option sur la Troisième.

SPIKE MILLGAN

MODE

Il n'y a de nouveau que ce qui est oublié.

ROSE BERTIN
(modiste de la reine Marie-Antoinette).

Le changement de modes est l'impôt que l'industrie du pauvre met sur la vanité du riche.

NICOLAS DE CHAMFORT,
Maximes et Pensées, Caractères et Anecdotes.

Les femmes nulles suivent la mode, les prétentieuses l'exagèrent, mais les femmes de goût pactisent agréablement avec elle.

MARQUISE DU CHÂTELET,
Traité sur le bonheur.

La mode meurt jeune, c'est ce qui fait sa légèreté si grave.

JEAN COCTEAU, *Le Grand Écart*

En fait de modes, ce sont les fous qui donnent la loi aux sages, les courtisanes qui la donnent aux honnêtes femmes. Nous rions en voyant les portraits de nos aïeux, sans penser que nos neveux riront en voyant les nôtres.

DENIS DIDEROT, *Les Bijoux indiscrets*.

Un philosophe se laisse habiller par son tailleur : il y a autant de faiblesse à fuir la mode qu'à l'affecter.

JEAN DE LA BRUYÈRE,
« De la Mode », *Les Caractères*.

À l'égard des modes, les gens raisonnables doivent changer les derniers, mais ils ne doivent pas se faire attendre.

CHARLES DE MONTESQUIEU, *Cahiers*.

Même en fait de mode, nous subissons le despotisme des majorités. Car la mode n'est presque jamais imaginée que pour dissimuler les imperfections des femmes mal faites.

Il faut que le petit nombre des belles s'y résigne.

ANTOINE DE RIVAROL, *Rivaroliana*.

De nos désirs errants, rien n'arrête le
[cours ;
Ce qui plaît aujourd'hui déplaît en
[peu de jours.

SAINT-ÉVREMOND

La mode, c'est le génie des imbéciles.

SAINT-POL-ROUX

Les modes ne sont après tout que des épidémies provoquées.

GEORGE BERNARD SHAW

La mode est la plus excellente des forces, celle où personne ne rit car tout le monde y joue.

ANDRÉ SUARÈS, *Voici l'Homme*,
cité par G. POMMERAND
Le Petit Philosophe de poche.

La mode est une forme de laideur si intolérable qu'il faut en changer tous les six mois.

OSCAR WILDE

MODÈLE

Les enfants ont plus besoin de modèles que de critiques.

JOSEPH JOUBERT, *Pensées*.

Laissons les jolies femmes aux hommes sans imagination.

MARCEL PROUST, *Albertine disparue*.

MODÉRATION

La modération est une chose fatale. « Assez » est mauvais comme un repas. « Trop » est bon comme un festin.

OSCAR WILDE, *Le Portrait de Dorian Gray*.

MODÉRÉ

J'ai vu qu'il n'y avait rien à gagner à être modéré, et que c'est une duperie. Il faut faire la guerre et mourir noblement sur un tas de bigots immolés à mes pieds.

VOLTAIRE

MODERNE

Ce qui paraîtra bientôt le plus vieux, c'est ce qui d'abord aura paru le plus moderne.

ANDRÉ GIDE, *Les Faux-Monnayeurs*.

MODESTE

Nous sommes en train de créer une race d'hommes d'une tournure d'esprit trop modeste pour croire à la table de multiplication.

GILBERT KEITH CHESTERTON, *Orthodoxie*.

Cette femme s'avance : que son air est modeste ! Elle ne lève les yeux que pour voir si les autres femmes sont aussi modestes qu'elles.

CHARLES DUFRESNY, *Amusements sérieux et comiques d'un siamois*, cité par PIERRE GERMA in *Dictionnaire des citations amoureuses*.

Il ne s'agit pas d'être modeste, mais d'être le premier.

HÉRAULT DE SÉCHELLES, *Théorie de l'ambition*.

C'est difficile d'être modeste quand on n'est personne.

JULES RENARD, *Journal*.

L'homme modeste a tout à gagner et l'orgueilleux a tout à perdre : car la modestie a toujours affaire à la générosité et l'orgueil à l'envie.

ANTOINE DE RIVAROL, *Maximes et Pensées*.

Si seulement j'étais un tout petit peu modeste, je serais parfait.

TED TURNER

MODESTIE

La modestie est l'art de faire dire par d'autres tout le bien que l'on pense de soi-même.

PHILIPPE BOUVARD

La modestie est au mérite ce que les ombres sont aux figures dans un tableau : elle lui donne de la force et du relief.

JEAN DE LA BRUYÈRE, *Les Caractères*.

Ma modestie est grande. Quand elle se hausse sur les pointes, elle arrive presque au nombril de mon orgueil.

PAUL VALÉRY

MŒURS

On appelle bonnes mœurs les mœurs habituelles. Mauvaises mœurs, celles auxquelles on n'est point accoutumé.

ANATOLE FRANCE, *Les Pensées*.

Tirer un Chinois par la queue ne constitue pas le moins du monde un attentat aux mœurs.

JULES JOUY

MOI

Le moi est haïssable
Le mois double est agréable.

Un fonctionnaire anonyme

Qui, à ma place, supporterait d'être moi ?

WOODY ALLEN

Ce que nous appelons « moi » et à quoi nous tenons tant est de même nature qu'un flocon de neige se heurtant à des milliers d'autres flocons semblables dans une lutte hasardeuse et terriblement brève.

CHRISTIAN BOBIN, *L'Éloignement du monde*.

... Quelqu'un qui soit en moi plus moi-même que moi.

PAUL CLAUDEL, *Vers d'exil*.

Forcez l'aveuglement dont vous êtes [séduite,
Pour voir en quel état le sort vous a [réduite.
Votre pays vous hait, votre époux est [sans foi
Dans un si grand revers que vous [reste-t-il ?
Médée :
Moi,
Moi, dis-je, et c'est assez !

PIERRE CORNEILLE, *Médée*.

Je ne me sens jamais hors de moi, je me manquerais.

SACHA GUITRY

Pauvres sots qui me reprochez ma façon de dire « moi » — Si vous étiez de mes intimes, vous sauriez comment je dis « toi » !

SACHA GUITRY, *Toutes réflexions faites*.

Je ne suis décidément pas assez fou de moi.

PAUL LÉAUTAUD

Le moi profond reste le meilleur des masques antirides.

MARCEL PROUST

Rien n'existe où je ne suis pas ; tout existe où je suis.

LOUIS SCUTENAIRE, *Mes inscriptions*.

Pour Moi, il n'y a rien au-dessus de Moi.

MAX STIRNER, *L'Unique et sa propriété*.

Il y a des moi plus moi que d'autres.

PAUL VALÉRY

Je me suis rarement perdu de vue ; je me suis beaucoup aimé ; je me suis beaucoup détesté. Enfin, nous avons vieilli ensemble.

PAUL VALÉRY

... Que si le moi est haïssable, aimer son prochain comme soi-même devient une atroce ironie.

PAUL VALÉRY, *Tel quel, Choses tues*.

Écrire en Moi naturel. Tous écrivent en Moi-dièse.

PAUL VALÉRY, *Rhumbs*.

Le moi est haïssable... mais il s'agit de celui des autres.

PAUL VALÉRY, *Mélange*.

MOIS

Trente jours ont novembre,
Avril, juin et septembre.
De vingt-huit, il y en a un.
Tous les autres ont trente et un.

Anonyme

Janvier, mars, mai, juillet, août, octobre, décembre... Des mois qui se veulent élégants : ils se mettent sur leur trente et un.

TRISTAN BERNARD

Un couple se rhabille.
— Elle : Comme j'aimerais avoir 12 000 F de rente !
— Lui : Par mois ?
— Elle : Par toi ou par un autre !

Dessin d'ALBERT GUILLAUME

MOIS (fin de)

Quand j'étais petit, à la maison, le plus dur, c'était les fins de mois... surtout les trente derniers jours.

COLUCHE

MOITIÉ

Qu'advient-il de la seconde moitié des fautes avouées qui n'a pas été pardonnée ?

GRÉGOIRE LACROIX,
Les Euphorismes de Grégoire, inédit.

« Le mariage, Agnès, n'est pas un
[badinage [...]
Votre sexe n'est là que pour la
[dépendance
Du côté de la barbe est la toute
[puissance.
Bien qu'on soit deux moitiés de la
[société,
Ces deux moitiés pourtant n'ont pas
[d'égalité :
L'une est moitié suprême et l'autre
[subalterne. »

MOLIÈRE,
L'École des femmes, acte III, scène 2.

On n'a pas tort de dire que la femme est la moitié de l'homme, car un homme marié n'est plus qu'une moitié d'homme.

ROMAIN ROLLAND

Quand on regarde quelqu'un, on n'en voit que la moitié.

Réplique du film de CHRISTIAN VINCENT,
La Discrète.

MOLIÈRE

Ô Molière, homme simple et sublime
[génie
Tu fis l'honnêteté maîtresse de tes
[vers.

THÉODORE DE BANVILLE

Sous ce tombeau gisent Plaute et
[Térence
Et cependant, le seul Molière y gît ;
Leurs trois talents ne formaient
[qu'un esprit.

Épitaphe de Molière
par LA FONTAINE.

Rien ne manque à sa gloire, il manquait à la nôtre.

BERNARD JOSEPH SAURIN, sous le buste
de Molière à la Comédie-Française.

MOMENT

Le moment décisif de l'Humanité dure toujours.

SØREN KIERKEGAARD

Est-il aucun moment
Qui vous puisse assurer d'un second
[seulement ?

JEAN DE LA FONTAINE,
Le Vieillard et les trois jeunes gens.

Il n'y a rien dans le monde qui n'ait son moment décisif, et le chef-d'œuvre de la bonne conduite est de connaître et de prendre ce moment.

CARDINAL DE RETZ, *Mémoires*.

MOMIE

Nos fautes périssent avant nous. N'en faisons pas des momies.

ALAIN

MONACO

C'est le prince de Monaco,
[le seul qui gagne à la roulette.

MAURICE DONNAY,
Les Joueurs de Monte-Carlo.

Pour faire le blocus de Monaco, il suffit de deux panneaux de sens interdit.

CHARLES DE GAULLE

MONARCHIE

J'ai appris mon métier comme les singes, en regardant mes parents.

CHARLES D'ANGLETERRE

Dans une monarchie bien réglée, les sujets sont comme des poissons dans un grand filet, ils se croient libres et pourtant ils sont pris.

CHARLES DE MONTESQUIEU,
Cahiers.

MONDE

Le monde d'ici-bas et l'autre sont comme deux concubines : on ne peut satisfaire l'une sans irriter l'autre.

Le Livre de la sagesse arabe

C'est une chose étrange à la fin que
[le monde.

Un jour je m'en irai sans en avoir
[tout dit.

ARAGON,
Les Yeux et la Mémoire.

Ah ! que le monde est grand à la
[clarté des lampes !
Aux yeux du souvenir, que le monde
[est petit.

BAUDELAIRE,
Les Fleurs du mal.

Voir un monde dans un grain de
[sable,
Et le ciel dans une fleur sauvage,
Tenir l'infini dans la paume de ta
[main,
Et l'éternité dans une heure.

WILLIAM BLAKE

Ah ! camarade ! ce monde n'est, je vous l'assure, qu'une immense entreprise à se foutre du monde !

LOUIS-FERDINAND CÉLINE,
Voyage au bout de la nuit.

La meilleure philosophie, relativement au monde, est d'allier, à son égard, le sarcasme de la gaieté avec l'indulgence du mépris.

NICOLAS DE CHAMFORT,
Maximes et Pensées, Caractères et Anecdotes.

Le grand monde est un mauvais lieu que l'on avoue.

NICOLAS DE CHAMFORT,
Maximes et Pensées, Caractères et Anecdotes.

Depuis le temps que j'essaie de faire comme tout le monde, il me semble que c'est un peu le tour de tout le monde d'essayer de faire comme moi.

ROLAND DUBILLARD,
Carnets en marge.

Ce qui est incompréhensible, c'est que le monde soit compréhensible.

ALBERT EINSTEIN

Le monde est dangereux, non pas tant à cause de ceux qui font le mal qu'à cause de ceux qui regardent et qui laissent faire.

ALBERT EINSTEIN

On appelle fin du monde le jour où le monde se montre juste ce qu'il est : explosif, submersible, combustible, comme on appelle guerre le jour où l'âme humaine se donne à sa nature.

JEAN GIRAUDOUX,
Sodome et Gomorrhe.

Notre monde n'est pas tout l'univers. Peut-être y a-t-il un endroit où le Christ n'est pas mort ?

GRAHAM GREENE,
La Puissance et la Gloire.

Arrêtez le monde, j'ai envie de descendre !

NANCY HOUSTON, *Limbes.*

Avant notre venue, rien ne manquait
[au monde ;
Après notre départ, rien ne lui
[manquera.

OMAR KHAYYAM, *Roubayyat.*

L'Orient est l'Orient, l'Occident est l'Occident et, jamais, ces deux mondes ne parviendront à se comprendre.

RUDYARD KIPLING

Le monde est une prison où il vaut mieux occuper une cellule individuelle.

KARL KRAUS

Le monde est vieux, dit-on. Je le
[crois — Cependant,
Il le faut amuser encor comme un enfant.

JEAN DE LA FONTAINE

Ce monde, vous savez, ce monde de grandes personnes, je n'en suis pas !

KATHERINE MANSFIELD

Le monde est finalement sauvé par un petit nombre d'hommes et de femmes qui ne lui ressemblent pas.

FRANÇOIS MAURIAC

Le monde n'est qu'une branloire pérenne*

MICHEL DE MONTAIGNE,
Essais, livre III, chap. II.

* Branloire : balançoire. Pérenne : perpétuelle.

Les deux mondes : celui-ci gâte l'autre et l'autre gâte celui-ci. C'est trop de deux. Il n'en fallait qu'un.

CHARLES DE MONTESQUIEU

Le monde est une iniquité. Si tu l'acceptes, tu es complice, si tu le changes, tu es bourreau.

JEAN-PAUL SARTRE, *Le Diable et le Bon Dieu*.

Notre monde est le plus mauvais des mondes. S'il était pire, il cesserait d'exister.

ARTHUR SCHOPENHAUER

Tout le monde tend à lire ce que tout le monde aurait pu écrire.

PAUL VALÉRY

Le monde est un grand bal où chacun est masqué.

LUC DE VAUVENARGUES, *Réflexion et Maximes*.

Le monde est construit par le poète pour le rêveur.

OSCAR WILDE, *Intentions*.

MONDE (fin du)

Le dernier homme sur la Terre était assis, tout seul, dans une pièce. Soudain, on frappa à la porte.

FREDERIC BROWN

MONDE (gens du)

Les gens du monde peuvent avoir des amis dans le chenil, mais pas dans la cuisine.

Anonyme

Quand on veut plaire dans le monde, il faut se résoudre à apprendre beaucoup de choses qu'on sait par des gens qui les ignorent.

NICOLAS DE CHAMFORT, *Maximes et Pensées, Caractères et Anecdotes*.

Les gens du monde appartiennent à une race particulière, remarquable surtout par une ignorance universelle et par une admirable facilité à parler de tout avec un air d'esprit.

GUY DE MAUPASSANT, *Comment on cause*.

Les gens du monde ont tellement l'habitude qu'on les recherche que, qui les fuit, leur semble un phénix et accapare leur attention.

MARCEL PROUST, *Le Côté de Guermantes*.

La bêtise, chez les gens du monde, l'emporte encore sur la vanité.

MARCEL PROUST, *Sodome et Gomorrhe*.

MONDE (tour du)

Bientôt, le tour du monde, le tour de la cage sera vite fait. De nos jours, Hugo écrirait :

« L'enfant demandera : — Puis-je courir aux Indes ? Et la mère répondra : Emporte ton goûter. »

PAUL MORAND, *Rien que la terre*.

MONOGAME

Je me suis toujours senti profondément monogame, mais monogame successif.

ROBERT LAFFONT, *Léger étonnement avant le saut*.

MONOGAMIE

Le monothéisme est plus répandu que la monogamie parce qu'il est plus facile de se contenter d'un seul dieu que d'une seule femme.

R. GERVASO

MONOSYLLABE (vers)

Il m'a fait trop de bien pour en dire
[du mal
Il m'a fait trop de mal pour en dire
[du bien.

Attribué à PIERRE CORNEILLE, sur Richelieu à l'occasion de sa mort.

Je sais ce que je vaux et crois ce
[qu'on m'en dit.

PIERRE CORNEILLE, *Poésies diverses*.

Ni beau ni laid, ni haut ni bas, ni
[chaud ni froid.

VICTOR HUGO

Je ne sais où je vais, je ne sais où je suis.

JEAN RACINE, *Phèdre*.

Le jour n'est pas plus pur que le fond
[de mon cœur.

JEAN RACINE, *Phèdre*.

Fort	Sort	Rose	Brise
Belle	Frêle	Close,	L'a
Elle	Quelle	La	Prise.
Dort ;	Mort !		

COMTE JULES DE RESSEGUIER

MONSTRE

Le sommeil de la raison engendre les monstres.

Gravure en frontispice des *Caprices* de FRANCISCO GOYA.

Les Néron et les Caligula commettent bien des crimes pour se faire craindre et haïr, tandis qu'avec quelques plaisanteries, ils auraient passé pour des monstres.

ANTOINE DE RIVAROL, cité par JEAN DUTOURD.

MONTAGNE

Qui veut gravir une montagne commence par le bas.

Proverbe chinois

MONTRE

Cette montre, j'y tiens beaucoup. Elle me vient de mon grand-père. Il me l'a vendue sur son lit de mort.

WOODY ALLEN

MONTRER

Dans les grandes choses, les hommes se montrent comme il leur convient de se montrer ; dans les petites, ils se montrent comme ils sont.

NICOLAS DE CHAMFORT, *Maximes et Pensées, Caractères et Anecdotes*.

MONUMENT AUX MORTS

Les monuments aux morts des guerres que l'on perd sont moins laids que les monuments aux morts des guerres que l'on gagne.

NICOLE VÉDRÈS, *Suite parisienne*.

MOQUER (se)

Si tu continues à te moquer de toi-même, tu pourras bientôt te moquer de tout le monde.

HONORÉ DE BALZAC, *La Fille aux yeux d'or*.

Nous aurons beau faire, nous ne nous moquerons jamais autant de la vie qu'elle se moque de nous.

XAVIER FORNERET, *Sans titre*.

MOQUERIE

La moquerie est souvent indigence d'esprit.

JEAN DE LA BRUYÈRE, « De la société et de la conversation », *Les Caractères*.

MORALE

La morale compose les trois quarts de la vie et le sexe, la moitié.

MATTHEW ARNOLD

Arrière la morale et ses dictons
[moroses.

AUGUSTIN BARBIER

La morale n'est peut-être que la forme la plus cruelle de la méchanceté.

HENRY BECQUE

Sans morale, il n'y a plus de vin de Bordeaux ni de style. La morale, c'est le goût de ce qui est pur et défie le temps.

JACQUES CHARDONNE, *L'Amour, c'est beaucoup plus que l'amour*.

N'est-elle pas plus morale, l'union libre de deux amants qui s'aiment, que l'union légitime de deux êtres sans amour ?

GEORGES FEYDEAU, *La Dame de chez Maxim*.

La morale est mal disposée dans un pantalon.

FRANCIS PICABIA, *Aphorismes*.

Quand la morale fout le camp, le fric cavale derrière.

JACQUES PRÉVERT, dans le film *Jenny*.

La morale, c'est ce qui reste de la peur quand on l'a oubliée.

JEAN ROSTAND, *Pensées d'un biologiste*.

La morale est une attitude que nous adoptons vis-à-vis des gens que nous n'aimons pas.

OSCAR WILDE

MORALITÉ

Lui : qu'est-ce que tu appelles être d'une moralité douteuse ?

Elle : douter de la morale des autres.

MARGUERITE DURAS, *Hiroshima mon amour*.

La moralité n'est bien souvent qu'une affaire d'éclairage et tu es le gardien de ton propre phare.

MARCEL JOUHANDEAU, *Éléments pour une éthique*.

MORGUE (attitude)

C'est injustice et folie de priver les enfants de la familiarité des pères, vouloir maintenir en leur endroit une morgue austère et dédaigneuse, espérant par là les tenir en crainte et en obéissance. Car c'est une force très inutile qui rend les pères ennuyeux aux enfants et, qui pis est, ridicules.

MICHEL DE MONTAIGNE, *Essais*.

MORGUE (Institut médico-légal)

L'Histoire est la grande morgue où chacun vient chercher ses morts, ceux qu'on a aimés, ou ceux avec qui on a des liens de parenté.

HEINRICH HEINE, *De l'Allemagne*.

MORIBOND

J'appartiens à cette espèce de moribonds que l'extrême-onction ressuscite.

FRANÇOIS MAURIAC, *Mémoires intérieurs*.

MORPHINE

La morphine a été inventée pour que les médecins puissent dormir tranquilles.

SACHA GUITRY

MORT

Quand on a plus de soixante ans et qu'on n'a mal nulle part en se réveillant le matin, c'est qu'on est mort.

Anonyme

La mort est plus près de nous que notre paupière.

Le Livre de la sagesse arabe

La Mort peut bien t'oublier un jour, mais elle ne t'oubliera pas le lendemain.

Les Mille et Une Nuits

Sois en règle un jour avant ta mort. Aujourd'hui donc.

Proverbe hébreu

La mort est une maladie de l'imagination.

ALAIN, *Propos*.

Toujours obsédé par l'idée de la mort, je médite constamment. Je ne cesse de me demander s'il existe une vie ultérieure et, s'il y en a une, peut-on m'y faire la monnaie de vingt dollars ?

WOODY ALLEN

Le côté positif de la mort est que l'on peut l'être en restant couché.

WOODY ALLEN

La mort est simplement le terme de [la vie ;
De peines ni de biens elle n'est point [suivie,
C'est un asile sûr, c'est la fin de nos [maux.

GUILLAUME AMFRYE (abbé de Chaulieu), *Sur la mort*.

La mort ne fait jamais mal. La mort est douce... Ce qui fait souffrir avec certains poisons, certaines blessures maladroites, c'est la vie. C'est le reste de vie. Il faut se confier franchement à la mort comme à une amie.

JEAN ANOUILH, *Eurydice*.

Les morts sont des invisibles et non pas des absents.

SAINT AUGUSTIN

La mort, ce secret qui appartiendra à tout le monde.

CLAUDE AVELINE, *Avec toi-même*.

C'est la mort qui console, hélas ! et
[qui fait vivre ;
C'est le but de la vie, et c'est le seul
[espoir
Qui, comme un élixir, nous monte et
[nous enivre
Et nous donne le cœur de marcher
[jusqu'au soir.

CHARLES BAUDELAIRE, « La Mort des pauvres », *Les Fleurs du mal*.

La mort semble moins terrible quand on est fatigué.

SIMONE DE BEAUVOIR, *Les Mandarins*.

Une heure après la mort, notre âme
[évanouie
Sera ce qu'elle était une heure avant
[la vie.

CYRANO DE BERGERAC, *La Mort d'Agrippine*.

Certes, ma vie est déjà pleine de morts. Mais le plus mort des morts est le petit garçon que je fus. Et pourtant, à l'heure venue, c'est lui qui reprendra sa place à la tête de ma vie, rassemblera mes pauvres années jusqu'à la dernière et, comme un jeune chef ses vétérans, ralliant la troupe en désordre, entrera le premier dans la maison du Père.

GEORGES BERNANOS

La mort, c'est la fin d'un monologue.

TRISTAN BERNARD

La mort, mon fils, est un bien pour tous les hommes ; elle est la nuit de ce jour inquiet qu'on appelle la vie.

JACQUES HENRI BERNARDIN DE SAINT-PIERRE, *Paul et Virginie*.

Je possédais l'A.B.C. de la maladie et du trépas. À présent, je fréquentais déjà la classe où était enseignée la mathématique supérieure de la maladie de la mort.

THOMAS BERNHARD, *Le Froid*.

Le jour de notre mort traverse chaque jour de notre vie comme une eau plus sombre dans l'eau limpide, mais nous sommes trop agités pour le voir et saluer comme il convient notre prochaine disparition dans toutes présences du monde.

CHRISTIAN BOBIN, *L'Éloignement du monde*.

Qui suis-je ? Je ne sais même pas l'heure de ma mort.

JORGE LUIS BORGES

« Voilà, dit le grand saint Ambroise, la merveille de la mort dans les chrétiens : elle ne finit pas leur vie ; elle ne finit que leurs péchés. »

JACQUES BÉNIGNE BOSSUET, *Oraison funèbre d'Henriette d'Angleterre*.

Nous devrions être assez convaincus de notre néant ; mais s'il faut des coups de surprise à nos cœurs enchantés de l'amour du monde, celui-ci est assez grand et assez terrible. Ô nuit désastreuse ! Ô nuit effroyable, où retentit tout à coup, comme un éclat de tonnerre, cette étonnante nouvelle : Madame se meurt ! Madame est morte.

JACQUES BÉNIGNE BOSSUET, *Oraison funèbre d'Henriette d'Angleterre*.

Tout nous appelle à la mort : La nature, presque envieuse du bien qu'elle nous fait, nous déclare souvent et nous fait signifier qu'elle ne peut pas nous laisser longtemps ce peu de matière qu'elle nous prête [...] ; elle en a besoin pour d'autres formes, elle la redemande pour d'autres ouvrages.

JACQUES BÉNIGNE BOSSUET, *Sermon sur la mort*.

On me disait que quelques morts étaient nécessaires pour amener un monde où l'on ne tuerait plus.

ALBERT CAMUS, *La Peste*.

La mort est un moissonneur qui ne fait pas la sieste.

MIGUEL DE CERVANTÈS, *Don Quichotte*.

La mort est une compétition où chacun espère arriver le dernier.

MAURICE CHAPELAN

La mort est belle, elle est notre amie ; néanmoins nous ne la reconnaissons pas, parce qu'elle se présente à nous masquée et que son masque nous épouvante.

FRANÇOIS RENÉ DE CHATEAUBRIAND

La mort est un petit oiseau qui chaque jour vient se désaltérer dans ta coupe de vin.

ACHILLE CHAVÉE, *Décoctions*.

Pépin le Bref est mort depuis bientôt
[mille ans.

MORALITÉ

Quand on est mort, c'est pour long-
[temps.

EUGÈNE CHAVETTE, *Fable-Express*.

La mort, quel déshonneur ! Devenir soudain objet.

EMIL MICHEL CIORAN, *Écartèlement*.

L'homme accepte la mort mais non l'heure de sa mort. Mourir n'importe quand, sauf quand il faut que l'on meure.

EMIL MICHEL CIORAN,
De l'inconvénient d'être né.

La mort est une formalité désagréable, mais tous les candidats sont reçus.

PAUL CLAUDEL, *Journal*.

Notre mort n'est que très simple. Celle des autres est insupportable.

JEAN COCTEAU

Cette lourdeur du corps dont l'âme se déleste.

JEAN COCTEAU, *Le Potomak*.

J'étais aussi mort avant de naître que je le serai après avoir vécu. J'ai donc de l'abolition de la personnalité une interminable habitude.

JEAN COCTEAU, *Démarche d'un poète*.

Les morts gouvernent les vivants.

AUGUSTE COMTE

La vie est un éclair, la beauté dure
[un jour
Songe aux têtes de mort qui se
[ressemblent toutes !

FRANÇOIS COPPÉE,
Les Récits et les Élégies.

La seule différence que je connaisse entre la mort et la vie, c'est qu'à présent vous vivez en masse, et que, dessous, épars en molécules, dans vingt ans d'ici, vous vivrez en détail.

DENIS DIDEROT,
Lettre à Sophie Volland.

La mort ne me concerne pas puisque, tant que je vis, la mort n'est pas et que, quand la mort est, je ne suis plus.

ÉPICTÈTE

Il ne faut pas croire à la mort.
Voici le soleil radieux
Vers la terre et sur vos yeux
Ne versez plus de vaines larmes,
Le ciel est clair comme votre âme,
Elle éclaire l'ombre oublieuse
Et voici la mort radieuse.

PAUL FORT,
Ballades françaises.

Tous les morts sont pauvres.

ANATOLE FRANCE

Si vis vitam, para mortem
(Si tu veux pouvoir supporter la vie, sois prêt à accepter la mort).

SIGMUND FREUD

La mort pour certains hommes n'est pas seulement la mort : elle est la fin du propriétaire.

EDMOND et JULES DE GONCOURT,
Journal.

Combien d'hommes meurent dans un homme avant sa mort !

EDMOND et JULES DE GONCOURT,
Idées et Sensations.

La mort n'est pas la dernière fin, il nous reste encore à mourir chez les autres.

ALBERTO GUILLÉN

La mort se débite dans le monde à la machine. On fabrique des cadavres comme on fabrique des boulons.

LOUIS GUILLOUX, *Carnets*.

Il n'y a pas de belle mort. Il y en a qui sont belles à raconter. Mais celles-là, ce sont les morts des autres.

SACHA GUITRY,
Quatre Ans d'occupations.

J'ai cette conviction profonde : les morts vivent tant qu'il y a des vivants pour penser à eux.

ÉMILE HENRIOT, *Le Livre de mon père*.

Ce qui attend les hommes après la mort, ce n'est ni ce qu'ils espèrent ni ce qu'ils croient.

HÉRACLITE

La mort ? Tant qu'elle n'est pas là, tu es là. Quand elle sera là, tu n'y seras plus.

EUGÈNE IONESCO,
Le roi se meurt.

Voir ÉPICTÈTE.

Quand on pense à quel point la mort est familière et combien totale est notre ignorance, et qu'il n'y a jamais eu aucune fuite, on doit avouer que le secret est bien gardé.

VLADIMIR JANKÉLÉVITCH, *La Mort*.

À parler humainement, la mort a un bel endroit qui est de mettre fin à la vieillesse.

La mort qui prévient la caducité arrive plus à propos que celle qui la termine.

JEAN DE LA BRUYÈRE, *Les Caractères*.

La mort n'arrive qu'une fois et se fait sentir à tous les moments de la vie : il est plus dur de l'appréhender que de la souffrir.

JEAN DE LA BRUYÈRE, *Les Caractères*.

La mort m'a tout ravi, la mort va tout
[me rendre :
J'attends le réveil des tombeaux.

ALPHONSE DE LAMARTINE

Les morts ne sont réellement morts que si l'on cesse de penser à eux. Le souvenir les ressuscite. Il y a des morts oubliés qui demeurent couchés sous la terre sans que jamais passe en eux le frisson de la vie. Tandis que d'autres s'éveillent de leurs couches funèbres, rappelés à la lumière par le choc de notre pensée. L'amour franchit des obstacles suprêmes, mais l'amour divin seul a ce don de résurrection.

MAURICE MAETERLINCK

Accoutumons-nous à considérer la mort comme une forme de vie que nous ne comprenons pas encore. Apprenons à la voir du même œil que la naissance. Il est tout à fait raisonnable et légitime de se persuader que la tombe n'est pas plus redoutable que le berceau.

MAURICE MAETERLINCK

La mort a des rigueurs à nulle autre
[pareilles ;
On a beau la prier,
La cruelle qu'elle est se bouche les
[oreilles
Et nous laisse crier.
Le pauvre en sa cabane où le chaume
[le couvre
Est sujet à ses lois ;
Et la garde qui veille aux barrières
[du Louvre
N'en défend pas les rois...

FRANÇOIS DE MALHERBE,
Consolation à M. Du Périer.

La mort n'est peut-être qu'un changement de place.

MARC AURÈLE

Ou ma montre est arrêtée, ou cet homme est mort.

GROUCHO MARX
(prenant le pouls à un malade).

Ce n'est pas la mort qui nous prend ceux que nous aimons ; elle nous les garde au contraire et les fixe dans leur jeunesse adorable. La mort est le sel de notre amour ; c'est la vie qui dissout l'amour.

FRANÇOIS MAURIAC, *Le Désert de l'amour*.

Las d'espérer et de me plaindre
Des Muses, des Grands et du sort,
C'est ici que j'attends la mort
Sans la désirer ni la craindre.

FRANÇOIS MAYNARD
(vers inscrits au-dessus de la porte de son cabinet de travail).

J'ai souvent pensé que la mort était la plus belle invention de la nature, mais quand elle frappe nous, et non pas les nôtres.

HONORÉ GABRIEL MIRABEAU,
Correspondance.

« La mort est un remède à trouver
[quand on veut,
Et l'on s'en doit servir le plus tard
[que l'on peut. »

MOLIÈRE,
Le Dépit amoureux, acte IV, scène 1.

On n'a point pour la mort de
[dispense de Rome.

MOLIÈRE, *L'Étourdi*, acte I, scène 11, d'après l'*Imitation de Jésus-Christ* : « *Nemo impetrare potest a papa bullam nunquam moriendi.* »

Il est incertain où la mort nous attende ; attendons-la partout. La préméditation de la mort est la préméditation de la liberté. Qui a appris à mourir, il a désappris à servir. Le savoir-mourir nous affranchit de toute sujétion et contrainte. Il n'y a rien de mal en la vie pour celui qui a bien compris que la privation de la vie n'est pas mal.

MICHEL DE MONTAIGNE,
« Que philosopher c'est apprendre à mourir »
Essais, livre premier, chap. XX.

… et que la mort me trouve plantant mes choux, mais nonchalant d'elle, et encore plus de mon jardin imparfait.

MICHEL DE MONTAIGNE,
« Que philosopher c'est apprendre à mourir »,
Essais, livre premier, chap. XX.

Pourquoi crains-tu ton dernier jour ? Il ne confère non plus à ta mort que chacun des autres. Le dernier pas ne fait pas la lassitude : il la déclare. Tous les jours vont à la mort, le dernier y arrive.

MICHEL DE MONTAIGNE,
Essais.

Quant à la mort que vous dites cruelle, il me semble que, puisqu'elle est nécessaire, la plus brève est la meilleure, car on sait bien que ce passage ne fait pas de doute ; mais je tiens heureux ceux qui ne demeurent point longuement aux faubourgs.

MARGUERITE DE NAVARRE,
Heptaméron, 40.

Aimez la mort aussi, votre bonne
[patronne,
Par qui votre désir de toutes choses
[croît.

ANNA DE NOAILLES,
Le Cœur innombrable.

Descendre par l'étroite horizontale
[porte
Où l'on passe étendu, voilé, silen-
[cieux ;
Ne plus jamais vous voir, ô lumière
[des cieux.
Hélas, je n'étais pas faite pour être
[morte.

ANNA DE NOAILLES,
Les Éblouissements.

La mort, c'est tellement obligatoire que c'est presque une formalité.

MARCEL PAGNOL, *César*.

Le dernier acte est sanglant, quelque belle que soit la comédie, et tout le reste : on jette enfin de la terre sur la tête et en voilà pour jamais.

BLAISE PASCAL, *Pensées*.

La mort a été engloutie dans la victoire. Ô mort, où est ta victoire ? Ô mort, où est ton aiguillon ?

SAINT PAUL,
1re épître aux Corinthiens, XV, 54, 55.

La mort ? Pourvu que je vive jusque-là !

JEAN PAULHAN à Alexandre Vialatte
(rapporté par Raymond Castans).

C'est par sa mort parfois qu'un homme montre qu'il était digne de vivre.

FRANCIS PONGE

L'être que je serai après la mort n'a pas plus de raisons de se souvenir de l'homme que je suis depuis ma naissance que ce dernier ne se souvient de ce que j'ai été avant elle.

MARCEL PROUST,
Sodome et Gomorrhe.

Nous disons la mort pour simplifier, mais il y en a presque autant que de personnes.

MARCEL PROUST,
La Prisonnière.

La mort est un bon pasteur car elle ne perd jamais rien de son troupeau.

ALPHONSE RABBE,
Album d'un pessimiste.

Songe [...] à l'enfance, à l'adolescence, à la jeunesse, à l'âge avancé. Le passage de chacun de ces états à celui qui le suit suppose la mort de celui qui le précède. Combien de fois n'es-tu donc pas mort déjà ?

ALPHONSE RABBE,
Album d'un pessimiste.

Ceux qui ont le mieux parlé de la mort sont morts.

JULES RENARD,
Journal.

La mort m'apparaît comme un grand lac dont j'approche et dont les contours se dessinent.

JULES RENARD,
Journal.

La mort, ce serait le rêve si, de temps en temps, on pouvait ouvrir un œil.

JULES RENARD,
Journal.

Le mort ni le prisonnier n'a plus ami ni parent.

RICHARD CŒUR DE LION

On contient sa mort comme le fruit son noyau.

RAINER MARIA RILKE

Car nous ne sommes rien que
[l'enveloppe et la feuille ;
La grande mort que chacun porte en
[soi,
Elle est le fruit, elle est le centre.

RAINER MARIA RILKE,
Le Livre d'heures.

La mort, seule chose plus grande que le mot qui la nomme.

JEAN ROSTAND,
Pensées d'un biologiste.

Ne pleure pas sur les morts qui ne sont plus que des cages dont les oiseaux sont partis.

SAADI

[Aujourd'hui] on entre dans un mort comme dans un moulin.

JEAN-PAUL SARTRE

Être mort, c'est être en proie aux vivants.

JEAN-PAUL SARTRE,
L'Être et le Néant.

La mort ne dure qu'une seconde : la première.

LOUIS SCUTENAIRE,
Mes inscriptions.

Nous croyons être affligés de la mort d'une personne, quand c'est la mort seule qui fait impression sur nous.

GABRIEL SÉNAC DE MEILHAN,
Histoire de la vicomtesse de Vassy.

Je trouve la mort si terrible que je hais plus la vie parce qu'elle m'y mène que par les épines dont elle est semée.

MME DE SÉVIGNÉ,
Lettre à Mme de Grignan.

Celui qui meurt cette année en est quitte pour l'an prochain.

WILLIAM SHAKESPEARE

La mort est une dette que chacun ne peut payer qu'une fois.

WILLIAM SHAKESPEARE,
Antoine et Cléopâtre.

La mort ne m'impressionne pas. J'ai moi-même, en effet, l'intention bien arrêtée de mourir un jour.

GEORGE BERNARD SHAW

Comme ils souffrent, les morts qu'on n'aime plus !

ANDRÉ SUARÈS, *Bouclier du zodiaque*.

La mort n'est pas l'ultime vérité. Elle nous paraît noire de même que le ciel nous paraît bleu, mais elle ne noircit pas plus l'existence que l'azur céleste ne tache les ailes de l'oiseau.

RABINDRANATH TAGORE, *Sadhana*.

La mort enlève tout sérieux à la vie.

PAUL VALÉRY, *Analecta*.

Ils ont fondu dans une absence [épaisse,
L'argile rouge a bu la blanche espèce
Le don de vivre a passé dans les [fleurs !
Où sont des morts les phrases [familières,
L'art personnel, les âmes singulières ?
La larve file où se formaient des pleurs.

PAUL VALÉRY, *Cimetière marin*.

L'homme est adossé à sa mort comme le causeur à la cheminée.

PAUL VALÉRY, *Monsieur Teste*.

La mort n'a généralement pas d'amis sincères.

ALEXANDRE VIALATTE

Tâchons d'entrer dans la mort les yeux ouverts.

MARGUERITE YOURCENAR, *Les Mémoires d'Hadrien*.

MORT (peine de)

La peine de mort sera un jour abolie, et n'est-il pas étonnant que ce soit en faisant couler des flots de sang, que ce soit assis sur des monceaux de cadavres, que le Français aura enseigné aux nations à respecter la vie de l'homme ?

GABRIEL SÉNAC DE MEILHAN, *Histoire du marquis de Saint-Alban*.

On n'abolira jamais la peine de mort en France, car, au train où vont les instructions, il y aura toujours des prévenus qui mourront de vieillesse.

ALFRED DE VIGNY

MORTEL

Nous craignons toutes choses comme mortels, et nous désirons toutes choses comme si nous étions immortels.

FRANÇOIS DE LA ROCHEFOUCAULD, *Maximes non publiées*.

MOT

Le mot que tu retiens entre tes lèvres est ton esclave. Celui que tu prononces est ton maître.

Proverbe arabe

ASSEZ D'ACTES !... DES MOTS !

Slogan de mai 1968

Les mots, ces gardiens du sens ne sont pas immortels, invulnérables. Ils sont revêtus d'une chair saignante et sans défense. Comme les hommes, les mots souffrent.

ARTHUR ADAMOV

Le fâcheux pouvoir qu'ont les mots de tenir à distance les vérités les plus éclatantes.

MARCEL AYMÉ

Il n'y a peut-être plus de mots simples, comme il n'y a plus de vrai pain.

GEORGES BERNANOS, *Lettre aux Anglais*.

Les mots
Sont des maillots
Pour l'esprit
Collants quand ils sont neufs
Ils flottent dès qu'ils ont servi.

PIERRE-ALBERT BIROT

Il ne faut pas jeter un déluge de mots sur un désert d'idées.

BUFFON, *Traité sur le style*.

Chaque mot écrit est une victoire contre la mort.

MICHEL BUTOR, *Entretiens avec Georges Charbonnier*.

Je ne crois pas que quoi que ce soit d'important puisse s'exprimer en mots de plus de quatre syllabes.

ROGER CAILLOIS,
Approches de l'imaginaire.

Les mots savent de nous des choses que nous ignorons d'eux.

RENÉ CHAR

Les mots me font l'effet d'un pensionnat de petites filles que la phrase mène en promenade.

GEORGES COURTELINE

On ne retient presque rien sans le secours des mots, et les mots ne suffisent presque jamais pour rendre précisément ce que l'on sent.

DENIS DIDEROT,
Pensées détachées.

Les mots, ils ne leur manque que la parole.

PIERRE DUMAYET

Celui qui croit aux mots et qui les apprivoise, qui les aime et qui les nourrit, qui les soigne et les recharge est bien plus près de la vérité et de la vie, bien plus de la joie et de la puissance que celui qui manie des idées (car, on manie des idées !). Et c'est vrai que Littré et Larousse sont grouillants de sorcières [...], ils ont tout étalé. C'est la caverne des quarante voleurs.

LÉON-PAUL FARGUE,
préface à *Sortilèges du verbe.*

Il faut que chaque mot qui tombe soit le fruit bien mûr de la succulence intérieure, la goutte qui glisse du bec de la bécasse à point.

LÉON-PAUL FARGUE, *Sous la lampe.*

Qu'ils sont beaux les mots auréolés par le souvenir de leur long usage.

ANATOLE FRANCE,
La Vie littéraire.

Les mots qui font fortune appauvrissent la langue.

SACHA GUITRY,
Toutes réflexions faites.

C'est en mots que nous pensons.

FRIEDRICH HEGEL,
Encyclopédie des sciences politiques.

Les mots sont femmes. Les actions sont hommes.

GEORGE HERBERT, *Jacula prudentum.*

La France est sous les mots comme un champ sous les mouches.

VICTOR HUGO

Les racines des mots sont-elles carrées ?

EUGÈNE IONESCO

Tous les beaux mots sont dans la langue. Il faut savoir les trouver.

JOSEPH JOUBERT, *Pensées.*

Beaucoup de gens produisent, en se servant de mots qu'ils ne comprennent guère, un grand effet sur l'esprit d'autres gens qui ne les comprennent pas.

ALPHONSE KARR

Plus on serre un mot de près, et plus il le prend de haut.

KARL KRAUS, *Aphorismes.*

Vivre les mots au-delà de leur sens.
Vivre les sens au-delà de leurs maux.

DOMINIQUE MEUNIER

Falbalas, belladone, ombelle,
[floréal...
Combien de mots encore ont des
[robes de bal ?

FERNAND MOUTEL, *Pareil au feu couvert.*

On appelle mots les idées dont on ne veut pas.

JEAN PAULHAN, *Les Fleurs de Tarbes.*

Tout a été dit. Sans doute. Si les mots n'avaient changé de sens ; et les sens de mots.

JEAN PAULHAN, *Clef de la poésie.*

Un mot n'est pas le même dans un écrivain et dans un autre. L'un se l'arrache du ventre. L'autre le tire de la poche de son pardessus.

CHARLES PÉGUY

Les mots sont pour moi des corps palpables, sirènes visibles, sensualités incorporées.

FERNANDO PESSÖA

Les mots ont une vie indépendante de notre raison. Jouer avec eux nous révèle un monde étrange qui pourtant est le nôtre.

ROBERT PINGET, *Monsieur Songe*.

L'amour des mots est, en quelque façon, nécessaire à la jouissance des choses.

FRANCIS PONGE

Ils me font dire aussi des mots longs
[d'une toise,
De grands mots qui tiendraient d'ici
[jusqu'à Pontoise.

JEAN RACINE,
Les Plaideurs, acte III, scène 3.

Un mot si joli qu'on le voudrait avec des joues pour l'embrasser.

JULES RENARD, *Journal*.

On dit d'un mot qu'il est profond quand il n'est pas spirituel.

JULES RENARD, *Journal*.

Un bon mot vaut mieux qu'un mauvais livre.

JULES RENARD, *Journal*.

Mes mots feront fortune : moi pas !

JULES RENARD, *Journal*.

Les mots nous trompent, comme des filles.

ROMAIN ROLLAND,
Quinze Ans de combat.

Les mots sont devenus dans les langues humaines ce que la pensée est devenue dans l'esprit des hommes. Ces mots sont devenus comme autant de morts qui enterrent des morts, et qui souvent même enterrent des vivants, ou ceux qui auraient le désir de l'être.

Aussi, l'homme s'enterre-t-il luimême journellement avec ses propres mots altérés qui ont perdu tous leurs sens. Aussi enterre-t-il journellement et continuellement la parole.

CLAUDE DE SAINT-MARTIN,
Le Ministère de l'Homme-Esprit.

« Que lisez-vous, monseigneur ?
— Des mots, des mots, des mots. »

WILLIAM SHAKESPEARE, *Hamlet*.

Avec les mots, on marque le mouvement, avec les images, on le fixe.

LOUIS SCUTENAIRE, *Mes inscriptions*.

Le seul manque d'un mot fait mieux vivre une phrase : elle s'ouvre plus vaste et propose à l'esprit d'être un peu plus esprit pour combler la lecture.

PAUL VALÉRY, *Dialogues*.

Entre deux mots, il faut choisir le moindre.

PAUL VALÉRY, *Tel quel*.

N'employez jamais un mot nouveau à moins qu'il n'ait ces trois qualités : être nécessaire, intelligible et sonore.

VOLTAIRE, *Conseils à un journaliste*.

Comment raisonner sur le monde sans mots pour le dire ? Mettez des noms sur les choses, des verbes, une grammaire, des interlocuteurs et une nécessité de communiquer, et le réel devient monde — ordonné et commun. En sorte que l'ordre du monde est langage.

FRANCIS WOLFF, *Dire le monde*.

MOT (gros)

Les gros mots ont beaucoup maigri.

ALFRED CAPUS

MOT HISTORIQUE

Les mots historiques sont des mots que de grands personnages prononcèrent après leur mort.

ANDRÉ PRÉVOT, *Réflexions et dialogues*.

Si le héros ne l'a pas dit, il aurait dû le dire.

CHARLES AUGUSTIN SAINTE-BEUVE

Les mots historiques voyagent jusqu'à ce qu'ils aient trouvé pour les endosser le nom auquel ils conviennent le mieux.

CHARLES-AUGUSTIN SAINTE-BEUVE, *Nouveaux lundis*.

MOTS CROISÉS

Arrive souvent au dernier acte (7 lettres) : *Notaire*.

TRISTAN BERNARD

Vide les baignoires et remplit les lavabos (8 lettres) : *Entracte*.

RENÉE DAVID *

* Et non pas Tristan Bernard à qui tout le monde l'attribue.

Illustre l'académie (8 lettres) : *Tatoueur*.

MAX FAVALELLI

Pourri quand il est frais (3 lettres) : *Été*.

ROGER LA FERTÉ

Opéra... ou coopéra (4 lettres) : *Aïda-Aida*.

MICHEL LACLOS

Couché sur le dos, histoire de voir (4 lettres) : *Tain*.

ROBERT SCIPION

MOUCHE

Une mouche ne doit pas tenir dans la tête d'un naturaliste plus de place qu'elle n'en tient dans la nature.

BUFFON

J'ai passé un accord avec les mouches. Elles ne s'occupent pas de faire des affaires ; et moi, je ne marche pas au plafond.

GROUCHO MARX

Le pire ennemi d'un pianiste, ce sont les mouches, car elles profitent du fait qu'on a les doigts occupés pour vous entrer dans le nez.

ARTHUR RUBINSTEIN

Ce que les mouches sont pour les enfants espiègles, nous le sommes pour les dieux : ils nous tuent pour leur plaisir.

WILLIAM SHAKESPEARE, *Le Roi Lear*.

MOUETTE

Quand les mouettes suivent un chalutier, c'est qu'elles pensent qu'on va leur jeter des sardines.

ÉRIC CANTONA, dans le film *The Lost Son*.

Les mouettes naissent des mouchoirs que l'on agite au départ du bateau.

RAMÓN GÓMEZ DE LA SERNA, *Greguerías*.

MOULIN

Le citoyen Henrion a rencontré dans son voyage des Alpes une meunière si jolie que les soupirs de ses amants suffisaient pour faire tourner les ailes du moulin pendant les temps les plus calmes.

Anonyme, XVIIIe s. Cité par JEAN-CLAUDE CARRIÈRE in *Humour 1900*.

MOURANT

Le mourant est dans la situation d'un homme qui sort de chez soi sans la clé et ne peut plus rentrer parce que la porte fermée ne s'ouvre que du dedans.

VLADIMIR JANKÉLÉVITCH, *La Mort*.

Est-il une fin plus triste que celle d'un mourant qu'on accable de soins inutiles, qu'un notaire et des héritiers ne laissent pas respirer, que les médecins assassinent dans son lit à leur aise, et à qui des prêtres barbares font avec art savourer la mort ? Pour moi, je vois partout que les maux auxquels nous assujettit la nature sont beaucoup moins cruels que ceux que nous y ajoutons.

JEAN-JACQUES ROUSSEAU, *Lettre à Voltaire*.

MOURIR

On a beau dire que c'est difficile de mourir, manquablement tout un chacun finit bien par s'en tirer.

La plaisante sagesse lyonnaise

Mieux vaut mourir le soir que le matin parce qu'on en apprend tous les jours.

Faux proverbe imaginé par LAURENCE SEMONIN.

Mourez, nous ferons le reste !
(*You juste die, we do the rest.*)

Publicité d'une entreprise
de pompes funèbres américaine

Ce n'est pas que j'aie peur de mourir, mais j'aimerais autant ne pas être là quand ça arrivera.

WOODY ALLEN

Mon amant est parti pour un pays
[lointain
Faites-moi donc mourir puisque je
[n'aime rien
[...] Mon cœur me fait si mal depuis
[qu'il n'est plus là
Mon cœur me fit si mal du jour
[qu'il s'en alla

GUILLAUME APOLLINAIRE,
« La Loreley », *Alcools*.

... Ma conviction est que, dès qu'on meurt, il se passe quelque chose de très curieux, d'excessivement curieux, qui vaut peut-être la peine de mourir.

ALFRED CAPUS,
Faux départ.

On en trouve bien peu qui osent, je ne dirai pas mourir, mais seulement courir un danger.

BALDASSARE CASTIGLIONE

Quand on n'a pas d'imagination, mourir c'est peu de chose ; quand on en a, mourir c'est trop.

LOUIS-FERDINAND CÉLINE,
Voyage au bout de la nuit.

La plupart des gens ne meurent qu'au dernier moment ; d'autres commencent et s'y prennent vingt ans d'avance et parfois davantage. Ce sont les malheureux de la terre.

LOUIS-FERDINAND CÉLINE,
Voyage au bout de la nuit.

Si loin s'étend la mort, tant elle prend de place, que je ne sais plus où mourir.

EMIL MICHEL CIORAN,
Syllogismes de l'amertume.

Quiconque ne meurt pas jeune s'en repentira tôt ou tard.

EMIL MICHEL CIORAN

Puisque je mourrai, je suis mort.

JEAN COCTEAU

Il mourut en s'attendant vivre
Et vécut, s'attendant mourir

TRISTAN CORBIÈRE, « Épitaphe »,
Les Amours jaunes.

Et puis, mourir n'est rien, c'est
[achever de naître.

CYRANO DE BERGERAC

D'ailleurs, c'est toujours les autres qui meurent.

MARCEL DUCHAMP

C'est une seule et même étude que celle de bien vivre et celle de bien mourir.

ÉPICURE, *Lettre à Ménécée*.

C'est un mal pour les épis de ne pas être moissonnés, ce serait un mal pour les hommes de ne pas mourir.

ÉPICTÈTE

Mourir c'est accomplir un acte d'une portée incalculable.

ANATOLE FRANCE,
Le Jardin d'Épicure.

Il n'y a qu'une date pour les femmes, et à laquelle elles devraient mourir, c'est quand elles ne sont plus aimées.

MME DE GIRARDIN (DELPHINE GAY)

Mourir est une distraction.

WOLFGANG VON GOETHE

Mourir, c'est naître à Dieu.

VICTOR HUGO,
Solitudines Cœli.

Une maison, un costume, la nourriture d'un jour suffisent à celui qui mourra demain ; plus d'un meurt au milieu de la journée, et la moitié de la nourriture est perdue.

ALI IBN ABU TALEB,
cité in *Dictionnaire inattendu de citations*,
d'A. Dag'Nand et O. Dazat.

Mon rêve : mourir jeune à un âge très avancé.

HENRI JEANSON

Si, de tous les hommes, les uns mouraient, les autres non, ce serait une désolante affliction de mourir.

JEAN DE LA BRUYÈRE, *Les Caractères*.

Mourir n'est pas mourir, mes amis, c'est changer.

ALPHONSE DE LAMARTINE

Mourir m'amusera peut-être.

A. PIEYRE DE MANDIARGUES,
Le point où j'en suis.

On meurt le même jour que l'on
[commence à naître,
On s'oblige au naufrage, entrant en
[ce bateau.
Naître et mourir n'est qu'un, l'être
[n'est qu'un non-être,
Il n'y a qu'un soupir de la table au
[tombeau.

PIERRE MATTHIEU,
Tablettes ou quatrains de la vie et de la mort.

On ne meurt qu'une fois et c'est pour si longtemps !

MOLIÈRE,
Le Dépit amoureux, acte V, scène 3.

Tu ne meurs pas de ce que tu es malade, tu meurs de ce que tu es vivant.

MICHEL DE MONTAIGNE,
Essais, livre III, chap XIII.

Quand je mourrai, ce soir peut-être,
Je n'ai pas de jour préféré,
Si je voulais, je suis le maître,
Mais... ce serait mal me connaître,
N'importe enfin quand je mourrai...

GERMAIN NOUVEAU,
Dernier madrigal.

Ce n'est pas de mourir qui m'emmerde, c'est de quitter la vie.

MARCEL PAGNOL,
cité par YVAN AUDOUARD.

L'homme meurt autant de fois qu'il perd l'un des siens.

PUBLILIUS SYRUS, *Sentences*.

Mourir, c'est passer du côté du plus fort.

JEAN ROSTAND

Les lâches meurent plusieurs fois avant leur mort véritable ; les braves ne goûtent la mort qu'une seule fois.

WILLIAM SHAKESPEARE

Nous aimons mieux mourir chaque heure de la crainte de mourir, que mourir une fois.

WILLIAM SHAKESPEARE, *Le Roi Lear*.

Ô morts n'avez-vous pas encore
[appris à mourir ?

JULES SUPERVIELLE,
Le Forçat innocent.

La mort n'est pas l'ultime vérité. Elle nous paraît noire de même que le ciel nous paraît bleu.

RABINDRANATH TAGORE

Mourir, c'est partir un peu !
Le dernier mot du problème
N'est pas la lèvre blême :
Regardez vers le ciel bleu.

LOUIS TIERCELIN,
La Bretagne qui chante.

Si vivre est un devoir, quand je
[l'aurai bâclé,
Que mon linceul au moins me serve
[de mystère.
Il faut savoir mourir, Faustine, et
[puis se taire :
Mourir comme Gilbert, en avalant
[sa clé.

PAUL-JEAN TOULET, *Contre-rimes*.

On devrait toujours se voir comme des gens qui vont mourir le lendemain. C'est le temps qu'on croit avoir devant soi qui vous tue.

ELSA TRIOLET, *Luna-Park*.

Je suis né plusieurs et je meurs un seul.

PAUL VALÉRY

On meurt deux fois, je le vois bien :
Cesser d'aimer et d'être aimable,

C'est une mort insupportable,
Cesser de vivre, ce n'est rien.

VOLTAIRE

MOUSTACHE

L'important, c'est que mes moustaches antinietzschéennes se dressent toujours vers le ciel comme les tours de la cathédrale de Burgos.

SALVADOR DALÍ, *Pensées et anecdotes*.

MOUSTIQUE

Qu'est-ce que l'été pour moi ? Le bruit d'un moustique qui passe.

SACHA GUITRY

MOUTON

M. Georges Terrant, cultivateur à Bletchey, passe ses nuits avec son mouton préféré. Il compte dessus pour s'endormir.

PIERRE DESPROGES, *Le Petit Reporter*

Les moutons sont tellement cons que la cervelle a pas de goût.

JEAN-MARIE GOURIO,
Brèves de comptoir.

... j'ai beaucoup réfléchi au problème de l'insomnie. Prévoyant qu'il n'y aurait bientôt plus assez de moutons pour tout le monde, j'ai même essayé de compter 96 morceaux de mouton au lieu de la bête entière. Ça n'a pas marché. Le premier soir, j'ai commencé par compter les quatre côtelettes de mouton que j'avais mangées à souper : elles m'ont gardé de dormir toute la nuit.

GROUCHO MARX, *Plumards de cheval*.

MOUVEMENT

Je hais le mouvement qui déplace les [lignes.

CHARLES BAUDELAIRE,
« La Beauté », *Les Fleurs du mal*.

MOYEN

Moyen : le pire de ce qui est bon ; le meilleur de ce qui est mauvais. Un euphémisme pour médiocre.

HERVÉ BAZIN, *Abécédaire*.

MOYENS

Je vis tellement au-dessus de mes moyens que, pour ainsi dire, nous vivons à part.

SAKI

MOZART

Bien qu'il fût natif de Salzbourg, lorsque Mozart est venu au monde, il est venu au monde entier.

SACHA GUITRY, *Toutes réflexions faites*.

Les pâtes alimentaires aujourd'hui se vantent sur le premier mouvement de la Symphonie nº 25 de Mozart. C'est le mouvement *allegro con brio*. Mozart s'excuse, il n'avait pas pensé à composer un *allegro al dente*.

PHILIPPE MEYER,
Portraits acides et autres pensées édifiantes.

Ce qui me tourmente, ce ne sont ni ces creux, ni ces bosses, ni cette laideur, c'est un peu, dans chacun de ces hommes, Mozart assassiné.

ANTOINE DE SAINT-EXUPÉRY,
Terre des hommes.

MUET

Que de gens resteraient muets, s'il leur était défendu de dire du bien d'eux-mêmes et du mal d'autrui.

MME DE FONTAINES

Si les muets pouvaient parler, ils gueuleraient comme des sourds.

RAOUL PONCHON

Au pays des muets, les aveugles sont sourds.

LOUIS SCUTENAIRE, *Mes Inscriptions*.

MUGUET

Surtout ne jamais porter de muguet à la braguette, cela porte trop bonheur.

JULIEN TORMA, *Petite Folie collective*.

MULET

Le mulet est un animal décent qui a la pudeur de ne pas se reproduire.

ROBERT DE FLERS et
GASTON DE CAILLAVET

MULTITUDE

Les amis de la vraie liberté, je dirai les vrais républicains, redoutent la multitude, la vile multitude, qui a perdu toutes les Républiques.

ADOLPHE THIERS.

MUNICH

Nous avions à choisir entre le déshonneur et la guerre. Nous avons choisi le déshonneur et nous avons eu la guerre.

WINSTON CHURCHILL

MUR

De toute manière, les murs de la séparation ne s'élèveront jamais jusqu'au ciel.

Inscription figurant sur le fronton d'une petite église du Brionnais, citée par JEAN DANIEL lors du service célébré en mémoire de Pierre Blanchet, journaliste du *Nouvel Observateur* tué en Yougoslavie (19 septembre 1991).

Souvenez-vous que les murs des villes ne se forment que du débris des maisons des champs.

JEAN-JACQUES ROUSSEAU, *Du contrat social*.

MÛRE

Les mûres ont des abeilles.

ANDRÉ FRÉDÉRIQUE

MÛRIR

Mûrir ! mûrir ! — on durcit à de certaines places, on pourrit à d'autres ; on ne mûrit pas.

CHARLES AUGUSTIN SAINTE-BEUVE, *Portraits contemporains*.

MUSCADE

Aimez-vous la muscade ? on en a mis partout.

NICOLAS BOILEAU, *Satires*, IV.

MUSE

Can Clio do more than (a muse) amuse ?

(Clio peut-elle être autre chose qu'une Muse ? ou : Que peut faire d'autre Clio sinon amuser ?)

Calembour anglais

Ô Muse, je t'invoque, emmielle-moi le bec.

MATHURIN RÉGNIER

MUSÉE

Le temps est un musée pourvu de niches et de corridors sans fin. Vous, le visiteur, déambulez dans le musée obscur, éclairant les scènes une par une à mesure que vous avancez. Dieu est le conservateur du musée et Il est seul à en connaître le contenu. Une vie représente l'une des niches du musée.

EDWARD T. HALL, *Le Langage silencieux*.

Le Musée transforme l'œuvre en objet.

ANDRÉ MALRAUX, *La Métamorphose des dieux*.

MUSICOLOGIE

La musicologie est à la musique ce que la gynécologie est à l'amour.

Anonyme (cité par FRÉDÉRIC LODÉON, « Bien à vous », France-Inter, 16 février 2000).

MUSIQUE

On peut vivre sans musique... mais pas si bien.

Devise de l'ancien Orchestre symphonique de Paris.

La musique creuse le ciel.

CHARLES BAUDELAIRE

La musique souvent me prend
[comme une mer !

CHARLES BAUDELAIRE, « La Musique », *Les Fleurs du mal*.

En France, tout le monde adore la musique, mais personne ne l'aime.

HECTOR BERLIOZ

Tout est musique ; un tableau, un livre, un voyage ne valent que si l'on entend leur musique.

JACQUES DE BOURBON-BUSSET

Le vase donne une forme au vide et la musique au silence.

GEORGES BRAQUE

La musique est l'âme de la géométrie.

PAUL CLAUDEL

La musique est le plus cher de tous les bruits.

THÉOPHILE GAUTIER

La musique doit soulever l'âme au-dessus du sentiment dans lequel elle est plongée.

FRIEDRICH HEGEL

La musique est le seul plaisir sensuel sans vice.

SAMUEL JOHNSON

La musique a sept lettres, l'écriture a vingt-cinq notes.

JOSEPH JOUBERT, *Pensées*.

Je ne savais plus si je respirais de la musique ou si j'entendais des parfums.

GUY DE MAUPASSANT

Je vais à la musique les yeux fermés, et je la laisse en moi agir et me toucher ; je ne connais pas la musique, c'est elle qui me connaît mieux que moi-même.

FRANÇOIS MAURIAC,
Mozart et autres écrits sur la musique.

Sans la musique, la vie serait une erreur.

FRIEDRICH NIETZSCHE,
Le Crépuscule des idoles.

Si la musique est la partie maîtresse de l'éducation, n'est-ce pas parce que le rythme et l'harmonie sont particulièrement propres à pénétrer dans l'âme.

PLATON

... Je me demandais si la musique n'était pas l'exemple unique de ce qu'aurait pu être — s'il n'y avait pas eu l'invention du langage, la formation des mots, l'analyse des idées — la communication des âmes.

MARCEL PROUST, *La Prisonnière*.

La musique, il n'y a que la bonne et la mauvaise — et celle d'Ambroise Thomas*.

ERIK SATIE

* Compositeur français (1811-1896), auteur de *Mignon*.

La musique est ce qui nous permet de nous entretenir avec l'au-delà.

ROBERT SCHUMANN

La bonne musique ne se trompe pas, et va droit au fond de l'âme chercher le chagrin qui nous dévore.

STENDHAL, *Lettres sur Haydn*.

Sire et fade au sol ciré
Si – ré – fa – do – sol – si – ré
L'adoré, dos raide aussi
La – do – ré – do – ré – do – si
L'ami dort hélas ici.
La – mi – do – ré – la – si – si

LOUISE DE VILMORIN,
« Fado » in *L'Alphabet des aveux*.

MUSIQUE MILITAIRE

Je méprise profondément celui qui aime marcher en rang derrière une musique ; ce ne peut être que par erreur qu'il a reçu un cerveau ; une moelle épinière lui suffirait amplement.

ALBERT EINSTEIN,
Comment je vois le monde.

MYOPE

J'ai connu un pépiniériste tellement myope qu'il s'était spécialisé dans la culture des cyprès.

LES FRÈRES ENNEMIS, *Les Pensées*.

Le cher homme était affreusement myope, et quel plaisir voulez-vous prendre à tromper un mari qui ne voit jamais rien.

OSCAR WILDE

MYOSOTIS

Sur la cime d'un mont bleuâtre une petite fleur est née. — Ne m'oubliez pas ! — Le regard chatoyant d'une étoile s'est fixé un instant sur elle, et une réponse s'est fait entendre dans un doux langage étranger — Myosotis !

GÉRARD DE NERVAL, *Aurélia*.

MYSTÈRE

L'homme est prêt à croire à tout, pourvu qu'on le lui dise avec mystère. Qui veut être cru doit parler bas.

MALCOLM DE CHAZAL, *Sens plastique*.

Puisque ces mystères me dépassent, feignons d'en être l'organisateur.

JEAN COCTEAU,
Les Mariés de la tour Eiffel.

Quand les mystères sont très malins, ils se cachent dans la lumière.

JEAN GIONO, *Ennemonde*.

Heureux l'homme qui voue en une
[pensée austère
Un temple intérieur à l'éternel
[mystère.

ANDRÉ GUERNE

Il y a autant de mystère dans la science que dans la foi.

FÉLICITÉ DE LAMENNAIS

Le mystère de l'homme, c'est que la femme puisse l'aimer.

HENRY DE MONTHERLANT

Il est bien vrai que les gens gagnent à être connus. Ils y gagnent en mystère.

JEAN PAULHAN,
Entretien sur des faits divers.

MYSTICISME

Le mysticisme n'est pas une religion, mais une maladie de la religion.

GEORGE SANTAYANA, *La Vie de la Raison*,
cité par ANDRÉ FESTJENS in
Citations du XXe siècle.

MYTHOLOGIE

Elle crie : Odyssée bon !
Iliade quoi mourir !
Ça Prométhée !
J'en Tircis... C'est Baucis !
Mais je ne puis Alexis
Car cela n'arrange Pallas Antée.
Que Cérès si j'avais Proserpine !
Ménélas, je n'en Neptune !

Anonyme, *La Salade mythologique*.

La mythologie et les contes de fées sont plus nécessaires aux jeunes intelligences que l'orthographe et l'arithmétique.

EDMOND JALOUX, *Le reste est silence*.

La femme de Jupiter s'appelait Jupon.

JEAN-CHARLES, *Hardi les cancres !*

N

NAGER

Dieu ne va jamais au secours que des gens qui savent nager.

ACHILLE CHAVÉE, *Décoctions*.

NAÏF

Ordinairement, ceux qui ont un grand esprit l'ont naïf.

CHARLES DE MONTESQUIEU

NAIN

À côté de Freud, je ne suis qu'un nain, mais si un nain grimpe sur les épaules d'un géant, il voit plus loin que lui.

VIKTOR FRANKL

Les nains aussi ont commencé petit.

WERNER HERZOG, cité par MARTIN MONESTIER in *Peines de mort*.

Un nain a beau se tenir sur une montagne, il n'en est pas plus grand pour cela.

SÉNÈQUE, *Lettres à Lucilius*, LXXVI.

NAISSANCE

Nous ne naissons pas seuls.
Toute naissance est une
[connaissance.

PAUL CLAUDEL, *Art poétique*.

L'homme, dès en naissant, crie et verse des pleurs.

JEAN-FRANÇOIS COLLIN D'HARLEVILLE

À ma grande honte, je suis né dans un lit, avec une femme.

WILSON MIZNER

Autrefois, je n'étais pas né, mais depuis, je me suis rattrapé.

MAURICE ROCHE

Je suis venu au monde très jeune dans un temps très vieux.

ERIK SATIE,
cité par ROLLO MYERS in *Erik Satie*.

Le véritable lieu de naissance est celui où l'on a porté pour la première fois un coup d'œil intelligent sur soi-même.

MARGUERITE YOURCENAR,
Mémoires d'Hadrien.

NAÎTRE

« Parce que vous êtes un grand seigneur, vous vous croyez un grand génie ! Noblesse, fortune, un rang, des places, tout cela rend si fier ! Qu'avez-vous fait pour tant de biens ? Vous vous êtes donné la peine de naître et rien de plus [...]. Tandis que moi, morbleu, perdu dans la foule obscure, il m'a fallu déployer plus de science et de calculs pour subsister seulement, qu'on n'en a mis depuis cent ans pour gouverner toutes les Espagnes. »

BEAUMARCHAIS,
Le Mariage de Figaro, acte V, scène 3.

S'il n'est pas permis de vivre très vieux, qu'on nous laisse au moins naître plus tôt.

PIERRE DAC, *Arrière-pensées*.

L'astronomie est née de la superstition ; l'éloquence de l'ambition, de la haine, de la flatterie, du mensonge ; la géométrie de l'avarice ; la physique d'une vaine curiosité ; toutes, et la morale même, de l'orgueil humain.

JEAN-JACQUES ROUSSEAU, *Discours sur les Sciences et Arts*.

NAPOLÉON

Quand on porta aux Invalides
Les cendres de Napoléon premier
On s'aperçut — c'est trop stupide —
Qu'il n'y avait pas de cendrier.

TRISTAN BERNARD

Napoléon, son regard insoutenable fascinait comme celui du serpent ou foudroyait comme celui de l'aigle : surtout lorsqu'en même temps il faisait bouger ses oreilles.

FRANÇOIS CAVANNA

Vivant, Napoléon a marqué le monde. Mort, il le conquiert.

FRANÇOIS RENÉ DE CHATEAUBRIAND, *Mémoires d'outre-tombe*.

Les hommes extraordinaires comme Napoléon se placent en dehors de la moralité. Ils finissent par agir comme des phénomènes physiques primitifs, comme le feu et l'eau.

WOLFGANG VON GOETHE, *Conversations avec Riemer*.

Ils sont deux, le grand et le petit, l'illustre et l'infâme, Napoléon et Nabot Léon.

VICTOR HUGO

Monsieur Prudhomme à son neveu pour l'inciter à travailler davantage : « Regarde Napoléon, le grand capitaine, le grand législateur. À ton âge, il s'appelait déjà Bonaparte. »

HENRI MONNIER, *Grandeur et Décadence de M. Joseph Prudhomme*.

Un empereur naîtra près d'Italie
Qui à l'empire sera vendu bien cher.
Diront avec quels gens il se rallie
Qu'on trouvera moins prince que
[boucher.

NOSTRADAMUS, *Centuries*.

« Napoléon, mon cul, réplique Zazie. Il m'intéresse pas du tout, cet enflé, avec son chapeau à la con. »

RAYMOND QUENEAU, *Zazie dans le métro*.

... Plus vous prouverez que Napoléon n'était qu'un vulgaire imbécile et un snob mesquin, plus il devient inquiétant que ce petit officier corse subalterne ait dominé l'Europe pendant tant d'années.

GEORGE BERNARD SHAW

NAPOLÉON III

Napoléon III, impair et manque.

HENRI ROCHEFORT, *La Lanterne*.

NARCISSE

Et pour que la mort réussisse
À faire un se prétendre deux
Nous vîmes Narcisse et Narcisse
Croire une eau qui se moquait d'eux.

JEAN COCTEAU, *Le Requiem*.

NARINE

Si toutes choses devenaient fumée, on connaîtrait avec les narines.

HÉRACLITE

NASA

La devise des jeux Olympiques *citius-altius-fortius* (plus vite-plus haut-plus fort), attribuée au baron Pierre de Coubertin, a été conçue en réalité par le père Didon pour l'association sportive du collège d'Arcueil.

La NASA s'en inspira pour sa devise (l'une de ses devises) : plus vite, plus petit, moins cher.

NATATION

Je sais nager juste assez pour me retenir de sauver les autres.

JULES RENARD, *Journal*.

NATION

À l'époque actuelle, nous sommes emprisonnés dans des camps de concentration appelés nations. Nous sommes obligés d'obéir à des lois auxquelles nous n'avons pas consenti et à payer des impôts démesurés pour maintenir les prisons dans lesquelles nous sommes confinés.

WILLIAM BURROUGHS,
Entretien avec Daniel Odier.

Une nation ne se fait connaître de l'étranger que par ses mauvais côtés.

GILBERT KEITH CHESTERTON,
Lumières sur deux villes.

Les nations comme les hommes meurent d'imperceptibles impolitesses.

JEAN GIRAUDOUX,
La guerre de Troie n'aura pas lieu.

Les nations pauvres n'ont pas toujours raison, par le fait qu'elles sont pauvres. Les nations riches n'ont pas toujours tort, par le fait qu'elles sont riches.

JACQUES JULLIARD

L'essence d'une nation est que tous les individus aient beaucoup de choses en commun, et que tous aient oublié bien des choses.

ERNEST RENAN,
Qu'est-ce qu'une nation ?

NATIONALISME

Les nationalismes me font de plus en plus sourire : ma patrie est sous terre, là où toute ma famille a ses racines.

PHILIPPE BOUVARD,
Figaro magazine,
7 mai 1999.

Le nationalisme, c'est un patriotisme qui a perdu sa noblesse.

ALBERT SCHWEITZER

NATURE

La nature a horreur du gazon anglais.

Cité par JACQUES A. BERTRAND in
Le Sage a dit.

Mais la nature est là qui t'invite et
[qui t'aime ;
Plonge-toi dans son sein qu'elle
[t'ouvre toujours :
Quand tout change pour toi, la nature
[est la même,
Et le même soleil se lève sur tes
[jours.

ALPHONSE DE LAMARTINE,
Le Vallon.

La nature a des perfections pour montrer qu'elle est l'image de Dieu et des défauts pour montrer qu'elle n'en est que l'image.

BLAISE PASCAL, *Pensées.*

Nature n'endure mutations soudaines sans grande violence.

FRANÇOIS RABELAIS,
La Vie inestimable du grand Gargantua.

L'essentiel est d'être ce que nous fit la nature ; on n'est toujours que trop ce que les hommes veulent que l'on soit.

JEAN-JACQUES ROUSSEAU,
Émile ou De l'éducation.

NATUREL

Rien n'empêche tant d'être naturel que l'envie de le paraître.

FRANÇOIS DE LA ROCHEFOUCAULD

Je ne vous dirai pas : changez de
[caractère.
Car on n'en change point ; je ne le
[sais que trop.
Chassez le naturel, il revient au
[galop.

PHILIPPE NÉRICAULT, dit DESTOUCHES,
Le Glorieux.

Le naturel aussi est une pose.

OSCAR WILDE,
Le Portrait de Dorian Gray.

NATURISME

J'ai écrit ce livre durant les longues heures où ma femme s'habillait pour sortir. Si elle avait été adepte du naturisme, ce livre n'existerait pas.

GROUCHO MARX

NATURISTE

Chassez le naturiste, il revient au bungalow.

JEAN-PAUL GROUSSET, *Si t'es gai, ris donc !*

NAVET

Qui mange du navet, gagne une année.

Vieux proverbe français

Mieux vaut lard que navet.

LUC DECAUNES

Un navet s'étonnait qu'on appelât [« navet »
Tout ce que l'on trouvait en tout de [plus mauvais
Alors, de désespoir, il se jeta d'un [coup
Dans le gouffre sans fond d'un [effrayant faitout,
Où mijotait sans bruit un consommé [sublime
Dans lequel il fondit, humblement [anonyme.

THÉODORE FRADET

NAVIRE

Quand il y a sept timoniers sur huit matelots, le navire sombre.

Proverbe chinois

NÉANT

En arrivant dans le néant, il a dû se sentir chez lui !

GEORGES CLEMENCEAU (lorsqu'il apprit le suicide du général Boulanger).

Qu'est-ce que le néant ? L'avez-vous vu ? Pouvez-vous le décrire ? Mais oui, il est commandeur de la Légion d'honneur et on publie ses œuvres complètes.

HENRY DE MONTHERLANT

Le néant après la mort ? n'est-ce pas l'état auquel nous étions habitués avant la vie ?

ARTHUR SCHOPENHAUER

Le néant, c'est l'univers sans moi.

ANDRÉ SUARÈS

Le néant est-il plus sensible le dimanche que les autres jours ? Souhaitez-vous y passer vos vacances ?

JEAN TARDIEU

NÉCROPOLE

Ah ! quelle nécropole que le cœur humain ! Pourquoi aller aux cimetières ? Ouvrons nos souvenirs, que de tombeaux !

GUSTAVE FLAUBERT, *Correspondance*.

NÉGOCIATION

Quand les hommes s'engagent dans les guerres, ils commencent par ce qu'ils n'auraient dû faire que plus tard. Ils passent à l'action et c'est seulement lorsqu'ils ont souffert qu'ils en viennent aux négociations.

THUCYDIDE, *La Guerre du Péloponnèse*.

NÈGRE

Mon père a tellement de vanité qu'il est capable de monter derrière sa voiture pour faire croire qu'il a un nègre.

ALEXANDRE DUMAS FILS

Les Nègres naissent blancs, à l'exception des parties génitales et d'un anneau autour du nombril, qui sont noirs. Depuis ces parties, la couleur noire gagne tout le reste du corps au cours du premier mois.

EMMANUEL KANT, *Géographie*.

Croyez-vous qu'un nègre souffre quand on le frappe ? Et si on se moque de lui, croyez-vous qu'il en ait du chagrin ?

LETERRIER et BONNET, *Sur le droit chemin* (Lecture et morale), manuel de 1945, cité par MICHEL JEURY in *La Gloire du certif*.

L'émotion est nègre, comme la raison, hellène.

LÉOPOLD SÉDAR SENGHOR, *L'Homme de couleur*.

NÉGRESSE

La négresse est nubile à un âge si peu avancé qu'on en cite qui étaient mères à huit ans... Quand elle a eu plusieurs enfants, ses mamelles s'allongent démesurément et lui permettent alors d'allaiter sa progéniture par-dessus son épaule, si elle porte l'enfant dans le dos.

DOCTEUR VERNEAU, *L'Homme*.

NEIGE

Il veut faire sécher de la neige au four et la vendre pour du sel blanc.

Vieille expression française

Le cuisinier plume les oies
Ah ! tombe neige
Tombe et que n'ai-je
Ma bien-aimée entre mes bras.

GUILLAUME APOLLINAIRE,
« La Blanche neige », *Alcools*.

Comme la neige serait monotone si Dieu n'avait créé les corbeaux.

JULES RENARD

NÉOLOGISME

Nous vivons une époque où l'on se figure qu'on pense dès qu'on emploie un mot nouveau.

ALEXANDRE VIALATTE

NEUF

On ne dit rien de neuf ; on ne pense rien de neuf : les mêmes conversations reviennent toujours ; on sait déjà ce qu'on va répondre. Je me déplais à moi-même, en voyant le petit cercle d'idées et de phrases sur lequel je tourne.

PRINCE DE LIGNE, *Mes écarts*.

Il n'y a d'éternellement neuf que l'éternellement vieux. Il n'y a d'inépuisable que les lieux communs. Il n'y a que deux choses qui intéressent : l'amour et la mort. Tout sujet qui sort de l'ordinaire de la vie ne mérite aucune attention.

CHARLES FERDINAND RAMUZ

NEUTRALITÉ

La neutralité consiste à avoir même poids et même mesure pour chacun ; en politique, elle est un non-sens : on a toujours intérêt au triomphe de quelqu'un.

BONAPARTE

NEUTRE

Être neutre, ou profiter de l'embarras des autres pour arranger ses affaires, c'est la même chose.

DENIS DIDEROT,
Principes de politique des souverains.

Cette volonté acharnée [de la Suisse] de rester neutre me fait penser à une vierge qui gagne sa vie dans un bordel, mais veut rester sage.

FRIEDRICH DÜRRENMATT

On ne peut jamais être neutre. Le silence est une opinion.

HENRI MORET

NÉVROSE

Fou ne puis, saint ne daigne, névrose suis.

ROLAND BARTHES

J'ai perdu au contact des hommes toute la fraîcheur de mes névroses.

EMIL MICHEL CIORAN,
Syllogismes de l'amertume.

NEW YORK

À New York les immeubles sont tellement hauts que là-bas, pour voir la tour Eiffel, faudrait descendre au premier étage.

JEAN-MARIE GOURIO,
Brèves de comptoir.

Un mot célèbre dit : « Les Juifs possèdent New York, les Irlandais l'administrent et les Nègres en jouissent. »

PAUL MORAND, *New York*.

NEZ

Si le nez de Cléopâtre avait été moins long, sa face, à elle, aurait été changé bien avant celle du monde.

ALPHONSE ALLAIS

Voir ci-dessous PASCAL.

Ventre affamé n'a pas d'oreilles... mais il a un sacré nez.

ALPHONSE ALLAIS

Elle avait un nez si grand que lorsqu'on l'embrassait sur les deux joues, on avait plus vite fait de passer par derrière.

TRISTAN BERNARD

À qui a le nez bouché, toutes les fleurs paraissent en papier.

LÉONCE BOURLIAGUET

À la longueur du nez se mesurent la vaillance, l'esprit, la passion, la finesse : le nez est le siège de l'âme.

CYRANO DE BERGERAC

... Quoi de plus commun que de se croire deux nez au visage, et de se moquer de celui qui se croit deux trous au cul.

DENIS DIDEROT, *Les Bijoux indiscrets*.

Elle est trop laide, cette chère fille ! Quand on a un nez comme le sien, on ne devrait penser qu'à avoir des rhumes de cerveau et non des amants.

GUSTAVE FLAUBERT

Jamais grand nez n'enlaidit un
[visage,
Pas plus qu'un haut clocher ne fit
[honte à son village.

FRANÇOIS Ier
(*en réponse à la duchesse d'Étampes qui se moquait de son grand nez*).

Si la morale de Cléopâtre eût été moins courte, la face de la terre aurait changé. Son nez n'en serait pas devenu plus long.

LAUTRÉAMONT,
Les Chants de Maldoror.

Mlle [Marguerite] Moreno disait de Jules Claretie*, qui avait le nez un peu dévié : « Il met son nez de côté pour ses vieux jours. »

PAUL LÉAUTAUD, *Passe-temps*.

* Administrateur de la Comédie-Française en 1885.

Le nez de Cléopâtre : s'il eût été plus court, toute la face de la terre en eût été changé.

BLAISE PASCAL, *Pensées*.

... et la sienne, donc ! ajoute

TRISTAN BERNARD

Le nez est généralement l'organe où s'étale le plus aisément la bêtise.

MARCEL PROUST

NI

Un gazetier mit dans sa gazette : Les uns disent le cardinal Mazarin mort les autres vivant ; moi, je ne crois ni l'un, ni l'autre. »

NICOLAS DE CHAMFORT,
Maximes et Pensées, Caractères et Anecdotes.

NICOTINE

La nicotine est un des poisons les plus violents. Une goutte dans l'œil d'un chat suffit pour le tuer instantanément.

PIERRE LAROUSSE

NID

Détruisez les nids, les oiseaux ne reviendront plus !

LÉNINE, cité par ANNE WIAZEMSKI.

NIL

L'eau du Nil perd sa douceur en se mélangeant à celle de la mer.

Proverbe égyptien

N'IMPORTE

Le royaume de n'importe quoi est habité par le peuple de n'importe qui.

PAUL VALÉRY, *Tel quel*.

NOBLE

Un noble, s'il n'est à la rose*,
Vaut parfois bien peu de chose.

Proverbe ancien.

* Le « noble de la rose » était une monnaie marquée de la rose d'York ou de Lancastre. D'où le jeu de mots qui signifie : la noblesse ne suffit pas à prouver la valeur.

Les nobles sont des monnaies plus ou moins anciennes dont le temps a fait des médailles.

ANTOINE DE RIVAROL, *Journal politique national.*

NOBLESSE

La coquetterie des grandes familles est de faire remonter leurs titres de noblesse le plus loin possible dans le passé. C'est à qui aura mis le plus de temps pour décliner.

Anonyme

Il est toujours avantageux de porter un titre nobiliaire. Être « de quelque chose », ça pose un homme, comme être « de garenne », ça pose un lapin.

ALPHONSE ALLAIS

Une demoiselle noble fait un pet qui est noble.

BÉROALDE DE VERVILLE, *Le Moyen de parvenir.*

La vraie noblesse s'acquiert en vivant, et non pas en naissant.

GUILLAUME BOUCHET, *Sur les guerres.*

La plupart des nobles rappellent leurs ancêtres, à peu près comme un *cicerone* d'Italie rappelle Cicéron.

NICOLAS DE CHAMFORT

La noblesse, disent les nobles, est un intermédiaire entre le roi et le peuple. Oui, comme le chien de chasse est un intermédiaire entre le chasseur et les lièvres.

NICOLAS DE CHAMFORT, *Maximes et Pensées, Caractères et Anecdotes.*

On compte ses aïeux lorsqu'on ne compte plus.

FRANÇOIS RENÉ DE CHATEAUBRIAND, *Vie de Rancé.*

Noblesse oblige.

DUC DE LÉVIS, *Maximes et Réflexions.*

Les rois de France, en vendant la noblesse, n'ont pas songé à vendre aussi le temps, qui manque toujours aux parvenus.

ANTOINE DE RIVAROL

Il n'y a pas de plus ancienne noblesse que les cultivateurs, les piocheurs et les fossoyeurs. C'était le métier d'Adam.

WILLIAM SHAKESPEARE, *Hamlet*, acte V, scène 1.

La noblesse est une propriété mystique de la liqueur séminale.

PAUL VALÉRY

NOCE

— Assisterez-vous aux *Noces de Figaro* ? demandait-on à Mme Ben Gourion.

— Non, mais j'enverrai un cadeau. »

NOÉ

En avant arche !

... Et aucune bête ne fut oubliée dans l'arche de Noé, ni le cobra, ni la punaise, ni le cygne de Léda, ni le phylloxéra des vignes du Seigneur, et le pou eut le droit d'embarquer sa vermine personnelle.

JACQUES PRÉVERT, *Spectacle.*

NOËL

À Noël, les moucherons
À Pâques, les glaçons.

Proverbe français

NŒUD

Je fais un nœud à mon mouchoir pour me rappeler que j'existe.

ALEXANDRE ARNOUX, *Petits Poèmes.*

Ce n'est pas beau de parler du nœud de la question.

ERIK SATIE

NOIR

Dans la nuit noire, sur la pierre noire, une fourmi noire. Dieu la voit.

Proverbe arabe

C'est dur d'être noir.
Vous n'avez jamais été noir ? Je l'étais autrefois quand j'étais pauvre.

LARRY HOLMES (boxeur),
cité par JOYCE CAROL OATES, *De la Boxe*
in *Dictionnaire inattendu des citations*
d'A. Dag' Naud et O. Dazat.

Armstrong, je ne suis pas noir
Je suis blanc de peau
Quand on veut chanter l'espoir
Quel manque de pot.

CLAUDE NOUGARO, *Armstrong*.

NOISETTE

À la Saint-Laurent (10 août)
La noisette craque sous la dent.

Dicton

NOIX

Les noix ont fort bon goût, mais il
[faut les ouvrir [...]
Sans un peu de travail, on n'a point
[de plaisir.

CLARIS DE FLORIAN,
La Guenon, le singe et la noix.

NOM

Je suis un homme, voilà pour moi-même. Dieu seul sait mon vrai nom.

Quand on a commencé à se faire un nom, il est trop tard pour se consacrer à la solitude.

ROLAND DUBILLARD,
Olga ma vache.

La mélodie harmonieuse ou discordante, vive ou lente, brillante ou terne, brutale ou suave, que composent les lettres ou les syllabes de ton nom est celle qui t'accompagne toute la vie et dans la mort : elle évoque ton image ou ton souvenir.

MARCEL JOUHANDEAU

Il n'y a point au monde un si pénible métier que celui de se faire un grand nom : la vie s'achève que l'on a à peine ébauché son ouvrage.

JEAN DE LA BRUYÈRE, *Les Caractères*.

De bien des gens, il n'y a que le nom qui vaille quelque chose. Quand vous les voyez de fort près, c'est moins que rien ; de loin, ils imposent.

JEAN DE LA BRUYÈRE,
« Du mérite personnel », *Les Caractères 65*.

J'habiterai mon nom.

SAINT-JOHN PERSE

Rois et domestiques ne sont désignés que par leurs petits noms ; voilà les deux extrêmes de la société.

ARTHUR SCHOPENHAUER

La plupart ignorent ce qui n'a pas de nom ; et la plupart croient à l'existence de tout ce qui a un nom.

PAUL VALÉRY,
Mauvaises Pensées et autres.

NOMBREUX

... D'ailleurs, de nos jours, tout le monde est nombreux.

ROLAND DUBILLARD,
Où boivent les vaches ?

NOMBRIL

Dans le ventre maternel, se forme d'abord le nombril qui est une sorte de mouillage contre le ressac et les courses vagabondes, sorte d'amarre ou de tige grimpante pour le fruit qui naît et mûrira.

DÉMOCRITE

Nombril, je t'aime, astre du ventre,
Œil blanc dans le marbre sculpté,
Et que l'Amour a mis au centre
Du sanctuaire où seul il entre,
Comme un cachet de volupté !

THÉOPHILE GAUTIER, *Galanteries poétiques*.

Si tu regardes ton nombril et que ton nombril est intéressant, alors, tu atteindras l'universel.

HENRY MILLER

NON

La vente commence quand le client dit non.

Titre du livre d'ELMER LETERMAN.

Penser, c'est dire « non ».

ALAIN

Votre bouche dit non ; votre voix et [vos yeux
Disent un mot plus doux et le disent [bien mieux.

ANDRÉ CHÉNIER, *Poèmes*.

NON-DIT

Il n'y a de terrible en nous que ce qui n'a pas encore été dit.

LOUIS-FERDINAND CÉLINE, *Voyage au bout de la nuit*.

NONNE

Les nonnes n'ont pas seulement fait un strict vœu de chasteté, elles ont aussi de forts barreaux à leurs fenêtres.

GEORG CHRISTOPH LICHTENBERG, *Aphorismes*.

NON-VOYANT

On offre à Stevie Wonder une râpe à fromage pour son anniversaire. Trois jours plus tard, il remercie ses amis :

— Je suis ravi, c'est le meilleur livre que j'aie lu de ma vie.

NORMAL

Il y a quatre types idéals : le crétin, l'imbécile, le stupide et le fou. Le normal, c'est le mélange équilibré des quatre.

UMBERTO ECO, *Le Pendule de Foucault*.

NOSTALGIE

La nostalgie, c'est comme les coups de soleil : ça fait pas mal pendant, ça fait mal le soir.

PIERRE DESPROGES, *Chronique de la haine ordinaire*.

La nostalgie, c'est le désir d'on ne sait quoi.

ANTOINE DE SAINT-EXUPÉRY

NOTAIRE

Toute mère au bal est un notaire déguisé.

LÉON GOZLAN, cité par CLAUDE JEAN in *La Nouvelle Encyclopédie des citations*.

NOTE

Je cherche les petites notes qui s'aiment.

WOLFGANG AMADEUS MOZART, âgé de trois ans.

NOTORIÉTÉ

La notoriété, c'est lorsqu'on remarque votre présence. La célébrité, c'est lorsqu'on note votre absence.

GEORGES WOLINSKI, *La Morale*.

NOURRIR

La destinée des nations dépend de la façon dont elles se nourrissent.

ANTHELME BRILLAT-SAVARIN, *Physiologie du goût*.

Il faut nourrir le corps quand le cœur meurt de faim.

MME DE MAINTENON

Les écrivains ne se nourrissent pas de viande ou de poulet, mais exclusivement d'éloges.

HENRY DE MONTHERLANT

NOURRITURE

— Qu'est-ce que vous lui donnez à votre langouste ?

— De la mayonnaise.

ANDRÉ BEUCLER

L'Univers n'est rien que par la vie et tout ce qui vit se nourrit.

ANTHELME BRILLAT-SAVARIN, *Physiologie du goût*.

Si Dieu devait apparaître aux affamés, il n'oserait leur apparaître que sous forme de nourriture.

MAHATMA GANDHI

Dieu fait l'aliment, le diable l'assaisonnement.

JAMES JOYCE, *Ulysse*.

Avant, j'avalais n'importe quoi, maintenant je ne mange plus que de la nourriture.

GROUCHO MARX

NOUS

[...] un « nous » d'essence princière, [...] ce même « nous » qu'employait Louis XIV lorsqu'il s'adonnait à la débauche dans la galerie Dégueulasse. (Louis le Soleil, roi et schizophrène, qui appelait son jardinier « le Nôtre », alors que c'était le sien.)

JEAN-MARC LENGLEN,
Pourquoi l'homme, et quelle femme pour aller avec.

Les seules personnes ayant le droit d'employer pour parler d'elles le pronom « nous », sont les présidents, les éditeurs et les personnes affligées d'un ver solitaire.

MARK TWAIN

NOUVEAU

Quoi de nouveau ?
— Molière.

SACHA GUITRY,
Toutes réflexions faites.

Rien n'est nouveau sous le soleil, même quand il n'y a pas de soleil.

EUGÈNE IONESCO

Il tomba en octobre mil neuf cent dix-huit, par une journée qui fut si tranquille sur tout le front que le communiqué se borna à signaler qu'à l'ouest, il n'y avait rien de nouveau.

ERICH MARIA REMARQUE,
À l'ouest rien de nouveau, chap. XII.

Tout ce qui nous paraît nouveau est de l'Histoire qu'on ignore.

FRANKLIN DELANO ROOSEVELT

NOUVEAUTÉ

La nouveauté, selon le mot de Stravinski, ne saurait être que *la recherche d'une place fraîche sur l'oreiller*. La place fraîche se réchauffe vite et la place chaude retrouve sa fraîcheur.

JEAN COCTEAU,
La Machine à écrire.

Le grand public pense que les livres, comme les œufs, gagnent à être consommés frais. C'est pour cette raison qu'il choisit toujours la nouveauté.

WOLFGANG VON GOETHE

La nouveauté d'un livre ne dépend pas toujours de sa date.

REMY DE GOURMONT,
La Culture des idées.

NOUVEL AN

Et nous sommes tenus, par toutes les règles de la justice et de l'équité, de faire confiance à la nouvelle année pour être bonne, jusqu'à ce qu'elle donne la preuve qu'elle est indigne du crédit que nous lui accordons.

CHARLES DICKENS,
Esquisses de Boz.

NOUVELLE

Rien ne rehausse tant le prix d'une bonne nouvelle que la fausse alarme d'une mauvaise.

ANTOINE HAMILTON,
Mémoires du comte de Gramont.

En annonçant de bonnes nouvelles, on se rend aimable. En en annonçant de mauvaises, on se rend important : choisissez.

HENRY DE MONTHERLANT

Pour que les choses paraissent nouvelles, si elles sont anciennes, et même si elles sont nouvelles, il faut, en art, comme en médecine, comme en mondanité, des noms nouveaux.

MARCEL PROUST,
Le Temps retrouvé.

Ce qu'il y a d'agréable dans les mauvaises nouvelles c'est que, neuf fois sur dix, elles sont fausses.

ANTOINE DE RIVAROL

NOVEMBRE

Novembre est le mois des morts.
Si tu ne veux pas mourir encore, habille toi plus fort.

Dicton

« Froid de novembre cache ton membre », disait Teilhard de Chardin qui philosophait rarement sans sa soutane en thermolactyl.

PIERRE DESPROGES,
Vivons heureux en attendant...

Un matin si gris que les oiseaux se recouchent.

JULES RENARD, *Journal.*

NOYER

Au secours ! criait sur la plage cette mère juive éplorée,

Au secours, mon fils l'avocat est en train de se noyer.

Histoire juive

Si tu veux te noyer, à quoi bon te torturer à chercher une eau peu profonde.

Proverbe bulgare

L'homme dont le destin est de se noyer se noiera dans un verre d'eau.

Proverbe juif

L'homme qui se noie s'accroche à un serpent.

Proverbe médiéval

Qui veut noyer son chien dit que c'est un poisson rouge.

FRANÇOIS CAVANNA, *Qui.*

NU

Je suis sorti nu du sein de ma mère, et nu je retournerai dans le sein de la terre. L'Éternel a donné, l'Éternel a ôté ; que le nom de l'Éternel soit béni.

Livre de Job, I, 21.

Plus l'amour est nu, moins il a froid.

Proverbe français

La première fois que j'ai vu une femme nue, j'ai cru qu'il s'agissait d'une erreur.

WOODY ALLEN

« Belle, sans ornements, dans le
[simple appareil
D'une beauté qu'on vient d'arracher
[au sommeil. »

JEAN RACINE, *Britannicus*, acte II, scène 2.

NUAGE

Qui sait nous donner une joie aussi pure que celle prodiguée par la vue d'un petit nuage blanc dans le ciel bleu.

CHRISTIAN BOBIN,
L'Éloignement du monde.

Les hommes sont de petits nuages qui se forment, qui passent et s'évanouissent sans altérer aucunement les conditions météorologiques.

F. FISCHER

Personne ne le remarque, mais ces nuages-là sont à l'envers.

RAMÓN GÓMEZ DE LA SERNA,
Greguerías.

Nuages, nuages, où courez-vous ? On est si bien ici !

JULES RENARD

NUANCE

Malheur à moi, je suis nuance

FRIEDRICH NIETZSCHE

NUBILE

Un ancien usage des Romains défendait de faire mourir les filles qui n'étaient pas nubiles. Tibère trouva l'expédient de les faire violer par le bourreau avant de les envoyer au supplice.

CHARLES DE MONTESQUIEU,
De l'esprit des lois.

NUDISTE

Jamais un homme décoré ne sera un nudiste sincère.

LÉONCE BOURLIAGUET

À vendre pour cause de myopie : villa donnant sur un camp de nudistes.

COLUCHE

Savez-vous pourquoi on a interdit aux nains d'entrer dans les camps de nudistes ?

— C'est pour éviter qu'ils aillent fourrer leur nez dans les affaires des autres !

PIERRE-JEAN VAILLARD

NUIT

Trop parler nuit.
Trop écrire... jour.

JACQUES AUDIBERTI

C'était une de ces nuits dont les ombres transparentes semblent craindre de cacher le beau ciel de la Grèce : ce n'étaient point des ténèbres, c'était seulement l'absence du jour. L'air était doux comme le lait et le miel, et l'on sentait à le respirer un charme inexprimable.

FRANÇOIS RENÉ DE CHATEAUBRIAND, *Les Martyrs*.

La nuit vient, le corps reste et son [ombre s'enfuit.

ANDRÉ CHÉNIER

Il fait toujours nuit quand je dors.

PAUL ÉLUARD

La nuit est la muraille immense de la tombe.

VICTOR HUGO, *Les Contemplations*.

La nuit n'est peut-être que la paupière du jour.

OMAR KHAYYAM

Plus divins que les étoiles scintillantes nous semblent les yeux infinis que la Nuit a ouverts en nous... leur regard porte bien au-delà des astres.

NOVALIS, *Hymnes à la nuit*.

Le ciel est toujours clair tant que [dure son cours*
Et nous avons des nuits plus belles [que vos jours.

JEAN RACINE, *Lettre à M. Vitart*.

* Celui de la lune.

C'est la nuit qu'il est beau de croire à la lumière.

EDMOND ROSTAND, *Chantecler*.

Une mouche éphémère naît à neuf heures du matin dans les grands jours d'été, pour mourir à cinq heures du soir ; comment comprendrait-elle le mot « nuit » ?

STENDHAL, *Le Rouge et le Noir*.

... Nuit toujours reconnaissable
À sa grande altitude où n'atteint pas [le vent.

JULES SUPERVIELLE, *Les Amis inconnus*.

Les nuits de la semaine restent à baptiser.

ROLAND TOPOR

NUQUE

La nuque est un mystère pour l'œil.

PAUL VALÉRY

O

O

L'O donne de la majesté à tous les mots en les rendant plus sonores.

HENRI BERNARDIN DE SAINT-PIERRE

La bouche s'arrondit lorsque l'O doit [éclore...
Ce signe, de l'organe, image [circulaire
Transmis sur le papier, peint l'orbe [de la terre.

ANTOINE DE PIIS,
L'Harmonie imitative de la langue française.

OBÉIR

Mon penchant naturel, c'est d'obéir. Seulement je n'ai jamais trouvé un patron avec qui ça me soit possible. Pour que j'obéisse, il faut que mon avis soit le même que celui du patron.

TRISTAN BERNARD,
Que le monde est petit.

Obéissez à vos porcs qui existent. Je me soumets à mes dieux qui n'existent pas.

RENÉ CHAR,
« Contrevenir », *La Parole en archipel.*

OBÉISSANCE

L'obéissance à la loi qu'on s'est prescrite est liberté.

JEAN-JACQUES ROUSSEAU,
Du contrat social.

OBÈSE

Quand je fais le tour de moi-même, je rentre de plus en plus tard.

PHILIPPE BOUVARD,
Pas de quoi être fier.

Emprisonné dans chaque homme gras, un homme maigre fait des signes désespérés pour qu'on le libère.

CYRIL CONNOLLY

OBJECTIVITÉ

L'objectivité, c'est cinq minutes pour Hitler, cinq minutes pour les Juifs.

JEAN-LUC GODARD

OBLIGER

Vous m'apportez quelque chose de plus précieux que l'argent et que l'or, si c'est une occasion de vous obliger.

JEAN DE LA BRUYÈRE,
« Des biens de fortune », *Les Caractères.*

OBLIQUITÉ

Les wagons du funiculaire sont construits selon une obliquité similaire à celle du chapeau d'un homme qui ne veut pas être reconnu.

FRANCIS SCOTT FITZGERALD,
Tendre est la nuit.

OBSCÈNE

Frère, n'est-ce pas là la femme que [tu veux :

Complètement pudique, absolument
[obscène,
Des racines des pieds aux pointes
[des cheveux ?

GERMAIN NOUVEAU,
« Musulmanes », *Sonnets du Liban*.

On peut trouver des choses obscènes dans tous les livres, sauf dans l'annuaire du téléphone.

GEORGE BERNARD SHAW

OBSCUR

Les hommes éclatants ont un penchant pour les lieux obscurs.

FRANÇOIS RENÉ DE CHATEAUBRIAND,
Vie de Rancé.

Les hommes sont ainsi faits qu'ils croient plus volontiers ce qui leur semble obscur.

TACITE, *Histoires*.

OBSÈQUES

Elles étaient formidables les obsèques de Mitterrand. Quel dommage qu'on n'ait pas fait aussi bien pour Giscard !

ANDRÉ SANTINI
(député-maire d'Issy-les-Moulineaux).

OBSTACLE

Il n'y a pas d'obstacle ; le seul obstacle est le but. Marcher sans but.

FRANCIS PICABIA, *Aphorismes*.

OBUS

Les obus et les décorations tombent au hasard sur le juste et l'injuste.

ANDRÉ MAUROIS,
Les Discours du Dr O' Grady.

OCCASION

On appelle voiture d'occasion un véhicule dont toutes les pièces font du bruit, excepté le klaxon.

SACHA GUITRY

Les hommes ne s'attachent pas assez à ne point manquer les occasions de faire plaisir.

JEAN DE LA BRUYÈRE, *Les Caractères*.

Les femmes pardonnent parfois à celui qui brusque l'occasion, mais jamais à celui qui la manque.

TALLEYRAND

OCCIDENT

L'Occident ne sait plus s'il préfère ce qu'il apporte à ce qu'il détruit.

RAYMOND ARON

OCCUPATION

La première pièce qu'on ait jouée à Paris pendant l'Occupation était une pièce de Salacrou — les Allemands sont tout de même restés.

HENRI JEANSON, du journal
La Parisienne.

Le bon vieux temps — vous savez, l'Occupation, quand on était les Algériens des Allemands...

BORIS VIAN, *Chroniques de jazz*.

OCÉAN

Océan : Masse d'eau occupant à peu près les deux tiers d'un monde destiné à l'homme — lequel est dépourvu de branchies.

AMBROSE BIERCE, *Dictionnaire du Diable*.

Vieil Océan, tu es un immense bleu appliqué sur le corps de la Terre.

LAUTRÉAMONT.

OCTOBRE

Octobre en brumes, hiver en rhumes
Octobre ensoleillé, hiver emmitouflé
Octobre vaillant fatigue son paysan.

Dicton français

OCTOGÉNAIRE

Ce vieillard octogénaire qui a déjà un pied dans la tombe et qui, de l'autre, a toujours marché dans le sentier de la vertu.

CHRISTOPHE, *Le Sapeur Camember*.

Quatre-vingts ans ! C'est l'âge de la puberté académique.

PAUL CLAUDEL, *Journal*

Quatre-vingts ans ! plus d'yeux, plus d'oreilles, plus de dents ; plus de jambes, plus de souffle ! Et c'est étonnant somme toute comme on arrive à s'en passer.

PAUL CLAUDEL, *Journal*.

ODE

Chez elle, un beau désordre est un [effet de l'art.

NICOLAS BOILEAU, *Art poétique*.

ODEUR

La meilleure odeur est celle du pain, le meilleur goût, celui du sel, le meilleur amour celui des enfants.

GRAHAM GREENE,
La Puissance et la Gloire.

Nous vivons avec nos défauts comme avec les odeurs que nous portons : nous ne les sentons plus ; elles n'incommodent que les autres.

MARQUISE DE LAMBERT

ŒDIPE

Tu te couches avec ta femme et tu te réveilles avec ta mère.

Proverbe du Languedoc

Si le petit sauvage était abandonné à lui-même, il tordrait le cou à son père et coucherait avec sa mère.

DENIS DIDEROT,
Le Neveu de Rameau.

— Comment va votre garçon ? dit Sarah à Myriam.

— Je suis inquiète, le médecin dit qu'il fait un complexe d'Œdipe.

— Tout ça n'est pas grave du moment qu'il est sage et qu'il aime bien sa maman.

TONY MAYER,
Différence entre l'esprit et l'humour.

ŒIL

L'œil le plus sûr ne vaut pas une règle.

Proverbe chinois

Je lui décochai un violent coup de poing qu'il para fort habilement avec son œil gauche.

ALPHONSE ALLAIS, *Le Journal*

Qui vole un œil d'œuf vole un œil de bœuf.

FRANÇOIS CAVANNA, *Qui*.

Les gens qui sont myopes d'un œil, presbytes de l'autre et qui louchent par surcroît, sont impardonnables de ne pas voir ce qui se passe autour d'eux.

PIERRE DAC, *Les Pensées*.

L'œil avec lequel je vois Dieu est l'œil avec lequel Dieu me voit.

MAÎTRE ECKART

... car tout ce que nous sommes,
Lynx envers nos pareils et taupes [envers nous,
Nous nous pardonnons tout, et rien [aux autres hommes.
On se voit d'un autre œil qu'on ne [voit son prochain.

JEAN DE LA FONTAINE,
La Besace.

Phèdre, sur ce sujet, dit fort [élégamment :
Il n'est pour voir que l'œil du [Maître.
Quant à moi, j'y mettrais encor l'œil [de l'amant.

JEAN DE LA FONTAINE,
L'Œil du Maître.

L'œil est dans un château que [ceignent les frontières
De ce petit vallon clos de deux [boulevards.
Il a pour pont-levis les mouvantes [paupières,
Le ciel pour garde-corps, les sourcils [pour remparts.

PIERRE DE MARBEUF,
L'Anatomie de l'œil (1628).

Sur ce point, la femme est si drue
Et son œil va si promptement
Qu'on ne peut la voir un moment

Qu'elle ne sache qu'on l'a vue.

CHARLES PERRAULT, *Peau d'âne*.

C'est l'œil du maître qui fait engraisser le cheval.

PLUTARQUE,
De l'éducation des enfants.

Voir aussi YEUX.

ŒUF

Un œuf du Vendredi Saint
[se conserve toujours sain.

Dicton

La pierre tombe sur l'œuf... tant pis pour l'œuf !
L'œuf tombe sur la pierre... tant pis pour l'œuf !

Proverbe cypriote

Le passé est un œuf cassé, l'avenir est un œuf couvé.

PAUL ÉLUARD,
Les Sentiers et les routes de la poésie.

L'œuf de Colomb, la poule qui l'a pondu n'a pas perdu son temps.

HENRI JEANSON,
Pas de caviar pour tante Olga.

L'amour est un œuf frais
Le mariage est un œuf dur
et le divorce un œuf brouillé.

PÈRE D'OLIBAN

Il est terrible
Le petit bruit de l'œuf dur cassé sur
[un comptoir d'étain
Il est terrible ce bruit
Quand il remue dans la mémoire de
[l'homme qui a faim.

JACQUES PRÉVERT,
« La Grasse Matinée », *Paroles*.

Au séminaire, il est une façon de manger un œuf à la coque qui annonce les progrès faits dans la vie dévote.

STENDHAL, *Le Rouge et le Noir*.

OFFENSER

Si vous offensez votre prochain, il vaut mieux ne pas le faire à demi.

GEORGE BERNARD SHAW

OIE

L'oie : ce que nous avons de mieux en fait d'autruche.

JULES RENARD, *Journal*.

OIGNON

Oignon, fumée et femme font pleurer.

Proverbe danois

Si tu te trouves sans chapon, sois content de pain et d'oignon.

Vieux proverbe français

La vie est un oignon qu'on épluche en pleurant.

ANDRÉ MASSON

Si les oignons font pleurer, c'est à cause du respect humain. Dans l'ancien temps, les oignons faisaient rire et chacun les respirait afin de trouver la gaieté. Un sage blâma ce rire dénué de fondement et les oignons en furent humiliés. Ils comprirent que les larmes seules sont tolérables sans motif.

NORGE, *Les Oignons* cité par J.-L. HENNIG,
Dictionnaire des fruits et légumes.

Un oignon suffit à faire pleurer les gens, mais on n'a pas encore inventé le légume qui les ferait rire.

WILL ROGERS

OINDRE

Oindre : Graisser un roi ou tout autre dignitaire à l'épiderme déjà suffisamment glissant.

AMBROSE BIERCE,
Le Dictionnaire du Diable.

OISEAU

Un chant d'oiseau surprend la branche du matin.

RENÉ CHAR, *Le Poème pulvérisé*.

Chaque oiseau a la couleur de son cri.

MALCOLM DE CHAZAL

Est-ce que les oiseaux se cachent pour mourir ?

FRANÇOIS COPPÉE,
Promenades et Intérieurs.

Le pinson, l'alouette, la linotte, le serin jasent, babillent tant que le jour dure. Le soleil caché, ils fourrent leur tête sous l'aile et les voilà endormis. C'est alors que le génie prend sa lampe et l'allume, et que l'oiseau solitaire, sauvage, inapprivoisable, brun et triste de plumage, ouvre le gosier, commence son chant, fait retentir le bocage et rompt mélodieusement le silence et les ténèbres de la nuit.

DENIS DIDEROT

Les petits oiseaux entretiennent l'amitié.

RENÉ DE OBALDIA, *Les Richesses naturelles.*

Si j'étais oiseau, je ne coucherais que dans les nuages.

JULES RENARD

L'oiseau, c'est une idée dans l'air.

JEAN ROLLIN

OISIF

Un oisif semble encore plus oisif lorsqu'il est de haute taille.

TRISTAN BERNARD

OISIVETÉ

L'oisiveté est la mère de tous les vices, mais de toutes les vertus aussi.

ALAIN, *Propos.*

Coincé comme on est entre deux éternités d'oisiveté, on n'a aucune excuse à rester à ne rien faire.

ANTHONY BURGESS

L'oisiveté est le début de tous les vices, le couronnement de toutes les vertus.

FRANZ KAFKA, *Journal intime.*

OKOUMÉ

Qui rit sous l'okoumé, pleure sous l'acajou.

ALEXANDRE VIALATTE, *Proverbes bantous.*

OLIVE

Termine ta vie l'âme satisfaite : telle l'olive arrivée à maturité tomberait en bénissant la terre qui l'a portée et en rendant grâces à l'arbre qui l'a fait croître.

MARC AURÈLE, *Pensées.*

La Méditerranée tout entière — sculptures, palmiers, bijoux d'or, héros barbus, vin, idées, navires, clair de lune, Gorgones ailées, figures de bronze, philosophes — tout cela semble pointer dans le goût âpre et âcre de l'olive noire entre les dents. Ce goût-là est plus vieux que celui de la viande et du vin rouge. Vieux comme l'eau fraîche.

LAWRENCE DURRELL, *Prospero's Call.*

OLIVIER

L'olivier est un arbre familier en Provence, à tel point qu'on l'appelle par son prénom.

JEAN-MARC LENGLEN, *Pourquoi l'homme, et quelle femme pour aller avec.*

OLYMPIQUE

C'est à Héraclés qu'appartient la gloire d'avoir institué les Jeux et de leur avoir donné le nom d'Olympiques. Il décida qu'ils auraient lieu tous les cinq ans, parce que ses frères et lui étaient cinq.

PAUSANIAS, *L'Élide.*

OMBRAGE

— L'amour voit un myrte
Comment se cacher à deux sous son [feuillage ?
Plus l'arbre est petit, plus l'amant
Croit y voir un doux avantage.
Pour éviter l'œil importun,
Se serrer plus près devient sage ;
Et deux amants qui ne font qu'un
N'ont pas besoin d'un grand [ombrage.

MGR DE BERNIS

OMBRE

Aux Perses qui se vantaient de pouvoir couvrir le soleil de leurs flèches, Léonidas, le roi de Sparte, répondit :
— Tant mieux, nous combattrons plus commodément à l'ombre.

J'ai tout donné au soleil, tout, sauf mon ombre.

GUILLAUME APOLLINAIRE, *Alcools*.

Il est étrange de dire, mais merveilleusement vrai, que même les ombres ont aussi leurs ombres.

CHARLES CHURCHILL,
cité par G. C. Lichtenberg.

Pendant la canicule, nombre de personnes s'écrient : « C'est effrayant, il y a trente-cinq degrés à l'ombre ! » Mais, qui les oblige à rester à l'ombre ?

PIERRE DAC, *Pensées et Maximes*.

J'ai rêvé tellement fort de toi
J'ai tellement marché, tellement [parlé
Tellement aimé ton ombre
Qu'il ne me reste plus rien de toi,
L'ombre qui viendra et reviendra [dans ta vie ensoleillée.

ROBERT DESNOS,
Son dernier poème.

Chacun est l'ombre de tous.

PAUL ÉLUARD,
Les Armes de la douleur.

L'idée de la mort suit ma pensée comme l'ombre mon corps ; et plus forte est la joie la lumière, plus l'ombre est noire.

ANDRÉ GIDE, *Journal*.

L'ombre est noire toujours, même tombant des cygnes.

VICTOR HUGO,
Jésus-Christ VIII, *La Fin de Satan*.

Un seul soleil : chacun son ombre.

GRÉGOIRE LACROIX, *Les Euphorismes*.

J'en arrive à me demander si, dans la vie comme aux courses de taureaux, les meilleures places ne sont pas celles du côté de l'ombre.

VALERY LARBAUD, *Jaune, bleu, blanc*.

Il (Énée) vit Idée le cocher
Qui, tenant l'ombre d'une brosse
Nettoyait l'ombre d'un carrosse…

CHARLES PERRAULT,
L'Énéide burlesque.

J'aime les pays où l'on a besoin d'ombre.

STENDHAL

Si ce n'est, ô Splendeur, qu'à mes [pieds l'ennemie,
Mon ombre ! la mobile et la souple [momie,
De mon absence peinte effleurait [sans effort
La terre où je fuyais cette légère [mort.

PAUL VALÉRY, *Le Jeune Parque*.

Ton ombre suit ton corps, de trop [près, ce me semble,
Car nous deux seulement devons [aller ensemble.

THÉOPHILE DE VIAU, *Pyrame et Thisbé*.

La femme est une ombre :
Si vous la poursuivez, elle vous fuit ; si vous la fuyez, elle vous suit.

ZOHEIR

OMELETTE

Recette de l'omelette russe : « Pour commencer, vous volez trois œufs... »

Plaisanterie soviétique

OMNIBUS

Pour ménager diverses susceptibilités, nous avions cru nécessaire de ne point révéler le mystère des amours et de la reproduction des omnibus.

Disons seulement que ce phénomène suit le même processus que la reproduction de certaines plantes, dont le pollen est transporté de l'une à l'autre par les insectes qui ont pénétré dans l'intérieur.

Oui, dussions-nous forcer les « voyageurs », ainsi nommés par euphémisme, à rougir du rôle peu honorable auquel ils se prêtent : les omnibus se reproduisent par correspondance.

ALFRED JARRY,
Cynégétique de l'omnibus.

ONGLE

Le cinquième convive, c'était un jardinier terreux, à qui on ne pouvait reprocher, étant donné son métier rude, d'avoir les ongles noirs, mais que l'on était prêt à dispenser de la vaine entreprise d'en améliorer l'aspect, avec la pointe de son couteau.

TRISTAN BERNARD

Il ne faut pas manger tes ongles parce qu'ils sont à toi. Si tu aimes les ongles, mange ceux des autres.

GEORGES DARIEN, *Le Voleur.*

Ses purs ongles très haut dédiant leur [onyx,

STÉPHANE MALLARMÉ, *Poèmes.*

Michaud était journaliste jusqu'au bout des ongles. Il les avait fort noirs, les ongles. Sa femme disait de lui : quand il va au bain, il met des gants de peur de se laver les mains.

CHARLES AUGUSTIN SAINTE-BEUVE,
Causeries du lundi.

OPÉRA

J'ai trouvé la grande raison qui fait qu'on n'entend rien à l'Opéra. La dirais-je, messieurs ? *C'est qu'on n'écoute pas !*

BEAUMARCHAIS,
Aux abonnés de l'Opéra.

L'amour est comme l'opéra : on s'ennuie, mais on y retourne.

GUSTAVE FLAUBERT

Je ne comprends pas qu'on laisse entrer les spectateurs des six premiers rangs avec des instruments de musique. Au vestiaire les violons, clarinettes et autres bassons !

ALFRED JARRY

Comment ne pas voir dans l'Opéra de Paris la Notre-Dame de Napoléon III ?

ANDRÉ MALRAUX,
L'Homme précaire et la littérature.

Ma tête et mes mains sont tellement prises par le troisième acte [de *L'Enlèvement au sérail*] qu'il n'y aurait rien de miraculeux si j'étais moi-même transformé en troisième acte.

WOLFGANG AMADEUS MOZART,
lettre à son père.

À l'Opéra, la Française ouvre les yeux, l'Allemande ouvre les oreilles, l'Italienne ouvre son cœur, l'Anglaise ouvre la bouche ; car la Française va entendre de la musique pour ses épaules, l'Allemande pour son plaisir, l'Italienne pour son amant, l'Anglaise pour son argent.

J. NORIAC, *Paris tel qu'il est,*
cité par PIERRE GERMA.

Comme l'opéra serait merveilleux s'il n'y avait pas les chanteurs !

GIOACCHINO ROSSINI

OPÉRATION

Avant de subir une opération, mettez vos affaires en ordre. Il se peut que vous surviviez.

AMBROSE BIERCE

La première opération [de l'histoire de la médecine], pratiquée sur Adam, fut une incision intercostale. Une complication postopératoire se manifesta sous la forme d'une ravissante jeune femme.

L. M. TARD, *Si vous saisissez l'astuce.*

OPHTALMOLOGISTE

Lakmé, ton doux regard se voile. Tu dois consulter ton ophtalmologiste.

CHAVAL

OPINION

Je veux bien changer d'opinion. Mais, avec qui ?

TRISTAN BERNARD, *Le Poil civil*.

Toute opinion est indifférente aux ambitieux, pourvu qu'ils gouvernent.

JACQUES HENRI BERNARDIN DE SAINT-PIERRE, *Paul et Virginie*.

Une opinion commence à me gêner dès que j'y puis trouver avantage.

ANDRÉ GIDE, *Journal*.

Une opinion n'est choquante que lorsqu'elle est une conviction.

REMY DE GOURMONT, *Promenades philosophiques*.

Rien ne contribue davantage à la sérénité de l'âme que de n'avoir aucune opinion.

GEORG CHRISTOPH LICHTENBERG, *Aphorismes*.

C'est mon opinion et je la partage.

HENRI MONNIER, *Grandeur et Décadence de M. Joseph Prudhomme*.

L'intérêt est un milieu plus dense qui fausse ou brise le rayon visuel. C'est physique. Les opinions sont des manières de voir.

GÉRARD DE NERVAL, *Paradoxe et Vérité*.

Toutes les opinions sont respectables. Bon, c'est vous qui le dites. Moi, je dis le contraire. C'est mon opinion : respectez-la donc.

JACQUES PRÉVERT, *Spectacle*.

Un homme doit savoir braver l'opinion ; une femme s'y soumettre.

MME DE STAËL, épigraphe de *Delphine*.

Une collection de baïonnettes ou de guillotines ne peut pas plus arrêter une opinion qu'une collection de louis ne peut arrêter la goutte.

STENDHAL, *Lettre au baron de Mareste*.

Sitôt qu'une opinion devient commune, il ne faut point d'autre raison pour obliger les hommes à l'abandonner et à embrasser son contraire, jusqu'à ce que celle-ci vieillisse à son tour et qu'ils aient besoin de se distinguer par d'autres choses.

LUC DE VAUVENARGUES, *Maximes et Pensées*.

Il y a trois opinions dont je tiendrai le plus grand compte : la vôtre, la mienne... et la bonne.

FRÉDÉRIC DE VILLANI

L'opinion est si bien la reine du monde que, quand la raison veut la combattre, la raison est condamnée à mort.

VOLTAIRE

OPINION PUBLIQUE

Il y a des siècles où l'opinion publique est la plus mauvaise des opinions.

NICOLAS DE CHAMFORT

L'opinion publique, chassez-la, cette intruse, cette prostituée qui tire le juge par la manche.

Me VINCENT DE MORO-GIAFFERI

L'opinion publique n'existe que là où il n'y a pas d'idées.

OSCAR WILDE, *Quelques Maximes pour l'instruction des personnes trop instruites*.

OPPOSITION

L'opposition, c'est la vie.

HONORÉ DE BALZAC

L'opposition est une très mauvaise école de gouvernement, et les politiques avisés, qui se poussent par ce moyen aux affaires, ont grand soin de gouverner par des maximes tout à fait opposées à celles qu'ils professaient auparavant.

ANATOLE FRANCE, *Les Opinions de M. Jérôme Coignard*.

L'opposition avait touché le fond de la piscine... maintenant, elle creuse !

ANDRÉ SANTINI, juillet 1998.

OPPRESSEUR

Maudit soit l'oppresseur qui vient avec un fouet et qui nous méprise parce qu'il nous opprime.

MARCEL PAGNOL, *Judas*.

OPPRESSION

Une même loi pour le lion et pour le bœuf, c'est l'oppression.

WILLIAM BLAKE

OPPRIMÉ

C'est peut-être la plus grande consolation des opprimés que de se croire supérieurs à leurs tyrans.

JULIEN GREEN, *Adrienne Mesurat*.

Les opprimés en révolte n'ont jamais réussi à fonder une société non oppressive.

SIMONE WEIL

OPTIMISME

L'heure est à l'optimisme. Gardons le pessimisme pour des jours meilleurs.

GRAFFITO. Cité par le chanteur PHILIPPE LAFONTAINE dans l'émission « Dans tous les sens » du 28 mai 1998.

Aucune preuve d'intelligence ne surpasse celle de voir le monde tel qu'il est, et de le trouver bon, c'est-à-dire, en termes familiers, de se sentir bien dans sa peau.

HENRY DE MONTHERLANT, *Carnets*.

Les optimistes écrivent mal.

PAUL VALÉRY, *Littérature*.

OPTIMISTE

Un optimiste est quelqu'un qui pense que le futur est incertain.

Anonyme

L'optimiste est celui qui croit que le mariage est moins onéreux que les fiançailles.

Anonyme

Voir PESSIMISTE.

Un optimiste est quelqu'un qui commence à faire ses mots croisés au stylo à bille.

Anonyme

Les optimistes et les pessimistes ont un grand défaut qui leur est commun : ils ont peur de la vérité.

TRISTAN BERNARD, *Le Poil civil*.

Les optimistes proclament que nous vivons dans le meilleur des mondes possibles, et les pessimistes craignent que ce ne soit la vérité.

JAMES BRANCH CABELL

L'optimiste est un homme qui s'abrite sous une fourchette le jour où il va pleuvoir des petits pois.

PIERRE CAMI

L'humanité ne produit des optimistes que lorsqu'elle a cessé de produire des heureux.

GILBERT KEITH CHESTERTON

L'optimiste est l'homme qui regarde vos yeux. Le pessimiste, l'homme qui regarde vos pieds.

GILBERT KEITH CHESTERTON, *Orthodoxie*.

L'optimiste : elle est en retard, c'est qu'elle viendra.

SACHA GUITRY

Sous leur meilleur côté tâchons de [voir les choses.
Vous vous plaignez de voir les [rosiers épineux
Moi je me réjouis et rends grâces [aux dieux
Que les épines aient des roses.

ALPHONSE KARR

Un optimiste est celui qui achète à un Juif et veut vendre à un Écossais.

HENRY LOUIS MENCKEN, *Dictionary of quotations*.

L'optimiste pense qu'une nuit est entourée de deux jours, le pessimiste pense qu'un jour est entouré de deux nuits.

FRANCIS PICABIA, *Écrits*.

Je suis un optimiste qui a eu des malheurs.

LOUIS SCUTENAIRE, *Mes inscriptions*.

Un optimiste, c'est celui qui sait que le monde est pourri. Un pessimiste, c'est celui qui le découvre chaque matin.

PETER USTINOV

OR

Celui qui change de couleur en voyant de l'or, changerait d'attitude s'il n'était pas vu.

Proverbe chinois

La soif de l'or — *auri sacra fames* — est devenue tellement impérieuse au jour d'aujourd'hui, que beaucoup de gens n'hésitent pas, pour se procurer des sommes, à employer le meurtre, la félonie, parfois même l'indélicatesse.

ALPHONSE ALLAIS, *Rose et vert pomme*.

L'or, même à la laideur, donne un [teint de beauté.
Mais tout devient affreux avec la [pauvreté.

NICOLAS BOILEAU, *Satires*.

Le feu éprouve l'or et l'or éprouve l'homme.

CHILON.

Il faut aujourd'hui de l'or, beaucoup d'or, pour jouir du droit de parler. Nous ne sommes pas assez riches. Silence au pauvre !

FÉLICITÉ DE LAMENNAIS

L'âge d'or était l'âge où l'or ne [régnait pas...

CLAUDE FRANÇOIS DE LEZAY-MARNESIA, *Épître à mon curé*.

L'or est d'un grand secours pour [acheter un cœur :
Ce métal, en amour, est un grand [séducteur.

JEAN FRANÇOIS REGNARD, *Le Joueur*.

L'or est un charme étrange, un métal [précieux
Qui corrompt toute chose et tenterait [les dieux.

JEAN DE ROTROU, *Antigone*.

ORACLE

Un oracle toujours se plaît à se [cacher.
Toujours, avec un sens, il en [présente un autre.

JEAN RACINE, *Iphigénie*.

ORAGE

J'ai vu ceux de la femme et j'ai vu [ceux des flots
Et j'ai plaint les maris plus que les [matelots.

LORD BYRON

ORAISON

L'Oraison funèbre est la prière avant que les asticots se mettent à table.

JEAN-PAUL, *Être là dans l'existence*.

ORANGE

Qui regarde l'orange amère a l'eau à la bouche, qui la goûte, fait la grimace.

Proverbe turc

ORATEUR

Jamais un orateur n'a pensé en parlant, jamais un auditeur n'a pensé en écoutant.

ALAIN, *Propos sur l'éducation*.

En littérature : cent froids logiciens pour un grand orateur (prosateur) ; dix grands orateurs pour un poète sublime.

DENIS DIDEROT

Un orateur : un monsieur qui dit des choses vagues avec la dernière violence.

MAURICE DONNAY

Ce qui manque aux orateurs en profondeur, ils vous le donnent en longueur.

CHARLES DE MONTESQUIEU

Un orateur trop long est comme une horloge qui sonnerait les minutes.

PIERRE PAUL ROYER-COLLARD

ORCHESTRE

Les chefs d'orchestre se divisent en trois catégories :

— ceux qui laissent jouer
— ceux qui font jouer
— ceux qui empêchent de jouer.

Cité par MANUEL ROSENTHAL, lors des *Victoires de la musique classique*, 4 février 1997.

ORDINATEUR

— Vous croyez que les ordinateurs ont un avenir ?
— Seulement s'ils s'aiment l'un l'autre.

GROUCHO MARX, *Pensées, Répliques et Anecdotes*.

Les ordinateurs sont inutiles : ils ne donnent que les réponses.

PABLO PICASSO

ORDRE

Mets l'ordre à sa place, dérange les pierres de la route.

ANDRÉ BRETON et PAUL ÉLUARD, *L'Immaculée conception*.

L'ordre conduit à toutes les vertus ! Mais qu'est-ce donc qui conduit à l'ordre ?

GEORG CHRISTOPH LICHTENBERG, *Aphorismes*.

Il faut tout de même voir qu'il y a des ordres apparents qui sont les pires désordres.

CHARLES PÉGUY, *Votre jeunesse*.

Il y a deux choses à craindre dans le monde actuel, l'ordre et le désordre.

PAUL VALÉRY

OREILLE

Les murs ont des oreilles, vos oreilles ont des murs.

Slogan, mai 1968.

Un secret a toujours la forme d'une oreille.

JEAN COCTEAU, *Le Rappel à l'ordre*.

La nature a doté l'homme d'une langue et de deux oreilles pour qu'il écoute deux fois plus qu'il ne parle.

ÉPICTÈTE

Ses oreilles étaient idéales pour porter le crayon, aussi le destina-t-on au commerce.

RAMÓN GÓMEZ DE LA SERNA, *Greguerías*.

Avec ses oreilles, Clark Gable ressemblait à un taxi aux portes ouvertes.

HOWARD HUGHES

Car toute la vie d'un homme parmi ses semblables n'est pas autre chose qu'un combat pour s'emparer de l'oreille d'autrui.

MILAN KUNDERA

Le cri du pauvre monte jusqu'à Dieu, mais il n'arrive pas à l'oreille de l'homme.

FÉLICITÉ DE LAMENNAIS, *Paroles d'un croyant*.

« Vertuchou ! Monsieur ! Vous ne savez pas ce que c'est que l'oreille d'une femme. Cette oreille-là, voyez-vous, d'une demi-lieue entend ce qu'on dit, et d'un quart de lieue ce qu'on va dire. »

PIERRE DE MARIVAUX, *Le Dénouement imprévu*, scène 8.

Y a-t-il une oreille assez fine pour entendre le soupir des roses qui se fanent ?

ARTHUR SCHNITZLER, *Relations et solitudes*.

ORGASME

Des fois, je me dis que la seule façon d'avoir du plaisir, pour moi, c'est de m'appuyer contre la machine à laver en cycle essorage.

Cité par ANNETTE BENING

La seule fois où Rifkin et sa femme avaient connu un orgasme simultané, c'est au moment où le juge leur avait remis l'acte de divorce... Il ne faut pas trop attendre de la vie !

WOODY ALLEN, *Maris et femmes*.

ORGUEIL

L'orgueil est un plaisir de la nuque.
La vanité est un plaisir des reins.

MALCOLM DE CHAZAL

L'orgueil ne veut pas devoir, et l'amour propre ne veut pas payer.

FRANÇOIS DE LA ROCHEFOUCAULD, *Réflexions ou Sentences et Maximes morales*.

L'orgueil d'un Espagnol le portera à ne pas travailler ; la vanité d'un Français le portera à savoir travailler mieux que les autres.

CHARLES DE MONTESQUIEU

Il faut faire mourir l'orgueil sans le blesser ; car si on le blesse, il ne meurt pas.

ANTOINE DE RIVAROL

Depuis trente-cinq ans, je crève d'orgueil, c'est ma façon de mourir de honte.

JEAN-PAUL SARTRE, *Le Diable et le Bon Dieu*.

ORGUEILLEUX

On est orgueilleux quand on a quelque chose à perdre, et humble quand on a quelque chose à gagner.

HENRY JAMES, *L'Américain à Paris*.

Il est si orgueilleux qu'il se suiciderait pour se rendre intéressant.

JULES RENARD, *Poil de Carotte*.

ORIENT

Par le thé, l'Orient pénètre dans les salons bourgeois ; par le café, il pénètre dans les cerveaux.

PAUL MORAND, *La Route des Indes*.

ORIENTATION

Les plaisanciers utilisent l'étoile polaire, les bûcherons repèrent le nord grâce au lichen sur les troncs et les citadins savent où est le sud en repérant. l'orientation des antennes paraboliques sur les balcons.

ALAIN DAUTRIAT, *Pensées de sel*.

ORIGINAL

Plus d'un a prouvé par ses imitateurs qu'il n'était pas l'original — l'original dont les imitateurs sont meilleurs n'en est pas un.

KARL KRAUS, *Aphorismes*.

ORIGINALITÉ

À mesure qu'on a plus d'esprit, on trouve qu'il y a plus d'hommes originaux. Les gens du commun ne trouvent pas de différence entre les hommes.

BLAISE PASCAL, *Pensées*.

ORIGINE

De quelque superbe distinction que se flattent les hommes, ils ont tous une même origine, et cette origine est petite.

JACQUES BÉNIGNE BOSSUET, *Oraison funèbre de Henriette d'Angleterre*.

Parcourez les familles distinguées par les richesses ; si vous remontez jusqu'à la source, à peine en trouverez-vous où l'on ne découvre, dans l'origine, des choses qui font trembler.

LOUIS BOURDALOUE

ORNIÈRE

Vous avez le char, puis viennent les ornières.

Proverbe chinois

ORPHELIN

Un orphelin qui éternue est obligé de se faire à lui-même un souhait.

Proverbe malgache

Pour faire un mot drôle, je tuerais père et mère. Heureusement que je suis orphelin.

MARCEL ACHARD, *Patate*.

Entre le pauvre et vous, en prenant [Dieu pour juge,
Souvenez-vous, mon fils, que caché [sous ce lin,
Comme eux vous fûtes pauvre et [comme eux orphelin.

JEAN RACINE, *Athalie*.

Tout le monde ne peut pas être orphelin !

JULES RENARD, *Poil de carotte*.

Je suis venu, calme orphelin,
Riche de mes seuls yeux tranquilles,
Vers les hommes des grandes villes :
Ils ne m'ont pas trouvé malin.

PAUL VERLAINE, *Sagesse*.

Perdre l'un de ses parents peut être regardé comme un malheur. Perdre les deux ressemble à de la négligence.

OSCAR WILDE

ORTHOGRAPHE

Pourquoi écrivez-vous : « M. Barthou perdit son sang-froid » et « Don Quichotte perdit son Sancho » ?

ALPHONSE ALLAIS,
Deux et deux font cinq.

Une belle orthographe est la plus belle parure d'une femme entre deux âges.

BRUNEAU,
cité par ALEXANDRE VIALATTE
in *Almanach des quatre saisons*.

Je mettrais l'orthographe même sous la main du bourreau.

THÉOPHILE GAUTIER,
rapporté par BAUDELAIRE in
Mon cœur mis à nu.

L'orthographe est plus qu'une mauvaise habitude, c'est une vanité.

RAYMOND QUENEAU,
Bâtons, chiffres et lettres.

L'orthographe est le commencement de la littérature.

CHARLES AUGUSTIN SAINTE-BEUVE

L'orthographe est le cricket des Français. Certaines péripéties du cricket m'évoquent irrésistiblement cette habitude curieuse qu'ont amour, délice et orgue de changer de genre au pluriel. Le cricket et l'orthographe ont en commun d'être incompréhensibles aux étrangers, sans parler des indigènes. De comporter des mouvements corrects qui ressemblent à des fautes et des règles qui changent au cours du jeu.

ALAIN SCHIFRES, *Les Hexagons*.

L'absurdité de notre orthographe, qui est en vérité une des fabrications les plus cocasses du monde est bien connue. Elle est un recueil impérieux ou impératif d'erreurs d'étymologie artificiellement fixées par des décisions inexplicables.

PAUL VALÉRY, *Variété*, III.

ORTOLAN

Le paradis s'ouvre ! Ah ! que je meure en mangeant des ortolans au son d'une douce musique.

ANDRÉ MAUROIS, *Disraeli*.

OSSEMENT

Contempler des ossements, c'est se regarder au miroir.

AUGUSTE DE VILLIERS DE L'ISLE-ADAM

OÙ

Celui qui ne sait pas où il se trouve, se trouve où il ne sait pas.

Proverbe espagnol

Quand tu ne sais pas où tu vas, n'oublie jamais d'où tu viens.

Proverbe togolais

OUBLI

À défaut du pardon laisse venir l'oubli.

ALFRED DE MUSSET, *Nuit d'octobre*.

La richesse de la vie est faite de souvenirs oubliés.

CESARE PAVESE, *Le Métier de vivre*.

L'oubli est le vrai linceul des morts.

GEORGE SAND

La fleur de l'oubli s'est épanouie. Je n'oublie pas le passé.

SHOKYŪ-NI

Mais, avec tant d'oubli, comment
[faire une rose,
Avec tant de départs, comment faire
[un retour ?

JULES SUPERVIELLE,
Oublieuse Mémoire.

OUBLIER

Pour mériter ton amour
Je donnerais dix ans de ma vie,
Pour pouvoir t'oublier
Je donnerais ma vie entière.

Copleria Flamenca,
traduit par Robert J. Vidal.

Pour arriver à ce résultat d'être oublié huit jours après sa mort, il s'est levé toute sa vie à cinq heures du matin.

ÉDOUARD DRUMONT, à propos d'ÉMILE DE GIRARDIN, cité dans le *Dictionnaire des citations* d'OLIVIER MILLET.

Cultivez-vous, puis oubliez.

HUBERT JUIN

La vie serait impossible si l'on se souvenait. Le tout est de choisir ce que l'on doit oublier.

ROGER MARTIN DU GARD,
Petite suite de maximes et de caractères.

Tout ce qu'on appelle se rappeler un être, c'est en réalité l'oublier.

MARCEL PROUST,
À l'ombre des jeunes filles en fleurs.

La nasse sert à prendre le poisson ; quand le poisson est pris, oubliez la nasse.

Le piège sert à capturer le lièvre ; quand le lièvre est pris, oubliez le lièvre.

Les mots servent à exprimer les idées. Quand l'idée est saisie, oubliez les mots.

Où trouver un homme qui a oublié les mots ? C'est avec lui que j'aimerais m'entretenir.

TCHOUANG-TSEU

OUEST

Trop loin à l'est, c'est l'ouest.

LAO-TSEU

OUI

Le signe « oui » est d'un homme qui s'endort ; au contraire, le réveil secoue la tête et dit « non ».

ALAIN, *Propos sur la religion*.

La réponse est « oui ». Mais quelle était la question ?

WOODY ALLEN

Pour une réponse affirmative, il n'existe qu'un seul mot : « oui ». Tous les autres mots ont été inventés pour dire « non ».

TRISTAN BERNARD, *Pointes de feu*.

Oui, monsieur, il est d'elle ; avez-
[vous bien ouï ?
Voilà cinq ou six fois que je vous dis
[que « oui ».

EDME BOURSAULT

Avec le rond d'un simple oui, nous achetons la vie éternelle.

PAUL CLAUDEL, *Accompagnements*,
introduction à un poème sur Dante.

Les questions auxquelles on répond par « oui » ou « non » sont rarement intéressantes.

JULIEN GREEN

Il ne faut pas dire oui avec la bouche et « non » avec le cœur.

LAO-TSEU, in
Maximes chinoises avec commentaires
d'Henri Tachet.

Je me flatte d'avoir toujours le dernier mot dans mon ménage... et ce mot est généralement « oui ».

JULES RENARD

Ah ! les premières fleurs qu'elles
[sont parfumées !
Et qu'il bruit avec un murmure
[charmant
Le premier oui qui sort des lèvres
[bien-aimées !

PAUL VERLAINE, *Poèmes saturniens*.

Veuillez ne pas dire « oui » tant que je n'ai pas fini de parler.

DARRYL F. ZANUCK

OURS

L'ours gagna son ombre et n'en sortit qu'au premier rayon de miel.

ALAIN BORNE

M. Fenouillard se trouve face à face avec un ours, ce qui lui permet de constater que ces animaux ont l'haleine forte.

CHRISTOPHE, *La Famille Fenouillard*.

Pour bien tuer l'ours, vendez d'abord sa peau.

JEAN COCTEAU, *Monologues de l'oiseleur*.

L'ours est fidèle, monogame et bisannuel dans ses devoirs conjugaux.

ALEXANDRE VIALATTE

OUTRAGE

Ne dites pas à une femme que vous allez lui faire subir les derniers outrages. Laissez-lui quelque espoir en l'avenir.

Anonyme

OUVERT

Il faut qu'une porte soit ouverte... ou d'une autre couleur.

ALFRED DE MUSSET et PIERRE DAC

OUVRAGE

Les ouvrages se forment dans les âmes aussi mystérieusement que les truffes dans les plaines parfumées du Périgord.

HONORÉ DE BALZAC

J'ai fait un peu de bien, c'est mon meilleur ouvrage.

VOLTAIRE, *Épître à Horace*.

OUVRE-BOÎTE

Comment diable aurais-je pu connaître l'existence des nazis ?

Je ne sais même pas comment marche un ouvre-boîte ?

WOODY ALLEN

OUVREUSE

Silhouette féminine qui éclaire votre porte-monnaie.

CHAVAL

OUVRIER

Il faut apprendre à l'ouvrier qu'il est malheureux.

FERDINAND LASSALLE

OVERDOSE

J'ai une overdose de moi.

WOODY ALLEN, *Harry dans tous ses états*.

P

PAÏEN

Les païens ont bien connu qu'il y avait quelque divinité souveraine, mais ils ont toujours voulu avoir une garenne de petits dieux à leur porte.

JEAN CALVIN

Les païens arrivent au Ciel en passagers clandestins, à l'insu des théologiens postés aux frontières.

JEAN-PAUL, *Être là dans l'existence*.

Les païens ont divinisé la vie et les chrétiens ont divinisé la mort.

MME DE STAËL, *Corinne ou l'Italie*.

PAIN

Le meilleur pain est le pain de la maison.

Dicton catalan

Celui qui jette son pain en riant le ramasse plus tard en pleurant.

Proverbe québecois

J'aime la réalité : elle a un goût de pain.

JEAN ANOUILH

Quand le pain est mouillé, il faut le boire.

CHAVAL

Celui qui manque trop du pain quotidien n'a plus aucun goût au pain éternel.

CHARLES PÉGUY,
Le Mystère de la charité de Jeanne d'Arc.

PAIR

C'est vrai, 13 *bis*, est-ce un nombre pair ou un nombre impair ?

RAYMOND QUENEAU,
Le Vol d'Icare.

PAIX

Si les princes savaient parler, et les
[femmes se taire,
Les courtisans dire ce qu'ils pensent
Et les domestique le cacher,
Tout l'univers serait en paix.

Proverbe chinois

Il y a des menaces de paix, mais nous ne sommes pas prêts.

TRISTAN BERNARD

Je dis que cette France ne se diminue pas, ne se compromet pas dans sa force quand, libre de toutes visées impérialistes, et ne servant que des idées de progrès et d'humanité, elle se dresse et dit à la face du monde : « Je vous déclare la paix. »

ARISTIDE BRIAND, *Paroles de paix*.

La paix n'est qu'une forme, un aspect de la guerre ; la guerre n'est qu'une forme, un aspect de la paix : et ce qui est lutte aujourd'hui est le commencement de la réconciliation de demain.

JEAN JAURÈS

Le processus de paix ressemble à une nuit de noces dans un champ de mines.

SHIMON PERES

PAL

Le supplice du pal
Qui commence si bien
Et qui finit si mal...

VICTOR HUGO, *Choses vues*.

PALAIS

Les palais des grands regorgent de femmes et, les habitations des pauvres, d'enfants.

Proverbe chinois

PÂLE

Hâve tuberculeux, pâle faquin qui
[n'a
Que la peau sur les os ! Le vin de
[quinquina
Et l'huile qu'on extraie de ton
[foie, ô morue,
Pourraient-ils rappeler sa
[fraîcheur disparue ?

GEORGES FOUREST,
« Épître de Cassandre à Colombine »,
Le Géranium ovipare.

PÂLEUR

La pâleur montre jusqu'où le corps peut comprendre l'âme.

EMIL MICHEL CIORAN,
Le Crépuscule des pensées.

PALINDROME

La mère Gide digère mal.

LOUIS SCUTENAIRE, *Mes inscriptions*.

PAMPHLET

Le pamphlet est l'arme de ceux qui ont découvert l'erreur ; pas encore la vérité.

GILBERT CESBRON, *Journal sans date*.

Dans tout ce qui s'imprime, il y a du poison, plus ou moins délayé selon l'étendue de l'ouvrage, plus ou moins malfaisant, mortel. De l'acétate de morphine, un grain dans une cuve se perd, n'est point senti, dans une tasse fait vomir, en une cuillerée tue, et voilà le pamphlet.

PAUL-LOUIS COURIER,
Pamphlets politiques.

PANACÉE

Remède universel.

Demi-panacée : remède composé de bière et de limonade.

RAOUL LAMBERT, *Le Dico dingue*.

PANTALON

À la question : « Qui porte le pantalon chez vous ? »

Sir Denis Thatcher a répondu : « C'est moi ! », avant d'ajouter : « Et je le nettoie et le repasse moi-même. »

C'était un chanteur israélien : tellement il avait le pantalon moulé que non seulement on lui voyait le sexe, mais on lui voyait la religion.

COLUCHE

Que celui qui a deux pantalons en vende un et se procure ce livre.

GEORG CHRISTOPH LICHTENBERG

À mon pantalon marqué au genou, on voit que, chaque soir, je regarde sous mon lit.

JULES RENARD, *Journal*, 22 décembre 1901.

PANTHÉON

Ce gâteau de Savoie ayant Hugo
[pour fève,
Le Panthéon classique est un morne
[tombeau...

GEORGES FOUREST, *La Négresse blonde*.

PANTOUFLE

... et le printemps en fleur brille sur
[ses pantoufles.

PAUL VERLAINE, *Monsieur Prudhomme*.

PAON

Le paon crie en voyant ses vilains pieds.

Vieux proverbe français

En faisant la roue cet oiseau
Dont le pennage traîne à terre
Apparaît encore plus beau,
Mais se découvre le derrière !

GUILLAUME APOLLINAIRE

Le dindon est un paon qui n'a pas réussi.

ROLAND DORGELÈS

Depuis qu'il a des hémorroïdes, le paon refuse de faire la roue.

JEAN-LOUIS FOURNIER, *Grammaire française et impertinente*.

PAPE

Le pape est mort
Un autre pape est appelé à régner.
Araignée ?
Quel drôle de nom pour un pape !
Pourquoi pas libellule ou papillon ?

Anonyme

Le paysan et le pape en savent plus à tous les deux que le pape tout seul.

Proverbe italien

Jean-Paul II est un des rares Polonais à avoir trouvé du travail en Italie.

JOSÉ ARTUR, *Les Pensées*.

La *papamobile*, c'est « l'immatriculée conception » : un pape au-dessus, seize soupapes au-dessous.

COLUCHE

Notre Saint-Père conduit la barque de Saint-Pierre à la gaffe.

MGR DUCHESNE, *À propos de la politique de Benoît XV*.

Il y a un autre magicien encore plus fort [...] c'est le pape : tantôt il fait croire que trois ne sont qu'un, que le pain qu'on mange n'est pas du pain, ou que le vin qu'on boit n'est pas du vin, et mille choses de cette espèce.

CHARLES DE MONTESQUIEU, *Les Lettres persanes*.

Le pape est une idole à qui on lie les mains et dont on baise les pieds.

VOLTAIRE, *Le Sottisier*.

PAPIER

Vous, philosophes, vous ne travaillez que sur le papier qui souffre tout ; il est uni, souple, et n'offre d'obstacle ni à votre imagination ni à votre plume ; tandis que moi, pauvre impératrice, je travaille sur la peau humaine qui est bien autrement irritable et chatouilleuse.

CATHERINE II, *Lettre à Diderot*. Rapporté par le comte de SÉGUR dans ses *Mémoires*.

D'après une évaluation grossière, la France consomme *per capita*, si l'on peut dire, autant de papier hygiénique que de papier imprimé ; ces deux signes extérieurs en imposent au reste de l'humanité, constitué de peuplades aussi peu soucieuses de leur propreté corporelle que de leur culture spirituelle.

GEORGES ELGOZY, « Avertissements », *L'Esprit des mots*.

La presse a succédé au catéchisme dans le gouvernement du monde. Après le Pape, le papier.

VICTOR HUGO, *Tas de pierres*.

Je parle au papier comme je parle au premier que je rencontre.

MICHEL DE MONTAIGNE, *Essais*, livre III.

J'espère que le papier que j'utilise pour écrire vaudra au moins l'arbre qui l'a produit.

MARIO RIGONI STERN, *Arbres en liberté*.

Voir ARBRE (H. Haddad).

PAPILLON

En se posant sur la branche, le papillon craint de la briser.

Proverbe arménien

Même pour le simple envol d'un papillon, tout le ciel est nécessaire.

PAUL CLAUDEL

Chez l'homme, c'est le papillon qui devient un ver.

HENRY DE MONTHERLANT, *La Reine morte*, I, 3.

Papillon, ce billet doux plié cherche une adresse de fleur.

JULES RENARD, *Histoires naturelles*.

PARADIS

Le paradis de la terre se trouve sur le dos des chevaux, dans la lecture des livres et entre les seins des femmes.

Le Livre de la sagesse arabe

Si Dieu ne pardonnait pas, son Paradis resterait vide.

Le Livre de la sagesse arabe

Le paradis, c'est le souvenir des gens vivants.

Cité par JANE BIRKIN
(entendu lors du service juif in memoriam du père de Serge Gainsbourg).

La forêt, c'est encore un peu du Paradis perdu. Dieu n'a pas voulu que le premier jardin fût effacé par le premier péché.

MARCEL AYMÉ, *Clérambard*.

Quand l'homme essaie d'imaginer le paradis sur terre, ça fait tout de suite un enfer très convenable.

PAUL CLAUDEL,
Conversations dans le Loir-et-Cher.

Au Paradis on est assis à la droite de Dieu : c'est normal, c'est la place du mort. Et il vaut mieux être assis à la droite de Dieu qu'à la gauche d'Ella Fitzgerald, car Dieu ne prend pas toute la place sur le banc.

PIERRE DESPROGES

Adam croit dur comme fer qu'il a été chassé du paradis terrestre. Ève n'en est pas sûre du tout, et agit, en tout cas, comme si elle y restait.

JEAN GIRAUDOUX, *Pour Lucrèce*.

Pour moi, le plus grand supplice serait d'être seul en paradis.

WOLFGANG VON GOETHE,
Pensées.

Le Créateur a raté ce monde-ci, pourquoi aurait-il réussi l'autre ?

PAUL MORAND

Le Paradis, tel qu'on l'imagine en général, est un endroit si stupide, si triste, si inutile, si misérable, que personne ne s'est jamais risqué à décrire une seule journée au ciel, alors que des tas de gens ont dépeint une journée au bord de la mer.

GEORGE BERNARD SHAW

Selon moi, le paradis est un endroit où on se nourrit de foie gras pendant que sonnent les trompettes.

SYDNEY SMITH

Une longue étude sur le paradis, sur son aménagement intérieur et sur l'endroit où il se trouvait, s'achevait sur cette remarque mélancolique : « On ne connaît rien de certain sur l'emplacement du paradis. » Je me répétais cette phrase en dînant, en prenant le thé et en promenade : on ne connaît rien de sûr au sujet de la latitude géographique des béatitudes célestes.

LÉON TOLSTOÏ,
Ma Vie.

PARADOXE

Il faut éviter le paradoxe, comme une fille publique qu'il est, avec laquelle on couche à l'occasion, pour rire, mais qu'un fou, seul, épouserait.

GEORGES COURTELINE,
La Philosophie de Georges Courteline.

Il n'y a que d'immortels principes puisque, du jour où un principe meurt, on s'aperçoit que ce n'était qu'un paradoxe.

AUGUSTE DETŒUF,
Propos de O. L. Barenton, confiseur.

Le paradoxe, je ne sais pas ce que c'est. Je crois que c'est le nom que les imbéciles donnent à la vérité.

JEAN MORÉAS,
Almanach des lettres françaises et étrangères.

Le paradoxe, c'est le nom que les imbéciles donnent à la vérité.

PAUL VALÉRY

PARAÎTRE

Si tu réussis à paraître devant les autres ce que tu souhaiterais être, c'est tout ce que peuvent exiger de toi les juges de ce monde.

HANNAH ARENDT, *Essai sur la révolution*.

PARALLÈLE

Deux parallèles s'aimaient... Hélas !

ANDRÉ FRÉDÉRIQUE

PARALYTIQUE

Chose bizarre : un paralytique peut attraper la courante.

JULES JOUY,
Journal des merdeux.

PARANOÏAQUE

Même les paranoïaques ont des ennemis.

HENRY KISSINGER

PARAPLUIE

Un parapluie, c'est la misérable transsubstantiation de la cape et de l'épée.

PETRUS BOREL

Un parapluie ouvert est un beau ciel fermé.

XAVIER FORNERET (sans titre)

Les parapluies sont des veufs qui portent le deuil des ombrelles disparues.

RAMÓN GÓMEZ DE LA SERNA,
Greguerías.

Ami commode, ami nouveau
Qui contrairement à l'usage,
Te montres dans les jours d'orage
Et te caches quand il fait beau.

EUGÈNE SCRIBE

Je suis un parapluie sur lequel il a beaucoup plu.

ADOLPHE THIERS

Un paparapluie prit le train pour
[Paris,
En compagnie d'une mamanrapluie

PAUL VINCENSINI,
Pour un musée des amusettes.

PARATONNERRE

Si Benjamin Franklin avait été parachutiste, il n'aurait jamais songé à inventer le paratonnerre.

PIERRE DAC, *Arrière-pensées*.

PARCHEMIN

J'ai l'honneur de ne pas te demander
[ta main
Ne gravons pas nos noms au bas
[d'un parchemin.

GEORGES BRASSENS,
La Non-demande en mariage.

PARDONNER

On peut être cruel en pardonnant et miséricordieux en punissant.

SAINT AUGUSTIN

Lorsque les femmes nous aiment, elles nous pardonnent tout, même nos crimes. Quand elles ne nous aiment pas, elles ne nous pardonnent rien. Pas même nos vertus.

HONORÉ DE BALZAC

[...] L'âme supérieure n'est pas celle qui pardonne : c'est celle qui n'a pas besoin de pardon.

FRANÇOIS RENÉ DE CHATEAUBRIAND,
Mémoires d'outre-tombe, III.

Oui, il faut pardonner à ses ennemis... mais pas avant qu'ils soient pendus.

HENRI HEINE, *Pensées*.

Je pardonne toujours les injures, mais je n'oublie jamais les dates.

FRANÇOIS MAURIAC, *Entretiens*.

Ce que les hommes vous pardonnent le moins, c'est le mal qu'ils ont dit de vous.

ANDRÉ MAUROIS,
De la conversation.

Il nous est ordonné d'avoir à pardonner à nos ennemis. Mais il n'est écrit nulle part que nous ayons l'ordre de pardonner à nos amis.

COSME DE MÉDICIS

Je connais trop les hommes pour ignorer que souvent l'offensé pardonne, mais que l'offenseur ne pardonne jamais.

JEAN-JACQUES ROUSSEAU, *Correspondance*.

À la jeunesse, qui ne se pardonne rien, on pardonne tout. Au grand âge, qui se pardonne tout, on ne pardonne rien.

GEORGE BERNARD SHAW

PARENT

J'ai toujours eu de bons rapports avec mes parents. Ils ne m'ont frappé qu'une fois : ils ont commencé le 23 décembre 1942 et se sont arrêtés fin 1944.

WOODY ALLEN, *Bananas*.

Quand on cesse d'aimer ses parents, parce qu'ils ne nous sont plus nécessaires, on cesse d'aimer sa patrie.

FRANÇOIS RENÉ DE CHATEAUBRIAND

On aurait des enfants tout élevés, si les parents étaient élevés eux-mêmes.

WOLFGANG VON GOETHE,
Maximes et Réflexions.

Un parent pauvre est toujours un parent éloigné.

ADOLPHE D'HOUDETOT,
Dix épines pour une fleur.

... Les parents ont appris la sagesse
Mais oublié l'amour, fête de la [jeunesse ;
Ils ont aimé jadis et ne comprennent [plus,
Que l'on ait, à son tour, les [penchants qu'ils ont eus.

FRANÇOIS PONSARD

PARENTHÈSE

On étouffe ici ! Permettez que j'ouvre une parenthèse.

ALPHONSE ALLAIS

PARESSE

On souhaite la paresse d'un méchant et le silence d'un sot.

NICOLAS DE CHAMFORT,
Maximes et Pensées.

Le travail est quelque chose d'antinaturel. Seule la paresse est divine.

ANATOLE FRANCE

Il est impossible d'apprécier la paresse, sauf si on a beaucoup de travail à faire.

JEROME K. JEROME,
Pensées paresseuses d'un paresseux.

La plus vive des passions des littérateurs n'est ni la jalousie, ni même la vanité : c'est la paresse.

JEAN PRÉVOST,
cité par BERNARD FRANK
en exergue d'*En soixantaine*.

Je me surmène de paresse.

JULES RENARD, *Journal*.

Paresse : habitude prise de se reposer avant la fatigue.

JULES RENARD, *Journal*.

Je n'ai pas une minute à moi, je me surmène de paresse.

ANTOINE DE RIVAROL

Rien n'est plus fatigant que la paresse.

ANTOINE DE RIVAROL

Ci-gît Antoine, comte de Rivarol.
La paresse nous l'avait ravi
Avant la mort.

Épitaphe de RIVAROL par lui-même.

PARESSEUX

Le paresseux ressemble à une bouse de vache : quiconque la ramasse secoue sa main.

Ancien Testament,
L'Ecclésiastique, XXII, 2.

Il est tellement paresseux qu'il a épousé une femme enceinte.

Plaisanterie italienne

Le paresseux est un homme qui ne fait pas semblant de travailler.

TRISTAN BERNARD

Mignonne, levez-vous, vous êtes [paresseuse...
Je vous punirai du péché de paresse :

Je vais baiser cent fois votre œil,
[votre tétin,
Afin de vous apprendre à vous lever
[matin.

PIERRE DE RONSARD

Accablé de Paresse et de Mélancolie,
Je rêve dans un lit où je suis fagoté
Comme un lièvre sans os qui dort
[dans un pâté...

MARC ANTOINE GIRARD DE SAINT-AMANT, *Suite des œuvres poétiques*.

Les paresseux ont toujours envie de faire quelque chose.

LUC DE VAUVENARGUES, *Réflexions et Maximes*.

PARFAIT

Il était tellement parfait qu'on ne remarquait pas d'autre erreur chez lui.

MACEDONIO FERNANDEZ, *Cahiers de tout et de rien*.

PARFUM

Le parfum de mille roses ne plaît qu'un instant ; mais la douleur que cause une seule de leurs épines dure longtemps après la piqûre.

JACQUES HENRI BERNARDIN DE SAINT-PIERRE, *Paul et Virginie*.

On dirait que l'âme des justes donne, comme les fleurs, plus de parfums vers le soir.

MME DE STAËL, *Corinne*.

PARI

Dans une vie qui repose sur un perpétuel pari, le risque peut être un perpétuel bonheur.

JEAN GRENIER, *Inspirations méditerranéennes*.

Un Anglais ne plaisante jamais quand il s'agit d'une chose aussi importante qu'un pari.

JULES VERNE, *Le Tour du monde en quatre-vingts jours*.

PARIER

Dans la lutte entre toi et le monde, parie sur le monde.

FRANK ZAPPA

PARIS

En ce temps-là, Paris s'appelait Lucette.

Une petite fille inconnue

À Paris, il y a des impôts sur tout, on y vend tout, on y fabrique tout, même le succès.

HONORÉ DE BALZAC, *Les Illusions perdues*.

Qu'est-ce que Paris ? qu'est-ce que la France ? imaginez un champ. Au lieu de l'ensemencer dans toute son étendue on s'est avisé d'entasser la semence en un point où elle risque de ne pas germer, précisément parce qu'elle y est entassée. Ce champ, c'est la France, ce point, c'est Paris.

LOUIS BLANC

Paris, singulier pays où il faut trente sous pour dîner ; quatre francs pour prendre l'air ; cent louis pour le superflu dans le nécessaire et quatre cents louis pour n'avoir que le nécessaire dans le superflu.

NICOLAS DE CHAMFORT, *Maximes et Pensées, Caractères et Anecdotes*.

Paris, point le plus éloigné du Paradis, n'en demeure pas moins le seul endroit où il fasse bon désespérer.

EMIL MICHEL CIORAN

Paris est la ville la plus ennuyeuse qui soit et, s'il ne s'y trouvait tant de choses par trop remarquables, vrai, on pourrait y périr d'ennui.

FEDOR DOSTOÏEVSKI, *Correspondance*.

Ne pouvoir se passer de Paris, marque de bêtise ; ne plus l'aimer, signe de décadence.

GUSTAVE FLAUBERT, *Carnets*.

Paris n'est pas une ville, c'est un pays.

FRANÇOIS Ier

« On ne vit qu'à Paris, et l'on végète [ailleurs. »

JEAN-BAPTISTE LOUIS GRESSET, *Le Méchant*, III, 9.

Nos pères avaient un Paris de pierre, nos fils auront un Paris de plâtre.

VICTOR HUGO, *Notre-Dame de Paris*.

Je l'aime tendrement jusqu'à ses verrues et à ses taches ; je ne suis français que par cette grande cité, grande en peuples, grande en félicité de son assiette ; mais surtout grande et incomparable en variété et diversité de commodités, la gloire de la France et l'un des plus nobles ornements du monde.

MICHEL DE MONTAIGNE, « De la vanité », *Essais*, livre III, chap. IX.

Il y a des lieux où il faut appeler Paris, Paris, et d'autres où il la faut appeler capitale du royaume.

BLAISE PASCAL, *Pensées*.

Le Paris que vous aimâtes
N'est pas celui que nous aimons
Et nous nous dirigeons sans hâte
Vers celui que nous oublierons.

RAYMOND QUENEAU, *L'Amphion*.

Paris est dans le moral ce que sont nos montagnes dans le physique : on y respire plus librement.

NICOLAS RESTIF DE LA BRETONNE, *Le Paysan perverti*.

L'air de Paris est si mauvais que je le fais toujours bouillir avant de respirer.

ERIK SATIE

Paris est la première ville du monde parce qu'on y est inconnu.

STENDHAL, *Voyage en Italie*.

Un des avantages de Paris, c'est que l'opinion ne vous y doit jamais gêner pour commettre une infamie petite ou grande ; vous en avez été accusé déjà !

PAUL-JEAN TOULET, *Mon amie Nane*.

Traçons le vrai portrait de Paris : au nord, le mont Martre ; au sud le mont Parnasse, entre les deux la Seine, et sur la Seine, la piscine Deligny.

ALEXANDRE VIALATTE, *Dernières Nouvelles de l'homme*.

PARISIEN

Dieu a inventé le Parisien pour que les étrangers ne puissent rien comprendre aux Français.

ALEXANDRE DUMAS FILS

[...] être parisien, ce n'est pas être né à Paris — c'est y renaître. Et ce n'est pas non plus y être — c'est en être. Et ce n'est pas non plus y vivre — c'est en vivre. Car on en vit — et l'on en meurt. Être de Paris, ce n'est pas y avoir vu le jour — mais c'est y voir clair. On n'est pas de Paris comme on est de Clermont — mais on est de Paris comme on serait d'un cercle. On y est élu parisien — élu à vie — c'est une dignité. C'est une charge aussi.

On doit être à ses ordres, à sa dévotion, quand Paris vous fait l'honneur de vous admettre. Aimer Paris rend orgueilleux, car il vous devient à ce point nécessaire qu'on en arrive à croire qu'on peut lui être utile.

SACHA GUITRY, *Toutes réflexions faites*.

Le vrai Parisien n'aime pas Paris, mais il ne peut vivre ailleurs.

ALPHONSE KARR

[...] car le peuple de Paris est tant sot, tant badaud et tant inepte de nature, qu'un bateleur, un porteur de rogatons [...], un mulet avec ses cymbales, un vielleux au milieu d'un carrefour assemblera plus de gens que ne ferait un bon prêcheur évangélique.

FRANÇOIS RABELAIS, *Gargantua*.

PARLER

Celui qui parle sème, celui qui écoute récolte.

Proverbe persan

On peut parler à quelqu'un, dans le train, mais il est plus correct de lui parler dans l'oreille.

JOSÉ ARTUR, *Les Pensées*.

Parlez, parlez, prosateurs : il en restera toujours quelque chose.
Parlez, parlez, poètes : il en restera toujours quelque chose d'autre.

ALAIN BOSQUET,
La Fable et le Fouet.

Quand je ne parle pas, je ne pense pas... Nous sommes tous ainsi dans mon pays [...] obligés de lancer les mots devant nous, en rabatteurs pour faire lever les idées.

ALPHONSE DAUDET,
Numa Roumestan.

Parler est un besoin, écouter est un art.

WOLFGANG VON GOETHE

Si tout le monde savait ce que tout le monde dit de tout le monde, personne ne parlerait à personne.

GABRIEL HANOTAUX

Oui, parler pour les muets, c'est beau ! mais parler aux sourds, c'est triste.

VICTOR HUGO, *L'Homme qui rit*.

Un Français doit toujours parler, qu'il soit au courant de ce dont il parle ou non ; un Anglais est content de ne rien dire quand il n'a rien à dire.

SAMUEL JOHNSON

Parler plus bas pour se faire mieux écouter d'un public sourd.

JOSEPH JOUBERT, *Carnets*.

Celui qui sait ne parle pas. Celui qui parle ne sait pas.

LAO-TSEU,
Le Livre du Tao et de la vertu.

On aime mieux dire du mal de soi-même que de n'en point parler.

FRANÇOIS DE LA ROCHEFOUCAULD,
Maximes.

Parle afin que je te voie.

GEORG CHRISTOPH LICHTENBERG,
Aphorismes.

Le parler que j'aime, c'est un parler simple et naïf, tel sur le papier qu'à la bouche, un parler succulent et nerveux, court et serré, non tant délicat et peigné comme véhément et brusque.

MICHEL DE MONTAIGNE,
« De l'institution des enfants »,
Essais, livre I, chap. XXVI.

Si je parle du temps, c'est qu'il n'est
[pas encore,
Si je parle d'un lieu, c'est qu'il a
[disparu,
Si je parle d'un homme, il sera
[bientôt mort,
Si je parle du temps, c'est qu'il n'est
[déjà plus.

RAYMOND QUENEAU,
L'Explication des métaphores.

Parler, c'est marcher devant soi.

RAYMOND QUENEAU

PAROLE

Toujours tenir sa parole même si on l'a donnée à un chien.

Précepte des Samouraïs

La parole ne représente parfois qu'une manière, plus adroite que le silence, de se taire.

SIMONE DE BEAUVOIR,
La Force de l'âge.

La parole est l'ombre de l'action.

DÉMOCRITE

Parfois, ceux qui prennent la parole la gardent terriblement longtemps ; des générations, muettes encore, cependant s'impatientent en silence.

ANDRÉ GIDE

Les paroles seules comptent. Le reste est bavardage.

EUGÈNE IONESCO

Le métier de la parole ressemble en une chose à celui de la guerre : il y a plus de risque qu'ailleurs, mais la fortune y est plus rapide.

JEAN DE LA BRUYÈRE,
« De la chaire », *Les Caractères*.

Les vraies paroles ne sont point belles, les belles paroles ne sont point vraies.

LAO-TSEU, *La Voie et sa vertu*.

La parole des hommes est à mi-chemin entre le mutisme des animaux et le silence des dieux.

LOUIS LAVELLE,
cité par JACQUES A. BERTRAND in
Le sage a dit.

La parole est la menue monnaie du silence.

GEORGE MEREDITH,
The Ordeal of Richard Feverel.

La parole est moitié à celui qui parle, moitié à celui qui écoute.

MICHEL DE MONTAIGNE

Le meilleur moyen de tenir sa parole est de ne jamais la donner.

NAPOLÉON Ier

La parole a été donnée à l'homme pour déguiser sa pensée*.

EDWARD YOUNG.
* Souvent attribuée à TALLEYRAND ou à FOUCHÉ.

PARTAGE

Le vice inhérent au capitalisme est le partage non équitable des richesses. Le vice inhérent au socialisme est le partage équitable de la misère.

WINSTON CHURCHILL

Une joie partagée est une double joie. Un chagrin partagé est un demi-chagrin.

JACQUES DEVAL,
Afin de vivre bel et bien.

Ainsi est la règle en ce bas monde ; chacun a en partage ce dont il n'a que faire, et d'autres possèdent ce qui serait le bonheur de leurs voisins.

JEROME K. JEROME,
Trois Hommes dans un bateau.

Il ne faut pas oublier que, tandis que le partage de la joie en accroît l'étendue sur cette terre, le partage de la douleur n'en diminue pas la somme.

OSCAR WILDE,
L'homme et son âme devant la société.

PARTI

Celui qui quitte votre parti pour aller dans un autre est un traître. Celui qui vient d'un autre parti pour rejoindre le vôtre est un converti.

GEORGES CLEMENCEAU

Il faut souvent changer de parti si l'on veut conserver les mêmes opinions.

ANDRÉ SIEGFRIED,
Quelques maximes.

Dans tous les partis, plus un homme a d'esprit, moins il est de son parti.

STENDHAL, *Vie de Napoléon*.

Vous êtes d'un parti, mon ami — c'est-à-dire que vous applaudissez ou injuriez contre votre cœur ; le parti le veut.

PAUL VALÉRY

PARTICIPE

Que fait le participe passé entre deux *que* ?

M. SARRADON,
Exercices gradués de grammaire et d'orthographe,
cité par MICHEL JEURY in *La Gloire du certif*.

PARTICULE

Je sais un paysan qu'on appelait
[Gros-Pierre,
Qui n'ayant pour tout bien qu'un
[seul quartier de terre
Y fit tout à l'entour faire un fossé
[bourbeux,
Et de Monsieur de l'Isle en prit le
[nom pompeux.

MOLIÈRE, *L'École des femmes*,
acte I, scène 1.

Le « de » que l'on ajoute à son
[nom inconnu,

Qui, sans cet ornement, paraîtrait un
[peu nu.

LOUIS PETIT, *Satires*.

PARTIE

Le joueur a reçu un coup de pied dans ses parties intimes. La partie va être suspendue.

THIERRY ROLAND
(commentateur de football).

PARTIR

Partir, c'est mourir un peu ;
C'est mourir à ce qu'on aime.
On laisse un peu de soi-même
En toute heure et dans tout lieu.

EDMOND HARAUCOURT,
Rondel de l'adieu.

Il y a trois sortes de créatures qui, lorsqu'elles semblent venir s'en vont, Et quand elles semblent partir, s'en viennent : les diplomates, les femmes et les crabes.

JOHN MILTON HAY, *Ballades*,
cité par PIERRE GERMA in
Dictionnaire des citations amoureuses.

PARTITION

— Comment fait-on pour empêcher un pianiste classique de jouer ?
— On lui retire la partition.
— Comment fait-on pour empêcher un guitariste rock de jouer ?
— On lui met une partition sous les yeux.

Anonyme

PARTOUZE

Si Dieu avait voulu encourager l'amour en groupe, il nous aurait donné plus d'organes.

MALCOLM BRADBURY

L'amour avec un grand tas.

ALEXANDRE BREFFORT

PARURE

Par le soin qu'elle prête à sa parure, par le souci qu'elle a de sa beauté, que sa parure met en relief, une femme se tient elle-même pour un objet que, sans cesse, elle propose à l'attention des hommes.

GEORGES BATAILLE, *L'Érotisme*.

PAS

Le premier pas que tu fais lorsque tu pars pour le tour du monde ressemble au pas que tu fais pour aller chercher de l'eau au puits.

Proverbe chinois

Un pas en divin, deux pas en humain.

LÉON-PAUL FARGUE,
Sous la lampe.

Ce qui sauve, c'est de faire un pas. Encore un pas. C'est toujours le même pas que l'on recommence.

ANTOINE DE SAINT-EXUPÉRY,
Terre des hommes.

PASSAGE CLOUTÉ

Le passage clouté est le haut lieu de la tendresse municipale.

FRANCE QUÉRÉ,
Au fil de l'autre.

PASSÉ

Que le passé d'un homme est étroit et court, à côté du vaste présent des peuples et de leur avenir immense.

FRANÇOIS RENÉ DE CHATEAUBRIAND,
Mémoires d'outre-tombe.

Lorsqu'on regarde sa vie passée, on croit voir sur une mer déserte, la trace d'un vaisseau qui a disparu.

FRANÇOIS RENÉ DE CHATEAUBRIAND,
Mémoires d'outre-tombe, III, II.

La formule saint-simonienne [...] est celle-ci : l'Homme se souvient du Passé, la Femme pressent l'Avenir ; le couple voit le Présent.

MAXIME DU CAMP,
Souvenirs littéraires.

On voit le passé meilleur qu'il n'a
[été.
On trouve le présent pire qu'il n'est.

On espère l'avenir plus heureux qu'il [ne sera.

MME D'ÉPINOU, *Mémoires*.

Le passé est une terre étrangère : on y fait les choses autrement qu'ici.

LESLIE POLES HARTLEY

PASSER

Ainsi tout change, ainsi tout passe ;
Ainsi nous-mêmes nous passons,
Hélas ! sans laisser plus de trace
Que cette barque où nous glissons
Sur cette mer où tout s'efface.

ALPHONSE DE LAMARTINE, *Le Golfe de Baïa*.

PASSE-TEMPS

En Australie, ne pas lire de poésies est le passe-temps national.

PHYLLIS MCGINLAY

PASSION

Il y a du supplice dans la passion, et le mot l'indique.

ALAIN, *Définitions*.

Celui qui se perd dans sa passion a moins perdu que celui qui perd sa passion.

SAINT AUGUSTIN

Hier soir, je dis à ma femme :
— Ruth, crois-tu que la passion et le sexe, ce soit fini entre nous ?
Elle me répond :
— On discutera de ça après la pub.

MILTON BERLE

Toutes les passions sont exagératrices, et elles ne sont passions que parce qu'elles exagèrent.

NICOLAS DE CHAMFORT, *Maximes et Pensées*.

Une femme, quand elle est jeune, est plus sensible au plaisir d'inspirer des passions, qu'à celui d'en prendre.

CLAUDE CRÉBILLON FILS, *Les Égarements du cœur et de l'esprit*.

Les passions des jeunes gens sont des vices dans la vieillesse.

JOSEPH JOUBERT, *Pensées*.

Les choses que la passion fait faire paraissent ridicules à ceux qui n'en ont jamais senti.

HORTENSE MANCINI, *Mémoires*.

Les passions sont comme des bibliothèques où le vulgaire séjourne sans connaître les trésors qu'elles contiennent.

MARCEL PROUST, *Pensées de jeunesse*

Un peu de passion augmente l'esprit, beaucoup l'éteint.

STENDHAL, *La Vie d'Henri Brulard*.

Il y a des prodiges dans toutes les passions. Un joueur est capable de jeûner et veiller presque comme un saint. Il a des prémonitions..., etc.

SIMONE WEIL, *Cahiers*, II.

PATAQUÈS

Il était cocu comme le loup blanc.

Cité par PHILIPPE MEYER, « Le cercle des métiers », 12 novembre 1997.

PATERNALISTE

Président-Directeur Généreux.

GEORGES ELGOZY, *Le Fictionnaire*.

PATIENCE

Patience ! avec du temps, l'herbe devient du lait.

Proverbe

Avec le temps et la patience, la feuille du mûrier devient satin.

Proverbe chinois

Avec patience et crachat on fait entrer un pépin de calebasse dans le derrière d'un moustique.

Proverbe créole

Patience : Forme mineure de désespoir déguisée en vertu.

AMBROSE BIERCE, *Le Dictionnaire du Diable*.

Rien ne fait autant honneur à une femme que sa patience, et rien ne lui fait si peu honneur que la patience de son mari.

JOSEPH JOUBERT, *Carnets*.

La patience est l'art d'espérer.

LUC DE VAUVENARGUES, *Maximes et Pensées*.

PATRIE

La patrie d'un cochon se trouve partout où il y a un gland.

FRANÇOIS FÉNELON, *Dialogues des morts*.

La patrie est en danger, mangeons du veau.

ALPHONSE KARR, *Les Guêpes*.

La patrie, c'est toutes les promenades qu'on peut faire à pied autour de son village.

JULES RENARD, *Journal*.

La vraie patrie est celle où l'on rencontre le plus de gens qui vous ressemblent.

STENDHAL, *Rome-Naples-Florence*.

PATRIOTE

Les patriotes parlent toujours de mourir pour la patrie, jamais de tuer pour elle.

BERTRAND RUSSELL

PATRIOTISME

Pourquoi aimerait-on d'un amour particulier le pays où l'on paye ses impôts ?

BERTOLT BRECHT, *Dialogue d'exilés*.

Seule forme avouable de xénophobie.

GEORGES ELGOZY, *Le Fictionnaire*.

Le patriotisme, c'est aimer son pays. Le nationalisme, c'est détester celui des autres.

CHARLES DE GAULLE

Le patriotisme est votre conviction que ce pays est supérieur à tous les autres parce que vous y êtes né.

GEORGE BERNARD SHAW

PATRON

Le patron n'est autre que le personnage qui est en retard quand vous êtes en avance et qui arrive avant vous si vous êtes en retard.

CHARLES FOURIER

Si nous [les patrons] nous réussissons, nous sommes des exploiteurs ; si nous échouons, des salauds doublés d'incapables.

HARRIS et SÉDOUY, *Les Patrons*.

PAUPIÈRE

Je crois que vous aurez du mal à me reconnaître : j'ai laissé poussé mes paupières.

ERIK SATIE

PAUVRE

Le pauvre est un étranger dans son pays.

Le Livre de la sagesse arabe

N'est pas pauvre qui a peu mais qui désire beaucoup.

Proverbe

Les pauvres ont la glace en hiver et les riches en été.

Tract anarchiste

Les pauvres sont si malheureux que, quand ça sera la mode de chier de l'argent, eh bien, eux, ils seront constipés.

JORGE AMADO, *Bahia de tous les saints*.

Le pauvre, un jour, sera méconnaissable. On l'appellera chômeur et il ira manger dans la main de l'État.

GEORGES BERNANOS

Il existe pour le pauvre en ce monde deux grandes manières de crever, soit par l'indifférence absolue de vos semblables en temps de paix, ou par la passion homicide des mêmes la guerre venu.

LOUIS-FERDINAND CÉLINE, *Voyage au bout de la nuit*.

Presque tous les désirs du pauvre sont punis de prison.

LOUIS-FERDINAND CÉLINE

Les pauvres sont les nègres de l'Europe.

NICOLAS DE CHAMFORT

Les pauvres sont indispensables à la société, à condition qu'ils le restent.

COLUCHE

Un jour, Dieu a dit : « Je partage en deux : les riches auront de la nourriture, les pauvres auront de l'appétit. »

COLUCHE

Les mendiants volent les pauvres.

ALPHONSE KARR

Ne me méprise pas tant ! Je ne suis pas pauvre. Le pauvre est plutôt celui qui désire beaucoup de choses.

LÉONARD DE VINCI

Si un jour la merde prend de la valeur, les pauvres viendront au monde sans cul.

HENRY MILLER,
Lettre à Joseph Delteil.

Ce sont toujours ceux qui auraient le plus besoin d'argent qui en ont le moins.

HENRI MONNIER,
Grandeur et Décadence de M. Joseph Prudhomme.

Tu as vu des femmes qui aiment les pauvres ?

MARCEL PAGNOL, *Topaze.*

Dans une communauté régie seulement par la loi de l'offre et de la demande, ceux qui restent pauvres sont les grands sages, les oisifs, les insouciants, les humbles, les méditatifs, les lents, les imaginatifs, les sensibles, les bien informés, les imprévoyants [...] sans oublier les personnes justes et charitables.

JOHN RUSKIN,
cité par BENJAMIN BARBER in
Démocratie forte.

En bornant ses désirs, on borne ses
[besoins ;
Le plus riche est celui qui désire le
[moins.

J. SAINTINE

C'est drôle : tout le monde a ses pauvres et les pauvres, eux, n'ont personne.

AURÉLIEN SCHOLL

Les pauvres sont coupables de l'existence des riches.

MAX STIRNER, *L'Unique et sa propriété.*

Je demandais à un homme pauvre comment il vivait ; il me répondit : « Comme un savon, toujours en diminuant. »

JONATHAN SWIFT, *Opuscules humoristiques.*

Les mécontents, ce sont des pauvres qui réfléchissent.

TALLEYRAND

Il y a une classe de la société qui pense encore plus à l'argent que les riches, ce sont les pauvres.

OSCAR WILDE

PAUVRETÉ

Il s'est trouvé des filles qui avaient de la vertu, de la santé, de la ferveur et une bonne vocation, mais qui n'étaient pas assez riches pour faire, dans une riche abbaye, vœu de pauvreté.

JEAN DE LA BRUYÈRE, *Les Caractères.*

La pauvreté humilie les hommes jusqu'à les faire rougir de leurs vertus.

LUC DE VAUVENARGUES,
Réflexions et Maximes.

Ce qui rend la pauvreté si dure, ce ne sont pas les privations, c'est la promiscuité.

MARGUERITE YOURCENAR, *Alexis.*

PAVÉ

Être progressiste consiste à lancer des pavés. Être anarchiste consiste à les envoyer le plus loin possible.

Une affiche de mai 1968

PAYS

Les pays sont comme les astres, ils peuvent étinceler et éclairer des siècles après leur extinction.

JEAN GIRAUDOUX,
De pleins pouvoirs à sans pouvoir.

Mon pays ce sont d'abord des paysages ; comme mes amours, mes amis, sont d'abord des visages.

FRANÇOIS MITTERRAND,
Mémoires interrompus.

Loin du pays, j'ai souvent le mal du pays pour le pays des tableaux.

VINCENT VAN GOGH,
Lettre à Théo, juillet 1880.

PAYS NATAL

Une femme se réclame d'autant de pays natals qu'elle a eu d'amours heureuses.

COLETTE,
La Naissance du jour.

PAYSAGE

Un paysage quelconque est un état de l'âme.

HENRI FRÉDÉRIC AMIEL,
Journal intime.

PAYSAN

J'aime les paysans, ils ne sont pas assez instruits pour être bêtes.

CHARLES DE MONTESQUIEU

Un paysan, c'est un tronc d'arbre qui se déplace.

JULES RENARD, *Journal*.

PEAU

Quand le poil est raclé, une peau de tigre ou de léopard ne se distingue plus d'une peau de chien.

CONFUCIUS

Ma peau pense pour moi ; je suis
[Peau-Être
Un soir je dirai non à l'ordre
[cérébral.

MICHEL RACHLINE

PEAU-ROUGE

Indien de l'Amérique du Nord dont la peau n'est pas rouge, tout du moins pas à l'extérieur.

AMBROSE BIERCE,
Dictionnaire du Diable.

PÉCHÉ

L'homme juste, selon le Sage,
Pèche sept fois et davantage :
Mais la femme juste, combien ?
Ma foi, le Sage n'en sait rien !

Anonyme

Les vieux péchés ont de longues ombres.

Proverbe chinois

Les gens sérieux et considérés se refusent à croire qu'ils partagent avec la canaille l'usage des sept péchés capitaux.

GEORGES BERNANOS

Le christianisme a beaucoup fait pour l'amour en en faisant un péché.

ANATOLE FRANCE

Ayez de la haine pour le péché et de l'amour pour le pécheur.

MAHATMA GANDHI

Les péchés que vous faites deux à deux, vous devez les payer un à un.

RUDYARD KIPLING,
Tombinson.

Je pleure mes péchés et ceux que j'ai commis et ceux que j'eusse aimé commettre.

FRANÇOIS MAURIAC,
« Délectation », *Orages*.

C'est en Italie et au XVIIe siècle qu'une princesse disait, en prenant une glace avec délices, le soir d'une journée fort chaude : « Quel dommage que ce ne soit pas un péché ! »

STENDHAL, *Les Cenci*.

PÊCHE À LA LIGNE

Rien ne calme les passions comme ce divertissement philosophique que les sots tournent en ridicule comme tout ce qu'ils ne comprennent pas.

THÉOPHILE GAUTIER

PÊCHEUR

Le pêcheur qui, à coups de rames, fait avancer sa barque, a son passé devant lui et son avenir dans le dos.

SOPHOCLE

PÉDALE

Moins je pédale plus fort, plus j'avance moins vite ou, plus je pédale moins fort, moins j'avance plus vite.

Dans *Histoire d'eau*, court métrage de FRANÇOIS TRUFFAUT et JEAN-LUC GODARD.

PÉDÉRASTIE

La pédérastie est un cas bandable.

PAUL VERLAINE

PEINDRE

Il [Kokoshka] peignait les vivants comme s'ils étaient morts depuis deux jours. Lorsqu'il voulut, une fois, peindre un mort, le cercueil était déjà refermé.

KARL KRAUS, *Aphorismes*.

Peindre, c'est réaliser l'acte sexuel. Sauf qu'on se sert d'un pinceau.

BERNARD LORJOU

PEINE

Tous ces coureurs se donnent bien de la peine. Tous ces joueurs de ballon se donnent bien de la peine. Tous ces boxeurs se donnent bien de la peine. On lit partout que les hommes cherchent le plaisir ; mais cela n'est pas évident ; il semble plutôt qu'ils cherchent la peine et qu'ils aiment la peine [...]. On dira là-dessus qu'ils trouvent tous leur plaisir dans cette peine qu'ils cherchent ; mais c'est jouer sur les mots ; c'est « bonheur » et non « plaisir » qu'il faudrait dire ; et ce sont deux choses très différentes, aussi différentes que l'esclavage et la liberté.

ALAIN, *Propos sur le bonheur*.

PEINE DE MORT

Je suis pour la peine de mort avec sursis.

PIERRE DAC

La peine de mort sera un jour abolie, et n'est-il pas étonnant que ce soit en faisant couler des flots de sang, que ce soit, assis sur des monceaux de cadavres, que le Français aura enseigné aux nations à respecter la vie de l'homme ?

GABRIEL SÉNAC DE MEILHAN, *Histoire du marquis de Saint-Alban*.

PEINTRE

J'ai toujours affirmé que j'étais un peintre très médiocre. Je crois simplement que je suis meilleur peintre que mes contemporains. Si vous préférez, ils sont bien meilleurs que moi.

SALVADOR DALÍ

PEINTURE

La peinture est une cérémonie en solitude.

ALAIN

La peinture, à partir du moment où ça devient artistique, ça devient mauvais.

BALTHUS

Peinture : Art de protéger les surfaces plates contre les intempéries et de les exposer à la critique.

AMBROSE BIERCE, *Le Dictionnaire du Diable*.

Il ne s'agit pas de peindre la vie, mais de rendre vivante la peinture.

PIERRE BONNARD

La peinture n'est pas bien difficile quand on ne sait pas. Mais quand on sait, oh ! alors... c'est autre chose !

EDGAR DEGAS

La peinture est une poésie qui se voit.

LÉONARD DE VINCI

Quelle vanité que la peinture qui attire l'admiration par la ressemblance des choses dont on n'admire point les originaux.

BLAISE PASCAL, *Pensées*.

PÉLICAN

Le pélican est ce qui se rapproche le plus du bonnet de nuit.

PAUL ÉLUARD, *152 proverbes*.

Pendant deux jours le père Pélican partagea ses entrailles entre ses enfants*. Mais le matin du troisième jour, le plus jeune des petits s'écria : « Ah ! zut ! encore des tripes ! »

ANDRÉ HÉBRARD

* Voir *Le Pélican* d'Alfred de Musset.

PENCHANT

Lorsque les hommes attaquent les femmes, ils suivent le penchant qu'ils ont de les attaquer ; mais quand les femmes se défendent, elles n'ont pas trop de penchant à se défendre. D'où je conclus qu'en amour, ce qui est une victoire pour les hommes est une espèce de défaite pour les femmes.

BERNARD DE FONTENELLE

PENDU

La peur de tomber, voilà ce qui fait grimacer le pendu.

Anonyme

Qui tue ivre sera pendu sobre.

Proverbe anglais

Après avoir appris à voler il te faut encore apprendre à être pendu.

Proverbe indien

Le torticolis du pendu est incurable.

RAMÓN GÓMEZ DE LA SERNA, *Greguerías*.

PENDULE

— Qu'est-ce qu'il est impossible de voler dans un bureau de l'Administration ?

Réponse : une pendule, parce que tous les fonctionnaires ont l'œil fixé dessus.

Anonyme

PÉNÉTRATION

La dernière fois que j'ai pénétré une femme, c'était en visitant la statue de la Liberté.

WOODY ALLEN, *Crimes et délits*.

PÉNITENCE

Si Madeleine avait coupé ses cheveux par pénitence, avec quoi aurait-elle essuyé les pieds du Sauveur ?

PAUL CLAUDEL, *Journal*, I.

PENSÉE

Qu'est-ce qu'une pensée neuve, brillante, extraordinaire ? Ce n'est point, comme se le persuadent les ignorants, une pensée que personne n'a jamais eue, ni dû avoir : c'est au contraire une pensée qui a dû venir à tout le monde et que quelqu'un s'avise le premier d'exprimer.

NICOLAS BOILEAU

La pensée agit sur le corps d'une manière inexplicable ; l'homme est peut-être la pensée du grand corps de l'Univers.

FRANÇOIS RENÉ DE CHATEAUBRIAND, *Le Génie du christianisme*.

Si ces pensées ne plaisent à personne, elles pourront n'être que mauvaises ; mais je les tiens pour détestables si elles plaisent à tout le monde.

DENIS DIDEROT, *Pensées philosophiques*.

La pensée est une maladie particulière à quelques individus et qui ne se propagerait pas sans amener promptement la fin de l'espèce.

ANATOLE FRANCE, *Les Opinions de M. Jérôme Coignard*.

Et moi, je ne sais pas ce que mes pensées pensent.

FRANCIS JAMMES, *Le Deuil des primevères*.

Le monde est une pensée qui ne se pense pas, suspendu à une pensée qui se pense.

JULES LACHELIER, *Psychologie et métaphysique*.

Tous ceux qui écrivent des pensées ou des maximes sont des charlatans qui jettent de la poudre aux yeux.

PRINCE DE LIGNE

Les pensées de la classe dominante sont aussi, à toutes les époques, les pensées dominantes.

KARL MARX et FRIEDRICH ENGELS, *L'Idéologie allemande*.

Gardons-nous de suivre la pensée d'un auteur... D'ailleurs, qu'en sait-il de sa pensée ?

HENRI MICHAUX, *Plume*.

La seule bonne monnaie est la pensée.

PLATON, *Phédon*.

La pensée n'est qu'un éclair au milieu de la nuit. Mais c'est cet éclair qui est tout.

HENRI POINCARÉ, *La Valeur de la science*.

Écrire des pensées, c'est relever chaque jour, comme un épicier d'ordre, les petites recettes de son esprit.

JULES RENARD, *Petites Bruyères*

La pensée qu'on avait écartée et qui revient, il faut y prendre garde : elle veut vivre.

JEAN ROSTAND, *Journal d'un caractère*.

Un trésor de belles pensées vaut mieux qu'un amas de richesses.

SOCRATE

Laissez aller votre pensée comme cet insecte qu'on lâche en l'air avec un fil à la patte.

SOCRATE, *Nuées d'Aristophane*.

Laissez-moi sur la branche et gardez
[vos paroles
Je crains votre pensée comme un
[coup de fusil

JULES SUPERVIELLE, *La Fable du monde*.

Une propriété essentielle d'une pensée est ce pouvoir qu'elle a de traverser d'autres pensées sans s'y confondre, comme les images ou les voix de convives opposés se traversent sans se troubler. Les pensées apparaissent aussi au milieu des circonstances les moins conformes à elles et où elles se trouvent le moins attendues.

PAUL VALÉRY, *Alphabet*.

PENSER

Think before you are thought.

(Pensez avant qu'on ne vous pense.)

Affiche primée par l'Unesco.

Quand on sait ce qu'on sait, quand on voit ce qu'on voit, on a raison de penser ce qu'on pense.

Proverbe suisse

Il est presque impossible de penser contre un bataillon de chasseurs à pied qui défile.

ALAIN

Je crois encore qu'on pense à partir de ce qu'on écrit, et pas le contraire.

LOUIS ARAGON, *Je n'ai jamais appris à écrire*.

S'il est impossible de ne pas penser à quelque chose, il reste encore possible de penser à autre chose.

LEWIS CARROLL

Mais qu'est-ce donc que je suis ? une chose qui pense. Qu'est-ce qu'une chose qui pense ?

RENÉ DESCARTES, *Méditations*.

Et je pense que si vous pensez que je pense à ce que vous pensez, nous ne sommes pas très loin de nous comprendre.

HENRI JEANSON, in film *La Fête à Henriette*.

Un Anglais pense assis ; un Français, debout ; un Américain en marchant ; un Irlandais, après.

AUSTIN O'MALLEY

Je dois ma célébrité au fait que je pense une ou deux fois par semaine.

GEORGE BERNARD SHAW

Je pense, donc Descartes est.

SAÜL STEINBERG, *Cogito.*

Parfois je pense, et parfois, je suis.

PAUL VALÉRY,
« Choses tues », *Tel Quel.*

PENSEUR

L'homme que je déteste le plus au monde est Auguste Rodin, parce qu'il est l'auteur d'une sculpture abominable qui représente un penseur, la tête appuyée dans les mains. En cette position on ne peut rien créer, on peut tout juste déféquer.

SALVADOR DALÍ,
Pensées et Anecdotes.

PENSION ALIMENTAIRE

Verser une pension alimentaire, c'est comme donner du foin à un cheval mort.

GROUCHO MARX

PENTE

Il est bon de suivre sa pente, pourvu que ce soit en montant.

ANDRÉ GIDE,
Les Faux-Monnayeurs.

PERDRE

Il perd, celui qui sait ce qu'il va faire s'il gagne. Il gagne, celui qui sait ce qu'il va faire s'il perd.

MACHIAVEL

PERDRIX

Surtout, évitez la cuisse gauche de la perdrix, car c'est sur celle-ci qu'elle se tient perchée, ce qui gâte sa circulation sanguine et rend la chair dure.

CURNONSKY
Lettre, citée par STANLEY KARNOW in
Paris années 50.

PERDU

La plus perdue de toutes les journées est celle où l'on n'a pas ri.

NICOLAS DE CHAMFORT,
Maximes et Pensées.

Il vaut mieux être perdu de vue que de réputation.

LOUIS AUGUSTE COMMERSON,
Pensées d'un emballeur.

La plus perdue de toutes les journées pour un dentiste est celle où il n'a pas de carie à se mettre sous la dent.

HIPPOLYTE DOMONT, *Propos de mon village.*

Faute d'un clou, le fer fut perdu,
Faute d'un fer, le cheval fut perdu,
Faute d'un cheval, le cavalier fut
[perdu,
Faute d'un cavalier, la bataille fut
[perdue,
Faute d'une bataille, le royaume fut
[perdu,
Et tout cela faute d'un clou de fer à
[cheval.

BENJAMIN FRANKLIN,
Almanach du pauvre Richard.

Même si tout semble perdu, tout est encore à gagner.

JEAN GIONO

« Quand on a tout perdu, quand on
[n'a plus d'espoir,
La vie est un opprobre et la mort un
[devoir. »

VOLTAIRE, *Mérope*, acte II, scène 7.

PÈRE

Un père est un banquier donné par la nature.

(parodie du vers de Gabriel Legouvé :
« Un frère est un ami donné par la nature »).

Tous les pères sont les mêmes ! Un moment vient toujours où ils ne voudraient pas être regardés par leurs fils avec les yeux qu'ils leur ont faits.

COLLODI, *Pinocchio.*

Si j'étais né avant mon père, j'aurais pu être le sien.

LOUIS AUGUSTE COMMERSON,
Pensées d'un emballeur.

Mon père est un grand enfant que j'ai eu quand j'étais tout petit.

ALEXANDRE DUMAS FILS

Tout père sur qui son fils lève la main est coupable : d'avoir fait un fils qui levât la main sur lui.

CHARLES PÉGUY,
Cahiers de la Quinzaine.

Un père, quand il engendre et nourrit des enfants, ne fait en cela que le tiers de sa tâche. Il doit des hommes à son espèce ; il doit à la société des hommes sociables ; il doit des citoyens à l'État. Tout homme qui peut payer cette triple dette et ne le fait pas est coupable, et plus coupable peut-être quand il la paye à demi.

JEAN-JACQUES ROUSSEAU,
Émile ou De l'éducation.

Ne pas entendre ou ne pas voir le père est la seule base solide de la vie familiale.

OSCAR WILDE

PERFECTION

Sous prétexte que la perfection n'est pas de ce monde, ne gardez pas soigneusement tous vos défauts.

JULES RENARD, *Journal*

Il semble que la perfection soit attente, non quand il n'y a plus rien à ajouter, mais plus rien à retrancher.

ANTOINE DE SAINT-EXUPÉRY,
Terre des hommes, III.

PÉRIL

Le péril une fois passé, le saint est bientôt négligé.

Proverbe italien

PÉRIR

Toute chose naît pour périr
Et tout ce qui périt retourne
Pour une autre fois refleurir.

ROBERT GARNIER, *Cornélie*.

PERLE

Ce ne sont pas les perles qui font le collier. C'est le fil.

Anonyme

Votre beauté sans seconde
Vous fait ici appeler
La perle unique du monde :
Il vous faut donc enfiler.

PIERRE MOTIN, *Quatrains*.

Les mœurs sont un collier de perles ; ôtez le nœud, tout défile.

NICOLAS RESTIF DE LA BRETONNE

PERROQUET

L'espèce de société que le perroquet contracte avec nous par le langage est plus étroite est plus douce que celle à laquelle le singe peut prétendre par son imitation capricieuse de nos mouvements et de nos gestes.

BUFFON, *Histoire naturelle*.

Le perroquet ne parlait plus que sa langue maternelle.

GEORG CHRISTOPH LICHTENBERG,
Aphorismes.

PERRUQUE

La royauté est une divinité humaine. Or, Dieu ne se prête pas à l'usurpation de la divinité par l'homme et il rappelle au vrai, par certaines restrictions ironiques, les fausses majestés terrestres. Il corrige la perruque de Louis XIV par une fistule à l'anus.

VICTOR HUGO

PERSÉCUTER

Je vais te dire la plus triste découverte de ma vie : les persécutés ne valent pas mieux que les persécuteurs. Je peux fort bien imaginer les rôles inversés.

ROMAIN ROLLAND

« PERSER »

Saint-John Perse, mais il y a mis le temps.

LOUIS SCUTENAIRE, *Mes inscriptions*, II.

PERSONNALITÉ

Ce que le public te reproche, cultive-le : c'est toi !

JEAN COCTEAU, *Le Potomak*

Une personnalité n'est qu'une erreur persistante.

MAX JACOB, *Art poétique*.

Ne sois pas un autre si tu peux être toi-même.

PARACELSE

La personnalité est la garde-robe du moi.

LOUIS SCUTÉNAIRE, *Mes inscriptions*.

PERSONNE

Un homme à qui personne ne plaît est bien plus malheureux que celui qui ne plaît à personne.

FRANÇOIS DE LA ROCHEFOUCAULD, *Maximes non publiées*.

Personne n'est modeste, malgré la révérence embarrassée ou l'air timide qu'on prend quelquefois. Personne n'est doux ; personne n'est naturel ; personne n'est de bonne foi ; personne ne se rend justice ; personne n'en rend aux autres ; personne n'entend bien ; personne ne voit bien ; personne ne dit la vérité. Contredites quelqu'un, telle obligation qu'on vous ait, on oublie tout.

PRINCE DE LIGNE, *Mes écarts ou Ma tête en liberté*.

PERSPECTIVE

La perspective ne permet pas aux aveugles de voir.

GEORG CHRISTOPH LICHTENBERG, *Aphorismes*.

PESANTEUR

Je ne crois pas beaucoup à la loi de la pesanteur : il est, en effet, plus facile de lever une femme que de la laisser tomber.

GEORGES COURTELINE

La pesanteur morale nous fait tomber vers le haut.

SIMONE WEIL, *La Pesanteur et la Grâce*.

PESSIMISME

Le pessimisme est d'humeur, l'optimisme est de volonté.

ALAIN

Je me sens très optimiste quant à l'avenir du pessimisme.

JEAN ROSTAND, *Carnet d'un biologiste*.

Mon pessimisme va à un point tel qu'il suspecte la sincérité des autres pessimistes.

JEAN ROSTAND, *Inquiétudes d'un biologiste*.

PESSIMISTE

Le pessimiste est celui qui pense que toutes les femmes sont légères. L'optimiste est celui qui l'espère bien.

MARCEL ACHARD

Un pessimiste c'est un type qui a vécu trop longtemps avec des optimistes.

ROBERT BEAUVAIS

Le sourire de complicité qu'échangent parfois deux pessimistes me paraît être une manifestation de l'optimisme le plus pur.

JACQUES A. BERTRAND

Les optimistes assurent que nous vivons dans le meilleur des mondes possibles. Il n'y a que les pessimistes pour craindre que cela soit vrai.

JAMES B. CABELL

Je suis pessimiste par l'intelligence et optimiste par la volonté.

ANTONIO GRAMSCI, *Lettres de prison*.

Quand vous devenez pessimiste, regardez une rose.

ALBERT SAMAIN, *Carnets*.

Il n'y a rien de plus triste à voir qu'un jeune pessimiste, si ce n'est un vieil optimiste.

MARK TWAIN

Une pessimiste est une femme qui pense qu'elle ne pourra pas garer sa voiture entre deux autres dans un espace visiblement trop étroit. L'optimiste est un homme qui pense qu'elle n'essayera pas.

GROVER WHALEN

PESTE

Je donne le nom de peste à la corruption de l'intelligence bien plus sûrement qu'à l'infection de l'air qui nous entoure.

MARC AURÈLE

PET

Savez-vous pourquoi les pets sentent mauvais ? C'est pour que les sourds puissent en profiter.

Anonyme

Les Chinois, qui ont deux mille ans d'avance culturelle sur nous, mettent le concours de pets bien au-dessus du ping-pong.

PHILIPPE DE BALEINE, *Nouveau Voyage sur le petit train de la brousse*.

À chacun son pet sent bon.
(*Cuicumque crepitus bonum olet*)

ÉRASME, *Adages*.

Sur un pet échappé à un homme fort sot : « Aimeriez-vous, dit-il, que Monsieur eût parlé ? »

ANTOINE DE RIVAROL, *Les Pensées*.

Le pet qui ne peut sortir
À maints la mort fait sentir ;
Et le pet, de son chant, donne
La vie à mainte personne.
Si donc un pet est si fort,
Qu'il sauve ou donne la mort,
D'un pet, la force est égale
À la puissance royale.

PIERRE DE RONSARD

PÉTANQUE

La preuve que Dieu est l'ami des joueurs de boules, c'est que les feuilles de platane sont proportionnées à la force du soleil.

MARCEL PAGNOL, *Le Temps des amours*.

PETIT

Un petit souci brise les os,
Une petite bonne nouvelle fait vivre [le cœur,
Une petite rosée fait vivre le champ,
Une petite abeille fait du miel.

ANKH-SCHESHONQ, *La Sagesse vivante de l'Égypte ancienne*, traduite par Christian Jacq.

Petit bien qui ne doive rien
Petit jardin, petite table,
Petit minois qui m'aime bien
Sont pour moi choses délectables

LOUIS SALLENTIN, *L'Improvisateur français*.

Je plains les gens petits : ils sont les derniers à savoir qu'il pleut.

PETER USTINOV

PETITE

Si ta femme est petite, penche-toi vers elle.

Talmud

PETITES ANNONCES

Vends usine et stocks de chaussettes trouées. Reprise justifiée.

PIERRE DAC

On cherche deux hommes de paille, un grand et un petit, pour tirage au sort.

PIERRE DAC

Musicien échangerait pull-over usagé, mais en parfait état contre boléro de Ravel.

PIERRE DAC, *L'os à Moelle*

PÉTROLE

À quand le bœuf gros Shell et l'Esso 6 de Strasbourg ?

RENÉ BAER, *Les Pensées*.

On dit que l'argent c'est bien [inodore.
Mais l'pétrole est là pour me [démentir
Car à Tempico, quand il s'évapore
Le passé revient qui vous fait vomir.

PIERRE MAC ORLAN, *La Chanson de Margaret*.

Le pétrole me paraît très nettement l'odeur la plus parfaite du désespoir humain, si le désespoir humain a une odeur.

PIERRE MAC ORLAN,
Chansons pour accordéon.

PÉTULANCE

— Ah ! Quelle pétulance ! lança une admiratrice à Louis Jouvet.

— Mais, madame, qui donc vous autorise à me tutoyer ?

PEU

Tous les êtres viennent de peu, et il s'en faut de peu qu'ils ne viennent de rien.

JOSEPH JOUBERT, *Carnets.*

PEUPLE

Il y a une bourgeoisie de gauche et une bourgeoisie de droite. Il n'y a pas de peuple de gauche ou de peuple de droite, il n'y a qu'un peuple.

GEORGES BERNANOS,
Les Grands Cimetières sous la lune.

Puisque le peuple vote contre le gouvernement, il faut dissoudre le peuple.

BERTOLT BRECHT

Le peuple se promène au cimetière et fait des visites à l'hôpital.

EDMOND et JULES DE GONCOURT,
Idées et Sensations.

Les peuples ne se guérissent pas avec des remèdes amers, et il est prudent de leur dorer la pilule.

BALTASAR GRACIÁN

Quand le peuple est en mouvement, on ne comprend pas par où le calme peut y rentrer ; et quand il est paisible, on ne voit pas par où le calme peut en sortir.

JEAN DE LA BRUYÈRE, *Les Caractères.*

Le peuple n'a guère d'esprit et les grands n'ont point d'âme. Celui-là a un bon fond et n'a point de dehors ; ceux-ci n'ont que des dehors et qu'une simple superficie. Faut-il opter ? Je ne balance pas, je veux être peuple.

JEAN DE LA BRUYÈRE,
« De la cour », *Les Caractères.*

Je veux bien mourir pour le peuple, mais je ne veux pas vivre avec.

FRANÇOIS MAURIAC

Il y a deux vérités qu'il ne faut jamais séparer en ce monde :

1. Que la souveraineté réside dans le peuple.
2. Que le peuple ne doit jamais l'exercer.

ANTOINE DE RIVAROL,
Journal politique national.

Le meilleur ciment d'un peuple est la bêtise de ceux qui en font partie.

LOUIS SCUTENAIRE, *Mes inscriptions.*

Les peuples bien gouvernés sont en général des peuples qui pensent peu.

ANDRÉ SIEGFRIED, *Quelques Maximes.*

Il y a aujourd'hui sur la terre deux grands peuples qui, partis de points différents, semblent s'avancer vers le même but : ce sont les Russes et les Anglo-Américains.

ALEXIS DE TOCQUEVILLE,
De la démocratie en Amérique.

Il y a une autre canaille à laquelle on sacrifie tout et cette canaille est le peuple.

VOLTAIRE,
Lettre au marquis de Condorcet.

PEUR

Plus contagieuse que la peste la peur se communique en un clin d'œil.

NICOLAS GOGOL, *Les Âmes mortes.*

Surtout n'ayez jamais peur, l'ennemi qui vous fait reculer a peur de vous au même instant.

GABRIEL HANOTAUX,
cité par ANDRÉ MAUROIS in *Un art de vivre.*

Le vieux patron me donna son opinion sur l'utilité de la peur. « Un homme qui n'a pas peur de la mer ne tardera pas à se noyer, dit-il, car il sortira un jour où il ne devrait pas. Mais nous, on a peur de la mer et on ne se noie que de temps en temps. »

JOHN MILLINGTON SYNGE,
Les Îles Aran.

PHALLUS

Le phallus, en ce siècle, devient doctrinaire.

HENRI MICHAUX, *Face aux verrous.*

Notre phallus devrait avoir des yeux ; grâce à eux, nous pourrions croire un instant que nous avons vu l'amour de près.

FRANCIS PICABIA, *Aphorismes.*

In cauda, veine énorme*.

PAUL VERLAINE

In cauda venenum (proverbe latin).

PHILOSOPHE

Le philosophe est l'homme à jeun dans l'ébriété universelle.

HENRI FRÉDÉRIC AMIEL

À quoi bon fréquenter Platon quand un saxophone peut aussi bien nous faire entrevoir un autre monde.

EMIL MICHEL CIORAN

Si j'avais une province à punir, je la ferais gouverner pas des philosophes.

FRÉDÉRIC II DE PRUSSE

Les mauvais philosophes peuvent avoir une certaine influence ; mais les bons philosophes, jamais.

BERTRAND RUSSELL

Dans le métier de philosophe, il est essentiel de ne pas comprendre.

PAUL VALÉRY, *Variété.*

PHILOSOPHER

Celui qui dit que le temps de philosopher n'est pas encore venu, ou que ce temps est passé, est pareil à celui qui, en parlant du bonheur, dit que le temps n'est pas venu ou qu'il n'est plus là.

ÉPICURE, *Lettre à Ménécée.*

Il faut souhaiter que philosopher soit la manière la plus naturelle de parler de l'homme aux hommes.

SØREN KIERKEGAARD

Disons-le hardiment, philosopher, c'est expliquer au sens vulgaire des mots, le clair par l'obscur, *clarum* par *obscurius.*

JULES LAGNEAU (1851-1894),
De la métaphysique.

Philosopher n'est qu'une façon de raisonner la mélancolie.

LOUISE DE VILMORIN, *Juliette.*

PHILOSOPHIE

Le plus beau siècle de la philosophie était celui où il n'y avait pas encore de philosophes.

Proverbe

Philosophie : itinéraire composé de plusieurs routes qui mènent de nulle part à rien.

AMBROSE BIERCE,
Le Dictionnaire du Diable.

La meilleure philosophie, relativement au monde, est d'allier à son égard, le sarcasme de la gaieté avec l'indulgence du mépris.

NICOLAS DE CHAMFORT,
Maximes et Pensées,
Caractères et Anecdotes.

La philosophie a cela d'utile qu'elle sert à nous consoler de son inutilité.

LOUIS AUGUSTE COMMERSON,
Pensées d'un emballeur.

La philosophie est comme un arbre dont les racines sont la métaphysique ; le tronc est la physique et les branches qui sortent de ce tronc sont toutes les autres sciences.

RENÉ DESCARTES

Si l'on veut bien y regarder de plus près, toute philosophie n'est que le sens commun traduit en langage amphigourique.

WOLFGANG VON GOETHE,
Maximes et réflexions.

Cette philosophie qui s'occupe perpétuellement de ce qu'il faut croire, et jamais de ce qu'il faut faire, ni de ce qu'il faut être.

JOSEPH JOUBERT, *Carnets*.

La philosophie triomphe aisément des maux passés et des maux à venir, mais les maux présents triomphent d'elle.

FRANÇOIS DE LA ROCHEFOUCAULD, *Maximes*.

La philosophie est à l'étude du monde réel ce que l'onanisme est à l'amour sexuel.

KARL MARX et FRIEDRICH ENGELS, *L'Idéologie allemande*.

C'est une chose extraordinaire que toute la philosophie consiste dans ces trois mots : « Je m'en fous ! »

CHARLES DE MONTESQUIEU, *Mes pensées*.

La philosophie est comme la Russie : pleine de marécages, et souvent envahie par les Allemands.

ROGER NIMIER, *Le Hussard bleu*.

La philosophie est l'hôpital de la poésie.

NOVALIS

Se moquer de la philosophie, c'est vraiment philosopher.

BLAISE PASCAL, *Pensées*.

La philosophie renvoie l'homme dans les bois, la religion dans les temples et la politique dans les villes.

ANTOINE DE RIVAROL, *Discours sur l'universalité de la langue française*.

Nos premiers maîtres de philosophie sont nos pieds, nos mains, nos yeux. Substituer des livres à tout cela, ce n'est pas nous apprendre à raisonner, c'est nous apprendre à nous servir de la raison d'autrui ; c'est nous apprendre à beaucoup envier, et à ne jamais rien savoir.

JEAN-JACQUES ROUSSEAU, *Émile ou De l'éducation*.

Il y a plus de choses dans le ciel et sur la terre, Horatio, que n'en peut rêver votre philosophie.

WILLIAM SHAKESPEARE, *Hamlet*, acte I, scène 5.

PHONÉTIQUE

Abbaye, Abbaye
A.B.I.A.B.I
J'ai été au pays des héros
G.É.T.O.P.I.D.R.O
Ève et des déesses y errent
È.V.D.D.S.I.R.
Et l'effigie des haines y
est liée aux déités
L.F.I.J.D.N.I.L.I.É.O.D.I.T.
Et les fées huées et fixées
au gibet des aides
L.F.É.U.É.F.X.É.O.J.B.D.Z.
Et l'épée des héros
y gisait démodée.
L.É.P.D.R.O.I.J.Z.M.O.D.

LOUISE DE VILMORIN, *L'Alphabet des aveux*.

PHOTOGRAPHIE

La photo est encore tourmentée par le fantôme de la peinture. Dans un premier temps, elle photographie le notable. Mais bientôt, elle décrète notable ce qu'elle photographie.

ROLAND BARTHES, *Roland Barthes par lui-même*.

Sentant venir la mort, le photographe a dit entre ses dents :

— Attention... ne bougeons plus !

SACHA GUITRY, *Toutes réflexions faites*.

Toute photo est une intelligence qu'épuise une lumière.

DENIS ROCHE, *La Disparition des lucioles*.

PHRASE

C'est une grande force pour une phrase que le fait de sentir ou de ne pas sentir un homme derrière elle.

RALPH WALDO EMERSON

Dans ma pauvre vie si plate et si tranquille, les phrases sont des aventures.

GUSTAVE FLAUBERT

Il y a peu de mauvaises phrases dont un grand auteur ne saurait faire une bonne en la déplaçant.

JEAN-PAUL, *Être là dans l'existence*.

PHYSIQUE

Ô physique ! protège-moi de la métaphysique.

ISAAC NEWTON

PIAF (Édith)

Il ne restera d'elle que son regard, ses mains pâles, ce front de cire qui accroche la lumière, et cette voix qui gonfle, qui monte qui monte, qui, pas à pas, se substitue à elle et grandissant comme son ombre sur un mur, remplacera glorieusement cette petite fille timide.

JEAN COCTEAU

PIANISTE

« NE TIREZ PAS SUR LE PIANISTE. IL FAIT CE QU'IL PEUT. »

OSCAR WILDE, *Impressions d'Amérique* (affiche vue dans un dancing de Leadville, USA).

PIANO

Le professeur de piano venait deux fois par semaine combler l'immense fossé qui séparait Dorothée de Chopin.

GEORGE ADE

Le piano, c'est l'accordéon du riche.

MICHEL AUDIARD, *Les Tontons flingueurs*.

Quand le piano tombe, le déménageur s'affole.

CHAVAL

C'est, non d'un impôt, mais de deux, qu'on devrait frapper les pianos : le premier au profit de l'État, le second au profit des voisins.

GEORGES COURTELINE, *La Philosophie de Georges Courteline*.

Oh ! ce piano, ce cher piano,
Qui jamais, jamais ne s'arrête,
Oh ! ce piano qui geint là-haut
Et qui s'entête sur ma tête !
Ce sont de sinistres polkas
Et des romances pour concierge
Des exercices délicats,
Et la prière d'une vierge !

JULES LAFORGUE, *Dimanches*.

Un piano, une jeune fille, et une machine à écrire, pour avoir un bon usage doivent avoir été travaillés.

HENRY DE MONTHERLANT, *Carnets, 1930-1944*.

J'aimerais jouer avec un piano qui aurait une grosse queue.

ERIK SATIE

PICASSO

En 1937, l'ambassadeur nazi, Otto Abetz, s'arrêtant devant le tableau *Guernica*, demande à Picasso :

— C'est vous qui avez fait ça ?

— Non, c'est vous ! répondit Picasso.

Votre Picasso a ensorcelé l'Amérique, pays des femmes, et il peint les femmes avec une bouche à la place de l'oreille.

— Ça prouve qu'il les connaît bien !

JEAN COCTEAU, *Jean Marais*.

Picasso est peintre : moi aussi
Picasso a du génie : moi aussi
Picasso est communiste : moi non plus.

SALVADOR DALÍ

Mieux vaut subir les assauts de pique-assiettes que les assiettes de Picasso.

JEAN-GABRIEL DOMERGUE

Moi, je serais Picasso, au prix que ça se vend, j'en fais qu'un et j'arrête.

JEAN-MARIE GOURIO, *Brèves de comptoir*.

J'ai mis toute ma vie à savoir dessiner comme un enfant.

PABLO PICASSO

On m'a accusé d'essayer de sortir d'Allemagne un plan de fortifications. En fait, c'était mon portrait par Picasso.

IGOR STRAVINSKI

Comme ceux de la Providence, ses dessins sont impénétrables.

WILLY

PIE

Pie : Oiseau dont les dispositions pour le vol ont conduit certains à supposer qu'on pourrait lui apprendre à parler.

AMBROSE BIERCE, *Le Dictionnaire du Diable*.

Je n'aimerais pas être une pie le matin. Le smoking, comme ça, de bonne heure, ça fait mauvaise impression ; comme si on avait découché.

RAYMOND CASTANS, *Nouveau Dictionnaire de l'esprit*.

PIED

Il faut poser le pied assez légèrement sur terre.

JACQUES CHARDONNE, *L'amour, c'est beaucoup plus que l'amour*.

Ceux qui vivent sur un grand pied ont toutes les raisons du monde de se marier en grande pompe.

PIERRE DAC, *Arrière-pensées*.

Piétine-moi pourvu que je sente tes pieds.

GUSTAVE FLAUBERT, *Salammbô*.

Les fabricants de chaussures en Angleterre ont droit à toute notre admiration quand on sait que le pied anglais fait douze pouces.

LES FRÈRES ENNEMIS

[J'ai] un pied sur la rive droite, un pied sur la rive gauche, et le troisième au derrière des imbéciles.

JACQUES PRÉVERT

Mettre les pieds dans le plat quand on pense ; les retirer quand on écrit.

JEAN ROSTAND, *Carnet d'un biologiste*.

Dans ces pays où le pied règne en maître, il serait bon que le mètre prît pied.

BORIS VIAN, *L'Automne à Pékin*.

PIÉDESTAL

Il faut collectionner les pierres qu'on vous jette. C'est le début d'un piédestal.

HECTOR BERLIOZ

PIED-NOIR

La culture pied-noir ? Un grand vide parfumé à l'anisette.

ALBERT CAMUS

PIÈGE

La mouche qui veut échapper au piège ne peut être plus en sûreté que sur le piège même.

GEORG CHRISTOPH LICHTENBERG, *Aphorismes*.

PIERRE

Une pierre donnée par un ami est une pomme.

Proverbe arabe

Quand les pierres se grattent, des ongles poussent aux racines.

ARP, *Petite folie collective*.

Qu'y a-t-il de plus surprenant, à tout prendre, que de porter à bout de bras ces bizarres organes préhensiles, pas mal rougeâtres et plissés, les mains, et de petites pierres (d'ailleurs transparentes) aux extrémités divergentes de ces mains. Parfois, nous nous surprenons à manger, tout occupés à broyer entre d'autres pierres, dont notre bouche est armée, des fragments d'animaux morts.

JEAN PAULHAN, *Le Marquis de Sade et sa complice*.

PIERRE PHILOSOPHALE

Il est vrai qu'on ne peut trouver la pierre philosophale, mais il est bon qu'on la cherche : en la cherchant, on trouve de fort beaux secrets qu'on ne cherchait pas.

BERNARD DE FONTENELLE

PIGEON

Participez à la propreté de votre ville : mangez un pigeon.

Anonyme

Deux pigeons s'aimaient d'amour [tendre.

MORALITÉ

L'un d'eux s'ennuyait au logis.

TRISTAN BERNARD,
d'après deux vers de LA FONTAINE.

Les pigeons de Paris ne roucoulent pas, ils braient : ce sont les ânes sur le toit.

FRANÇOIS MAURIAC, *Le Bloc-Notes*, III.

Voyez comme Dieu fait bien les [choses quelquefois :
Le pigeon n'est fameux qu'au temps [des petits pois.

RAOUL PONCHON

PILE OU FACE

Prenons le gain et la perte, en prenant croix que Dieu est.

Estimons deux cas : si vous gagnez, vous gagnez tout ; si vous perdez, vous ne perdez rien. Gagez donc qu'Il est sans hésiter.

BLAISE PASCAL, *Pensées*.

PILON

Le pilon dans le poulet, c'est bon ; dans l'ancien combattant, c'est émouvant ; dans l'édition, c'est déprimant.

JOSÉ ARTUR, *Les Pensées*.

PILOTE

Les femmes ont toujours aimé le navire mieux que le pilote.

JEAN GIRAUDOUX, *Sodome et Gomorrhe*.

PILULE

Si les pilules étaient agréables, elles n'auraient pas besoin d'être dorées.

Adage médical

PINCEAU

Il était un peintre si vieux que ses pinceaux étaient devenus chauves.

RAMÓN GÓMEZ DE LA SERNA,
Greguerías.

PIPE

Il y a bien des gens qui coucheraient volontiers avec la femme d'un ami, mais refuseraient avec dégoût de fumer dans sa pipe.

GEORGES COURTELINE

Mourir de rire, c'est se fendre la pipe sans la casser.

JACQUES KALAYDJIAN

Fumer la pipe dispense de penser.

ARTHUR SCHOPENHAUER

PIPI

Ne faites pas pipi dans votre sarcophage.

ACHILLE CHAVÉE, *Décoctions*.

Si vous ne partez pas en vacances, mettez un déodorant bleu dans la chasse d'eau ; vous aurez l'impression de faire pipi dans le Pacifique.

JEAN-LOUIS FOURNIER,
Je vais t'apprendre la politesse, petit con !

PIRE

C'est le commencement qui est le pire, puis le milieu, puis la fin ; à la fin, c'est la fin qui est le pire.

SAMUEL BECKETT, *L'Innommable*.

L'homme est capable du meilleur comme du pire, mais c'est vraiment dans le pire qu'il est le meilleur.

GRÉGOIRE LACROIX, *Les Euphorismes*.

Toute époque a toujours été la pire. Et, s'il y en a qui furent vraiment pires, c'est elles qui enfantèrent les plus grandes choses.

MGR HENRI DE LUBAC,
Nouveaux Paradoxes.

La preuve du pire, c'est la foule.

SÉNÈQUE

PISSER

Ésope, ce grand homme, vit son maître qui pissait en se promenant : « Quoi donc ? fit-il, nous faudra-t-il chier en courant ? »

MICHEL DE MONTAIGNE,
Essais, livre III, chap. XIII.

PITIÉ

Le sentiment que l'homme supporte le plus difficilement est la pitié, surtout quand il la mérite.

HONORÉ DE BALZAC,
Préface de *La Comédie humaine*.

Les gens ont pitié des autres dans la mesure où ils auraient pitié d'eux-mêmes. Le malheur ou la laideur sont des miroirs qu'ils ne supportent pas.

JEAN GIRAUDOUX,
La guerre de Troie n'aura pas lieu.

La pitié est souvent un sentiment de nos propres maux dans les maux d'autrui ; c'est une prévoyance des malheurs où nous pouvons tomber.

FRANÇOIS DE LA ROCHEFOUCAULD,
Maximes.

On doit avoir pitié des uns et des autres, mais on doit avoir pour les uns une pitié qui naît de tendresse, et pour les autres une pitié qui naît de mépris.

BLAISE PASCAL, *Pensées*.

La pitié, c'est l'éboueur de la misère.

GEORGE BERNARD SHAW,
Maximes pour révolutionnaires.

La pitié sans orgueil n'appartient qu'à la femme.

IVAN TOURGUENIEV,
Étranges Histoires.

Frères humains qui après nous vivez,
N'ayez les cuers contre nous
[endurcis,
Car, se pitié de nous povres avez,
Dieu en aura plus tost de vous
[merciz.

FRANÇOIS VILLON,
incipit de *La Ballade des pendus*.

PITRE

Il y a des gens que l'on aime parce qu'ils ont du génie, d'autres parce qu'ils sont beaux, d'autres encore parce qu'ils ont une belle âme. Moi, tu m'as aimé parce que je suis rigolo : je suis le pitre.

MARCEL PAGNOL, *Pirouettes*.

PLACARD

Je vis dans un placard, au coin de mon froid.

ERIK SATIE (en parlant
de la chambre minuscule et sans feu
qu'il habite à Montmartre de 1890 à 1898).

PLAGIAIRE

Le plagiaire a un mérite : il conserve.

BENJAMIN DISRAELI

Le plagiaire est l'homme qui pille sans goût et sans discernement les demeures idéales. Un tel grimaud est indigne d'écrire et de vivre. Mais quant à l'écrivain qui ne prend chez les autres que ce qui lui est convenable et profitable, et qui sait choisir, c'est un honnête homme.

ANATOLE FRANCE,
Apologie pour le plagiat.

PLAGIAT

Il faut rendre à César ce qui est à cézigue.

ALEXANDRE BREFFORT

Il faut prendre à César tout ce qui ne lui appartient pas.

PAUL ÉLUARD

Une pensée n'est légitime que si on a le sentiment de se surprendre en flagrant délit de plagiat de soi.

KARL KRAUS, *Aphorismes*.

Copier sur un seul, c'est du plagiat.
Copier sur deux, c'est de la recherche.

WILSON MIZNER

Nos aïeux ont pensé presque tout ce
[qu'on pense.

Leurs écrits sont des vols qu'ils nous
[ont faits d'avance,
Mais le remède est simple, il faut
[faire comme eux :
Ils nous ont dérobé, dérobons nos
[neveux.

ALEXIS PIRON

Ô temps, suspends ton vol, respecte
[ma jeunesse...

ANTOINE LÉONARD THOMAS,
Ode sur le temps.

Vers dont Lamartine s'est inspiré pour écrire : « Ô temps, suspends ton vol, et vous heures propices... ».

PLAIDEUR

Personne qui se prépare à abandonner sa peau dans l'espoir de sauver ses os.

AMBROSE BIERCE, *Le Dictionnaire du Diable.*

PLAINE

« Homme de la plaine, pourquoi gravis-tu la colline ?

— C'est, répondit-il, afin de mieux regarder la plaine. Je n'ai compris la plaine qu'en la voyant du haut des sommets. »

HENRIK IBSEN

PLAIRE

Nous voulons tellement plaire que nous ne voulons déplaire aux autres lorsque nous nous déplaisons à nous-même, et que nous voulons plaire à ceux qui nous déplaisent.

JEAN DOMAT, *Pensées.*

Pour plaire aux femmes, il faut du « coiffeur » et du « commis voyageur » dans l'esprit et dans les manières.

PAUL LÉAUTAUD, *Propos d'un jour.*

Pour ne plaire qu'à un seul homme, une femme est toujours assez parée.

PROPERCE, *Éligées.*

Il m'a plu sans peut-être aspirer à me
[plaire.

JEAN RACINE, *Bajazet.*

Si vous voulez plaire aux femmes, dites-leur ce que vous ne voudriez pas qu'on dît à la vôtre.

JULES RENARD, *Journal.*

Ce qui me plaît me plaît moins que ce qui me déplaît ne me déplaît.

JULES RENARD,
Le Vigneron dans sa vigne.

Le moyen de plaire en société est de laisser chacun parler de soi.

ARTHUR SCHOPENHAUER

Si vous voulez plaire infiniment aujourd'hui, il faut vous résoudre à être ridicule dans vingt ans.

STENDHAL

Plus on plaît généralement, moins on plaît profondément.

STENDHAL

PLAISANTER

Il est des choses avec lesquelles on ne plaisante pas. Pas assez !

LOUIS SCUTENAIRE, *Mes inscriptions*, II.

PLAISANTERIE

N'importe quelle plaisanterie possède une vertu que les représentations habituelles ne possèdent pas : elle brise le cercle des notions consciencieuses.

GEORGES BATAILLE

PLAISIR

Le plaisir est toujours passé ou futur, jamais présent.

GIACOMO LEOPARDI

Le plaisir touche de plus près à la douleur qu'à la gaieté.

PIERRE LOUŸS

Il n'y a point de plaisir qui ne perde à être connu.

MARIVAUX, *Le Paysan parvenu.*

« Il faut, dit Aristote, toucher sa femme prudemment et sévèrement, de peur qu'en la chatouillant trop lascivement le plaisir la fasse sortir hors des gonds de la raison. Un plaisir excessivement chaud et voluptueux altère la semence et empêche la conception. »

MICHEL DE MONTAIGNE,
Essais, livre I, chap. XXIX.

L'homme est né pour le plaisir : il le sent, il n'en faut point d'autre preuve.

BLAISE PASCAL, *Pensées*.

Chacun trouve son plaisir où il le prend.

JULES RENARD, *Journal*

On ne devrait vivre que pour le plaisir. Rien ne vieillit comme le bonheur.

OSCAR WILDE

PLANÈTE

La cinquième planète était très curieuse. C'était la plus petite de toutes. Il y avait là juste assez de place pour loger un réverbère et un allumeur de réverbères.

ANTOINE DE SAINT-EXUPÉRY,
Le Petit Prince.

PLANIFIER

Si vous planifiez pour un an, plantez une graine. Pour dix ans, plantez un arbre. Pour cent ans, éduquez le peuple.

KUANG CHUNG

PLATONIQUE (amour)

L'amour platonique est celui où tout se passe au-dessus du cou.

THYRE SAMTER WINSLOW
(dramaturge américain).

PLÉBISCITE

Vote populaire pour entériner la volonté du souverain.

AMBROSE BIERCE,
Le Dictionnaire du Diable.

PLÉONASME

Il paraît que nos demoiselles du corps de ballet ne manquent pas d'esprit... grammairien. Un des commanditaires du théâtre s'appelle Conchat. Savez-vous le surnom qu'elles lui ont donné? Le Pléonasme.

PAUL LÉAUTAUD,
Le Théâtre de Maurice Boissard.

PLEUR

Pleurs de femmes et pluie d'été,
Gros ruisseaux n'ont jamais fait.

Proverbe français

Je ne puis à cette heure vraiment comprendre pourquoi les petits enfants ne sont pas aussi persistants dans le rire qu'ils le sont dans les pleurs.

GEORG CHRISTOPH LICHTENBERG,
Aphorismes.

Nous naissons, nous vivons, nous mourons dans les pleurs : c'est à ce prix qu'est l'existence.

ALPHONSE RABBE,
Album d'un passé triste.

Le moment où le petit enfant prend conscience du pouvoir de ses pleurs n'est pas différent de celui où il en fait un moyen de pression et de gouvernement.

PAUL VALÉRY

PLEURER

Pleure sur un mort car lui manque la lumière ; pleure sur un sot car lui manque le bon sens ; pleure doucement sur le mort car il a trouvé le repos ; mais la vie du sot est pire que la mort.

L'Ecclésiastique, XXII, 9.

J'ai pleuré le premier jour de ma vie et, depuis, tous les jours m'ont montré pourquoi.

Proverbe espagnol, cité par JEAN PAULHAN,
in *La vie est pleine de choses redoutables*.

Si un homme rit, c'est d'autrui
Si un homme pleure, c'est sur lui.

Proverbe hindoustani

Tu ne pleures pas de l'huile ? Alors tu peux continuer à pleurer.

Proverbe maghrébin

Que lentement passent les heures
Comme passe un enterrement

Tu pleureras l'heure où tu pleures
Qui passera trop vitement
Comme passent toutes les heures.

GUILLAUME APOLLINAIRE,
« À la santé », *Alcools*.

Je cherche le silence et la nuit pour
[pleurer.

PIERRE CORNEILLE, *Le Cid*, Chimène.

Quand une femme n'est plus aimée, qu'elle fasse tout, sauf pleurer.

MME DU BARRY, *Sentences*.

Mais on a beau pleurer très sincèrement, il y a toujours un moment où il faut remettre de la poudre.

HENRI DUVERNOIS, *Cœur*.

Ils n'ont pas pleuré à sa mort, l'ayant fait de son vivant.

JEAN-PAUL, *Être là dans l'existence*.

Il faut pleurer les hommes à leur naissance et non pas à leur mort.

CHARLES DE MONTESQUIEU

On ne peut pas pleurer et penser, car chaque pensée absorbe une larme.

JULES RENARD

Mais, vrai, j'ai trop pleuré ! les
[aubes sont navrantes,
Toute lune est atroce et tout soleil
[amer.

ARTHUR RIMBAUD,
Le Bateau ivre.

Madame, il m'est arrivé deux fois seulement dans ma vie de pleurer ; une fois, lorsque j'ai laissé tomber une aile de poulet truffé dans le lac de Come, et une autre fois quand je vous ai entendu chanter pour la première fois.

GIOACCHINO ROSSINI

Qui pleure là, sinon le vent simple,
[à cette heure
Seule avec diamants extrêmes ?...
[Mais qui pleure,
Si proche de moi-même au moment
[de pleurer ?

PAUL VALÉRY, *La Jeune Parque*.

PLEUVOIR

À la Sainte-Madeleine (22 juillet), il pleut souvent car elle vit son maître en pleurant.

Dicton

S'il pleut à la Sainte-Clarisse (12 août), c'est souvent comme vache qui pisse.

Dicton

Il vaut mieux qu'il pleuve un jour comme aujourd'hui, plutôt qu'un jour où il fait beau.

PIERRE DAC

Il pleuvait si fort que tous les porcs en étaient propres et les hommes, eux, tous fangeux.

GEORG CHRISTOPH LICHTENBERG,
Aphonismes.

Jamais l'objet d'un poète n'est et ne peut être de nous apprendre qu'il pleut.

PAUL VALÉRY, *Propos sur la poésie*.

PLISSÉ

Quand j'étais jeune, j'avais un visage lisse et une jupe plissée ; aujourd'hui, c'est le contraire.

PAULINE CARTON, *Les Théâtres de Carton*.

PLOMB

Comment en un plomb vil l'or pur
[s'est-il changé ?

JEAN RACINE, *Athalie*, acte III, scène 7.

PLUIE

Pluie à la Sainte-Marguerite [18 juin]
Jamais un paysan ne sourit(e)
Mais pluie à la Sainte-Anne [26 juillet]
Pour lui, c'est de la manne

Dicton

Il faut être l'homme de la pluie et l'enfant du beau temps.

RENÉ CHAR,
Le Marteau sans maître.

Dans son infinie bonté, Dieu a donné la pluie aux Anglais afin de leur fournir pour l'éternité un sujet de conversation.

ANTHONY CHESTER

En province, la pluie devient une distraction.

EDMOND et JULES DE GONCOURT, *Idées et Sensations*.

PLUME

Dès que Dieu eut créé la plume, il lui dit : « Écris ! » la plume demanda : « Ô Seigneur, qu'écrirai-je ? — Écris, répondit Dieu, le destin de toutes choses jusqu'à la fin du monde. » Et la plume écrivit tout ce qui est et tout ce qui sera jusqu'au siècle des siècles.

Le Livre de la sagesse arabe

PLURIEL

Le pluriel d'un maréchal, c'est des maraîchers, le pluriel d'un général, c'est des générés.

BORIS VIAN, *Textes et Chansons*.

P.M.U.

J'ai bu la Vérité de la divine source,
Et je jure, animé d'esprits tout [différents,
De jouer désormais, au plus, cent [sous par course...
Sauf le jour du Grand Prix où je [mettrai dix francs.

TRISTAN BERNARD, *Théâtre sans directeur*.

Le seul homme qui gagne de l'argent en suivant les courses est celui qui le fait avec une pelle et un balai.

ELBERT HUBBARD

POCHE

Il fit pour nos défauts la poche de [derrière
Et celle de devant pour les défauts [d'autrui.

JEAN DE LA FONTAINE, *La Besace*.

POÈME

... aucun poème ne sera si grand, si noble, si véritablement digne du nom de poème, que celui qui aura été écrit uniquement pour le plaisir d'écrire un poème.

CHARLES BAUDELAIRE, *L'Artiste*.

Un poème jamais ne valut un dîner.

JOSEPH BERCHOUX, *La Gastronomie*.

Tout poème a réponse à tout.

JEAN CAYROL

Les poèmes se font à peu près comme les canons : on prend un trou et on met quelque chose autour.

PAUL CLAUDEL

La seule ambition de faire un poème suffit à le tuer.

HENRI MICHAUX, in *Henri Michaux ou une Mesure de l'être* de Raymond Bellour.

Il est plus facile d'écrire un mauvais poème que d'en comprendre un bon.

MICHEL DE MONTAIGNE

Pour procurer une définition précise du poème, il faut peut-être convenir de dire simplement : le poème est l'exact opposé du nom sur le bout de la langue.

PASCAL QUIGNARD, *Le Nom sur le bout de la langue*.

Le poème — cette hésitation prolongée entre le son et le sens.

PAUL VALÉRY, *Tel quel*.

Dans un poème, si l'on demande pourquoi tel mot est à tel endroit, et s'il y a une réponse, ou bien le poème n'est pas de premier ordre, ou bien le lecteur n'a rien compris.

SIMONE WEIL, *Attente de Dieu*.

POÉSIE

La poésie, c'est la monture de l'adjudant.

JACQUES AUDIBERTI, cité in *Dictionnaire de citations de Jean Dissère*.

Ah ! monsieur, on ne se méfiera jamais assez de la poésie... Elle prépare immanquablement le règne de la confusion, de l'anarchie et de toutes les déviations mentales et sentimentales.

MARCEL AYMÉ,
Le Confort intellectuel.

Tout homme bien portant peut se passer de manger pendant deux jours — de poésie, jamais.

CHARLES BAUDELAIRE,
L'Art romantique.

La poésie est le plus court chemin d'une sensibilité à une autre.

ANDRÉ BEUCLER

La prose a un autre nombre que la poésie et il y a autant pour le moins de différence entre elles qu'il y en a entre deux personnes dont l'une marche et l'autre danse parfaitement bien.

R. P. DOMINIQUE BOUHOURS,
Entretiens d'Ariste et Eugène.
Cité par ROBERT SABATIER in
Histoire de la poésie.

La science décrit la nature, la poésie la peint et l'embellit.

BUFFON

La poésie est une solitude et nous sommes des moines qui échangeons des silences.

JEAN COCTEAU,
Lettres à Milorad.

Je sais que la poésie est indispensable, mais je ne sais pas à quoi.

JEAN COCTEAU,
Discours de réception à l'Académie française.

Voici mon opinion sur la poésie : les vers sont de petites prisons cellulaires où la pensée est coffrée.

LOUIS AUGUSTE COMMERSON,
Pensées d'un emballeur.

La poésie, art suprême et complet
Peinture qui se meut et musique qui [pense...

ÉMILE DESCHAMPS

La poésie, elle est fête pour moi.

HIPPOLYTE DOMONT,
Propos de mon village.

La poésie, c'est le point où la prose décolle.

LÉON-PAUL FARGUE

La poésie se superpose toujours à la société.

VICTOR HUGO

La poésie éclaire comme un feu d'artifice, elle ne veut pas chasser la nuit mais, au contraire, en tirer parti.

JEAN-PAUL,
Être là dans l'existence.

On ne peut trouver de poésie nulle part quand on n'en porte pas en soi.

JOSEPH JOUBERT, *Carnets*.

La poésie, c'est un peu comme la Blédine. On aime ça avant de pouvoir en parler.

JEAN L'ANSELME,
Pensées et Proverbes de Maxime Dicton.

La poésie est toujours une question de tripes, mais à la mode de quand ?

JEAN L'ANSELME,
Pensées et Proverbes de Maxime Dicton

La poésie, cette langue que personne ne parle et que tout le monde comprend.

ALFRED DE MUSSET

En France, on aime beaucoup la poésie qu'on ne lit pas. Comme on n'en lit presque pas, l'amour est immense. Les princes de la République citent parfois un beau vers sentencieux. La mort des grands bardes émeut les Margot des journaux. Les professeurs du secondaire font défiler, dans une vitesse hoquetée de film muet, les images virtuelles des saints auréolés d'une déférence de principe.

CHRISTIAN PRIGENT,
in *Action poétique*.

La poésie est à la vie ce qui est le feu au bois. Elle en émane et la transforme.

PIERRE REVERDY,
Le Livre de mon bord.

L'art de la poésie à l'homme est [nécessaire

Qui n'aime point les vers a l'esprit
[sec et lourd,
Je ne veux point chanter aux oreilles
[d'un sourd
Les vers sont en effet la musique de
[l'âme.

VOLTAIRE

Toute la mauvaise poésie naît de sentiments sincères.

OSCAR WILDE

POÈTE

Pour écrire en prose, il faut absolument avoir quelque chose à dire ; pour écrire en vers ce n'est pas indispensable.

LOUISE ACKERMANN

Où les histoires s'arrêtent, ne sachant plus rien, les poètes apparaissent et devinent.

JULES BARBEY D'AUREVILLY

Où donc est-il le temps charmant
Où le mot m'arrivait si vite ?
Le mot venait d'abord et la pensée
[ensuite.
J'étais un poète, vraiment.

TRISTAN BERNARD

Le poète est passé : il n'est plus de
[délire
Qui ne soit œuvre d'art
Le vieux corbeau devient un oiseau-
[lyre.
Il n'est jamais trop tard
Pour vivre quinze fois ; si le poète
[hirsute
Repasse avant l'été
Consultez-le car, de chaque minute
Il fait l'éternité

ALAIN BOSQUET

Les intuitions des poètes sont les aventures oubliées de Dieu.

ELIAS CANETTI,
Le Territoire de l'homme.

L'art ne fait que des vers, le cœur seul est poète.

ANDRÉ DE CHÉNIER, *Élégies XXI*.

Il est aussi difficile à un poète de parler poésie qu'à une plante de parler horticulture.

JEAN COCTEAU

Un jour, tout homme montrera ce que le poète a vu. Fin de l'imaginaire.

PAUL ÉLUARD,
Donner à voir.

On n'est pas poète parce qu'il y a eu des poètes avant vous. On écrit de la poésie parce qu'on a besoin de mettre de l'ordre dans le désordre sentimental intérieur, parce qu'on a de l'oreille, parce qu'on sait du français.

LÉON-PAUL FARGUE,
Lanterne magique.

Si je suis poète par la grâce de Dieu, ou du Diable, je le suis aussi par la grâce de la technique et de l'effort.

FEDERICO GARCÍA LORCA

Le poète ne peut être qu'un professeur d'espérance.

JEAN GIONO

Un poète est un monde enfermé dans un homme.

VICTOR HUGO

Comme un bateau est le poète âgé
Ainsi qu'un dahlia, le poème étagé
Dahlia ! Dahlia ! que Dalila lia.

MAX JACOB,
Le Cornet à dés.

Pour nous, un poète est un monsieur qui s'efforce de saisir l'eau par poignées. C'est seulement quand il y parvient que le monsieur est un poète.

HENRI JEANSON,
Le Canard enchaîné 1944.

Excès aux mots : voici le poète.

JEAN L'ANSELME,
Pensées et Proverbes de Maxime Dicton.

Le poète sait jouer sur une harpe sans cordes, et ensuite il sait répondre à ceux qui prétendent n'avoir pas entendu la musique.

LAO-TSEU

Ô poètes, vous avez toujours été orgueilleux ; soyez plus, devenez dédaigneux.

STÉPHANE MALLARMÉ, *Proses de jeunesse*.

Tel qu'en lui-même enfin l'éternité [le change,
Le poète suscite avec un glaive nu
Son siècle épouvanté de n'avoir pas [connu
Que la mort triomphait dans cette [voix étrange !

STÉPHANE MALLARMÉ, *Le Tombeau d'Edgar Poe*.

Et c'est assez pour le poète d'être la mauvaise conscience de son temps.

SAINT-JOHN PERSE, *Discours de Stockholm*.

On peut être poète avec des cheveux [courts,
On peut être poète et payer son [loyer,
Quoique poète on peut coucher avec [sa femme,
Un poète, parfois, peut écrire en [français.

JULES RENARD, *Journal*.

Longtemps, longtemps, longtemps
Après que les poètes ont disparu
Leurs chansons courent encore dans [les rues.
Leur âme légère, c'est leur chanson
Qui rendent gais, qui rendent tristes,
Filles et garçons
Bourgeois, artistes
Ou vagabonds.

CHARLES TRENET, *L'Âme des poètes*.

POÉTIQUE

Il faut que les mots, pour être poétiques, soient chauds du souffle de l'âme ou humides de son haleine.

JOSEPH JOUBERT, *Pensées, essais et maximes*.

POIDS

En Égypte, on pèse le condamné à mort à son entrée en prison, puis à la sortie — la différence de poids, toujours favorable, est publiée dans les journaux le jour de l'exécution.

JEAN GRENIER, *Lexique*.

Tout poids souhaite tomber vers le centre du monde par le plus court chemin.

LÉONARD DE VINCI, *Carnets*.

POILU

J'admire les poilus de la Grande Guerre, et je leur en veux un petit peu. Car ils m'eussent, si c'était possible, réconcilié avec les hommes en me donnant de l'humanité une idée meilleure... donc fausse !

GEORGES COURTELINE, *La Philosophie de Georges Courteline*.

POINT

Un point, c'est tout.
Trois points, ce n'est pas tout.

PAUL CLAUDEL

POINT D'INTERROGATION

La clé de toutes les sciences est sans contredit le point d'interrogation ; nous devons la plupart des grandes découvertes au **comment ?** et la sagesse dans la vie consiste peut-être à se demander à tout propos **pourquoi ?**

POIRE

Ce sera très bon et très juste de croire
Que mon cœur, ardent et lourd, est [cette poire
Qui mûrit doucement sa pelure au soleil

ANNA DE NOAILLES, Son épitaphe par elle-même.

POISON

Les poisons sont quelquefois des remèdes, mais certains poisons ne sont pourtant que des poisons.

LÉON BLUM, *À l'échelle humaine*.

POISSON

La truite aime à être mangée vive. Le brochet préfère attendre.

Le Cuisinier français

Qui voit le ciel dans l'eau voit les poissons dans les arbres.

Proverbe chinois

Les habitants du désert font vœu de ne pas manger de poisson.

WOLFGANG VON GOETHE

Si tu donnes un poisson à un homme, il se nourrira une fois ; si tu lui apprends à pêcher, il se nourrira toute sa vie.

Cette citation — l'une des plus célèbres au monde — est de KVAN TZU.

Un poisson s'était noyé dans l'air.

GEORG CHRISTOPH LICHTENBERG, *Aphorismes*.

Un poisson mal préparé a donné sa vie en vain.

LIN YUTANG

Xénophane, paraît-il, entendant rapporter que certains poissons vivaient parmi les bulles d'une mer bouillonnante, déclara qu'il faudrait les faire cuire à l'eau froide.

CLAUDE ROLAND-MANUEL, *Un arbre en Afrique*.

Pas plus de vie privée qu'un poisson rouge.

SAKI (H. H. Murno).

Je ne mange jamais de poissons. Ce sont mes amis.

JOHNNY WEISSMULLER

POITRINE

Mesdames, si votre poitrine tombe, posez-la par terre.

FRANCIS BLANCHE

Âme de marbre noir et corps de
[marbre blanc...
La femme à qui Satan parla dans le
[jardin
Sur sa blanche poitrine, hélas, depuis
[Éden,
Porte la pomme d'Ève en deux
[morceaux coupés.

VICTOR HUGO

— Vous voulez savoir combien pèse ma poitrine ? Je ne vous le dirai pas. Mais sachez que cela me coûterait 87 $ et 50 cents pour l'expédier au Brésil en dernière catégorie.

BETTE MIDLER

À l'époque de Marguerite Gautier (la dame aux camélias) on mourait de la poitrine. À l'époque de Sophia Loren, on en vit.

ALBERT WILLEMETZ

POLÉMIQUE

Les écrivains se ruent vers la polémique. Penser contre a toujours été la façon la moins difficile de penser.

JACQUES DE BOURBON-BUSSET, *Tu ne mourras pas*.

POLI

Quand on doit tuer quelqu'un, ça ne coûte rien d'être poli.

WINSTON CHURCHILL

POLICE

Un ministre de la police est un homme qui s'occupe d'abord de ce qui le regarde, et ensuite de ce qui ne le regarde pas.

Attribué à TALLEYRAND

POLICIER

Si tu es vraiment un chien policier, montre-moi ton insigne.

JAMES THURBER

POLIR

Pour polir toute matière, il faut les mille dents de la lime ; pour rendre un enfant poli, il faut les mille contraintes de l'éducation.

GILBERT CESBRON, *Journal sans date*.

POLISSON

Vous ne parviendrez jamais à faire des sages si vous ne faites d'abord des polissons.

JEAN-JACQUES ROUSSEAU, *Émile ou De l'éducation*.

POLITESSE

La politesse n'est qu'une gymnastique de l'expression.

ALAIN, *quatre-vingt-un chapitres sur l'esprit et les passions*.

La politesse vaut mieux que la sincérité, car la politesse fait toujours confiance à l'intelligence d'autrui.

ROLAND BARTHES

La politesse est l'art d'exalter les surfaces sans cesser d'arrondir les angles.

HERVÉ BAZIN, *Traits*.

On ne perd rien à être poli ? Si, sa place dans le métro.

TRISTAN BERNARD

Politesse : Forme la plus acceptable de l'hypocrisie.

AMBROSE BIERCE, *Le Dictionnaire du Diable*.

La politesse n'inspire pas toujours la bonté, l'équité, la complaisance, la gratitude ; elle en donne du moins les apparences, et fait paraître l'homme au-dehors comme il devrait être intérieurement.

JEAN DE LA BRUYÈRE, « De la société et de la conversation », *Les Caractères*.

Il n'est pas nécessaire, parce que vous êtes duc, que je vous estime ; mais il est nécessaire que je vous salue.

BLAISE PASCAL, *Discours sur la condition des grands*.

L'égoïsme inspire une telle horreur que nous avons inventé la politesse pour le cacher.

ARTHUR SCHOPENHAUER

La politesse, c'est l'indifférence organisée.

PAUL VALÉRY, *Tel quel 2*.

La politesse est à l'esprit
Ce que la grâce est au visage.
De la bonté du cœur elle est la douce [image
Et c'est la bonté qu'on chérit.

VOLTAIRE

POLITESSE (formule de)

Amitiés à ta femme ; caresses distraites aux enfants.

ALPHONSE ALLAIS

POLITICIEN

Étant donné qu'un politicien ne croit jamais en ce qu'il dit, je suis surpris que d'autres puissent le croire.

CHARLES DE GAULLE

Un politicien est une personne dont la politique ne recueille pas votre suffrage. Si vous êtes d'accord avec lui, c'est un homme d'État.

DAVID LLOYD GEORGE

POLITIQUE

Le choix en politique n'est pas entre le bien et le mal, mais entre le préférable et la détestable.

RAYMOND ARON, *Interview*.

À la campagne et dans les petites villes, faire de la politique, ce n'est, le plus souvent, que haïr son voisin.

COMTE DE BELVÈZE, *Pensées, maximes, réflexions*.

Nous croyons qu'il y a un honneur de la politique. Nous croyons non moins fermement qu'il y a une politique de l'honneur et que cette politique vaut politiquement mieux que l'autre.

GEORGES BERNANOS

La politique n'est pas une science exacte comme se l'imaginent beaucoup de professeurs, mais un art.

OTTO VON BISMARCK, *Discours au Reichstag*.

Le communisme est une technique, le socialisme une morale et le fascisme une esthétique.

LÉON BLUM

La politique, ça consiste à dire des choses aux gens.

ARISTIDE BRIAND

La majorité a toujours tort. Parce qu'elle est composée d'imbéciles. La minorité aussi est composée d'imbéciles. Mais ils sont moins nombreux.

LÉO CAMPION, *Lexique pour rire*.

Presque toujours, en politique, le résultat est contraire à la prévision.

FRANÇOIS RENÉ DE CHATEAUBRIAND, *Mémoires d'outre-tombe*.

Dans la vie politique, comme dans la vie en général, il y a des hauts et il y a des bas. Il faut mépriser les hauts... et repriser les bas.

Cité par JACQUES CHIRAC, in *Le Nouvel Observateur*.

La politique est plus dangereuse que la guerre... À la guerre vous ne pouvez être tué qu'une seule fois. En politique, plusieurs fois.

WINSTON CHURCHILL

En politique, on succède à des imbéciles et on est remplacé par des incapables.

GEORGES CLEMENCEAU

La politique, c'est l'amour de la patrie et rien de plus.

FEDOR DOSTOÏEVSKI

Les politiques sont comme les chevaux, ils ne peuvent marcher droit sans œillères.

ANATOLE FRANCE

La première faute en politique, c'est d'y entrer.

BENJAMIN FRANKLIN

La politique dépend des hommes d'État à peu près comme le temps dépend des astronomes.

REMY DE GOURMONT, *Promenades philosophiques*.

Comme il importe plus en politique de se justifier que de faire, les mots y ont plus d'importance que les choses.

BERNARD GRASSET, *Remarques sur l'action*.

L'art du politique est de faire en sorte qu'il soit de l'intérêt de chacun d'être vertueux.

CLAUDE ADRIEN HELVÉTIUS

La politique est un chapitre de la météorologie. La météorologie est la science des courants d'air.

ÉDOUARD HERRIOT

La politique, c'est comme l'andouillette, ça doit sentir un peu la merde, mais pas trop.

ÉDOUARD HERRIOT

En démocratie, la politique est l'art de faire croire au peuple qu'il gouverne.

LOUIS LATZARUS, *La Politique*.

Gouvernez, gouvernez bien et jamais vous ne dépenserez autant d'argent que je pourrai vous en donner. Faites-moi de la bonne politique et je vous ferai de bonnes finances.

BARON JOSEPH DOMINIQUE LOUIS (à Louis-Philippe).

On ne fait pas de politique avec de la morale ; mais, on n'en fait pas davantage sans.

ANDRÉ MALRAUX

La politique est une guerre sans effusion de sang et la guerre est une politique avec effusion de sang.

MAO TSÉ-TOUNG

La politique est l'ensemble des procédés par lesquels des hommes sans prévoyance mènent des hommes sans mémoire.

JEAN MISTLER, *Bon poids*.

Vous avez beau ne pas vous occuper de politique, la politique s'occupe de vous tout de même.

CHARLES DE MONTALEMBERT

Le discours politique est destiné à donner aux mensonges l'accent de la vérité, à rendre le meurtre respectable et à donner l'apparence de la solidarité à un simple courant d'air.

GEORGE ORWELL

Il n'est pas de problème, si compliqué soit-il, que l'absence de solutions ne finisse par résoudre.

HENRI QUEUILLE

La politique, ce n'est pas de résoudre les problèmes, c'est de faire taire ceux qui les posent.

HENRI QUEUILLE

Il y a trois sortes d'hommes politiques :

- ceux qui troublent l'eau ;
- ceux qui pêchent en eau trouble ;
- et ceux — plus doués — qui troublent l'eau pour pêcher en eau trouble.

ARTHUR SCHNITZLER, *Relations et solitudes*.

On compare généralement la politique à un échiquier. On a tort : c'est un jeu de dames.

AURÉLIEN SCHOLL

En politique, seuls savent s'arrêter ceux qui ne seraient pas partis.

ANDRÉ SIEGFRIED, *Quelques maximes*.

La politique dans une œuvre littéraire, c'est un coup de pistolet au milieu d'un concert.

STENDHAL, *La Chartreuse de Parme*.

La politique ce n'est qu'une certaine façon d'agiter le peuple avant de s'en servir.

TALLEYRAND

En politique, si vous voulez des discours, demandez à un homme. Si vous voulez des actes, demandez à une femme.

MARGARET THATCHER

La politique, c'est comme la musique ou la prostitution : il faut commencer jeune.

PIERRE-JEAN VAILLARD

La politique est l'art d'empêcher les gens de se mêler de ce qui les regarde.

PAUL VALÉRY, *Tel quel*.

Le RPR est à la politique ce que la prostitution est à l'amour.

LOUIS VALLON, membre du RPR.

Qu'est-ce donc que la politique si ce n'est l'art de mentir à propos ?

VOLTAIRE

Un homme politique est quelqu'un qui aborde chaque sujet la bouche ouverte.

OSCAR WILDE

POLITIQUES (hommes)

Évoquant le temps où Kouchner était ministre avec lui, J.-P. Chevènement dit [janvier 1996] :

« Quand il se passait quelque chose au Liban, j'étais toujours partisan d'y envoyer Kouchner, car il occupait autant de volume qu'un porte-avions, mais il coûtait beaucoup moins cher... »

Chirac est prêt à tout pour arriver. Beaucoup d'hommes politiques vendraient leur mère. Chirac, lui, en plus, il la livre.

COLUCHE

POLLUÉ

Le temps n'est pas moins pollué que l'espace : je viens de passer un sale quart d'heure.

ROLAND TOPOR

POLOGNE

Quant à l'action, elle se passe en Pologne, c'est-à-dire nulle part.

ALFRED JARRY, introduction à *Ubu roi*.

POLONAIS

Alcoolique, le Polonais aime la chopine. Romantique, la Polonaise aime le Chopin.

JEAN-LOUIS FOURNIER,
Quand il y en a pour 4, il y en a pour 5.

POLYGLOTTE

Un sot se vantait de parler quatre langues.

« Bravo, monsieur, bravo ! Vous avez quatre mots pour une idée ! »

ANTOINE DE RIVAROL

POLYTECHNIQUE

L'École polytechnique est aux mathématiques ce qu'est un dictionnaire de rimes à la poésie baudelairienne.

GASTON BACHELARD, *Lautréamont*.

Le difficile n'est pas de sortir de l'X, mais de sortir de l'ordinaire.

CHARLES DE GAULLE

On disait d'Alcide : c'est un homme intelligent — et il sort de Polytechnique. Pourquoi, diable, dit Gérard, l'a-t-on laissé sortir ?

AUGUSTE DETŒUF, *Propos de O.-L. Barenton, confiseur*.

La mortalité infantile chez les polytechniciens est pratiquement nulle.

GEORGES ELGOZY, *L'Antidictionnaire*.

POMME

An apple a day keeps the doctor away. (Une pomme par jour éloigne le docteur...)

Proverbe anglais que Winston Churchill complétait ainsi :

Pourvu que vous visiez juste !

Pour une année où il y a des pommes, n'y a pas de pommes ; mais pour une année où n'y a pas de pommes, y a des pommes.

AUGUSTE ANICET-BOURGEOIS et ADOLPHE D'ENNERY, *La Fille du paysan*.

L'odeur de mon pays était dans une [pomme.
Je l'ai mordue avec les yeux fermés [du somme,
Pour me croire debout dans un [herbage vert.

LUCIE DELARUE-MARDRUS, *Ferveurs*.

Les hommes sont comme des pommes, quand on les entasse, ils pourrissent.

HONORÉ GABRIEL MIRABEAU

... et la pomme en tournant évoque [le pommier
Le Paradis terrestre et Ève et puis [Adam
L'arrosoir l'espalier Parmentier [l'escalier
Le Canada les Hespérides la [Normandie la reinette et l'api
Le serpent du Jeu de Paume le serment [du jus de pomme
Et le péché originel
Et les origines de l'art
Et la Suisse avec Guillaume Tell
Et même Isaac Newton
Plusieurs fois primé à l'Exposition de [la Gravitation Universelle.

JACQUES PRÉVERT, « Promenade de Picasso » in *Paroles*.

POMME DE TERRE

La pomme de terre, le légume de la cabane et du château.

LOUIS DE CUSSY

POMMIER

Si l'on m'annonçait que la fin du monde est pour demain, je planterais quand même un pommier.

MARTIN LUTHER

POMPE

Lorsque la mort a égalisé les fortunes, une pompe funèbre ne devrait pas les différencier.

CHARLES DE MONTESQUIEU

POMPIER

Le maire de cette commune a pris un arrêté aux termes duquel les sapeurs-pompiers doivent être passés en revue la veille des incendies.

CURNONSKY, *La Vie drôle*.

PONCTUALITÉ

La ponctualité est l'art de savoir attendre les autres.

Anonyme

PONCTUATION

Entre le point d'exclamation de la vie et le point d'interrogation de la mort : tout n'est que ponctuation.

TRISTAN MAYA, *Coups de griffes*.

PONT

Le pont est un âne, jambes écartées, qui pisse dans la rivière.

GUILLERÉ

POPULARITÉ

La popularité, c'est comme le parfum. Un peu, c'est agréable. Faut pas tomber dans le bocal, sinon ça devient une odeur. On la trimbale partout.

COLUCHE

PORC

Le porc, c'est l'animal encyclopédique, un véritable repas sur pattes. On n'en jette rien, jusqu'aux pieds on mange tout.

GRIMOD DE LA REYNIÈRE

PORCELAINE

La porcelaine cassée dure plus longtemps que la porcelaine intacte.

JULES RENARD, *Journal*.

PORNOGRAPHIE

Nous vivons dans une société beaucoup trop permissive. Jamais encore la pornographie ne s'était étalée avec une telle impudeur. Et, en plus, les clichés sont flous !

WOODY ALLEN, *Destins tordus*.

PORTE

J'ai mis devant toi une porte ouverte que personne ne peut fermer.

Apocalypse, III, 8.

La porte la mieux fermée est celle qu'on peut laisser ouverte.

Proverbe chinois

Les maîtres ouvrent la porte mais c'est à toi d'entrer.

Proverbe chinois

Je préfère les portes qui indiquent : « poussez », à celles qui indiquent « tirez ».

RAMÓN GÓMEZ DE LA SERNA, *Greguerías*.

Certains, qui sont de taille modeste, se baissent aux portes de peur de se heurter.

JEAN DE LA BRUYÈRE, *Les Caractères*.

PORTE (mise à la)

Assurément, chez moi, je vous mettrais dehors.

Chez vous, monsieur, je fais l'équivalent : je sors.

ÉMILE AUGIER

Milord l'Arsouille disait à une de ses maîtresses : « Mettez mes bottes à la porte, c'est un service qu'elles vous rendront un jour. »

JEAN COCTEAU, *Carte blanche*.

PORTO

On boit deux fois plus de vin de Porto en une année en Angleterre qu'il n'en est vendangé au Portugal.

GEORG CHRISTOPH LICHTENBERG,
cité par J. P. STERN in
A Doctrine of Scattered Occasions.

PORTRAIT

Sois plus amoureux que jamais ;
Peins en courant toutes les belles,
Et sois payé de tes portraits
Entre les bras de tes modèles.

BERNARD DE BONNARD,
Épître au chevalier de Boufflers.

Kokoschka a fait un portrait de moi. Bien possible que ne me reconnaîtront pas ceux qui me connaissent. Mais sûrement me reconnaîtront ceux qui ne me connaissent pas.

KARL KRAUS, *Aphorismes*.

Il [Kokoshka] peint non ressemblant. On n'a reconnu aucun de ses portraits, mais on a reconnu tous les originaux.

KARL KRAUS, *Aphorismes*.

Voir aussi PEINDRE.

Tout portrait qu'on peint avec âme est un portrait, non du modèle, mais de l'artiste.

OSCAR WILDE, *Le Portrait de Dorian Gray*.

PORTUGAIS

Savez-vous pourquoi les jeunes Portugais se laissent pousser la moustache ? C'est pour ressembler à leur mère.

Anonyme

Un Portugais est toujours plus près de la frontière que de Lisbonne.

Proverbe portugais

Toutes les huîtres portugaises s'appellent Maria.

JEAN-LOUIS FOURNIER, *Grammaire française et impertinente.*

POSITIF

Considéré d'abord dans son acception la plus ancienne et la plus commune, le mot positif désigne le réel, par opposition au chimérique.

AUGUSTE COMTE, *Discours sur l'esprit positif.*

POSOLOGIE

N'oublie pas ce qu'a dit le médecin : cinq gouttes. La posologie ça s'appelle. Et de la posologie au veuvage, c'est une question de gouttes.

MICHEL AUDIARD, *Archimède le clochard.*

POSSESSIF

Ce qui m'appartient t'appartient !
Pourquoi ces mots qui nous
[opposent :
Le tien, le mien, le mien, le tien ?
Si tu m'aimais tout à fait bien,
Tu dirais : « *Les* livres, *Le* chien et
[*Nos* roses. »

PAUL GÉRALDY, *Toi et moi.*

POSSIBLE

Tout est possible, même Dieu.

ERNEST RENAN

POSTE

Un amour idéal est celui qui est mené par la poste.

GEORGE BERNARD SHAW

POSTÉRIEUR

Tout homme a un postérieur moral qu'il lui est pénible de montrer et qu'il cache, aussi longtemps que faire se peut, dans la culotte des bonnes manières.

GEORG CHRISTOPH LICHTENBERG, *Aphorismes.*

POSTÉRITÉ

La postérité... qui n'est qu'un public qui succède à un autre.

NICOLAS DE CHAMFORT

J'aimerais mieux aller hériter à la poste que d'aller à la postérité.

LOUIS AUGUSTE COMMERSON, *Pensées d'un emballeur.*

La postérité n'est impartiale que lorsqu'elle est indifférente.

ANATOLE FRANCE

La postérité ? Pourquoi les gens seraient-ils moins bêtes demain qu'aujourd'hui ?

JULES RENARD, *Journal.*

Ceci est la pensée la plus étrange du monde : il y aura des hommes après nous.

PAUL VALÉRY

POSTHUME

Il faut être un homme vivant et un artiste posthume.

JEAN COCTEAU, *Le Rappel à l'ordre.*

POSTILLON

Les postillons sont les intempéries du langage.

JULES RENARD, *Journal.*

POTAGE

Le potage est une nourriture saine, légère, nourrissante et qui convient à tout le monde : il réjouit l'estomac et le dispose à recevoir et à digérer.

ANTHELME BRILLAT-SAVARIN, *Physiologie du goût.*

Le potage est le bien-aimé de l'estomac.

CARÊME

J'ai vu mille fois à table les rois, les empereurs et tous mangeaient le potage avec délices.

CARÊME

La femme est, en effet, le potage de [l'homme ;
Et quand un homme voit d'autres [hommes parfois
Qui veulent dans sa soupe aller [tremper leurs doigts,
Il en montre aussitôt une colère [extrême.

MOLIÈRE, *L'École des femmes*.

POTENCE

La potence est une balance qui a un homme à un bout et toute la terre à l'autre. Il est beau d'être l'homme.

VICTOR HUGO, *Notre-Dame de Paris*, VII.

POU

Les poux des riches ont les yeux débridés.

Proverbe chinois

Les femmes, elles ont des idées et les idées, ce n'est pas comme les poux, on ne peut pas les voir courir sur la tête.

MARCEL AYMÉ, *La Vouivre*.

Le pou dit : « Je veux n'en faire qu'à ma tête. »

JEAN CAYROL, cité par DOURNON in *Le Grand Dictionnaire des citations*.

Des poux logés dans un pigeon
Étaient heureux comme des princes
Qui logeraient dans un donjon.
Le pigeon avait femme : et, comme [en deux provinces,
Se promènent des rois, les poux
Passaient de l'un à l'autre époux.

VICTOR HUGO

Les poux, c'est les puces du pauvre.

JEAN RICHEPIN, *Le Pavé*.

POUCE

Quand on fait mal ce qu'on doit [faire,
On s'en mord les pouces, dit-on.
C'est du péché du premier père
Que dérive ce vieux dicton.
Car le gourmand avec sa pomme
Se mordit les pouces aussi
Et, de père en fils, voilà comme
Nous avons le doigt raccourci

Anonyme (XVIIe siècle)

L'homme qui établit le droit ressemble à celui (clown ou enfant) qui, ayant battu son camarade, lève le doigt et dit « pouce » quand celui-ci veut le battre à son tour.

JEAN-PAUL SARTRE, *Cahiers pour une morale*.

POULE

Maintenant que ma poule est morte, je n'ai plus qu'à fermer mon zoo.

Histoire belge

La poule du voisin est toujours une oie.

Le Livre de la sagesse arabe

— Quelle est la plus grande poule de France ?
— C'est de Gaulle. Parce qu'elle Pompidou et qu'elle couve de Murville.

Vieille blague des années 1960

Une poule est l'artifice qu'utilise un œuf pour produire un autre œuf.

UMBERTO ECO (en parlant de Borges).

C'est chose qui moult me déplaît
Quand poule parle et coq se tait.

JEAN DE MEUNG, *Le Roman de la rose*.

Il vaut mieux tenir le premier rang parmi les poules que le dernier parmi les bœufs.

YOU-HO

POULET

Lorsqu'un pauvre mange du poulet, c'est que l'un des deux est malade.

Proverbe juif

Le poulet rôti pondit un œuf à la coque.

ANDRÉ FRÉDÉRIQUE, *Aigremorts*.

On s'en fout pas mal que le poulet soit élevé au bon air... de toute façon, on mange pas les poumons.

JEAN-MARIE GOURIO, *Brèves de comptoir*.

Mes amis, il se peut que je ne connaisse pas grand-chose, mais je sais encore faire la différence entre la fiente de poulet et la salade de poulet.

LYNDON BAINES JOHNSON
(ancien président des États-Unis).

Évitez que l'on assassine
Les poulets cuits dans la cuisine
Car un poulet n'est présentable
Que si on le découpe à la table.

RAOUL PONCHON

POULS

Un homme qui vous prend le pouls chaque fois qu'il vous serre la main.

CATHERINE NAY, *La Double Méprise*.

POURBOIRE

Pour exprimer l'amour pur entre les hommes, il n'y a plus que le pourboire.

PAUL CLAUDEL,
Conversations dans le Loir-et-Cher.

POURCEAU

Un sot qui a fait fortune, c'est un pourceau que son lard embarrasse.

Proverbe chinois

POURCENTAGE

La vie est une maladie incurable, avec un taux de mortalité de cent pour cent.

JOHN LANCHESTER

POURPRE

Le premier prince fut un meurtrier et il revêtit la pourpre afin de cacher sous cette couleur de sang la tache de son crime.

FRIEDRICH VON SCHILLER,
La Conjuration de Fiesque.

POURQUOI

La rose est sans pourquoi.

ANGELUS SILESIUS

POUSSIÈRE

C'est joli, la poussière, c'est la poudre de riz des choses.

NATALIE CLIFFORD BARNEY cité par
LIANE DE POUGY in *Mes cahiers bleus*.

Le pape : « Poussière, tout n'est que poussière et tout retournera en poussière.

— Tais-toi, dit le veilleur, tu parles comme un aspirateur. »

JACQUES PRÉVERT, *Paroles*.

Je méprise la poussière dont je suis fait et qui vous parle en ce moment.

SAINT-JUST

L'homme n'est que poussière. C'est dire l'importance du plumeau.

ALEXANDRE VIALATTE,
L'éléphant est irréfutable.

POUTRE

Quand on achète une maison, on regarde les poutres. Quand on choisit une femme, il faut regarder la mère.

Proverbe chinois

POUVOIR

Le pouvoir rend fou. Le pouvoir absolu rend fou absolument.

ALAIN

Il n'y a qu'un pouvoir, qui est militaire. Les autres pouvoirs font rire et laissent rire.

ALAIN, *Le Citoyen contre les pouvoirs*.

Tout pouvoir est triste.

ALAIN, *Propos*, II.

Le pouvoir est une beauté ; il fait aimer aux femmes la vieillesse même.

JOSEPH JOUBERT, *Carnets*.

Quand le peuple ne craint plus le pouvoir, c'est qu'il espère déjà un autre pouvoir.

LAO-TSEU

Il n'y a jamais eu qu'un moyen de se hisser au pouvoir, c'est de crier : « Peuple, on te trompe ! »

LOUIS LATZARUS,
Éloge de la bêtise.

Le pouvoir doit se définir par la possibilité d'en abuser.

ANDRÉ MALRAUX,
La Voie royale.

Le pouvoir est, par nature, criminel.

MARQUIS DE SADE

Le pouvoir sans abus perd le charme.

PAUL VALÉRY, *Cahier B*.

PRÉCIPICE

Nous courons sans souci dans le précipice après que nous avons mis quelque chose devant nous pour nous empêcher de le voir.

BLAISE PASCAL, *Pensées*.

PRÉCOCE

Les parents français sont plutôt vexés si leur fils ne donne pas des signes d'intelligence précoce. Les Anglais sont inquiets s'il en manifeste.

PIERRE DANINOS,
Les Carnets du major Thompson.

Si ce sont les meilleurs qui partent les premiers, que faut-il penser des éjaculateurs précoces ?

PIERRE DESPROGES

Mozart était si précoce qu'à cinq ans et demi il composait déjà le *Boléro* de Ravel.

PIERRE DESPROGES

PRÉCURSEUR

Il n'y a pas de précurseurs, il n'y a que des retardataires.

JEAN COCTEAU

Ne soyez jamais un précurseur : c'est toujours au premier chrétien qu'échoit le plus gros lion.

SAKI

PRÉFACE

Article 1er. L'usage constant des auteurs sera de clouer des préfaces au commencement de tous leurs livres.

Article 2e. L'usage du public sera de ne pas les lire et de les regarder comme nulles et non avenues.

HONORÉ DE BALZAC,
De l'usage des préfaces.

Je ne lis que les préfaces et les tables, les dictionnaires et les catalogues, c'est une précieuse économie de temps et de fatigue. Tout est là, les mots et les idées.

THÉOPHILE GAUTIER,
Préface des *Jeunes France*,
cité par MAURICE RHEIMS in *L'Insolite*.

Je n'ai jamais vu de préface ennuyeuse à la tête d'un bon livre.

LUC DE VAUVENARGUES, *Pensées*.

PRÉFÉRENCE

« Aimez-vous les uns les autres », a dit le Christ ; mais il n'a pas interdit les préférences.

Proverbe polonais

PRÉFET

Un uniforme qui a trop tendance à se changer en livrée.

PIERRE VERON,
Le Carnaval du dictionnaire.

PRÉHISTORIEN

La principale différence entre les sources du préhistorien et celles de l'historien, c'est que le premier détruit son document en le fouillant.

ANDRÉ LEROI-GOURHAN,
Les Religions de la préhistoire.

PRÉJUGÉ

Quiconque a détruit un préjugé, un seul préjugé, est un bienfaiteur du genre humain.

NICOLAS DE CHAMFORT

L'humanité a atteint sa plus grande perfection dans la race des Blancs. Les

Indiens jaunes ont déjà moins de talent. Les Nègres sont situés bien plus bas, et tout en bas se trouve une partie des peuples américains.

EMMANUEL KANT, *Géographie*.

Les préjugés occupent une partie de l'esprit et en infectent tout le reste.

NICOLAS MALEBRANCHE

Que conclure à la fin de tous mes
[longs propos ?
C'est que les préjugés sont la raison
[des sots.

VOLTAIRE

PREMIÈRE

Ah ! Les premières fleurs, qu'elles
[sont parfumées !
Et qu'il bruit, avec un murmure
[charmant,
Le premier oui qui sort des lèvres
[bien-aimées.

PAUL VERLAINE, *Never More*.

PREMIÈRE FOIS

Depuis cinq ans entiers chaque jour
[je la vois,
Et crois toujours la voir pour la
[première fois.

JEAN RACINE, *Bérénice*, acte II, scène 2.

J'ignore si ma première expérience fut hétérosexuelle ou homosexuelle car j'étais trop bien élevé alors pour poser la question.

GORE VIDAL

PRÈS

Ne regardez pas l'honnête homme de trop près — a-t-on dit — si vous tenez à lui conserver votre estime. Ni le scélérat, si vous tenez à lui garder votre mépris.

JEAN ROSTAND, *Carnets d'un biologiste*.

PRÉSENT

Jusqu'à ce qu'aujourd'hui devienne demain, on ne saura pas les bienfaits du présent.

Proverbe chinois

Ce perpétuel mourir qu'on appelle, faute de mieux, le présent.

LOUIS ARAGON

La vraie générosité envers l'avenir consiste à tout donner au présent.

ALBERT CAMUS, *La Peste*.

L'avenir nous tourmente, le passé nous retient, c'est pour ça que le présent nous échappe.

GUSTAVE FLAUBERT, *Lettre à Louise Colet*.

Le présent serait plein de tous les avenirs si le passé n'y projetait déjà une histoire.

ANDRÉ GIDE, *Les Nourritures terrestres*.

Que l'âme, heureuse dans le présent, refuse de s'inquiéter de ce qui viendra ensuite. Le présent, songe à le bien disposer, d'un esprit serein ; tout le reste est emporté comme un fleuve.

HORACE

Le vrai bonheur serait de se souvenir du présent.

JULES RENARD, *Journal*.

PRÉSERVATIF

Savez-vous pourquoi les Suisses enfilent trois préservatifs l'un sur l'autre ? C'est pour que celui du milieu soit propre.

Anonyme

Le meilleur préservatif, Madame, c'est la laideur.

HERVÉ BAZIN

Caché sous la baudruche
Je veux, comme l'autruche,
Ne plus croire au danger.

DOCTEUR GEORGES CAMUSET,
Les Sonnets du docteur.

Les préservatifs sont les accessoires de l'amour masqué.

PIERRE DAC

Le cardinal Decourtray ne sait pas se servir du préservatif. La preuve, c'est qu'il l'a mis à l'index.

ANDRÉ SANTINI
(député-maire d'Issy-les-Moulineaux).

PRÉSIDENT DE LA RÉPUBLIQUE

Il y a deux organes inutiles : la prostate et la présidence de la République.

GEORGES CLEMENCEAU

La place est bonne, malheureusement il n'y a pas d'avancement.

ARMAND FALLIÈRES

PRÉSOMPTUEUX

Nous sommes si présomptueux, que nous voudrions être connus de toute la terre, et même des gens qui viendront quand nous ne serons plus.

BLAISE PASCAL, *Pensées*.

PRESQUE

« Presque » et « quasi » empêchent de mentir.

Proverbe

PRESSE

La presse, comme la femme, est admirable et sublime quand elle avance un mensonge, elle ne vous lâche pas qu'elle ne vous ait forcé d'y croire, et elle déploie les plus grandes qualités dans cette lutte, où le public, aussi bête qu'un mari succombe toujours.

HONORÉ DE BALZAC,
Monographie de la presse parisienne.

Si la presse n'existait pas, il faudrait ne pas l'inventer.

HONORÉ DE BALZAC,
Monographie de la presse parisienne.

C'est la parole à l'état de foudre, c'est l'électricité sociale... Il faut donc vous résoudre à vivre avec elle.

FRANÇOIS RENÉ DE CHATEAUBRIAND,
Mémoires d'outre-tombe, livre XXXVII.

La presse a quelque ressemblance avec le coq qui croyait que, sans son cocorico le soleil ne se lèverait pas.

FRANÇOIS MAURIAC, *Journal*.

PRÉTENTION

Je vais en voiture, disait une oie que le renard emportait.

Proverbe persan

Oh ! les pièces prétentieuses ! Je les déteste presque autant que les pièces sans prétention.

TRISTAN BERNARD, *Saillies et Rosseries*.

PRÊTER

« Prêtez-moi 2 000 francs. Vous êtes si chanceux qu'il n'est pas impossible que je vous les rende ! »

SAINT-ANGE, au Docteur Veron,
rapporté par ARSÈNE HOUSSAYE.

On ne prête qu'aux riches, et on a raison : les pauvres remboursent difficilement.

TRISTAN BERNARD

Tel est le sort fâcheux de tout livre
[prêté,
Souvent il est perdu, toujours il est
[gâté.

THÉODORE LECLERCQ

Il vaut mieux prêter à sourire que donner à réfléchir.

LES NULS (faux proverbe juif).

Prêtez aux pauvres, et demandez à emprunter aux riches, vous serez bientôt délivré des uns et des autres.

SAADI, *Le Jardin des roses*.

PRÉTEXTE

On se sert du prétexte de ce que l'on mendie pour ne pas donner à l'hôpital et de l'hôpital pour ne pas donner aux mendiants.

JEAN DOMAT, *Pensées*.

PRÊTRE

Les prêtres vendent la peau de la Grande Ourse avant d'avoir le ciel.

JULES RENARD, *Journal*.

Nos prêtres ne sont pas ce qu'un vain
[peuple pense :
Notre crédulité fait toute leur
[science.

VOLTAIRE, *Œdipe*.

« Nos prêtres ne sont pas ce qu'un
[sain peuple pense.

Notre crédulité fait toute leur
[science. »

VOLTAIRE, *Œdipe*, acte IV, scène 1.

PRÉVENU

La Libération ? J'en ai été le premier prévenu.

SACHA GUITRY, *Toutes réflexions faites*.

PRÉVOIR

Ne pas prévoir, c'est déjà gémir.

LÉONARD DE VINCI

PRIER

On peut aussi bien prier une sardine, ce n'est qu'une question de foi.

Proverbe japonais

Travaillez comme si vous deviez vivre cent ans. Priez comme si vous deviez mourir demain.

BENJAMIN FRANKLIN

Il n'y a si petite demoiselle qui ne veuille être priée.

MARGUERITE DE NAVARRE, *Heptaméron*, 18.

Je ne sais pas si vous priez Dieu autant que moi — et aussi bien. Ce que je sais, c'est que vous ne pouvez pas le prier plus. Aussitôt levé, crac ! ça ne rate pas. Je me mets à invoquer le sacré nom de Dieu et je ne m'en porte pas plus mal, ni mieux, du reste.

ERIK SATIE, cité par ORNELLA VOLTA in *Erik Satie*.

Les gens du commun ne prient guère, ils mendient uniquement.

GEORGE BERNARD SHAW, *Mésalliance*.

PRIÈRE

Quand il va sur la mer, l'homme doit prier Dieu une fois ; quand il va à la guerre, deux fois ; et quand il se marie, trois fois.

Proverbe espagnol

Mon Dieu, préservez-moi des douleurs physiques. Je m'arrangerai des douleurs morales.

TRISTAN BERNARD

Sainte Mère de Dieu, vous qui avez conçu sans pécher, accordez-moi la grâce de pécher sans concevoir.

ANATOLE FRANCE, *Sur la pierre blanche* (prière attribuée également à AUGUSTINE BROHANT).

Mon Dieu, si jamais Tu existes, sois clément à mon âme, si jamais j'en ai une.

Dernière prière de FRÉDÉRIC II, roi de Prusse.

La prière, c'est la clé du matin et le verrou du soir.

MAHATMA GANDHI

La prière, croyez-moi, n'est souvent pour beaucoup que le besoin, quand on se sent seul, de parler à la deuxième personne.

ANDRÉ GIDE, *Prétextes*.

La prière est la sœur tremblante de
[l'amour.

VICTOR HUGO, *La Légende des siècles*, XXXIX.

Je rends grâce à Dieu tous les soirs de mon esprit et je le prie tous les matins de me préserver des sottises de mon cœur.

NINON DE LENCLOS

Si on était tous pareils, le monde serait embêtant. On a une prière spéciale qu'on adresse à Dieu quand on voit quelqu'un qui n'est pas pareil aux autres : un nain, un géant, un nègre, un type couvert de verrues : « Béni sois-Tu, Seigneur notre Dieu, roi de l'Univers, pour avoir fait que Tes créatures soient aussi différentes. » Si on Le remercie pour les verrues, on doit Le remercier à plus forte raison pour un partisan qui joue du violon.

PRIMO LEVI, *Maintenant ou jamais*.

Notre Père qui êtes aux cieux
Restez-y
Et nous nous resterons sur la terre...

JACQUES PRÉVERT, « Pater noster » in *Paroles*.

Ô Seigneur, s'il y a un Seigneur... Sauvez mon âme, si j'ai une âme...

ERNEST RENAN, *Prière d'un sceptique*.

Voir ci-dessus FRÉDÉRIC II.

La grandeur de la prière réside d'abord en ce qu'il n'y est point répondu et que n'entre point dans cet échange la laideur d'un commerce.

ANTOINE DE SAINT-EXUPÉRY, *Citadelle*.

J'ai rendu le dernier soupir
Seigneur, écoutez la prière
De celle qui voudrait dormir.
Baissez mes rouges paupières
Car j'ai grand sommeil de mourir.

LOUISE DE VILMORIN, *L'Alphabet des aveux*.

Prière à Dieu. Tu ne nous as point donné un cœur pour nous haïr et des mains pour nous égorger ; fais que nous nous aidions mutuellement à porter le fardeau d'une vie pénible et passagère ; que les petites différences entre les vêtements qui couvrent nos débiles corps, entre tous nos langages insuffisants, entre tous nos usages ridicules, entre toutes nos lois imparfaites, entre toutes nos opinions insensées..., que toutes ces petites nuances qui distinguent les atomes appelés *hommes* ne soient pas des signaux de haine et de persécution.

VOLTAIRE, *Traité sur la tolérance*, chap. XXIII.

J'ai toujours fait une prière à Dieu, qui est fort courte. La voici :

« Mon Dieu, rendez nos ennemis bien ridicules. »

Dieu m'a exaucé.

VOLTAIRE, Lettre à Damilaville, 1767.

Une prière ne doit jamais être exaucée. Si elle l'est, elle cesse d'être une prière et devient de la correspondance.

OSCAR WILDE

PRINCE

Si le prince s'afflige des tristesses du peuple, le peuple s'affligera des tristesses du prince ;

Si le prince se réjouit des joies du peuple, le peuple se réjouira des joies du prince ;

Un prince qui se réjouit avec tout l'empire et qui s'afflige avec tout l'empire, commande toujours à tout l'empire.

MONG-TSEU

PRINCESSE

Être belle et aimée, ce n'est qu'être femme. Être laide et savoir se faire aimer, c'est être princesse.

JULES BARBEY D'AUREVILLY, *Disjecta membra*.

PRINCIPE

Archimède avait pour principe de rincer sa baignoire après chaque bain.

JEAN-LOUIS FOURNIER, *Grammaire française et impertinente*.

Dès qu'on remue un principe, on trouve quelque chose dessous, et l'on s'aperçoit que ce n'était pas un principe.

ANATOLE FRANCE, *Monsieur Thomas*.

Les principes sont des préjugés de grande taille, c'est tout !

HERVÉ BAZIN

Tels sont mes principes. Si vous ne les aimez pas, j'en ai d'autres.

GROUCHO MARX

PRINTEMPS

Celui qui croit en un nouveau printemps, sème toujours en hiver.

Dicton

Aubépine. Ce matin toute la haie se marie.

JULES RENARD, *Journal*.

PRISON

Celui qui ouvre une porte d'école, ferme une prison.

VICTOR HUGO

Pour donner de l'attrait à la prison, il faudrait qu'elle ne fût point gratuite.

PIERRE MAC ORLAN

Trois livres tiennent en face de la prison : *Robinson* [*Crusoé*], *Don Quichotte*, *L'Idiot*... Le premier lutte par le travail, le second par le rêve, le troisième par la sainteté.

ANDRÉ MALRAUX,
Les Noyers de l'Altenburg.

L'homme le plus inquiet d'une prison est le directeur.

GEORGE BERNARD SHAW

PRISONNIER

« À quoi sert un terrain de golf ? À jouer au golf. Un court de tennis ? À jouer au tennis. Eh bien ! un camp de prisonnier ça sert à s'évader... »

JEAN RENOIR et CHARLES SPAAK,
La Grande Illusion.

PRIVILÈGE

La raison d'État se donne de beaux privilèges. Ce qui lui paraît utile devient permis et tout ce qui est nécessaire est honnête en fait de politique.

ANTOINE HAMILTON,
Mémoires de la vie du comte de Gramont.

Quiconque a semé des privilèges doit recueillir des révolutions.

CLAUDE TILLIER,
Mon oncle Benjamin.

PROBLÈME

Il faut aider les enfants dans leurs problèmes, surtout les « enfants à problèmes ».

ALAIN SCHIFRES,
Le Nouveau Dictionnaire des idées reçues ou *Le dîner sans peine*.

Étant donné deux voyageurs dont l'un est né en 1903 et l'autre en 1890, comment feront-ils pour se rencontrer en 1944 ?

JEAN TARDIEU,
in *Anthologie du non-sens*.

PROCHAIN

Prochain : Celui qu'on nous ordonne d'aimer comme nous-même, et qui s'emploie par tous les moyens à nous rendre désobéissant.

AMBROSE BIERCE,
Le Dictionnaire du Diable.

Tu aimeras ton prochain comme le précédent.

PHILIPPE BOUVARD

PROCHE

Je mets de plus en plus de distance entre mes proches et moi. Je finirai par les appeler mes lointains.

JACQUES STERNBERG

PRODIGUE

Oh ! vous ne refusez jamais d'accueillir l'enfant prodigue, à condition qu'il fournisse lui-même le veau.

GEORGES BERNANOS,
Les Grands Cimetières sous la lune.

PROFESSEUR

Un mauvais prof de maths, c'est un prof qui aime les maths. Un bon prof de maths, c'est un prof qui aime les élèves.

PHILIPPE MEYER,
Portraits acides et autres pensées édifiantes.

Méfiez-vous des professeurs de philosophie. Ils n'ont pas d'originalité, manquent de talent et leur école est une école de platitude.

ARTHUR SCHOPENHAUER

À quoi ressemble un professeur ?

À un flacon qui contient un onguent aromatique. Quand on le débouche, le parfum se répand ; quand on le ferme, le parfum disparaît.

ABODA ZARA, *Talmud*.

PROFESSION

Vivre sans bonheur et n'en point dépérir, voilà une occupation, presque une profession.

COLETTE,
La Retraite sentimentale.

PROFESSIONNEL

N'oubliez jamais que ce sont des professionnels qui ont construit le *Titanic* et des amateurs l'Arche de Noé.

Anonyme.

PROFIL

Le meilleur moyen de faire tourner la tête à une femme, c'est de lui dire qu'elle a un joli profil.

SACHA GUITRY

PROFIT

Le profit n'est pas la finalité de l'entreprise, mais l'indispensable condition de sa pérennité. C'est aussi la meilleure mesure de son succès.

OLIVIER LECERF (P.-D.G. du groupe Lafarge).

Le profit n'est pas pour nous une loi, encore moins une morale : c'est une règle du jeu contraignante parce qu'elle ne souffre aucune entorse.

ROGER MARTIN

PROFITER

Rien n'est si commun au beau sexe que de ne vouloir pas qu'une autre profite de ce qu'on refuse.

ANTOINE HAMILTON, *Mémoire de la vie du comte de Gramont.*

PROFOND

Il faut cacher la profondeur. Où ça ? À la surface.

HUGO VON HOFMANNSTHAL

Celui qui se sait profond s'efforce d'être clair ; celui qui aimerait sembler profond à la foule s'efforce d'être obscur.

FRIEDRICH NIETZSCHE, *Le Gai Savoir.*

Ce qu'il y a de plus profond dans l'homme, c'est la peau.

PAUL VALÉRY

PROGRÈS

Mille choses avancent. Neuf cent quatre-vingt-dix-neuf reculent : c'est là le progrès.

HENRI FRÉDÉRIC AMIEL, *Fragments d'un journal intime.*

Sans cesse le progrès, roue au double [engrenage,
Fait marcher quelque chose, en [écrasant quelqu'un.

VICTOR HUGO, *Les Contemplations.*

En somme, à l'idole du Progrès répondit l'idole de la malédiction du Progrès ; ce qui fit deux lieux communs.

PAUL VALÉRY, *Regards sur le monde actuel.*

On n'arrête pas le progrès, il s'arrête tout seul.

ALEXANDRE VIALATTE

Les progrès du progrès vont de progrès en progrès.

ALEXANDRE VIALATTE, *Dernières Nouvelles de l'homme.*

PROJET

Tous mes brochets sont des truites.

D'un pêcheur au fort accent alsacien selon ALEXANDRE BREFFORT.

Il ne faut jamais faire de projets, surtout en ce qui concerne l'avenir.

ALPHONSE ALLAIS

J'ai fait tant et tant de projets — et depuis si longtemps — que mon avenir est plein de vieilles connaissances. On dirait le passé d'un autre.

SACHA GUITRY

PROLÉTAIRE

Que les classes dirigeantes tremblent devant une révolution communiste ! Les prolétaires n'ont rien à y perdre que leurs chaînes. Ils ont un monde à y gagner. Prolétaires de tous les pays, unissez-vous !

KARL MARX et FRIEDRICH ENGELS, *Manifeste du parti communiste.*

Prolétaires de tous les pays, je n'ai pas de conseils à vous donner.

LOUIS SCUTENAIRE, *Mes Inscriptions.*

PROMENADE

Ah ! la promenade exquise
Qu'ils ont faite, tous les deux,

Mon corps, ce monstre hideux,
Mon âme, cette marquise...

RAOUL PONCHON, *La Muse au cabaret*.

PROMESSE

Les promesses n'engagent que ceux qui les écoutent.

HENRI QUEUILLE

PROMESSE ÉLECTORALE

Avant d'éblouir le peuple en lui promettant de l'eau chaude, il faut donc lui fournir des récipients pour la recueillir.

ALPHONSE ALLAIS, *Le Captain Cap*.

PROPHÈTE

Les prophètes ont toujours tort d'avoir raison.

Proverbe hébreu

Il y a deux voies pour le prophète : ou annoncer un avenir conforme au passé, ou se tromper.

REMY DE GOURMONT,
Promenade philosophique.

Nul n'est prophète en son pays, mais qu'on veuille l'être à l'étranger on se fait appeler métèque.

MATHIAS LÜBECK

Tel a été miraculeux au monde, auquel sa femme et son valet n'ont rien vu seulement de remarquable ; peu d'hommes ont été admirés par leurs domestiques ; nul n'a été prophète non seulement en sa maison, mais en son pays...

MICHEL DE MONTAIGNE,
« Du repentir », *Essais*.

On n'entend les prophètes que quand les choses sont arrivées.

BLAISE PASCAL

Un prophète est un homme qui se souvient de l'avenir.

FRÉDÉRIC ROSSIF

J'ai appris que, pour être prophète, il suffisait d'être pessimiste.

ELSA TRIOLET, *Mille Regrets*.

PROPRE

Quand on est vraiment propre on peut faire ses ablutions dans une goutte d'eau.

ACHILLE CHAVÉE, *Décoctions*.

PROPRETÉ

Saint Augustin était d'avis que la propreté était une demi-vertu, mais j'ai toujours pensé qu'il se trompait de moitié.

JULIEN GREEN, *Journal*.

La propreté embellit l'opulence et déguise la misère.

ANTOINE DE RIVAROL

PROPRIÉTÉ

Quelle étrange chose que la propriété, dont les hommes sont si envieux ! Quand je n'avais rien à moi, j'avais les forêts et les prairies, et la mer et le ciel avec les étoiles ; depuis que j'ai acheté cette vieille maison et ce jardin, je n'ai plus que cette maison et ce jardin.

ALPHONSE KARR

PROSE

L'homme ne vit pas seulement de prose, sinon, il serait menacé d'asphyxie et disparaîtrait sans même avoir eu le temps de mettre ce malheur en strophes.

ANDRÉ BEUCLER

Par ma foi ! il y a plus de quarante ans que je dis de la prose sans que j'en susse rien ; et je vous suis le plus obligé du monde de m'avoir appris cela.

MOLIÈRE, *Le Bourgeois gentilhomme*.

La prose doit être un vers qui ne va pas à la ligne.

JULES RENARD, *Journal*.

Le chef-d'œuvre littéraire de la France est peut-être sa prose abstraite, dont la pareille ne se trouve nulle part.

PAUL VALÉRY, *Regards sur le monde actuel*.

PROSPÉRITÉ

La prospérité porte avec elle une ivresse à laquelle les hommes inférieurs ne résistent jamais.

HONORÉ DE BALZAC

PROSTITUTION

La plupart des hommes célèbres meurent dans un véritable état de prostitution.

CHARLES AUGUSTIN SAINTE-BEUVE, *Mes poisons*.

PROTESTANT

Tout protestant fut pape, une bible à [la main.

NICOLAS BOILEAU, *Satire XII*.

PROTESTANTISME

Le protestantisme est comparable à une bibliothèque, le catholicisme à un cinéma.

RÉGIS DEBRAY

PROTOCOLE

Le protocole est le protocole. Il tue sa mère, mais porter des pantalons gris, ça non !

JAMES JOYCE, *Ulysse*.

PROUESSE

Pour que cent se livrent à la culture physique, il faut que cinquante fassent du sport et il faut que vingt se spécialisent. Mais, pour que vingt se spécialisent, il faut que cinq soient capables de prouesses étonnantes.

PIERRE DE COUBERTIN.

PROUVER

Prouver que j'ai raison serait accorder que je puis avoir tort.

BEAUMARCHAIS, *Le Mariage de Figaro*.

Il est plus difficile de prouver à quelqu'un sa bêtise que sa misère.

JEAN D'ORMESSON, *Du côté de chez Jean*.

PROVENÇAL

Le Provençal a besoin du soleil pour pouvoir s'en cacher.

Anonyme

PROVENCE

Chez nous, la nuit ne tombe pas, elle se lève.

YVAN AUDOUARD, *Les Pensées*.

En Provence, le soleil se lève deux fois : le matin et après la sieste.

YVAN AUDOUARD, *Les Pensées*.

Les Baux, ces ruines douées d'avenir.

RENÉ CHAR

Le seul menteur du Midi, s'il y en a un, c'est le soleil. Tout ce qu'il touche, il l'exagère.

ALPHONSE DAUDET

Il n'y a pas de Provence. Qui l'aime, aime le monde ou n'aime rien.

JEAN GIONO

La Provence dissimule ses mystères derrière leur évidence.

JEAN GIONO

La Provence est fort pauvre. Il ne lui reste plus que des jasmins et des orangers.

On peut l'appeler « une gueuse parfumée ».

ANTOINE GODEAU, cité in *Ménagiana*.

Si j'avais su que ce pays fût si beau, le roi de Sardaigne ne l'aurait pas.

TALLEYRAND

PROVERBE

Il ne faut pas dire : « Fontaine, je ne boirai pas de ton eau », mais : « Garçon, je prendrais bien un demi. »

PIERRE DAC, *Arrière-pensées*.

… à notre époque, le mépris des proverbes est le commencement de la fortune.

MARCEL PAGNOL, *Topaze*.

Les proverbes sont particulièrement utiles dans les cas où, de nous-mêmes, nous ne trouvons pas grand-chose pour nous justifier.

ALEXANDRE POUCHKINE, *Les récits de Bielkine*.

Les proverbes sont le fruit de l'expérience des peuples et comme le bon sens de tous les siècles réduit en formules.

ANTOINE DE RIVAROL

PROVERBE (faux)

Qui vole un bœuf est vachement musclé.

CHAVAL, *Les Gros Chiens*.

Quand le piano tombe, le déménageur s'épouvante.

CHAVAL, *Les Gros Chiens*.

PROVIDENCE

Quelqu'un disait que la providence était le nom de baptême du hasard. Quelque dévot dira que le hasard est un sobriquet de la providence.

NICOLAS DE CHAMFORT, *Maximes et Pensées, Caractères et Anecdotes*.

PROVINCE

La Province, c'est l'autre.

GEORGES PERROS

PRUDENCE

Prudence, prudence, quand tu nous tiens, on peut bien dire : « Adieu amour ! »

CLAUDE DAUPHIN

Amour, amour, quand tu nous tiens,
On peut bien dire « Adieu prudence ! »

JEAN DE LA FONTAINE, *Le Lion amoureux*.

La prudence est la mère de la porcelaine.

W. WANDER, 1880.

PRUDERIE

Le propre de la pruderie, c'est de mettre d'autant plus de factionnaires que la forteresse est moins menacée.

VICTOR HUGO, *Les Contemplations*.

PSEUDONYME

Tout homme de lettres devrait prendre un pseudonyme pour déshériter sa famille de son nom.

EDMOND et JULES DE GONCOURT, *Journal*.

PSYCHANALYSE

Un psychanalyste, c'est quelqu'un qui vous pose, pour beaucoup d'argent, des questions que votre femme vous pose pour rien.

JOE ADAMS, cité par RAYMOND CASTANS.

La psychanalyse est une confession sans absolution.

GILBERT KEITH CHESTERTON, *Orthodoxie*.

Freud est le père de la psychanalyse. Elle n'a pas de mère.

GERMAINE GREER

La psychanalyse s'arrête quand le patient est ruiné.

ERNST JUNG

Une maladie de l'esprit qui se prend pour sa propre guérison.

KARL KRAUS, *Aphorismes*.

La psychanalyse guérit de l'ignorance, peut-être, mais elle ne guérit pas de la connerie.

JACQUES LACAN, cité par FRANÇOISE GIROUD, *La marche du siècle*, 19 mars 1997.

Ce n'est pas la psychanalyse qui est nouvelle, mais Freud. De même que ce n'est pas l'Amérique qui était nouvelle, mais Christophe Colomb. La psychanalyse a toujours existé : tous les médecins, tous les poètes, tous les hommes d'État, tous ceux qui avaient une connaissance de l'homme, devaient obligatoirement la pratiquer, de façon inconsciente ou automatique.

ARTHUR SCHNITZLER, *Relations et solitudes*.

Le névrosé bâtit des châteaux en Espagne ; le psychotique croit y habiter ; le psychanalyste ramasse les loyers.

VAN RILLAER

La psychanalyse est une forme provisoire de la psychologie.

OSCAR WILDE

PSYCHIATRE

Dans ce pays [les États-Unis], deux personnes sur une sont schizophrènes.

Anonyme

J'ai connu un psychiatre qui était tombé amoureux d'une brebis. Il lui faisait porter des bas noirs et une guêpière.

WOODY ALLEN

La maman du petit Sigmund s'appelait-elle Anna-Lise ?

JACQUES PATER, *Le Petit Pater illustré*.

Le psychiatre est un homme qui, lorsqu'il va aux Folies-Bergère, regarde le public.

MERVYN STOCKWOOD

PSYCHOLOGIE

Quand on se sert de ce mot-là, on a l'air de siffler des chiens.

JULES RENARD, *Journal*.

PSYCHOLOGUE

Le psychologue : une crème de menthe qui voudrait passer pour une absinthe.

LÉON-PAUL FARGUE, *Bruits de café*.

PUBLIC

Monsieur, votre pièce est nulle !

— Mais, monsieur, le public l'applaudit.

— Certes, mais il est bien le seul.

Dialogue rapporté
par Jules BARBEY D'AUREVILLY

Tout ce qui est public devrait être gratuit : l'école, les transports et les filles.

ALPHONSE ALLAIS

Je préfère viser l'intelligence du public que sa bêtise, parce que la bêtise est si vaste que je ne sais où frapper.

TRISTAN BERNARD

Le public, le public !... combien faut-il de sots pour faire un public ?

NICOLAS DE CHAMFORT,
Maximes et Pensées, Caractères et Anecdotes.

Le public exige d'être traité comme les femmes auxquelles il ne faut surtout rien dire que ce qu'il leur plaît d'entendre.

WOLFGANG VON GOETHE,
Maximes et Réflexions.

Je me trouve devant un public si intelligent qu'il saisit mes plaisanteries avant que je les comprenne moi-même.

BOB HOPE

Le gros public ? Qu'est-ce que c'est que ça, le gros public ? Vous connaissez le gros public ? Comment est-il fait, le gros public ?... un grand mince ?

HENRI JEANSON,
Quand les lilas refleuriront.

Le public a besoin d'être violé dans des positions rares.

FRANCIS PICABIA

Le public est vraiment tolérant : il pardonne tout, sauf le génie.

OSCAR WILDE

PUBLICITÉ

Mai 68, on a refait le monde
Mai 81, on a refait la cuisine.

Publicité d'une marque de meubles suédois.

La publicité, c'est la gloire du riche ; la gloire, c'est la publicité du pauvre.

AUGUSTE DETŒUF,
Propos de O.-L. Barenton, confiseur.

Dieu lui-même croit à la publicité : il a mis des cloches dans les églises.

SACHA GUITRY

Il y a deux choses qui ne supportent pas la publicité, c'est la police et l'amour.

ÉDOUARD HERRIOT, *Notes et Maximes*.

Les annonces publicitaires contiennent les seules vérités auxquelles on peut avoir confiance dans un journal.

THOMAS JEFFERSON

Pourquoi ne mettrait-on pas ces mots sur un corbillard : « Il est mort parce qu'il ne buvait pas de quinquina Dubonnet » ou encore : « Il ne portait pas de chaussures Raoul » ? Les gens superstitieux permettraient ainsi de faire fortune à bien des industries nationales.

FRANCIS PICABIA

PUCE

Les puces se jettent, partout où elles sont, sur les couleurs blanches. Cet instinct leur a été donné afin que nous puissions les attraper plus facilement.

JACQUES HENRI BERNARDIN DE SAINT-PIERRE, *Harmonies de la nature*, cité par GUSTAVE FLAUBERT in *La Copie de Bouvard et Pécuchet : Le Sottisier*.

Du repos des humains, implacable
[ennemie,
J'ai rendu mille amants envieux de
[mon sort ;
Je me repais de sang et je trouve ma
[vie
Dans les bras de celui qui recherche
[ma mort.

NICOLAS BOILEAU, *Énigme : une puce*.

On demande chien intelligent pour transporter puces savantes.

LES FRÈRES ENNEMIS

Il n'y a pas de preuve que la puce qui vit sur la souris craigne le chat.

HENRI MICHAUX, *Tranches de savoir*.

Le monde pourrait être pire et les puces plus grosses que les chiens.

JEAN MISTLER, *Bon poids*.

... Car les chiens ont des puces sur le
[dos,
Sur leur dos pour les piquer.
Et ces puces elles-mêmes ont sur le
[dos d'autres puces plus petites,
Ainsi de suite à l'infini.

JONATHAN SWIFT

PUCELAGE

La virginité est le plus riche trésor des filles, mais il est bien malaisé de garder longtemps un trésor dont tous les hommes possèdent la clé.

MARÉCHAL DE BASSOMPIERRE

Il est bon de garder sa fleur.
Mais pour l'avoir perdue, il ne se
[faut pas pendre.

JEAN DE LA FONTAINE, « La Fiancée du roi de Garbe », *Contes*.

C'est un bien bel honneur que les femmes portent à un demi-pouce de distance du cul.

GEORG CHRISTOPH LICHTENBERG, *Aphorismes*.

Petit oiseau qui n'a pas de queue.
Quand on lui en met une, il s'envole.

ALEXIS PIRON

PUCERON

Un puceron a plus d'ancêtres qu'un éléphant.

JEAN-PAUL, *Être là dans l'existence*.

Ce n'est pas parce qu'il y a une rose sur le rosier que l'oiseau s'y pose : c'est parce qu'il y a des pucerons.

JULES RENARD, *Journal*.

PUDDING

La preuve du pudding, c'est qu'on le mange.

Proverbe anglais

La preuve du pudding, c'est qu'on le mange.

FRIEDRICH ENGELS

PUDEUR

Une femme sans pudeur est comme un plat sans sel.

Proverbe arabe

Deux raisons contraires incitent une femme à la pudeur. Elle cache le siège de ses infirmités, le canal de ses impuretés. Et elle cache la fleur de sa beauté, la fleur de son corps. Elle a raison dans les deux cas.

ANATOLE FRANCE, *Dernières Pages inédites*, cité par PIERRE GERMA in *Dictionnaire des citations amoureuses*.

La pudeur n'est faite que pour les laides ; c'est une invention moderne et chrétienne.

THÉOPHILE GAUTIER

La pudeur des femmes tombe avec leur vêtement.

HÉRODOTE

Ce qu'est leur cristal aux fontaines, un verre à nos pastels, leur vapeur aux paysages, la pudeur l'est à la beauté.

JOSEPH JOUBERT, *Lettres*.

Il est plaisant qu'on ait fait une loi de la pudeur aux femmes qui n'estiment dans les hommes que l'effronterie.

NINON DE LENCLOS

La pudeur de l'homme c'est de la fatigue.

YVES MIRANDE

La pudeur leur va si bien quand elles en ont, si bien quand elles n'en ont plus, que je ne conçois guère de femmes qui ne désirent pas en avoir.

PAUL MORAND, *Fermé la nuit*.

La pudeur de la femme est un mur mitoyen. N'allez pas, imprudent, le dégrader vous-même, car il s'effritera, à la longue fera brèche, et les voisines entreront chez vous.

JULES RENARD, *L'Écornifleur*.

La pudeur des femmes n'est que leur politique ; tout ce qu'elles cachent ou déguisent n'est caché ou déguisé que pour en augmenter le prix quand elles le révèlent.

RESTIF DE LA BRETONNE

La pudeur n'est rien, elle n'est qu'une invention des lois sociales pour mettre à couvert les droits des pères et des époux et maintenir quelque ordre dans les familles.

JEAN-JACQUES ROUSSEAU

Il est beaucoup plus contre la pudeur de se mettre au lit avec un homme qu'on n'a vu que deux fois, après trois mots latins dits à l'église, que de céder malgré soi à un homme qu'on adore depuis deux ans.

STENDHAL, *De l'amour*.

PUISSANT

L'on doit se taire sur les puissants : il y a presque toujours de la flatterie à en dire du bien ; il y a du péril à en dire du mal pendant qu'ils vivent, et de la lâcheté quand ils sont morts.

JEAN DE LA BRUYÈRE,
Les Caractères.

PUITS

Tu peux changer de ville, mais pas de puits.

Le Livre de la sagesse chinoise

Ce n'est pas le puits qui est trop profond, c'est la corde qui est trop courte.

Proverbe chinois

Picasso me citait la devise ajoutée par le duc d'Olivares sur les armes du roi d'Espagne :

Un puits porte sur sa margelle : « Plus on lui prend. Plus il est grand. »

JEAN COCTEAU, *Picasso*.

Ce qui embellit le désert, dit le petit prince, c'est qu'il cache un puits quelque part.

ANTOINE DE SAINT-EXUPÉRY,
Le Petit Prince.

PUNAISE

La punaise est plus terrible que le remords car ce dernier respecte le sommeil du juste.

EUGÈNE CHAVETTE

PUNITION

Sur le cahier de rapport, ce motif :

• Soldat X, trente jours de salle de police pour avoir salué un adjudant en train d'uriner, l'obligeant ainsi à changer de main.

L'adjudant inconnu

PUPILLE

De tout ce qui est en l'homme, rien n'est meilleur que la pupille de l'œil : elle ne sait pas cacher ce que le cœur a de mauvais.

MONG-TSEU

PUR

L'intellect pur n'a jamais rien produit d'intelligent, ni la raison pure rien de raisonnable.

FRIEDRICH HÖLDERLIN, *Hyperion*.

Nous nous croyons purs tant que nous méprisons ce que nous ne désirons pas.

MARGUERITE YOURCENAR, *Alexis*.

PURGATOIRE

Le purgatoire surpasse en poésie le ciel et l'enfer en ce qu'il représente un avenir qui manque aux deux premiers.

FRANÇOIS RENÉ DE CHATEAUBRIAND,
cité par J. LE GOFF in
La Naissance du purgatoire.

Les gens bien doués sont condamnés d'avance à brûler plus longtemps que les autres dans le purgatoire, étant plus riches en phosphore.

PAUL MASSON

PURITAIN

Le puritain préfère le crime à l'amour, parce que, dans le crime, un seul a du plaisir.

Anonyme

Les puritains devraient avoir des feuilles de vigne sur les yeux.

STANISLAW JERZY LEC

PURITANISME

Puritanisme : la crainte obsédante que quelqu'un, quelque part, puisse être heureux.

HENRY LOUIS MENCKEN

PUTAIN

« Ce n'est pas à toi, fils de putain que je parle, c'est à ta sainte mère ! »

ANATOLE FRANCE

PUTE

Toutes des putes ; et elles le sont de plus en plus jeunes. À l'échographie, déjà, ça doit se voir.

SAN-ANTONIO

PYRAMIDE

Cheops construisit la Grande Pyramide de Giseh vers l'an 3050 avant J.-C. Ensuite il se sentit beaucoup mieux.

WILL CUPPY

La forme même des Pyramides est là pour nous prouver que, dans l'ancienne Égypte aussi, les ouvriers avaient déjà tendance à travailler de moins en moins.

WILL CUPPY

PYTHONISSE

Pour un prêtre de moins, cent pythonisses.

GEORGES BERNANOS,
Français, si vous saviez...

Q-R

Q.I.

Andy Warhol est le seul génie qui ait un Q.I. de 60.

GORE VIDAL

QUALITÉ

On voit les qualités de loin et les défauts de près.

VICTOR HUGO, *Tas de pierres*.

Croyez-moi, vicomte, on acquiert rarement les qualités dont on peut se passer.

PIERRE CHODERLOS DE LACLOS, *Les Liaisons dangereuses*.

Les qualités sont du domaine de tout le monde. Les vices seuls marquent la personnalité.

PAUL LÉAUTAUD, *Passe-temps*.

On ne peut enchaîner que d'une mauvaise qualité pour une bonne. Le contraire s'avère ruineux pour la réputation du Prince et suscite une déception dans le peuple.

MACHIAVEL, *Le Prince*.

On n'aime (donc) jamais personne, mais seulement ses qualités.

BLAISE PASCAL, *Pensées*.

On ne peut pas aimer la quantité, on n'aime que la qualité.

CHARLES FERDINAND RAMUZ, *Taille de l'homme*.

On se dégoûte de ses qualités, surtout quand on les retrouve chez les autres.

JULES RENARD, *Journal*.

QUAND

Quand la liberté se confond avec le sans-gêne, le crime avec l'errance, quand la justice reste espérance et la misère un fait, quand le bruit se dit chant et des mots un poème, c'est qu'il s'est écoulé vingt ans.

ALAIN DAUTRIAT, *Pensées de sel*.

QUARANTAINE

Énergique chez un homme ; épanouie chez une femme. Pour ce qui est du quinquagénaire, il est robuste. Le sexagénaire est alerte et le nonagénaire encore vif. Le centenaire : toujours bon pied bon œil.

ALAIN SCHIFRES, *Le Nouveau Dictionnaire des idées reçues ou Le Dîner sans peine*.

QUARANTE

Quarante ans, c'est la vieillesse de la jeunesse. Cinquante ans, c'est la jeunesse de la vieillesse.

VICTOR HUGO

Quarante ans est un âge terrible, car c'est l'âge où nous devenons ce que nous sommes.

CHARLES PÉGUY, *Victor-Marie, comte Hugo*.

À quarante ans, les uns se font aigres, les autres fades ; d'autres tournent au porc. Moi, je me fais loup. Je dis « non », je rôde et je me maintiens inattaquable dans les grands bois enneigés.

CHARLES AUGUSTIN SAINTE-BEUVE

QUATRE

À partir de quatre, on est une bande de cons.

GEORGES BRASSENS

QUERELLE

Les querelles ne dureraient pas longtemps, si le tort n'était que d'un côté.

FRANÇOIS DE LA ROCHEFOUCAULD, *Maximes*.

Les querelles qui fortifient un amour naissant avancent la fin d'un amour qui a beaucoup duré, comme ces maladies d'où les jeunes gens sortent plus vigoureux, mais auxquelles succombent les vieillards.

MARCEL PROUST, *Pensées de jeunesse*.

Un ménage est bien accordé où les deux époux ressentent en même temps le besoin de la querelle.

JEAN ROSTAND, *Pages d'un moraliste*.

QUESTION

Rien n'est plus simple que de poser une question difficile.

WYSTAN HUGH AUDEN

« Pourquoi les Juifs répondent-ils toujours à une question par une autre question ?

— Et pourquoi les Juifs ne répondraient-ils pas à une question par une autre question ? »

ÉLIE BAROUKH et DAVID LEMBERG, *5 000 Ans d'humour juif*.

Un enfant qui pose une question, c'est la voix de tout un monde qui veut s'améliorer.

TRISTAN BERNARD, cité par FRANÇOIS BOTT in *La Planète des sentiments*.

À l'éternelle triple question toujours demeurée sans réponse : « Qui sommes-nous ? D'où venons-nous ? Où allons-nous ? », je réponds : « En ce qui me concerne personnellement, je suis moi, je viens de chez moi et j'y retourne. »

PIERRE DAC

Est-ce que tu m'aimes ? À son tour, voilà le bourreau des cœurs soumis à la question.

HIPPOLYTE DOMONT, *Propos de mon village*.

De Gaulle, lors d'une conférence de presse :

« Veuillez, messieurs les journalistes, fournir vos questions à mes réponses. »

Légende d'un dessin de JEAN EFFEL.

Pas de questions, pas de mensonges.

OLIVER GOLDSMITH

Les questions qui ne se donnent pas de réponse elles-mêmes en naissant n'obtiennent jamais de réponse.

FRANZ KAFKA

Poser une question qui ne se pose pas est la plus sûre façon de prouver qu'elle se pose.

FRANÇOIS MITTERRAND

Répondre, il n'en est pas question.

ROBERT SABATIER, *Le Livre de la déraison souriante*.

En politique, la sagesse est de ne point répondre aux questions ; l'art, de ne pas se les laisser poser.

ANDRÉ SUARÈS, *Voici l'homme*.

La question ne se pose pas ; il y a trop de vent.

BORIS VIAN

Les questions ne sont jamais indiscrètes. Ce sont parfois les réponses qui le sont.

OSCAR WILDE, *Phrases et philosophies*.

La vraie question c'est : « Comment profiter de la vie au maximum ? »

La vraie réponse, c'est : « En évitant de se poser les vraies questions ! »

GEORGES WOLINSKI, *Pensées*.

QUEUE

Sois plutôt la queue d'un lion que la tête d'un chien.

ABOTH, Le Talmud.

Presque tous les lézards perdent leur queue vers le moment où ils atteignent le milieu de leur vie. Il en va de même de la plupart des hommes.

SAMUEL BUTLER, *Carnets*.

QUI EST LÀ ?

Ne venez jamais que vous n'ayez été appelé trois ou quatre fois, car il n'y a que les chiens qui viennent au premier coup de sifflet, et quand le maître crie : « Qui est là ? » aucun domestique n'est tenu d'y aller ; car « Qui est là » n'est le nom de personne.

JONATHAN SWIFT,
Instructions aux domestiques.

QUINQUAGÉNAIRE

Quand j'étais jeune, on me disait : « Vous verrez quand vous aurez cinquante ans ! » J'ai cinquante ans... et je n'ai rien vu !

ERIK SATIE

Chez le quinquagénaire, ce sont les quinquets qui commencent à moins bien fonctionner. Chez le sexagénaire...

JEAN SAUTERON *(inédit)*.

QUINZE

Quinze ans ! Ô Roméo ! l'âge de
[Juliette.

ALFRED DE MUSSET, *Rolla*.

QUITTER

J'ai de la peine à quitter Paris parce qu'il faut me séparer de mes amis ; et de la peine à quitter la campagne parce qu'alors, il faut me séparer de moi.

JOSEPH JOUBERT, *Pensées*.

On s'était dit qu'on se quitterait bien. Mais il est infiniment rare qu'on se quitte bien, car, si on était bien, on ne se quitterait pas.

MARCEL PROUST, *Albertine disparue*.

RACCOMMODEMENT

« À quoi sert de se quereller quand le raccommodement est impossible ? Le plaisir des disputes, c'est de faire la paix. »

ALFRED DE MUSSET,
On ne badine pas avec l'amour.

RACCOURCI

Un raccourci est une route sur laquelle on ne rencontre personne à qui demander son chemin.

Anonyme

RACINE

La racine plonge dans la terre : le cerveau plonge en Dieu. C'est-à-dire dans l'infini.

VICTOR HUGO

RACISME

Au dire de Freud, un peu de différence mène au racisme. Mais, beaucoup de différences en éloigne irrémédiablement.

ROLAND BARTHES, *Fragments*.

Moins le Blanc est intelligent, plus le Noir lui paraît bête.

ANDRÉ GIDE, *Voyage au Congo*.

Histoire raciste :

Je passe devant un flic avec un melon sous le bras. Il m'interpelle. Il me dit : « Venez ici tous les deux ! »

SMAÏN

RACISTE

Le raciste est un homme qui s'est trompé de colère.

Slogan antiraciste

Quand un raciste commande un « Black and White », il exige deux verres séparés.

ROLAND MAGDANE

Mon banquier est juif : c'est l'honnêteté même.
Mon petit-fils est noir : il est superbe.
Mes amis sont arabes : ils ont de la classe.
Mes voisins sont asiatiques : ils sont charmants.
Je suis entouré de métèques plus honnêtes, plus beaux, plus riches et plus sympathiques que moi !
Et on s'étonne que je sois raciste ?

GEORGES WOLINSKI, *La Morale*.

RADICAL (parti)

Association d'hommes généralement bien élevés qui, non sans succès, s'efforcent de n'être d'accord sur rien.

JACQUES FAUVET

RAISON

C'est le bon sens, la raison qui fait [tout,
Vertu, génie, esprit, talent et goût.
Qu'est-ce vertu ? raison mise en [pratique,
Talent ? raison produite avec éclat,
Esprit ? raison qui finement [s'exprime,
Le goût n'est rien qu'un bon sens [délicat,
Et le génie est la raison sublime.

MARIE-JOSEPH DE CHÉNIER, *La Raison*.

À force de chercher de bonnes raisons, on en trouve ; on les dit ; et après, on y tient, non pas tant parce qu'elles sont bonnes que pour ne pas se démentir.

PIERRE CHODERLOS DE LACLOS, *Les Liaisons dangereuses*.

Ce qui manque le moins au méchant pour faire ce qu'il fait, ce sont les raisons.

MACEDONIO FERNANDEZ, *Cahiers de tout et de rien*.

Si la raison dominait sur la terre, il ne s'y passerait rien.

BERNARD DE FONTENELLE

La raison, c'est ce qui effraie le plus dans un fou.

ANATOLE FRANCE, *Monsieur Bergeret à Paris*.

La raison du meilleur est toujours la [plus forte.

VICTOR HUGO

La dernière raison des rois, le boulet.
La dernière raison des peuples, le pavé.

VICTOR HUGO, *Littérature et philosophie mêlées*.

La raison c'est la folie du plus fort. La raison du moins fort c'est de la folie.

EUGÈNE IONESCO

La raison peut nous avertir de ce qu'il faut éviter ; le cœur seul dit ce qu'il faut faire.

JOSEPH JOUBERT, *Carnets*

La raison humaine est une plaisante chose : dans votre bouche, comme dans celle de tout le monde, « il a tort » veut dire : « il ne pense pas comme moi ». « Il a raison » signifie : « il est de mon avis ».

ALPHONSE KARR

Quand l'eau courbe un bâton, ma [raison le redresse ;
La raison décide en maîtresse.
Mes yeux, moyennant ce secours,
Ne me trompent jamais, en me [mentant toujours.

JEAN DE LA FONTAINE, *Un animal dans la lune*.

La raison nous commande bien plus impérieusement qu'un maître, car en désobéissant à l'un on est malheureux, et en désobéissant à l'autre, on n'est qu'un sot.

BLAISE PASCAL, *Pensées*.

Deux excès : exclure la raison, n'admettre que la raison.

BLAISE PASCAL, *Pensées*.

La raison se compose de vérités qu'il faut dire et de vérités qu'il faut taire.

ANTOINE DE RIVAROL, *Fragments et pensées philosophiques.*

La raison est inutile avant l'événement et odieuse après.

ANTOINE DE RIVAROL, *Fragments et pensées philosophiques.*

Craignez celui qui veut avoir raison. Il imagine entre le vrai et sa personne une relation spécialement étroite et il prend la « raison » pour une épouse dont il est jaloux. Mais, plus cette épouse est à quelqu'un, moins elle est raison.

PAUL VALÉRY, *Mélange.*

RAISONNEMENT

« Si nous ne le faisons pas, d'autres le feront. » C'est avec ce type de raisonnement qu'on finit par coucher avec sa sœur !

GEORGES BESSE, *Ex P.-D.G. de Renault.*

RAISONNER

Quand on a raison, il faut raisonner comme un homme — et comme une femme quand on a tort.

PAUL-JEAN TOULET

RASOIR

Qui sait raser le rasoir saura effacer la gomme.

HENRI MICHAUX, *Tranches de savoir.*

RASSEMBLEMENT

le premier qui arrive le dernier, j'en prends un au hasard et je vous fous tous dedans.

L'adjudant de service

RAT

Un rat parti chercher fortune au [Missouri
Se retrouva, hélas, dans le [Minnesota :
Sur lui un gros minet sauta,
Adieu fortune, amies souris...

MICHEL DEVILLE, *U.S.A.*

RATÉ

Les ratés ne nous rateront pas.

GEORGES BERNANOS, *Le Chemin de la Croix-des-Âmes.*

RAYONS X

Les mots peuvent ressembler aux rayons X. Si l'on s'en sert convenablement, ils transpercent n'importe quoi.

ALDOUS HUXLEY, *Le Meilleur des mondes.*

RÉACTIONNAIRE

Un réactionnaire est un somnambule qui marche à reculons.

FRANKLIN DELANO ROOSEVELT

RÉALITÉ

Il ne faut pas voir la réalité telle que je suis.

PAUL ÉLUARD, *À toute épreuve.*

La réalité ne pardonne pas une seule erreur à la théorie.

LÉON TROTSKI

RÉBELLION

La seule vraie rébellion est la recherche du bonheur.

HENRIK IBSEN

RÉBUS

VENT / À QUI	VIENT / D'AMOUR
PIRE / LE CŒUR	VENT / BIEN

(À, qui souvent, d'amour souvient, le cœur soupire bien souvent).

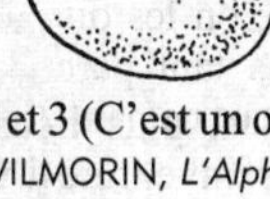

7. 1. 9. 13 et 3 (C'est un œuf très étroit).

LOUISE DE VILMORIN, *L'Alphabet des aveux.*

REBUT

Que de choses nous mettrions au rebut si nous ne craignions pas de les voir ramassées par autrui.

OSCAR WILDE, *Le Portrait de Dorian Gray.*

RÉCEPTION

M... qui avait une collection de discours de réception à l'Académie française me disait : « Lorsque j'y jette les yeux, il me semble voir des carcasses de feu d'artifices, après la Saint-Jean. »

NICOLAS DE CHAMFORT, *Caractères et Anecdotes*.

Voir aussi ACADÉMIE FRANÇAISE, ACADÉMICIEN.

Une réception est faite de gens que cela excède de recevoir des gens que cela excède de venir et qui n'invitent que par utilité des gens qui ne viennent que par intérêt.

FERNAND VANDEREM

RÉCESSION

Il y a récession quand votre voisin perd son travail, dépression quand vous perdez le vôtre.

HARRY TRUMAN, président des États-Unis.

RECETTE

Il n'y a point de recette pour embellir la Nature. Il ne s'agit que de voir.

AUGUSTE RODIN, *Art*.

RECEVOIR

Celui qui reçoit ses amis et ne donne aucun soin personnel au repas qui leur est proposé n'est pas digne d'avoir des amis.

ANTHELME BRILLAT-SAVARIN

Voulez-vous savoir comment il faut donner ? Mettez-vous à la place de celui qui reçoit.

MADELEINE DE PUISIEUX.

RÉCIT

Le récit n'est plus l'écriture d'une aventure, mais l'aventure d'une écriture.

JEAN RICARDOU, *Pour une théorie du nouveau roman*.

RECOMMENCER

Ainsi, recommençant un ouvrage [vingt fois,
Si j'écris quatre mots, j'en effacerai [trois.

NICOLAS BOILEAU

RECONNAISSANCE

Il y a une sorte de reconnaissance basse.

NICOLAS DE CHAMFORT, *Maximes et Pensées*.

RECONNAÎTRE

Tuez-les tous ! Dieu reconnaîtra les siens !

ARNAUD AMALRIC (aux soldats du pape qui se préparaient à donner l'assaut à Béziers où s'étaient réfugiés les Albigeois).

Le Bon Dieu reconnaît les siens, mais Il est si bon qu'Il fait semblant de reconnaître tout le monde.

ABEL HERMANT, *Éloge de la médisance*.

RECRUE

Recrue : Personne que l'on distingue du civil par son uniforme, et du soldat par son allure.

AMBROSE BIERCE, *Le Dictionnaire du Diable*.

REDITE

Il y a des redites pour l'oreille et pour l'esprit ; il n'y en a point pour le cœur.

NICOLAS DE CHAMFORT, *Maximes et Pensées*.

La plupart des bons mots sont des redites.

VOLTAIRE, *Essai sur les mœurs et l'esprit des nations*.

REDRESSER

En général, il faut se redresser pour être grand : il n'y a qu'à rester comme on est pour être petit.

MARIVAUX

RÉEL

L'imaginaire déchoit-il ou se renforce-t-il quand il se confronte au réel ?

Le réel n'aurait-il point aussi sa grande saveur et sa joie ?

VICTOR SEGALEN, *Équipée*.

RÉFECTOIRE

Il y a une odeur de réfectoire, que l'on retrouve la même dans tous les réfectoires. Que ce soient des chartreux qui y mangent ou des séminaristes, ou des lycéens, ou de tendres jeunes filles, un réfectoire a toujours son odeur de réfectoire.

ALAIN, *Propos*.

RÉFLÉCHIR

Un lac réfléchit mieux les étoiles qu'une rivière.

THÉODORE JOUFFROY

Les poètes sont des fous d'avoir donné au fils de Vénus un flambeau, un arc et un carquois ; la puissance de ce dieu ne réside que dans son bandeau ; tant que l'on aime on ne réfléchit point ; dès que l'on réfléchit, on n'aime plus.

NINON DE LENCLOS

Réfléchir, c'est déranger ses pensées.

JEAN ROSTAND

REFLET

Ô misère de nous ! notre vie est si veine qu'elle n'est qu'un reflet de notre mémoire.

FRANÇOIS RENÉ DE CHATEAUBRIAND, *Mémoires d'outre-tombe*.

RÉFORME

Nous ne parvenons à faire des réformes qu'en faisant semblant de faire la révolution.

JACQUES CHABAN-DELMAS

REFUSER

Refuser en donnant ses raisons n'est pas refuser.

ALAIN, *Histoire de mes pensées*.

C'est encore accorder quelque chose que de refuser avec grâce.

PUBLILIUS SYRUS, *Sentences*.

REGARD

Que l'importance soit dans ton regard, non dans la chose regardée.

ANDRÉ GIDE, *Les Nourritures terrestres*.

Un regard neuf à travers de vieux trous.

GEORG CHRISTOPH LICHTENBERG, *Aphorismes*.

Que d'enfants, si le regard pouvait
[féconder !
Que de morts s'il pouvait tuer !

PAUL VALÉRY, *Tel Quel*.

RÉGIME

C'est une ennuyeuse maladie que de conserver sa santé par un trop grand régime.

Adage médical

Il n'est rien au monde qui fasse naître plus de faux espoirs que les quatre premières heures d'un régime amaigrissant.

Anonyme

La république est le seul remède aux maux de la monarchie et la monarchie est le seul remède aux maux de la république.

JOSEPH JOUBERT, *Carnets*.

Faire un régime me pèse.

GRÉGOIRE LACROIX, *Les Euphorismes*.

Il y a une chose plus difficile encore que de s'astreindre à un régime, c'est de ne pas l'imposer aux autres.

MARCEL PROUST, *Sodome et Gomorrhe*.

Je viens d'un monde où il est interdit de parler. J'arrive dans un monde où l'on peut tout dire et où ça ne sert à rien.

ALEXANDRE SOLJENITSYNE

RÈGLE

L'ordre humain se montre dans les règles, et c'est une politesse que de suivre les règles, même orthographiques. Il n'est point de meilleures disciplines.

ALAIN, *Propos*.

RÈGLES

Les femmes ne sont jamais à l'heure de vos sens. Elles viennent toujours quand vous avez vos règles.

EDMOND et JULES DE GONCOURT, *Journal*.

RÈGNE

On constate que les longs règnes sont toujours déplorables. Dieu est éternel. Jugez vous-même !

NICOLAS DE CHAMFORT *Maximes et Pensées*.

RÉGNER

L'amour de mon peuple a retenti jusqu'au fond de mon cœur. Ah ! l'on peut commander ailleurs, mais c'est en France qu'on règne.

LOUIS XVI (lettre à Marie-Antoinette).

REGRETS ÉTERNELS

Si tu veux savoir combien de gens te regretteront, plante ton doigt dans la mer, retire-le et regarde le trou.

Cité par l'*Almanach du marin breton*.

REGRETTER

Regretter ce qu'on aime est un bien en comparaison de croire avec ce qu'on hait.

JEAN DE LA BRUYÈRE

Je regrette mes péchés, mais je regrette plus encore ceux que j'eusse aimé commettre.

FRANÇOIS MAURIAC

RÉINCARNATION

Si je croyais en la réincarnation, j'aimerais revivre sous la forme d'une éponge.

WOODY ALLEN

Il doit y avoir quelque chose de vrai dans la réincarnation, puisque certaines femmes de trente-cinq ans se souviennent d'événements vieux d'un demi-siècle.

JEAN ROSTAND

RELATIF

Tout est relatif, voilà la seule chose absolue.

AUGUSTE COMTE

RELATION

« Dis-moi, chéri, est-ce que nous avons des relations sexuelles ?

— Bien sûr, chérie ! Quelle question !

— Mais alors, pourquoi ne les invitons-nous jamais ? »

Anonyme

Le genre de relation le plus facile pour moi, c'est avec dix mille personnes. Le plus difficile, c'est avec une seule.

JOAN BAEZ

RELATIVITÉ

On croit souvent qu'un appartement est bas de plafond, alors qu'il est tout simplement haut de plancher.

PIERRE DAC, *Pensées*.

Si ma théorie de la relativité est prouvée, l'Allemagne me revendiquera comme Allemand et la France déclarera que je suis un citoyen du monde. Mais, si ma théorie est fausse, la France dira que je suis un Allemand et l'Allemagne déclarera que je suis un Juif.

ALBERT EINSTEIN, *Discours en Sorbonne*.

Que l'homme est petit quand on le contemple du haut de la mer de Glace !

EUGÈNE LABICHE, *Le Voyage de M. Perrichon*.

RELIGIEUSE

Il disait qu'il n'avait jamais baisé de religieuses, parce qu'il les avait toujours fait déshabiller auparavant.

GÉDÉON TALLEMANT DES RÉAUX, *Le Maréchal de Roquelaure*.

RELIGION

Dans la religion, tout est vrai, excepté le sermon ; tout est bon, excepté le prêtre.

ALAIN, *Propos II*.

On trouve des sociétés qui n'ont ni science, ni art, ni philosophie. Mais, il n'y a jamais eu de sociétés sans religion.

HENRI BERGSON, *Les Deux Sources de la morale et de la religion*.

Le meilleur dans la religion, c'est qu'elle engendre des hérétiques.

ERNST BLOCH

La religion, ce refuge des grands trembleurs.

JEAN-PIERRE CHABROL, *Les Aveux du silence*.

La religion ne se sert que de preuves générales ; elle ne juge que sur l'ordonnance des cieux, sur les lois de l'univers ; elle ne voit que les grâces de la nature, les instincts charmants des animaux, et leurs convenances avec l'homme. L'athéisme ne vous apporte que de honteuses exceptions ; il n'aperçoit que des désordres, des marais, des volcans, des bêtes nuisibles ; et, comme s'il cherchait à se cacher dans la boue, il interroge les reptiles et les insectes pour lui fournir des preuves contre Dieu.

FRANÇOIS RENÉ DE CHATEAUBRIAND, *Le Génie du christianisme*.

Le test d'une bonne religion est de savoir si vous pouvez faire des plaisanteries à son sujet.

GILBERT KEITH CHESTERTON

La religion est une fatigante solution de paresse.

EMIL MICHEL CIORAN

Les trop grandes pompes d'une religion servent à l'éteindre.

XAVIER FORNERET

Quand ils n'ont plus de prêtres, les dieux deviennent très faciles à vivre.

ANATOLE FRANCE

Si un homme atteint le cœur de sa religion, il atteint également le cœur des autres religions.

MAHATMA GANDHI, *Tous les hommes sont frères*.

La religion est faite pour ceux qui en ont besoin.

MAX JACOB

La religion, fût-elle fausse, est un élément nécessaire à la vie d'un peuple.

HENRI LACORDAIRE, *Lettres à un jeune homme*.

Les hommes ont conçu successivement le bouddhisme, le christianisme et l'islam ; et il est frappant que chaque étape, loin de manquer un progrès sur la précédente, témoigne plutôt d'un recul.

CLAUDE LÉVI-STRAUSS

Pour que la religion soit appréciée de la masse, il faut nécessairement qu'elle garde quelque chose du haut goût de la superstition.

GEORG CHRISTOPH LICHTENBERG, *Aphorismes*.

Sous Henri VIII, en Angleterre, les protestants étaient brûlés à cause de leur religion et les catholiques pendus.

GEORG CHRISTOPH LICHTENBERG, *Aphorismes*.

La religion est le soupir de la créature opprimée, l'âme d'un monde sans cœur, comme elle est l'esprit de conditions sociales dont l'esprit est exclu. Elle est l'opium du peuple.

KARL MARX, *Critique de la philosophie du droit de Hegel*. (Henri Heine l'avait dit avant lui !).

Ces rivières qui traînent un maigre filet d'eaux dans le lit immense qu'elles se sont creusé autrefois, me font penser à la religion, perdue dans ses énormes cathédrales.

JEAN MISTLER, *Bon poids*.

La supériorité de Mahomet est d'avoir fondé une religion en se passant de l'enfer.

NAPOLÉON Ier

Il ne faut pas que les enfants reçoivent la religion, il faut qu'ils l'*attra-*

pent de leur entourage, comme on attrape la rougeole.

PAUL CLAUDEL, *Journal*.

Toutes les religions se ressemblent par la quête.

JULES RENARD, *Journal*.

Nous avons juste assez de religion pour nous haïr, mais pas assez pour nous aimer.

JONATHAN SWIFT,
Pensées sur divers objets.

La religion était un bon arbre qui a produit de mauvais fruits.

VOLTAIRE

Dieu ne doit point pâtir des sottises
[du prêtre.

VOLTAIRE,
Épître CXI à l'auteur
du *Livre des trois imposteurs*.

Le peuple reçoit la religion, les lois, comme la monnaie, sans l'examiner.

VOLTAIRE, *Le Sottisier*.

Il faut avoir une religion et ne pas croire aux prêtres ; comme il faut avoir du régime et ne pas croire aux médecins.

VOLTAIRE, *Pensées*.

Un Anglais, comme homme libre, va au ciel par le chemin qui lui plaît.

VOLTAIRE,
Lettres philosophiques V.

RELIRE

Relis-toi sept fois avant d'écrire.

ALAIN BOSQUET,
La Fable et le Fouet.

« Dis-moi ce que tu lis, je te dirai qui tu es », il est vrai, mais je te connaîtrai mieux si tu me dis qui tu relis.

FRANÇOIS MAURIAC, *Journal*.

REMARIAGE

Le remariage est le triomphe de l'espérance sur l'expérience.

ROLAND JACCARD

REMBRANDT

Se servir d'un Rembrandt comme d'une planche à repasser.

MARCEL DUCHAMP

REMÈDE

Agent thérapeutique qui guérit rarement le mal qu'on a, mais donne à chaque instant un mal qu'on n'avait pas.

GEORGES COURTELINE,
La Philosophie de Georges Courteline.

Il n'y a aucun remède contre la naissance et contre la mort, sinon de profiter de la période qui les sépare.

GEORGE SANTAYANA,
Soliloques en Angleterre.

REMUER

Les cartes, les femmes et la salade ne sont jamais trop remuées.

Proverbe provençal

RENCONTRER (se)

Ma femme et moi avons été heureux vingt-cinq ans, et puis nous nous sommes rencontrés.

SACHA GUITRY

RENGAINE

Une rengaine, c'est une chanson qui, pour commencer, vous entre par une oreille et, pour finir, vous sort par les yeux.

RAYMOND DEVOS

RENIER

Puisque vous renierez plus tard, pourquoi ne pas renier tout de suite ?

BORIS VIAN,
inédit, cité in *Boris Vian en verve*.

RENOM

Le renom dans ce monde n'est qu'un souffle de vent... qui change de sens en changeant de parti.

DANTE ALIGHIERI

RENOMMÉE

Courtisane célèbre de la Renaissance. Par extension, désigne une femme élégante et facile.

Ex. : *jouir d'une belle renommée.*

Petit dictionnaire des mots retrouvés

La renommée ? J'en ai déjà beaucoup plus que ceux-ci que je respecte, et je n'en aurai jamais autant que ceux-là que je méprise.

JEAN ROSTAND, *Carnet d'un biologiste.*

RENONCER

Il n'y a qu'une route vers le bonheur [...], c'est de renoncer aux choses qui ne dépendent pas de notre volonté.

ÉPICTÈTE, *Entretien.*

Il faut renoncer au monde pour le comprendre.

JEAN GRENIER

RENSEIGNEMENT

Bien que nos renseignements soient faux, nous ne les garantissons pas.

ERIK SATIE

RENTRÉE DES CLASSES

Je vais vous dire ce que me rappellent tous les ans le ciel agité de l'automne et les feuilles qui jaunissent dans les arbres qui frissonnent ; je vais vous dire ce que je vois quand je traverse le Luxembourg dans les premiers jours d'octobre, alors qu'il est un peu triste et plus beau que jamais, car c'est le temps où les feuilles tombent une à une sur les blanches épaules des statues. Ce que je vois alors dans ce jardin, c'est un petit bonhomme qui, les mains dans les poches et sa gibecière au dos, s'en va au collège en sautillant comme un moineau. Ma pensée seule le voit ; car ce petit bonhomme est une ombre : c'est l'ombre du moi que j'étais il y a vingt-cinq ans.

ANATOLE FRANCE, *Le Livre de mon ami.*

RENVOI

Dans les coulisses du théâtre, une affichette : DÉFENSE DE FUMER SOUS PEINE DE RENVOI.

« De renvoi ? observe Tristan Bernard. C'est curieux. Moi ça ne m'a jamais produit cet effet-là ! »

REPAS

Le peuple déjeune, la bourgeoisie dîne, la noblesse soupait. L'estomac se lève plus ou moins tard chez l'homme selon sa distinction.

EDMOND et JULES DE GONCOURT, *Journal.*

Il n'est pas d'amour durable, pas d'harmonie possible, dans un intérieur où, d'ordinaire, le déjeuner est une faillite et le dîner une banqueroute.

CLÉMENT VAUTEL

REPENTANCE

Quel homme d'entre vous, s'il a cent brebis et qu'il en perde une, ne laisse les quatre-vingt-dix-neuf autres dans le désert pour aller après celle qui est perdue, jusqu'à ce qu'il la trouve ? Lorsqu'il l'a trouvée, il la met avec joie sur ses épaules, et de retour à la maison, il appelle ses amis et ses voisins, et leur dit : « Réjouissez-vous avec moi, car j'ai trouvé ma brebis qui était perdue. » De même, je vous le dis, il y aura plus de joie dans le ciel pour un seul pécheur qui se repent, que pour quatre-vingt-dix-neuf justes qui n'ont pas besoin de repentance.

Nouveau Testament, livre XV, 4 à 7.

REPENTIR

Le repentir est le dernier profit que l'homme tire de sa faute.

ALEXANDRE DUMAS FILS

Le repentir des vices qui nous furent chers laisse toujours un peu de tendresse pour eux, mêlée à nos larmes. Il y a quelque chose d'amoureux au repentir d'une passion amoureuse :

cette passion est en nous si naturelle, qu'on ne se repent point sans amour d'avoir aimé.

CHARLES DE SAINT-ÉVREMOND, *Entretiens sur toutes choses*.

Le repentir est une seconde faute.

BARUCH SPINOZA

RÉPÉTER

— Passé soixante-cinq ans, on se répète toujours.

— Excepté en amour.

GÉNÉRAL DE GALLIFET

RÉPONSE

La réponse est le malheur de la question.

MAURICE BLANCHOT

Nous possédons toutes les réponses. Apportez vos problèmes.

JEAN PAULHAN

REPOS

Le 1er mai, les accidents de repos devraient être pris en charge par la Sécurité sociale.

PIERRE DAC, *Arrière-pensées*.

REPOSER (se)

De temps en temps, il faut se reposer de ne rien faire.

JEAN COCTEAU

RÉPUBLIQUE

Que la République était belle sous l'Empire !

ALPHONSE AULARD

J'ai pris goût à la République depuis que j'ai vu tant de rois.

PIERRE JEAN DE BÉRANGER

La Quatrième République, c'est l'immobilisme... La Cinquième, c'est l'immobilier.

PIERRE BOUTEILLER, recevant Alain Duhamel sur France-Inter, 3 janvier 1997.

Il est démocratiquement impensable qu'en république il y ait encore trop de gens qui se foutent royalement de tout.

PIERRE DAC, *Pensées*.

La République en France a ceci de particulier que personne n'en veut et que tout le monde y tient.

JOSEPH ARTHUR DE GOBINEAU, *La Troisième République française*.

La république est le gouvernement qui nous divise le moins.

ADOLPHE THIERS.

De toutes les républiques, celle des lettres est, sans contredit, la plus ridicule.

VOLTAIRE, *Lettre au censeur Marin* (1764).

RÉPUTATION

« Puisque vous avez la réputation d'être si drôle, monsieur Tristan Bernard, faites-moi rire !

— Puisque vous êtes si riche, monsieur Rothschild, donnez-moi cent mille francs. »

RÉSIGNER (se)

Nous sommes tous résignés à la mort, c'est à la vie que nous n'arrivons pas à nous résigner.

GRAHAM GREENE, *Le Fond du problème*.

RÉSISTER

La longue défense est le seul mérite qui reste à celles qui ne résistent pas toujours.

PIERRE CHODERLOS DE LACLOS, *Les Liaisons dangereuses*, lettre CXXI.

La terre nous en apprend plus long sur nous que tous les livres. Parce qu'elle nous résiste.

ANTOINE DE SAINT-EXUPÉRY, *Terre des hommes*.

On ne s'appuie que sur ce qui résiste.

SÉNÈQUE

Il est dans la nature de l'homme d'opprimer ceux qui cèdent et de respecter ceux qui résistent.

THUCYDIDE

RÉSOLUTION

Les résolutions sont comme les anguilles ; on les prend aisément. Le diable est de les tenir.

ALEXANDRE DUMAS FILS

Les bonnes résolutions sont des chèques tirés sur une banque où l'on n'a pas de compte ouvert.

OSCAR WILDE, *Le Portrait de Dorian Gray*.

RESPECT

Ne ris pas d'un aveugle,
Ne tourmente pas un nain,
Ne rends pas plus pénible la condition d'un boiteux,
Ne tourmente pas un homme qui est dans la main de Dieu,
Ne t'irrite pas à cause de ses erreurs.

AMÉNÉMOPÉ,
La Sagesse vivante de l'Égypte ancienne,
traduite par Christian Jacq.

Le respect de la vieillesse n'est point naturel aux enfants : il leur vient de l'éducation et n'est jamais profond en eux.

ANATOLE FRANCE

RESPECTABLE

Il n'existe que trois êtres respectables : le prêtre, le guerrier, le poète. Savoir, tuer et créer.

CHARLES BAUDELAIRE,
Mon cœur mis à nu.

Il y a deux moments de sa vie où tout homme est respectable : son enfance et son agonie.

HENRY DE MONTHERLANT, *Carnets*.

RESPONSABLE

— C'est le temps que tu as perdu pour ta rose qui fait ta rose si importante [...]. Les hommes ont oublié cette vérité, dit le renard. Mais tu ne dois pas l'oublier. Tu deviens responsable pour toujours de ce que tu as apprivoisé. Tu es responsable de ta rose.

ANTOINE DE SAINT-EXUPÉRY,
Le Petit Prince.

La recherche des responsables amuse le peuple et dispense de faire les choses difficiles qu'il pourrait attendre de voir accomplies ou résolues.

PAUL VALÉRY

RESSEMBLANCE

Le duc de Bordeaux ressemble à son [père,
Son père à son frère et son frère à [mon cul.
De là je conclus qu'le duc de [Bordeaux
Ressemble à mon cul comme deux [gouttes d'eau.

Vieille chanson française

Entre l'éléphant et la mouche, il y a peut-être une certaine ressemblance. Mais entre vous et moi ?

SALVADOR DALÍ

Il en est des amants comme des insectes ailés qui prennent la couleur de l'herbe à laquelle ils s'attachent. Ce n'est qu'en empruntant la ressemblance de l'objet aimé qu'un amant parvient à lui plaire. Cette métamorphose n'est point difficile ; car, qui ne sait que l'amour change en lui ce qu'il aime ?

HELVÉTIUS

Tous les jours, les semaines, les mois, les saisons, les années se ressemblent.

À la même heure, on arrive ;
À la même heure, on déjeune ;
À la même heure, on s'en va ;
Et cela, de vingt à soixante ans.

Quatre accidents seulement font date : le mariage, la naissance du premier enfant, la mort de son père et de sa mère.

Rien autre chose. Pardon, les avancements.

GUY DE MAUPASSANT

RESSEMBLER

Quand sur une personne on prétend [se régler,
C'est par les beaux côtés qu'il lui [faut ressembler.

MOLIÈRE, *Les Femmes savantes*, acte I, scène 1.

RESSUSCITER

Un mort qui ressuscite déçoit toujours un peu son monde.

MARCEL AYMÉ, *La Jument verte*.

« Ton bon Dieu et son ciel, j'y crois pas. Mais c'est sûr que les morts ressuscitent. Va voir le cimetière de Brédans. Toutes les dalles sont soulevées. C'est pas pour rien que les arbres les soulèvent, c'est pour que les morts puissent aller mener la grande vie dans la forêt. »

BERNARD CLAVEL, *Le Soleil des morts*.

RESTAURANT

Lorsque vous allez au restaurant, choisissez une table proche d'un serveur.

Proverbe juif

RESTE

Le reste ne vaut pas l'honneur d'être [nommé.

PIERRE CORNEILLE, *Cinna*.

RESTES

Nos repas sont charmants encore que [modestes
Grâce à ton art profond [d'accommoder les restes.

PAUL VERLAINE

RÉSURRECTION

La résurrection est une idée toute naturelle ; il n'est pas plus étonnant de naître deux fois qu'une.

VOLTAIRE

C'est un fait que les morts les plus chers, au bout de quelques mois, seraient, s'ils revenaient, des intrus dans l'existence des vivants.

MARGUERITE YOURCENAR

RETENIR

On passe la moitié de sa vie à retenir sans comprendre, et l'autre moitié à comprendre sans retenir.

ANTOINE DE RIVAROL

RETIRER

Il y a des gens qui retirent volontiers ce qu'ils ont dit, comme on retire une épée du ventre de son adversaire.

JULES RENARD, *Journal*.

RETOUR

On ne va jamais chercher assez loin le bonheur de rentrer chez soi.

PAUL MORAND

Voyageur, voyageur, accepte le [retour,
Il n'est plus place en toi pour de [nouveaux visages.

JULES SUPERVIELLE, *Débarcadères*.

RETRAITE

La retraite est la ménopause des hommes.

Anonyme

Retraite signifie deux fois moins d'argent et deux fois plus de mari.

Anonyme

Pour la femme, retraite signifie deux fois moins d'argent et deux fois plus de mari.

Anonyme

La retraite, qu'est-ce que c'est, sinon la permission officielle de rouiller.

JEANINE BOISSARD, *Une femme neuve*.

Tircis, il faut penser à faire la [retraite.
La course de nos jours est plus qu'à [demi faite ;
L'âge insensiblement nous conduit à [la mort,

Nous avons assez vu sur la mer de
[ce monde
Errer au gré des flots notre nef
[vagabonde ;
Il est temps de jouir des délices du
[port.

HONORAT DE BUEIL, seigneur de RACAN,
Stances à Tircis sur la retraite.

Tu peux, à l'heure que tu veux, te retirer en toi-même. Nulle retraite n'est plus tranquille ni moins troublée pour l'homme que celle qu'il trouve en son âme.

MARC AURÈLE

Pour tout Français, la retraite est le but suprême de l'existence. C'est avec joie qu'il envisage sa vie de vieillard. Mastiquer avec une mâchoire édentée semble être le comble de ses délices.

GEORGE MIKES, *Little Cabbages*.

RETRAITÉ

Le rôle du retraité, c'est de ne pas en avoir.

Anonyme

Le retraité est, comme le bouilleur de cru, un personnage éminemment français.

ALBERT THIBAUDET

RETRANCHER

S'il nous fallait retrancher de nos jours tous ceux que nous avons mal passés, même selon les maximes du monde, pourrions-nous bien trouver en toute la vie de quoi faire trois ou quatre mois ?

JACQUES BÉNIGNE BOSSUET,
Panégyrique de saint Bernard.

RÉUSSIR

Pour tous ceux qui n'ont pas réussi, gâcher le bonheur des autres, c'est réussir un peu.

ROBERT DE FLERS

En essayant continuellement, on finit par réussir. Donc, plus on rate, plus on a de chances que ça marche.

Devise SHADOK

RÊVE

Je suis tellement fatigué qu'il m'arrive de m'endormir au milieu d'un rêve.

VASSILIS ALEXAKIS

Le rêve d'un homme fait partie de la mémoire de tous.

JORGE LUIS BORGES

Nous sommes le rêve d'un dormeur qui dort si profondément qu'il ne sait pas qu'il nous rêve.

JEAN COCTEAU

Les rêves sont la littérature du sommeil.

JEAN COCTEAU, *Le Mystère laïc*.

Les rêves ont été créés pour qu'on ne s'ennuie pas pendant le sommeil.

PIERRE DAC, *Pensées et maximes*.

Mon rêve d'enfant était d'être cambrioleur les jours ouvrables et policier le week-end. Je me serais arrêté le dimanche.

RAYMOND DEVOS

Nous sommes plus curieux du sens des rêves que des choses que nous voyons éveillés.

DIOGÈNE

Certes, je ne renonce pas à rêver ma vie, mais je prétends aussi vivre mes rêves.

PIERRE DRIEU LA ROCHELLE

Dans le lait des rêves il tombe toujours une mouche.

RAMÓN GÓMEZ DE LA SERNA,
Greguerías.

Nous vivons une vie, nous en rêvons une autre, mais celle que nous rêvons est la vraie.

JEAN GUÉHENNO

Nous nous réveillons tous au même
[endroit du rêve ;
Tout commence en ce monde et tout
[finit ailleurs.

VICTOR HUGO, *Tristesse d'Olympio*.

On jugerait bien plus sûrement un homme d'après ce qu'il rêve que d'après ce qu'il pense.

VICTOR HUGO, *Les Misérables.*

La nuit dernière, j'ai eu un rêve magnifique, ne le manquez pas.

GROUCHO MARX

Le rêve est une seconde vie. Je n'ai pu percer sans frémir ces portes d'ivoire ou de corne qui nous séparent du monde invisible.

GÉRARD DE NERVAL, *Aurélia.*

Novalis ne se trompe pas en disant que nous sommes près de nous réveiller quand nous rêvons que nous rêvons.

EDGAR ALLAN POE,
Les Souvenirs de M. Auguste Bedloe.

RÉVEILLER

Chez les peuples primitifs, on ne réveille jamais un dormeur car son âme est alors absente et peut ne pas avoir le temps de réintégrer son enveloppe.

GEORGE FRAZER, *Le Rameau d'or.*

REVENANT

Je ne crois pas aux revenants, mais j'en ai peur.

MME DU DEFFAND

REVENIR

Elle était revenue de bien des choses, ce qui ne l'empêchait pas d'y retourner.

NATALIE CLIFFORD BARNEY

RÊVER

Rêver, c'est le suicide que se permettent les gens bien élevés.

KAREN BLIXEN, *Sept Contes gothiques.*

Rêver, c'est dormir avec des illustrations dans le texte.

EUGENIO D'ORS, *Au grand Saint-Christophe,*
cité par G. POMMERAND in
Le Petit Philosophe de poche.

Rêver et révéler, c'est à peu près le même mot.

RAYMOND QUENEAU,
Les Fleurs bleues.

Comment penser le monde si on ne sait pas le rêver ?

DENIS ROCHE

RÉVERBÈRE

Il était tard, il ne restait plus qu'un réverbère allumé sur deux, les autres dormaient debout.

BORIS VIAN,
inédit, cité in *Boris Vian en verve.*

RÊVERIE

À quoi pensais-je tout à l'heure,
À quel beau songe évanoui
Dois-je les larmes que je pleure ?
Il m'a laissé tout ébloui.
Et ce bonheur d'une seconde,
Nul effort ne me l'a rendu.
Je n'ai goûté de joie au monde
Qu'en rêve et mon rêve est perdu.

Anonyme

La rêverie… une jeune femme merveilleuse, imprévisible, tendre, énigmatique, provocante, à qui je ne demande jamais compte de ses fugues.

ANDRÉ BRETON, *Farouche à quatre feuilles.*

REVERS

Une promotion de Saint-Cyr porte le nom de Diên Biên Phu. En France, tout revers a sa médaille.

ANDRÉ FROSSARD

RÉVOLTE

Apparemment négative, puisqu'elle ne crée rien, la révolte est profondément positive puisqu'elle révèle ce qui, en l'homme, est toujours à défendre.

ALBERT CAMUS, *L'Homme révolté.*

Se servir de la guerre contre une révolte est un procédé aussi malpropre et aussi long que manger sa soupe avec un couteau.

THOMAS EDWARD LAWRENCE

RÉVOLTER

Ce sont les mots, et non les choses, qui révoltent les hommes.

VOLTAIRE

RÉVOLUTION

Toute révolution a pour corollaire le massacre des innocents.

CHARLES BAUDELAIRE, *Aphorismes*.

Des sottises faites par des gens habiles, des extravagances dites par des gens d'esprit, des crimes commis par d'honnêtes gens... voilà les révolutions.

VICOMTE LOUIS DE BONALD, *Considérations sur la Révolution française*.

Nous avons fermé le roman de la révolution, nous allons en commencer l'histoire.

NAPOLÉON BONAPARTE.

Une révolution est toujours inaugurée par des naïfs, poursuivie par des intrigants, consommée par des scélérats.

PAUL BOURGET

La Révolution française est un bloc dont on ne peut rien distraire.

GEORGES CLEMENCEAU (discours à la Chambre des députés, 29 janvier 1891).

Voir ci-dessous Édouard Herriot

Si la Terre entière met un an avant d'accomplir sa révolution, comment voulez-vous qu'un petit pays fasse la sienne en quelques mois.

PIERRE DAC, *La Politique de L'Os à moelle*.

La Révolution russe, c'est la Révolution française qui arrive en retard, à cause du froid.

SALVADOR DALÍ, *Pensées et anecdotes*.

Les révolutions ressemblent à la grande aiguille des horloges, qui change l'heure, et se retrouve à la même place après un tour de cadran.

PIERRE DANINOS

Commémorer la Révolution française est un peu comme célébrer le jour où l'on a attrapé la scarlatine.

LÉON DAUDET

Deux hommes auraient pu éviter la Révolution française : Turgot, mais il était déjà mort, et moi, mais je n'étais pas encore né.

EDGAR FAURE, cité par JEAN FERNIOT.

Qu'est-ce qu'une révolution ? Des gens qui se tirent des coups de fusil dans une rue : cela casse beaucoup de carreaux ; il n'y a guère que les vitriers qui y trouvent du profit. Le vent emporte la fumée ; ceux qui restent dessus mettent les autres dessous ; l'herbe vient là plus belle le printemps qui suit ; un héros fait pousser d'excellents petits pois.

THÉOPHILE GAUTIER, *Les Jeune-France*, préface.

La Révolution n'est pas un bloc. Elle contient de l'excellent et du détestable.

ÉDOUARD HERRIOT, *Aux sources de la liberté*.

Voir ci-dessus Georges Clemenceau

Les révolutions sont de magnifiques improvisatrices. Un peu échevelées quelquefois.

VICTOR HUGO, *Journal d'un révolutionnaire en 1830*.

La Révolution française est le plus puissant pas du genre humain depuis l'avènement du Christ.

VICTOR HUGO, *Les Misérables*.

La Révolution, la Révolution, c'est toujours la même chose, on choisit de couper la tête à un roi qui n'en avait pas.

HENRI JEANSON

Les révolutions sont des temps où le pauvre n'est pas sûr de sa probité, le riche de sa fortune, et l'innocent de sa vie.

JOSEPH JOUBERT, *Carnets*.

Chaque révolution s'évapore en laissant seulement derrière elle le dépôt d'une nouvelle bureaucratie.

FRANZ KAFKA

La révolution, c'est les vacances de la vie.

ANDRÉ MALRAUX, *L'Espoir*.

Si c'est pour supprimer sa tragédie qu'un homme compte sur la révolution, il pense de travers.

ANDRÉ MALRAUX

La révolution sera la floraison de l'humanité comme l'amour est la floraison du cœur.

LOUISE MICHEL

Dans les révolutions, il y a deux sortes de gens : ceux qui les font et ceux qui en profitent.

NAPOLÉON Ier

Quand on se place du point de vue du système solaire, nos révolutions ont à peine l'amplitude de mouvements d'atomes.

ERNEST RENAN

Une révolution est une fatale lumière qui découvre la hideuse nudité de la majeure partie des hommes.

GABRIEL SÉNAC DE MEILHAN, *L'Émigré*.

Les révolutions n'ont jamais allégé le fardeau de la tyrannie, elles l'ont seulement transféré sur une autre épaule.

GEORGE BERNARD SHAW

On pense aujourd'hui à la révolution, non comme à une solution des problèmes posés par l'actualité, mais comme à un miracle dispensant de résoudre les problèmes.

SIMONE WEIL, *Oppression et Liberté*.

L'ennui avec les révolutions, c'est qu'à peine l'une terminée, il faut vite préparer la suivante afin de chasser du pouvoir ceux qui s'en sont emparés pour le bien de tous et en ont fait leur profit exclusif.

GEORGES WOLINSKI,
cité par ANDRÉ JOUETTE in *Toute l'histoire*.

RÉVOLUTIONNAIRE

Les salons et les académies tuent plus de révolutionnaires que les prisons ou les canons.

PAUL MORAND, *Le Lion écarlate*.

RHIN

Le Rhin réunit tout. Le Rhin est rapide comme le Rhône, large comme la Loire, encaissé comme la Meuse, limpide et vert comme la Somme, historique comme le Tibre, royal comme le Danube, mystérieux comme le Nil, pailleté d'or comme un fleuve d'Amérique, couvert de fables et de fantômes comme un fleuve d'Asie.

VICTOR HUGO, *Correspondance*.

RHINOCÉROS

Le contraire de Voltaire est le rhinocéros. Voltaire a « le tout dedans », tandis que le rhinocéros à « le tout dehors » ; de sorte que Voltaire est en creux et le rhinocéros, lui, le plus irrationnel et le plus cosmique de tous les animaux, est en relief.

Morphologiquement, Voltaire est un rétracté, constitué par des fossettes et des vides, tandis que le rhinocéros, lui, constitue un système impérialiste en protubérances. En morphologie et en métaphysique, le creux est l'antivertu et la protubérance, la vertu.

SALVADOR DALÍ

RHUMATISME

Les illusions sur une femme qu'on a aimée, cela ressemble aux rhumatismes : on ne s'en défait jamais complètement.

HENRI BECQUE,
L'Enfant prodigue.

Le meilleur remède que je connaisse contre les rhumatismes, c'est de remercier le ciel que ce ne soit pas la goutte.

J. BILLINGS

« J'ai des rhumatismes.
— Moi aussi, j'en aurais, si je voulais. »

JULES RENARD

RHUME

Dans les mosquées, on enlève ses chaussures et on garde son chapeau.

Dans les églises, on enlève son chapeau et on garde ses chaussures. Et, après ça, on s'étonnera qu'il y ait des rhumes.

PHILIPPE GELUCK, *Le Succulent du chat*.

Un rhume de cerveau fait bien plus souffrir qu'une idée.

JULES RENARD

RICANER

Marchez toujours en ricanant, mes frères, dans le chemin de la vérité.

VOLTAIRE, *Lettre à d'Alembert*.

RICHE

Un cendrier et un riche : plus ils s'emplissent, plus ils sont sales.

Le Livre de la sagesse arabe

Quand les riches maigrissent, les pauvres meurent de faim.

Proverbe chinois

Si j'étais riche, je pisserais tout le temps.

ALPHONSE ALLAIS

Les riches d'aujourd'hui, c'est comme les fromages trop faits, ça ne sait plus garder les distances.

MARCEL AYMÉ, *Travelingue*.

Ah ! que ne suis-je riche pour venir en aide au pauvre que je suis !

TRISTAN BERNARD, *Le Fardeau de la liberté*.

La plaisanterie d'un homme riche est toujours drôle.

CHARLES BROWN

Qui veut être riche en un an, au bout de six mois est pendu.

MIGUEL DE CERVANTES, *Les Nouvelles exemplaires*.

Le plus riche des hommes, c'est l'économe. Le plus pauvre, c'est l'avare.

NICOLAS DE CHAMFORT, *Maximes et Pensées*.

Je ne suis pas un nouveau riche, je suis un ancien pauvre.

COLUCHE

On ne meurt pas riche de ce qu'on a fait, on meurt pauvre de ce qu'on n'a pas fait.

FRÉDÉRIC DARD, *Les Pensées de San Antonio*.

Quoi qu'on fasse, on ne peut se déshonorer quand on est riche.

DENIS DIDEROT, *Le Neveu de Rameau*.

Être riche, ce n'est pas avoir de l'argent, c'est en dépenser.

SACHA GUITRY

Moi, j'aime les gens riches, d'abord parce qu'ils sont riches, ensuite parce qu'ils ont de l'argent.

EUGÈNE LABICHE, *Un garçon de chez Véry*.

Les riches croient que les pauvres le font exprès.

JEAN-PIERRE MILOVANOFF, *Presque un manège*.

Qui veut être riche ne sera pas bon ; qui veut être bon ne sera pas riche.

MONG-TSEU

Non seulement vous êtes riche, mais encore vous voulez qu'on vous aime comme si vous étiez pauvre. Et les pauvres, alors ! Soyez un peu raisonnable, mon ami, on ne peut tout de même pas tout leur prendre aux pauvres !

JACQUES PRÉVERT, *Les Enfants du Paradis* (Garance au comte de Mortray).

Il n'est pas nécessaire de mépriser le riche : il suffit de ne pas l'envier.

JULES RENARD, *Journal*.

Les riches ont des angoisses. Les pauvres ont des inquiétudes.

LOUIS SCUTENAIRE, *Mes inscriptions*.

J'ai été riche et j'ai été pauvre... Croyez-moi, riche, c'est mieux !

SOPHIE TUCKER, *Chanteuse de jazz*.

Je suis riche des biens dont je sais [me passer.

LOUIS VIGÉE, *Épître à Ducis*.

RICHESSE

De tous les obstacles que le diable met à notre salut, il n'y en a aucun ni plus grand, ni plus redoutable que les richesses.

JACQUES BÉNIGNE BOSSUET.

La richesse est pareille à l'eau de mer : plus on en boit, plus on a soif.

ARTHUR SCHOPENHAUER

Les hommes n'hésitent pas à renoncer à la vertu pour la richesse.

ADAM SMITH

La malédiction de la richesse, c'est de devoir vivre avec des gens riches.

LOGAN PEARSALL SMITH

Il vaut mieux avoir du bien au soleil que du mal à l'ombre.

AUGUSTE DE VILLIERS DE L'ISLE-ADAM, *Ébauche et fragments*.

Le plus gros avantage de la richesse, c'est qu'elle permet de faire des dettes.

OSCAR WILDE

RIDE

Dieu est si bon qu'il affaiblit notre vue au fur et à mesure que se creusent nos rides.

MARCELLE AUCLAIR

Le temps passe et fait mes rides.

ROLAND BACRI, *Les Pensées*.

Lorsqu'elle aperçoit sa première ride, une femme croit que le miroir est fendu.

LÉONCE BOURLIAGUET

Je n'ai qu'une seule ride, et je suis assise dessus.

JEANNE CALMENT (120 ans).

Si Dieu m'avait fait l'honneur de me consulter, je Lui aurais conseillé de placer les rides des femmes sous le talon.

NINON DE LENCLOS

Souriez, mesdemoiselles, si vous voulez plus tard avoir les rides bien placées.

MME DE MAINTENON, aux demoiselles de Saint-Cyr.

Ride : pli confidentiel — ou qu'on voudrait tel.

ROBERT SABATIER, *Le Livre de la déraison souriante*.

Décidément, on ne sait plus faire les miroirs.

CÉCILE SOREL, âgée.

Les rides devraient être tout simplement la trace des sourires.

MARK TWAIN

RIDICULE

L'homme a le privilège d'être ridicule et la puissance aussi de se juger tel.

ALAIN, *L'Intelligence-machine*.

Un homme amoureux est un homme qui veut être plus aimable qu'il ne peut ; et voilà pourquoi presque tous les amoureux sont ridicules.

NICOLAS DE CHAMFORT, *Pensées morales*.

On n'imagine pas combien il faut d'esprit pour n'être jamais ridicule.

NICOLAS DE CHAMFORT, *Maximes et Pensées*.

Le ridicule est comme la mauvaise haleine : on ne le remarque que chez le voisin.

MALCOLM DE CHAZAL, *Penser par étapes*.

Et je n'ai pas trouvé cela si ridicule.

FRANÇOIS COPPÉE, *Le Banc*.

Les femmes adorent souvent en nous nos plus grands ridicules quand elles peuvent se flatter que c'est notre amour pour elles qui nous les donne.

CLAUDE CRÉBILLON FILS, *Les Égarements du cœur et de l'esprit*.

Le ridicule ne tue plus : il tire à deux cent mille exemplaires.

GEORGES ELGOZY, *L'Esprit des mots*.

Si on ôtait à de certaines gens leur ridicule, il ne leur resterait plus rien.

JEAN-FRANÇOIS HÉNAULT, *Réflexions*.

À mesure que la faveur et les grands biens se retirent d'un homme, ils laissent voir en lui le ridicule qu'ils couvraient, et qui y était sans que personne s'en aperçût.

JEAN DE LA BRUYÈRE, *Les Caractères*.

Le ridicule n'existe pas : ceux qui osèrent le braver en face conquirent le monde.

OCTAVE MIRBEAU, *Les Écrivains*.

On peut bien être ridicule quand on aime, mais on ne l'est pas quand on souffre.

ALFRED DE MUSSET,
L'Âne et le ruisseau.

Ce que racontaient les gens m'échappait, car ce qui m'intéressait, c'était non ce qu'ils voulaient dire, mais la manière dont ils le disaient, tant elle était révélatrice de leur caractère ou de leurs ridicules.

MARCEL PROUST, *Le Temps retrouvé*.

Le ridicule ne tue plus, nulle part, mais, aux USA, il enrichit drôlement.

BORIS VIAN, Chronique dans *Jazz Hot*.

RIDICULES (vers)

« Vous me connaissez mal, la même
[ardeur me brûle,
Et le désir s'accroît quand l'effet se
[recule. »

PIERRE CORNEILLE, *Polyeucte*, acte I, scène 1.

RIEN

Rien ne peut arriver parce que tout peut arriver.

Anonyme

Trois fois rien, c'est déjà quelque chose.

RAYMOND DEVOS

Le rien existe aussi bien que le quelque chose.

HÉRACLITE

Pourquoi y a-t-il quelque chose plutôt que rien ?

GOTTFRIED WILHELM LEIBNIZ

Voici deux vérités que les hommes en général n'admettent jamais : l'une qu'ils ne savent rien, l'autre qu'ils ne sont rien.

GIACOMO LEOPARDI, *Pensées*.

Je ne suis rien
Je ne serai jamais rien
Je ne peux vouloir être rien
À part ça, je porte en moi
Tous les rêves du monde.

FERNANDO PESSÕA

Quoi qu'a dit ?
A dit rin.
Quoi qu'a fait ?
A fait rin.
À quoi qu'a pense ?
A pense à rin.
Pourquoi qu'a dit rin ?
Pourquoi qu'a fait rin ?
Pourquoi qu'a pense à rin ?
A'xiste pas.

JEAN TARDIEU,
« La Môme néant », *Le Fleuve caché*.

Dieu s'est vidé de sa divinité. Nous devons nous vider de la fausse divinité avec laquelle nous sommes nés. Une fois qu'on a compris qu'on n'est rien, le but de tous les efforts est de devenir rien. C'est à cette fin qu'on souffre avec acceptation, c'est à cette fin qu'on agit, c'est à cette fin qu'on prie : mon Dieu, accordez-moi de devenir rien.

SIMONE WEIL, *La Pesanteur et la Grâce*.

Un rien m'agite
rien ne m'ébranle.

Devise de LOUISE WEISS.

RIGOLO

Je ferai aimablement remarquer aux hommes politiques qui me prennent pour un rigolo, que ce n'est pas moi qui ai commencé.

COLUCHE

RIGUEUR

Même les rigueurs de la femme qu'on aime ont des grâces infinies et que l'on ne trouve pas dans les moments les plus flatteurs auprès des autres femmes.

STENDHAL, *De l'amour*.

RIME

On demande une panacée universelle
Pour guérir une panne assez
[universelle.

Le Charivari

Voir COLOMBINE.

Le prix trop haut de ces locaux motive
Notre départ par la locomotive.

THÉODORE DE BANVILLE

Avez-vous oublié le soir où nous
[riions
De *Septen* qui cherchait avec *His*,
[deux *Trions* ?

TRISTAN DERÈME, *L'Onagre orangé*.

Dès que la guerre est déclarée, impossible de tenir les poètes. La rime est encore le meilleur des tambours.

JEAN GIRAUDOUX,
La guerre de Troie n'aura pas lieu.

On voit à l'hôpital maint prodigue
[alité,
Qui pleure amèrement sa prodigalité.

VICTOR HUGO

RIMER

Il se tue à rimer : que n'écrit-il en
[prose ?

NICOLAS BOILEAU, *Satire IX*.

RIRE

Méfie-toi de l'homme dont le ventre ne bouge pas quand il rit.

Dicton cantonais

On entend de plus loin celui qui rit que celui qui pleure.

Dicton juif

Le rire est à l'homme ce que la bière est à la pression*.

ALPHONSE ALLAIS

* Citation attribuée à Pierre Dac qui n'a fait que la reprendre à son compte.

Si l'homme est le seul animal à être chatouilleux, cela tient d'abord à la finesse de sa peau, mais aussi au fait qu'il est le seul animal qui rit.

ARISTOTE,
Les Parties des animaux.

Tout, dans la vie, est une question de savoir rire. Le rire, c'est ma thérapie.

L'amour, l'amitié, c'est surtout rire avec l'autre, c'est partager le rire que de s'aimer.

ARLETTY, *Les Mots d'Arletty*.

Le Français fit ce qu'en toute occasion font les Français, il se mit à rire.

HONORÉ DE BALZAC, *Massimila Doni*.

Le rire est le saut du possible dans l'impossible.

GEORGES BATAILLE, *Le Coupable*.

Le rire est plus divin, et même il est plus insaisissable que les larmes.

GEORGES BATAILLE, *Ma mère*.

Certains ont défini l'homme comme « un animal qui rit ». Ils pourraient aussi le définir justement comme un animal dont on rit.

HENRI BERGSON, *Le Rire*.

Pour faire pleurer les gens, vous devez pleurer vous-même. Si vous voulez les faire rire, vous devez garder un visage sérieux.

GIOVANNI GIACOMO CASANOVA

Ceux qui rient beaucoup sont plus heureux que ceux qui rient peu, car la gaieté épanche la rate et fait faire du bon sang.

GIOVANNI GIACOMO CASANOVA,
Histoire de ma vie, V, 6.

C'est un grand malheur pour une femme jolie que le rire l'enlaidisse ; le rire qui a souvent la force d'embellir une laide.

GIOVANNI GIACOMO CASANOVA,
Histoire de ma vie, IX, 10.

Je dois surtout vous mettre en garde contre le rire et, si je pouvais vous souhaiter quelque chose de tout cœur, c'est qu'on puisse souvent vous voir sourire, mais jamais vous entendre rire. Un rire fréquent et fort est une marque de stupidité et de mauvaise éducation, c'est la façon dont la populace exprime sottement sa joie pour des choses sottes. Pour moi, il n'existe rien d'aussi intolérant, d'aussi mal élevé qu'un rire sonore.

LORD CHESTERFIELD,
Lettres à son fils

Comme le cœur et comme le sexe, le rire procède par érection. Rien ne l'enfle qui ne l'excite. Il ne se dresse pas à volonté.

JEAN COCTEAU,
La Difficulté d'être.

On peut rire de tout, mais pas avec n'importe qui.

PIERRE DESPROGES

Il me semble qu'on connaît un homme à son rire et que, si à première rencontre, un inconnu rit d'une manière excellente, le fond est excellent.

FEDOR DOSTOÏEVSKI,
Souvenirs de la raison des morts.

Rien n'est sérieux en ce bas monde que le rire.

GUSTAVE FLAUBERT

Le rire est le son de l'esprit : certains rires sonnent bête comme une pièce sonne faux.

EDMOND et JULES DE GONCOURT,
Journal.

... Et votre rire* qui s'élève et qui grandit et qui s'éteint tout doucement
Rappelle un peu le bruit magnifique et charmant
Que font les vagues sur la grève.

SACHA GUITRY

* Celui des spectateurs de théâtre.

Le rire, comme les essuie-glaces, permet d'avancer même s'il n'arrête pas la pluie.

Cité par GÉRARD JUGNOT.

Il y a trois choses vraies : Dieu, la sottise humaine et le rire. Puisque les deux premières dépassent notre entendement, nous devons nous arranger au mieux avec la troisième.

JOHN FITZGERALD KENNEDY

Il faut rire avant d'être heureux de peur de mourir sans avoir ri.

JEAN DE LA BRUYÈRE, *Les Caractères*.

À partir du moment où j'ai pris votre livre en mains et jusqu'au moment où je l'ai reposé, je n'ai pas pu m'arrêter de rire. Un de ces jours, j'espère que je le lirai.

GROUCHO MARX, *Lettre à Leo Rosten*.

Ces femmes qui rient avec un bruit de carafes qui se vident.

PAUL MORAND,
cité par J. D'ORMESSON in
Une autre histoire de la littérature française.

En Allemagne, un grand moyen d'éducation fait défaut à l'homme supérieur : l'hilarité des hommes supérieurs ; ces derniers ne rient pas en Allemagne.

FRIEDRICH NIETZSCHE, *Le Gai Savoir*.

Le rire, c'est une chose humaine, une vertu qui n'appartient qu'aux hommes et que Dieu peut-être leur a donnée pour les consoler d'être intelligents.

MARCEL PAGNOL, *Le Schpountz*.

J'ai ri, me voilà désarmé.

ALEXIS PIRON,
La Métromanie, acte III, scène 7.

Les sept éclats de glace de ton rire étoilé.

JACQUES PRÉVERT, *Paroles*.

Nous sommes ici-bas pour rire. Nous ne le pourrons plus au purgatoire ou en enfer. Et au paradis, ce ne serait pas convenable.

JULES RENARD, *Journal*.

Le rire sucre les larmes.

ROBERT SABATIER,
Le Livre de la déraison souriante.

... Mais je déchirerai les rires banania sur tous les murs de France.

LÉOPOLD SÉDAR SENGHOR, *Hosties noires*.

On peut souvent juger de l'esprit d'une femme sur ce qui la fait rire, mais aussi sur ce qui ne la fait pas rire.

FERNAND VANDEREM, *Gens de qualité*.

Riez, et le monde rira avec vous. Pleurez, et vous pleurerez seul.

E. WILCOW

RISQUE

Impose ta chance, serre ton bonheur et va vers ton risque ; à te regarder, ils s'habitueront.

RENÉ CHAR

RIVAL

J'embrasse mon rival, mais c'est
[pour l'étouffer.

JEAN RACINE, *Britannicus*, acte IV, scène 3.

RIZ

Même la meilleure des ménagères ne peut pas, si elle n'a pas de riz, préparer son repas.

Proverbe chinois

ROBE

D'un magistrat ignorant
C'est la robe qu'on salue.

JEAN DE LA FONTAINE, *L'Âne portant des reliques*.

ROBINET

Parmi nos articles de quincaillerie paresseuse, nous recommandons le robinet qui s'arrête de couler quand on ne l'écoute pas.

MARCEL DUCHAMP

ROBOT

L'intelligence artificielle se définit comme le contraire de la bêtise naturelle.

WOODY ALLEN

Si ces robots s'humanisaient, inversement, les êtres humains se robotiseraient-ils ?

PAUL GUTH, *Le Mariage du Naïf*.

ROCK

Les chroniqueurs de rock sont des gens incapables d'écrire, interrogeant des gens incapables de parler, pour des gens incapables de lire.

FRANK ZAPPA, cité par RAOUL VANEIGEN in *Dictionnaire de citations*.

ROCKING-CHAIR

Le rocking-chair est triste. J'y ai lu tous mes livres.

JEAN L'ANSELME, *Pensées et Proverbes de Maxime Dicton*.

ROI

Ce qui n'est pas bon pour le roi n'est pas bon pour la reine.

Dicton italien

Si j'étais roi... je me méfierais des as.

TRISTAN BERNARD

Les gens ne veulent connaître que l'histoire des grands et des rois, qui ne sert à personne.

JACQUES HENRI BERNARDIN DE SAINT-PIERRE, *Paul et Virginie*.

Les choix du Roi [Louis XIV] n'étaient pas toujours approuvés mais ils étaient toujours applaudis.

CHARLES PINOT DUCLOS, *Mémoires secrets sur les règnes de Louis XIV et de Louis XV*.

Il n'y a point de roi qui n'ait un esclave parmi ses ancêtres, et point d'esclave qui n'ait un roi parmi les siens.

K. KELLER, *Histoire de ma vie*.

Le jour où la France coupa la tête à son roi, elle commit un suicide.

ERNEST RENAN, *La Réforme intellectuelle et morale*.

Si le roi te reçoit et que tu es mal à l'aise, c'est que le roi est mal élevé.

MARC-GILBERT SAUVAGEON, *Les Enfants d'Édouard*.

Quand on est roi, que peut-il manquer ? — D'être Dieu.

STENDHAL, *Armance*.

Il y a deux choses que l'on conteste bien souvent aux rois : leur naissance et leur mort. On ne veut pas que l'une soit légitime, ni l'autre naturelle.

ALFRED DE VIGNY

Les rois sont avec leurs ministres comme les cocus avec leurs femmes : ils ne savent jamais ce qui se passe.

VOLTAIRE, *Le Sottisier*.

Messieurs, dit-il, voilà une singulière plaisanterie. Pourquoi êtes-vous tous rois ? Pour moi, je vous avoue que ni moi, ni Martin nous ne le sommes.

VOLTAIRE, *Candide*, XXVI.

ROIS MAGES

C'est ainsi qu'autrefois sous
[Augustus Caesar,
Sont venus, présentant l'or, l'encens
[et la myrrhe,
Les Rois Mages Gaspar, Melchior et
[Balthazar.

JOSÉ MARIA DE HEREDIA, « Épiphanie », *Les Trophées*.

ROMAN

Malheur à tout roman que le lecteur n'est pas pressé d'achever.

JEAN LE ROND D'ALEMBERT, *Encyclopédie*.

J'en ferai, moi, un roman où je mettrai en scène un scélérat, assassin, voleur, incendiaire et corsaire, et qui finira par cette phrase : « Et sous les ombrages que j'ai plantés, entouré d'une famille qui me vénère, d'enfants qui me chérissent et d'une femme qui m'adore, je jouis en paix du fruit de tous mes crimes. »

CHARLES BAUDELAIRE, *Baudelairiana*.

Un bon roman nous révèle la vérité sur son héros. Mais un mauvais roman nous révèle la vérité sur son auteur.

GILBERT KEITH CHESTERTON

Les romans de M. Georges Ohnet sont exactement, dans l'ordre littéraire, ce que sont, dans l'ordre plastique, les têtes de cire des coiffeurs.

ANATOLE FRANCE, *La Vie littéraire*.

Le peuple n'aime ni le vrai ni le simple. Il aime le roman et le charlatan.

EDMOND et JULES DE GONCOURT

L'histoire est le roman qui a été. Le roman est de l'histoire qui aurait pu être.

EDMOND et JULES DE GONCOURT, *Journal*.

Le roman est l'histoire éternelle du cœur humain. L'histoire vous parle des autres, le roman vous parle de vous.

ALPHONSE KARR

Écrire un roman peut être un pur plaisir. Il n'est déjà plus sans difficulté de vivre un roman. Mais lire un roman, je m'en garde dans toute la mesure du possible.

KARL KRAUS, *Aphorismes*.

La bêtise des gens consiste à avoir une réponse à tout. La sagesse d'un roman consiste à avoir une question à tout.

MILAN KUNDERA

Les romans sentimentaux correspondent en médecine à des histoires de malades.

NOVALIS, *Fragments inédits*.

Un roman, c'est un miroir qu'on promène le long du chemin.

STENDHAL, *Le Rouge et le Noir*, en épigraphe du chapitre XIII.

ROMANCIER

Le romancier est, de tous les hommes, celui qui ressemble le plus à Dieu... il est le singe de Dieu.

FRANÇOIS MAURIAC, *Le Roman*.

ROMAN-FLEUVE

Un roman-fleuve exige des années. J'adoptai le roman-goutte.

MARCEL BÉALU, *Mémoires de l'ombre*.

ROMANICHEL

On ne veut pas de vous,
[Romanichels
Qui payez votre part en marchant sur
[la tête

LOUIS ARAGON

ROME

Je n'appelle plus Rome un enclos de
[murailles
Que ses proscriptions comblent de
[funérailles ;
Ces murs dont le destin fut autrefois
[si beau,
N'en sont que la prison, ou plutôt le
[tombeau.
Rome n'est plus dans Rome, elle est
[toute où je suis.

PIERRE CORNEILLE, *Sertorius*.

ROND

La preuve que la Terre est ronde, c'est que les gens qui ont les pieds plats ont du mal à marcher.

CHARLES BERNARD

La Terre étant ronde, le kilomètre devrait être rond et non pas carré.

RAMÓN GÓMEZ DE LA SERNA, *Greguerías*.

RONFLER

Ronfler, c'est dormir tout haut.

JULES RENARD, *Journal*.

Il n'y a pas de moyen de découvrir pourquoi un ronfleur ne peut s'entendre ronfler.

MARK TWAIN

ROSE

Le poète Richard Sheridan, devenu vieux, reçoit la visite d'un couple en voyage de noces. Ils sont jeunes et beaux tous les deux :

— Venez au jardin. Je voudrais que mes roses vous voient.

DONNEZ-NOUS DU PAIN, MAIS DONNEZ-NOUS AUSSI DES ROSES

Calicot des ouvriers textiles
du Massachusetts en grève (1912).

À cause de la rose, l'épine aussi est arrosée.

Proverbe arabe

Un peu de parfum adhère toujours à la main qui offre des roses.

Proverbe chinois

Le rire de la rose fait perdre la tête au rossignol.

Proverbe géorgien

Le premier qui compara la femme à une rose était un poète ; le second était un imbécile.

Attribué à GÉRARD DE NERVAL

Une rose d'automne est plus qu'une
[autre exquise.

AGRIPPA D'AUBIGNÉ,
Les Tragiques.

La plus longue fraîcheur des roses
[est bornée
Par le cours naturel d'une seule
[journée.

JOACHIM DU BELLAY,
Jeux rustiques.

Les roses ne sont pas à plaindre... Au moins, elles ne savent pas, elles, qu'elles se faneront.

HENRI DUVERNOIS,
Beauté.

Si les roses, qui ne durent qu'un jour, faisaient des histoires... elles diraient : « Nous avons toujours vu le même jardinier ; de mémoire de rose on n'a vu que lui... assurément il ne meurt point comme nous, il ne change seulement pas. »

BERNARD DE FONTENELLE,
Entretiens sur la pluralité des mondes.

De mémoire de rose, on n'a vue mourir un jardinier. Cette formule est souvent abrégée ainsi :

L'immortalité de la rose consiste dans le fait qu'elle est sœur jumelle des roses futures.

RAMÓN GÓMEZ DE LA SERNA, *Greguerías*.

Mieux vaut de respirer que de [cueillir les roses
Et les plus beaux jardins sont où l'on [n'entre pas.

FERNAND GREGH, *Les Clartés humaines*.

La terre de Chiraz ne cessera jamais de porter des roses. Et jamais le rossignol ne s'en éloignera.

HAFIZ

Une rose pour l'amante, un sonnet pour l'ami.

MILOSZ, *Les Sept Solitudes*.

Vous ne pouvez ni aimer ni haïr, et vous êtes comme les roses du Bengale, Marianne, sans épine et sans parfum.

ALFRED DE MUSSET, *Les Caprices de Marianne*.

Chaque rose est unique et, par là, nie l'autre rose (l'unicité étant la négation du multiple).
Chaque rose est la première : l'unique de toutes les occasions.

PLATON, *Dialogue avec Parménide*.

Imaginez l'émerveillement de l'homme s'il voyait aujourd'hui la première rose ! Il ne saurait quel nom extraordinaire lui donner.

JULES RENARD

Superbe, elle a voulu vivre à votre [corsage,
Elle meurt de dépit sous un trop beau [visage.

JULES RENARD, *Journal*.

Je te vois, rose, livre entrebâillé,
Qui contient tant de pages
Qu'on ne lira jamais

RAINER MARIA RILKE, *Vergers*.

Être pour un seul jour contemporain des roses.

RAINER MARIA RILKE

Prends cette rose, aimable comme [toi,
Qui sers de rose aux roses les plus [belles.

PIERRE DE RONSARD

La rose et moi différons d'une [chose :
Un soleil voit naître et mourir la rose
Mille soleils ont vu naître m'amour.

PIERRE DE RONSARD, *Les Amours*.

La rose est un jardin où se cachent des arbres.

DJALAL-EDDINE ROUMI

La prose ayant une lettre de trop, la rose choisit la poésie.

ROBERT SABATIER, *Le Livre de la déraison souriante*.

Ce que l'on nomme rose sous un tout autre nom sentirait aussi bon.

WILLIAM SHAKESPEARE, *Roméo et Juliette*.

Une rose est une rose, qui est une rose, qui est une rose...

GERTRUDE STEIN

Une rose ne saurait naître d'un oignon.

THÉOGNIS, *Poèmes élégiaques*.

ROSEAU

Un roseau est un homme qui ne pense pas.

ROLAND DUBILLARD, *Carnets en marge*.

L'homme n'est qu'un roseau, le plus faible de la nature, mais c'est un roseau pensant.

BLAISE PASCAL, *Pensées*.

La femme est un roseau dépensant.

JULES RENARD, *Journal*.

C'est avec les roseaux pensants qu'on fait les chaînes qu'on abat.

ROBERT SABATIER, *Le Livre de la déraison souriante*.

ROSIER

Il a vécu sur un tombeau
Le rosier fleuri que j'arrose :
Le mystère du froid caveau
S'épanouit dans chaque rose.

EUGÈNE MANUEL, *Pages intimes*.

ROSSIGNOL

Seul le rossignol peut comprendre la rose.

Proverbe bulgare

Il y a autant de différence de rossignol à rossignol que de poète à poète.

GUEZ DE BALZAC, *Correspondance*, cité in *Dictionnaire de citations de* JEAN DISSÈRE.

Le rossignol est cent pour cent fidèle à sa compagne, qui est enfermée dans la même cage que lui.

WILL CUPPY

Le rossignol, à chaque instant, chante sur une rose différente.

SAADI

ROTURIER

On ne naît plus roturier. On le devient. À titre exceptionnel. N'est pas roturier qui veut.

PIERRE DANINOS, *Snobissimo*.

Mon fils, nous sommes aujourd'hui Roturiers, et je m'en félicite sincèrement. Le Roturier est l'Homme par excellence : c'est lui qui paie les impôts, qui travaille, ensemence, récolte, commerce, bâtit, fabrique.

NICOLAS RESTIF DE LA BRETONNE, *La Vie de mon père*.

ROUBLE

Quelle différence y a-t-il entre un rouble et un dollar ?
— Un dollar !

Anonyme

ROUE

Sans l'invention de la roue, les coureurs du Tour de France seraient condamnés à porter leur bicyclette sur le dos.

PIERRE DAC

La fortune des hommes est une roue et ne laisse pas toujours les mêmes au sommet.

HÉRODOTE D'HALICARNASSE

Trente rayons convergent au moyeu, mais c'est le vide médian qui fait marcher le char.

LAO-TSEU

ROUGE

Si vous avez un doute, portez du rouge.

BILL BLASS

ROUGE À LÈVRES

Ne te mets pas trop de rouge, ça fait sens interdit.

HENRI JEANSON

ROUGEUR

La rougeur des viandes est indice qu'elles ne sont pas assez cuites, excepté les homards et écrevisses que l'on cardinalise à la cuisson.

FRANÇOIS RABELAIS, *Gargantua*, XXXIX.

La rougeur de la pudeur dénonce l'aurore de l'interne impudicité. Qui rougit en sait un peu plus qu'il ne devrait en savoir.

PAUL VALÉRY, « Des couleurs », *Mélange*.

ROUGIR

Les femmes rougissent d'entendre nommer ce qu'elles ne craignent aucunement de faire.

MICHEL DE MONTAIGNE, *Essais*.

... Je sais mes perfidies,
Œnone, et ne suis point de ces
[femmes hardies
Qui, goûtant dans le crime une
[tranquille paix

Ont su se faire un front qui ne rougit
[jamais.

JEAN RACINE, *Phèdre*, acte III, scène 3.

Longtemps on aime encore en rougissant d'aimer.

BERNARD JOSEPH SAURIN

ROUILLE

Les peuples les plus civilisés sont aussi voisins de la barbarie que le fer le plus poli l'est de la rouille. Les peuples, comme les métaux, n'ont de poli que les surfaces.

ANTOINE DE RIVAROL, *Maximes et Pensées*.

ROUTINE

La routine, cette préface des révolutions.

ÉMILE DE GIRARDIN, *Les Cinquante-Deux*.

ROYAUME

Les royaumes meurent, Sire, comme les rois.

JACQUES BÉNIGNE BOSSUET (à Louis XIV).

RUGBY

Il fallait être anglais pour inventer le rugby. Qui d'autre aurait pu penser à un ballon ovale ?

PIERRE MAC ORLAN

RUINE

Tous les hommes ont un secret attrait pour les ruines. Ce sentiment tient à la fragilité de notre nature, à une conformité secrète entre ces monuments détruits et la rapidité de notre existence.

FRANÇOIS RENÉ DE CHATEAUBRIAND, *Génie du christianisme*.

Les ruines elles-mêmes doivent périr.

JEAN HENRI FABRE, *La Guêpe*.

Nous ne comprenons guère les ruines que le jour où nous-mêmes en sommes devenus.

HEINRICH HEINE, *Pensées*.

Je n'ai été ruiné que deux fois : la première pour avoir perdu un procès, l'autre pour en avoir gagné un.

VOLTAIRE

RUSE

La femme la plus niaise est cent fois plus rusée que l'homme le plus spirituel.

ALEXANDRE DUMAS FILS, *Le Demi-Monde*.

Partout où la peau du lion ne peut atteindre, il faut y coudre la peau du renard.

LYSANDRE

Ce qui perd le lièvre, ce sont ses ruses. S'il ne faisait que courir droit devant lui, il serait immortel.

JULES RENARD, *Journal*.

RUSSE

Je suis absolument pareil à un Anglais, n'est-ce pas ? — ainsi raisonne le Russe — donc, il faut me respecter, car tout Anglais est respectable.

FEDOR DOSTOÏEVSKI, *Journal*.

À la différence du loup, qui porte ses poils à l'extérieur, le Russe porte ses poils à l'intérieur. Le Russe, comme le loup, mange les enfants, un peu moins depuis qu'il n'est plus communiste, mais un peu quand même. Il ne résiste pas devant le Petit Chaperon rouge à cause de la couleur.

JEAN-LOUIS FOURNIER, *Le Pain des Français*, France-Inter.

Le cerveau russe est humide, il ne flambe pas du feu de l'intelligence, et quand tombe en lui l'étincelle du savoir, il fume et s'éteint.

MAXIME GORKI, *Les Ennemis*.

RUSSE (auteur)

Tolstoï, c'est un repas complet. De Tourgueniev, je dirais que c'est un admirable dessert. Dostoïevski, c'est un repas complet avec vitamines et supplément de germes de blé.

WOODY ALLEN, *Maris et Femmes.*

RUSSIE

Là-bas, on progresse tout de même vers la démocratie. Brejnev était alcoolique et l'on n'avait pas le droit d'en parler. Eltsine boit, mais les jeunes en parlent. C'est un progrès.

GEORGES BORTOLI, *Une si longue bienveillance.*

La Russie est un rébus enveloppé de mystère à l'intérieur d'une énigme.

WINSTON CHURCHILL

S

SABIR

Futurs professeurs de lettres modernes, il vous appartiendra de décider [...] si la langue française que vous enseignerez à tous restera ou non une des plus belles langues de civilisation [...] ou si, grécisée par les pédants, puis anglicisée par les snobs, avant d'être américanisée par les marchands, elle deviendra l'un des patois de ce que j'ai appelé d'un mot qui, par malheur, n'était pas outrancier : le sabir atlantique.

RENÉ ÉTIEMBLE,
Cours de Sorbonne, 1959-1960.

SABLIER

Les sabliers ne servent pas seulement à nous rappeler la fuite du temps, ils évoquent également la poussière que nous deviendrons un jour.

GEORG CHRISTOPH LICHTENBERG,
Aphorismes.

SABRE

Quand l'homme qui témoigne est armé d'un sabre, c'est le sabre qu'il faut entendre et non l'homme.

ANATOLE FRANCE, *Crainquebille*.

Ce sabre est le plus beau jour de ma vie... Je rentre dans la capitale et si vous me rappelez à la tête de votre phalange, messieurs, je jure de soutenir, de défendre nos institutions et, au besoin, de les combattre.

HENRI MONNIER,
Grandeur et Décadence
de M. Joseph Prudhomme.

Savez-vous ce que j'admire le plus au monde ? C'est qu'à la longue, le sabre est toujours battu par l'esprit.

NAPOLÉON Ier.

SAC

Un sac vide tient difficilement debout.

BENJAMIN FRANKLIN,
Maximes pour l'almanach du pauvre Richard.

Veux-tu vivre heureux ? voyage avec deux sacs, l'un pour donner, l'autre pour recevoir.

WOLFGANG VON GOETHE

SACRIFICE

On n'aime plus lorsque les sacrifices coûtent ; on aime peu lorsqu'on s'aperçoit qu'on en fait.

DUC DE LÉVIS, *Maximes et Réflexions*.

Si un sacrifice est une tristesse pour vous, non une joie, ne le faites pas, vous n'en êtes pas digne.

ROMAIN ROLLAND, *Jean Christophe*.

Les sacrifices que tu fais en rechignant, ta femme estimera qu'ils sont annulés par ta mauvaise grâce ; ceux que tu acceptes en souriant, elle arguera qu'ils ne te coûtent point.

JEAN ROSTAND,
Pages d'un moraliste.

SACRIFIER

On sacrifie souvent les plus grands plaisirs de la vie à l'orgueil de les sacrifier.

CLAUDE ADRIEN HELVÉTIUS, *Le Bonheur*.

SACRILÈGE

Le sacrilège, la seule manière que les impies ont encore d'être dévots.

MARCEL JOUHANDEAU,
Algèbre des valeurs morales.

SAGACITÉ

À la sagacité de l'esprit appartient la finesse ; à la sagacité de l'âme appartient la délicatesse des sentiments et de l'expression.

JEAN-FRANÇOIS MARMONTEL

SAGE

Le sage ne s'afflige pas de ce que les hommes ne le connaissent pas ; il s'afflige de ne pas connaître les hommes.

CONFUCIUS

Les hommes ne vous trouvent sage que lorsqu'on partage ou approuve leur folie.

ALPHONSE KARR

Vivre, il est déjà tard pour s'y mettre aujourd'hui ; le sage a commencé hier.

MARTIAL

Mais sait-on quels sont les sages et quels sont les fous, dans cette vie où la raison devrait souvent s'appeler sottise et la folie s'appeler génie ?

GUY DE MAUPASSANT,
La Peur.

Les sages ont plus à apprendre des fols que les fols des sages.

MICHEL DE MONTAIGNE,
Essais.

Aimant, on n'est point sage, et, sage, on n'aime plus.

PUBLILIUS SYRUS

SAGESSE

Un homme mérite de passer pour sage, alors qu'il est à la recherche de la sagesse ; dès qu'il croit l'avoir acquise, il est un sot.

Le Livre de la sagesse arabe

Mais la sagesse est le vice des vieillards, et les vieillards ne survivent pas à leur vice, emportant avec eux son secret.

GEORGES BERNANOS,
Les Grands Cimetières sous la lune.

La sagesse crie sur les places publiques et ce qu'elle crie, c'est qu'elle habite les sommets.

NICOLA DE CUXA

On peut constater de la sagesse chez les jeunes gens et de la déraison chez les vieillards, car ce n'est pas l'âge qui nous rend sages, mais une éducation appropriée et la nature.

DÉMOCRITE

Je ne sais rien de plus difficile qu'une sagesse qui rit toujours.

ERNEST LEGOUVÉ

La sagesse n'est pas capricieuse comme la fortune, mais elle passe bien moins souvent.

MAURICE MAGRE,
Magiciens et illuminés.

La jeunesse est le temps d'étudier la sagesse ; la vieillesse est le temps de la pratiquer. L'expérience instruit toujours [...] ; mais elle ne profite que pour l'espace que l'on a devant soi. Est-il temps au moment qu'il faut mourir d'apprendre comment on aurait dû vivre ?

JEAN-JACQUES ROUSSEAU,
Les Rêveries du promeneur solitaire,
3e promenade.

SAHARA

Laissons au coq gaulois ces sables à gratter…

ROBERT GASCOYNE CECIL, marquis de SALISBURY.

SAINT

L'usage veut qu'on adore les saints morts et qu'on persécute les vivants.

Proverbe anglais

Dans une petite église, un petit saint est grand.

Proverbe slovène

Je suis un saint au point que, dès que je touche du vin, il se transforme en eau.

AGA KHAN III

Les saints sculptés ont eu beaucoup plus d'influence dans le monde que les saints vivants.

GEORG CHRISTOPH LICHTENBERG, *Aphorismes*.

Toutes les femmes sont des saintes
Surtout celles qui sont enceintes.

GERMAIN NOUVEAU, *Valentines*.

— Quel saint ?

— Oh, tu sais, dans l'épicerie, il n'y en a pas beaucoup, et ce ne sont pas de grands saints... Saint-Émilion, Saint-Galmier, Saint-Marcellin... Ils sont buvables et comestibles, mais ce sont des saints tout de même...

MARCEL PAGNOL, *Le Schpountz*.

Limitation des saints :
Surtout n'oublions pas d'envoyer les saints sans Dieu aux cinq cents diables !

JACQUES PRÉVERT, *Spectacle*.

Comment recevez-vous tant de sots dans votre ordre ? demandait-on à un jésuite.

— Il nous faut des saints.

VOLTAIRE, *Le Sottisier*.

SAINTETÉ

La sainteté n'est peut-être que le comble de la politesse.

MARCEL JOUHANDEAU, *De l'abjection*.

SAINT-RAPHAËL

L'air ici se compose d'oxygène, d'azote, de chants d'oiseaux et de parfums.

ALPHONSE KARR

SAINT-TROPEZ

Je connais l'autre Saint-Tropez. Il existe encore, il existera toujours pour ceux qui se lèvent à l'aube.

COLETTE

SAISON

La marche des saisons est une horloge où le coucou chante lorsque c'est le printemps.

GEORG CHRISTOPHER LICHTENBERG, *Aphorismes*.

SALADE

Il faut quatre hommes pour faire une salade :

un prodigue pour l'huile
un avare pour le vinaigre
un sage pour le sel
et un fou pour le poivre.

Attribué à FRANÇOIS COPPÉE

Les salades d'escarole
Dansent en robe à panier
Sous la lune blonde et molle
Qui se lève pour souper

LÉON-PAUL FARGUE

Quelque diversité d'herbes qu'il y ait, tout s'enveloppe sous le nom de salade.

MICHEL DE MONTAIGNE, *Essais*.

Quand on naît salade, l'huile et le vinaigre vous tombent du ciel.

ELENA PONIATOWSKA, *Vie de Jésus*, cité in *Dictionnaire inattendu des citations de Dag'Naud et Dazat*.

SALAIRE

Ce n'est pas l'employeur qui paie les salaires, mais le client.

HENRY FORD

SALON

Les salons et les académies tuent plus de révolutionnaires que les prisons ou les canons.

PAUL MORAND, *Le Lion écarlate*.

SALTIMBANQUE

Quand les saltimbanques, les enfants trinquent.

JEAN-CLAUDE DAUPHIN

SALUER

Ils se saluèrent comme des gens qui craindraient de s'enrhumer.

MADELEINE DE SCUDÉRY, *Lettre à M. Godeau*.

SALUT

Le salut réside en ceci que l'on ne détourne pas le regard.

ELIAS CANETTI, épigraphe de *Mots de l'amour* de DOMINIQUE DUSSIDOUR.

SAMEDI

Je ne sais pas pourquoi, depuis lundi dernier, j'ai l'impression qu'on est samedi.

ROLAND DUBILLARD, *Carnets en marge*.

Ne faites jamais l'amour le samedi soir, car, s'il pleut le dimanche, vous ne saurez plus quoi faire.

SACHA GUITRY

SANCTUAIRE

Il est en toi une tranquillité, un sanctuaire où tu peux te retirer en tout temps et être toi-même.

HERMANN HESSE, *Siddhartha*.

SANG

Mon sang ne fit pas cent tours.
Mon sang ne fit pas cinquante tours.
Mon sang ne fit pas vingt tours.
(J'abrège pour ne pas fatiguer le lecteur)
Mon sang ne fit pas dix tours.
Mon sang ne fit pas cinq tours.
Non, mesdames ; non, messieurs, mon sang ne fit pas seulement deux tours.
Vous me croirez si vous voulez : mon sang...
Mon sang ne fit qu'un tour !

ALPHONSE ALLAIS, *Œuvres anthumes*.

« Qu'il fût né d'un grand roi, moi [d'un simple pasteur,
Son sang, auprès du mien, est-il [d'autre couleur ? »

CYRANO DE BERGERAC, *La Mort d'Agrippine*.

L'intelligence se nourrit dans les flots du sang bouillonnant. C'est principalement de là que vient ce qu'on appelle la pensée humaine ; car le sang qui afflue autour du cœur est proprement la pensée.

EMPÉDOCLE

Il n'est pas une idée née d'un esprit humain qui n'ait fait couler du sang sur la terre.

CHARLES MAURRAS, *La Dentelle du rempart*.

SANGLOT

Car c'est vraiment, Seigneur, le [meilleur témoignage
Que nous puissions donner de notre [dignité
Que cet ardent sanglot qui roule [d'âge en âge
Et vient mourir au bord de Votre [éternité

CHARLES BAUDELAIRE, « Les Phares », *Les Fleurs du mal*.

SANS

Je n'ai vu dans le monde, disait M..., que des dîners sans digestion, des soupers sans plaisir, des conversations sans confiance, des liaisons sans amitié et des coucheries sans amour.

NICOLAS DE CHAMFORT, *Caractères et Anecdotes*.

SANTÉ

La bonne santé, c'est d'avoir mal tous les jours à un endroit différent.

MICHEL CHRESTIEN

La santé peut paraître à la longue un [peu fade :
Il faut, pour la sentir, avoir été [malade.

JEAN-FRANÇOIS COLIN D'HARLEVILLE, *L'Optimiste*.

La santé, c'est ce qui sert à ne pas mourir chaque fois qu'on est gravement malade.

GEORGES PERROS, *Papiers collés*.

La santé est un état précaire qui ne présage rien de bon.

JULES ROMAINS, *Knock ou le Triomphe de la médecine*.

La santé n'est qu'un mot, qu'il n'y aurait aucun inconvénient à rayer de notre vocabulaire. Pour ma part, je ne connais que des gens plus ou moins atteints de maladies plus ou moins nombreuses à évolution plus ou moins rapide.

JULES ROMAINS, *Knock*, acte II, scène 1.

La santé, c'est le silence des organes.

PAUL VALÉRY

SAPIN

Les sapins en bonnet pointu
De longues robes revêtus
Comme des astrologues

GUILLAUME APOLLINAIRE

Le sapin dont on fait les cercueils est un arbre toujours vert.

XAVIER FORNERET, *Encore un an de sans titre*.

SATIE (Erik)

Son œuvre n'est grande que si l'on y colle son oreille, comme un trou de serrure n'est vaste qui si l'on y colle son œil.

JEAN COCTEAU, préface à *Erik Satie* de Rollo Myers.

SATIRE

La satire est une sorte de miroir dans lequel les spectateurs découvrent généralement le visage de tout le monde, mais pas le leur.

JONATHAN SWIFT

SAUCISSE

On croit qu'il y a des saucisses chez le voisin, alors qu'il n'y a même pas de clou pour les accrocher.

MIGUEL DE CERVANTÈS, *Don Quichotte*.

SAUCISSON

... tu te guéris de n'avoir pas d'enfant, en te dévouant pour les miens. Va, mon frère, il n'est pas ridicule de couper des tranches de saucisson si on les coupe pour quelqu'un.

MARCEL PAGNOL, *Le Schpountz*.

SAUMON

Le saumon a la chair rose parce qu'il se nourrit de crevettes.

MAX JACOB, *Le Cornet à dés*.

SAUT

Un journaliste à Nijinsky :
— Comment faites-vous pour réaliser des sauts aussi prodigieux ?
— C'est simple. Je prends mon élan, je saute... et je reste un peu.

SAUTE-MOUTON

Ne jouez jamais à saute-mouton avec une licorne.

Dicton oriental

SAUVAGE

Les peuplades sauvages de l'Océanie manquent tellement du nécessaire qu'avec une seule paire de gants dix hommes s'habillent.

EUGÈNE CHAVETTE

SAVANT

Il y a la même différence entre les savants et les ignorants qu'entre les vivants et les morts.

ARISTOTE, cité par DIOGÈNE LAËRTE.

Le meilleur moyen d'augmenter l'intelligence des savants serait de diminuer leur nombre.

ALEXIS CARREL, *L'Homme, cet inconnu*.

Il n'est ici-bas que des ignorants. Ceux qu'on appelle savants sont des gens de qui l'ignorance a des lacunes.

MAURICE DONNAY

Les savants sont des gens qui, sur la route des choses inconnues, s'embourbent un peu plus loin que les autres.

ALPHONSE KARR

Le savant n'est pas l'homme qui fournit les vraies réponses ; c'est celui qui pose les vraies questions.

CLAUDE LÉVI-STRAUSS, *Le Cru et le Cuit*.

Lorsqu'une femme devient un savant, c'est qu'il y a généralement quelque chose de déréglé dans ses organes sexuels.

FRIEDRICH NIETZSCHE

Je croyais qu'un savant c'était toujours un homme qui cherche une vérité, alors que c'est souvent un homme qui vise une place.

JEAN ROSTAND, *Carnet d'un biologiste*.

Un savant est un homme qui sait beaucoup de choses qu'il faudrait connaître mieux que lui pour savoir s'il n'est pas un âne.

HECTOR TALVART,
Conjectures et nouvelles conjectures.

SAVOIR

Le chemin du savoir commence aussitôt qu'on a tourné la page.

Anonyme

Ce que j'ai appris, je ne le sais plus. Le peu que je sais encore, je l'ai deviné.

NICOLAS DE CHAMFORT,
Maximes et Pensées, Caractères et Anecdotes.

Comment savoir tout, sans vieillir ?

FERNAND CROMMELYNCK,
Le Cocu magnifique

Nous saurons qui nous sommes quand nous verrons ce que nous avons fait.

PIERRE DRIEU LA ROCHELLE

Le savoir humain sera rayé des archives du monde avant que nous ayons le dernier mot d'un moucheron.

JEAN HENRI FABRE,
Souvenirs entomologiques.

N'est-ce pas savoir beaucoup que savoir qu'on ne sait rien ?

FRANÇOIS FÉNELON,
Dialogue des morts.

Il y a dans le monde quatre types d'hommes :

- L'homme qui sait et qui sait qu'il sait ; c'est un sage dont vous devez suivre les conseils.
- L'homme qui sait, mais qui ne sait pas ce qu'il sait ; aidez-le à ne pas oublier ce qu'il sait.
- L'homme qui ne sait rien et sait qu'il ne sait rien ; enseignez-le.
- Et enfin, il y a l'homme qui ne sait rien, mais prétend tout savoir ; celui-là est un fou que vous devez éviter.

IBN GABIROL

Confucius disait que le savoir véritable consiste à mesurer l'exacte étendue de son ignorance.

SIMON LEYS,
La Forêt en feu.

Retenez du savoir ce qu'il faut au
[bonheur,
On est assez profond pour le jour où
[l'on meurt.

ANNA DE NOAILLES,
Le Cœur innombrable.

Il est bien plus beau de savoir quelque chose de tout que de savoir tout d'une chose ; cette universalité est la plus belle.

BLAISE PASCAL, *Pensées*.

Il y a longtemps que l'homme a trouvé tout ce qu'il importe de savoir (c'est Hérodote qui le dit). Oui, et sans doute tout ce qu'il n'importe pas de savoir. Et peut-être tout ce qu'il importe de ne pas savoir. Il faut donc continuer.

JEAN PAULHAN

Oui, il viendra un jour où l'humanité ne croira plus, mais où elle saura.

ERNEST RENAN, *L'Avenir de la science*.

Nous savons ce que nous sommes, nous ne savons pas ce que nous serons.

WILLIAM SHAKESPEARE

Lui et moi nous couvrons toute l'étendue des connaissances ; lui sait tout ce qui peut être connu et moi je sais le reste.

MARK TWAIN, *À propos de Rudyard Kipling*.

SAVON

Hélène. — Je ne les déteste pas [les hommes]. C'est agréable de les frotter contre soi comme de grands savons. On en est toute pure.

JEAN GIRAUDOUX,
La guerre de Troie n'aura pas lieu.

SCAPHANDRE

À Madame la marquise de B, à Compiègne :

« Non, mille fois non ! Si vous sortez dans la rue en scaphandre, ne prenez pas de parapluie, vous vous feriez remarquer. »

ALPHONSE ALLAIS,
Petite Correspondance.

SCAPHANDRIER

Mets ton habit, scaphandrier
Et dans le cerveau de ma blonde
Tu vas descendre. Que vois-tu ? [...]
Il est descendu, descendu
Et dans les profondeurs du vide
Le scaphandrier s'est perdu.

LÉO FERRÉ

Je connais un homme qui est mort d'avoir fait un trou à son pantalon... Il était scaphandrier.

HENRI DE TOULOUSE-LAUTREC

SCATOLOGIE

Le caca d'un monarque, c'est la foire du trône...

Chose bizarre, un paralytique peut attraper la courante.

JULES JOUY, *Le Journal des merdeux*.

SCÉLÉRAT

Je savais que Marat pervertissait la France. J'ai tué un homme pour en sauver cent mille, un scélérat pour sauver des innocents, une bête féroce pour donner le repos à mon pays. J'étais républicaine bien avant la Révolution.

CHARLOTTE CORDAY,
À son procès, 17 juillet 1793.

L'histoire du Neuf Thermidor n'est pas longue : quelques scélérats firent périr quelques scélérats !

JOSEPH DE MAISTRE,
Considérations sur la France.

SCHIZOPHRÈNE

En Irlande, les schizophrènes ne sont pas soignés par un psychiatre, mais par deux.

BARNY TOOK

SCIENCE

La science consiste à passer d'un étonnement à un autre.

ARISTOTE

Savoir que l'on sait ce que l'on sait, et savoir que l'on ne sait pas ce que l'on ne sait pas : voilà la vraie science.

CONFUCIUS

La science est infaillible, mais les savants se trompent toujours.

ANATOLE FRANCE

Si tu donnes ton foie à la science, elle va faire un putain de bond en arrière !

JEAN-MARIE GOURIO, *Brèves de comptoir*.

La science cherche le mouvement perpétuel. Elle l'a trouvé : c'est elle-même.

VICTOR HUGO

La fausse science est l'excrément de la vraie ; et on l'emploie à la perte des philosophes. Les philosophes, en produisant les sophistes, produisent leur propre malheur. De la fiente de la grive naît le gui, avec lequel on fait la glu, avec laquelle on prend la grive. *Turdus sibi malum cacat.*

VICTOR HUGO, *L'Homme qui rit*.

Toute science crée une nouvelle ignorance.

HENRI MICHAUX, *Plume*.

Plus vous voudrez accélérer les progrès de la science, et plus vite vous la ferez périr.

FRIEDRICH NIETZSCHE, *Considérations inactuelles*.

Un peu de science éloigne de Dieu, beaucoup de science y ramène.

LOUIS PASTEUR

Ce n'est pas dans la science qu'est le bonheur, mais dans l'acquisition de la science.

EDGAR ALLAN POE, *Puissance de la parole*.

Plus la science accroît le cercle de ses connaissances et plus grandit autour le cercle d'ombre.

HENRI POINCARÉ

On fait la science avec des faits, comme on fait une maison avec des pierres ; mais une accumulation de faits n'est pas plus une science qu'un tas de pierres n'est une maison.

HENRI POINCARÉ, *La Science et l'Hypothèse*.

Il faut n'appeler science que l'ensemble des recettes qui réussissent toujours. Tout le reste est littérature.

PAUL VALÉRY, *Tel Quel*.

SCRUPULE

Vous faites du scrupule, mon cher, comme beaucoup de vieux pécheurs, au tournant de la soixantaine.

GEORGES BERNANOS, *Monsieur Ouine*.

SEC

Elle n'était pas laide, quoique si maigre et si sèche, qu'elle n'avait jamais mouché de chandelle avec ses doigts que le feu n'y prît.

PAUL SCARRON, *Le Roman comique*.

SECOND

Tel brille au second rang qui
[s'éclipse au premier.
Il devint lâche roi d'intrépide
[guerrier.

VOLTAIRE, *La Henriade*, chant I, *À propos d'Henri III*.

SECONDE

Personne ne sait combien de temps peut durer une seconde de souffrance.

GRAHAM GREENE

SECOURS

Venez à mon secours, grand Dieu : ma barque est si petite et la mer est si grande.

Proverbe breton

Dieu ne va jamais au secours que des gens qui savent nager.

ACHILLE CHAVÉE, *Décoction*.

SECRET

Secret de deux, secret de Dieu. Secret de trois, secret de tous.

Vieux proverbe français

Chez moi, le secret est enfermé dans une maison aux solides cadenas dont la clé est perdue et la porte scellée.

Les Mille et Une Nuits.

Rien de précieux n'est transmissible. Une vie heureuse est un secret perdu.

JACQUES CHARDONNE, *Claire*.

Si vous refusez, madame, ne le dites pas ; si vous cédez, je me tairai.

JEAN DOLENT, *Amoureux d'art*.

La mort n'a peut-être pas plus de secrets à nous révéler que la vie.

GUSTAVE FLAUBERT, *Correspondance*.

Trois personnes peuvent garder un secret — si deux d'entre elles sont mortes.

BENJAMIN FRANKLIN

Tous les secrets de la nature gisent à découvert et frappent nos regards chaque jour sans que nous y fassions attention.

ANDRÉ GIDE, *Nouvelles Nourritures*.

C'est une erreur de croire qu'une femme peut garder un secret. Elles le peuvent, mais elles s'y mettent à plusieurs.

SACHA GUITRY

Sois un chercheur, un plongeur, un crieur. Arrache du sépulcre cette ombre qui fuit. Divulgue le secret. Ébruite Dieu.

VICTOR HUGO

Toute révélation d'un secret est la faute de celui qui l'a confié.

JEAN DE LA BRUYÈRE, *Caractères*.

Rien ne pèse tant qu'un secret
Le porter loin est difficile aux
[dames ;
Et je sais même sur ce fait
Bon nombre d'hommes qui sont
[femmes.

JEAN DE LA FONTAINE,
Les Femmes et le Secret.

Cache tes secrets comme le chat cache sa crotte.

HENRY DE MONTHERLANT

Un secret, ce n'est pas quelque chose qui ne se raconte pas. Mais c'est une chose qu'on se raconte à voix basse et séparément.

MARCEL PAGNOL, *César*.

Ne cachez pas vos secrets dans votre derrière. Tout le monde les connaîtrait.

FRANCIS PICABIA

SECTAIRE

Sectaire : Celui qui ne voit qu'une étoile dans le ciel.

ANDRÉ PRÉVOT

SÉDUCTION

La plus grande des séductions, c'est peut-être d'être aimé.

LAURE D'ABRANTÈS

La séduction représente la maîtrise de l'univers symbolique alors que le pouvoir ne représente que la maîtrise de l'univers réel.

JEAN BAUDRILLARD,
De la séduction.

Rien de si aimable qu'un homme séduisant, mais rien de plus odieux qu'un séducteur.

NINON DE LENCLOS

SEIGNEUR

Un grand seigneur est un homme qui voit le roi, qui parle aux ministres, qui a des ancêtres, des dettes et des pensions.

CHARLES DE MONTESQUIEU,
Lettres persanes.

SEIN

Tes deux seins sont comme deux faons, jumeaux d'une gazelle,
qui paissent au milieu des lis.

Le Cantique des cantiques, IV, 5.

Étoile Lou beau sein de neige rose
Petit nichon exquis de la douce nuit.

GUILLAUME APOLLINAIRE,
Poèmes à Lou.

Qu'importe ton sein maigre, ô mon
[objet aimé !

On est plus près du cœur quand la
[poitrine est plate :
Et je vois, comme un merle en sa
[cage enfermé,
L'amour entre tes os, rêvant sur une
[patte.

LOUIS BOUILHET,
« À une jeune fille manquant de charme »,
Poésies posthumes.

Dieu a donné à la femme deux seins parce qu'il a donné à l'homme deux mains.

LÉO CAMPION, *Lexique pour rire.*

Le sein est une pomme dans une poire où pointe un grain de raisin. Le sein est le maximum du fondu : tous les fruits en un.

MALCOLM DE CHAZAL

Il y a deux bonnes raisons pour lesquelles les hommes cherchent à voir Jane Russell.

HOWARD HUGHES

Le sein. Cet ornement nouveau fait rougir celles qui le portent et n'y sont pas accoutumées.

JOSEPH JOUBERT, *Pensées.*

Couvrez ce sein que je ne saurais
[voir.
Par de pareils objets, les âmes sont
[blessées,
Et cela fait venir de coupables
[pensées.

MOLIÈRE,
Tartuffe, acte III, scène 3.

Et quels seins ! je veillerais des nuits entières à la lumière de ces globes-là.

JULES RENARD, *Journal.*

Elle a les seins un peu tombants et des nids aux épaules. Cela m'est égal, je ne m'en sers jamais. Les épaules d'une femme sont pour ses danseurs et ses seins pour ses enfants.

JULES RENARD, *L'Écornifleur.*

Ses seins droits ont la pointe aiguë
Ainsi que la ronce des murs
Et sont froids comme la ciguë
Pleine de poisons doux et sûrs.

JEAN RICHEPIN, *Les Caresses.*

Si on te pelote le sein droit, tend le sein gauche.

JACQUES STERNBERG, *Les Pensées.*

Ni vu ni connu
Le temps d'un sein nu
Entre deux chemises.

PAUL VALÉRY, *Charmes.*

Ton corps dresse sous le reps noir
Sans qu'assurément tu nous triches
Une paire de nénés riches
Souples, durs, et riants, faut voir.

PAUL VERLAINE, *Filles.*

SÉISME

Quitte à avoir un gros tremblement de terre, autant que ce soit en Arménie où ils n'ont rien, qu'à Limoges avec toute la porcelaine.

JEAN-MARIE GOURIO, *Brèves de comptoir.*

SEL

Vous êtes le sel de la terre. Or, si le sel vient à s'affadir, avec quoi le salera-t-on ? Il n'est plus bon qu'à être jeté dehors et foulé aux pieds par les gens.

Évangile selon saint Matthieu, V, 13.

SEMAINE

Si la semaine de quarante heures était réduite de moitié, les fins de mois auraient lieu tous les quinze jours.

PIERRE DAC, *Pensées.*

Le premier jour, d'un aveu l'on
[s'amuse ;
Le deuxième, on se plaint de
[l'importunité ;
Le troisième, on écoute avec moins
[de fierté ;
Le quatrième, en tremblant, on
[refuse ;
Le cinquième, on se trouble, on
[résiste à demi ;
Le sixième, en chemin, à regret, on
[s'arrête ;

Le septième, l'on perd la tête,
Le huitième, tout est fini.

LOUIS VIGÉE

SEMAINE SAINTE

La Semaine Sainte,
s'il pleut ou vente, n'aie crainte,
Autrement ne serait sainte.

Dicton

SEMBLABLE

Il n'y a que Dieu qui ait le droit de tuer son semblable.

EUGÈNE LABICHE, *Le Prix Martin*.

SEMBLANT (faire)

Faites semblant de pleurer, mes amis, puisque les poètes ne font que semblant d'être morts.

JEAN COCTEAU,
Le Testament d'Orphée.

Elles ont un redoutable avantage sur nous : elles peuvent faire semblant — nous pas.

SACHA GUITRY, *Elles et toi*.

SEMBLER

Il m'a semblé que six semaines étaient moins longues qu'un mois et demi.

DENIS DIDEROT, *Lettre à Sophie Volland*.

SÉNAT

Je resterai député jusqu'à ma mort, après quoi j'irai au Sénat.

Attribué à FRÉDÉRIC-DUPONT,
cité par RAYMOND CASTANS.

LITANIE — LITURGIE — LÉTHARGIE

EDGAR FAURE

Le Sénat ? une assemblée d'hommes à idées fixes, heureusement corrigée par une abondante mortalité.

ÉDOUARD HERRIOT

SÉNATEUR

Il y aurait beaucoup à dire sur la prétendue sagesse des vieillards. Les sénateurs, quand ils ne parlent pas de leur prostate, se racontent des histoires de cul.

YVAN AUDOUARD, *Les Pensées*.

Un sénateur, c'est un député qui s'obstine.

ROBERT DE JOUVENEL

SENS

Donner un sens plus pur aux mots de
[la tribu.

STÉPHANE MALLARMÉ,
Tombeau d'Edgar Poe.

SENSÉ

Bien plus sensé que l'homme est l'animal qui, ressentant un besoin, sait ce dont il a besoin. L'homme, dans le même cas, ne le sait pas.

DÉMOCRITE

Voir BON SENS.

SENTIER

Par les soirs bleus d'été, j'irai dans
[les sentiers,
Picoté par les blés, fouler l'herbe
[menue.

ARTHUR RIMBAUD, *Sensations*.

SENTIMENT

Parler de sentiments à des femmes de chair est aussi offensant que parler littérature à des gens qui ont faim.

MALCOLM DE CHAZAL

Les hommes n'éprouvent pas leurs sentiments : ils les miment et cela leur suffit.

JEAN GIRAUDOUX,
Sodome et Gomorrhe.

Il est plus difficile de dissimuler les sentiments que l'on a que de feindre ceux que l'on n'a pas.

FRANÇOIS DE LA ROCHEFOUCAULD,
Maximes posthumes.

Tous les sentiments ont ceci de particulier que l'on croit les éprouver seul.

JEAN-PAUL RICHTER

Quel dommage que les sentiments ne soient pas des preuves.

MME ROLAND

C'est le sentiment qui conduit l'homme.

JEAN-JACQUES ROUSSEAU

SÉPARATION

Ma femme est partie avec un autre, alors, je l'ai quittée.

WOODY ALLEN, dans le film *Manhattan*.

SEPT

Pour réaliser le beau, le peintre emploie la gamme des couleurs, le musicien celle des sons, le cuisinier celle des saveurs, et il est très remarquable qu'il existe sept couleurs, sept sons et sept saveurs.

LUCIEN TENDRET,
La Table au pays de Brillat-Savarin.

SEPTEMBRE

Septembre se nomme le mai de l'automne.

Proverbe chinois

Épouses de septembre / ou veuves ou malheureuses.
(*E spose settembrine / O veduve O mischine.*)

Proverbe corse

SEPTUAGÉNAIRE

Léonce. — Et quel effet ça fait d'avoir 70 ans... et mèche ?

Le vieux. — On regarde les menuisiers avec moins de sympathie ! Une belle forêt de sapins, on s'y promène moins volontiers. On recherche plutôt les endroits dégagés. On observe plus qu'avant. On ouvre plus grand les yeux. On peut rester quatre heures sur un banc de square à se soûler d'images.

BERTRAND BLIER, *Les Côtelettes*.

À soixante-dix ans commence l'été indien de la vie.

Pr EDWIN SCHNEIDMAN

SÉRAIL

Rien de plus froid qu'un sérail ; c'est un amour de chenille qui traîne de rose en rose, gâtant le bord de la feuille sans atteindre le calice.

JULES MICHELET, *L'Amour*.

Nourri dans le sérail, j'en connais les [détours.

JEAN RACINE, *Bajazet*, acte IV, scène 7.

SERBIE

Un brigand ravageait le pays de [Serbie
Répandant la terreur dans tous les [alentours.
Il était d'une taille incroyable, [inouïe !

MORALITÉ

Le mauvais Serbe croît toujours.

Fable expresse anonyme du début du siècle.

SÉRIEUX

Il y a des gens pour croire sensé tout ce qu'on fait en prenant un air sérieux.

GEORG CHRISTOPH LICHTENBERG,
Aphorismes.

On n'est pas sérieux, quand on a [dix-sept ans
— Un beau soir, foin des bocks et [de la limonade,
Des cafés tapageurs aux lustres [éclatants !
— On va sous les tilleuls verts de la [promenade

ARTHUR RIMBAUD, *Roman*.

Il faut tout prendre au sérieux, mais rien au tragique.

ADOLPHE THIERS

SERPENT

Ne brandis pas dans l'air le serpent que tu as tué, les autres serpents te guettent.

Proverbe bantou

Celui que le serpent a piqué prend peur d'une simple corde.

Proverbe berbère

Même le petit serpent a du venin.

ANKH-SHESHONQ,
La Sagesse vivante de l'Égypte ancienne,
traduite par Christian-Jacq

Quand on lui marche sur les pieds, le serpent hausse les épaules.

STÉPHANE COLLARO

Le premier animal domestique d'Adam après l'expulsion du Paradis fut le serpent.

FRANZ KAFKA,
Préparatifs de noce à la campagne.

À ces mots, l'animal pervers (c'est
[le serpent que je veux dire,
Et non l'homme ; on pourrait
[aisément s'y tromper).

JEAN DE LA FONTAINE,
L'Homme et la Couleuvre.

La couleuvre : de quel ventre est-elle tombée cette colique ?

JULES RENARD, *Histoires naturelles*.

La dix-millionième partie du quart du méridien terrestre.

JULES RENARD, *Nos frères farouches*.

SERVANTE

Une bonne servante doit être fidèle, farouche et laide.

ÉRASME

SERVICE

Les grands services sont comme de grosses pièces d'or ou d'argent qu'on a rarement l'occasion d'employer ; mais les petites attentions sont une monnaie courante qu'on a toujours en main.

DENIS DIDEROT

C'est rendre service aux enfants que de les calotter ;
aux animaux que de les battre ;
aux domestiques que de les chasser ;
aux malfaiteurs que de les punir.

GUSTAVE FLAUBERT,
Dictionnaire des idées reçues.

Un service qu'on rend est une dette qu'on contracte.

ALPHONSE KARR

Les hommes ne s'attachent point à nous en raison des services que nous leur rendons, mais en raison de ceux qu'ils nous rendent.

EUGÈNE LABICHE,
Le Voyage de Monsieur Perrichon, acte IV.

Les hommes ont la volonté de rendre service jusqu'à ce qu'ils en aient le pouvoir.

LUC DE VAUVENARGUES,
Maximes et Pensées.

SERVIR

Il y a des hommes qui sont nés pour servir leur pays et d'autres qui sont nés pour servir à table.

VICTOR HUGO

Servir est ennuyeux, mais pas plus qu'être servi.

PAUL MORAND,
Ouvert la nuit.

SERVITEUR

Sers-toi de tes serviteurs comme de tes membres, des uns pour un usage, des autres pour un autre.

DÉMOCRITE

SERVITUDE

La servitude abaisse les hommes jusqu'à s'en faire aimer.

LUC DE VAUVENARGUES, *Introduction à la connaissance de l'espoir humain*.

SEUL

L'Éternel Dieu dit : il n'est pas bon que l'homme soit seul ; Je lui ferai une aide semblable à lui.

Genèse, II, 18.

Qui mange seul s'étrangle seul.

Proverbe arabe

Seul : en mauvaise compagnie.

AMBROSE BIERCE,
Le Dictionnaire du Diable.

Le mari est seul dans le mariage, le père est seul dans la vieillesse, l'ami est seul dans l'amitié, car il est bien rare que nous soyons élus par ceux que nous avons choisis.

ANDRÉ BILLY,
L'Approbaniste.

Chaque homme est seul et tous se fichent de tous, et nos douleurs sont une île déserte.

ALBERT COHEN,
Le Livre de ma mère.

Elle est partie ! Enfin, me voilà seul ! C'était, depuis bien des années, mon rêve. Je vais donc enfin vivre seul ! Et déjà, je me demande avec qui.

SACHA GUITRY

Il n'y a pas d'homme plus seul dans la mort — excepté le suicidé — que l'homme qui a vécu de nombreuses années avec une bonne épouse et qui lui survit.

ERNEST HEMINGWAY,
Mort dans l'après-midi.

L'homme le plus puissant du monde, c'est celui qui est le plus seul.

HENRIK IBSEN,
cité par CLEMENCEAU in
Le Grand Pan.

Tout notre mal vient de ne pouvoir être seuls. De là le jeu, le luxe, la dissipation, le vin, les femmes, l'ignorance, la médisance, l'envie, l'oubli de soi-même et de Dieu.

JEAN DE LA BRUYÈRE,
« De l'homme », *Les Caractères.*

Enfin seul, sans *s*.

JULES RENARD,
Journal.

Un homme qui serait seul dans l'univers n'aurait aucun droit, mais seulement des obligations.

SIMONE WEIL,
L'Enracinement.

Vivre seul, c'est prendre plaisir à manger du céleri rémoulade dans son papier d'emballage.

JEAN YANNE,
Les Pensées.

SÉVÉRITÉ

Il faut que la sévérité bien ordonnée commence par soi-même.

MME DE STAËL

SEXAGÉNAIRE

Les hommes de soixante ans, en dehors de moi, me font l'effet d'en avoir soixante-dix.

TRISTAN BERNARD, *Les Parents paresseux.*

Le vieux. — La Mort. Elle vient jamais vous rendre visite ? Vous faire un petit coucou ? « Je vous laisse ma carte, on sait jamais. »

Léonce. — Non pas encore.

Le vieux. — Moi, elle est venue très tôt [...]. « Qu'est-ce que tu fous ? elle m'a demandé. — Rien, je lui ai répondu, je t'attendais. » C'était le soir de mes soixante ans. J'étais assis dans ma cuisine, en tête à tête avec mon gâteau d'anniversaire que je me souhaitais à moi-même. Je suis un club assez fermé, surtout les jours de fête, j'aime pas tellement les fêtes, mais soixante ans, c'est soixante ans, c'est l'arrivée en haut du col, juste avant d'attaquer la descente...

BERTRAND BLIER, *Les Côtelettes.*

Si les années étaient des secondes, aujourd'hui j'aurais vécu une minute.

GEORG CHRISTOPH LICHTENBERG,
Aphorismes.

On devient jeune à soixante ans. Malheureusement, c'est trop tard.

PABLO PICASSO

Soixante ans. Ce déguisement de vieillard qu'il va falloir porter...

JEAN ROSTAND,
Carnet d'un biologiste.

SEXE

La différence entre le sexe et la mort c'est que, mourir vous pouvez le faire seul et personne ne se moquera de vous.

WOODY ALLEN

Si je parle toujours du sexe, c'est que je trouve impudique de parler d'amour.

WOODY ALLEN

Le sexe sans amour est une expérience vide.

— Oui, mais parmi les expériences vides, c'est une des meilleures !

WOODY ALLEN,
Guerre et amour.

Comme un poupon chéri mon sexe est innocent.

GUILLAUME APOLLINAIRE

Aux États-Unis, le sexe est une obsession ; partout ailleurs dans le monde, c'est une réalité.

MARLENE DIETRICH

Mon père m'a parlé des oiseaux et des abeilles. Quel menteur ! Je suis sorti avec un pivert jusqu'à l'âge de vingt et un ans.

BOB HOPE

Les femmes, dût s'en plaindre une
[maligne envie,
Sont ces fleurs d'ornement du désert
[de la vie.
Reviens de ton erreur, toi qui veux
[les flétrir :
Sache les respecter autant que les
[chérir ;
Et, si la voix du sang, n'est point une
[chimère,
Tombe aux pieds de ce sexe à qui tu
[dois ta mère.

GABRIEL LEGOUVÉ,
Mérite des femmes.

Des sexes, je n'en connais que deux : l'un qui se dit raisonnable l'autre qui nous prouve que cela n'est pas vrai.

MARIVAUX,
La Fausse Suivante.

Rien que cela, le sexe, nous sépare plus que deux planètes.

FRANÇOIS MAURIAC,
Le Désert de l'amour.

Deux sexes, c'est nettement insuffisant ! commandez-m'en deux autres.

SPIKE MULLIGAN

Le sexe, c'est le polo du pauvre.

CLIFFORD ODETS

Selon les Français, il existe trois sexes : les hommes, les femmes et les membres du clergé.

SYDNEY SMITH

SHAKESPEARE

Shakespeare n'a jamais existé. Toutes ses pièces ont été écrites par un inconnu qui, d'ailleurs, s'appelait Shakespeare.

ALPHONSE ALLAIS

SI

Si, en 1963, c'était Khrouchtchev et non Kennedy qui avait été assassiné, que se serait-il passé ?

Réponse de l'écrivain Gore Vidal : « Avec l'histoire, on ne peut jamais être sûr de rien, mais je crois pouvoir assurer qu'Aristote Onassis n'aurait pas épousé Mme Khrouchtchev ! »

Cité par FRÉDERIC RAPHAEL,
The Sunday Times Books.

On ne sait jamais ce qui serait arrivé si ce qui est arrivé n'était pas arrivé.

ANDRÉ FRANÇOIS-PONCET,
« à propos de Munich »

SIÈCLE

Chacun pense suivant la nature du siège sur lequel il est assis.

ALAIN

Il vaut mieux dater d'un siècle que d'une saison.

ALFRED CAPUS

Il est difficile de loger à plus de vingt dans un siècle.

HENRI MICHAUX

SIÈGE

Un homme est humilié de la longueur du siège ; elle fait au contraire la gloire d'une femme.

STENDHAL, *De l'amour*.

SIESTE

Dormir pendant le jour, c'est manifester un trouble du corps ou un tourment de l'âme, ou encore de la paresse ou un manque d'éducation.

DÉMOCRITE

Je fais toujours une petite sieste avant d'aller me coucher.

W. C. FIELDS

Dans ces pays à sieste où l'on ignore [l'âtre,
La femme a, blanche ou noire, un [rejeton mulâtre.

RAYMOND ROUSSEL,
Nouvelles Impressions d'Afrique.

Je passerai l'été dans l'herbe sur le [dos,
La nuque dans les mains, les [paupières mi-closes,
Sans mêler un soupir à l'haleine des [roses
Ni troubler le sommeil léger des [clairs échos.

SULLY PRUDHOMME, *Sieste.*

SIGNATURE

Signe ce que tu éclaires, non ce que tu assombris.

RENÉ CHAR

SIGNE

Tout est signe. Mais il faut une lumière ou un cri éclatant pour percer notre myopie ou notre surdité.

MICHEL TOURNIER, *Le Roi des Aulnes.*

SIGNE DE CROIX

Je pensais faire le signe de croix et je me suis crevé l'œil.

Proverbe espagnol

Un jeune homme pieux fait une sortie à bicyclette. En passant devant une église, il lâche son guidon d'une main et fait le signe de croix. À cet instant, il perd l'équilibre et se casse le bras.

ARTHUR SCHNITZLER,
Relations et solitudes.

SIGNIFICATION

On demandait à Beethoven ce que voulait dire la sonate qu'il venait de jouer. Pour toute réponse, Beethoven se remit au piano et joua de nouveau sa sonate.

SILENCE

Un spectateur complimentait Lucien Guitry :

— Quand vous dites le texte, monsieur Guitry, vous êtes merveilleux... mais c'est dans les silences que vous êtes particulièrement admirable !

Et Lucien Guitry de répondre :

— C'est parce que les silences sont de moi !

Si ce que tu as à dire n'est pas plus beau que le silence, alors tais-toi.

Proverbe arabe

Mon ami,

Je n'ai rien à vous écrire. Voici des heures que je rêve au-dessus de ce papier blanc. Je vous l'envoie. Regardez-le longuement à votre tour. Je vous offre toutes les richesses de mon silence.

ANDRÉ BEUCLER, *Un nouvel amour.*

Le silence n'est un outil de terreur que pour les gens qui sont incapables de se taire parce qu'ils ont l'obsession de la parole... Ce sont d'ailleurs des gens dont on peut se passer.

WILLIAM BURROUGHS,
Entretiens avec Daniel Odier.

Le silence, a dit quelqu'un, est une vertu qui nous rend agréables à nos semblables.

SAMUEL BUTLER

Le silence était tel qu'on aurait entendu voler une montre.

ALFRED CAPUS

Le silence, c'est la mort, et toi, si tu te tais, tu meurs et si tu parles, tu meurs. Alors, dis et meurs !

TAHAR DJAOUT,
assassiné en 1993 par les islamistes.

Le silence, c'est la meilleure production qu'on puisse faire, parce qu'il se propage : on ne le signe pas et tout le monde en profite.

MARCEL DUCHAMP

Parlez donc peu. Le silence est une arme, la plus efficace de toutes. C'est la lumière bleue du verbe.

LÉON-PAUL FARGUE,
Dîners de lune.

Nous n'avons aucun moyen sûr, que peut-être le silence, pour exprimer nos pensées.

REMY DE GOURMONT,
La Culture des idées.

Ô privilège du génie ! Lorsque l'on vient d'entendre un morceau de Mozart, le silence qui lui succède est encore de lui.

SACHA GUITRY,
Toutes réflexions faites.

Il y avait le silence et il y eut le cri
Au-dessus du cri vint le chant
Au-dessus du chant vint la musique
Au-dessus de la musique vint le
[langage
Au-dessus du langage, la poésie
Au-dessus de la poésie, quoi ?
Le silence ?

THIERRY MAULNIER
(l'un de ses derniers poèmes).

Si ton esprit veut cacher
Les belles choses qu'il pense,
Dis-moi qui peut t'empêcher
De te servir du silence ?

FRANÇOIS MAYNARD

Le silence des peuples est la leçon des rois.

HONORÉ GABRIEL MIRABEAU
(discours à la Constituante).

Tant de choses ne valent pas d'être dites. Et tant de gens ne valent pas que les autres choses leur soient dites. Cela fait beaucoup de silence.

HENRY DE MONTHERLANT,
Le Maître de Santiago.

Le silence est la plus grande persécution : jamais les saints ne se sont tus.

BLAISE PASCAL, *Pensées.*

J'ai découvert que tout le malheur des hommes vient d'une seule chose, qui est de ne savoir pas demeurer au repos dans une chambre.

BLAISE PASCAL, *Pensées.*

« Vos gueules, là-haut, on n'entend plus la pantomime ! »

JACQUES PRÉVERT,
Les Enfants du paradis.

Le silence est pour les oreilles ce que la nuit est pour les yeux.

PASCAL QUIGNARD,
La Haine de la musique.

Le silence de trois cents pianos sur lesquels personne ne joue.

MAURICE RENARD

Le silence n'a jamais trahi personne.

ANTOINE DE RIVAROL, *Les Pensées.*

Le silence est l'interprète le plus éloquent de la joie.

WILLIAM SHAKESPEARE,
Beaucoup de bruit pour rien, acte I, scène 1.

Le silence est l'expression la plus parfaite du mépris.

GEORGE BERNARD SHAW

Au silence qui suivit, je conclus que Lauderdale venait de faire une plaisanterie.

RICHARD BRINSLEY SHERIDAN

Le silence donne aux femmes une grâce qui leur sied.

SOPHOCLE

Le silence est la parure des femmes.

SOPHOCLE

Beaucoup d'adolescents ne peuvent plus lire sans un walkman ou sans l'« effet étincelle » de la télévision. Nul ne sait quel va être l'effet de cette destruction du silence.

GEORGE STEINER,
Passions impunies.

Seul le silence est grand, tout le reste
[est faiblesse.

ALFRED DE VIGNY,
La Mort du loup.

On étouffe les clameurs, mais comment se venger du silence ?

ALFRED DE VIGNY, *Cinq-Mars*.

SIMENON (Georges)

Un Balzac sans les longueurs.

MARCEL AYMÉ

Les romans de Simenon ? Toujours la même chose : un poêle qui ne tire pas et une femme qui sent le chou !

JEAN GIONO

Beaucoup d'auteurs font dormir, Simenon fait rêver.

ROGER NIMIER

SIMPLE

Ce qui est simple est toujours faux. Ce qui ne l'est pas est inutilisable.

PAUL VALÉRY,
Mauvaises Pensées et autres.

SIMPLICITÉ

« Que dites-vous ? Comment ? Je n'y suis pas ; vous plairait-il de recommencer ? J'y suis encore moins. Je devine enfin : vous voulez, Acis, me dire qu'il fait froid ; que ne disiez-vous : il fait froid ? Vous voulez m'apprendre qu'il pleut ou qu'il neige ; dites : il pleut, il neige. Vous me trouvez bon visage et vous désirez m'en féliciter ; dites : je vous trouve bon visage. — Mais, répondez-vous, cela est bien uni et bien clair ; et d'ailleurs, qui ne pourrait en dire autant ? — Qu'importe, Acis ? Est-ce un si grand mal d'être entendu quand on parle et de parler comme tout le monde ? »

JEAN DE LA BRUYÈRE,
« De la société et de la conversation »,
Les Caractères.

Il y a quelque chose de plus haut que l'orgueil et de plus noble que la vanité, c'est la modestie ; et quelque chose de plus rare que la modestie, c'est la simplicité.

ANTOINE DE RIVAROL

SINCÈRE

Les hommes sont toujours sincères, ils changent de sincérité, voilà tout.

TRISTAN BERNARD

On n'est pas tout à fait sincère sans être un peu ennuyeux.

ANATOLE FRANCE

Il y a une personne avec laquelle nous n'aurions jamais à être tout à fait sincères : nous-mêmes.

REMY DE GOURMONT,
Pensées inédites.

Il est dangereux d'être sincère, à moins qu'on ne soit stupide aussi.

GEORGE BERNARD SHAW,
Bréviaire du révolutionnaire.

SINGE

Singe : Animal arboricole qui se sent également très à l'aise dans les arbres généalogiques.

AMBROSE BIERCE,
Le Dictionnaire du Diable.

Je ne sais si c'est moi qui regarde le singe ou si c'est le singe qui me regarde.

GUSTAVE FLAUBERT,
Voyage en Italie et en Suisse.

Si les singes savaient s'ennuyer, ils pourraient devenir des hommes.

WOLFGANG VON GOETHE

Le singe — sans effort — le singe
[devint l'homme,
Lequel un peu plus tard désagrège
[l'atome.

RAYMOND QUENEAU,
Petite Cosmogonie portative.

Un singe est un homme qui n'a pas réussi.

JULES RENARD, *Journal*.

Quand Nietzsche écrivait que la bonté des singes lui faisait douter que l'homme en eût pu descendre, il s'illusionnait sur les qualités de ces quadrumanes avides, cruels et lubriques. Ce sont bien les aïeux qu'il nous fallait.

JEAN ROSTAND, *Pensées d'un biologiste*.

On dirait que le singe n'a été fait que pour humilier l'homme et lui rappeler qu'entre lui et les animaux il n'y a que des nuances.

JEAN-BAPTISTE SAY

Si notre Père Céleste a inventé l'homme, c'est parce que le singe l'avait déçu.

MARK TWAIN

On croit que notre siècle n'est que ridicule : il est horrible. La masse passe pour une jolie troupe de singes ; mais, parmi ces singes, il y a des tigres... et il y en a toujours eu.

VOLTAIRE

Il importe peu de descendre du singe ; l'essentiel est de ne pas y remonter.

RICHARD WAGNER

SINGULIER

On met la femme au singulier quand on a du bien à en dire et on en parle au pluriel quand elle nous fait quelque méchanceté.

SACHA GUITRY, *N'écoutez pas, mesdames*.

SISYPHE

Il y a eu un moment où Sisyphe n'a plus ni pleuré, ni souri, où il a participé de la nature des roches qu'il soulevait toujours.

HONORÉ DE BALZAC

SITUATION

Il n'est pas douteux que notre situation influe beaucoup sur notre caractère et nos opinions.

MME ROLAND

SKI

Le plus Courchevel d'un point à un autre, c'est la piste noire.

HIPPOLYTE DOMONT,
Propos de mon village.

SLOGAN

« Ta vie est nihilisme, cynisme, sarcasme et orgasme !

— En France, je serais sûr d'être élu sur un slogan pareil. »

WOODY ALLEN, *Harry dans tous ses états*.

SNOB

Préférer voyager debout en première classe qu'assis en seconde.

GILBERT CESBRON, *Journal sans date*, III.

Le snob est un monsieur qui admire collectivement ce qui l'ennuie quand il est tout seul.

FRANCIS CLAUDE

Le son même du mot snob, qui commence en sifflement pour finir bulle de savon, le destinait à une grande carrière dans le domaine du mépris et de la frivolité.

PHILIPPE JULLIAN, *Dictionnaire du snobisme*.

Le snob est un enfant des sociétés aristocratiques. Perché sur son barreau, il respecte l'homme du barreau supérieur, et méprise l'homme du barreau inférieur, uniquement sans s'informer de ce qu'ils valent.

HIPPOLYTE TAINE,
Histoire de la littérature anglaise.

Le vrai snob est celui qui craint d'avouer qu'il s'ennuie quand il s'ennuie et qu'il s'amuse quand il s'amuse.

PAUL VALÉRY

SOCIALISME

Le capitalisme est l'exploitation de l'homme par l'homme. Le socialisme c'est exactement l'inverse.

ARTHUR KOESTLER

Je déteste un certain socialisme, parce qu'il a la haine de l'argent au lieu d'en avoir le mépris.

CHARLES FERDINAND RAMUZ

S'il n'y avait pas les socialistes, le socialisme gouvernerait le monde entier.

GEORGE BERNARD SHAW

SOCIALISTE

Christophe Colomb fut le premier socialiste : il ne savait pas où il allait, il ignorait où il se trouvait... et il faisait tout ça aux frais du contribuable.

WINSTON CHURCHILL

Je lis sur une enseigne du vieux Nice : RESTAURANT OUVRIER — CUISINE BOURGEOISE. C'est bien le programme de certains de mes amis socialistes.

ÉDOUARD HERRIOT

SOCIÉTÉ

Dans une société bien réglée, les bons doivent servir de modèle et les méchants d'exemple.

LOUIS DE BONALD, *Maximes et Pensées*.

Les gens du monde ne sont pas plutôt attroupés qu'ils se croient en société.

NICOLAS DE CHAMFORT

Ôtez l'homme de la société, vous l'isolez.

HENRI MONNIER, *Grandeur et Décadence de M. Joseph Prudhomme*.

La société est fondée sur un avantage mutuel : mais, lorsqu'elle me devient onéreuse, qui m'empêche d'y renoncer ?

CHARLES DE MONTESQUIEU, *Lettres persanes*.

La société et même l'amitié de la plupart des hommes n'est qu'un commerce qui ne dure qu'autant que le besoin.

MME DE SABLÉ, *Maximes*.

SŒUR

Le premier qui dit : « Et ta sœur ? » est un homme mort. Personne ne le dit, il a tort. C'était pour rire.

JACQUES PRÉVERT, « Tentative de description d'un dîner de têtes » in *Paroles*.

SOI

Ce qui va de soi, c'est ce qui va mal.

ALAIN

Trouver en soi quelqu'un qui soit plus soi-même que soi...

PAUL CLAUDEL

On n'a pas trop de soi pour penser à soi.

JULES RENARD, *Poil de carotte*.

Qui pourra jamais entièrement comprendre ces trois choses incompréhensibles :

- qu'il existe ;
- qu'il est justement lui-même ;
- et qu'un jour il n'était pas et un jour ne sera pas.

ARTHUR SCHNITZLER, *Relations et solitudes*.

SOIF

« Avez-vous souvent soif ? demande-t-on à W. C. Fields.

— Je ne laisse jamais les choses aller jusque-là ! »

Je me sens comme si quelqu'un avait marché sur ma langue avec des chaussures boueuses.

W. C. FIELDS

Il est atroce de mourir de soif au milieu de la mer. Faut-il donc que vous saliez vos vérités au point qu'elles ne soient même plus bonnes à étancher la soif ?

FRIEDRICH NIETZSCHE, *Par-delà le bien et le mal*.

Je m'aperçus bientôt que l'amour ressemble à la soif : une goutte d'eau l'augmente.

NICOLAS RESTIF DE LA BRETONNE, *Monsieur Nicolas*.

Je meurs de soif auprès de la
[fontaine
Rien ne m'est sûr que la chose
[incertaine.

FRANÇOIS VILLON, *Ballade du concours de Blois*.

SOIGNER

Se soigner ? À quoi bon ? Je durerai peut-être moins que mes maladies.

EDMOND et JULES DE GONCOURT, *Journal*.

SOIN

Les petits soins sont les grands pour les femmes.

JULES BARBEY D'AUREVILLY, *Une vieille maîtresse*.

SOIR

Le soir de la vie apporte avec soi sa lampe.

JOSEPH JOUBERT, *Pensées*.

SOIRÉE

J'ai passé une excellente soirée... mais ça n'était pas celle-ci.

GROUCHO MARX, *en prenant congé*.

C'était une de ces soirées enchanteresses, que l'on peut compter au nombre des plus grands ennemis de l'impassibilité du cœur.

STENDHAL, *Lucien Leuwen*.

SOIXANTE

Au roi Louis XIV qui se plaignait d'avoir soixante ans, le maréchal de Gramont répondit :

« Ah ! Sire, qui est-ce qui n'a pas soixante ans ? »

Il faut soixante ans pour faire un homme, et après, il n'est bon qu'à mourir.

ANDRÉ MALRAUX

Qu'est-ce que cela, soixante ans ? C'est la fleur de l'âge et vous entrez maintenant dans la belle saison.

MOLIÈRE, *L'Avare*.

SOLDAT

Un bon soldat ne doit penser qu'à trois choses :

1 — au roi
2 — à Dieu
3 — à rien.

Proverbe allemand

Le soldat qui s'enfuit au combat est un soldat qui peut resservir.

Proverbe italien

Maudit soit le premier soldat qui fut [archer
C'était un lâche au fond ; il n'osait [approcher !

HENRI DE BORNIER, *La Fille de Roland*.

L'immobilité est le plus beau mouvement du soldat.

CARAN D'ACHE

Engraisser les sillons du laboureur anonyme, c'est le véritable avenir du véritable soldat.

LOUIS-FERDINAND CÉLINE, *Voyage au bout de la nuit*.

SOLDAT INCONNU

Si l'administration militaire était bien faite, il n'y aurait pas de soldat inconnu.

LOUIS JOUVET

SOLE

La sole avant de mourir laisse à ses enfants cet héritage inestimable : sois plat !

PAUL CLAUDEL, *Journal*.

SOLEIL

Le même soleil fait fondre la cire et sécher l'argile.

CLÉMENT D'ALEXANDRIE, *Stromates*.

C'est faire honneur au soleil que de se lever après lui.

YVAN AUDOUARD, *L'Heure d'été*.

Le soleil a la largeur d'un pied d'homme.

HÉRACLITE

Ô convoi solennel des soleils
[magnifiques,
Nouez et dénouez vos vastes masses
[d'or,
Doucement, tristement, sur de graves
[musiques,
Menez le deuil très lent de votre
[sœur qui dort.

JULES LAFORGUE,
Marche funèbre pour la mort de la terre.

Aujourd'hui, j'ai permis au soleil de se lever plus tôt que moi.

GEORG CHRISTOPH LICHTENBERG,
Aphorismes.

Il n'y a qu'un soleil : ne divise pas ton cœur.

HENRI PETIT,
Ordonne ton amour, cité in
Dictionnaire des citations françaises.

Il y a plus de gens pour adorer le soleil levant que le soleil couchant.

POMPÉE in Plutarque,
Apophtegme des Romains.

De deux choses l'une
L'autre, c'est le soleil.

JACQUES PRÉVERT

Le soleil, ce gros blond !...

JULES RENARD, *Journal.*

Je t'adore, Soleil, tu mets dans l'air
[des roses,
Des flammes dans la source, un dieu
[dans le buisson.
Tu prends un arbre obscur et tu
[l'apothéoses !
Ô Soleil, toi sans qui les choses
Ne seraient que ce qu'elles sont !

EDMOND ROSTAND,
Chantecler.

SOLITAIRE

On m'apprend que j'abrite un ver, solitaire lui aussi.

JUDE STEFAN, *Faux Journal.*

SOLITUDE

On est plus heureux dans la solitude que dans le monde. Cela ne viendrait-il pas de ce que dans la solitude on pense aux choses, et que dans le monde on est forcé de penser aux hommes ?

NICOLAS DE CHAMFORT,
Maximes et Pensées.

La solitude est un plat qui se mange seul.

ACHILLE CHAVÉE, *Décoctions.*

Nul ne peut veiller sur sa solitude, s'il ne sait se rendre odieux.

EMIL MICHEL CIORAN,
Syllogismes de l'amertume.

La solitude est l'aphrodisiaque de l'esprit, comme la conversation celui de l'intelligence.

EMIL MICHEL CIORAN,
Le Crépuscule des pensées.

Je n'attends plus rien de la vie qu'une suite de papiers à barbouiller de noir. Il me semble que je traverse une solitude sans fin, pour aller je ne sais où, et c'est moi qui suis tout à la fois le désert, le voyageur et le chameau.

GUSTAVE FLAUBERT,
Lettre à George Sand.

La solitude était ma tentation. Maintenant, elle est mon amie. De quelle autre se contenter quand on a rencontré l'Histoire.

CHARLES DE GAULLE

J'appelle solitude imparfaite celle qu'un homme goûte seul. Est parfaite celle qu'il parvient quelquefois à connaître dans la foule.

CHARLES LAMB,
Une assemblée de quakers.

S'il existe une solitude où le solitaire est un abandonné, il en existe une où il n'est solitaire que parce que les hommes ne l'ont pas encore rejoint.

ANDRÉ MALRAUX,
Le Triangle noir.

Paris est une solitude peuplée ; une ville de Province est un désert sans solitude.

FRANÇOIS MAURIAC, *La Province.*

« La solitude effraie une âme de [vingt ans. »

MOLIÈRE, *Le Misanthrope*, acte V, scène 4.

La vraie solitude se peut jouir au milieu des villes et des cours des Roys ; mais, elle se jouyt plus commodément à part.

MICHEL DE MONTAIGNE, *Essais*.

Pas un homme n'est en proie à la solitude pendant qu'il mange des spaghetti.

FRANK MORLEY

La double solitude où sont tous les [amants.

ANNA DE NOAILLES, *Les Vivants et les Morts*.

Il n'y a plus de solitude là où est la poésie.

CHARLES FERDINAND RAMUZ

On peut tout acquérir dans la solitude, hormis du caractère.

STENDHAL, *De l'amour*.

On ne tombe pas dans la solitude, parfois on y monte.

HENRI THOMAS

La solitude est à l'esprit ce que la diète est au corps.

LUC DE VAUVENARGUES, *Réflexions et Maximes*.

La solitude, c'est l'impossibilité de vivre seul.

JEAN YANNE, *Les Pensées*.

SOLUTION

Il n'y a pas de problème ; il n'y a que des solutions. L'esprit de l'homme invente ensuite le problème. Il voit des problèmes partout, c'est marrant.

ANDRÉ GIDE, *Journal*.

SOMBRE

L'endroit le plus sombre est sous la lampe.

Proverbe chinois

SOMMEIL

Vous dites que vous dormez comme un enfant : on voit bien que vous n'en avez jamais eu.

Un père de famille nombreuse à un célibataire

Le sommeil bienfaisant a suspendu mes maux ; on n'a pas le sentiment de sa captivité ; on est libre quand on dort.

CAMILLE DESMOULINS

Il soupa d'un cochon de lait, se déshabilla, se glissa sous la couverture et s'endormit aussitôt d'un profond sommeil, du merveilleux sommeil, apanage des heureux mortels qui ignorent les puces, les hémorroïdes et l'excès d'intelligence.

NICOLAS GOGOL, *Les Âmes mortes*.

Son sommeil était, de beaucoup, ce qu'elle avait de plus profond.

SACHA GUITRY, *Elles et toi*.

La durée de sommeil nécessaire à chacun est d'environ encore cinq minutes... de plus.

MAX KAUFFMAN

Ô, dormeur ! qu'est-ce donc que le sommeil ? Il ressemble à la mort. Pourquoi donc n'accomplis-tu pas une œuvre qui se donne, après la mort, un air de vie parfaite, toi qui, vivant, te fais par le sommeil semblable aux tristes morts.

LÉONARD DE VINCI

Qui sait si cette autre moitié de la vie où nous pensons veiller n'est pas un autre sommeil, un peu différent du premier, dont nous nous éveillons quand nous pensons dormir.

BLAISE PASCAL, *Pensées*.

Le sommeil est comme un second appartement que nous aurions et où, délaissant le nôtre, nous serions allés dormir.

MARCEL PROUST, *Sodome et Gomorrhe*.

Je ne dors que d'un œil ; mon sommeil est très dur. Mon lit est rond, percé d'un trou pour le passage de la tête. Toutes les heures, un domestique me prend ma température et m'en donne une autre.

ERIK SATIE, *La Journée du musicien*.

Son sommeil est si profond que, le matin, il faut envoyer chercher une écaillère pour lui ouvrir les yeux.

AURÉLIEN SCHOLL

SONDAGE

Musset aujourd'hui n'écrirait plus « À quoi rêvent les jeunes filles ? », il consulterait les sondages.

JEAN AMADOU,
Il était une mauvaise foi.

Supposez un sondage sur Munich en 1938, sur l'armistice en 1940, sur Pétain en novembre 1942 et supputez le résultat probable !

FRANÇOIS MITTERRAND,
Ici et maintenant.

Les sondages, c'est comme la mini-jupe : ça fait rêver, mais ça cache l'essentiel.

ALEXANDRE SANGUINETTI

SONGE

La fée malicieuse des songes se joue justement des plus sages ; elle soumet, la nuit, à ses folies celles qui en font le moins le jour.

JULES MICHELET,
L'Amour (1859).

Et il en est comme de ces beaux songes qui ne vous laissent au réveil que le déplaisir de les avoir crus.

MOLIÈRE,
Le Malade imaginaire, acte III, scène 3.

Ne méprisez pas tant les songes ;
L'Amour peut emprunter leurs voix ;
S'ils font souvent des mensonges,
Ils disent vrai quelquefois.

PHILIPPE QUINAULT

Nous sommes faits de la même étoffe que les songes et notre petite vie est entourée de sommeil.

(*We are such stuff as dreams are made on ; and our little life is rounded with a sleep.*)

WILLIAM SHAKESPEARE,
La Tempête, acte IV, scène 1.

SONNET

Un sonnet sans défaut vaut seul un
[long poème.

NICOLAS BOILEAU, *Art poétique*.

Quatorze vers pour une idée.

JULES RENARD, *Journal*

SONORE

Défiez-vous des mots sonores : rien n'est plus sonore que ce qui est creux.

ALPHONSE KARR

SORITE ou POLYSYLLOGISME

La prudence est une vertu
Toute vertu est une qualité
Toute qualité est un accident
Donc, la prudence est un accident.

Anonyme

Il faut obéir au capitaine.
C'est un homme qui a de l'expérience.
Il en a parce qu'il a fait autrefois toutes les erreurs possible.
Un âne ne tombe pas deux fois dans le même trou.
Donc, le capitaine est un âne.

Cité par BERNARD DUPRIEZ, dans *Gradus*.

SORTIE

Toute sortie est une entrée quelque part ailleurs.

TOM STOPPARD

SOT

L'ennui qu'inspire un sot ne le quitte
[jamais.

PIERRE-FRANÇOIS BAOUR-LORMIAN

Un sot qui a un moment d'esprit étonne et scandalise comme des chevaux de fiacre au galop.

NICOLAS DE CHAMFORT,
Maximes et Pensées.

Les sots souhaitent vivre, car ils craignent la mort, au lieu de craindre la vieillesse.

DÉMOCRITE

Untel est un sot. C'est moi qui le dis, c'est lui qui le prouve.

DENIS DIDEROT

Rien n'est humiliant comme de voir les sots réussir dans les entreprises où l'on échoue.

GUSTAVE FLAUBERT,
L'Éducation sentimentale.

La femme la plus sotte peut mener un homme intelligent ; mais il faut qu'une femme soit bien adroite pour mener un imbécile.

RUDYARD KIPLING,
Simples contes des collines.

Un sot ni n'entre, ni ne sort, ni ne s'assied, ni ne se lève, ni ne se tait, ni n'est sur ses jambes comme un homme d'esprit.

JEAN DE LA BRUYÈRE,
« Du mérite personnel », *Les Caractères*.

On est quelquefois sot avec de l'esprit, on ne l'est jamais avec du jugement.

FRANÇOIS DE LA ROCHEFOUCAULD,
Maximes.

J'ai fait le sot quand j'ai compris que l'intelligence inquiétait.

PIERRE LEPAPE,
Lettres à tante Emma.

« Un sot savant est sot, plus qu'un sot
[ignorant. »

MOLIÈRE, *Les Femmes savantes*,
acte IV, scène 3.

Entre deux sots qui combattent, il y a toujours un victorieux.

ANTOINE DE RIVAROL

J'ai trouvé ces jours-ci beaucoup de vérités, entre autres, celle-ci : plus un homme est sot, plus il est de niveau avec le monde.

STENDHAL, *Journal*.

Les sots croient que plaisanter c'est ne pas être sérieux et qu'un jeu de mots n'est pas une réponse.

PAUL VALÉRY

SOTTISE

Quand il s'agit d'écrire des sottises, il serait vraiment trop facile d'écrire un gros livre.

GASTON BACHELARD,
La Psychanalyse du feu.

La sottise et la vanité sont compagnes inséparables.

BEAUMARCHAIS

Toutes les fois que la bouche aura deux fois la longueur de l'œil, d'un angle à l'autre, elle caractérisera la sottise.

Manuel de physionomiste des dames,
cité par BECHTEL et CARRIÈRE,
Dictionnaire de la bêtise.

Le public est gouverné comme il raisonne. Son droit est de dire des sottises comme celui des ministres est d'en faire.

NICOLAS DE CHAMFORT

Il y a des sottises bien habillées comme il y a des sots très bien vêtus.

NICOLAS DE CHAMFORT,
Caractères et Anecdotes.

M. de R... a beaucoup d'esprit, mais tant de sottises dans l'esprit, que beaucoup de gens pourraient le croire sot.

NICOLAS DE CHAMFORT,
Caractères et Anecdotes.

Une extrême sottise est une qualité
Qui me fait trouver laide une
[extrême beauté.

JEAN OGIER DE GOMBAULD, *Beauté sotte*.

Nos grandes qualités nous éloignent les uns des autres ; ce sont nos sottises qui nous rapprochent.

JEROME K. JEROME

Hélas ! on voit que, de tout temps,
Les petits ont pâti des sottises des
[grands.

JEAN DE LA FONTAINE,
Les Deux Taureaux et la Grenouille.

Les sottises d'autrui nous doivent être plutôt une instruction qu'un sujet de nous moquer de ceux qui les font.

MME DE SABLÉ, *Maximes*.

SOUCI

Les soucis d'aujourd'hui sont les plaisanteries de demain. Rions-en donc tout de suite.

HENRI BÉRAUD

SOUFFLE

L'homme est suspendu à Dieu par son souffle.

Un jésuite

En soufflant sur la terre, c'est-à-dire en y introduisant de l'air, on obtient, si l'on souffle un peu, la groseille à maquereau et, si l'on souffle violemment, le tricycle.

BENJAMIN PÉRET

SOUFFLET

Si l'on vous donne un soufflet, rendez-en quatre, n'importe la joue.

FRANÇOIS RENÉ DE CHATEAUBRIAND,
Mes pensées.

SOUFFRANCE

Soyez béni, mon Dieu, qui donnez la
[souffrance
Comme un divin remède à nos
[impuretés.

CHARLES BAUDELAIRE,
« Bénédiction », *Les Fleurs du mal*.

La souffrance est pire dans le noir ; on ne peut poser les yeux sur rien.

GRAHAM GREENE,
Le Fond du problème.

Les saints parlent de la beauté de la souffrance. Mais vous et moi, nous ne sommes pas des saints. Pour nous, la souffrance n'est que laide ; elle est la puanteur, la foule grouillante, la douleur physique.

GRAHAM GREENE,
La Puissance et la Gloire.

La souffrance étant tout ce qui reste aux misérables, quelle cruauté que de vouloir la partager !

JEAN-MARC LENGLEN,
Pourquoi l'homme et quelle femme pour aller avec

La souffrance est le fil dont l'étoffe de la joie est tissée. Jamais l'optimiste ne connaîtra la joie.

MGR HENRI DE LUBAC, *Paradoxes*.

Je conteste qu'une chose aussi inutile que la souffrance puisse donner des droits quels qu'ils soient, à qui que ce soit, sur quoi que ce soit.

BORIS VIAN, *L'Arrache-cœur*.

SOUFFRIR

Faire souffrir est la seule façon de se tromper.

ALBERT CAMUS, *Caligula*.

Souffrir passe. Avoir souffert ne passe pas.

LOUISE-MARIE DE FRANCE
(elle avait écrit ces mots sur les murs de sa cellule au carmel de Saint-Denis).

C'est souffrir plus qu'il n'est nécessaire que de souffrir avant que ce ne soit nécessaire.

SÉNÈQUE,
Lettres à Lucilius, XLVIII.

SOUPÇONNER

Il ne faut pas employer ceux qu'on soupçonne, ni soupçonner ceux qu'on emploie.

Proverbe chinois

SOUPE

On mange rarement de bonnes soupes dans des grandes cuisines.

GRIMOD DE LA REYNIÈRE

C'est le seul homme que j'aie connu qui ait eu des poches en caoutchouc pour voler de la soupe.

WILSON MIZNER

SOUPIR

Le soupir d'une jolie fille s'entend de plus loin que le rugissement du lion.

Proverbe arabe

Un soupir est un reproche au présent, un sourire au passé.

MME DE GIRARDIN

SOUPLE

Quand l'homme naît, il est souple et faible ; à sa mort, il est rigide et dur. Les plantes à leur naissance sont souples et fragiles. À leur mort, elles sont sèches et dures. Ce qui est dur et fort va vers sa mort. Ce qui est souple et faible va vers la vie.

LAO-TSEU.

SOURCE

Le fleuve le plus large, on le passe à la source.

PUBLILIUS SYRIUS, *Sentences*.

SOURD

Un bon chef de famille, c'est celui qui se montre un peu sourd.

Proverbe chinois

Beethoven était tellement sourd que toute sa vie il a cru qu'il faisait de la peinture.

FRANÇOIS CAVANNA,
Le saviez-vous ?

Il ne faut jamais gifler un sourd. Il perd la moitié du plaisir : il sent la gifle mais ne l'entend pas.

GEORGES COURTELINE

Tout homme qui est sourd comme un pot devrait léguer ses oreilles à la science.

GEORG CHRISTOPH LICHTENBERG,
Aphorismes.

Soldats tombés à Fontenoy, sachez que vous n'êtes pas tombés dans l'oreille d'un sourd.

JACQUES PRÉVERT,
Histoires.

Il croit qu'il devient sourd parce qu'il n'entend plus parler de lui.

TALLEYRAND
(à propos du vieux Chateaubriand).

SOURIRE

Quand tu es né, tu pleurais et tout le monde souriait autour de toi. Tâche, quand tu vas mourir, de sourire et que tout le monde pleure.

Proverbe arabe

Le sourire est la perfection du rire [...]. Comme la défiance éveille la défiance, le sourire appelle le sourire ; il rassure l'autre sur soi et toutes choses autour.

ALAIN, *Éléments de philosophie*.

Sage, le sourire est sensible ;
Fou, le rire est insensible.

ALAIN, *Éléments de philosophie*.

On ne rit plus, on sourit aujourd'hui
Et nos plaisirs sont voisins de
[l'ennui.

MGR DE BERNIS

Plus le visage est sérieux, plus le sourire est beau.

FRANÇOIS RENÉ DE CHATEAUBRIAND,
Mémoires d'outre-tombe.

Dieu dit : « Que la Lumière soit ! »... Et le sourire fut !

HIPPOLYTE DOMONT,
Propos de mon village.

Le sourire ! Veine qui coule heureuse, ouverte dans un bain.

XAVIER FORNERET,
Encore un an de sans titre.

Si l'on voulait assembler une riche collection de sourires, cueillerait-on le plus jaune sur les lèvres du confrère qui fait un compliment ou sur celles du confrère qui le reçoit ?

JULES RENARD, *Gens du métier*.

On peut sourire et sourire et pourtant être un scélérat.

WILLIAM SHAKESPEARE,
Hamlet, acte I, scène 5.

Je parle avec ma main, tu écoutes avec tes yeux, et nous nous comprenons, n'est-ce pas, en un seul sourire.

SHITAO

SOURIS

Les rêves d'un chat sont peuplés de souris.

Le Livre de la sagesse arabe

C'est une grande bêtise de la part de la souris, une fois prise au piège, de ne pas dévorer le lard qui la leurre.

FRIEDRICH HEBBEL, *Aphorismes et Réflexions*, cité in *Le Petit Philosophe de poche* de G. Pommerand.

Lorsque naît un fils, le père prie pour qu'il ait le courage du lion, tout en redoutant qu'il ressemble à une souris.

Quand c'est une fille, il lui souhaite d'être une souris, non sans redouter qu'elle se transforme en tigresse.

NÜ-CHIEH

Les personnes étourdies disaient : « C'est un chat gris souris », quoiqu'il soit assez mal élevé de comparer un chat à une souris.

CLAUDE ROY

SOUS-DÉVELOPPÉ

Dans un pays sous-développé, ne buvez jamais d'eau. Mais, dans un pays industrialisé, ne respirez jamais l'air.

JONATHAN RABAN

SOUS-MARIN

Un sous-marin, pour une baleine, c'est un gros suppositoire.

JEAN CARMET

SOUTIEN-GORGE

Publicité d'une corsetière pour ses soutien-gorges :

Je soutiens les faibles
Je comprime les forts
Je ramène les égarés
Je remplace les absents.

Une femme en soutien-gorge se hisse vers le ciel.

Quand elle l'enlève, elle retombe sur le sol comme un oiseau blessé.

BERTRAND BLIER, *Existe en blanc*.

SOUVENIR

Passons passons puisque tout passe.
Je me retournerai souvent
Les souvenirs sont cors de chasse
Dont meurt le bruit parmi le vent.

GUILLAUME APOLLINAIRE, « Cors de chasse », *Alcools*.

Hommes de l'avenir, souvenez-vous [de moi
Je vivais à l'époque où finissaient les [rois.

GUILLAUME APOLLINAIRE, « Vendémiaire », *Alcools*.

Dieu nous a donné la faculté de nous souvenir afin que nous puissions avoir des roses en décembre.

JAMES MATTHEW BARRIE

J'ai plus de souvenirs que si j'avais [mille ans.

CHARLES BAUDELAIRE, « Spleen », *Les Fleurs du mal*.

Le souvenir du bonheur n'est plus du bonheur ; le souvenir de la douleur est de la douleur encore.

LORD BYRON, *Marino Faliero*.

Les meilleurs souvenirs sont ceux que l'on a oubliés.

ALFRED CAPUS

Toujours son souvenir a le même [pouvoir
Et je n'ai qu'à fermer les yeux pour [la revoir.

FRANÇOIS COPPÉE, *Les Mois*.

Le souvenir est un poète, n'en fais pas un historien.

PAUL GÉRALDY, *Toi et moi*.

Notre plus grand manque est de si mal nous souvenir.

À cette perte continue de nous-mêmes tient peut-être cette insuffisance qu'on sent en soi, cette impuissance à changer la vie.

JEAN GUÉHENNO
incipit de *La Mort des autres*.

Les souvenirs du passé sont les rides de l'âme.

XAVIER DE MAISTRE,
Une expédition nocturne autour de ma chambre.

Le souvenir est le seul paradis dont nous ne puissions être expulsés.

JEAN-PAUL RICHTER

Et il ne suffit pas d'avoir des souvenirs. Il faut savoir les oublier quand ils sont nombreux et il faut avoir la grande patience d'attendre qu'ils reviennent.

RAINER MARIA RILKE

Je n'ai pas encore assez oublié pour avoir des souvenirs.

JEAN ROSTAND,
Carnet d'un biologiste.

C'est la récompense de l'esprit tranquille et heureux que de pouvoir évoquer les instants passés de son existence. Mais l'âme des besogneux est incapable de regarder en arrière. Leur vie a, pour ainsi dire, disparu dans les profondeurs.

SÉNÈQUE, cité par BERNARD CLAVEL
en incipit des *Petits Bonheurs*.

Les souvenirs sont du vent, ils inventent les nuages.

JULES SUPERVIELLE,
Le Corps tragique.

Souvenir, souvenir, que me
[veux-tu ?

PAUL VERLAINE,
Poèmes saturniens.

SOUVENIR (se)

Remember ! Souviens-toi, prodigue !
[Esto mémor !
Mon gosier de métal parle toutes les
[langues
Les minutes, mortel folâtre, sont des
[gangues
Qu'il ne faut pas lâcher sans en
[extraire l'or !

CHARLES BAUDELAIRE, *L'Horloge*.

SOUVERAINETÉ

Il y a deux vérités qu'il ne faut jamais séparer en ce monde :

1) que la souveraineté réside dans le peuple ;

2) que le peuple ne doit jamais l'exercer.

ANTOINE DE RIVAROL

SOVIÉTIQUE

Quelle était la nationalité d'Adam et d'Ève ?

Ils étaient soviétiques.

D'abord, ils vivaient nus, ensuite ils n'avaient qu'une pomme à partager. Et enfin, ils se croyaient au Paradis.

Histoire racontée en URSS

Qu'est-ce qu'un quatuor soviétique ?

Réponse : c'est l'Orchestre philharmonique de Moscou après une tournée en Occident.

Anonyme

SPAGHETTI

Tout ce que vous voyez de moi, je le dois aux spaghetti.

SOPHIA LOREN, interview.

SPÉCIALISTE

On s'aperçoit qu'on est devenu un spécialiste quand les choses dont on parle avec plaisir ennuient les autres.

GILBERT CESBRON, *Journal sans date*.

Je n'aime pas les spécialistes. Pour moi, se spécialiser, c'est rétrécir d'autant son univers.

CLAUDE DEBUSSY,
Monsieur Croche antidilettante.

L'homme qui fonde sa réputation sur une compétence dans une technique particulière est un imbécile. Ayant commis la folie de concentrer son énergie sur un seul objet, il n'a acquis son excellence dans un domaine, qu'en excluant toute autre préoccupation. Un tel individu ne peut servir à rien.

HAGAKURÉ,
Code d'honneur des samouraïs.

Un spécialiste est celui qui en connaît de plus en plus sur de moins en moins de choses.

WILLIAM J. MAYO

Tout homme qui est un peu spécialiste est, dans le sens strict du mot, un idiot.

GEORGE BERNARD SHAW

SPERMATOZOÏDE

Quelle différence existe-t-il entre un homme et un spermatozoïde ? — Réponse : aucune — Tous les deux ont une chance sur un million de devenir un être humain.

Plaisanterie parue dans la presse britannique le 31 décembre 1998.

Le spermatozoïde est le bandit à l'état pur.

EMIL MICHEL CIORAN,
Syllogismes de l'amertume.

Des milliers et des milliers de spermatozoïdes, tous vivants. Sorti du cataclysme, un seul, pauvre Noé, essaie de survivre. L'échappé a une chance d'être Shakespeare, ou un autre, ou moi.

ALDOUS HUXLEY

SPERME

L'oignon, l'escargot, l'œuf et ses analogues paraissent producteur de sperme, non pas parce qu'ils sont particulièrement nourrissants, mais parce que leur nature première présente une similitude avec le sperme.

HÉRACLIDES DE TARENTE,
Banquet des Sophistes,
cité par J.-L. HENNIG in
Dictionnaire érotique des fruits et légumes.

SPHÈRE

L'homme qui a deux yeux voit plus que la moitié d'une sphère.

GEORG CHRISTOPH LICHTENBERG,
Aphorismes.

SPHINX

Un vieux sphinx ignoré du monde
[insoucieux,
Oublié sur la carte et dont l'humeur
[farouche.
Ne chante qu'aux rayons du soleil
[qui se couche.

CHARLES BAUDELAIRE,
« Spleen », *Les Fleurs du mal.*

Les grands sphinx qui jamais n'ont
[baissé la paupière,
Allongés sur leur flanc que baigne
[un sable blond,
Poursuivent d'un regard mystérieux
[et long
L'élan démesuré des aiguilles de
[pierre.

JOSÉ MARIA DE HEREDIA,
« La Vision de Khèm », *Les Trophées.*

SPINOZA

C'était un homme doux, de chétive
[santé
Qui, tout en fabriquant des verres de
[lunettes,
Mit l'essence divine en formules très
[nettes
Si nettes que le monde en fut
[épouvanté.

Anonyme

Spinoza est le seul qui n'ait jamais lu Spinoza.

FRANCIS PICABIA

SPORT

Une vie sportive est une vie héroïque à vide.

JEAN GIRAUDOUX,
Le Sport.

Le sport est l'espéranto des races.

JEAN GIRAUDOUX,
Le Sport.

Je fais du sport ; presque tous les sports. Ainsi, dernièrement, j'ai fait du ski nautique. Parce que chez nous on a découvert un lac en pente.

LAGAF'

Pratiqué avec sérieux, le sport n'a rien à voir avec le fair-play. Il déborde de jalousie haineuse, de bestialité, du mépris de toute règle, de plaisir sadique et de violence ; en d'autres mots, c'est la guerre, les fusils en moins.

GEORGE ORWELL

Le seul sport que j'aie jamais pratiqué, c'est la marche à pied, quand je suivais les enterrements de mes amis sportifs.

GEORGE BERNARD SHAW

Si les Anglais ont inventé beaucoup de sports, c'est que, dès qu'ils se sentent dépassés dans l'un d'eux par une nation étrangère, ils en inventent un autre.

PETER USTINOV

SPORTIF

Le temps que passent les sportifs à courir, ils le passent pas à se demander pourquoi ils courent.

COLUCHE

Moi, je suis assez terrorisé par les femmes sportives [...] leur sang a une façon de circuler que je trouve un peu voyante. Elles respirent comme si, chaque fois, elles découvraient l'oxygène.

JULES ROMAINS, *Lucienne*.

SQUELETTE

Je n'ai plus que les os, un squelette [je semble,
Décharné, dénervé, démusclé, dépulpé,
Que le trait de la mort sans pardon a [frappé :
Je n'ose voir mes bras de peur que [je ne tremble.

PIERRE DE RONSARD, *Pièces posthumes*.

STALINISME

Le stalinisme, c'est la voie la plus longue pour aller du capitalisme... au capitalisme.

LECH WALESA

STAR

Tous les hommes de la planète rêvent de passer une nuit avec Rita Hayworth... et le matin, ils se réveillent avec moi.

RITA HAYWORTH

STATISTIQUE

Les statistiques, c'est comme le bikini : ça donne des idées, mais ça cache l'essentiel.

Anonyme

La statistique a démontré que la mortalité dans l'armée augmente sensiblement en temps de guerre.

ALPHONSE ALLAIS

La statistique est la première des sciences inexactes.

EDMOND et JULES DE GONCOURT, *Journal*.

Un Français sur cinq a plus de soixante ans.
— Un seul ?
— Un seul sur cinq.
— Ça m'étonnerait, j'en connais déjà deux, des Français de plus de soixante ans.

JEAN-MARIE GOURIO, *Brèves de comptoir*.

La statistique est l'art de dépouiller les chiffres de toute la réalité qu'ils contiennent. « Un » égale « un », parfois ; le plus souvent : 1 = x.

REMY DE GOURMONT

On exagère les progrès de la délinquance juvénile : au temps d'Adam et d'Ève, elle était de 50 pour cent.

MGR RHODAIN

Une femme est fidèle à son mari. Une autre est infidèle au sien deux fois par semaine. En moyenne, ces deux femmes trompent leur mari une fois par semaine.

ALFRED SAUVY

Les statistiques sont vraies quant à la maladie et fausses quant au malade ; elles sont vraies quant aux populations et fausses quant à l'individu.

LÉON SCHWARTZENBERG

Il existe trois sortes de mensonges : Le mensonge pur et simple, le satané mensonge et... le pire de tous, la statistique.

MARK TWAIN

STATUE

Les statues sont plus belles que l'homme et les poèmes aussi. Il n'y a donc qu'à penser aux morts pour penser plus haut que soi.

ALAIN

Tais-toi, tu n'es que le piédestal de ta statue.

ACHILLE CHAVÉE, *Décoctions*.

La grande statue de la République tendait en avant son bras de fonte, pour se jurer fidélité ou pour voir s'il ne pleuvait pas.

JEAN GIRAUDOUX, *Provinciales*.

Ô le désespoir de Pygmalion, qui aurait pu créer une statue et qui ne fit qu'une femme !

ALFRED JARRY, *L'Amour absolu*.

On diminue la taille des statues en s'en éloignant, celle des hommes en s'en approchant.

ALPHONSE KARR

Un écrivain qui doit l'immortalité à une statue est indigne, même d'une statue.

GEORG CHRISTOPH LICHTENBERG, *Aphorismes*.

Les hommes sont comme les statues, il faut les voir en face.

TALLEYRAND

Les statues ne font que nommer l'oubli. On n'est jamais plus mort qu'en bronze.

ALEXANDRE VIALATTE, *Dernières Nouvelles de l'homme*.

STEAK

Tout client de bonne volonté qui essaie loyalement de manger un steak dans un restaurant à la cuisine douteuse est en droit de se demander si c'est du bœuf qu'on a fait cuire ou du cuir qu'on a fait bœuf.

PIERRE DAC, *Arrière-pensées*.

STÉNODACTYLO

La sténodactylo est un instrument à qui l'on dicte des fautes de français et qui restitue des fautes d'orthographe.

AUGUSTE DETŒUF, *Propos de O.-L. Barenton, confiseur*.

STIGMATE

On nous veut avec les stigmates des grandes écoles, je le veux avec les stigmates de la vie. Savoir s'il est agrégé en soleil. S'il a ses grades en désespoir.

JEAN GIONO, *Virgile*.

STRABISME

Autant le strabisme est divergent chez Sartre, autant le snobisme est convergent chez l'homme.

PIERRE DESPROGES

STRATÉGIE

La stratégie, ça consiste à continuer à tirer pour faire croire à l'ennemi qu'on a encore des munitions.

MICHEL CHRESTIEN

Mon aile gauche bat en retraite. Mon aile droite est défaite. Mon centre est enfoncé : la situation est bonne, j'attaque.

MARÉCHAL FOCH

Ce qu'on appelle stratégie [...] consiste essentiellement à passer les rivières sur des ponts et à franchir les montagnes par les cols.

ANATOLE FRANCE

STUDIO

La servante le conduisit dans un studio où turellement jamais on n'estudia...

RAYMOND QUENEAU,
Loin de Rueil.

STUPIDITÉ

Il est fou, mais il a des moments de lucidité au cours desquels, il est simplement stupide.

HEINRICH HEINE

Il apporte sa stupidité au vieil artisan :

« Vous pourriez me la retoucher pour en faire une intelligence ?

— Oui, mais il restera des chutes », répondit le maître.

STANISLAW JERZY LEC,
Pensées échevelées.

STYLE

Le style n'est que l'ordre et le mouvement qu'on met dans ses pensées.

BUFFON, *Discours sur le style.*

Il n'est pas un écrivain d'importance dont ses contemporains n'aient prétendu qu'il manquait de style, quand ils ne l'accusaient pas d'écrire avec ses pieds. L'écrivain est d'abord une voix singulière, dérangeante et parfois scandaleuse. Son style se situe toujours audelà de la langue.

MICHEL DEL CASTILLO,
Mort d'un poète, préface.

Marivaux disait que le style a un sexe et qu'on reconnaissait les femmes à une phrase.

NICOLAS DE CHAMFORT

Dans le style le plus simple, que la phrase soit vierge, on veut une neige fraîche où personne n'a encore marché.

JACQUES CHARDONNE,
L'Amour, c'est beaucoup plus que l'amour.

Il y a une grâce, une cadence, une majesté de la phrase que l'écrivain soucieux de gloire emprunte au goût de l'époque. C'est par là qu'il vieillit. Le style qui résonne avec trop de charme s'éteint. Le temps conserve de préférence ce qui est un peu sec.

JACQUES CHARDONNE,
L'Amour, c'est beaucoup plus que l'amour.

Le style n'est pas une danse, c'est une démarche.

JEAN COCTEAU, *Secrets de beauté.*

L'épithète doit être la maîtresse du substantif, jamais sa femme légitime.

ALPHONSE DAUDET, *Notes sur la vie.*

Un bon style [...] est comme ce rayon de lumière qui entre par ma fenêtre au moment où j'écris et qui doit sa clarté pure à l'union intime des sept couleurs dont il est composé. Le style simple est semblable à la clarté blanche.

ANATOLE FRANCE, *Le Jardin d'Épicure.*

Vous voulez m'apprendre qu'il pleut ou qu'il neige ; dites « Il pleut, il neige ».

JEAN DE LA BRUYÈRE,
« Acis », *Les Caractères*, V.

Une phrase bien écrite est celle dont on ne saurait enlever une syllabe sans fausser la mesure de la phrase.

PIERRE LOUŸS,
Les Aventures du roi Pausole.

Une phrase trop chargée d'adjectifs est comme une armée où chaque soldat serait accompagné de son valet de chambre.

QUINTILIEN, cité par ANDRÉ BEUCLER
in *Les Instants de Giraudoux.*

La postérité appartiendra aux écrivains secs, aux constipés.

JULES RENARD, *Journal.*

Un style est ce qui décourage le plagiat et tente le pastiche.

ROBERT SABATIER,
Le Livre de la déraison souriante.

J'aime qu'il en soit de la langue du style de tout grand écrivain comme du cheval de tout grand capitaine : que nul ne le monte après lui.

CHARLES AUGUSTIN SAINTE-BEUVE, *Portraits contemporains*, tome III.

Le style résulte d'une sensibilité spéciale à l'égard du langage. Cela ne s'acquiert pas, mais cela se développe.

PAUL VALÉRY, *Étude, Science de style.*

L'arrangement des mots est un des plus grands secrets du style.

CLAUDE FAVRE DE VAUGELAS

STYLO

Elle ne ferma son bloc-notes que vers l'aurore, quand la plume de son stylo prit feu.

RONALD FIRBANK, *La Fleur foulée aux pieds.*

SUBJONCTIF

Docteur, ma femme est clouée au lit, j'aimerais que vous la vissiez.

Anonyme

On peut être un imbécile et pratiquer tout de même l'imparfait du subjonctif, cela s'est vu. Mais la haine de l'imparfait du subjonctif ne peut exister que dans le crâne d'un imbécile.

LÉON BLOY, *Journal.*

Que serait la vie sans l'imparfait du subjonctif... ? Une aventure extrêmement misérable. Une saine démocratie doit permettre à chacun de vivre sa vie grammaticale.

ALEXANDRE VIALATTE

SUBLIME

La plus grande charité envers les morts, c'est de ne pas les tuer une seconde fois en leur prêtant de sublimes attitudes.

FRANÇOIS MAURIAC, *Vie de Jean Racine.*

SUCCÈS

J'ai connu toutes les formes de déchéance, y compris le succès.

EMIL MICHEL CIORAN

Le succès des autres m'excite cinq minutes et m'abat longtemps.

JULES RENARD

Le secret du succès est d'offenser le plus grand nombre possible de gens.

GEORGE BERNARD SHAW

SUCCESSION

Pour la succession des entreprises familiales, les patrons se partagent en deux catégories : ceux qui croient que le génie est héréditaire et ceux qui n'ont pas d'enfants.

YVON GATTAZ

SUCRE

À quoi sert le noir… animal ?
À clarifier le sucre… brut !

ALPHONSE ALLAIS

On nous donne un caleçon de toile pour tout vêtement deux fois dans l'année. Quand nous travaillons aux sucreries, et que la meule nous attrape le doigt, on nous coupe la main ; quand nous voulons nous enfuir, on nous coupe la jambe... C'est à ce prix que vous avez du sucre en Europe.

VOLTAIRE, *La Plainte du nègre de Surinam* in *Candide.*

SUFFRAGE UNIVERSEL

Le suffrage universel est le gouvernement d'une maison par sa nursery.

OTTO VON BISMARCK

Le jour où il sera dûment constaté que tous les hommes sont bons et qu'ils sont égaux en vertus et en lumières, je prie celui de mes successeurs qui régnera à cette époque d'abdiquer le pouvoir et d'établir dans ce pays le suffrage universel et la république parlementaire.

JULES LEMAITRE, *En marge des vieux livres.*

SUICIDE

Lorsqu'on se tue, c'est un homme qu'on tue.

SAINT AUGUSTIN

Personne ne s'est jamais suicidé alors qu'il lisait un bon livre, mais ils sont nombreux à l'avoir fait alors qu'ils essayaient d'en écrire un.

ROBERT BYRNE

Il n'y a qu'un problème philosophique vraiment sérieux : c'est le suicide. Juger que la vie vaut ou ne vaut pas la peine d'être vécue, c'est répondre à la question fondamentale de la philosophie.

ALBERT CAMUS,
incipit du *Mythe de Sisyphe*.

Je considère le suicide comme une lâcheté : c'est un duel avec un adversaire désarmé.

ALFRED CAPUS

Le suicide réussi est le seul péché mortel dont on ne peut pas se confesser.

FRANÇOIS CAVANNA

Je me tue parce que vous ne m'avez pas aimé, parce que je ne vous ai pas aimés. Je me tue parce que nos rapports furent lâches, pour resserrer nos rapports. Je laisserai sur vous une tache indélébile. Je sais bien qu'on vit mieux mort que vivant dans la mémoire de ses amis. Vous ne pensiez pas à moi, eh bien, vous ne m'oublierez jamais.

PIERRE DRIEU LA ROCHELLE

Le suicide, c'est un acte de ceux qui n'ont pu en accomplir d'autres.

PIERRE DRIEU LA ROCHELLE,
Le Feu follet.

Le suicide est le doute allant chercher le vrai.

XAVIER FORNERET

Le suicidé est le prisonnier qui, voyant qu'on dresse une potence dans la cour de la prison, croit à tort qu'elle lui est destinée, s'échappe de sa cellule en pleine nuit, descend et se pend lui-même.

FRANZ KAFKA, *Journal*.

On lit dans un journal : « On a trouvé dans la rivière le corps d'un soldat coupé en morceaux et cousu dans un sac, ce qui exclut toute idée de suicide. »

ALPHONSE KARR, *Les Guêpes*.

Se métamorphoser en bœuf, ce n'est pas encore se suicider.

GEORG CHRISTOPH LICHTENBERG,
Aphorismes.

Celui qui se tue court après une image qu'il s'est formée de lui-même : on ne se tue jamais que pour exister.

ANDRÉ MALRAUX

La plus volontaire mort est la plus belle. La vie dépend de la volonté d'autres, la mort, de la nôtre.

MICHEL DE MONTAIGNE,
Essais.

Le suicide, ce n'est pas vouloir mourir, c'est vouloir disparaître.

GEORGES PERROS,
Papiers collés.

La vie est trop courte pour se tuer ; ce n'est pas la peine de s'impatienter.

MLLE DE SCUDÉRY

Les sauvages ne s'avisent point de se tuer par dégoût de la vie ; c'est un raffinement de gens d'esprit.

VOLTAIRE

SUICIDER (se)

J'ai demandé à cette fille si elle avait des projets pour samedi soir et elle m'a dit qu'elle avait l'intention de se suicider. Alors, je lui ai demandé ce qu'elle comptait faire vendredi soir.

WOODY ALLEN

Se suicider, c'est le pouvoir de disposer de soi, c'est la plus haute affirmation de l'individualité d'un être qui n'a pas demandé l'existence.

GEORGES CLEMENCEAU

Se suicider ? Mais on passe sa vie à le faire.

LOUIS SCUTENAIRE,
Mes inscriptions, IV.

SUISSE

Un Suisse, un monologue
Deux Suisses, un dialogue
Trois Suisses, un catalogue.

Anonyme

Saviez-vous que Guillaume Tell avait eu deux garçons ? L'aîné, on n'en a pas beaucoup parlé, le pauvre, il est mort pendant l'entraînement !

Anonyme

C'est la première fois que j'écris SUISSESSES et je suis épouvanté par la quantité d'« S » absorbée par ce simple mot (six « S » pour dix lettres).

ALPHONSE ALLAIS, *Le Journal*.

Les Suisses sont des gens qui ont beaucoup d'argent et beaucoup d'esprit, mais qui ne font jamais voir ni l'un ni l'autre.

CHEVALIER DE BOUFFLERS

Pour rétablir nos finances il faut déclarer la guerre à la Suisse, puis la perdre afin être envahis et de disposer d'une monnaie forte.

COLUCHE

La Suisse, c'est propre. On peut pas attraper de maladies en Suisse. On peut y attraper que des médicaments.

COLUCHE

En Suisse, un homme dans la rue s'est soudain retourné et a violemment écrasé un escargot. Interrogé par la police, il a déclaré : « Ça fait des heures qu'il me suivait. »

COLUCHE

Je me suis suissidé.

FRÉDÉRIC DARD,
(après s'être installé en Suisse).

« Sans argent, dit le proverbe, pas de Suisse ! »
Pas de Suissesse, non plus.

ANATOLE FRANCE

Quels sont donc ces murs de briques rouges que mon artillerie ne peut entamer ?
— Sire, ce sont les Suisses !

FRÉDÉRIC II
(lors de la bataille de Rossbach).

Lors d'un tremblement de terre, les vaches suisses se mettent à sonner.

PHILIPPE GELUCK, *Le Succulent du chat*.

Dieu veille sur la Suisse ! C'est pas fatigant.

LOVA GOLOVTCHINA

Le Suisse trait sa vache et vit paisi-
[blement.

VICTOR HUGO

La Suisse est formée par d'énormes tas de neige, que l'incurie des habitants et les négligences de la voirie ont laissés depuis des années s'accumuler sur certains points jusqu'à 4 412,55 mètres de hauteur. C'est une honte !

VINCENT HYSPA

Statistique patriotique : quelle serait la superficie de la Suisse si elle se trouvait dépliée sur une plaine ?

FRANZ KAFKA

Si Dieu avait été suisse, il serait toujours en train d'attendre le moment favorable pour créer le monde.

HUGO LOEBCHER

Les Suisses ont su construire un très beau pays autour de leurs hôtels.

GEORGE MIKES

Déployez à plat le relief de la Suisse et calculez la superficie ainsi obtenue.

JEAN TARDIEU

SUJET

Le sujet s'éloigne du verbe... et le complément direct vient se poser quelque part dans le vide.

SAMUEL BECKETT,
En attendant Godot.

Tout sujet est un, et, quelque vaste qu'il soit, il peut être renfermé dans un seul discours.

BUFFON, *Discours sur le style*.

La France contient, dit l'Almanach impérial, trente-six millions de sujets, sans compter les sujets de mécontentement.

HENRI ROCHEFORT, *La Lanterne*, n° 1 1er juin 1868. (Cette phrase a été copiée sur *Les Pensées d'un emballeur* de L. A. COMMERSON publiées en 1853.)

SUPERFLU

La conquête du superflu donne une excitation spirituelle plus grande que la conquête du nécessaire.

GASTON BACHELARD

Cet enfant m'apprend que je conserve encore du superflu.

DIOGÈNE (après avoir vu un enfant qui buvait dans le creux de ses mains, Diogène brise son bol).

Le superflu des riches devrait servir pour le nécessaire des pauvres, mais tout au contraire, le nécessaire des pauvres sert pour le superflu des riches.

JEAN DOMAT, *Pensées*.

Le superflu ? C'est comme une Bible au Ritz.

FRANCIS SCOTT FITZGERALD, *Gatsby le Magnifique*.

SUPÉRIORITÉ

Le mal de notre temps est la supériorité. Il y a plus de saints que de riches.

HONORÉ DE BALZAC, *Le Médecin de campagne*.

SUPERLATIF

Je m'en vais vous mander la chose la plus étonnante, la plus surprenante, la plus merveilleuse, la plus miraculeuse, la plus triomphante, la plus étourdissante, la plus inouïe, la plus singulière, la plus extraordinaire, la plus incroyable, la plus imprévue, la plus grande, la plus petite, la plus rare, la plus commune, la plus éclatante, la plus secrète jusqu'à aujourd'hui, la plus brillante, la plus digne d'envie.

MME DE SÉVIGNÉ, *Lettre à Coulanges*.

SUPERSTITIEUX

Les gens superstitieux vous recommandent instamment de ne jamais passer sous une échelle, mais ne vous empêchent pas de passer sous un taxi.

PIERRE DAC

SUPERSTITION

Un homme n'est pas tout à fait misérable s'il est superstitieux. Une superstition vaut une espérance.

HONORÉ DE BALZAC

Et tant pis si je suis le premier à hausser les épaules et à penser que les petites superstitions sont les moisissures du raisonnable !

HERVÉ BAZIN, *Abécédaire*.

La superstition, c'est tout simplement l'art d'assumer les coïncidences.

JEAN COCTEAU

Oui, je le soutiens, la superstition est plus injurieuse à Dieu que l'athéisme.

DENIS DIDEROT, *Pensées philosophiques*.

Voir ATHÉISME (E. et J. de Goncourt).

La superstition est la poésie de la vie ; c'est pourquoi il n'est pas mal que le poète soit superstitieux.

WOLFGANG VON GOETHE, *Sentences en prose*.

La superstition est un peu plus humaine que la religion parce qu'elle manque de morale.

REMY DE GOURMONT

La superstition est la seule religion dont soient capables les âmes basses.

JOSEPH JOUBERT, *Carnets*.

La superstition est à la religion ce que l'astrologie est à l'astronomie, la fille très folle d'une mère très sage.

VOLTAIRE

SUPPORTER

Rien n'arrive à personne que la nature ne l'ait fait capable de le supporter.

MARC AURÈLE, *Pensées*.

SURMENAGE

Surmenage : Dangereuse maladie affectant les hauts fonctionnaires désireux d'aller à la pêche.

AMBROSE BIERCE,
Le Dictionnaire du Diable.

SUR MESURE

Les beaux sentiments sont, les trois quarts du temps, des sentiments « tout faits ». Le véritable artiste, consciencieusement, n'habille que sur mesure.

ANDRÉ GIDE, *Journal*.

SURNATUREL

Chassez le surnaturel, il revient à pas de loup.

SERGE BEUCLER

SURPOPULATION

Avec la surpopulation, la qualité de la race humaine baisse prodigieusement. Les gens deviennent de plus en plus stupides, de plus en plus incompétents et il y en a de plus en plus.

WILLIAM BURROUGHS,
Entretiens avec Daniel Odier.

SURPRISE

La vie est une grande surprise. Pourquoi la mort n'en serait-elle pas une plus grande ?

VLADIMIR NABOKOV

SURRÉALISME

La différence entre les surréalistes et moi, c'est que je suis surréaliste.

SALVADOR DALÍ

Le surréalisme ne se présente pas, à l'orée d'un nouveau millénaire, les mains vides. Il n'a pas changé la vie : mais il l'a tout de même passablement oxygénée.

JULIEN GRACQ,
in *Le Monde des livres*, 16 février 1996.

Je croirai au surréalisme le jour où *Mein Kampf* sera illustré par Chagall.

MARC-ÉDOUARD NABE

SURVIVRE

La mort n'est pas un malheur pour celui qui meurt, mais pour celui qui survit.

KARL MARX

Peu de gens survivent à leur mort : le Christ, Lazare ou, plus près de nous, Napoléon, mais c'est très rare. L'homme survit peu. En général, il attend de vivre, c'est une chose qui dure toute sa vie, et ensuite on l'enterre au trot.

ALEXANDRE VIALATTE,
Les Champignons du détroit de Behring.

De nos jours, on peut survivre à tout, sauf à la mort.

OSCAR WILDE

SYLLOGISME

Les Bulgares vivent vieux
Mangez du yaourt
Vous deviendrez bulgare.

Anonyme

Les Juives sont lubriques.
Or la Sainte Vierge était juive.
Donc, Notre Seigneur Jésus-Christ n'a pas été conçu par le Saint-Esprit.

Proverbe yiddish

Tous les chats sont mortels
Or, Socrate est mortel
Donc, Socrate est un chat.

EUGÈNE IONESCO

Le jambon fait boire
Or, le boire désaltère
Donc, le jambon désaltère.

MICHEL DE MONTAIGNE

« N'est pas cocu qui veut, répondit frère Jean. Si tu es cocu, *ergo* ta femme sera belle, *ergo* tu seras bien traité par elle, *ergo* tu auras beaucoup d'amis, *ergo* tu seras sauvé. »

FRANÇOIS RABELAIS,
Pantagruel, Tiers Livre, chap. XXVIII.

Personne n'accepte de conseils ;
Mais tout le monde acceptera de l'argent :

Donc, l'argent vaut mieux que les conseils.

JONATHAN SWIFT,
Instructions aux domestiques.

SYMPATHIE

La sympathie est le doux privilège de la médiocrité.

ANATOLE FRANCE

SYMPATHISER

N'importe qui peut sympathiser avec les souffrances d'un ami. En revanche, sympathiser avec les succès d'un ami exige une très délicate nature.

OSCAR WILDE

SYMPTÔME

Le premier symptôme de l'amour vrai chez un jeune homme, c'est la timidité ; chez une jeune fille, c'est la tendresse.

VICTOR HUGO, *Les Misérables*.

SYNONYME

[À propos de Colette] : elle préfère les synonymes — et c'est bien ce qui rend sa phrase si jolie.

SACHA GUITRY,
Toutes réflexions faites.

SYSTÈME

L'absence de système est encore un système, mais le plus sympathique.

TRISTAN TZARA

T-U

TABAC

Quoi qu'en dise Aristote et sa docte
[Cabale,
Le tabac est divin, il n'est rien
[qui l'égale.

THOMAS CORNEILLE,
Le Festin de pierre.

Ceux que la fumée n'empêche pas de tousser et que la toux n'empêche pas de fumer ont droit à la reconnaissance de la Régie française des tabacs.

PIERRE DAC

En fumant, me dit-on, vous abrégez votre vie. Je fume depuis l'âge de dix-huit ans ; j'en ai soixante-cinq. Si je n'avais pas fumé, j'en aurais soixante-dix. Je serais bien avancé !

ALEXANDRE DUMAS PÈRE

Quand il lut quelque part que fumer pouvait provoquer le cancer, il arrêta de lire.

A. KIRWAN

— Le tabac ne vous dérange pas ?
— Je l'ignore, monsieur. Personne jusqu'à présent n'a osé fumer en ma présence.

PRINCESSE DE METTERNICH

Non je ne trouve pas beaucoup de
[différence,
De prendre du tabac à vivre
[d'espérance,
Car l'un n'est que fumée et l'autre
[n'est que vent.

MARC ANTOINE GIRARD
DE SAINT-AMANT, *Poésies.*

Mon médecin m'a toujours dit de fumer. Il ajoute à ses conseils :
— Fumez, mon ami : sans cela un autre fumera à votre place.

ERIK SATIE,
Journée du musicien.

Dieu créa l'homme, puis il eut peur qu'il ne s'ennuyât et il lui donna la femme. Peu après, pris de remords, Dieu eut peur qu'elle ne l'ennuyât. Alors il lui envoya le tabac.

MARK TWAIN

Le fait de fumer m'a sauvé la vie. En effet, figurez-vous qu'à chaque fois que je suis malade, mon médecin me supprime le cigare... et je guéris ! Mon Dieu, où en serais-je si je n'avais pas fumé le cigare ?

MARK TWAIN

TABATIÈRE

Les tabatières n'éternuent pas (*Snuff-boxes don't sneeze*) — ce qui signifie que celui qui raconte une histoire drôle ne doit jamais en rire lui-même.

Proverbe anglais

TABLE

La table est le seul endroit où l'on ne s'ennuie jamais pendant la première heure.

ANTHELME BRILLAT-SAVARIN, *Physiologie du goût*.

Une table élégante est le dernier rayon de soleil que caresse le vieillard.

LOUIS DE CUSSY (gastronome).

La forme de bien-être qui paraît s'accorder le mieux avec l'humanité est un bon repas en bonne compagnie [...] Chesterfield disait qu'elle ne devait pas être inférieure au nombre des Grâces et ne pas excéder celui des Muses.

EMMANUEL KANT

Quand sur la table arrive un morceau
[d'importance,
L'élémentaire tact te prescrit le silence.
Une dinde, un pâté, voire un saucisson
[d'Arles
Sont manifestement plus éloquents
[que toi.

RAOUL PONCHON

J'ai toujours remarqué que les gens faux sont sobres, et la grande réserve de la table annonce assez souvent des mœurs feintes et des âmes doubles.

JEAN-JACQUES ROUSSEAU, *Julie ou la Nouvelle Héloïse*.

Les Allemands tiennent table pour faire bonne chère, et les Français pour réunir des personnes qui se conviennent.

GABRIEL SÉNAC DE MEILHAN, *Histoire du marquis de Saint-Alban*.

TABLE DE MULTIPLICATION

Nous sommes en train de créer une race d'hommes d'une tournure d'esprit trop modeste pour croire à la table de multiplication.

GILBERT KEITH CHESTERTON, *Orthodoxie*.

TABLEAU

Un marchand de tableaux est un voleur inscrit au registre du commerce.

MICHEL AUDIARD, *Le Guignolo*.

Tableau : Représentation en deux dimensions de quelque chose d'intéressant en trois.

AMBROSE BIERCE, *Le Dictionnaire du Diable*.

Vous savez, au fond... on n'achète pas les tableaux parce qu'on les aime, on les aime parce qu'on les achète.

GEORGES FEYDEAU, *Champagnol malgré lui*.

Achever un tableau, c'est l'achever.

PABLO PICASSO

Un tableau était une somme d'additions. Chez moi, un tableau est une somme de destructions.

PABLO PICASSO

TACT

Après un habit mal fait, le tact est ce qui nuit le plus dans le monde.

EDMOND et JULES DE GONCOURT, *Idées et Sensations*.

Le tact est une qualité qui consiste à peindre les autres tels qu'ils se voient.

ABRAHAM LINCOLN

TAIRE (se)

Qu'il est difficile de se taire quand on n'a plus rien à se dire.

PIERRE ÉTAIX

Tes dents mordaient mes dents et me
[brisaient la bouche.
L'aube tremblait sur ton profil
[presque farouche.
Je te disais tais-toi quand tu ne disais
[rien.

FRANCIS JAMMES

Que celui qui a quelque chose à dire s'avance et se taise.

KARL KRAUS, *Aphorismes*.

Je sais déjà regarder les nuages qui passent et je sais presque me taire.

JULES RENARD, *Le Vigneron dans sa vigne*.

TALENT

Sarah Bernhardt, à une petite soubrette de théâtre :

« Vous pouvez me serrer la main sans crainte : le talent, ça n'est pas contagieux. »

Le talent, c'est le relief donné à la platitude.

JEAN COCTEAU

La veine, c'est le nom que l'on donne au talent des autres.

ROLAND DORGELÈS

Que l'homme se demande : à quoi suis-je bon ? Et qu'il perfectionne dès lors, sans relâche, en lui-même, ce talent pour lequel il est né.

WOLFGANG VON GOETHE

Ayez du talent, on vous reconnaîtra du génie. Ayez du génie, on ne vous reconnaîtra jamais du talent.

SACHA GUITRY

Mon Dieu, que les hommes ont de talents pour ne rien valoir.

MARIVAUX,
La Vie de Marianne.

Le talent, c'est une question de quantité. Le talent, ce n'est pas d'écrire une page, c'est d'en écrire trois cents.

JULES RENARD, *Journal*.

Quand un homme a prouvé qu'il a du talent, il lui reste à prouver qu'il sait s'en servir.

JULES RENARD, *Journal*.

Si, en te lisant, je pense que tu mens bien, c'est que tu as du talent. Si tu parviens à me faire croire que tu es sincère, c'est que tu as beaucoup de talent.

PIERRE REVERDY,
Le Livre de mon bord.

On ne demande plus à un homme s'il a de la probité, mais s'il a des talents.

JEAN-JACQUES ROUSSEAU

Le public n'est pas obligé de tenir compte aux gens sans talent de la très grande peine qu'ils ont à écrire.

LUC DE VAUVENARGUES,
Réflexions et Maximes.

TALLEYRAND

Si, quand cet homme vous parle, son derrière recevait un coup de pied, sa figure ne vous en dirait rien.

JOACHIM MURAT

TALON

Le talon haut a été inventé par une femme qui en avait assez d'être embrassée sur le front.

SACHA GUITRY

Quand les talons claquent à mon apparition, j'entends les cerveaux se fermer.

MARÉCHAL LYAUTEY

Les sots usent des gens d'esprit comme les petits hommes portent de grands talons.

LUC DE VAUVENARGUES,
Réflexions et Maximes.

TAMBOUR

Le son du tambour dissipe les pensées : c'est par cela même que cet instrument est éminemment militaire.

JOSEPH JOUBERT, *Carnets*.

Si un homme ne marche pas au pas de ses camarades, c'est qu'il entend le son d'un autre tambour.

HENRY DAVID THOREAU

TANGO

On ne voit que des figures qui s'ennuient et des derrières qui s'amusent.

GEORGES CLEMENCEAU,
L'Esprit de Clemenceau.

Dans un cocktail couleur tango
Je buvais les yeux de ma belle :
L'un est vert l'autre mirabelle,
Je buvais les yeux de Margot.

Margot mon rêve, au pas d'un tango
a piétiné l'image frêle,
Ses yeux aux couleurs rebelles
troublés par mon chalumeau.

Le divin cocktail de ses larmes,
par un beau soir à Monaco,
Ô fées méditerranéennes
je l'ai bu au son d'un tango.

ROBERT DESNOS,
Prospectus.

Le tango, une pensée triste qui se danse.

ERNESTO SABATO, *Tango*.

TARD

Il n'est jamais trop tard pour être ce que vous auriez pu être.
(*It is never too late to be what you might have been*).

GEORGE ELIOT

Tout est dit, et l'on vient trop tard depuis plus de sept mille ans qu'il y a des hommes et qui pensent.

JEAN DE LA BRUYÈRE,
Les Caractères.

Sans doute, il est trop tard pour par-
[ler encor d'elle :
Depuis qu'elle n'est plus, quinze
[jours sont passés.
Et dans ce pays-ci, quinze jours, je
[le sais,
Font d'une mort récente une vieille
[nouvelle.

ALFRED DE MUSSET, « À la Malibran »
Poésies nouvelles.

TAUROMACHIE

La tauromachie, c'est les abattoirs de la Villette avec les costumes du Châtelet.

JACQUES MARTIN

TAUTOGRAMME

Le tatou tâte sa tatin
On joue Tati à la télé
Tatum au juke-box, ô tatou
T'as tout l'air d'un tatou, t'as tout :
tétons, tutti, tout ! t'as ton teint
t'es tatoué, mais, tatou, que t'es laid !

JACQUES ROUBAUD,
Les Animaux de tout le monde.

TAVERNE

J'aimerais mieux que mon fils apprît aux tavernes à parler, qu'aux écoles de la parlerie.

MICHEL DE MONTAIGNE,
Essais, livre III, chap. VIII.

TECHNIQUE

Un monde gagné pour la technique est perdu pour la liberté.

GEORGES BERNANOS,
La France contre les robots.

Un éditeur m'avait demandé de faire un livre sur la technique en peinture. Je l'ai écrit. En le relisant, j'ai appris à peindre.

SALVADOR DALÍ

TECHNOCRATE

Un technocrate, c'est un mec que, quand il t'a répondu, tu te souviens même plus de ta question.

COLUCHE

Voir ÉCONOMISTE.

TEINTURE

Recette pour rajeunir : se teindre les cheveux. Autre recette : ne pas les teindre.

ROBERT SABATIER,
Le Livre de la déraison souriante.

La jeunesse actuelle est monstrueuse. Elle n'a aucun respect pour les cheveux teints.

OSCAR WILDE

Lorsque son troisième mari est mort, elle est devenue blonde de chagrin.

OSCAR WILDE

TEINTURIER

J'ai connu un teinturier qui est mort à la tâche.

PIERRE DORIS

TÉLÉPHONE

Les Français se divisent en deux catégories : ceux qui attendent le téléphone et ceux qui attendent la tonalité.

MICHEL AUDIARD,
dans le film *Vive la France*.

Le téléphone ? Alors, on vous sonne et vous y allez !

EDGAR DEGAS

Si le téléphone ne sonne pas, c'est moi.

JIMMY DURANTE

« Allô, maman ?
— Oui ?...
— C'est Jésus...
— Non...
— Messie. »

LES FRÈRES ENNEMIS

Le type qui a inventé le téléphone était très frustré, car il n'avait personne à appeler.

PHILIPPE GELUCK

Quand une femme qui me plaît me fait demander au téléphone, je me donne vite un coup de peigne avant d'y aller.

SACHA GUITRY, *Elles et toi*.

Dieu, que tu étais jolie, ce soir, au téléphone.

SACHA GUITRY, *Elles et toi*.

Je n'aime pas qu'on me téléphone — et je donne d'interminables coups de téléphone pour que, pendant ce temps-là, personne ne puisse me téléphoner.

SACHA GUITRY, *Toutes réflexions faites*.

TÉLÉPHONER

Ne pas téléphoner en pissant.... (incroyable nombre de gens qui téléphonent au petit coin ! Encore du temps perdu pour la lecture).

BERNARD PIVOT,
Le Journal du dimanche,
6 novembre 1999.

TÉLÉVISION

Nous devons beaucoup à Thomas Edison. Sans lui, nous regarderions la télévision à la lueur des bougies.

MILTON BERLE

La télévision n'exige du spectateur qu'un acte de courage — mais il est surhumain —, c'est de l'éteindre.

PASCAL BRUCKNER,
La Tentation de l'innocence.

On ne peut pas dire la vérité à la télévision : il y a trop de monde qui regarde.

COLUCHE

La télévision n'est pas faite pour être regardée, mais pour qu'on y passe.

NOEL COWARD

Les trois symptômes qui altèrent la santé du monde, l'analphabétisme, l'ignorance et l'inculture, sont les trois stades d'une même maladie. Et les trois agents qui la propagent s'appellent la télévision, la télévision et la télévision, même quand Sollers y passe.

JACQUES DRILLON,
in *Le Nouvel Observateur*.

La télévision, on ne peut pas la regarder. Quand on est debout, on ne la regarde pas. Quand on est assis, on s'endort.

JACQUES DUTRONC à Emmanuel Berl,
Un spectateur engagé.

La télévision fabrique de l'oubli. Le cinéma fabrique des souvenirs.

JEAN-LUC GODARD

La télé, c'est tellement con que même les pigeons ne se posent plus sur les antennes.

JEAN-MARIE GOURIO,
Brèves de comptoir.

Il y a deux catégories de télévision : la télévision intelligente qui fait des citoyens difficiles à gouverner et la télévision imbécile qui fait des citoyens faciles à gouverner.

JEAN GUÉHENNO

Je trouve que la télévision est très favorable à la culture. Chaque fois que quelqu'un l'allume chez moi, je vais dans la pièce à côté et je lis.

GROUCHO MARX

J'ai fait enlever mon antenne de télévision. C'est l'équivalent d'une opération de la prostate.

MALCOLM MUGGERIDGE

En ce moment, elle est tellement mauvaise, votre télé, que le soir, je parle à ma femme.

Un chauffeur de taxi
à PIERRE TCHERNIA.

Depuis que j'ai la télé, je mange mieux. Non pas parce que ma femme cuisine mieux, mais tout simplement parce que je ne regarde pas ce qui est dans mon assiette.

Un chauffeur de taxi
à PIERRE TCHERNIA.

Je déteste la télévision comme je déteste les cacahuètes... et je ne peux pas m'empêcher de manger des cacahuètes.

ORSON WELLES

TÉMOIN

Pour se marier, il faut un témoin. Comme pour un accident ou un duel.

SACHA GUITRY

TEMPÉRATURE

Ne pas oublier qu'entre un mort et un vivant, il n'y a qu'une différence de 37°.

JEAN-LOUIS FOURNIER,
Je vais t'apprendre la politesse, petit con !

Chaque jour, à dix heures, mon domestique vient prendre ma température et m'en donne une nouvelle.

ERIK SATIE

Dans la vie, il y a trois choses insupportables : le café froid, le champagne tiède et les femmes trop chaudes.

ORSON WELLES

TEMPÊTE

Tu as peur de cette tempête comme si tu devais avaler toute cette grande mer ; mais, mon cher, il ne faut que deux pintes d'eau pour te noyer.

ÉPICTÈTE

TEMPLE

Il m'importe peu que l'homme soit dans le temple pourvu que le temple soit dans l'homme.

MAÎTRE ECKHART

TEMPS

J'ai demandé du temps au temps,
Et le temps m'a répondu
Qu'avec le temps j'aurai
Du temps, et le temps d'en avoir

Copleria flamenca,
traduction de Robert J. Vidal.

En juin, le temps qu'il fait le trois sera le temps de tout le mois.

Dicton

Il n'est rien que le temps n'arrange ou ne dérange.

Proverbe

Quand Dieu créa le temps, il en créa... beaucoup.

Proverbe irlandais

Les Humains disent que le Temps passe. Le Temps dit que les Humains passent.

Proverbe sanscrit

Les temps sont courts à celui qui pense, et interminables à celui qui désire.

ALAIN, *Histoire de mes pensées*.

Le temps fait oublier les douleurs, éteint les vengeances, apaise la colère et étouffe la haine ; alors, le passé est comme s'il n'eût jamais existé.

AVICENNE, *De la connaissance*.

Souviens-toi que le Temps est un
[joueur avide
Qui gagne sans tricher, à tout coup !
[C'est la loi.

Le jour décroît, la nuit augmente ;
[souviens-toi !
Le gouffre a toujours soif, la
[clepsydre se vide.

CHARLES BAUDELAIRE,
« L'Horloge », *Les Fleurs du mal*.

Le temps est un chien qui ne mord que les pauvres.

LÉON BLOY, *Journal*.

Qu'il y a eu de temps où je n'étais pas ! Qu'il y en a où je ne serai point ! Et que j'occupe peu de place dans ce grand abîme des ans !

JACQUES BÉNIGNE BOSSUET

Le temps est un grand maître, le malheur, c'est qu'il tue ses élèves.

BOUDDHA

Il faut donner du temps au temps.

MIGUEL DE CERVANTÈS,
Don Quichotte.

... le temps est un voile interposé entre nous et Dieu, comme notre paupière entre notre œil et la lumière.

FRANÇOIS RENÉ DE CHATEAUBRIAND,
Mémoires d'outre-tombe.

« Le temps est un grand maître, il
[règle bien des choses. »

PIERRE CORNEILLE, *Sertorius*,
acte II, scène 4.

Ce qui résiste est, par le temps,
[détruit
Et ce qui fuit, au temps fait
[résistance.

JOACHIM DU BELLAY,
Antiquités de Rome.

Le temps révèle tout et n'attend pas d'être interrogé.

EURIPIDE

L'histoire d'un amour, c'est le drame de sa lutte contre le temps.

PAUL GÉRALDY, *L'Amour*.

Le regret qu'ont les hommes du mauvais emploi du temps qu'ils ont déjà vécu ne les conduit pas toujours à faire de celui qui leur reste à vivre un meilleur usage.

JEAN DE LA BRUYÈRE, *Les Caractères*

La radio marque les minutes de la vie ; le journal, les heures ; le livre, les jours.

JACQUES DE LACRETELLE,
Idées dans un chapeau.

Ô temps, suspends ton vol, et vous,
[heures propices,
Suspendez votre cours...

ALPHONSE DE LAMARTINE, *Le Lac*.

C'était à l'époque où le temps était encore imberbe.

GEORG CHRISTOPH LICHTENBERG,
Le Miroir de l'âme.

Efforce-toi de ne pas être de ton temps.

GEORG CHRISTOPH LICHTENBERG,
Aphorismes.

Je suis vaincu du temps : je cède à ses outrages.

FRANÇOIS DE MALHERBE,
*Pour le roi allant châtier
la rébellion des Rochelois*.

Gardez-vous de demander du temps, le malheur n'en accorde jamais.

HONORÉ GABRIEL MIRABEAU
(discours à la Constituante).

Seize temps sont quand il est encore temps : le présent lointain, le futur avancé, l'inactif présent, le désactif passé, le plus-que-présent, son projectif passé, le passé postérieur, le pire-que-passé, le jamais possible, le futur achevé, le passé terminé, le possible antérieur, le futur postérieur, le plus-que-perdu, l'achevatif, l'attentatif.

VALÈRE NOVARINA, *Vous qui habitez
le temps*, cité par JACQUES DRILLON in
Propos sur l'imparfait.

Qui le pourra définir ? Et pourquoi l'entreprendre puisque tous les hommes conçoivent ce qu'on veut dire en parlant du temps, sans qu'on le désigne davantage.

BLAISE PASCAL, *De l'esprit géométrique*.

Le temps où nous n'existerons plus ne sera pas plus pénible pour nous que celui où nous n'étions pas encore.

JEAN PRIEUR,
La Mort dans l'Antiquité romaine.

Le temps dont nous disposons chaque jour est élastique ; les passions que nous ressentons le dilatent, celles que nous inspirons le rétrécissent et l'habitude le remplit.

MARCEL PROUST,
À l'ombre des jeunes filles en fleurs.

Et le temps qui s'en va, hibou noir
[ou colombe,
Dessine au vieux cadran de pierre et
[de métal
Une aile d'ombre oblique où fuit le
[jour qui tombe.

HENRI DE RÉGNIER,
La Cité des eaux.

J'ai tellement besoin de temps pour ne rien faire qu'il ne m'en reste plus assez pour travailler.

PIERRE REVERDY,
Le Gant de crin.

Le temps s'en va, le temps s'en va,
[ma Dame
Las ! Le temps, non ! mais nous
[nous en allons
Et tôt serons tous deux étendus sous
[la lame.

PIERRE DE RONSARD,
Continuation des amours.

Oserai-je exprimer ici la plus grande, la plus importante, la plus utile règle de toute éducation ? Ce n'est pas de gagner du temps, c'est d'en perdre.

JEAN-JACQUES ROUSSEAU,
Émile ou De l'éducation.

Le temps, cette image mobile
De l'immobile éternité.

JEAN-JACQUES ROUSSEAU
D'après Platon : « Le temps n'est que l'image mobile de l'éternité immobile. »

Le temps, c'est de l'argent. Sur les tempes.

ROBERT SABATIER,
Le Livre de la déraison souriante.

Le temps me pétrit peu à peu. L'enfant ne s'épouvante pas de former patiemment un vieillard. Il est enfant, et il joue à ses jeux d'enfant.

ANTOINE DE SAINT-EXUPÉRY,
Pilote de guerre.

Le mérite des Allemands, c'est de bien remplir le temps ; le talent des Français, c'est de le faire oublier.

MME DE STAËL, *De l'Allemagne.*

Un temps trouve toujours un temps
[plus temps que lui.

JEAN TARDIEU, *Le Fleuve caché.*

Le temps perdu se rattrape toujours. Mais peut-on rattraper celui qu'on n'a pas perdu ?

ALEXANDRE VIALATTE

Le temps qu'il fait est toujours actuel, surtout pendant les grandes vacances.

ALEXANDRE VIALATTE

Le temps est au début et à la fin de chaque vie humaine, et chaque homme a son temps, son temps différent.

TOM WOLFE

TENDRE

J'ai tendu des cordes de clocher à clocher ; des guirlandes de fenêtre à fenêtre ; des chaînes d'or d'étoile à étoile, et je danse.

ARTHUR RIMBAUD, *Phrases.*

TENNIS

Le tennis et le ping-pong, c'est pareil. Sauf qu'au tennis, ils sont debout sur la table.

COLUCHE

TERME

Tout a un terme en ce bas monde, excepté le loyer qui en a quatre.

CHARLES MONSELET

TERRE

La terre est ronde pour ceux qui s'aiment.

JEAN GIRAUDOUX, *Électre.*

Nous ne changerons pas de planète. La terre n'est pas le paradis, mais nous ne pouvons aimer qu'elle, et nous lui resterons fidèles. Nous retrouverons notre chemin. Nulle autre ressource qu'en nous-mêmes.

JEAN GUÉHENNO, *La Mort des autres*.

La terre a une peau et cette peau a des maladies ; une de ces maladies s'appelle l'homme.

FRIEDRICH NIETZSCHE

Achetez de la terre, on n'en fabrique plus.

MARK TWAIN

On a trouvé en bonne politique le secret de faire mourir de faim ceux qui, en cultivant la terre, font vivre les autres.

VOLTAIRE, *Le Sottisier*.

TERRORISTE

Jamais le meurtre ne sera à mes yeux un objet d'admiration et un argument de liberté ; je ne connais rien de plus servile, de plus méprisable, de plus lâche, de plus borné qu'un terroriste.

FRANÇOIS RENÉ DE CHATEAUBRIAND, *Mémoires d'outre-tombe*.

TEST

Les tests d'intelligence mesurent-ils réellement l'intelligence ? Ou bien l'aptitude à passer des tests ?

DAVID COHEN

TESTAMENT

« Qu'on m'apporte sur-le-champ mon testament et une gomme. »

WOODY ALLEN, *Tout le monde dit I love you*.

J'ai déchiré le testament que je venais d'écrire. Il faisait tant d'heureux que j'en serais arrivé à me tuer pour ne pas trop les faire attendre.

SACHA GUITRY, *Toutes réflexions faites*.

La fosse une fois recouverte, il sera semé dessus des glands, afin que, par la suite, le terrain de ladite fosse se trouvant regarni et le taillis se retrouvant fourré comme il l'était auparavant, les traces de ma tombe disparaissent de dessus la surface de la terre, comme je me flatte que ma mémoire s'effacera de la mémoire des hommes.

MARQUIS DE SADE

TESTICULE

Il y a un peu de testicule au fond de nos raisonnements les plus sublimes et de notre tendresse la plus épurée.

DENIS DIDEROT, *Lettre à Falconet*.

TÊTE

Lorsque l'on se cogne la tête contre un pot et que cela sonne creux, ça n'est pas forcément le pot qui est vide.

CONFUCIUS

Notre tête est ronde pour permettre à la pensée de changer de direction.

FRANCIS PICABIA, *Écrits*.

« Mieux vaut tête bien faite que bien pleine. » Montaigne signifie par là qu'une jeune fille réussit mieux dans la vie en sortant de chez le coiffeur qu'en sortant de Normale.

CLAUDE ROBERT, *L'Humour vert*.

TÉTER

Les enfants tètent leur mère quand ils sont petits et leurs pères quand ils sont grands.

Proverbe anglais

TÉTIN

Tétin refait, plus blanc qu'un œuf,
Tétin de satin blanc tout neuf,
Tétin qui fait honte à la rose,
Tétin plus blanc que nulle chose...

CLÉMENT MAROT, *Blason du beau tétin*.

THÉ

Quelques auteurs ont observé que des personnes, par l'usage trop fréquent du thé, étaient prises de grands flux d'urine que les médecins appellent « diabètes ». On en rend des urines copieuses et semblables à ce qu'on a bu.

SYLVESTRE DUFOUR (1685).

Le thé n'est pas aussi nécessaire aux ministres protestants qu'aux prêtres catholiques, qui ne peuvent se marier, car il rend chaste.

PRINCESSE PALATINE

Je sais maintenant pourquoi les Anglais préfèrent le thé : je viens de goûter leur café.

PIERRE-JEAN VAILLARD

Thé et café donnent de l'esprit à ceux qui en ont et des insomnies à ceux qui n'en ont pas.

VERLET

THÉÂTRE

Quelle différence y a-t-il entre le théâtre privé et le théâtre subventionné ?

— Dans le théâtre privé, tous les spectateurs dans la salle connaissent le nom des acteurs qui sont sur scène.

— Dans le théâtre subventionné, tous les acteurs qui sont sur la scène connaissent le nom des spectateurs qui sont dans la salle.

Anonyme

L'un de mes plus grands regrets lorsque je jouais au théâtre, est de n'avoir pas pu m'asseoir au milieu du public pour pouvoir me regarder.

JOHN BARRYMORE

Les directeurs de théâtre croient qu'ils sont intelligents quand ils ont un succès... et quand ils ont un four, ils croient que le public est idiot.

SACHA GUITRY

Le théâtre est né de l'Église. Elle ne le lui pardonnera jamais. Jalousie de métier.

SACHA GUITRY,
Toutes réflexions faites.

Au théâtre, tu joues.
Au cinéma, tu as joué.

LOUIS JOUVET à François Périer.

Je n'ai pas aimé cette pièce, mais il faut dire que je l'ai vue dans de très mauvaises conditions : le rideau était levé et les acteurs articulaient parfaitement.

GROUCHO MARX

Au théâtre, une seule question : « baiseront-ils ? » S'ils baisent, c'est une comédie. S'ils ne baisent pas, c'est un drame.

MARCEL PAGNOL,
confidence rapportée par
RAYMOND CASTANS.

THÈME

Les thèmes de la tragédie sont universels, alors que ceux de la comédie sont plus ancrés dans les cultures.

UMBERTO ECO

THÉOLOGIEN

Égaré dans une forêt immense pendant la nuit, je n'ai plus qu'une petite lumière pour me conduire. Survient un inconnu qui me dit : « Mon ami, souffle la chandelle pour mieux trouver ton chemin. » Cet inconnu est un théologien.

DENIS DIDEROT,
Additions aux pensées philosophiques.

Divers théologiens pourraient nous faire croire que Dieu est bête.

PAUL VALÉRY, *Tel quel.*

THÉORIE

Une œuvre où il y a des théories est comme un objet sur lequel on laisse la marque du prix.

MARCEL PROUST,
Le Temps retrouvé.

THERMOMÈTRE

Les thermomètres meurent jeunes.

RAMÓN GÓMEZ DE LA SERNA,
Greguerías.

Le thermomètre remonte partout, ce qui entraîne une hausse de la température favorable au retour du printemps.

ALEXANDRE VIALATTE, *Éloge du homard*.

THYM

Autrefois, à Romorantin,
Une fort habile jardinière
Fit pousser du thym, du beau thym,
Le plus beau qui fut dans l'annuaire.

FRANÇOIS GERBOLET, *Les Histoires du pince-oreille*, France-Culture, 1999.

TIÈDE

Ainsi, parce que tu es tiède et que tu n'es ni froid ni bouillant, je te vomirai de ma bouche.

Apocalypse de Jean, III, 16.

TIERCÉ

Si vous avez perdu au tiercé, vengez-vous : mangez du cheval.

Publicité pour la boucherie chevaline Alain Pla à Mauguió

TIGRE

Ne blâme pas Dieu d'avoir créé le tigre, mais remercie-le de ne pas lui avoir donné d'ailes.

Proverbe amharique

Servir un prince, c'est comme dormir avec un tigre.

Proverbe chinois

Il vaut mieux avoir vécu vingt-cinq jours comme un tigre qu'un millénaire comme un mouton.

Proverbe tibétain

TIGRESSE

La tigresse est la mère de tous les tigres.

CHAVAL, *Les Gros Chiens*.

TIMBRE-POSTE

Le timbre sur l'enveloppe, comme une fenêtre dans une maison.

LÉON-PAUL FARGUE

TIMIDITÉ

La timidité, source inépuisable de malheurs dans la vie pratique, est la cause directe voire unique, de toute richesse intérieure.

EMIL MICHEL CIORAN, *Écartèlement*.

TIRE-BOUCHON

Quand dans le désert on trouve un macchabée qu'on ne peut pas identifier, on lui fouille les poches. Si on trouve un ouvre-boîtes, c'est un British ; quand on trouve un tire-bouchon — ben, c'est un Français.

MICHEL AUDIARD, *Un taxi pour Tobrouk*.

TIRER

On essayait de « tirer les conséquences » de cette conversation, comme disent les politiques. Mais les conséquences n'ont besoin de personne pour se faire tirer, contrairement aux conclusions qui ne demandent que ça. La conséquence, c'est justement le crash d'une conclusion mal tirée.

DANIEL PENNAC, *La Passion selon Thérèse*.

TIRET

Le mariage est comme le tiret en imprimerie : il sépare et relie.

JEAN-PAUL, *Être là dans l'existence*.

TITRE

Un beau titre est le vrai proxénète d'un livre, et ce qui en fait faire le plus prompt débit.

ANTOINE FURETIÈRE, *Le Roman bourgeois*.

Nous ne commettons pas l'erreur des romanciers, qui se croient tenus, quand ils ont leur titre, d'écrire en supplément le roman lui-même.

JEAN GIRAUDOUX

Nous autres, poètes, quand nous avons de la peine, au lieu de la chasser, nous lui cherchons un titre.

SAN-ANTONIO, *San-Antoniaiseries*.

TITRES NOBILIAIRES

L'homme commence au baron.

PRINCE DE METTERNICH

Dans la position où je suis*, je ne trouve de noblesse que dans la canaille que j'ai négligée, et de canaille que dans la noblesse que j'ai faite.

NAPOLÉON Ier

* Écrit en 1814.

Pourquoi les filles à marier préfèrent-elles en général le titre à la valeur de l'homme ?

Parce que le titre peut se partager. Un duc fait une duchesse ; un homme d'esprit ne peut partager avec une sotte.

ANTOINE DE RIVAROL, *Rivaroliana*.

TOI

Comment les autres hommes peuvent-ils vivre sans toi ?

SACHA GUITRY, *Elles et toi*.

Tout ce que tu dis parle de toi, singulièrement quand tu parles d'un autre.

PAUL VALÉRY,
Mauvaises Pensées et autres.

TOILETTE

L'homme qui entre dans le cabinet de toilette de sa femme est un philosophe ou un imbécile.

HONORÉ DE BALZAC,
Physiologie du mariage.

Seuls les hommes que les femmes n'intéressent pas s'intéressent à leur toilette ; ceux qui aiment les femmes ne remarquent jamais ce qu'elles portent.

ANATOLE FRANCE

On a remarqué que, de tous les animaux, les chats, les mouches et les femmes sont ceux qui perdent le plus de temps à leur toilette.

CHARLES NODIER, *Maximes et pensées*.

TOLÉRANCE

La tolérance est une coquetterie d'agonisant.

EMIL MICHEL CIORAN

La tolérance ? il y a des maisons pour ça !

PAUL CLAUDEL

S'il fallait tolérer aux autres tout ce qu'on se permet à soi-même, la vie ne serait plus tenable.

GEORGES COURTELINE,
La Philosophie de Georges Courteline.

Faculté de supporter ce que l'on est incapable d'interdire.

GEORGES ELGOZY,
Le Fictionnaire.

Le meilleur aboutissement de l'éducation est la tolérance.

HELEN KELLER

La tolérance est un exercice et une conquête sur soi. Ce n'est pas supposer que nous puissions avoir tous raison en même temps, avec des opinions contradictoires. C'est arriver à penser : « Bien que je croie avoir raison, et que la vérité existe, je ne ferai rien pour vous l'imposer. »

ALBERT MEMMI,
Exercice du bonheur.

Si l'on est d'une tolérance absolue, même envers les intolérants, et qu'on ne défende pas la société tolérante contre leurs assauts, les tolérants seront anéantis, et avec eux la tolérance.

KARL POPPAR,
La Société ouverte et ses ennemis.

Tolérez mon intolérance.

JULES RENARD, *Journal*.

Le brigand qui persécute, l'homme exalté qui injurie, le peuple trompé qui assassine, suivent leur instinct et font leur métier. Mais, l'homme en place qui les tolère, sous quelque prétexte que ce soit, est à jamais déshonoré.

MME ROLAND,
Lettre au ministre de l'Intérieur, juin 1793.

Il est dans la tolérance un degré qui confine à l'injure.

JEAN ROSTAND

TOMATE

Ne jamais lancer des tomates vertes sur la scène, les comédiens sont superstitieux. Choisissez toujours des tomates bien mûres.

JEAN-LOUIS FOURNIER,
Je vais t'apprendre la politesse, petit con !

TOMBE

Qui tombe n'a pas d'amis. Trébuchez seulement... et regardez !

Proverbe turc

Je veux qu'on me creuse trois tombes : une pour mon corps, une pour mon âme, une pour mes mots.

ALAIN BOSQUET,
cité in *Le Grand Livre de l'humour noir*.

« Que voudriez-vous faire graver sur votre tombe ?
— Quelque chose de court et de simple.
— Quoi ?
— Je reviens dans cinq minutes. »

EDDIE BRABEY

À son tour, un ami que je n'ai pu [connaître
Sur ma tombe, qui sait ? viendra [pleurer peut-être.

AUGUSTE BRIZEUX

Il est bon de se faire précéder dans la tombe du silence que l'on y trouvera.

FRANÇOIS RENÉ DE CHATEAUBRIAND,
Mémoires d'outre-tombe.

La tombe est une boîte où l'on en [place une autre.

XAVIER FORNERET,
Lignes rimées.

Je ne regarderai ni l'or du soir qui [tombe,
Ni les voiles au loin descendant vers [Honfleur
Mais quand j'arriverai, je mettrai sur [ta tombe
Un bouquet de houx vert et de [bruyère en fleur.

VICTOR HUGO, « Pauca Meae, XIV »,
Les Contemplations.

Il n'est de souvenir douloureux que des morts. Or, ceux-ci se détruisent vite, et il ne reste plus autour de leurs tombes mêmes, que la beauté de la nature, le silence, la pureté de l'air.

MARCEL PROUST,
Le Temps retrouvé.

TOMBEAU

Les grands hommes ont la terre entière pour tombeau.

THUCYDIDE

TOMBER

Il est heureux de tomber par terre si votre main rencontre un diamant.

Proverbe indien

TORCHER (se)

Qui a mangé des clous se torche de tenailles.

FRANÇOIS CAVANNA,
Qui.

TORO

Parler de toros n'est pas la même chose que d'être dans l'arène.

Proverbe espagnol

TORT

Prouver que j'ai raison serait accorder que je puis avoir tort.

BEAUMARCHAIS,
Le Mariage de Figaro.

Dorénavant, je serai toujours de l'avis de M. le Prince [de Condé], surtout quand il aura tort.

NICOLAS BOILEAU

Il est difficile de dire qui vous cause le plus de tort, des ennemis animés des pires intentions, ou des amis animés des meilleures.

E.G. BULWER-LYTTON

Combien de crimes ont été commis simplement parce que leur auteur ne pouvait supporter d'avoir tort.

ALBERT CAMUS

Sachez avoir tort. Le monde est rempli de gens qui ont raison. C'est pour cela qu'il écœure.

LOUIS-FERDINAND CÉLINE,
Lettre à Arthur Miller.

Malheur aux gens qui n'ont jamais tort : ils n'ont jamais raison.

PRINCE DE LIGNE

Le difficile n'est pas d'être avec ses amis quand ils ont raison, mais quand ils ont tort.

ANDRÉ MALRAUX

TORTICOLIS

Mieux vaut attraper un torticolis en visant trop haut, que devenir bossu en regardant trop bas.

SYLVAINE CHARLET

TORTILLER

Il n'y a pas à tortiller du cuir chevelu pour friser droit.

PIERRE DAC

TORTUE

Une tortue mérite plus d'estime que certaines réactionnaires conservateurs. Au moins, elle marche.

LOUIS AUGUSTE COMMERSON,
Pensées d'un emballeur.

De même que la chair de la tortue a le goût de diverses chairs, de même le mariage a un goût bariolé, et tout comme la tortue est un animal lent, le mariage l'est aussi. L'amour est pourtant une chose simple, mais le mariage !

SØREN KIERKEGAARD,
In vino veritas.

TORTURE

Celui qui a été torturé reste un torturé ; celui qui a été soumis à la torture est incapable de se sentir chez soi dans le monde. La foi dans l'humanité, déjà démolie par la torture, ne se réacquiert plus.

PRIMO LEVI

TÔT

Le duc de Guise fut assassiné à cinq heures du matin. Vraiment pas la peine de se lever si tôt !

RAYMOND QUENEAU,
Poèmes en prose.

Lever matin n'est point bonheur
Boire matin est le meilleur.

FRANÇOIS RABELAIS,
Gargantua.

Pourquoi si tôt levé ? ou si tu crois que le malheur ne le soit pas encore.

PAUL-JEAN TOULET,
Les Trois Impostures.

TOUJOURS

Soit que je veille ou que je dorme, deux et trois, joints ensemble formeront toujours le nombre de cinq, et le carré n'aura jamais plus de quatre côtés.

RENÉ DESCARTES, *Méditations.*

Chaque fois que j'ai aimé une femme, ça a toujours été pour toujours.

EUGÈNE LABICHE,
Les 30 millions de Gladiator.

Toujours et jamais, c'est aussi long l'un que l'autre.

ELSA TRIOLET,
Les Proverbes d'Elsa.

TOUR

On mesure une tour à son ombre et les grands hommes au nombre de leurs détracteurs.

Proverbe chinois

Je hais la tour de Montparnasse
Quand je la vois, je me dis
[« Foutre ! »
Et passe
Outre.

JEAN DUTOURD, *Les Pensées.*

Je hais les tours de Saint-Sulpice
Et quand je les rencontre,
Je pisse
Contre.

RAOUL PONCHON

TOUR DE FRANCE

Le Tour de France ? Des drogués sur des vélos qui se font applaudir par des alcooliques.

Anonyme, cité par FRANÇOISE GIROUD in *Le Nouvel Observateur*, 24 juin 1999.

Le Tour de France est avant tout un exercice de style. Depuis que M. Jacques Goddet a écrit : « Le peloton roule comme une larme au pli amer de l'estuaire de la Loire », on ne peut plus douter que le Tour de France ne prenne sa pleine signification qu'une fois imprimé.

YVAN AUDOUARD, cité in *René Pucheu, En suivant le tour.*

TOUR EIFFEL

Grâce à moi, le drapeau français est le seul à avoir une hampe de trois cents mètres.

GUSTAVE EIFFEL

TOURISME

Pourquoi, dans les villes où l'on passe, s'applique-t-on à choisir douze cartes postales différentes, puisqu'elles sont destinées à douze personnes différentes ?

SACHA GUITRY, *Toutes réflexions faites.*

Ce que d'abord vous nous montrez, voyages, c'est notre ordure lancée au visage de l'humanité.

CLAUDE LÉVI-STRAUSS, *Tristes Tropiques.*

Le tourisme est une industrie qui consiste à transporter des gens qui se trouveraient mieux chez eux, dans des endroits qui seraient mieux sans eux.

JEAN MISTLER, *Faubourg Antoine.*

TOURISTE

Le voyageur voit ce qu'il voit. Le touriste voit ce qu'il est venu voir.

GILBERT KEITH CHESTERTON

Triste mot : « touristes ». Les étrangers, séparés de la vie du pays par la couche atmosphérique qu'ils transportent avec eux : habitudes, intérêts, bavardages de leur ville, jargon de leur secte…

VALERY LARBAUD, *Mon plus secret conseil.*

Un touriste se reconnaît au premier coup d'œil. C'est un individu habillé d'une manière telle que, s'il se trouvait dans son propre pays, il se retournerait dans la rue en se voyant passer.

PHILIPPE MEYER, *Portraits acides et autres pensées édifiantes.*

TOURMENTER

Ce qui me tourmente, les soupes populaires ne le guérissent point. Ce qui me tourmente, ce ne sont ni les creux, ni ces bosses, ni cette laideur. C'est un peu, dans chacun de ces hommes, Mozart assassiné.

ANTOINE DE SAINT-EXUPÉRY, *Terre des hommes.*

TOURMENTER (se)

Rien ne sert de se tourmenter d'une chose quand elle est faite, sinon de l'empirer.

BONAVENTURE DES PÉRIERS, *Nouvelles Récréations et Joyeux Devis.*

TOUSSAINT

Autant d'heures de soleil le jour de la Toussaint, autant de semaines à souffler dans ses mains.

Proverbe

Le culte des morts est une belle coutume ; et la fête des morts est placée comme il faut, au moment où il devient visible, par des signes assez clairs, que le soleil nous abandonne. Ces fleurs séchées, ces feuilles jaune et rouge sur lesquelles on marche, les nuits longues et les jours paresseux qui semblent des soirs, tout cela fait penser à la fatigue, au repos, au sommeil, au passé. La fin d'une année est comme la fin d'une journée, et comme la fin d'une vie…

ALAIN, *Propos sur le bonheur.*

Les morts ont de la chance : ils ne voient leur famille qu'à la Toussaint.

PIERRE DORIS

TOUT

Dieu dit : « Tout est Verbe. »

Puis, Jésus vint et dit : « Tout est Amour. »

Alors arriva Marx qui déclara : « Tout est argent. »

Puis Freud décida : « Tout est sexe. »

Vint ensuite le tour d'Einstein qui affirma : « Tout est relatif. »

Anonyme

Tout est dans tout et vice versa.

ALPHONSE ALLAIS

Quand on refuse tout, on peut se permettre tout.

JACQUES CHARDONNE, *Propos comme ça.*

Tu m'enlèves tout
et il me reste tout.

JEAN COCTEAU

Tout m'intéresse, tout m'étonne.

CHARLES DE MONTESQUIEU

Tout n'est formé que de parties d'un tout prodigieux
Dont le corps est la Nature et Dieu l'âme.

ALEXANDER POPE, *Essai sur l'homme.*

Nos hommes d'État ont tout pour eux (c'est pourquoi, d'ailleurs, il ne reste rien pour les autres).

HENRI ROCHEFORT, in *La Lanterne*, 12 janvier 1898.

Les personnes âgées croient tout, les adultes doutent de tout et les jeunes savent tout.

OSCAR WILDE

TOUT-PUISSANT

Il n'y a que Dieu qui puisse sans danger être tout-puissant.

ALEXIS DE TOCQUEVILLE

TOUX

Une longue expérience m'a enseigné qu'en Angleterre personne ne va au théâtre sans avoir la bronchite.

JAMES AGATE

TRACE

Il y a trois choses qui me dépassent et quatre que je ne puis connaître : la trace de l'aigle dans les cieux, la trace du serpent sur le rocher, la trace du navire au milieu de la mer, et la trace de l'homme chez la jeune fille.

Proverbes, XXX, 18-19.

Le policier et l'historien travaillent sur des traces.

EMMANUEL LE ROY LADURIE

TRADITION

Une tradition commence la première fois.

Proverbe arabe

Les traditions — comme les femmes — sont faites pour être à la fois respectées et bousculées.

JEAN D'ORMESSON (réponse au discours de réception de Marguerite Yourcenar à l'Académie française).

TRADUCTION

Une traduction est au mieux un écho.

GEORGE BORROW

Je ne sais rien de plus émouvant que cette jeunesse éternelle d'un chef-d'œuvre qui voit mourir ses traductions, l'une après l'autre, de vieillesse.

SACHA GUITRY, *Toutes réflexions faites.*

Les traductions sont comme les femmes : lorsqu'elles sont belles, elles ne sont pas fidèles et lorsqu'elles sont fidèles, elles ne sont pas belles.

EDMOND JALOUX

TRADUIRE

... il n'est pas nécessaire d'entendre une langue pour la traduire, puisque l'on ne traduit que pour des gens qui ne l'entendent point.

DENIS DIDEROT, *Les Bijoux indiscrets*.

Traduire : transvaser un liquide d'un vase à col large dans un vase à col étroit. Il s'en perd toujours.

VICTOR HUGO

Une œuvre de la langue traduite dans une autre langue : quelqu'un passe la frontière en y laissant sa peau, pour revêtir le costume local.

KARL KRAUS, *Aphorismes*.

TRAGÉDIE

En réalité, tout est tragédie. La comédie n'est qu'une façon malintentionnée de regarder la tragédie quand ce n'est pas la nôtre.

IVY COMPTON-BURNETT, *Mère et fils*.

Ce qu'il y a de reposant dans la tragédie, c'est que ça finit toujours mal.

HENRI MONNIER, *Grandeur et décadence de Joseph Prudhomme*.

Il n'y a que deux tragédies dans la vie : l'une est de ne pas avoir ce que l'on désire ; l'autre est de l'obtenir.

OSCAR WILDE

TRAHISON

La trahison ne réussit jamais, car, lorsqu'elle réussit, on lui donne un autre nom.

Proverbe américain

La plupart des hommes trahissent une jeunesse.

JULIEN GREEN, *Journal* (1974).

Ce ne sont pas les trahisons des femmes qui nous apprennent le plus à nous défier d'elles. Ce sont les nôtres.

CLAUDE LARCHER, *Physiologie de l'amour moderne*, septembre 1888, cité par G. POMMERAND in *Le Petit Philosophe de poche*.

TRAIN

La meilleure façon d'attraper un train, c'est de manquer le précédent.

GILBERT KEITH CHESTERTON

Dans les accidents de chemin de fer, c'est toujours le dernier wagon le plus dangereux. C'est pour cette raison qu'on l'a supprimé.

PIERRE DAC, *Les Pensées*.

Lorsque les trains déraillent, ce qui me fait de la peine, ce sont les morts de première classe.

SALVADOR DALÍ

Je n'ai jamais eu la chance de manquer un train auquel il soit arrivé un accident.

JULES RENARD

TRAÎNER

Nous traînons toute notre vie des chapelets de mauvais vers et de maximes creuses qui nous font buter à chaque pas.

ALAIN, *Propos sur le bonheur*.

TRAIT

Raconter le trait d'un homme d'esprit revient simplement à ramasser une flèche. Comment elle fut décochée, la citation ne le dit pas.

KARL KRAUS, *Aphorismes*.

TRAITÉ

Les traités, voyez-vous, sont comme les jeunes filles et les roses : ça dure ce que ça dure !

CHARLES DE GAULLE

TRANQUILLE

Les hommes commencent par l'amour, finissent par l'ambition, et ne se trouvent dans une assiette (une disposition) plus tranquille que lorsqu'ils meurent.

JEAN DE LA BRUYÈRE, *Les Caractères*.

TRANQUILLISANT

Madame, dit le docteur, votre mari a besoin de repos. J'ai marqué un tranquillisant sur l'ordonnance. Vous en prendrez quatre comprimés par jour.

GEORGE BERNARD SHAW

TRANSHUMANCE

Transhumer, c'est un appel venu du fond des âges, mais jailli aussi du fond de moi-même. À chaque printemps, il éclate en moi avec la sève nouvelle et la fonte des neiges [...]. Soulever la poussière sous mes pas, de soleil en soleil, avoir du vent, de l'espace, des pâtures autour de moi, entendre cette charge allègre des pattes de brebis et le bruit de leur rumination, être de partout et de nulle part, étant le pâtre, c'est mon destin, le plus clair.

ELIAN FINBERT,
Hautes Herbes.

TRANSISTOR

L'usage des transistors ne les a pas rendus plus sots, mais la sottise s'est faite plus sonore.

JEAN ROSTAND,
Inquiétudes d'un biologiste.

TRANSMISSIBLE

Rien de précieux n'est transmissible. Une vie heureuse est un secret perdu.

JACQUES CHARDONNE, *Claire*.

TRANSPIRER

Comme il faisait chaud, l'affaire transpira.

ALPHONSE ALLAIS

TRAVAIL

Il vaut mieux travailler à l'étranger que mourir chez soi.

Proverbe yiddish

Tous les métiers plaisent autant que l'on y gouverne et déplaisent autant que l'on y obéit [...] et tout homme préférera un travail difficile où il invente et se trompe à son gré à un travail tout uni mais selon les ordres. Le pire travail est celui que le chef vient troubler ou interrompre.

ALAIN,
Propos sur le bonheur.

Un homme courageux compte sur ce qu'il peut gagner par son travail, et non sur ce qu'il peut emprunter aux autres.

G. BRUNO,
Le Tour de la France par deux enfants.

L'homme n'est pas fait pour le travail ; la preuve, c'est que ça le fatigue.

GEORGES COURTELINE

Le travail, c'est la santé... Mais à quoi sert alors la médecine du travail ?

PIERRE DAC,
Les Pensées.

Le travail, entre autres avantages, a celui de raccourcir les journées et d'étendre la vie.

DENIS DIDEROT

Le travail est une chose élevée, digne, excellente et morale, mais assez fastidieuse à la longue.

LÉON-PAUL FARGUE,
La Lanterne magique.

Le travail devrait s'accomplir dans un esprit de vénération.

NAPOLÉON HILL

J'aime le travail, il me fascine. Je peux le contempler pendant des heures. J'adore le garder près de moi. L'idée de m'en débarrasser me brise le cœur.

JEROME K. JEROME

Le travail est la plaie des classes qui boivent.

OSCAR WILDE

Le travail est le refuge de tous ceux qui n'ont rien de mieux à faire.

OSCAR WILDE

TRAVAILLER

En travaillant, on devient plus bossu que riche.

Proverbe russe

Il faut travailler, sinon par goût, au moins par désespoir, puisque, tout bien vérifié, travailler est moins ennuyeux que s'amuser.

BAUDELAIRE,
Mon cœur mis à nu.

Si l'on veut gagner sa vie, il faut travailler. Si l'on veut devenir riche, il faut trouver autre chose.

ALPHONSE KARR

Quand on travaille pour des hommes, on en met un coup ; quand c'est pour des cons, on fait semblant.

ALEXANDRE SOLJENITSYNE,
Une journée d'Ivan Denissovitch.

TRAVERS

Un travers que l'on possède seul fait plus d'honneur qu'un mérite que l'on partage avec quelqu'un.

CLAUDE CRÉBILLON FILS,
Les Égarements du cœur et de l'esprit.

TREIZE

Quelques personnes redoutent à table une salière renversée et le nombre treize. Ce nombre n'est à craindre qu'autant qu'il n'y aurait à manger que pour douze. Quant à la salière, l'essentiel est qu'elle ne se répande pas dans un bon plat.

GRIMOD DE LA REYNIÈRE

TREMBLER

L'homme tremble devant les maux qui ne l'atteindront pas et pleure continuellement les biens qu'il n'a pas perdus.

WOLFGANG VON GOETHE, *Faust*.

TRÉPIDATION

La trépidation excitante des trains,
Vous glisse des désirs dans le creux
[de vos reins.

ALPHONSE ALLAIS

TRÉSOR

La plupart des honnêtes femmes sont des trésors cachés, qui ne sont en sûreté que parce qu'on ne les cherche pas.

FRANÇOIS DE LA ROCHEFOUCAULD,
Maximes.

Une belle femme plaît aux yeux, une bonne femme plaît au cœur ; l'une est un bijou, l'autre un trésor.

NAPOLÉON Ier

TRIANGLE

Je viens de rencontrer Isocèle : il a une idée pour un nouveau triangle.

WOODY ALLEN

TRIBU

Eux, comme un vil sursaut d'hydre
[oyant jadis l'ange
Donner un sens plus pur aux mots de
[la tribu
Proclamèrent très haut le sortilège bu
Dans le flot sans honneur de quelque
[noir mélange.

STÉPHANE MALLARMÉ,
Le Tombeau d'Edgar Poe.

Les musulmans d'Afrique s'étaient imaginé que la France était un pays divisé en quatre grandes tribus : les Zouaves, les Chasseurs d'Afrique, les Grandes Capotes et les Joyeux ou Disciplinaires ainsi nommés par antiphrase. Ils ne voyaient dans les Civils qu'une caste inférieure comparable à celle de leurs propres bergers.

ÉLISÉE RECLUS.

TRIBUNAL

On a comparé les tribunaux au buisson épineux où la brebis cherche un refuge contre les loups et d'où elle ne sort point sans y avoir laissé une partie de sa toison.

B. WARRÉE, *Curiosités judiciaires*.

TRICOLORE

... Elle avait un visage aux couleurs
[de France
Les yeux bleus, les dents blanches et
[les lèvres très rouges
Elle avait un visage aux couleurs de
[France.

GUILLAUME APOLLINAIRE, *Alcools*.

TRISTE

Il était laid et maigrelet,
Ayant sucé le maigre lait
D'une nourrice pessimiste,
Et c'était un nourrisson triste.

MAURICE DONNAY,
Adolphe ou le jeune homme triste.

J'ai le cœur triste comme un lampion
[forain...
Bah ! j'irai passer ma nuit dans le
[premier train ;
Sûr d'aller, ma vie entière
Malheureux comme les pierres.

JULES LAFORGUE, *Complainte de Lord Pierrot*.

TRISTESSE

Un peu de beau temps, un bon mot, une louange, une caresse me tirent d'une profonde tristesse dont je n'ai pu me tirer par aucun effort de méditation ! Quelle machine que mon âme, quel abîme de misère et de faiblesse.

JEAN DOMAT, *Pensées*.

Sur ce sentiment inconnu dont l'ennui, la douceur m'obsèdent, j'hésite à apposer le nom, le beau nom grave de tristesse.

FRANÇOISE SAGAN, Première phrase de *Bonjour tristesse*.

Quelque chose monte en moi que j'accueille par son nom, les yeux fermés. Bonjour tristesse.

FRANÇOISE SAGAN, *Bonjour tristesse*.

TRIUMVIRAT

On appelait triumvirat l'union d'Auguste, de Lépide et de Marc Antoine ; j'appelle celle-ci triumputat !

BUSSY-RABUTIN (commentant la nouvelle du pacte passé entre Mmes d'Olonne, de Montglas et de Montmorency).

TROIS

On disait trois fois à une femme qu'elle était jolie ; car il n'en fallait pas plus : dès la première, assurément elle vous croyait, vous remerciait à la seconde et, assez communément, vous en récompensait à la troisième.

CLAUDE CRÉBILLON FILS, *Les Égarements du cœur et de l'esprit*.

Le secret de tout art d'exprimer consiste à dire la même chose trois fois. On dit qu'on va la dire, on la dit, on dit qu'on l'a dite.

JEAN GUITTON

C'est une grâce de Dieu que nous possédons dans ce pays ces trois choses indiciblement précieuses :
la liberté de parole ;
la liberté de conscience ;
et la sagesse de ne jamais mettre en pratique ni l'une ni l'autre.

MARK TWAIN

TROIS QUARTS

S'il y a dans le sublime de l'homme les trois quarts de folie, il y a dans la sagesse les trois quarts de mépris.

JULES BARBEY D'AUREVILLY, *Pensées détachées*.

TROMBONE

Un trombone est un système d'égouts ancien et bizarre appliqué au visage.

SIR THOMAS BEECHAM, chef d'orchestre.

TROMPER

— Vous trompez votre femme.
— Je ne la trompe pas puisqu'elle le sait !

MAURICE DONNAY

Vous pouvez tromper tout le monde un certain temps ; vous pouvez tromper quelques personnes tout le temps ; mais vous ne pouvez tromper tout le monde tout le temps.

ABRAHAM LINCOLN

Une femme qu'on aime suffit rarement à tous nos besoins et on la trompe avec une femme qu'on n'aime pas.

MARCEL PROUST, *Le Temps retrouvé*.

TROMPER (se)

Qui croit sa femme se trompe, qui ne la croit pas est trompé.

Proverbe français

Celui qui interroge se trompe
Celui qui répond se trompe.

BOUDDHA

TROMPETTE

Une nation s'éteint quand elle ne réagit plus aux fanfares ; la décadence est la mort de la trompette.

EMIL MICHEL CIORAN,
Syllogismes de l'amertume.

TRÔNE

Quel est le principal conseil que donna la reine Victoria à son fils avant qu'il monte sur le trône ?

« Il faut toujours prendre ses précautions avant les cérémonies. »

Cité par FRANZ OLIVIER GIESBERT,
Le Vieil Homme et la mort.

TROP

A little too much is just enough for me. (Un petit peu trop, c'est juste assez pour moi.)

C'est ce que dit un chef indien invité à la Maison-Blanche par le président Wilson et à qui ses amis reprochaient de trop boire et trop manger.

Cité par JEAN COCTEAU,
Noce massacrée.

Trop suffit quelquefois à la femme.

EDMOND et JULES DE GONCOURT,
Idées et sensations.

C'est un malheur qu'il y ait trop peu d'intervalle entre le temps où l'on est trop jeune et le temps où l'on est trop vieux.

CHARLES DE MONTESQUIEU

Trop de jeunesse et trop de vieillesse empêchent l'esprit.

BLAISE PASCAL

TROTTOIR

Si on supprimait les « trottoirs d'en face », les piétons n'auraient pas besoin de traverser pour y aller. Ça supprimerait les embouteillages.

PIERRE CAMI

TROU

La femme a sept trous ; un seul ne doit pas être parfumé.

Proverbe chinois

Qu'advient-il du trou lorsque le fromage a disparu ?

BERTOLT BRECHT

« Femme, combien as-tu payé cette écumoire ?

— 1,90 peso.

— Quoi, tant que ça ? Mais c'est énorme !

— Oui ; c'est que les trous coûtent une fortune. Avec la guerre, ils profitent de n'importe quelle occasion.

— Eh bien, il fallait l'acheter sans trous !

— Mais alors, ce serait une louche et ne servirait plus à écumer.

— Ça ne fait rien ; il ne faut pas trop payer. Ce sont des artifices du marché des trous. »

MACEDONIO FERNANDEZ,
Cahiers de tout et de rien.

TROUBLER

Ce qui vient au monde pour ne rien troubler ne mérite ni égards ni patience.

RENÉ CHAR

TROUPEAU

Les moutons : Mée... Mée... Mé...

Le chien de berger : Il n'y a pas de mais !

JULES RENARD,
Histoires naturelles.

TROUVER

Des chercheurs, on en trouve, moi ce que je cherche, c'est des trouveurs.

CHARLES DE GAULLE

La science cherche encore, l'amour a trouvé.

HENRY MILLER

TRUFFE

La truffe n'est point un aphrodisiaque positif, mais elle peut, en certaines occasions, rendre les femmes plus tendres et les hommes plus aimables.

ANTHELME BRILLAT-SAVARIN,
Physiologie du goût.

TUER

On commence par tuer sa mère et on finit par voler la cathédrale de Chartres.

ACHILLE CHAVÉE, *Décoctions*.

Les gens que vous tuez se portent
[assez bien.

PIERRE CORNEILLE, *Le Menteur*, acte IV, scène 2.

Il est un plaisir plus grand que celui de tuer, c'est celui de laisser la vie.

JAMES-OLIVER CURWOOD, *Le Grizzly*, cité en épigraphe de *L'Ours*, film de J.-J. Annaud.

Habitants du Havre, Havrais !
Je viens de Paris tout exprès
Pour jeter à bas la statue
De Delavigne (Casimir)
Il est des morts qu'il faut qu'on tue !

FERNAND DESNOYERS, *Apostrophe à Casimir Delavigne*.

Se faire tuer ne prouve rien, sinon qu'on n'est pas le plus fort

DENIS DIDEROT

L'homme [...] n'épargne rien de ce qui vit ; il tue pour se nourrir, il tue pour se vêtir, il tue pour se parer, il tue pour attaquer, il tue pour se défendre, il tue pour s'instruire, il tue pour s'amuser, il tue pour tuer.

JOSEPH DE MAISTRE, *Les Soirées de Saint-Pétersbourg*.

On tue un homme, on est un assassin, on tue des millions d'hommes, on est un conquérant. On les tue tous, on est un dieu.

JEAN ROSTAND, *Pensées d'un biologiste*.

TUILE

Les tuiles qui protègent de la pluie ont été faites par beau temps.

Proverbe

TUNNEL

Les constructeurs de tunnels n'ont jamais eu la foi qui déplace les montagnes.

Almanach de *L'Os à moelle*

TURBAN

Ne regarde pas à la blancheur du turban, peut-être le savon avait-il été acheté à crédit.

Proverbe turc

TURC

Bien que je n'en parle pas un traître mot, je vais prendre un bain turc.

SPIKE MULLIGAN

TURLUPINADE

Ne craignons jamais de nous permettre les turlupinades qui viennent au bout de nos plumes.

MME DE SÉVIGNÉ

TUYAU

Que les choses les plus importantes s'effectuent par des tuyaux. La preuve : les organes de la reproduction, la plume à écrire et notre fusil. Qu'est-ce que l'homme, sinon un confus paquet de tuyaux ?

GEORG CHRISTOPH LICHTENBERG

TYPHOÏDE

La fièvre typhoïde est une maladie terrible. On en meurt, ou on en reste idiot. J'en sais quelque chose.

MARÉCHAL DE MAC-MAHON

TYRAN

Il y a une partie de l'homme qui s'adapte au tyran, et qui même y trouve son bonheur.

ALAIN, *Propos*.

Quand l'esclave trouve une occasion de devenir tyran, il ne la rate pas.

HENRI DUVERNOIS

Voir ESCLAVE (Harriet Beecher-Stowe).

ULYSSE

Lorsqu'il fut de retour enfin
Dans sa patrie le sage Ulysse
Son vieux chien de lui se souvint

Près d'un tapis de haute lisse
Sa femme attendait qu'il revînt.

GUILLAUME APOLLINAIRE, *Alcools*.

Que vouliez-vous qu'il fît contre Troie ?

ROLAND BACRI, *Le Petit Lettré illustré*.

UN

Ce qui est en nous est toujours un et le même : vie et mort, veille et sommeil, jeunesse et vieillesse ; car le changement de l'un donne l'autre et réciproquement.

HÉRACLITE

Si l'on n'est plus que mille, eh bien, [j'en suis ! Si même
Ils ne sont plus que cent, je brave [encor Sylla ;
S'il en demeure dix, je serai le [dixième ;
Et s'il n'en reste qu'un, je serai [celui-là.

VICTOR HUGO, *Les Châtiments*, XVII.

UNI

Les hommes, unis à la fois par l'espoir et par l'action, accèdent comme les hommes unis par l'amour, à des domaines auxquels ils n'accèdent pas seuls. L'ensemble de l'escadrille est plus noble que presque tous ceux qui la composent.

ANDRÉ MALRAUX

UNIFORME

L'uniforme est aussi triste qu'un œuf érigé en statue.

LAWRENCE DURRELL

On devient l'homme de son uniforme.

NAPOLÉON Ier, *Pensées choisies*.

Le seul uniforme convenable est celui du bain de vapeur.

FRANCIS PICABIA, *Écrits*.

UNIVERS

Je suis toujours stupéfié par les gens qui veulent « connaître » l'univers quand il est si difficile de trouver son chemin dans Chinatown.

WOODY ALLEN

L'Univers n'est jamais qu'une idée fugitive dans l'esprit de Dieu — pensée joliment inquiétante, pour peu que vous veniez d'acheter une maison à crédit.

WOODY ALLEN, *Ma philosophie*.

Pour l'enfant amoureux de cartes et [d'estampes
L'Univers est égal à son vaste [appétit.
Ah ! que le monde est grand à la [clarté des lampes
Aux yeux du souvenir, que le monde [est petit !...

CHARLES BAUDELAIRE, « Le Voyage », *Les Fleurs du mal*.

Notre monde n'est pas tout l'univers. Peut-être y a-t-il un endroit où le Christ n'est pas mort.

GRAHAM GREENE, *La Puissance et la Gloire*, I, II.

Que celui qui l'a fait t'explique [l'univers :
Plus je sonde l'abîme, hélas ! plus je [m'y perds.

ALPHONSE DE LAMARTINE, *Méditations poétiques*.

Ôtez le genre humain, l'univers est sans témoins.

ANTOINE DE RIVAROL

L'univers m'embarrasse et je ne puis [songer
Que cette horloge existe et n'ait pas [d'horloger.

VOLTAIRE, *Les Cabales*.

UNIVERSEL

L'universel, c'est le local moins les murs.

MICHEL TORGA (écrivain portugais).

UNIVERSITÉ

L'université développe toutes les facultés, entre autres la bêtise.

ANTON TCHEKHOV

URGENCE

L'urgence est de continuer avant de pouvoir commencer.

Maxime de JACQUES DUHAMEL (ministre de la Culture de Pompidou).

URGENT

L'urgent est fait. L'impossible est en train de se faire. Pour le miracle, faites-le vous-même.

Devise de l'agence Reuter

URINE

Qui s'endort avec des enfants, se réveille mouillé d'urine.

Proverbe égyptien

Un énergumène de gentilhommerie, ayant observé que le contour du château de Versailles était empuanti d'urine, ordonna à ses domestiques et à ses vassaux de venir lâcher de l'eau [pisser] autour de son château.

JEAN DE LA BRUYÈRE, *Les Caractères*.

URINER

Quatre députés urinent contre une calèche ; celle-ci s'en va et ils urinent alors les uns sur les autres.

GEORG CHRISTOPH LICHTENBERG, *Le Miroir de l'âme*.

UROLOGUE

Personne n'accepte un verre lorsque c'est un urologue qui le sert.

Anonyme

URSS

Retour d'URSS.
Nathalie s'appelait mon guide,
elle avait de beaux yeux limpides,
des fossettes à rester sans mot,
des faux cils à devenir marteau

JEAN L'ANSELME, in *L'Humour des poètes* de Jean Orizet.

USA

L'Amérique n'a pas d'idéologie puisqu'elle en est une.

FRANÇOIS FURET, *Bicentenaire des USA*.

USER

La vision trop subtile use les yeux de l'homme. L'ouïe trop fine use les oreilles de l'homme. L'ambition démesurée use l'esprit de l'homme.

TCHOUANG-TSEU

USURIER

Un usurier s'occupe de vous au présent, vous prête au conditionnel, vous ruine au futur.

JOSEPH ADDISON

L'usurier, c'est celui à qui on emprunte un mouchoir et qui vous réclame une paire de draps.

AURÉLIEN SCHOLL

UTILE

C'est proprement ne valoir rien que de n'être utile à personne.

RENÉ DESCARTES, *Discours de la méthode*, VI.

Les Anglais sont grands dans l'utile.

ALEXANDRE DUMAS

On peut pardonner à un homme d'avoir réalisé une chose utile dès l'instant qu'il ne l'admire pas. La seule excuse à la réalisation d'une chose inutile, c'est qu'on l'admire intensément.

OSCAR WILDE, préface du *Portrait de Dorian Gray*.

UTILITÉ

Les hommes vous estiment en fonction de votre utilité, sans tenir compte de votre valeur.

HONORÉ DE BALZAC, *Le Lys dans la vallée*.

UTOPIE

Comme si tout grand progrès de l'humanité n'était pas dû à de l'utopie réalisée ! Comme si la réalité de demain ne devait pas être faite de l'utopie d'hier et d'aujourd'hui.

ANDRÉ GIDE

V

VACANCE

La vacance des grandes valeurs n'enlève rien à la valeur des grandes vacances.

HENRI WEBER
(sénateur, interview à *L'Express*).

VACANCES

On ne saurait aller chercher trop loin le plaisir de rentrer chez soi.

PAUL MORAND

VACHE

Celui qui tue une vache pourrit en enfer pendant autant d'années qu'il y a de poils sur le corps de la vache abattue.

Écritures sacrées de l'hindouisme

On lit au pli des collines un destin brouté par les vaches.

LOUIS ARAGON

La production de lait augmente de 7,5 % chez les vaches qui écoutent de la musique symphonique.

Cité par ALLESSANDRO BARICCO
en épigraphe de son essai *L'Âme de Hegel et les vaches du Wisconsin*.

S'il y a des vaches qui sont devenues folles c'est parce qu'on leur a donné à manger du mouton. D'autres sont devenues capricieuses et elles ont réclamé du couscous.

GUY BEDOS

Je ne connais aucune exception à cette règle, qu'il est moins coûteux d'acheter son lait que d'avoir une vache.

SAMUEL BUTLER,
Ainsi va toute chair.

J'aime les vaches pour leurs grands yeux et pour leur attitude digne pendant la guerre.

JEAN-PAUL CHAVENT

Chacun son métier, les vaches seront [bien gardées.

CLARIS DE FLORIAN,
« Le Vacher et le Garde-Chasse », *Fables*.

Protéger la vache signifie protéger tous les êtres muets que Dieu a créés [...]. L'hindouisme vivra tant qu'il y aura des hindous qui protégeront la vache.

MOHANDAS KARAMCHAND GANDHI,
Jeune Inde.

C'est pas la vache qui suit l'homme, c'est l'homme qui suit la vache.

PIERRE GROLLEAU
(éleveur à Charroux,
cité dans *Libération* du 31 août 1996).

Toute vache n'a-t-elle pas dans son cœur un gardien de la paix qui sommeille ? Ne le réveillez pas !

HENRI JEANSON,
La Volonté.

VAGABOND

Tout compte fait, qu'aurai-je été ? Un vagabond qui passe sous une ombrelle trouée.

MAO ZEDONG

VAGISSEMENT

Aux cris funèbres se mêle le vagissement que poussent les nouveau-nés en abordant aux rives de la lumière.

LUCRÈCE, *De la nature des choses*.

VAGUE

Sans les rochers, on sait bien que les vagues ne monteraient pas aussi haut.

ROGER NIMIER, *Le Hussard bleu*.

VAILLANCE

Monsieur le comte avait toute la hardiesse du cœur que l'on nomme communément vaillance, et il n'avait pas la hardiesse de l'esprit qui est ce que l'on nomme résolution.

CARDINAL DE RETZ, *Mémoires*.

VAILLANT

À vaillant homme, courte épée.

Proverbe du Moyen Âge

VAINCU

Je ne peux pas voir insulter un grand vaincu sans penser à un lion que j'ai vu taquiner par le parapluie d'un bourgeois.

EDMOND et JULES DE GONCOURT, *Idées et Sensations*.

VAINQUEUR

Les vainqueurs prennent immédiatement les vices des vaincus.

ROGER MARTIN DU GARD, *Jean Barrois*.

VAMPIRE

Je viens de lire le mariage de Dracula. C'est terrifiant : il épouse un boudin.

PHILIPPE GELUCK, *Le Succulent du chat*.

VAN GOGH (Vincent)

J'ai eu pour ami un peintre maudit qui a tenté de se couper l'oreille comme Van Gogh. Mais, il n'y est pas arrivé. Peut-être parce qu'il utilisait un rasoir électrique.

WOODY ALLEN

VANITÉ

La seule cure contre la vanité, c'est le rire, et la seule faute qui soit risible, c'est la vanité.

HENRI BERGSON, *Le Rire*.

J'ai toujours eu la vanité des gens que j'aime ; c'est ma façon d'aimer.

DUCHESSE DE CHOISEUL, *Lettre à Voltaire*.

Nous vivons tous entre notre vanité qui nous perd et notre orgueil qui nous sauve.

JEAN GUÉHENNO, *À propos de Jean-Jacques Rousseau*.

Si la vanité ne renverse pas entièrement les vertus, du moins elle les ébranle toutes.

FRANÇOIS DE LA ROCHEFOUCAULD

La vertu n'irait pas si loin si la vanité ne lui tenait compagnie.

FRANÇOIS DE LA ROCHEFOUCAULD, *Maximes*.

Ce qui nous rend la vanité des autres insupportable, c'est qu'elle blesse la nôtre.

FRANÇOIS DE LA ROCHEFOUCAULD, *Maximes*.

Tirer vanité de son rang, c'est avertir qu'on est au-dessous.

MARIE LESZCZYNSKA

Le roi de France est le plus puissant prince de l'Europe. Il n'a point de mines d'or comme le roi d'Espagne, son voisin ; mais il a plus de richesses que lui, parce qu'il les tire de la vanité de ses sujets, plus inépuisable que les mines.

CHARLES DE MONTESQUIEU, *Lettres persanes*, XXIV.

La vanité est si ancrée dans le cœur de l'homme, qu'un soldat, un goujat, un cuisinier, un crocheteur, se vante et veut avoir ses admirateurs ; et les philosophes qui même en veulent...

BLAISE PASCAL,
Pensées.

Si jamais la vanité fit quelque heureux sur la terre, à coup sûr cet heureux-là n'était qu'un sot.

JEAN-JACQUES ROUSSEAU,
Julie ou la Nouvelle Héloïse.

VANITEUX

Tout homme a le droit d'être vaniteux aussi longtemps qu'il n'a pas réussi.

BENJAMIN DISRAELI

VAPEUR

La force vitale vient de la matière comme la vapeur vient de l'eau. Vous connaissez la force de la vapeur, concluez en ce qui concerne la force de l'esprit. L'homme est une machine à vapeur consciente.

A. VALABRÈGUE,
Le Christianisme pour tous.

VAR

Clemenceau, sénateur du Var, comparait les Varois à des radis : « Rouges dehors, blancs dedans... et toujours près de l'assiette au beurre. »

VARSOVIE

Ville polonaise où les arbres ont le droit de pousser la nuit.

PIERRE DESPROGES,
Dictionnaire superflu à l'usage...

VASE

Le cœur d'un homme vierge est un
[vase profond.
Lorsque la première eau qu'on y
[verse est impure,
La mer y passerait sans laver la
[souillure
Car l'abîme est immense et la tache
[est au fond.

ALFRED DE MUSSET, *La Coupe et les Lèvres*.

Le vase où meurt cette verveine,
D'un coup d'éventail fut fêlé.
Le coup dut l'effleurer à peine :
Aucun bruit ne l'a révélé.

Mais la légère meurtrissure,
Mordant le cristal chaque jour,
D'une marche invisible et sûre,
En a fait lentement le tour.

Son eau fraîche a fui goutte à goutte,
Le suc des fleurs s'est épuisé ;
Personne encore ne s'en doute,
N'y touchez pas, il est brisé. [...]

SULLY PRUDHOMME, *La Vie intérieure*.

VATICAN

— Êtes-vous allé au Danemark ?
— Oui, j'ai visité le Vatican.
— Mais le Vatican est à Rome !
— Oui, celui de Rome marchait si bien qu'ils en ont construit un au Danemark.

WOODY ALLEN

VAURIEN

Quand on traite de vaurien quelqu'un qui ne vaut pas grand-chose, on lui cause un préjudice commercial.

YVAN AUDOUARD, *Les Pensées*.

VAUTOUR

Je mange à la façon d'un vautour. Malheureusement la ressemblance ne s'arrête pas là.

GROUCHO MARX

VEAU

Oh ! Vous ne refusez jamais d'accueillir l'enfant prodigue, à condition qu'il fournisse lui-même le veau.

GEORGES BERNANOS,
Les Grands Cimetières sous la lune.

C'est quand les veaux ont un succès bœuf que les bœufs jaloux font une tête de veau.

PIERRE DAC

Qu'est-ce qui peut bien se passer dans la tête d'un veau qui regarde un feu d'artifice ?

JULES JOUY

Le veau d'or ? Il vaudra moins cher demain que le veau naturel.

PAUL VALÉRY, *Mon Faust*.

VÉGÉTAL

Fontenelle dit qu'il est assez singulier de perdre successivement la vue, l'ouïe, la mémoire et de se trouver dans la classe des plantes et des végétaux après s'être vu Fontenelle.

HELVÉTIUS, *Pensées et Réflexions*.

VÉGÉTARIEN

Adam et Ève furent coupables d'être végétariens. Ils auraient dû manger le serpent.

ROBERT SABATIER,
Le Livre de la déraison souriante.

La férocité est la caractéristique des taureaux et autres végétariens.

GEORGE BERNARD SHAW

VEILLE

Le 17 juin 1940, personne ne savait qu'un nommé Charles de Gaulle parlerait le 18.

ALEXANDRE SANGUINETTI

VEILLER

Veillez donc car vous ne savez ni le jour ni l'heure.

Évangile selon saint Matthieu.

VEINE

Il était si gentil qu'on voyait ses pensées bleues et mauves s'agiter dans les veines de ses mains.

BORIS VIAN, *L'Écume des jours*.

VÉNAL

Il y a un amour que l'on appelle vénal pour laisser croire que l'autre ne se vend pas.

ÉTIENNE REY, *De l'Amour*.

VENDANGE

Adieu paniers, vendanges sont faites.

HONORAT DE BUEIL,
SEIGNEUR DE RACAN,
Les Joies du pressoir.

VENDRE

Il est des gens qui crient très haut qu'ils n'ont jamais voulu se vendre ; c'est peut-être qu'on ne se serait jamais soucié de les acheter.

GÉRARD DE NERVAL,
Les Faux Saulniers.

VENDREDI

Qui rit vendredi, c'est toujours ça de pris.

Qui pleure vendredi, dimanche ne saura pas quoi faire.

FRANÇOIS CAVANNA, *Qui*.

VENGEANCE

« Vengeons-nous, j'y consens, mais
[par d'autres chemins :
Soyons ses ennemis et non ses
[assassins. »

JEAN RACINE, *Andromaque*.

VENISE

La direction d'un journal reçoit de son envoyé spécial à Venise le télégramme suivant : « Rues inondées — stop — Donner instructions. »

La première chose qui frappe l'odorat du voyageur arrivant à Venise, c'est l'absence totale de parfum de crottin de cheval.

ALPHONSE ALLAIS, *Le Journal*.

Venise, c'est le masque de l'Italie.

LORD BYRON,
Le Pèlerinage de Childe Harold.

Je me suis arrêté à Venise sur le Pont des Soupirs, entre un palais et une prison.

LORD BYRON,
Le Pèlerinage de Childe Harold.

Madame de Pompadour [...] me demanda si j'étais vraiment de là-bas.

« D'où donc ?
— De Venise.
— Venise, madame, n'est pas là-bas ; elle est là-haut. »

GIOVANNI GIACOMO CASANOVA, *Histoire de ma vie*, III, 9.

Venise, cette ville où les pigeons marchent et où les lions volent.

JEAN COCTEAU (commentaire pour le film *Venise et ses amants*, 1950).

Venise pourrit : on a enlevé les fleurs, il reste l'eau.

JEAN COCTEAU

Comme on vivait bien à Venise !
Ah ! oui ! en ai-je laissé partout de mon cœur. Mais ici, j'en laisserai un grand morceau.

GUSTAVE FLAUBERT

Une gondole, c'est un cercueil avec une rame.

WOLFGANG VON GOETHE

Être à Venise, c'est croire que l'on est à Venise. Rêver de Venise, c'est être à Venise.

RAMÓN GÓMEZ DE LA SERNA, *Greguerías*.

On ne quitte pas Venise, monsieur, on s'en arrache. Un séjour à Venise c'est une étreinte.

FRANÇOIS MAURIAC, *Le Mal*.

Venise se noie, c'est ce qui pouvait lui arriver de plus beau.

PAUL MORAND, *Venise*.

Venise, oui, je sais. Le soir, c'est presque aussi bien illuminé que la gare de Lyon.

JULES RENARD, *Journal*.

À Venise, aux enterrements de troisième classe, la famille suit à la nage.

ROBERT ROCCA

Venise est le pays où l'on juge le mieux de la beauté des choses.

STENDHAL

Venise : quelle ville pour les marins ! Tout flotte et rien ne roule. Un silence divin !

ANDRÉ SUARÈS

VENT

Ah ! crions au vent qui nous porte
Que c'est nous qui le soulevons.

RENÉ CHAR, *Les Matinaux*.

On voit que le vent ne sait pas lire quand il feuillette les pages d'un livre à l'envers.

RAMÓN GÓMEZ DE LA SERNA, *Greguerías*.

« Madame, il fait grand vent et j'ai tué six loups. »

VICTOR HUGO, « Lettre de Charles II d'Espagne à la reine », *Ruy Blas*, II, 3.

Être dans le vent : une ambition de feuille morte.

GUSTAVE THIBON, cité par JACQUES CHIRAC le 12 novembre 1994 à la réunion où il donnait sa démission de président du RPR.

Le vent se lève !... il faut tenter de [vivre !
L'air immense ouvre et referme mon [livre,
La vague en poudre ose jaillir des [rocs !
Envolez-vous, pages tout éblouies !

PAUL VALÉRY, *Le Cimetière marin*.

VENTRE

Le ventre des femmes recèle toujours un enfant ou une maladie.

LOUIS-FERDINAND CÉLINE

Je vais lui tirer les vers du nez pour savoir ce qu'elle a dans le ventre.

EUGÈNE SUE, *L'Orgueil*.

VENTRILOQUE

S'étant mordu la queue il devint ventriloque.

ACHILLE CHAVÉE, *Décoction*.

VÉNUS

Une Vénus est bien difficile à peindre puisqu'elle porte toutes les perfections, il est a peu près impossible de la rendre véritablement séduisante.

PAUL VALÉRY

VER

Un ver, dans un bocal de raifort, pense qu'il est au Paradis.

Expression juive

VER LUISANT

Que se passe-t-il ? Neuf heures du soir et il y a encore de la lumière chez lui.

JULES RENARD, *Histoires naturelles*.

VERBE

Au commencement était le verbe : c'était déjà mal parti.

ROGER NIMIER, *Rumeurs sur Andromède*.

VERDUN

... À force d'engloutir, la terre s'est faite homme.

ANNA DE NOAILLES (à propos de la tuerie de la guerre 1914-1918).

VERGE

La verge et le cœur sont des organes qui remuent d'eux-mêmes.

ARISTOTE, cité in le film de Claude Berri *La Débandade*.

VÉRITÉ

Une demi-vérité est un mensonge complet.

Anonyme

Personne n'ose chercher le vrai... Ceux qui, cependant, le cherchent n'osent pas le trouver... Ceux qui le trouvent n'osent pas le dire... Ceux qui le disent ne sont pas écoutés... Ceux qui écoutent ne sont pas en état d'agir.

Anonyme

La vérité peut se promener nue, mais les mensonges doivent être habillés.

Dicton juif

La vérité est un mensonge qu'on n'a pas encore découvert.

Plaisanterie soviétique à propos du KGB

Trois sortes de gens disent la vérité : les sots, les enfants et les ivrognes.

Proverbe allemand

Donnez un cheval à celui qui dit la vérité, il en aura besoin pour s'enfuir.

Proverbe persan

Ne disons surtout pas la vérité. Vous connaissez ma formule : la vérité salit les puits.

MARCEL ACHARD, *Nous irons à Valparaiso*.

Quand la vérité vous met le poignard sur la gorge, il faut baiser sa main blanche.

AGRIPPA D'AUBIGNÉ

La vérité n'est jamais amusante, sans ça, tout le monde la dirait.

MICHEL AUDIARD, in le film *Les Barbouzes*.

La vérité est ce qui est.

SAINT AUGUSTIN, *Soliloques*.

Il n'y a pas de vérités premières, il n'y a que des erreurs premières.

GASTON BACHELARD

La vérité existe, on n'invente que le mensonge.

GEORGES BERNANOS, *Pensées sur l'art*.

La vérité scientifique sera toujours plus belle que les créations de notre imagination et que les illusions de notre ignorance.

CLAUDE BERNARD

La vérité, comme la lumière, aveugle. Le mensonge, au contraire, est un beau crépuscule qui met chaque objet en valeur.

ALBERT CAMUS, *La Chute*.

La vérité appartient à ceux qui la cherchent et non point à ceux qui prétendent la détenir.

CONDORCET

Il pleut des vérités premières.
Tendons nos rouges tabliers.

GEORGES COURTELINE, *Godefroy*.

Si tu ne trouves pas la vérité à l'endroit où tu es, où espères-tu la trouver ?

DŌGEN

Que vaut-il mieux pour nous ? Qu'on sache la vérité sur nous ou qu'on dise de nous des bêtises ?

FEDOR DOSTOÏEVSKI, *Journal d'un écrivain*.

Quand vous avez éliminé l'impossible, ce qui reste, même improbable, doit être la vérité.

ARTHUR CONAN DOYLE, *Le Signe des quatre*.

La vérité, c'est l'accident de l'erreur.

GEORGES DUHAMEL, *Chronique des Pasquier*.

Ce qui, probablement, fausse tout dans la vie, c'est qu'on est convaincu qu'on dit la vérité parce qu'on dit ce qu'on pense.

SACHA GUITRY, *Toutes réflexions faites*.

Les vérités n'ont pas, comme on se l'imagine, la résistance d'un Mathusalem. Une vérité de complexion normale vit d'ordinaire dix-sept, dix-huit, tout au plus vingt ans, rarement davantage.

HENRIK IBSEN

Le sot est en deçà de la vérité, le fou est au-delà.

JOSEPH JOUBERT, *Pensées*.

La vérité est le nom que les plus forts donnent à leur opinion.

ALPHONSE KARR

La vérité habite un puits, mais sans les porteurs d'eau, elle y resterait.

EUGÈNE LABICHE, *Le Misanthrope et l'Auvergnat*.

La vérité ne fait pas tant de bien dans le monde que ses apparences y font du mal.

FRANÇOIS DE LA ROCHEFOUCAULD, *Maximes*.

La vérité a une telle excellence qu'en louant les petites choses, elle les rend nobles.

LÉONARD DE VINCI

Il est impossible de porter à travers la foule le flambeau de la vérité sans roussir çà et là une barbe ou une perruque.

GEORG CHRISTOPH LICHTENBERG, *Aphorismes*.

La vérité d'un homme, c'est d'abord ce qu'il cache.

ANDRÉ MALRAUX

La vérité de chacun est ce qui le grandit.

ANDRÉ MAUROIS

Dire la vérité est utile à celui à qui on la dit, mais désavantageux à ceux qui la disent parce qu'ils se font haïr.

BLAISE PASCAL

Vous savez très bien que ce qui nous caractérise, nous les Argentins, c'est notre certitude de toujours détenir la vérité. De nombreux Argentins viennent chez moi, essayant de me vendre une vérité différente, comme si c'était la seule et unique. Et qu'est-ce que vous voulez que je fasse ? Je les crois tous.

JUAN PERÓN (entretien avec Tomás Eloy Martinez, le 26 mars 1970).

La vérité jette, lorsqu'elle est à un certain carat, une manière d'éclat auquel on ne peut résister.

CARDINAL DE RETZ

La vérité historique est faite du silence des morts.

ÉTIENNE REY

Sortant de certaines bouches, la vérité elle-même a mauvaise odeur.

JEAN ROSTAND, *Inquiétudes d'un biologiste*.

Si vous fermez la porte à toutes les erreurs, la vérité restera dehors.

RABINDRANATH TAGORE

À n'en point mentir, j'aime un peu plus la vérité quand c'est moi qui la trouve que quand c'est un autre qui me la montre.

VINCENT VOITURE,
Lettre à M. Costar, cité in
Le Robert des citations françaises.

Si on dit la vérité, on est sûr d'être tôt ou tard démasqué.

OSCAR WILDE,
Formules et Maximes à l'usage des jeunes gens.

La vérité est rarement pure et jamais simple.

OSCAR WILDE

La science a-t-elle promis le bonheur ? Je ne le crois pas. Elle a promis la vérité, et la question est de savoir si l'on fera jamais du bonheur avec la vérité.

ÉMILE ZOLA

VERLAINE (Paul)

Verlaine était une faiblesse de la nature.

ANTOINE BLONDIN

Verlaine ressemble beaucoup à Villon : ce sont deux mauvais garçons à qui il fut donné de dire les plus douces choses du monde.

ANATOLE FRANCE

VÉRONE

« Je voudrais un billet pour Vérone.
— La grande ou la petite Vérone ? »

FRANCIS BLANCHE

VERRE

Il est plus facile de se laver les dents dans un verre à pied que les pieds dans un verre à dents.

GEORGES BIDAULT
(ex-président du Conseil de la IVe République).

Mon verre n'est pas grand, mais j'en ai un autre.

CHAVAL

On ne sait jamais qu'un verre était de trop que quand on l'a bu.

GEORGES COURTELINE

VERRUE

Je t'aimerai le temps de voir dans ce grain de beauté une verrue.

JULES RENARD, *Journal*.

VERS

Ne soyez pas scandalisé de ce que mon frère fait des vers ; nous sommes tous d'honnêtes gens dans notre famille : il n'y a que lui qui la déshonore.

ABBÉ MANGENOT, *Almanach littéraire*.

Les excellents vers se reconnaissent à ceci qu'on n'y peut changer ni déplacer un seul mot.

PAUL VALÉRY,
Conférence au Vieux Colombier.

Que ton vers soit la bonne aventure
Éparse au vent crispé du matin
Qui va fleurant la menthe et le
[thym...
Et tout le reste est littérature

PAUL VERLAINE, *Art poétique*.

VERSATILITÉ

Qui prévoirait l'esprit français, les étranges bonds et écarts de sa mobilité ? Qui pourrait comprendre comment ses exécrations et ses engouements, ses malédictions et ses bénédictions se transmuent sans raison apparente ? Qui saurait deviner et expliquer comment il adore et déteste tour à tour, comment il dérive d'un système politique, comment la liberté à la bouche et le servage au cœur, il croit le matin à une vérité et il est persuadé le soir d'une vérité contraire ?

FRANÇOIS RENÉ DE CHATEAUBRIAND,
Mémoires d'outre-tombe.

VERSIFICATEUR

Maudit soit le premier dont la verve
[insensée

Dans les bornes d'un vers renferma [sa pensée,
Et, donnant à ses mots une étroite [prison,
Voulut, avec la rime, enchaîner la [raison.

NICOLAS BOILEAU, *Satire II*.

VERTÈBRE

Son triste front pâle où les vertèbres transparaissaient comme les pointes d'une couronne d'épines.

Une phrase malheureuse de MARCEL PROUST, *Du côté de chez Swann*.

VERTIGE

Quand une œuvre d'art vous donne le vertige, souvenez-vous que ce qui donne le mieux le vertige, c'est le vide.

SACHA GUITRY

VERTU

Celui qui plante la vertu ne doit pas oublier de l'arroser souvent.

Le Chou-king

Toute femme qui vante sa vertu, sa vertu lui pèse.

Proverbe corse

Il n'y a pas une seule vertu qui n'ait quelque alliage de vice ; et guère de vice, sinon même aucun vice, qui n'ait pas en lui un petit grain de vertu.

SAMUEL BUTLER, *Ainsi va toute chair*.

Le monde moderne est plein d'anciennes vertus chrétiennes devenues folles.

GILBERT KEITH CHESTERTON, *Orthodoxie*.

Il possède toutes les vertus que je déteste et aucun des vices que j'admire.

WINSTON CHURCHILL, *À propos de Stafford Cripps*.

J'ai été étonné du plaisir qu'on éprouve en faisant le bien ; et je serais tenté de croire que ce que nous appelons les gens vertueux n'ont pas tant de mérite qu'on se plaît à nous le dire.

PIERRE CHODERLOS DE LACLOS, *Les Liaisons dangereuses*.

Mieux vaut marcher dans le chemin de la vertu que dans celui de l'Odéon.

LOUIS AUGUSTE COMMERSON, *Pensées d'un emballeur*.

La vertu, comme le corbeau, niche dans les ruines.

ANATOLE FRANCE, *La Rôtisserie de la reine Pédauque*.

Les vertus sont sujettes à des vices particuliers qui les rendent inutiles.

MARCEL JOUHANDEAU

Toutes les vertus se perdent dans l'intérêt comme les fleuves se perdent dans la mer.

FRANÇOIS DE LA ROCHEFOUCAULD, *Maximes*.

Les vertus se perdent dans l'intérêt, comme les fleuves se perdent dans la mer.

FRANÇOIS DE LA ROCHEFOUCAULD, *Réflexions morales*.

Toute vertu a des privilèges, par exemple celui d'apporter au bûcher d'un condamné son petit fagot à soi.

FRIEDRICH NIETZSCHE

L'apparence des vertus est bien plus séduisante que les vertus mêmes, et celui qui feint de les avoir a bien de l'avantage sur celui qui les possède.

MME RICCOBONI

On ne demande plus d'un homme s'il a de la probité, mais s'il a des talents ; ni d'un livre s'il est utile, mais s'il est bien écrit. Les récompenses sont prodiguées au bel esprit, et la vertu reste sans honneurs.

JEAN-JACQUES ROUSSEAU, *Discours sur les sciences et les arts*.

La vertu est le milieu entre deux vices et à mi-chemin des deux.

SÉNÈQUE, *Épître*.

La vertu accouplée à la beauté, c'est du miel qui sert de sauce à du sucre.

WILLIAM SHAKESPEARE

Un Anglais voit de la vertu là où il n'y a que de l'inconfort.

GEORGE BERNARD SHAW

Il vaut mieux enseigner les vertus que condamner les vices.

BARUCH SPINOZA

La vertu des femmes n'est souvent que la maladresse des hommes.

PAUL-JEAN TOULET,
Le Carnet de Monsieur du Paur.

VERTUEUX

L'homme vertueux doit imiter l'arbre de santal qui, lorsqu'on l'abat, parfume la hache qui le frappe.

Proverbe indien

Une femme vertueuse a dans le cœur une fibre ou de moins ou de plus que les autres femmes : elle est stupide ou sublime.

HONORÉ DE BALZAC

Les femmes les plus vertueuses ont en elles quelque chose qui n'est jamais chaste.

HONORÉ DE BALZAC

Je crois que les gens qui passent pour vertueux sont ceux auxquels l'occasion a manqué d'être tentés de mal faire.

ROGER MARTIN DU GARD,
Le Lieutenant-colonel de Maumort.

VÊTEMENT

Quand vous allez vous noyer, ôtez d'abord vos vêtements, ils pourront servir au second mari de votre femme.

Proverbe anglais

Le vêtement grec était par essence inesthétique. Rien ne doit révéler le corps si ce n'est le corps.

OSCAR WILDE, *Formules et Maximes à l'intention des jeunes gens.*

VEUF

Je suis veuf de toutes celles qui n'ont pas voulu m'aimer.

JEAN CARMET

Les femmes vivent plus longtemps que les hommes, surtout quand elles sont veuves.

GEORGES CLEMENCEAU

Si ma femme doit être veuve un jour, j'aime mieux que ce soit de mon vivant.

GEORGES COURTELINE

De l'union d'un veuf et d'une veuve, naît un enfant habillé en deuil.

RAMÓN GÓMEZ DE LA SERNA,
Greguerías.

Je suis veuf, je suis seul, et sur moi
[le soir tombe.

VICTOR HUGO,
Booz endormi.

La perte d'un époux ne va pas sans
[soupirs.
On fait beaucoup de bruit et puis on
[se console.
Sur les ailes du temps, la tristesse
[s'envole ;
Le temps ramène les plaisirs.
Entre la veuve d'une année
Et la veuve d'une journée
La différence est grande : on ne
[croirait jamais
Que ce fût la même personne.

JEAN DE LA FONTAINE,
La Jeune veuve.

Un veuf qui se remarie vite, c'est un hommage à la femme qu'il vient de perdre.

ANDRÉ SIEGFRIED,
Quelques Maximes.

VICE

On demandait à Cocteau :
— Quel est votre vice ?
Il répondit :
— Versa.

On n'ose guère avouer que l'on voudrait les plaisirs du vice en récompense de la vertu.

ALAIN

C'était un si grand homme que j'ai oublié ses vices.

LORD BOLINGBROKE,
À propos du duc de Marlborough.

C'est le vice appuyé sur le bras du crime.

FRANÇOIS RENÉ DE CHATEAUBRIAND
(voyant sortir du cabinet du roi Talleyrand au bras de Fouché).

C'est bien une idée de socialiste de faire du profit un vice ! Pour ma part, je considère que le vrai vice est de faire des pertes.

WINSTON CHURCHILL

Le vice, c'est le mal qu'on fait sans plaisir.

COLETTE,
Claudine en ménage.

Ce qui nous empêche souvent de nous abandonner à un seul vice, c'est que nous en avons plusieurs.

FRANÇOIS DE LA ROCHEFOUCAULD,
Maximes.

Quand les vices nous quittent, nous nous flattons de la créance que c'est nous qui les quittons.

FRANÇOIS DE LA ROCHEFOUCAULD,
Réflexions morales.

Il me semble qu'on pourrait dire que la débauche est l'aristocratie du vice, et le libertinage en est la démocratie.

PRINCE DE LIGNE,
Pensées.

Qu'est-ce que le vice ?
Un goût qu'on ne partage pas.

JEAN LORRAIN

Les vices de la Cour ont commencé la Révolution, les vices du peuple l'achèveront.

ANTOINE DE RIVAROL

Un vrai homard n'est jamais rouge de honte. Je dois apprendre à cuire mes vices.

CLAUDE ROLAND-MANUEL,
Un arbre en Afrique.

Le vice et la vertu sont des produits, comme le vitriol et le sucre.

HIPPOLYTE TAINE,
Histoire de la littérature anglaise.

Je suis contre toutes les formes de vice, la Vice-Présidence y compris.

MORRIS K. UDALL

Le sage doit garder un vice pour ses vieux jours.

ALEXANDRE VIALATTE

VICHY

Le général Salan, mort hier, sera inhumé à Vichy, a-t-on appris de *bonne source*.

Perle relevée dans la presse par
ROBERT LASSUS.

VICTIME

Je déteste les victimes quand elles respectent leurs bourreaux.

JEAN-PAUL SARTRE,
Les Séquestrés d'Altona.

VICTOIRE

Les princes qui ont remporté le plus de victoires sont ceux contre qui personne n'a jamais osé faire la guerre.

Proverbe chinois

L'Allemand n'arrive pas à comprendre ce que Napoléon, plus intelligent pourtant, saisissait à peine : à savoir que la victoire, très amusante pour le vainqueur, l'est infiniment moins pour le vaincu.

TRISTAN BERNARD,
Le Poil civil.

Je trouve que c'est une victoire parce que j'en suis sorti vivant [de la guerre de 14].

ROLAND DORGELÈS,
Les Croix de bois.

Je ne sais pas qui a gagné la bataille de la Marne... mais je sais bien qui l'aurait perdue.

MARÉCHAL FOCH

La Victoire a cent pères, mais la défaite est orpheline.

Cité par JOHN FITZGERALD KENNEDY (au lendemain du désastre de la baie des Cochons).

Ce n'est pas moi qui fais les maréchaux, c'est la victoire.

NAPOLÉON Ier

Quand un État a remporté cinq grandes victoires, il est en ruine.

OU-TSÉ

VIDE

La bourse, l'estomac, le cœur
[d'amour avide
Sont comme la nature : ils ont
[horreur du vide.

Proverbe français

Tu n'as jamais été, dans nos jours les
[plus rares,
Qu'un banal instrument sous mon
[archet vainqueur,
Et, comme un air qui sonne, au bois
[creux des guitares
J'ai fait chanter mon rêve au vide de
[ton cœur.

LOUIS BOUILHET, *À une femme*.

Le vase donne une forme au vide et la musique au silence.

GEORGES BRAQUE

De l'argile, nous faisons un pot, mais c'est le vide à l'intérieur qui retient ce que nous voulons.

TAO TÖ KING

VIE

La vie n'est qu'un jeu et un passe-temps.

Coran, Sourate VI.

La vie c'est comme une boîte de chocolats : on ne sait jamais sur quoi on va tomber.

Extrait du film *Forest Gump*.

Vis la vie car, vraiment tu ne meurs pas la mort.

Textes des Pyramides, 810 a, traduits par CHRISTIAN JACQ.

La vie est un restaurant petit, mauvais et cher. En plus, c'est trop court.

WOODY ALLEN, *Annie Hall*.

« Il faut que tu le saches. Je pense que la vie se divise en deux catégories : l'horreur et le malheur. »

WOODY ALLEN, *Annie Hall*

La vie est un voyageur qui laisse traîner son manteau derrière lui, pour effacer ses traces.

LOUIS ARAGON, *Les Voyageurs de l'impériale*.

Il faut ajouter de la vie aux années.

HENRI BERGSON

Ajouter de la vie aux jours lorsqu'on ne peut plus ajouter de jours à la vie.

JEAN BERNARD

Je suis un adversaire déterminé de la guerre et de la peine de mort ; je proclame que la vie humaine doit être sacrée. J'attache surtout une grande importance à la conservation de ma propre vie, puisque c'est celle-là que l'on m'a donné à garder.

TRISTAN BERNARD, *Souvenirs et Anecdotes*.

La vie est l'ensemble des fonctions qui résistent à la mort.

MARIE FRANÇOIS-XAVIER BICHAT, *Recherches physiologiques sur la vie et sur la mort*.

Nous entrons dans la vie avec la loi d'en sortir ; nous venons faire notre personnage et il nous faudra ensuite disparaître.

JACQUES BÉNIGNE BOSSUET

On se demande parfois si la vie a un sens... et puis on rencontre des êtres qui donnent un sens à la vie.

BRASSAÏ

La vie est un long souci d'argent.

ALFRED CAPUS

La vie humaine est comme le fer, elle s'use dans la pratique et se rouille dans l'inaction.

CATON

On entre, on crie
Et c'est la vie...
On bâille, on sort,
Et c'est la mort.

AUSONE DE CHANCEL,
dédicace sur un album.

La vie, hélas ! n'est qu'un tissu de coups de poignard qu'il faut savoir boire goutte à goutte.

CHRISTOPHE, *Le Sapeur Camember.*

La vie ? Le voyage vaut la peine d'être fait une fois.

WINSTON CHURCHILL

La vie inspire plus d'effroi que la mort : c'est elle qui est le grand inconnu.

EMIL MICHEL CIORAN

Arriver haletant, se coucher,
[s'endormir,
On appelle cela naître, vivre et
[mourir.

CLARIS DE FLORIAN,
« Le Voyage », *Fables.*

La vie est la première partie de la mort.

JEAN COCTEAU, *Jean l'oiseleur.*

La vie est un torrent d'éternelles
[disgrâces.

PIERRE CORNEILLE,
L'Imitation de Jésus-Christ.

La vie m'aura servi de leçon. Je ne recommencerai pas.

FRÉDÉRIC DARD

La première moitié de notre vie est gâchée par nos parents. La seconde par nos enfants.

CLARENCE DARROW

La vie exige une équitable dose d'imbécillité.

JOSEPH DELTEIL

La vie ne m'a pas malmené, je me suis écorché tout seul.

PIERRE DESPROGES

S'il n'y a qu'une vie, c'est donc qu'elle est parfaite.

PAUL ÉLUARD

La vie est courte, mais on s'ennuie quand même.

ERNEST FEYDEAU

Toute vie est, bien entendu, un processus de démolition.

FRANCIS SCOTT FITZGERALD,
La Fêlure.

La vie doit être une éducation incessante ; il faut tout apprendre, depuis parler jusqu'à mourir.

GUSTAVE FLAUBERT,
Lettre à George Sand.

Une pas assez constante pensée de la mort n'a pas donné assez de prix au plus petit instant de ta vie.

ANDRÉ GIDE

Qu'est-ce que la vie ? L'usufruit d'une agrégation de molécules.

EDMOND et JULES DE GONCOURT,
Idées et sensations.

Notre vie est un livre qui s'écrit tout seul. Nous sommes des personnages de roman qui ne comprennent pas toujours bien ce que veut l'auteur.

JULIEN GREEN, *Journal.*

La vérité de cette vie, ce n'est pas qu'on meurt, c'est qu'on meurt volé.

LOUIS GUILLOUX,
Le Sang noir.

Comme le chat, la femme a neuf vies.

JOHN HEYWOOD, *Proverbes.*

Ma vie est la vôtre, votre vie est la mienne, vous vivez ce que je vis. La destinée est une. Prenez donc ce miroir et regardez-vous-y [...]. Hélas ! quand je vous parle de moi, je vous parle de vous. Comment ne le sentez-vous pas ?

Ah ! insensé, qui crois que je ne suis pas toi !

VICTOR HUGO,
préface des *Contemplations*.

Je chéris l'espoir que la vie ait un sens.

CARL GUSTAV JUNG

La vie est une perpétuelle distraction qui ne laisse même pas prendre conscience de ce dont elle distrait.

FRANZ KAFKA,
cité par LOUIS GUILLOUX, *Carnets*.

La première moitié de la vie se passe à désirer la seconde. La seconde à regretter la première.

ALPHONSE KARR

La vie, cette goutte de lait et d'absinthe.

HENRI LACORDAIRE,
Pensées.

Le livre de la vie est le livre suprême
Qu'on ne peut ni fermer, ni rouvrir à [son choix.
Le passage attachant ne s'y lit pas [deux fois,
Mais le feuillet fatal se tourne de [lui-même.
On voudrait revenir à la page où l'on [aime,
Et la page où l'on meurt est déjà [sous nos doigts.

ALPHONSE DE LAMARTINE,
Dédicace sur un album.

Une vie ne vaut rien, mais rien ne vaut une vie.

ANDRÉ MALRAUX,
La Condition humaine.

La vie, on sait bien ce que c'est : un amalgame saugrenu de moments merveilleux et d'emmerdements.

ROGER MARTIN DU GARD,
Les Thibault.

Vous avez trois âges dans la vie : la jeunesse, l'âge mûr et celui où on vous dit que vous avez bonne mine.

MGR MARTY

La vie est un éclair, une fable, un [mensonge,
Le souffle d'un enfant, une peinture [en l'eau,
Le songe d'un qui veille et l'ombre [encor d'un songe
Qui, de veines vapeurs, lui brouille [le cerveau.

PIERRE MATTHIEU,
Tablettes ou quatrains de la vie et de la mort.

Pour moi donc, j'aime la vie et la culture telle qu'il a plu à Dieu nous l'octroyer.

MICHEL DE MONTAIGNE,
Essais.

La vie est vaine	La vie est brève
Un peu d'amour	Un peu d'espoir
Un peu de haine...	Un peu de rêve...
Et puis	Et puis
— bonjour !	— bonsoir !

LÉON DE MONTENAEKEN,
Peu de chose et presque trop.

Une vie est belle, où l'on commence par se croire quelque chose, et finit par ne se croire rien.

HENRY DE MONTHERLANT,
Mors et vita.

La vie, c'est ce qui vous arrive alors que vous étiez en train de prévoir autre chose.

JEANNE MOREAU

La vie est une grande surprise. Pourquoi la mort n'en serait-elle pas une plus grande ?

VLADIMIR NABOKOV, *Time* (1981),
cité in *Dictionnaire inattendu des citations*.

On s'éveille, on se lève, on s'habille [et l'on sort,
On rentre, on dîne, on soupe, on se [couche et l'on dort.

ANTOINE DE PIIS,
L'Harmonie limitative de la langue française.

La vie est une navigation, on le sait depuis Homère.

RAYMOND QUENEAU

La vie de chacun d'entre nous n'est pas une tentative d'aimer, elle est l'unique essai.

PASCAL QUIGNARD, *Vie secrète*.

Oui, ma vie m'intéresse plus que celle de Jules César et elle touche à tant d'autres vies comme un pré au milieu d'autres prés.

JULES RENARD

La vie n'est ni longue ni courte ; elle a des longueurs.

JULES RENARD, *Journal*.

La vie est une chose grave. Il faut gravir.

PIERRE REVERDY,
Le Livre de mon bord.

Il faut apprendre à mourir, voilà toute la vie.

RAINER MARIA RILKE, *Correspondance*.

La vie est l'arc, la corde est le rêve. Où est le Sagittaire ?

ROMAIN ROLLAND, *Le Voyage intérieur*.

Il n'y a aucun remède contre la naissance et contre la mort, sinon de profiter de la période qui les sépare.

GEORGE SANTAYANA,
Soliloques en Angleterre.

Une vie, c'est fait avec de l'avenir, comme les corps sont faits avec du vide.

JEAN-PAUL SARTRE, *L'Âge de raison*.

Il faut regarder la vie en farce.

LOUIS SCUTENAIRE, *Mes inscriptions*.

La vie est une pièce de théâtre : ce qui compte, ce n'est pas qu'elle dure longtemps, mais qu'elle soit bien jouée.

SÉNÈQUE,
Entretiens, traités et lettres de Lucillius.

La vie n'est qu'une ombre qui passe, un pauvre histrion qui se pavane et s'échauffe une heure sur la scène et puis qu'on n'entend plus... une histoire contée par un idiot, pleine de fureur et de bruit et qui ne veut rien dire.

(*It is a tale / Told by an idiot, full of sound and fury / Signifying nothing.*)

WILLIAM SHAKESPEARE, *Macbeth*.

La vie est une forme de maladie sexuellement transmissible.

Dr PETR SKABANEK

La vie est le seul raccourci d'un rien à un autre.

JACQUES STERNBERG

La vie d'un homme entre ciel et terre passe comme le saut d'un poulain blanc franchissant un fossé : un éclair et c'est fait.

TCHOUANG-TSEU

Mais quoi, c'est la vie, comme disait ce philosophe qu'on menait pendre.

PAUL-JEAN TOULET, *Mon amie Nane*.

La vie enseigne à faire semblant de n'être qu'un homme.

PAUL VALÉRY,
Mauvaises Pensées et autres.

La vie est à peine un peu plus vieille que la mort.

PAUL VALÉRY, *Tel quel*.

La vie n'est que de l'ennui ou de la crème fouettée.

VOLTAIRE

La vie est-elle courte ?
Il m'a semblé bien long,
Le rêve que j'ai fait.

Haïku de YOKOI YAYU,
cité par JEAN-PIERRE MILOVANOFF,
Presque un manège.

VIEILLARD

En Afrique, un vieillard qui meurt, c'est une bibliothèque qui brûle.

AMADOU HAMPATÉ BÂ

Un vieillard est un homme qui a dîné et qui regarde les autres manger.

HONORÉ DE BALZAC

Chez le vieillard, tout est vice ; ses amours, s'il a de ces fantaisies ; ses ambitions, s'il a encore de ces ridicules ; ses larmes, s'il pleurniche ; et, plus fréquent, son rire : c'est le rire de Satan.

JACQUES CHARDONNE

Ce vieillard octogénaire qui a déjà un pied dans la tombe, et qui, de l'autre, a toujours marché dans le sentier de la vertu.

CHRISTOPHE,
Le Sapeur Camember.

La vieillesse affaiblit tous nos sens. Le vieillard possède tout, mais il lui manque en tout quelque chose.

DÉMOCRITE

Ah ! vieil homme ! ah ! pauvre
[homme !...
— Quoi ! même encor tu vas, tu
[marches, tu regardes ?
Moitié sourd, presque aveugle, ainsi
[tu te hasardes ?
L'abîme est là, pourtant. La vague
[vient toucher
— Mugissante — ton pied qui
[commence à broncher.

THÉOPHILE DONDEY DE SANTENY,
Poésies posthumes.

Tout vieillard est ridicule et se rend ridicule, à moins qu'il ne soit complètement imbécile, ce qui, du reste, est le cas le plus fréquent.

ÉMILE FAGUET

Un vieillard est un livre qu'on néglige de lire.

JULIEN GREEN, *Journal.*

Le vieillard, qui revient vers la
[source première,
Entre aux jours éternels et sort des
[jours changeants ;
Et l'on voit de la flamme aux yeux
[des jeunes gens,
Mais, dans l'œil du vieillard, on voit
[de la lumière.

VICTOR HUGO,
« Booz endormi », *La Légende des siècles.*

Mais moi, sous chaque jour,
[courbant plus bas ma tête,
Je passe et, refroidi sous ce soleil
[joyeux,
Je m'en irai bientôt, au milieu de la
[fête,
Sans rien qui manque au monde
[immense et radieux.

VICTOR HUGO,
Soleils couchants.

Un vieillard ne dit pas : « Je t'aime ! », il dit : « Aimez-moi ! »

MAX JACOB

Que sommes-nous tous et même les vieillards ? De petits enfants devant Dieu. La vieillesse devant l'éternité n'est qu'une aurore, le premier instant d'un matin. Le centenaire n'est qu'un enfant aux yeux de Dieu.

JOUBERT, *Carnets.*

Le vieillard doit faire oublier qu'il a un corps. La logique du langage appelle « vieillards » indifféremment les vieux hommes et les vieilles femmes. Le vieillard sera plus heureux et plus considéré s'il se persuade bien qu'il est d'un troisième sexe.

ALPHONSE KARR,
cité par G. POMERAND
in *Le Petit Philosophe de poche.*

Les vieillards aiment à donner de bons conseils pour se consoler de n'être plus en âge de donner de mauvais exemples.

FRANÇOIS DE LA ROCHEFOUCAULD,
Maximes.

Les vieillards meurent parce qu'ils ne sont plus aimés.

HENRY DE MONTHERLANT

L'amour pour les vieillards est comme le soleil sur la neige ; il les éblouit plus qu'il ne les réchauffe.

J. PETIT-SENN

C'est avec les adolescents qui durent un assez grand nombre d'années que la vie fait des vieillards.

MARCEL PROUST,
Le Temps retrouvé.

Plus vieillira l'humanité, plus elle aura besoin de ses vieillards.

JEAN ROSTAND,
Carnets d'un biologiste.

Les vieillards et les comètes ont été vénérés et redoutés pour la même raison : leurs longues barbes et leur prétention à prédire les événements.

JONATHAN SWIFT,
Opuscules humoristiques.

VIEILLE FEMME

Une vieille femme, ça ne peut pas être très bien. Et une vieille dame, c'est si joli.

SACHA GUITRY,
Théâtre, je t'adore.

Il n'y a point de vieille femme. Toute, à tout âge, si elle aime et si elle est bonne, donne à l'homme le moment de l'infini.

JULES MICHELET, *L'Amour*.

VIEILLE FILLE

Une vieille fille est une femme qui n'a pas réussi à se marier. Un vieux garçon est un homme qui a réussi à ne pas se marier.

Anonyme

Une vieille fille, c'est la veuve d'un célibataire.

JACQUES GRELLO

VIEILLESSE

J'ai revu un ami l'autre jour. Il avait tellement changé qu'il ne m'a pas reconnu.

TRISTAN BERNARD

Vieillir, c'est passer de la passion à la compassion.

ALBERT CAMUS, *Carnets*.

La vieillesse embellit tout : elle a l'effet du soleil couchant dans les beaux arbres d'octobre.

MAURICE CHAPELAN
(rapporté par JEANNE CRESSANGES).

La vieillesse est une voyageuse de nuit : la terre lui est cachée ; elle ne découvre plus que le ciel.

FRANÇOIS RENÉ DE CHATEAUBRIAND,
Le Génie du christianisme.

En ce temps-là, la vieillesse était une dignité ; aujourd'hui, elle est une charge.

FRANÇOIS RENÉ DE CHATEAUBRIAND,
Mémoires d'outre-tombe.

La vieillesse, en définitive, n'est que la punition d'avoir vécu.

EMIL MICHEL CIORAN

La vieillesse est un décès par petits morceaux.

ALBERT COHEN,
Ô vous, frères humains.

Mon Dieu ! que la vieillesse est donc un meuble inconfortable !

COLETTE

« Je la croyais morte de vieillesse.
— Si elle avait dû mourir de ça, il y a longtemps qu'elle serait morte. »

ALEXANDRE DUMAS FILS

Il n'est qu'une manière de bien vieillir, c'est de mourir auparavant.

GEORGES ELGOZY,
Le Fictionnaire.

Rien ne nous vieillit comme la mort de ceux que nous avons connus depuis notre enfance. Je suis aujourd'hui plus vieux d'une mort.

JULIEN GREEN, *Journal*.

Un des privilèges de la vieillesse, c'est d'avoir, outre son âge, tous les âges.

VICTOR HUGO

Le soir de la vie apporte avec soi sa lampe.

JOSEPH JOUBERT, *Pensées*.

Ne pas honorer la vieillesse, c'est démolir la maison où l'on doit coucher le soir.

ALPHONSE KARR

L'on craint la vieillesse, que l'on n'est pas sûr de pouvoir atteindre.

JEAN DE LA BRUYÈRE, *Les Caractères*.

On voit bien encore aux tessons ce que fut le pot.

ADAM DE LA HALLE

La vieillesse est un tyran qui défend, sous peine de la vie, tous les plaisirs de la jeunesse.

FRANÇOIS DE LA ROCHEFOUCAULD

Je ne sais que deux choses qui gagnent à vieillir : le vin et un amant.

FELIX LOPE DE VEGA, *Le Cavalier d'Olmedo*.

Je me sens pareil à ce que je fus toujours, au point de croire que la vieillesse n'existe pas.

FRANÇOIS MAURIAC

C'est merveilleux la vieillesse... dommage que ça finisse si mal !

FRANÇOIS MAURIAC

Il ne se voit pas d'âme qui, en vieillissant, ne sente l'aigre et le moisi.

MICHEL DE MONTAIGNE

La vieillesse vit sous le signe moins : on est de moins en moins intelligent, de moins en moins bête.

PAUL MORAND, *Venises*.

Vieillir, c'est quand on dit « tu » à tout le monde et que tout le monde vous dit « vous ».

MARCEL PAGNOL

La vieillesse arrive brusquement, comme la neige. Un matin, au réveil, on s'aperçoit que tout est blanc.

JULES RENARD, *Journal*.

La vieillesse, c'est quand on commence à se dire : « Je ne me suis jamais senti aussi jeune. »

JULES RENARD, *Journal*.

La vieillesse, c'est le temps où les anniversaires ne sont plus des fêtes.

ROBERT SABATIER, *Le Livre de la déraison souriante*.

Vieillir est encore le seul moyen que l'on ait trouvé pour vivre longtemps.

CHARLES AUGUSTIN SAINTE-BEUVE

Si la vieillesse enfin vous glace,
Sachez renoncer aux amours.
Que l'amitié prenant leur place
Embellisse vos derniers jours.
Un vieux et paisible ménage
Connaît encor quelques douceurs.
L'hiver a des jours sans nuages,
Et sous la neige, il est des fleurs.

MME DE SALM

Tant de dernières fois qui s'accumulent petit à petit et qui, en réalité, constituent la vieillesse.

GEORGES SIMENON, *Un homme comme les autres*.

Si la jeunesse est la plus belle des fleurs, la vieillesse est le plus savoureux des fruits.

SOPHIE SWETCHINE (amie de Lacordaire et de Montalembert, le jour de son soixante-quatorzième anniversaire).

De tous les événements inattendus, le plus inattendu, c'est la vieillesse.

LÉON TROSTSKI

La vieillesse est la seule maladie dont on n'attende pas la guérison.

ORSON WELLES, *Citizen Kane*.

La vieillesse, c'est le soleil qui se couche, mais qui se couche seul.

ALBERT WILLEMETZ

VIEILLIR

En vieillissant, on apprend à troquer ses terreurs contre des ricanements.

EMIL MICHEL CIORAN, *Syllogismes de l'amertume*.

Croit-elle donc, Ninon, qui me
[querelle,
Quand je vieillis, qu'elle ne vieillit
[pas,
Que, dans sa course, et du bout de
[son aile
Le temps n'a point effleuré ses
[appas ?

Ninette, hélas ! tout, sur notre
[planète,
Même l'amour, subit la loi du
[temps ;
Dans ton miroir regarde-toi, Ninette,
Tous deux, hélas ! nous n'avons plus
[vingt ans.

LOUIS AUGUSTE COMMERSON

Un homme qui serait en peine de reconnaître s'il change, s'il commence à vieillir, peut consulter les yeux d'une jeune femme qu'il aborde et le ton dont elle lui parle ; il apprendra ce qu'il craint de savoir.

JEAN DE LA BRUYÈRE, *Les Caractères*.

Je m'amuse à vieillir, c'est une occupation de tous les instants.

PAUL LÉAUTAUD

Vieillir, c'est trois choses : la première, c'est perdre la mémoire, les deux autres je ne m'en souviens plus.

RONALD REAGAN
(au sommet de Toronto, 22 juin 1988).

Vieillir, c'est aussi savoir combien de choses peut emporter le vent.

PIERRE REVERDY, *Notes*.

Chaque jour je change ; les années se succèdent, mes goûts de l'autre saison ne sont déjà plus ceux de la saison d'aujourd'hui ; mes amitiés elles-mêmes se dessèchent et se renouvellent. Avant la mort finale de cet être mobile qui s'appelle de mon nom, que d'hommes sont déjà morts en moi !

Tu crois que je parle de moi personnellement, lecteur, mais songe un peu, et vois s'il ne s'agit pas aussi de toi.

CHARLES AUGUSTIN SAINTE-BEUVE, *Pensées*.

Je dois vieillir, car maintenant je suis plus intéressé par la nourriture que je mange que par la servante qui me l'apporte.

JOHN STEINBECK

On a, en vieillissant, un grand plaisir qui n'est pas à négliger, c'est de compter les impertinents et les impertinentes qu'on a vus mourir, et la foule de ridicules qui ont passé devant les yeux.

VOLTAIRE, *Lettre à Mme Du Deffand*.

En vieillissant, je sens que tout s'en va... et j'aime tout plus passionnément.

ÉMILE ZOLA

VIERGE

Je dois épouser une vierge : je ne supporte pas la critique.

KAREN BLIXEN, *Ma ferme africaine*.

Vous savez pourquoi on trouve encore de la laine vierge ? C'est parce que les moutons courent plus vite que les bergers.

COLUCHE

S'il y a encore des vierges, c'est uniquement parce qu'il faut bien, pour une femme, débuter par là.

ÉTIENNE REY, *De l'Amour*.

VIEUX

Une dame, au cours d'un dîner, déclarait :

— Moi, quand je serai vieille, je me tuerai !

Alors, Forain, dans le silence :

— Feu !

Je ne serai jamais vieux. Pour moi, être âgé, c'est avoir quinze ans de plus que moi.

BERNARD BARUCH

Il n'y a pas de vieux messieurs, il n'y a que des femmes maladroites.

GEORGES CLEMENCEAU

Mettez-vous du coton dans les oreilles et des cailloux dans vos chaussures. Enfilez des gants de caoutchouc et barbouillez vos lunettes de vaseline. Et ça y est, vous y voilà : en un instant, vous êtes devenu vieux.

MALCOLM COWLEY

Je préfère être un vieux tableau qu'un jeune cadre : ça vaut plus cher !

BERNARD DELVAILLE, *Lettre à l'auteur*.

J'aime tout ce qui est vieux : vieux amis, bon vieux temps, vieilles coutumes, vieux vins, vieux livres.

OLIVER GOLDSMITH

Peu de gens savent être vieux.

FRANÇOIS DE LA ROCHEFOUCAULD, *Réflexions ou sentences et maximes morales.*

On demandait à une vieille, très vieille dame, comment elle se débrouillait pour occuper ses journées.

— Ben, voyez-vous, je tousse un peu, je gronde un peu, je prie un peu... et tout cela m'aide à passer le temps.

FREDERICK LOCKER-LAMPSON, *Mes confidences.*

Deux vieux époux ne se détestent jamais complètement.

FRANÇOIS MAURIAC, *Le Nœud de vipères.*

Les enfants sont aussi vieux que le monde, il y en a qui rajeunissent en vieillissant, ce sont ceux qui ne croient plus à rien.

FRANCIS PICABIA

Devenir vieux, c'est être de plus en plus puni pour un crime que l'on n'a pas commis.

ANTHONY POWELL

Si vous voulez vivre longtemps, vivez vieux.

ERIK SATIE

VIF

Si tu es vif, le lent t'échappe.

PAUL VALÉRY, *Mélange.*

VIGNERON

De gaieté, vigneron, vide vingt fois [ton verre,
Lorsque les pluies de mars inonde- [ront la terre.

Dicton

VILLE

Comme remède à la vie en société, je suggère les grandes villes : c'est le seul désert à notre portée.

ALBERT CAMUS

La ville prévoit plus d'oxygène pour ses morts que pour ses vivants.

JEAN GIRAUDOUX

La ville a une figure, la campagne a une âme.

JACQUES DE LACRETELLE, *Idées dans un chapeau.*

Comme une mère, une ville natale ne se remplace pas.

ALBERT MEMMI, *La Statue de sel.*

VIN

Le vin est un liquide rouge
Sauf le matin quand il est blanc.

Chanson des Hydropathes

Un coup de vin sur la salade enlève un ducat au médecin.

Un coup de vin sur un œuf lui en enlève deux.

Dicton

Le vin... c'est la France.
L'eau... c'est la souffrance.

Un garçon de café parisien

Un bon vin ? c'est pas compliqué : c'est un vin qu'on a envie de reboire.

Maxime des vignerons en Beaujolais

Pour que le vin fasse du bien aux femmes, il faut que ce soyent les hommes qui le boivent.

La plaisante sagesse lyonnaise

Le vin est le miroir de l'homme.

ALCÉE

Le vin est senti par la nation française comme un bien qui lui est propre, au même titre que ses trois cent soixante espèces de fromages et sa culture. C'est une boisson-totem, correspondant au lait de la vache hollandaise ou au thé absorbé cérémonieusement par la famille royale anglaise.

ROLAND BARTHES, *Mythologies.*

J'ai demandé souvent à des vins [captieux

D'endormir pour un jour la terreur
[qui me mine ;
Le vin rend l'œil plus clair et
[l'oreille plus fine !

CHARLES BAUDELAIRE,
La Fontaine de sang.

Vin : Jus de raisin fermenté connu de l'Association des femmes chrétiennes sous le nom de « boisson » et quelquefois de « rhum ».

AMBROSE BIERCE, *Le Dictionnaire du Diable.*

Pendant la guerre, il m'est arrivé de boire du vin allemand, mais je me disais pour m'en excuser que je ne le buvais pas, mais que je m'empoisonnais.

WINSTON CHURCHILL

Le gros-qui-tache est au mouton-rothschild ce que la brebis galeuse est à l'agneau pascal.

PIERRE DAC,
Essais, maximes et conférences.

Le ciel fit l'eau pour Jean-qui-pleure
Et fit le vin pour Jean-qui-rit.

MARC-ANTOINE DESAUGIERS

Bon Français, quand je vois mon
[verre
Plein de son vin couleur de feu
Je songe, en remerciant Dieu,
Qu'ils n'en ont pas en Angleterre.

PIERRE DUPONT, *Ma vigne.*

Sujet de conversation entre hommes — le meilleur est le bordeaux, puisque les médecins l'ordonnent. Plus il est mauvais, plus il est naturel.

GUSTAVE FLAUBERT,
Dictionnaire des idées reçues.

Dieu n'avait fait que l'eau,
Mais l'homme a fait le vin.

VICTOR HUGO, *La Fête chez Thérèse.*

Notre Seigneur n'a pas trouvé de plus auguste matière pour la transformer en bon sang. Il est donc juste, équitable et salutaire de l'aimer.

JORIS-KARL HUYSMANS

Il y a trop de vin en ce monde pour dire la messe, mais il n'y en a pas assez pour faire tourner des moulins. Donc, il faut le boire.

GRIMOD DE LA REYNIÈRE

Qui n'aime point le vin, les femmes
[ni les chants
Il restera un sot toute sa vie durant.

MARTIN LUTHER,
in *Anthologie bilingue des poètes allemands*
de R. Lasne et G. Raguse.

Le vin rouge français a toujours, en Angleterre, un goût d'encre ; en France, il a un goût de soleil.

GEORGE MOORE,
Mémoires de ma vie morte.

Ce que je ne m'explique guère
C'est pourquoi l'on boit à Paris
Le mauvais vin dans les grands
[verres
Et le bon vin dans les petits.

JACQUES OFFENBACH, *La Vie parisienne.*

Il faut s'efforcer d'être jeune comme un beaujolais et de vieillir comme un bourgogne.

ROBERT SABATIER,
Le Livre de la déraison souriante.

Buvez sur ce poisson ce vin que je vous verse :

Ce n'est qu'un petit vin frais, jeune et sans expérience ; mais vous tâterez tout à l'heure d'un Syracuse qui n'a pas moins de quatre-vingts ans !

Il est à l'extrême de ses vertus.

PAUL VALÉRY, *Alphabet.*

VINAIGRE

Ne soyez pas une mouche. Laissez-vous prendre avec du vinaigre [...]. Le vinaigre, c'est le vin des forts. Une louange est une injure à l'orgueil.

PAUL VALÉRY,
Mauvaises pensées et autres.

VINGT ANS

Car le cœur, à vingt ans, se pose où
[l'œil se pose,

Le premier cotillon venu vous en
[impose,
La plus humble bergère est un
[morceau de roi.
Ça manquait de marquise, on connut
[la soubrette
Faute de fleur de lys, on eut la
[pâquerette
Au printemps, Cupidon fait flèche de
[tout bois.

GEORGES BRASSENS,
Les Amours d'antan.

Écrire des vers à vingt ans, c'est avoir vingt ans. En écrire à quarante, c'est être poète.

FRANCIS CARCO

Elle était riche de vingt ans
Moi j'étais jeune de vingt francs
Et nous fîmes bourse commune
Placée, à fonds perdus, dans une
Infidèle nuit de printemps...

TRISTAN CORBIÈRE à la mémoire de Zulma
in *Les Amours jaunes*.

À quinze ans, vingt ans tout au plus, on est déjà achevé d'imprimer.

ALPHONSE DAUDET

Quand on a vingt ans de plus qu'une femme, c'est elle qui vous épouse.

SACHA GUITRY

Tu as vingt ans.
Si tu m'aimes, tu m'ôtes vingt ans.
Si tu ne m'aimes pas, tu me les ajoutes.

SACHA GUITRY, *Elles et toi*.

Cédez-moi vos vingt ans si vous n'en faites rien.

HENRI DE LACRETELLE,
Discours en vers sur les faux chagrins.

J'avais vingt ans. Je ne laisserai personne dire que c'est le plus bel âge de la vie.

PAUL NIZAN, *Aden Arabie*.

L'homme qui est poète à vingt ans n'est pas poète, il est homme. S'il est poète après vingt ans, alors, il est poète.

CHARLES PÉGUY, *Clio*.

À vingt ans un trouble nouveau
Sous le nom d'amoureuse flamme,
M'a fait trouver belles les femmes :
Elles ne m'ont pas trouvé beau.

PAUL VERLAINE,
« Gaspar Hauser chante », *Sagesse*.

VIOL

VIOL DE NUIT : TERRE DES HOMMES.

Slogan féministe

Chez les porcs-épics, le viol est inconnu.

GREGORY CLARK

VIOLENCE

Malheureusement, il y a des moments où la violence est la seule façon dont on puisse assurer la justice sociale.

THOMAS STEARNS ELIOT,
Meurtre dans la cathédrale.

Les hommes sont si bêtes qu'une violence répétée finit par leur paraître un droit.

HELVÉTIUS, *Maximes et Pensées*.

Les violences qu'on se fait pour s'empêcher d'aimer sont souvent plus cruelles que les rigueurs de ce qu'on aime.

FRANÇOIS DE LA ROCHEFOUCAULD

Quand on peut user de violence, il n'est nul besoin de procès.

THUCYDIDE

Entre rois, entre peuples, entre particuliers, le plus fort se donne des droits sur le plus faible, et la même règle est suivie par les animaux et les êtres inanimés : de sorte que tout s'exécute dans l'univers par la violence ; et cet ordre, que nous blâmons avec quelque apparence de justice, est la loi la plus générale, la plus immuable et la plus importante de la nature.

LUC DE VAUVENARGUES,
Maximes et Pensées.

VIOLENT

Si nous devenions violents, nous n'aurions plus rien à défendre.

DALAÏ-LAMA

VIOLER

Même une pute qui ferait vingt-cinq mille passes par jour, ne voudrait pas se laisser violer. C'est la pire chose qui puisse arriver à une femme.

BILLIE HOLLYDAY

VIOLON

Un violoniste est quelqu'un qui frotte l'intérieur d'un chat contre l'extérieur d'un cheval.

Anonyme

Quand j'entends jouer du violon, je pense que c'est la vengeance des intestins d'un chat mort.

AMBROSE BIERCE

Je n'ai pas de violon d'Ingres. Je le déplore. J'aurais aimé passer mes journées au travail et mes nuits au violon.

FRANCIS BLANCHE, *Les Pensées*.

Dès la plus haute antiquité, l'homme a su produire des sons mélodieux en frottant des boyaux de chat convenablement tendus. Mais c'est le grand Stradivarius (1664-1746) qui eut le premier l'idée d'enfermer le chat dans la boîte en ne laissant dépasser que les boyaux afin de ne pas se faire griffer — le violon était né.

FRANÇOIS CAVANNA

Je voudrais être le Paganini du violon d'Ingres.

JEAN COCTEAU

Géricault était un peintre français célèbre dont la trompette était le violon d'Ingres.

PIERRE DAC

VIOLONCELLE

À une violoncelliste, le chef d'orchestre anglais sir Thomas Beecham déclarait : « Madame, vous avez entre les jambes un instrument qui peut donner du plaisir à des milliers de gens... et tout ce que vous savez faire est de le gratter ! »

VIRGINITÉ

C'est une des superstitions de l'esprit humain d'avoir imaginé que la virginité pouvait être une vertu.

VOLTAIRE, *Le Sottisier*.

VIRGULE

Une phrase sans virgule est comme une musique de rock sans batterie.

CLAUDE DUNETON

On ne voit pas les virgules entre les maisons, ce qui rend la lecture si difficile et les rues si lassantes à parcourir.

HENRI MICHAUX

VISA

Un jour on aura besoin d'un visa pour passer du 31 décembre au 1er janvier.

JACQUES STERNBERG

VISAGE

Ce ne sont pas ces hommes au teint fleuri, amis de la bonne chère, que je redoute, mais les visages pâles et maigres.

JULES CÉSAR

Son visage était des plus mignons ; mais c'était toujours le même visage ; on eût dit qu'elle le tirait le matin d'un étui pour l'y remettre en se couchant, sans s'en être servi durant la journée.

ANTOINE HAMILTON,
Mémoires de la vie du comte de Gramont.

Un beau visage est le plus beau de tous les spectacles ; et l'harmonie la plus douce est le son de la voix de celle qu'on aime.

JEAN DE LA BRUYÈRE,
Les Caractères.

La surface la plus passionnante de la terre, c'est, pour nous, celle du visage humain.

GEORG CHRISTOPH LICHTENBERG,
Aphorismes.

Faut-il peindre ce qu'il y a sur un visage ? ce qu'il y a dans un visage ? ou ce qui se cache derrière un visage ?

PABLO PICASSO

Un beau visage est un traître qui se fait craindre et qu'on regarde avec plaisir.

PLUTARQUE

Dieu vous a donné un visage et vous vous en fabriquez un autre.

WILLIAM SHAKESPEARE, *Hamlet*.

Le monde est plein de voix qui
[perdirent visage
Et tournent nuit et jour pour en
[demander un.

JULES SUPERVIELLE, *Les Amis inconnus*.

Ces visages qu'il suffit de voir une seule fois pour les oublier à jamais.

OSCAR WILDE

VISIBLE

Le vrai mystère du monde est le visible et non l'invisible.

OSCAR WILDE, *Le Portrait de Dorian Gray*.

VISION

Les visions ont un heureux instinct, elles n'apparaissent qu'à ceux qui doivent y croire.

SACHA GUITRY

VISITE

On fait toujours plaisir aux gens en venant les voir : si ce n'est en entrant, c'est en sortant.

DOM CROCHON

Je crois que notre visite leur a fait du bien. Tu as vu comme ils avaient l'air triste quand nous sommes arrivés, et leur sourire joyeux quand nous sommes partis.

HENRI DUVERNOIS

VISITEUR

Beaucoup de maisons ne sont faites que pour les visiteurs, comme beaucoup de mariages pour les autres.

MARCEL JOUHANDEAU,
Chroniques maritales.

VISON

Comment font les filles pour avoir des visons ?

Exactement la même chose que font les visons pour avoir des visons.

Graffiti à Londres

VITALITÉ

Le secret de ma vitalité ? Je n'ai dans le sang que des globules rouges : l'alcool a tué depuis belle lurette tous mes globules blancs.

WINSTON CHURCHILL

VITE

Il faut faire vite ce qui ne presse pas pour pouvoir faire lentement ce qui presse.

Proverbe chinois

Ce siècle va trop vite, il faut y être célèbre avant d'être connu.

ALEXANDRE VIALATTE

VITRE

Un défaut de la vitre, et le moineau est un aigle sur le toit.

JULES RENARD, *Journal*.

VITRIOL

VISITA INTERIOREM TERRAE, RECTIFICANDO INVENIES OPERAE LAPIDEM (littéralement : Visite l'intérieur de la Terre, en distillant tu trouveras la pierre de l'œuvre), c'est-à-dire : Descends au fond de toi-même pour y découvrir la pierre cachée.

Inscription qui se trouve dans les chambres de méditation des loges maçonniques.

VITTEL

Venez Vider Vessie.

CHARLES TRENET

VIVANT

La tradition ne veut pas dire que les vivants soient morts, mais que les morts soient vivants.

GILBERT KEITH CHESTERTON, *Orthodoxie*.

S'il y a bien des manières d'être vivant, on n'en connaît encore qu'une seule d'être mort.

ANATOLE FRANCE

VIVRE

Vivre est une maladie dont le sommeil nous soulage toutes les seize heures ; c'est un palliatif : la mort est le remède.

NICOLAS DE CHAMFORT,
Maximes et pensées, Caractères et anecdotes.

L'homme vit souvent avec lui-même, et il a besoin de vertu ; il vit avec les autres, et il a besoin d'honneur.

NICOLAS DE CHAMFORT,
Maximes et Pensées.

Vivre, c'est s'obstiner à achever un souvenir.

RENÉ CHAR

Vivre est une chute horizontale.

JEAN COCTEAU, *Opium.*

Qui sait si vivre est ce qu'on appelle mourir, et si mourir, c'est vivre ?

EURIPIDE

Vivre, c'est survivre à un enfant mort.

JEAN GENET

Étudiez comme si vous deviez vivre toujours. Vivez comme si vous deviez mourir demain.

SAINT ISIDORE DE SÉVILLE

Vivre, c'est naître sans cesse. La mort n'est qu'une ultime naissance, le linceul, notre dernier lange.

MARCEL JOUHANDEAU,
Réflexion sur la vieillesse et la mort.

Vivre est le métier que je lui veux apprendre.

JEAN-JACQUES ROUSSEAU,
Émile ou De l'éducation.

Je vivrais mal si je n'écrivais pas et j'écrirais mal si je ne vivais pas.

FRANÇOISE SAGAN,
Réponse à une interview.

Vivre, c'est naître lentement. Il serait un peu trop aisé d'emprunter des âmes toutes faites !

ANTOINE DE SAINT-EXUPÉRY,
Pilote de guerre.

Pour exécuter de grandes choses, il faut vivre comme si on ne devait jamais mourir.

LUC DE VAUVENARGUES,
Réflexions et Maximes.

« Il faut que je vive.
— Je n'en vois pas la nécessité ! »

Dialogue entre l'abbé Guyot Desfontaines et le marquis d'Argenson rapporté par VOLTAIRE.

VOCABULAIRE

Il se prépara un grand vocabulaire et attendit toute sa vie une idée.

NATALIE CLIFFORD BARNEY

Quand une science est à bout d'arguments, elle élargit son vocabulaire.

JACQUES DEVAL, *Afin de vivre bel et bien.*

Comment se contenter du vocabulaire de Racine, qui ne passe point douze cents mots ? Je crois que c'est Théophile Gautier qui a fait le compte.

ABEL HERMANT,
Lettres à Xavier sur l'art d'écrire.

Le vocabulaire est un riche pâturage de mots.

HOMÈRE, *L'Iliade*, XX.

En observant le vocabulaire d'une femme, on peut reconstituer ses amants, comme Cuvier, d'après quelques os, dessinait des monstres inconnus.

ANDRÉ MAUROIS, *De la conversation.*

VOCIFÉRATION

Mode d'expression d'un adversaire.

AMBROSE BIERCE,
Le Dictionnaire du Diable.

VODKA

Il dit que sa nourrice l'a laissé tomber quand il était petit et, depuis ce temps-là, il sent légèrement la vodka.

NICOLAS GOGOL, *Le Revizor.*

VŒU

Si Zeus voulait écouter les vœux des hommes, tous périraient, car ils demandent beaucoup de choses qui sont nuisibles à leur semblables.

ÉPICURE, *Fragments*.

VOIR

Si nous voyons plus loin que nos pères, c'est parce que nous sommes montés sur leurs épaules.

Proverbe chinois, cité par MICHEL OLIVER.

Revois deux fois pour voir juste, ne vois qu'une fois pour voir beau.

HENRI FRÉDÉRIC AMIEL, *Fragments d'un journal intime*.

De la vallée, on voit de grandes choses. Du sommet du pic, on n'en voit que de petites.

GILBERT KEITH CHESTERTON

Il y a assez de lumière pour ceux qui ne désirent que de voir, et assez d'obscurité pour ceux qui ont une disposition contraire.

BLAISE PASCAL, *Pensées*.

Et j'ai vu quelquefois ce que
[l'homme a cru voir.

ARTHUR RIMBAUD, *Le Bateau ivre*.

Toute la vie est dans le verbe *voir*.

PIERRE TEILHARD DE CHARDIN

VOISIN

Il ne peut pas pleuvoir chez le voisin sans que nous ayons les pieds mouillés.

Proverbe chinois

Nous faisons nos amis, nous faisons nos ennemis ; mais Dieu fait notre voisin.

GILBERT KEITH CHESTERTON, *Hérétiques*.

Le voisin est un animal nuisible assez proche de l'homme.

PIERRE DESPROGES

Il existe une loi politique et peut-être naturelle qui exige que deux voisins forts et proches, quelle que soit leur mutuelle amitié au début, finissent toujours par en venir à un désir d'extermination réciproque.

FEDOR DOSTOÏEVSKI, *Journal d'un écrivain*.

Un mauvais voisin est une calamité, un bon voisin est un vrai trésor.

HÉSIODE, *Les Travaux et les Jours*.

VOITURE

Les Français mettent dans leur voiture autant d'amour-propre que d'essence.

PIERRE DANINOS

VOIX

La voix est un second visage.

GÉRARD BAUER, *Carnets*.

La voix de celui qui crie dans le désert d'Arizona a bien peu de chance d'être entendue de ceux qui glandent dans les steppes de l'Asie Centrale de Borodine.

PIERRE DAC, *Pensées choisies*.

Le monde est plein de voix qui
[perdirent visage
Et tournent nuit et jour pour en
[demander un.

JULES SUPERVIELLE, *Les Amis inconnus*.

Une belle voix est intelligente par elle-même, même si la femme est idiote ; c'est ce qu'il y a d'affreux dans la musique.

PATRICK SÜSKIND, *La Contrebasse*.

VOL

En littérature, le vol ne se justifie que par l'assassinat.

ANTOINE DE RIVAROL, *Maximes, Pensées et Paradoxes*.

VOLAPÜK

Dante, Goethe, Chateaubriand appartiennent à toute l'Europe, dans la mesure même où ils étaient respectivement et éminemment italien, allemand ou français. Ils n'auraient pas beaucoup servi l'Europe s'ils avaient pensé, écrit, en volapük intégré.

CHARLES DE GAULLE.

VOLCAN

Le char de l'État navigue sur un volcan.

HENRI MONNIER, *Grandeur et décadence de Joseph Prudhomme*.

C'est une fête toute napolitaine : nous dansons sur un volcan.

HENRI DE SALVANDY (à Louis-Philippe, le 31 mai 1830, qui donnait une fête en l'honneur de son beau-frère, le roi de Naples).

VOLER

La migration, c'est les oiseaux qui volent. L'émigration, c'est les Arabes qui volent.

LES INCONNUS, cités dans *7 à Paris*.

VOLEUR

Voleur, c'est quand on trouve un objet avant qu'il soit perdu.

COLUCHE, *Pensées et Anecdotes*, tome II.

Qui vole peu et risque peu,
[on l'appelle voleur.
Qui vole peu et risque beaucoup,
[on l'appelle bandit.
Qui vole beaucoup et risque peu,
[on l'appelle financier.

JOSÉ MALLORQUI

Les voleurs eurent leur revanche le jour où Marx prouva que la bourgeoisie était coupable de vol.

GEORGE BERNARD SHAW, *Bréviaire du révolutionnaire*.

VOLONTÉ

La vie de l'homme dépend de sa volonté ; sans volonté, elle serait abandonnée au hasard.

CONFUCIUS

VOLTAIRE

Est-ce Dieu qui prétendit un jour que, si Voltaire n'existait pas, il faudrait l'inventer ? Ou bien le contraire ? L'une et l'autre hypothèses méritent d'être soutenues jusqu'à la mort... exclusivement.

HIPPOLYTE DOMONT, *Propos de mon village*.

Avec Voltaire, c'est le monde ancien qui finit ; avec Rousseau, c'est un monde nouveau qui commence.

WOLFGANG VON GOETHE

La plus terrible de toutes les armes intellectuelles jamais inventées par l'homme fut la raillerie de Voltaire.

TALLEYRAND

VOLUPTÉ

Je suis fatiguée des voluptés, mais je n'en suis pas assouvie. *Lassata sed non satiata*.

MESSALINE (selon Juvénal).

La volupté est comme la douleur : elle éteint tout ce qui n'est pas elle.

HENRY DE MONTHERLANT

La volupté, à son comble, participe de l'anonymat. C'est quelque chose noire et sans limites, où s'efface le nom de l'amant, comme dans l'ivresse le cru du vin.

PAUL-JEAN TOULET, *Les Trois Impostures*.

VOSGES

Dans les Vosges, il y a deux saisons dans l'année : l'hiver et le 15 août.

Anonyme

VOULOIR

N'attends pas que les événements arrivent comme tu le souhaites. Décide de vouloir ce qui arrive... et tu seras heureux.

ÉPICTÈTE

VOYAGE

Le voyage est un retour vers l'essentiel.

Maxime tibétaine

Amer savoir celui qu'on tire du
[voyage !
Le monde, monotone et petit,
[aujourd'hui,
Hier, demain, toujours, nous fait voir
[notre image.

CHARLES BAUDELAIRE

Le voyage n'est nécessaire qu'aux imaginations courtes.

COLETTE

Les voyages prouvent moins de curiosité pour les choses que l'on va voir que d'ennui de celles que l'on quitte.

ALPHONSE KARR

Cette fois, mon cœur, c'est le grand [voyage,
Nous ne savons pas quand nous [reviendrons ;
Serons-nous plus fiers, plus fous ou [plus sages ?
Qu'importe, mon cœur, puisque [nous partons.

JEAN DE LA VILLE DE MIRMONT

Ce que d'abord vous nous montrez, voyages, c'est notre ordure lancée au visage de l'humanité.

CLAUDE LÉVI-STRAUSS, *Tristes Tropiques*.

Acheter un costume neuf, c'est déjà voyager à l'étranger.

GROUCHO MARX

Je réponds ordinairement à ceux qui me demandent raison de mes voyages que je sais bien ce que je fuis mais non pas ce que je cherche.

MICHEL DE MONTAIGNE, *Essais*.

Le voyage est une suite de disparitions irréparables.

PAUL NIZAN

Je n'évolue pas : je voyage.

FERNANDO PESSÕA, *Lettre à Adolfo Casais Monteiro*.

Femme qui voyage laisse voyager son cœur.

ANTOINE DE RIVAROL

VOYAGER

L'homme n'a pas besoin de voyager pour s'agrandir : il porte en lui l'immensité.

FRANÇOIS RENÉ DE CHATEAUBRIAND

On ne voyage pas pour voyager, mais pour avoir voyagé.

ALPHONSE KARR

À quoi sert de voyager si tu t'emmènes avec toi ? C'est d'âme, qu'il faut changer, non de climat.

SÉNÈQUE, *Lettres à Lucilius*.

Voyager est un des plus tristes plaisirs de la vie.

MME DE STAËL

Le voyageur est ce qui importe le plus dans un voyage.

ANDRÉ SUARÈS

VOYANT

Je dis qu'il faut être voyant, se faire voyant. Le poète se fait voyant par un long, immense et raisonné dérèglement de tous les sens.

ARTHUR RIMBAUD

VOYELLE

A noir, E blanc, I rouge, U vert, [O bleu : voyelles,
Je dirai quelque jour vos naissances [latentes.

ARTHUR RIMBAUD, *Voyelles*.

VRAI

Rien n'est vrai que ce qu'on ne dit pas...

JEAN ANOUILH, *Antigone*.

VRAISEMBLABLE

Les histoires vraisemblables ne méritent plus d'être racontées.

LÉON BLOY

VULGAIRE

On m'a accusé d'être vulgaire, et moi je dis que c'est de la merde !

MEL BROOKS

VULGARITÉ

Aucun crime n'est vulgaire, mais la vulgarité est un crime. La vulgarité, c'est ce que font les autres.

OSCAR WILDE, *Formules et Maximes à l'usage des jeunes gens*.

W-Z

W

La veuve de deux maris a droit à une carte de visite avec un W, c'est-à-dire double veuve.

RAMÓN GÓMEZ DE LA SERNA,
Greguerías.

WAGNER (Richard)

Je ne peux pas écouter trop de Wagner à la fois, ça me donne envie d'envahir la Pologne.

WOODY ALLEN, dans le film
Meurtre mystérieux à Manhattan.

La musique de Wagner est meilleure qu'on pourrait le croire en l'écoutant.

MARK TWAIN

J'adore la musique de Wagner. Elle est si bruyante que l'on peut parler tout le temps sans que les autres entendent ce que l'on dit.

OSCAR WILDE

W-C

Le water-closet a ceci de comparable à la harpe que c'est essentiellement un instrument dont on joue seul.

Anonyme

Après avoir tiré la chasse, on perd sa place.

JEAN L'ANSELME,
Pensées et Proverbes de Maxime Dicton.

WHISKY

« Je vous sers un autre whisky ?

Groucho Marx : — Volontiers, merci. Mais, sans glace, ça prend trop de place dans le verre. »

Le whisky sent la punaise écrasée. Mais le contraire n'est pas vrai.

Anonyme

Le whisky fait de moi un autre homme... et cet autre homme commande un deuxième whisky.

Anonyme

Le whisky est le cognac du con [...] En vieillissant, le whisky gagne en platitude ce qu'il perd en infamie. On peut y conserver ses bébés morts en bas Armagnac.

PIERRE DESPROGES,
Dictionnaire superflu...

Un bonhomme possédait un whisky si extraordinaire que, lorsqu'il en buvait, il prenait l'accent écossais.

MARK TWAIN

Le whisky, au premier verre, vous fait voir les choses comme on voudrait qu'elles soient. Au second, telles qu'elles ne sont pas. Ensuite, telles qu'elles sont... C'est affreux !

OSCAR WILDE

XÉNOPHOBIE

Vous voyez bien, c'est pas des gens comme nous, tout ça c'est pas pour dire, moi ce que j'en dis, c'est pour causer, de toute façon je suis pas raciste, j'ai un chat siamois.

JEAN-LOUIS FOURNIER, *Le Pain des Français*.

Selon les latitudes, la haine de l'étranger change de nom. En Europe, elle s'appelle patriotisme, en Chine, xénophobie.

FERNAND VANDEREM, *Gens de qualité*.

Voir aussi ŒIL.

YACHTING

Le yachting est la troisième mamelle de l'immobilier. Il y a aujourd'hui dans tout promoteur un port qui sommeille.

PHILIPPE BOUVARD, *Les Pensées*.

YANKEE

Les Yankees, ces premiers mécaniciens du monde, sont ingénieurs, comme les Italiens sont musiciens et les Allemands métaphysiciens de naissance.

JULES VERNE, *De la Terre à la Lune*.

YAOURT

La différence entre Los Angeles et le yaourt est que le yaourt est le symbole d'une vraie culture.

TOM TASSIK

YEUX

À chaque fois qu'il avait les yeux en face des trous, il en profitait pour regarder.

PIERRE ALECHINSKY

Ses yeux, où des escadres de cœur pourraient évoluer à l'aise...

ALPHONSE ALLAIS

Chacun de ses beaux yeux était un
[tel prodige
Que le plus grand prodige était qu'ils
[fussent deux

TRISTAN BERNARD

Il y a des yeux grands ouverts au secret des yeux fermés.

YVES BONNEFOY, *L'Improbable*.

Les deux yeux ne donnent qu'une seule vue.

EMPÉDOCLE

En amour, on ne persuade pas facilement aux hommes de mettre leur raison à la place de leurs yeux.

BERNARD DE FONTENELLE

Tu veux découvrir le monde ?
Ferme les yeux Rosemonde...

JEAN GIRAUDOUX, *Bella*.

Elle a d'assez beaux yeux pour des yeux de province.

JEAN-BAPTISTE GRESSET, *Le Méchant*.

Ferme les yeux et tu verras.

JOSEPH JOUBERT, *Pensées*.

Vos yeux brillent comme le fond de mon pantalon.

GROUCHO MARX

J'ai peur que mes yeux ne fassent des trous dans le ciel.

FRIEDRICH NIETZSCHE

Les plus beaux yeux pour moi sont des yeux pleins de larmes.

EDMOND ROSTAND, *La Samaritaine*.

Avoir beaucoup vu et ne rien avoir, c'est avoir les yeux riches et les mains pauvres.

WILLIAM SHAKESPEARE, *Comme il vous plaira*, scène 16.

Bleus ou noirs, tous aimés, tous
[beaux
Ouverts à quelque immense aurore,

De l'autre côté des tombeaux,
Les yeux qu'on ferme voient
[encore.

SULLY PRUDHOMME,
La Vie intérieure.

Quels yeux nous faudra-t-il et quelle patience, ou quelle cécité plutôt pour soudain voir le jour.

GIUSEPPE UNGARETTI,
Innocences et Mémoire.

Lorsque la beauté règne sur les yeux, il est probable qu'elle régne encore ailleurs.

LUC DE VAUVENARGUES,
Réflexions et Maximes.

Que m'importe le jour ? que m'im
[porte le monde ?
Je dirai qu'ils sont beaux quand tes
[yeux l'auront dit.

ALFRED DE VIGNY, *La Maison du berger*.

Tes yeux sont de fleurs et de fruits,
J'y vois l'iris et la prunelle,
Et la pensée et le souci,
Fleurs à nos amours naturelles.

LOUISE DE VILMORIN,
L'Alphabet des aveux.

Voir aussi ŒIL.

ZÈLE

Le zèle a tué plus d'hommes que la paresse.

Proverbe corse

ZÉRO

Vous êtes nos moitiés, avec nous
[assorties,
Vous formez un beau tout ;
Séparez-vous de nous, vous n'êtes
[que parties,
Vous n'êtes rien du tout [...]
Vous êtes les zéros et nous sommes
[les nombres
Qui vous faisons valoir.

ISAAC DE BENSÉRADE, *Stances*.

Les courtisans sont des zéros
Leur valeur dépend de leur place
Dans la faveur... des millions
Et des zéros dans la disgrâce !

GEORGES DE BRÉBEUF

De quel côté du zéro l'univers se trouve-t-il ?

MACEDONIO FERNANDEZ,
Cahiers de tout et de rien.

De même que l'on peint un zéro au-dessus de la tête des saints.

GEORG CHRISTOPH LICHTENBERG,
Aphorismes.

Tu veux te décupler, te centupler ? Trouve des zéros.

FRIEDRICH NIETZSCHE

ZEUGME

(Variété d'ellipse qui consiste à ne pas répéter un mot précédemment exprimé.)

Je fus présenté à la famille où je plus, tout de suite, à verse.

ALPHONSE ALLAIS

SAR le duc de Gênes semblait en éprouver une très vive.

ALPHONSE ALLAIS

Après avoir sauté sa belle-sœur et le repas de midi, le Petit Prince reprit enfin ses esprits et une banane.

PIERRE DESPROGES

En achevant ces mots, Damoclès tira de sa poitrine un soupir et de sa redingote une enveloppe jaune et salie.

ANDRÉ GIDE

ZOLA (Émile)

Zola (Émile)... : l'auteur de l'Assommoir, cet Hercule souillé qui remue le fumier d'Augias et qui y ajoute.

JULES BARBEY D'AUREVILLY,
Le Roman contemporain.

ZOO

Adam et Ève se promenaient dans un jardin zoologique qui avait reçu le nom d'Éden, probablement pour attirer du monde. Il n'y venait d'ailleurs personne, et il fallait avoir un certain estomac pour avoir installé un jardin zoologique dans un pays où il n'y avait que deux habitants.

TRISTAN BERNARD,
Citoyens, animaux, phénomènes.

Au zoo, tous les animaux se tiennent convenablement, à l'exception du singe. On sent que l'homme n'est pas loin.

EMIL MICHEL CIORAN

ZOUAVE

C'était l'époque où, qu'il en eût besoin ou non, le zouave du pont de l'Alma se lavait une fois l'an les pieds jusqu'au ventre.

LÉON-PAUL FARGUE, *Le Piéton de Paris.*

ZOZO

L'homme est un zozo, le plus faible de l'univers, mais c'est un zozo pensant.

JEAN TARDIEU, *Un mot pour un autre.*

ZUT

Vous êtes un idiot en trois lettres et je vous dis zut en cinq !

MAURICE CHAPELAN

De peur que la gaieté gauloise ne se [perde,
Ne soyez pas surpris s'ils ont parfois [l'air de
Rire des dieux du jour... Messieurs [de l'Institut !
Leur devise porte une monosyllabe [ZUT !

EUGÈNE VERMEERSCH

REMERCIEMENTS

Merci à tous les amis — collectionneurs de perles ou chasseurs de papillons — qui, en m'adressant quelques-unes de leurs découvertes, ont permis d'enrichir cette boîte aux trésors.

Aucun d'eux ne s'offusquera de ce que cette citation à l'ordre de l'amitié dût céder le pas à l'incontestable ordre alphabétique.

Antoine Audouard ; Jean-Pol Baras ; Pierre Belfond ; Albert Benloulou ; Raymond Castans ; Jean-Loup Chiflet ; Bernard Clavel ; Karsten Diettrich ; Alain Duchesne ; Maurice Grosjean ; Michel Jeury ; Henriette Joël ; Marc Labbé ; Suzanna Lea ; Thierry Leguay ; Jean Sauteron ; Luc Soulier ; Robert J. Vidal.

Avec une mention toute spéciale pour Serge Beucler.

INDEX

A

B

C

D

E

F

G

H

I-J

K

L

M

N

O

P

Q-R

S

T-U

V

W

X-Y-Z

DÉPÔT LÉGAL : NOVEMBRE 2000

N° ÉDITEUR : L 09300

IMPRIMÉ EN ITALIE
PAR G. CANALE & C. S.p.A.
BORGARO TORINESE - TURIN